Herfried Münkler / Harald Bluhm (Hg.)

Gemeinwohl und Gemeinsinn
Historische Semantiken politischer Leitbegriffe

Forschungsberichte
der interdisziplinären Arbeitsgruppe
„Gemeinwohl und Gemeinsinn"
der Berlin-Brandenburgischen Akademie
der Wissenschaften

Herausgegeben von
Herfried Münkler, Harald Bluhm und Karsten Fischer

Band I

Herfried Münkler
Harald Bluhm (Hg.)

Gemeinwohl und Gemeinsinn

Historische Semantiken politischer Leitbegriffe

Akademie Verlag

Diese Publikation erscheint mit Unterstützung
der Senatsverwaltung für Wissenschaft, Forschung und Kultur
des Landes Berlin

Die Deutsche Bibliothek – CIP-Einheitsaufnahme

Ein Titeldatensatz für diese Publikation ist bei Der Deutschen Bibliothek erhältlich
ISBN 3-05-003628-1

© Akademie Verlag GmbH, Berlin 2001

Das eingesetzte Papier ist alterungsbeständig nach DIN / ISO 9706.

Alle Rechte, insbesondere die der Übersetzung in andere Sprachen, vorbehalten. Kein Teil dieses Buches darf ohne schriftliche Genehmigung des Verlages in irgendeiner Form – durch Photokopie, Mikroverfilmung oder irgendein anderes Verfahren – reproduziert oder in eine von Maschinen, insbesondere von Datenverarbeitungsmaschinen, verwendbare Sprache übertragen oder übersetzt werden.

Lektorat: Mischka Dammaschke
Einbandgestaltung: Günter Schorcht, Schildow
Satz: Veit Friemert, Berlin
Druck und Bindung: Druckhaus „Thomas Müntzer", Bad Langensalza

Printed in the Federal Republic of Germany

Inhaltsverzeichnis

Herfried Münkler
Vorwort 7

Herfried Münkler/Harald Bluhm
Einleitung: Gemeinwohl und Gemeinsinn als politisch-soziale Leitbegriffe 9

Guido O. Kirner
Polis und Gemeinwohl
Zum Gemeinwohlbegriff in Athen vom 6. bis 4. Jahrhundert v. Chr. 31

Otto Gerhard Oexle
Konflikt und Konsens
Über gemeinschaftsrelevantes Handeln in der vormodernen Gesellschaft 65

Peter Blickle
Der Gemeine Nutzen
Ein kommunaler Wert und seine politische Karriere 85

Gisela Naegle
Französische Gemeinwohldebatten im 15. Jahrhundert 109

Thomas Simon
Gemeinwohltopik in der mittelalterlichen und frühneuzeitlichen Politiktheorie . . 129

Hans Grünberger
Wege zum Nächsten
Luthers Vorstellungen vom Gemeinen Nutzen 147

Raimund Ottow
Politische Gemeinwohl-Diskurse in Großbritannien:
von den ‚Rosenkriegen' zum Bürgerkrieg 169

Wolf-Hagen Krauth
Gemeinwohl als Interesse
Die Konstruktion einer territorialen Ökonomie am Beginn der Neuzeit 191

Cord-Friedrich Berghahn
Klassizismus und Gemeinsinn
Antikerezeption und ästhetische Gemeinwohlformeln
in den Vereinigten Staaten am Beispiel Thomas Jeffersons 213

Matthias Bohlender
Metamorphosen des Gemeinwohls
Von der Herrschaft *guter polizey* zur Regierung durch *Freiheit* und *Sicherheit* . . 247

Manuel Frey
Vom Gemeinwohl zum Gemeinsinn
Das Beispiel der Stifter und Mäzene im 19. und 20. Jahrhundert 275

Stefan-Ludwig Hoffmann
Tocquevilles „Demokratie in Amerika"
und die gesellige Gesellschaft seiner Zeit 303

Personenverzeichnis 327

Autorenverzeichnis 336

Vorwort

Die interdisziplinäre Arbeitsgruppe Gemeinwohl und Gemeinsinn wurde im Oktober 1998 an der Berlin-Brandenburgischen Akademie der Wissenschaften mit dem Ziel etabliert, beide Begriffe in historischer Perspektive, vor allem aber im Hinblick auf ihre aktuelle Bedeutung einer gründlichen Analyse zu unterziehen. Geleitet wurde die Arbeitsgruppe von den Akademiemitgliedern Prof. Dr. Hasso Hofmann, Prof. Dr. Hans Joas, Prof. Dr. Herfried Münkler (Sprecher) und Prof. Dr. Friedhelm Neidhardt und Prof. Dr. Conrad Wiedemann; koordiniert wurde ihre Arbeit von Priv.-Doz. Dr. Harald Bluhm, Dr. Karsten Fischer sowie, zeitweilig, Dr. Marcus Llanque.

Die starke und positive Resonanz auf die ersten Tagungen und Publikationen der Arbeitsgruppe haben uns bewogen, eine umfassende Publikation ihrer Ergebnisse anzustreben, so daß mit dem vorliegenden, historisch ausgerichteten Band eine auf insgesamt vier Bände angelegte Publikationsreihe beginnt. Die folgenden Bände werden sozialwissenschaftliche (Bd. 2), juristische (Bd. 3) und normative bzw. zeitdiagnostische (Bd. 4) Schwerpunkte haben. Die Beiträge aller vier Bände basieren überwiegend auf Werkverträgen oder gehen auf Konferenzbeiträge zurück. Schon bald entwickelten sich über ähnlich gelagerte thematische Interessen Kooperationen mit dem Maecenata-Institut Berlin, das sich auf Beratung und Dienstleistungen im gemeinnützigen Bereich spezialisiert hat, mit der Entquete-Kommission „Zivilgesellschaft und bürgerschaftliches Engagement des Deutschen Bundestags", mit dem Wissenschaftszentrum Berlin, mit evangelischen und katholischen Akademien sowie einer Reihe weiterer Institutionen und Personen, die mit den Fragen von Gemeinwohl und Gemeinsinn nicht nur theoretisch befaßt, sondern auch praktisch verbunden sind. Dabei zeigte sich rasch, daß die von der Arbeitsgruppe behandelten Fragen in Zeiten einer zunehmenden Verlagerung klassischer Staatsaufgaben auf den sogenannten Dritten Sektor von unmittelbarem praktischem Interesse sind. In diesem Sinne sollen die Publikationen unserer Arbeitsgruppe auch ein Beitrag zu der Debatte darüber sein, was als Gemeinwohl einer modernen Gesellschaft angesehen werden kann bzw. soll und wieviel Gemeinsinn erforderlich ist, um dieses Gemeinwohl zu verwirklichen.

Als erstes gilt unser Dank Plenum und Konvent der Akademie, die trotz schwieriger Haushaltslage die für das Projekt erforderlichen Mittel bewilligt haben, sodann dem

Präsidenten der Akademie Prof. Dr. Dieter Simon für die stets wohlwollende Begleitung und Unterstützung des Projekts. Unser Dank gilt weiterhin Dr. Wolf-Hagen Krauth, Renate Neumann und Regina Reimann für eine ebenso angenehme wie anregende Zusammenarbeit während unserer gesamten dreijährigen Arbeit an der Berlin-Brandenburgischen Akademie der Wissenschaften; darüber hinaus der Evangelischen Akademie Tutzing, namentlich Dr. Jochen Wagner, sowie der Bischöflichen Akademie Aachen, namentlich Dr. Gert Jungbluth, in Kooperation mit denen zwei ertragreiche Tagungen veranstaltet wurden. Die Zusammenarbeit mit Prof. Dr. Gunnar Folke Schuppert war während der Zeit seiner ebenfalls dem Thema „Gemeinwohl" gewidmeten Forschungsprofessur am Wissenschaftszentrum Berlin stets anregend und produktiv. Schließlich gilt unser Dank Ulf Jensen, Christian Luther und Torsten Kahlert für umsichtige Mitarbeit bei der redaktionellen Arbeit, ebenso Veit Friemert, der die Druckformatvorlage erstellt hat.

Berlin, Oktober 2001

Herfried Münkler

HERFRIED MÜNKLER/HARALD BLUHM

Einleitung: Gemeinwohl und Gemeinsinn als politisch-soziale Leitbegriffe

Die in der Antike geprägten Begriffe Gemeinwohl und Gemeinsinn waren semantisch nie eindeutig festgelegt, und politisch blieben sie immer umstritten, aber gerade wegen ihrer wechselnden Bedeutung, dem Wandel ihrer orientierenden Funktion, schließlich auch wegen der verschiedenen politischen Optionen, die sich mit ihnen verbanden, konnten sie in traditionalen Gesellschaften und während des Übergangs zur Moderne zu politisch-sozialen Leitbegriffen avancieren. Ob und inwieweit sie auch in modernen Gesellschaften diese Rolle spielen können, ist umstritten, wird doch der Gemeinwohlbegriff von vielen substanzialistisch verstanden, und ein solcher Begriff, so der Tenor, sei in modernen pluralistischen Gesellschaften, in denen komplexe Verfahren und Institutionen dominieren, kaum angemessen verwendbar. Zudem seien die Akteure moderner Gesellschaft als rationale Nutzenmaximierer zu begreifen, die für ein Allgemeinwohl jenseits ihrer Eigeninteressen kaum Verständnis hätten, falls es sich nicht als Nebenfolge ihrer Präferenzentscheidungen ergäbe. Die Konsequenz lautet: Als Teil alteuropäischer Semantik mögen Gemeinwohl und Gemeinsinn in traditionalen Gesellschaften bedeutsam gewesen sein; in modernen Gesellschaften haben sie weder Funktion noch Bedeutung. Aber ist dies tatsächlich eine zutreffende Beobachtung?

Den Ausgangspunkt für die Thematisierung von Gemeinwohl und Gemeinsinn durch eine gleichnamige Arbeitsgruppe der Berlin-Brandenburgischen Akademie der Wissenschaften bildeten gegenteilige Beobachtungen; daß nämlich die Begrifflichkeit des Gemeinwohls entgegen der referierten Erwartung seit zwei Jahrzehnten einen neuerlichen Aufschwung genommen hat und in den jüngsten sozialphilosophischen wie politiktheoretischen Debatten eine nicht unerhebliche Rolle spielt. Es sind insbesondere zwei Problemkreise, in deren Zuge sie Karriere machte: der Umbau des Sozialstaates und die Voraussetzungen der Demokratie.[1] Der Staat, der, zumal in Deutschland, lange Zeit als Hüter, Interpret und Durchsetzungsinstanz des Gemeinwohls galt, hat dieses Monopol weitgehend verloren oder von sich aus abgegeben. Im gegenwärtigen Staat – gleich, ob man ihn als kooperativen Staat, als schlanken Staat, der sich auf seine Kernaufgaben zurückzieht oder als aktivierenden Staat faßt – sind andere Akteure im Spiel als die

---

[1] Vgl. exemplarisch Alemann u.a. 1999.

herkömmlich mit der Gemeinwohlwahrung betrauten Beamten, und diese Akteure reklamieren nun die Verfügung über das Gemeinwohl für sich. Ebenso häufig findet sich das Gemeinwohl als politische Vokabel, wenn die Möglichkeiten des Erhalts oder Ausbaus der Massendemokratie im Medienzeitalter diskutiert werden. Die Themen reichen hier vom Bürgerengagement über Dezentralisierung, Föderalisierung und Kommunalisierung bis hin zu politisch-moralischen Forderungen an die politische Elite.[2] All dies spricht für die universelle Verwendbarkeit der Begriffe, aber auch eine inhaltliche Vielfalt von Interessen, die mit ihnen verbunden werden können. Von dieser Überlegung aus erschien es uns sinnvoll, die historischen Traditionsbestände der Gemeinwohlsemantik neu auszuleuchten und auf ihre Gehalte hin zu befragen.

Das Ziel des vorliegenden historischen Bandes bildet die Rekonstruktion der beiden Leitbegriffe und ihrer Transformationen. Die Auseinandersetzung mit der Vielfalt dieser Semantik führt zum Verständnis der fortdauernden Bedeutung dieser Begriffe in den jüngeren Debatten. Der Band endet zeitlich mit dem langen 19. Jahrhundert, dessen Privilegierung einzelner akademischer Disziplinen bei der Auslegung des Gemeinwohls heute fremdartig anmutet. Nach den Totalitarismen des 20. Jahrhunderts, die letztlich im Namen von Gemeinwohl- und Gemeinschaftsideen erfolgten, ist jede substanzialistische Bestimmung dieser Begriffe jedoch desavouiert. Diese Ideen sind nun weltweit einer Fundamentalpluralisierung und -prozeduralisierung ausgesetzt, in der sie weiter an Bestimmtheit verlieren werden, aber Bestandteil der politischen Sprache demokratischer Regime bleiben. Von dieser Diagnose ausgehend, können Gemeinwohl und Gemeinsinn als politische Leitbegriffe mit großer Attraktivität für politische Akteure analysiert werden. Die folgenden Überlegungen skizzieren methodische und inhaltliche Gedanken sowie das begriffliche Instrumentarium für solche Analysen und führen in grundlegende Fragen des semantischen Wandels von Gemeinwohl und Gemeinsinn ein.

I. Wiederaufnahme der Begriffe Gemeinwohl und Gemeinsinn

Akademisch hat sich die Revitalisierung von Gemeinwohl und Gemeinsinn auf drei Feldern vollzogen. Zunächst ist die mit den beiden Begriffen bezeichnete Problematik in der Debatte zwischen Liberalen und Kommunitaristen zum Thema geworden, die anfangs der 1980er Jahre einsetzte. In dieser, zunächst vornehmlich amerikanischen Selbstverständigungsdebatte über sozio-moralische Aspekte der Demokratie, ist von den Kommunitaristen nach den subjektiven Voraussetzungen demokratischer Akteure gefragt worden, d.h. nach deren Sozialisation, demokratischen Kompetenzen, Werten und Tugenden. Dabei ist auf einen starken Begriff des Bürgers rekurriert worden, der nicht nur passiv als Konsument und purer Wähler gefaßt wird.[3] Darüber hinaus wurden Ziele der Demokratie anhand von Konzepten der guten Ordnung und des guten Lebens debattiert.[4] Diese Debatte, die Mitte der 1980er Jahre Europa erreichte und nach dem

---

[2] Dazu Münkler 2000 sowie Münkler/Krause 2001.
[3] Zur Debatte vgl. Honneth 1993 und Bell 1993; zum Bürgerbegriff vgl. Gebhardt/Münkler 1993, sowie Münkler 1997.
[4] Vgl. Walzer 1992, v.a. Kap. 2.

Fall der Mauer noch einmal Auftrieb erhielt, hat implizit einen neuen Zugang zur Problematik des Gemeinwohls eröffnet, da sie das Gemeinwohl eng mit der Frage des Gemeinsinns der Bürger verband. Ein aktueller Ausläufer ist die Diskussion um Robert Putnams Studie *Bowling Alone*.[5] Putnam hat für die USA einen Verfall des Sozialkapitals diagnostiziert, der den Unterbau der Demokratie, die Vielfalt der zivilen Assoziationen betrifft. Seine Diagnose fand weltweit großes Echo und führte gelegentlich zur Aktualisierung eines einfachen Gegensatzes von Gemeinwohl und Privatwohl. Dagegen stellt Putnam in seiner Deutung des Sozialvermögens gerade auf die Verbindung von privatem und öffentlichem Nutzen ab: „Social Capital can thus be simultaneously a ‚private good' and a ‚public good'".[6] Soziales Kapital wird hier als privates Vermögen gefaßt, dessen Nutzung im öffentlichen Interesse liegt.

Zum anderen ist für die jüngere Verbindung von Gemeinwohl und Gemeinsinn eine in den Sozialwissenschaften forcierte, formelle und institutionelle Dimensionen einbeziehende Fassung der Pluralisierung und Prozeduralisierung von Gemeinwohl wesentlich. Ein Indikator dafür ist, daß ein namhafter Politikwissenschaftler wie Robert Dahl selbstverständlich davon ausgeht, daß das „common good" nur als Prozeß gefaßt werden kann. Dahl scheut auch nicht vor einer Definition zurück:

> „The common good among the members of a group is what the members would choose if they possessed the fullest attainable understanding of the experience that would result from their choice and its most relevant alternatives. Because enlightened understanding is required, I would propose to incorporate to acquire enlightened understanding as essential also to the meaning of the common good. Still further, the rights and opportunities of the democratic process are elements of the common good. Even more broadly, because the institutions of polyarchy are necessary in order to employ the democratic process on a large scale, in a unit as large as a country all institutions of polyarchy should also be counted as elements of the common good."[7]

Was Dahls Definition kennzeichnet, ist die Benennung systemischer Voraussetzungen des Gemeinwohls. Fritz Scharpf hat diesen Gedanken mit Bezug auf die Legitimitätsproblematik wie folgt formuliert:

> „Die input-orientierte Perspektive betont die ‚Herrschaft *durch das Volk*'. Politische Entscheidungen sind legitim, wenn und weil sie den ‚Willen des Volkes' widerspiegeln – das heißt, wenn sie von den authentischen Präferenzen der Mitglieder einer Gemeinschaft abgeleitet werden können. Im Unterschied dazu stellt die output-orientierte Perspektive den Aspekt der ‚Herrschaft *für das Volk*' in den Vordergrund. Danach sind politische Entscheidungen legitim, wenn und weil sie auf wirksame Weise das allgemeine Wohl im jeweiligen Gemeinwesen fördern."[8]

Zurecht sind für Dahl und Scharpf Gemeinwohl und Gemeinsinn nicht nur als einfache Handlungsorientierungen wichtig, sondern sie zielen zugleich auf die Reproduktion

---

[5] Vgl. Putnam 1995, 2000; zum Echo vgl. Skocpol 1997, Ladd 1999, Deth et al. 1999, Offe 1999, Klages 1999, Putnam 2001.
[6] Putnam 2000, S. 20.
[7] Dahl 1989, S. 307f.
[8] Scharpf 1999, S. 16; vgl. auch S. 168.

zentraler subjektiver Voraussetzungen der Demokratie und demokratischer Institutionen.

Fand die Debatte der Liberalen und Kommunitaristen in Philosophie, Soziologie, Politikwissenschaft und Historiographie ein lebhaftes Echo, so kam es schließlich auch auf dem Feld der Ökonomie zu einer Umorientierung, die Albert Hirschman pointiert hat: „Die Wiederbelebung und Rehabilitierung des Gemeinsinnes setzte zunächst in der Mikroökonomie ein".[9] Schon in den späten 50er und 60er Jahren sei anhand von Kooperations- und Wettbewerbsproblemen die Frage nach den subjektiven Voraussetzungen von Kooperation aufgekommen. Damit sind unter anderem ethische Regulierungen gemeint, mit denen Berufsgruppen die Ausbeutung von Informationsvorsprüngen im Rahmen von Selbstbeschränkungen verhindern können. Substanziell ist davon die Problematik des Vertrauens betroffen, die bei jeder Art von Vertragsbeziehungen eine Rolle spielt und nicht vollständig in rationale Interessenkalkulationen aufgelöst werden kann. Die eigentliche Rehabilitierung von Moral und Gemeinsinn hat sich laut Hirschman jedoch in der Makroökonomie vollzogen, und zwar auf den Gebieten der Wirtschaftspolitik, der kooperativen Beziehungen zwischen staatlichen Institutionen, gesellschaftlichen Akteuren und Verbänden sowie im Bereich regionaler Ökonomien. Insgesamt hält Hirschman nur ein komplexes Modell menschlichen Verhaltens, das die moralischen Seiten, Leidenschaften – Emotionen und Eigennutz inklusive – berücksichtigt, für eine geeignete Grundlage der Modellierung von Wirtschaftsprozessen. Es verwundert nicht, daß er seine Kritik an Mancur Olsons Handlungskonzept, das den *homo oeconomicus* universalisiert, wie folgt zusammenfaßt: Statt der Logik kollektiven Handelns habe Olson nur dessen Unlogik untersucht. Wie erkläre sich, daß trotz einfacher Nutzenkalküle und Trittbrettfahrerei auch mannigfach kollektives Handeln realisiert werde? Gerade dafür seien, so Hirschman, Moral und sozio-moralische Ressourcen für wirtschaftliches Handeln relevant, wobei er für eine eher skeptische Berücksichtigung dieser Faktoren plädiert.[10]

Mit Blick auf die angedeuteten Debatten erscheint es angezeigt, Gemeinwohl und Gemeinsinn als komplementäre Kategorien zu thematisieren. Dabei sind verschiedene Gesichtspunkte relevant. Zunächst gilt es, deutlich zu unterscheiden zwischen den materialen Gehalten von Gemeinwohlkonzepten und substanzialistischen Konzepten, die ein objektives, gar transhistorisches Gemeinwohl unterstellen. Materiale Gehalte können substanzialistisch, aber auch Ausdruck eines zeitweiligen Konsenses der Akteure sein. Erst jenseits eines substanzialistischen Verständnisses rücken praktische und rhetorische Definitionsprozesse von Gemeinwohl und deren Bezug auf den Gemeinsinn von Akteuren als Untersuchungsgegenstand in den Vordergrund. Wo dies geschieht, geht es zumeist um die Frage, mit welchen Gehalten die „Leerformel" Gemeinwohl gefüllt wird. Zu beachten sind darüber hinaus eine Reihe an Substitutbegriffen für Gemeinwohl, wie öffentliches Interesse, Allgemeininteresse, beziehungsweise für Gemeinsinn, wie be-

---

[9] Hirschman 1989, S. 95.
[10] Hirschman 1989, S. 98ff., zur Kritik an Olson vgl. Hirschman 1997, S. 74f.; daß Gemeinwohlanforderungen wenig enttäuschungsresistent sind und es infolgedessen zu einem zyklischen Auf und Ab des Engagements der Bürger kommen kann, hat er in Hirschman 1984, S. 9ff. gezeigt.

stimmte Tugenden, Solidarität, Verantwortungsbewußtsein u.a.m.[11] In diesem weiten Kontext lassen sich Gemeinwohl und Gemeinsinn in einer ersten allgemeinen Bestimmung wie folgt verstehen:

Gemeinsinn kann als eine motivationale Handlungsdisposition von Bürgern und politisch-gesellschaftlichen Akteuren begriffen werden, die eine prinzipiell knappe soziomoralische Ressource darstellt. Sie bildet die „subjektive" Seite gemeinwohlorientierten Handelns, die nur partiell im Handeln selbst reproduziert werden kann. Gemeinwohl ist das normative Ideal, das uns implizit auch sagt, wieviel Gemeinsinn wir aufbringen müssen, um die im Gemeinwohlbegriff umschriebenen Resultate des politischen Prozesses zu erreichen. Es bedarf aber eines Mindestmaßes an Gemeinsinn, damit wir überhaupt motiviert sind, uns für ein normatives Gemeinwohl-Ideal zu interessieren.[12] Gemeinwohl zielt als Begriff auf gemeinsame Ziele, Kooperationseffekte und ein Handeln, das auf den Erhalt der jeweiligen Gemeinschaft und die Reproduktion ihrer Voraussetzungen gerichtet ist. So verstanden, rücken verschiedene spannungsvolle Relationen zwischen Gemeinwohl und Gemeinsinn in den Blick, von denen hier nur eine aktuelle erwähnt werden soll: Bei der Aktivierung von Gemeinwohlpostulaten ist die Größe der Bezugsgruppe (Gemeinde, Region, Nationalstaat, EU) zu bedenken, da sowohl die Identifikation als auch die Erkennbarkeit und Bewertbarkeit dessen, was als Gemeinwohl gelten soll, mit wachsender Größe der Bezugsgruppe bzw. Struktur prekärer wird.[13] Gerade an den Vorstellungen von Gemeinwohl und Gemeinsinn zeigt sich der moralphilosophisch wenig befriedigende Befund, daß mit dem Grad der Universalisierung von Anforderungen deren Verbindlichkeit und Verpflichtungscharakter schwindet – und umgekehrt.

II. Dimensionen von Gemeinwohl und Gemeinsinn

Die verbreitete Kontrastierung von alteuropäischer und moderner Semantik verstellt oft in zweierlei Richtung den Blick: Zum einen kann sie die erstaunliche Überlebenskraft alteuropäischer Begriffe kaum erklären, denn die Abweisung dieser Begriffe in den Bereich von Reflexionstheorien vermag weder deren fortbestehende theoretischen Gehalte noch ihre politischen Funktionen, etwa in der jüngsten Debatte zwischen Liberalen und Kommunitaristen, verständlich zu machen. Man muß hier schon mehr als eine Tradierung alter Begriffe und Kontinuierung alteuropäischer Semantik erkennen können, wenn man die sachlichen wie rhetorisch-politischen Aspekte dieser Debatte erschließen will. Die typologische Gegenüberstellung von alteuropäischer und moderner Semantik versperrt auch den Blick für die Vielfalt an Variationen dieser Semantik und ihrer mannigfachen Transformationen. Trotz einer Reihe verdienstvoller Einzelstudien[14] ist bisher im einzelnen nicht bekannt, wie sich diese Semantik entwickelt hat.

---

[11] Vgl. Münkler 1996, passim.
[12] Vgl. Fischer 2000, S. 139f.
[13] Münkler/Fischer 1999, S. 238f.
[14] Vgl. Hibst 1991, Kempshall 1999, Gunn 1969, Miller 1994, Koslowski 1999, Maier 1966.

Man kann drei Dimensionen der Thematisierung von Gemeinwohl und Gemeinsinn unterscheiden: zunächst als *politische Ideen*, denen eine retrospektiv-explikative wie eine perspektivische, also handlungsleitende Funktion zukommt. Gemeinwohl und Gemeinsinn fungieren weiterhin als *rhetorisch-politische Kategorien*, die im Rahmen historischer Semantiken verwandt werden, und schließlich spielen sie in Verbindung mit *Institutionen und Verfahren*, und zwar vor allem politisch-juridischer Art, eine bedeutende Rolle. Wenn man diese Dimensionen unterscheidet und den Wandel der Semantiken von Gemeinwohl und Gemeinsinn im skizzierten Zusammenhang thematisiert, können auch Antworten auf die Frage nach ihrer erstaunlichen Überlebensfähigkeit gegeben werden. Dabei verdient die Ebene der Gemeinwohlrhetorik eine besondere Beachtung, denn hier kommt die praktisch-öffentliche Dimension ins Spiel, die sowohl mit den politischen Ideen und ihrer Wirksamkeit verbunden ist als auch einen Zugang zu institutionellen Verfahren und Praktiken eröffnet. An den rhetorischen Verwendungsweisen von „Gemeinwohl" lassen sich allgemein folgende Varianten fixieren: Die Gemeinwohlrhetorik kann inklusiv bzw. inkludierend oder exklusiv bzw. exkludierend verwendet werden, und zwar jeweils mit oder ohne Appell an den Gemeinsinn. In beiden Fällen werden Ansprüche erhoben und abgewehrt. Zudem kann man bei positiven wie negativen Nutzungen deutlich zwischen Protagonisten und Adressaten der Ansprüche unterscheiden (von „oben", vom Staat, der Regierung; von „unten", von Bewegungen, Bürgern usw.). Wenn das Gemeinwohl von „oben" interpretiert wird, ist sowohl eine Passivierung oder gezielte Aktivierung der Bürger denkbar, die sowohl auf direkte als auch indirekte Weise intendiert werden kann. D.h. mit der Rhetorik sind spezifische Niveaus der Anforderungen an Bürger und Akteure verbunden, und dabei geht es um das Ausmaß der politisch-moralischen Zumutungen. Allgemein gefaßt kann man zwischen einer *Überforderung* und einer *Unterforderung* der Bürger unterscheiden, die in einer liberalen Demokratie gleichermaßen zum Absinken des Engagements und zur Erosion des Gemeinsinns führen können.

Wenn man vom Gemeinwohl als rhetorisch-politischer Kategorie spricht, muß man nicht nur dessen Komplementärbegriffe, sondern auch *konkurrierende Abgrenzungsbegriffe* in die Überlegung einbeziehen. Klassisch ist der Gegensatz von Gemeinwohl und Eigennutz, der in der politischen Ideengeschichte, nicht zuletzt unter dem Einfluß der politischen Theorie des Aristoteles, lange Zeit eine zentrale Rolle spielte, bis er durch den Liberalismus, der das Gemeinwohl als Resultante von eigennützigem Handeln faßte, in den Hintergrund gedrängt wurde. Zurecht ist damit die einfache Opposition beider Begriffe aufgebrochen worden, jedoch ist kaum zu übersehen, daß es nach wie vor Sinn macht, am Gegensatz von Gemein- und Eigennutz festzuhalten. Allerdings bilden die häufig anzutreffenden Vermittlungs- und Mischformen von individuellen, kollektiven und allgemeinen gesellschaftlichen Interessen den wirklich schwierigen Forschungsgegenstand. Dieser Mischformen wird man nur habhaft, wenn man Gegenbegriffe zum Gemeinwohl berücksichtigt. Zum einen können *Rechte* als Abgrenzungsbegriff zum Gemeinwohl gefaßt werden; enthalten erstere fixierte Normen, so hebt das Gemeinwohl auf ein Sollen ab, das *zusätzliche Bindungen* betont. Zum anderen ist das Gemeinwohl in negativen Bestimmungen oft besser zu fassen als in positiven Definitionen, nämlich in Varianten gemeinwohlschädigenden Verhaltens, wie dem Egoismus von Individuen,

Gruppen und Koalitionen, Korruption u.a.m.[15] Solche Negativdiagnosen werden von zumindest impliziten Gemeinwohlvorstellungen getragen und nehmen nicht selten explizit auf das Erfordernis von Gemeinsinn Bezug. Je nachdem, welche Gegenbegriffe man einsetzt, fallen nicht nur die Rhetoriken der Mobilisierung gemeinwohlorientierten Handelns verschieden aus, sondern es rücken auch andere Konsequenzen des Handelns in den Vordergrund.

Im Kontext dieser generellen Überlegungen sollen nun einige begriffliche und ideengeschichtliche Perspektiven der Transformation der Semantik von Gemeinwohl und Gemeinsinn im Zusammenhang umrissen werden. Gerade dadurch läßt sich verdeutlichen, daß diese Begriffe vielfältig operational eingesetzt und in der Moderne innerhalb unterschiedlicher theoretischer Strömungen und politischer Verwendungsweisen wirksam wurden. Drei Gesichtspunkte seien hier kurz erwähnt. Zum einen soll gezeigt werden, daß in der Antike und der auf sie zurückgreifenden Renaissance die klassische Begrifflichkeit und ihre Wiederaufnahme komplexer angelegt waren, als in der Regel angenommen wird. Zum anderen ist zu skizzieren, daß der Übergang von alteuropäischer zu moderner Semantik nicht nur langwierig war, sondern sich im Geflecht verschiedener Strömungen vollzog. Schließlich geht es darum, unterhalb des Paradigmenwechsels von einem substanzialistischen zu einem nicht-substanzialistischen Verständnis des Gemeinwohls eine Reihe von Transformationen der Gemeinwohlsemantik in der Moderne aufzuzeigen.

III. Historische Transformationen der Gemeinwohlsemantik

Bevor auf die Ideengeschichte und die historischen Transformationen der Semantik eingegangen werden kann, ist zunächst eine Bemerkung zum Verhältnis von Gemeinwohl und Gerechtigkeit nötig. Die Dominanz von Gerechtigkeit als politischem Leitbegriff ist ein jüngeres Phänomen, das auf der Prägung des Begriffs „sozialer Gerechtigkeit" in der 2. Hälfte des 19. Jahrhunderts ruht, aber erst in den sich ausweitenden akademischen und politischen Diskursen im letzten Drittel des 20. Jahrhunderts in Erscheinung trat.[16] In den Konzepten der guten Ordnungen, wie sie das politische Denken lange beherrschten, waren Gerechtigkeit und Gemeinwohl dagegen untrennbar miteinander verwoben. Eine generelle Differenz der beiden Begriffe läßt sich nur hinsichtlich ihrer Extension ausmachen: Während Gerechtigkeit als universalistische Norm gefaßt werden kann, ist Gemeinwohl immer auf eine begrenzte Gemeinschaft bezogen und von dieser nicht abtrennbar. Insofern ist Gemeinwohl eher ein partikularistisches Konzept, das sich allerdings durchaus auf eine gegliederte Ordnung von Gemeinschaften erstrecken kann.[17] Es ist der konkrete Bezug auf Referenzgemeinschaften, der auch den bereits entwickelten systematischen Zusammenhang mit dem Gemeinsinn konkreter Akteure eröffnet.

---

[15] Vgl. dazu Münkler/Fischer/Bluhm 2000, S. 425-440.
[16] Vgl. Hofmann 2000, S. 193-215.
[17] Vgl. in ähnlichem Sinne Kaufmann 1999, S. 102-123.

Ein grundsätzlicher Wandel in der Vorstellung von Gemeinwohl erfolgt in der Moderne, indem der seit den frühen antiken Begriffsprägungen dominierende Gegensatz von Privat- und Gemeinwohl dahingehend umgedeutet wird, daß das Gemeinwohl als Resultante des Verfolgens von privatem Wohl begriffen wird. Die Voraussetzungen dieses Wandels sind vielfältig. Zum einen spielt die in der Renaissance anhebende Säkularisierung der Politikauffassung eine Rolle, denn die Ablösung von der Theologie ermöglicht einen neuen Zugang zu Gemeinwohl und Gemeinsinn. Zum anderen kommt, damit einhergehend, eine neue Sichtweise von Politik zum Tragen, die, bezogen auf den institutionellen Flächenstaat, Politik in Zweck- und Funktionsbestimmungen zu fassen versucht. Die Konzepte von Staatsräson, Souveränität und Wohlfahrt bildeten den Rahmen, in dem Gemeinwohl und Gemeinnützigkeit neu und oft jenseits substanzialistischer philosophisch-theologischer Theoreme bestimmt werden konnte. Säkularisierung und Entsubstanzialisierung sind allerdings nur ein sehr grobes Schema; hinzu kommt, daß die Zweck- und Funktionsbestimmungen der gerechten, gemeinnützigen Ordnung, die geforderten Handlungskompetenzen der politischen Akteure und die Art der institutionellen Ordnung in veränderten Kontexten und Konstellationen des politischen Denkens stets neu arrangiert wurden. Mit Blick auf den Wandel der Gemeinwohlsemantik in praktisch-institutionellen Kontexten kann man sich kreuzende und abwechselnde Prozesse der Kommunalisierung, Verstaatlichung, Entstaatlichung, Nationalisierung und Entnationalisierung des Gemeinwohls unterscheiden. All dies sind zugleich Formen der politischen *Grenzziehung* bzw. *Grenzverschiebung*, bei denen neben der Referenz der Loyalität vor allem auch die Reichweite der Solidarität bzw. der Solidaritätszumutungen verändert wird. Aber bei diesem Wandel spielen nicht nur veränderte Bezugsgemeinschaften eine Rolle, sondern auch Neujustierungen des Verhältnisses von Privatem und Öffentlichem, der Wandel in Verfahren der Definition des Gemeinwohls und Veränderungen der Formen der Artikulation des Gemeinsinns.

Antike Varianten

Schon in der Antike war die Bestimmung des Gemeinwohlbegriffs weniger eindeutig als oft angenommen. Dies wird deutlich, wenn man die Untersuchung nicht auf die Klassiker der politischen Philosophie beschränkt, sondern auch die Verwendung von Gemeinwohl- und Gemeinsinnformeln in politischen Reden berücksichtigt. Zum Wortfeld von Gemeinwohl gehören, wie *Guido Kirner* zeigt, das Wohl der Stadt, die gute stabile Ordnung u.a.m. Insbesondere anhand des Thukydides läßt sich der vielfältige operationale Gebrauch des Gemeinwohlbegriffs aufzeigen: Er legt ihn verschiedenen Rednern in den Mund, wahrt zugleich aus machtanalytischer Perspektive aber Distanz zu den im Namen des Gemeinwohls, nach innen wie außen geltend gemachten Ansinnen, so daß sich bei ihm schon erste Ansätze eines ideologiekritischen Blicks auf Gemeinwohlrhetoriken ausmachen lassen.

Die Leistung von Platon und Aristoteles erscheint vor diesem Hintergrund als Systematisierung, Vereindeutigung, aber damit auch Verengung einer variablen politischen Begrifflichkeit. Dabei nimmt insbesondere Platon eine Substanzialisierung des Gemeinwohlbegriffs zu einem objektiven Gut vor, während Aristoteles in Verbindung mit seinem Ideal der rechten Mitte bzw. der gemischten Verfassung, eine Verknüpfung von

Gemeinwohl und Gemeinsinn vornimmt, bei der die Bürger ihre Tugenden selbst erwerben und in konkreten Ordnungen reproduzieren. In ihren zentralen Passagen ist Aristoteles' politische Theorie auf die Vorstellung gegründet, die konkrete Ausgestaltung einer Verfassung hänge von den sozio-moralischen Dispositionen der Bürger ab, und umgekehrt sei bei der Ausgestaltung der Verfassung darauf zu achten, daß die für den Erhalt der Verfassung erforderlichen sozio-moralischen Ressourcen durch die politische Ordnung reproduziert würden.[18] Auch Platon hält die sozio-moralischen Voraussetzungen der Bürger in seiner Zuordnung von Aufgaben und Ämtern sowie charakterlichen Dispositionen für wesentlich. Dabei läßt er aber innerhalb strikter Ordnungsvorstellungen und Erziehungskonzepte den Bürgern wenig Raum für eine eigenständige Entwicklung. Sein ideenzentriertes Konzept des Gemeinwohls koppelt dieses von einem demokratisch verstandenen Gemeinsinn ab; statt dessen avancieren die Philosophen zu privilegierten Interpreten des Gemeinwohls und die unter ihrem Einfluß stehenden Politiker zu dessen Dienern und Wächtern. In der Idee der Nächtlichen Versammlung hat Platon in den *Nomoi* sogar noch ein gesondertes Organ von Hütern des Gemeinwohls und der Verfassung entworfen. Seine in der Ideenlehre und auch in der Theologie verankerte substanzialistische Lösung kennt demnach eine Reihe von Gemeinwohlakteuren, die mit der Erkenntnis, der Realisierung und der Kontrolle des Gemeinwohls betraut sind.

Platon und Aristoteles stehen für unterschiedliche Muster einer verfassungstechnischen Sicherung des Gemeinwohls: Platon favorisiert eine hierarchische (etatistische) Lösung, in der das Gemeinwohl nur in einer Ordnung als ganzer realisiert werden kann, wobei sein Gehalt wesentlich von oben, durch die Philosophen und Regierenden, bestimmt und festgelegt wird. Bei Aristoteles dagegen sind, zumindest in der besten Ordnung, der *Politie*, Regierende und Regierte gleichermaßen an Festlegung, Realisierung und Kontrolle des Gemeinwohls beteiligt.

Mittelalter, Kommunalismus, Reformation

Wie die antike Begrifflichkeit im allgemeinen, so ist auch der Gemeinwohlbegriff lange Zeit durch den Filter der Thomasschen Kanonisierung des Aristoteles wahrgenommen worden. Für Thomas von Aquin war eine theologische Verankerung des *bonum commune* in dem auf eine transzendente Ordnung bezogenen *summum bonum* charakteristisch. Das Gemeinwohl wird dabei auf den verschiedenen Ebenen einer vielfach gestuften Ordnung identifiziert und definiert. Im Gegensatz zu dem Vermittlungsdenker Thomas betont Aurelius Augustinus, die andere, die Vorstellungswelt des Mittelalters prägende Gestalt, gerade den Gegensatz zwischen weltlichem und außerweltlichem Wohl. Dennoch treffen sich beide Denker darin, daß sie den Frieden auf der Ebene des Hauses, des politischen Gemeinwesens und zwischen politischen Gemeinschaften als eine Form des Gemeinwohls herausstellen.

---

[18] Man kann die Freigabe des Soziomoralischen in allen modernen Verfassungen als Ausdruck einer Rechtsstaatlichkeit sehen, die sich im Unterschied zur aristotelischen Verfassungstheorie allein auf die Rechte der Bürger konzentriert und nur in Verbindung mit ihnen an wenigen Stellen auf konkrete Verpflichtungen zu sprechen kommt.

Entgegen einer vor allem in ideen- und begriffsgeschichtlichen Arbeiten vorherrschenden Auffassung, betonen Historiker neuerdings, daß Thomas und Augustinus in nur geringem Ausmaß den Bezugspunkt bei der Neufassung und Säkularisierung des Gemeinwohls im späten Mittelalter gebildet haben. Nach *Gerhard Oexle* standen bereits im Mittelalter praktische Probleme, wie innere Sicherheit, Schutz vor Übergriffen und Friede, im Mittelpunkt des Bedeutungsfeldes von Gemeinwohl und gemeinem Nutzen. Den Zusammenhang von Gemeinwohl und Gemeinsinn veranschaulicht Oexle anhand mittelalterlicher Schwurgemeinschaften: In Kommunen, Gilden, Bruderschaften usw. wird ein Gruppengut via Vertrag bzw. Konsens als Gemeinwohl definiert, und durch einen Schwur verpflichten sich die Gruppenmitglieder auf seine Realisierung. Entscheidend ist dabei das Moment der Selbstverpflichtung. Begreift man die mittelalterliche Gesellschaft als einen in eine Vielzahl sozialer Gruppen fragmentierten Verband, so entsteht das Problem der Verknüpfung von gruppenbezogenen und allgemeinen Vorstellungen des Gemeinwohls. Diese Spannung wurde seinerzeit in Paradoxien, wie der von gewillkürtem Gruppenrecht und allgemeinem Recht, durchaus reflektiert und diskutiert. Das Gemeinwohl wurde zwar in einem theologischem Gesamtrahmen angesiedelt, politisch aber in den Ständen, sozialen Gruppen und Institutionen konkretisiert.

Mit Blick auf die *Coniurationes* kann auch eine generelle Differenz zum modernen Gemeinwohlverständnis aufgezeigt werden. Alle politischen Akteure agieren vor der Moderne nur auf eingeschränkte Weise öffentlich. Bei den höchstens auf lokale Teilöffentlichkeiten bezogenen und auch dann nur eingeschränkt öffentlichen Handlungen der Kommunen und Gilden ist der Schwur der wichtigste Akt in einer Teilöffentlichkeit und Bestandteil einer größeren Herrschaftsordnung. In diesem Kontext sind weitreichende Konsequenzen zu bedenken, die Peter von Moos jüngst wie folgt pointiert hat:

> „In politischer Hinsicht kann das Gebot der Skandalvermeidung wie eine *ultima ratio* wirken und die private Moral gegebenenfalls außer Kraft setzen. So kommentieren Rechtsgelehrte des 14. Jahrhunderts die vom Aquinaten getroffene Unterscheidung zwischen gerechter, zu Gehorsam verpflichtender und ungerechter, vom Gehorsam entbindender Obrigkeit: ‚Wenn keine gerechte, sondern usurpierte oder ungerechte Herrschaft vorliegt, sind die Untertanen nicht gehalten zu gehorchen, es sei denn wegen der Vermeidung von Skandal und Gefahr' (*nisi forte propter vitandum scandalum vel periculum*). ‚Die tyrannische Herrschaft ist ungerecht, weil sie nicht auf das Gemeinwohl (*bonum commune*), sondern auf das Privatwohl (*bonum privatum*) des Herrschers ausgerichtet ist;' [...]. Das im Prinzip zugestandene Widerstandsrecht gegen den Tyrannen wird mit dieser Einschränkung praktisch wieder aufgehoben, da eine Gehorsamsverweigerung, die keinen Skandal erregt, nichtöffentlich bleiben müßte, was nach aller politischen Erfahrung so gut wie unmöglich sein dürfte. Die *vitatio scandalorum* gehört somit wie das Gemeinwohl zu den Letztbegründungen gesellschaftlicher Ordnung, gegen die keine noch so edlen persönlichen Gewissensmotive geltend gemacht werden können."[19]

In der Moderne ist, so kann man im Gegenzug festhalten, das Gemeinwohl und seine Aushandlung an die Öffentlichkeit gebunden. Damit wächst der Skandalisierung ein völlig neuer Stellenwert zu und über diese rhetorisch-politische Strategie, die öffentliche Aufdeckung und Skandalisierung von verletztem Gemeinwohl, sind dessen inhaltli-

---

[19] Vgl. dazu Moos 1998, S. 43f.

che Momente oft am ehesten zu fassen. Das heißt im kontrastiven Vergleich: Während sich in der Moderne Akteure durch öffentliche Skandalisierung selbst zu Interpreten, Wächtern und Verwirklichern des Gemeinwohls erheben können, sind die Handlungsmöglichkeiten politischer Akteure durch das in die Gemeinwohlvorstellung eingeschriebene Gebot der Skandalvermeidung erheblich eingeschränkt. Zugespitzt läßt sich vielleicht sagen, daß die öffentliche Skandalisierung des Verhaltens und Handelns von Herrschenden partiell an die Stelle des Tyrannenmords getreten ist.

Für den Wandel in der Gemeinwohl-Semantik ist der sich seit dem 12. Jahrhundert entwickelnde Kommunalismus – im wesentlichen eine Bewegung kommunaler Selbstbestimmung auf städtischer, ländlicher und territorialer Ebene – von Bedeutung. In dieser Bewegung erfolgte, so *Peter Blickle*, eine Umarbeitung des feudalen Herren-Nutzens in den kommunalen Gemeinen-Nutzen als eine Formel, die die Legitimation neuer Ordnungen und die Forderung des Friedens nach innen und außen zur Folge hatte. Dabei standen viel weniger aristotelische und thomistische Ideen im Vordergrund als eben konkrete Probleme, wie Schutz, Frieden und die Wahrung der Eigenständigkeit städtischer und ländlicher Kommunen. Erst mit dem ausgehenden 15., vor allem aber im 16. Jahrhundert im Gefolge der Reformation kam es schließlich zu einer „Verstaatlichung" des Gemeinwohls, in deren Gefolge sich die neuen Souveräne das Definitionsmonopol über das Gemeinwohl aneigneten.

War das Gemeinwohl im Mittelalter ein theologisch imprägnierter Begriff, dessen Säkularisierung und Entsubstanzialisierung schubweise erfolgte, so wird in der Reformation häufig eine theologische Wiederaufladung vorgenommen. Luther unterscheidet generell zwischen geistlichem und weltlichem Regiment. Gemeinwohl und gemeinen Nutzen, die für ihn letztlich ohne göttliches Wirken dauerhaft nicht gesichert werden können, denkt er, sobald es um die weltliche Ordnung geht, sehr konkret, nämlich im Rahmen seiner Ämter-, Stände- und Berufslehre, bei der Rollen, Institutionen und Personen deutlich unterschieden werden.[20] Insofern verankert Luther das Gemeinwohl zwar substanzialistisch in der Theologie, alle weltlichen Ausfüllungen jedoch werden auf Strukturen und Institutionen bezogen, deren konkrete Kontexte wandelbar sind.

Man wird der Reformation freilich nur gerecht, wenn man in ihr einen Bruch mit der Vormoderne erkennt. In ihrem Selbstverständnis nämlich betreiben die Reformatoren erklärtermaßen eine doppelte öffentliche Skandalisierung des Gemeinwohlmißbrauches: durch die weltliche Herrschaft und durch die katholische Kirche. Insofern trägt die Reformation, trotz der Retheologisierung des Gemeinwohls, moderne Züge. Die Reformation verbleibt jedoch, was die Gemeinwohldefinition in der Öffentlichkeit betrifft, auf der Schwelle zur Moderne, denn die von ihr selbst genutzte Skandalisierung gemeinwohlschädlichen Verhaltens soll durch die praktisch realisierte Reformation nicht mehr nötig sein: Mit der Institutionalisierung der Visitationspraxis verliert die Öffentlichkeit als Medium der Unterbindung von gemeinwohlschädlichem Verhalten qua Skandalisierung wieder an Bedeutung.

Das Gemeinwohl wird in dieser Zeit durchaus mit verschiedenen Formen und Ebenen der Interessenaushandlung verknüpft, die allerdings ohne den Bezug auf ein höheres, allgemeines Interesse nicht auskommen. Nicht nur der Gedanke einer Schlichtungs

---

[20] Vgl. hierzu den Beitrag von Hans Grünberger.

instanz spielt hierbei eine Rolle; vielmehr ist für den gesamten Gemeinwohldiskurs lange Zeit der Bezug auf einen nicht verfügbaren, höheren substanziellen Gesichtspunkt kennzeichnend. Wenn dieser wegfällt, d.h. wenn es keine theologischen, philosophischen oder monarchischen Gewißheiten mehr gibt, dann scheint Willkür unvermeidlich. Wenn daher die Entsubstanzialisierung des Gemeinwohls in der Reformation nur halbherzig betrieben wird, so sind dabei auch politische Ordnungsvorstellungen und Interessen von ausschlaggebender Bedeutung.

Neubestimmungen in der Renaissance und der Frühen Neuzeit

Eine erhebliche Vielfalt in der Begriffsbestimmung und operationalen Verwendung von Gemeinwohl läßt sich in der Renaissance und der Frühen Neuzeit beobachten, wobei diese Zeit auch darum von gesteigertem Interesse ist, weil in ihr die politische Sprache der Moderne vorgebildet wird. Für die Renaissance, zumal ihre italienische Variante, ist eine Verknüpfung von Gemeinwohl und Gemeinsinn vor allem im republikanischen Denken typisch. Die Grundüberlegung läßt sich wie folgt zusammenfassen: Eine Republik beruht auf bestimmten Tugenden der Bürger; die Prosperität des Gemeinwesens, die sich im Gefolge dieser Tugenden einstellt, kann aber dazu führen, daß das Engagement für das Gemeinwohl zugunsten privater Interessen allmählich abnimmt und so der Gemeinsinn erodiert. Die nach außen sichtbare Blüte einer Republik ist gegenüber dem sozio-moralischen Scheitelpunkt verspätet und stellt einen sub-optimalen Zustand dar, in dem sich der innere Verfall der sozio-moralischen Ressourcen, die die republikanischen Institutionen tragen, bereits eingestellt hat. Ein verstärkter Verfall der republikanischen Institutionen und der korrespondierenden Tugenden kann zwar aufgehalten und verzögert werden, aber er führt in der Regel zur Destruktion der politischen Form. Im Rahmen eines zyklischen Verfassungswechsels können dann in anderen Regimen wieder die Voraussetzungen für eine Republik und das Engagement der Bürger geschaffen werden.[21]

Diese schon bei den römischen Historikern Sallust und Livius angelegte Linie wurde durch den italienischen Bürgerhumanismus neu gefaßt und insbesondere von Machiavelli so entwickelt, daß eine ganze Reihe moderner Denker, wie z.B. Montesquieu, an sie anknüpfen konnte. Die republikanische Strömung führt, wie John Pocock gezeigt hat, bis in den Diskurs der amerikanischen Verfassungsväter.[22] Dabei kam es sukzessive zu einer Ablösung des Republikanismus vom Stadtstaat und seiner Anwendung auf institutionelle Flächenstaaten, für die vor allem die *Founding Fathers* der amerikanischen Republik und Tocqueville stehen.[23] Für alle diese Autoren ist kennzeichnend, daß sie enge Verknüpfungen zwischen dem Gemeinwohl, den institutionellen Arrangements und den erforderlichen Handlungsqualitäten der politischen Akteure sowie ihren sozio-moralischen Kompetenzen vornehmen. Es ist geradezu ein Kennzeichen des republikanischen Denkens, daß es aus dieser Verbindung die politische Dynamik, das Auf und

---

[21] Vgl. Münkler 1991.
[22] Vgl. Pocock 1975, Baron 1992.
[23] Zu den *Founding Fathers* und zum Republikanismus von Jefferson vgl. den Beitrag von Cord-Friedrich Berghahn.

Ab von politischen Gemeinwesen, zu erklären versucht hat. In die zyklische Geschichtsauffassung ist zugleich ein Funktionswandel der Gemeinwohlrhetorik eingeschrieben. Die öffentliche Debatte über das Gemeinwohl setzt in der Regel nämlich erst dann ein, wenn Verfall wahrgenommen wird, d.h. die Republik ihre äußerliche Blüte offensichtlich überschritten hat. Politischer Verfall wird dabei in der Klage des Tugendverlusts kommuniziert.[24] In beiden Fällen kritisiert die republikanische Rhetorik zunächst die Praxis von Republiken und zielt auf deren Erneuerung u.a. durch die Einschränkung der Vermögensunterschiede in ihr. Wenn der Verfall zum Wechsel der Regierungsform geführt hat, wird die Kritik neu ausgerichtet und erlangt nun stellenweise revolutionäre Züge. Schließlich fungiert die Gemeinwohlrhetorik als Mobilisierungsideologie zu Schaffung und Aufbau einer Republik; vor allem in dieser Periode kann sie ihr herrschaftslimitierendes und die Bürger aktivierendes Potential entfalten. Der optimale Zustand einer Republik, durch nur mäßigen Reichtum und geringe Expansion nach außen gekennzeichnet, ist der, in dem nach diesem Modell am meisten Gemeinwohl und Gemeinsinn realisiert werden und gleichzeitig am wenigsten davon die Rede ist.

Neben dem Genre der Fürstenspiegel, in dem gemeinwohlförderliche Anforderungen an den Herrscher beschrieben werden,[25] und den Utopien, die fiktiv verwirklichte Gemeinwohlordnungen ausmalen, trifft man in der politischen Theorie der Frühen Neuzeit auf systematische Konzepte, wie das von Hobbes, und auf Kritik an solchen Systembauten inklusive deren Theoremen über Gemeinwohl, wie sie etwa Montaigne verkörpert. Er hat in seinen *Essais* das Gemeinwohlkonzept als Tarnung von Ehrgeiz und Habgier gedeutet, gleichzeitig aber auch immer wieder mit affirmativen Bezug vom Gemeinwohl gesprochen.[26] Diese Decouvrierung und gleichzeitige Inanspruchnahme des Gemeinwohls gehört in der Moderne, insbesondere bei den französischen Moralisten und den an sie anschließenden Autoren, zum Repertoire, mit dem öffentlich um das Gemeinwohl gestritten wird. Als Theoretiker ist freilich Thomas Hobbes viel wirksamer geworden. Er denkt die Politik von einem robusten Interessenkonzept mit dem Individuum als Nutzenmaximierer her und hat diesem Konzept zum Durchbruch verholfen. Dabei verzichtet er allerdings nicht auf den Gemeinwohlbegriff, legt aber die Verfügung darüber ausschließlich in die Hand des Souveräns. Das Gemeinwohl war damit rein säkular bestimmt und auch konzeptionell in hohem Maße politisch verfügbar geworden. Bislang taten die Theoretiker so, als gebe es „das Gemeinwohl", und die politischen Praktiker instrumentalisierten es theoretisch. Nun stellt Hobbes, ähnlich im übrigen wie die Theoretiker der Staatsräson,[27] das Gemeinwohl ganz bewußt in die Instrumentenkammer des Souveräns. Es gab allerdings nicht nur Ursurpationsversuche seitens

---

[24] Diese vor allem im Übergang vom 15. zum 16. Jahrhundert zu beobachtende Klage wiederholt sich in der zweiten Hälfte des 18. Jahrhunderts; vgl. Hirschman 1980, Hont/Ignatieff 1983 sowie Pocock 1985, S. 37ff.
[25] Vgl. Mühleisen u.a. 1997, insbes. S. 9-21.
[26] Zum verschiedenen Gebrauch der Gemeinwohlvokabel vgl. die Essais IX und X, in Montaigne 1992, Bd. III, 3. Buch.
[27] Zur Verbindung von Staatsräson und Gemeinwohl insbes. bei Herman Conring vgl. Stolleis 1988, S. 207ff.

des Souveräns, sondern auch durch die verschiedene Parteien des englischen Bürgerkrieges, die das Gemeinwohl, den *Common Weal*, zu ihren Zwecken zu nutzen trachteten. Neben im engeren Sinn religiösen Motiven spielte dabei auch das Interesse an freier politischer Verfügbarkeit der Gemeinwohlsemantik eine bedeutende Rolle.[28]

Semantischer Coup des Liberalismus

Bernard de Mandeville hat im frühen 18. Jahrhundert dem Gemeinwohldiskurs mit seiner *Bienenfabel* und ihrer These vom öffentlichen Nutzen privater Laster[29] eine neue Richtung gegeben. Er betreibt eine Substitution des Gemeinwohls durch die Eigeninteressen, eliminiert dabei aber das Gemeinwohl nicht komplett. Entscheidend ist, daß Mandeville auf seine Weise die Gesellschaft als einen besonderen Raum entdeckt hat. Er weist dem Staat und der Legislation eine distinkte Aufgabe zu, nämlich Rahmenbedingungen für das Gemeinwohl zu sichern. Die Pointe hierbei ist, daß es um eine entmoralisierte Politik geht, die sich nicht direkt in gesellschaftliche Belange einmischt und an ihren Effekten zu messen ist. Mandeville wird nicht selten in seinem Einfluß vor allem auch auf Adam Smith unterschätzt. Smith hat sich mehrfach mit ihm auseinandergesetzt und folgte immer mehr seinem Argument der „private vices, public benefits", das er jedoch nie in der paradoxen Form wie der Autor der Bienenfabel faßte.[30]

Smith ist besonders wirksam geworden, weil er mit anderen schottischen Autoren die Politische Ökonomie als neue wissenschaftliche Disziplin hervorbrachte, die mit der Moralphilosophie um den definitiven Einfluß auf die Verhaltenssteuerung der Menschen konkurriert: Die Moralphilosophie zielt dabei auf Motive und Intentionen, während die Politische Ökonomie bei Effekten und Ergebnissen ansetzt. Die Rezeption seiner Theorien, die sich als eine Abfolge der Aufnahme und Universalisierung seines *Argumentes der unsichtbaren Hand* fassen läßt, erfolgte vor allem im 19. Jahrhundert. Dieses Argument besagt, daß das vielfache Verfolgen der wirtschaftlichen Eigeninteressen in einer Marktwirtschaft am Ende allen nutzt und zu einer sinnvollen Ordnung führt. Smith hatte dieses Argument eher *en passant* vorgebracht, dennoch ist hier im Prinzip eine Umkehr der Relation von Privatinteressen und Gemeinwohl vollzogen: Man muß das Gemeinwohl gar nicht mehr intentional anstreben, sondern es setzt sich in der Marktordnung aufgrund bestimmter institutionalisierter Regeln durch (diese Regeln werden allerdings nicht näher beschrieben). An die Stelle der Intentionalität politischer wie gesellschaftlicher Akteure, um die sich der Republikanismus gesorgt hatte, trat die Funktionalität institutionalisierter Märkte, die mit geringerem Aufwand und größerer Erwartungssicherung zu demselben Ergebnis zu führen beansprucht. Entscheidend ist, daß das Wohl der Menschen hierbei auf materielle Interessen reduziert und nicht mehr innerhalb einer Vielzahl von Leidenschaften gefaßt wird. Mit Adam Smith rückt die Politische Ökonomie als wissenschaftliche Disziplin und der Experte als soziale Figur zur Bestimmung der richtigen, gemeinwohlförderlichen Ordnung in den Vordergrund.

---

[28] Vgl. zu den einzelnen Parteiungen und ihrer Inanspruchnahme des Gemeinwohls den Beitrag von Raimund Ottow.
[29] Vgl. Mandeville 1980, v.a. S. 84.
[30] Zu Mandeville vgl. Euchner 1973, S. 74-131, sowie Hundert 1994.

Man kann die bei Smith im Konzept der „invisible hand" angelegte Umkehr des Zusammenhangs von Privat- und Gemeinwohl als „semantischen Coup des Liberalismus"[31] festhalten, und zwar insbesondere deshalb, weil diese Denkfigur nicht lange auf den Bereich der Wirtschaft beschränkt blieb. Immanuel Kant, nebenbei gesagt ein Bewunderer Mandevilles, hat sie paradigmatisch auf den Staat übertragen. Die Republik wird auf eine institutionalisierte Rechtsordnung gegründet, was selbst für ein „Volk von Teufeln (wenn sie nur Verstand haben)"[32] möglich sei. Damit treten die Intentionen der Akteure sowie deren sozio-moralische Dispositionen, auf denen die Institutionen aufruhen, in den Hintergrund. Diese Linie der Ersetzung des Gemeinwohls reicht über die Utilitaristen bis hin zu Mancur Olson und – in der deutschen Politikwissenschaft – zu Fritz Scharpf, der die Umstellung der Gemeinwohlkonzeption von einer Input- auf eine Output-Kontrolle am stärksten favorisiert hat.[33] Hier soll nur ein Aspekt der semantischen Umstellung im 18. Jahrhundert angedeutet werden: Der neue Ausgangspunkt ist das Individuum; von seinen Rechten her wird das Gemeinwesen gedacht. In diesem Rahmen wird das Gemeinwohl als ein inhaltlich fixiertes Konzept substituiert, zumindest aber umgewertet. In Verbindung damit treten Freiheit, Sicherheit und Wohlstand in den Mittelpunkt der Gemeinwohlvorstellung, die zunehmend nicht mehr vom Souverän, vom Staat, sondern vom Individuum her gedacht wird.

Verstaatlichung des Gemeinwohls in der Policey-Wissenschaft

Kant und Smith standen in Opposition zu einer Richtung, die ebenfalls an Hobbes anknüpft, aber nicht so sehr an sein Interessenkonzept als vielmehr an die Bindung des Gemeinwohls an den Souverän. Insbesondere die Policey-Wissenschaft im 17. und 18. Jahrhundert übersetzte dieses Konzept in eine durch vielfältige Ordnungen von oben geregelte Staatlichkeit.[34] Dabei dienen Gemeinwohl und Gemeinsinn wesentlich als politische Vokabeln zur Passivierung der Bürger. Gleichzeitig wird mit diesen Konzepten, wie *Thomas Simon* zeigt, eine Verdichtung von Herrschaft erzielt, deren Versprechen mehr Sicherheit und Wohlfahrt sind. Michel Foucault pointiert diese Entwicklung:

> „Bei Pufendorf heißt es: ‚Man hat ihnen [den Souveränen] die souveräne Autorität nur übertragen, damit sie sich ihrer bedienen, um den öffentlichen Nutzen herbeizuführen und zu wahren.' Ein Souverän darf nichts für vorteilhaft für sich selbst halten, wenn es dies nicht auch für den Staat ist. Worin besteht aber nun dieses Gemeinwohl oder auch dieses Heil aller, von dem die Rechtsgelehrten sprechen und das regelmäßig als der eigentliche Zweck der Souveränität geltend gemacht und aufgestellt wird? [...]. Das öffentliche Wohl ist [...] im Wesentlichen der Gehorsam vor dem Gesetz, vor dem Gesetz des Souveräns über diese Erde oder vor dem Gesetz des absoluten Souveräns, Gott. Doch, wie auch immer, bezeichnend für den Zweck der Souveränität, für dieses Gemeinwohl oder allgemeine Wohl, ist letzten Endes nichts anderes als absolute Unterwerfung. Der Zweck der Souveränität ist somit zirkulär: Er verweist auf die

---

[31] Vgl. Münkler/Fischer 1999, S. 247f.
[32] Kant 1995, S. 224.
[33] Scharpf 1991.
[34] Maier 1966, Stolleis 1988, S. 334ff.

tatsächliche Ausübung der Souveränität; das Wohl ist der Gehorsam vor dem Gesetz, demnach ist das Wohl, das die Souveränität sich vornimmt, daß die Leute ihr gehorchen."[35]

Damit ist ein paradoxer Status des Gemeinwohlbegriffes von Unbestimmtheit und großer Bestimmtheit beschrieben: Es handelt sich um einen im Prinzip entsubstanzialisierten Begriff, der nur auf den Gehorsam gegenüber dem Souverän abstellt, aber gleichzeitig ist dieser durch eine Vielzahl von Ordnungen und Verordnungen gebunden, in denen das Gemeinwohl konkretisiert ist.

Historisch liegt der genannten Uminterpretation des Gemeinwohls eine Intensivierung von Herrschaft und eine Steigerung von Integration zugrunde, die durch Policey-Ordnungen geregelt wird. Auf ökonomischem Gebiet ist dabei die Herausbildung von Territorial-Ökonomien wesentlich. Die „Lands-Würthschaften" stellen solche Einheiten dar, die mit merkantilistischen Politiken reguliert werden. Dabei erfolgt auf seiten der Politik eine Umstellung der Wissensformen: Statt der personal verkörperten Weisheit von Regenten und Beratern sind nun Experten und wissenschaftlich gestützte Argumente von Ökonomen und Juristen gefragt, wie dies *Wolf-Hagen Krauth* zeigt. Hinzu kommt, daß für die Durchsetzung der Policey-Ordnungen nicht einfach ein hobbesianisches Deutungsmonopol des Gemeinwohls seitens des Souveräns genügt, sondern eine Beamtenschaft, die es *en detail* interpretiert und durchsetzt.

Wie wichtig es bei der Analyse von Gemeinwohlvorstellungen ist, Semantiken mit Praktiken zu verbinden, wird bei einem Blick auf die Genese des neuzeitlichen Staates deutlich: Waren Gemeinwohl und Gemeinsinn in der kommunalen Bewegung Selbstbehauptungsvokabeln, die als Semantik reflexive Praktiken der Ausübung der Freiheit der Bürger begleiteten und sich historisch auf ziviles und militärisches Engagement bezogen, so wird das Gemeinwohl nun zu einer Passivierungs- und Disziplinierungsformel von Herrschaftspraxen, wie *Matthias Bohlender* betont. Aus einem Reflexionsbegriff von Bürgerschaft wird Gemeinwohl zu einer Verfügungsvokabel von Herrschaft. Dabei wurden im Ordnungsschema von „Policey" gesellschaftliche, sittliche und politische Formen zusammengebracht, die dem Ziel der Mehrung des Gemeinwohls dienen sollen. Es versteht sich von selbst, daß dabei der Gemeinsinn der Bürger in den Hintergrund rückt. Das heißt freilich nicht, daß sich die kommunale Tradition gänzlich erschöpft hätte. Vielmehr wird sie länderspezifisch in Europa unterschiedlich stark kontinuiert, und immer wieder dient die Gemeinwohlsemantik auch als Medium bürgerschaftlicher Selbstermächtigung gegen obrigkeitliche Passivierung. Dennoch kommt mit der Ausbildung des institutionellen Flächenstaates die Verstaatlichung der Gemeinwohlkompetenz erst richtig zum Zuge. In diesem Kontext wird auf staatlicher Ebene die Grenze privat-öffentlich paternalistisch von „oben" gezogen. Inhaltlich erfolgt dabei eine Verschiebung der Themen; wiewohl die Ordnung das Thema ist, geht es hinsichtlich der Individuen viel weniger um das gute Leben oder das wohlgeordnete Gemeinwesen, sondern in den Vordergrund rücken Sicherheit, Wohlstand und konkrete, staatlich gewährte Freiheitsspielräume.

---

[35] Foucault 2000, S. 53.

Kritik am liberalen Modell im 19. Jahrhundert

Brachte das 19. Jahrhundert im Zeichen von industrieller Umwälzung und politischen Revolutionen den eigentlichen Siegeszug liberaler Ideen, so gibt es in ihm aber auch theoretische Reaktionen auf die individualistische Substitution der Gemeinwohl- und Gemeinsinnsemantik, die innerhalb einer Rezeption der Politischen Ökonomie und der liberalen politischen Theorie vorgenommen werden. Dies läßt sich exemplarisch an Hegel, Lorenz von Stein und Otto von Gierke zeigen, die alle mehr oder weniger zu einer organisch-kommunitären Linie politischen Denkens gehören. Diese Autoren gehen vom modernen Individuum und damit von der Annahme aus, das gesellschaftliche Leben sei wesentlich Kampf. Zugleich wird das Gemeinwohl bei ihnen weder als kleinster gemeinsamer Nenner noch als Nebenprodukt egoistischen Handelns gedacht, sondern als ein Ganzes, das mehr als die Summe der Teile ist. Interessant sind diese Entwürfe auch darum, weil sie unter modernen Bedingungen mehr oder weniger explizit an Gemeinwohlvorstellungen festhalten und zugleich auf eine limitierte Weise eine Art von Pluralismus denken. Das beginnt bei der Annahme einer Vielfalt von Gemeinwohlakteuren, die an der Bestimmung des Allgemeinwohls beteiligt sind. Das Gemeinwohl wird in einer subsidiär gegliederten Ordnung gefaßt, so daß es mehrere Gemeinwohle auf unterschiedlichen Ebenen gibt sowie ein Gemeinwohl, das sich auf die Ordnung als Ganze bezieht. Die problematische Seite dessen ist freilich die Verselbständigung des Staates zum Hüter und Garanten des Gemeinwohls schlechthin. Der Staat als Sphäre und Hüter des Allgemeinen wird von der Sphäre der Wirtschaft, der bürgerlichen Gesellschaft, deutlich unterschieden, aber nicht getrennt von ihr gedacht. Hegel akzentuiert in der Sphäre der bürgerlichen Gesellschaft die Korporationen als integrative und intermediäre Institutionen; Stein betont das aufgeklärte Sonderinteresse der herrschenden Klasse; und Gierke hebt hervor, auch im Privatrecht müsse die Orientierung auf das Gemeinwohl eingelassen sein, ebenso wie das Privatwohl im öffentlichen Recht systematisch zu berücksichtigen sei.[36]

Hegel, Stein und Gierke favorisieren ein Konzept *gestuften Gemeinwohls* verschiedener Gemeinschaften, deren Verbindung in einer Gesamtordnung nach dem Prinzip der *Subsidiarität* gedacht wird.[37] Die entsprechenden Vorstellungen von Interessenvermittlung stellen nicht nur auf institutionelle Einbindungen ab, die dazu führen, daß auch private Interessen immer schon gesellschaftlich bestimmt, zumindest reflektiert werden, sondern sie zielen auf eine Vermittlung von einzelnen, besonderen und allgemeinen Interessen, die zu einem Bestandteil der gesellschaftlichen und politischen Integration wird. Weil diese Vermittlung in institutionelle Regelungen eingebunden ist, werden in ihr immer wieder auch die Voraussetzungen gemeinwohlorientierten Handelns thematisch. Das Konzept gestuften Gemeinwohls enthält eine treffende Kritik am liberal-individualistischen Konzept, das Ordnungsbildung nur als Nebeneffekt betrachtet und insofern selbst die Bedingungen *individueller* Interessenverfolgung nur partiell berücksichtigt.

---

[36] Vgl. Hegel 1981, Stein 1959, Bd. 1-3, Gierke 1889, S. 6. Zu Stein vgl. Böckenförde 1991.
[37] Dazu Riklin/Batliner 1994.

Denkt Hegel den Staat in einer gegliederten Ordnung nach einem Interessenläuterungsmodell, so bedarf es doch zugleich einer besonderen sozialen Gruppe als Hüter, Interpreten und Realisatoren des Gemeinwohls. Diese Rolle übernimmt die Beamtenschaft, der „allgemeine Stand", wie Hegel sie nennt. Die Rolle ist allerdings keineswegs so exklusiv gedacht, wie eine staatszentrierte Hegel-Interpretation gemeint hat, denn dieser Stand ist nicht nur in eine institutionelle Ordnung eingebettet, sondern bedarf auch noch der Korporationen als Hort des Allgemeinen in der bürgerlichen Gesellschaft, also auf vorstaatlicher Ebene. Als Vermittlungsdenker sieht Hegel „subsidiäre" Formen von Gemeinwohlsicherung in der bürgerlichen Gesellschaft vor, die allerdings unter Rechtsaufsicht des Staates zu stellen sind.[38]

Viel stärker als Hegel betont Stein im Hinblick auf die akute soziale Frage den Einfluß der Gesellschaft, wodurch die Aufgabe des Staates, Garant des Allgemeinen zu sein, und die freie Entwicklung aller zu ermöglichen, umfassender, aber auch problematischer wird. Stein akzentuiert, daß die Legitimität moderner Staaten an den tagtäglichen Leistungen der Verwaltung gemessen werde. Insofern hebt auch er auf die Reproduktion nichtinstitutioneller Voraussetzungen staatlicher Institutionen ab. Insgesamt gesehen reformulieren und modernisieren Hegel und Stein zu einem erheblichen Teil die polizeiwissenschaftlichen Argumentationen, jedoch nicht mit der Absicht einer Passivisierung der Bürger, sondern gerade in aktivierender Absicht.[39]

Demgegenüber hebt Otto von Gierke die Notwendigkeit einer Vielzahl von Verbänden hervor. Er strebt eine „Zurückverlegung des Staates in das Volk"[40] an und faßt unter dem Titel der Genossenschaft kommunitäres Engagement über Hegel und Stein hinausgehend als gleichwertiges Gegenstück zur Herrschaft. Dies ist auch die Grundlage seiner angelsächsischen pluralismustheoretischen Rezeption.[41] Wenn Gierke wie Stein am Staat als realer und nicht-fiktiver Persönlichkeit festhält, so nicht zuletzt mit Blick auf die größere Gewißheit und reelle Allgemeinheit, die dem Staat im Vergleich mit den Verbänden zukommt. Statt den Staat in eine Fiktion aufzulösen, wie es mancher liberale Autor tut, hat eine sozialwissenschaftliche Deutung des Staates, getreu dem Thomas-Theorem, dem zufolge alle Fiktionen, die geglaubt werden, wirksam sind, den Staat als besondere Größe an Glauben und Tun politisch-gesellschaftlicher Akteure zurückzubinden. Das heißt aber zugleich, den Staat als Hüter und Garanten des Allgemeinwohls auf eine politische Kultur und Praxis zu gründen; seine Wesensbestimmung und sein Wirken sind dann an kontingente Umstände geknüpft, die zu kontrollieren und zu reproduzieren ihm nur begrenzt möglich ist.

Die Idee des Gemeinwohls und auch ihre Verknüpfung mit dem Gemeinsinn bleibt, wie anhand unterschiedlicher theoretischer Strömungen des 19. Jahrhundert skizziert,

---

[38] Hegel, Rechtsphilosophie § 235.

[39] Dies kann man nicht nur an Hegels Abschnitten zur Polizei und Rechtspflege in der Rechtsphilosophie ablesen, sondern auch in der Anlage und Regelungsdichte, die sein Staatsrecht vorsieht. Stein hat sich in seiner Verwaltungslehre (1865–68) explizit mit der Polizeiwissenschaft auseinandergesetzt.

[40] Gierke 1889, S. 10.

[41] Vgl. Runciman 1997.

eine aktuelle Begrifflichkeit der modernen politisch-sozialen Sprache.[42] Festzuhalten ist in diesem Zusammenhang, daß die Theoretiker sich und ihre Disziplinen (Philosophie, Gesellschafts- und Verwaltungslehre, Rechtswissenschaft) als besondere Hüter, Wächter und Interpreten des Gemeinwohls selbst privilegieren, wobei es immer wieder zu einem Wechsel in der Position der in besonderer Weise mit der Pflege des Gemeinwohls betrauten Disziplinen kommt. Hinsichtlich der historischen Transformation der Gemeinwohlsemantik im 19. Jahrhundert sind zwei Punkte interessant. Zum einen die überwölbende Tendenz der Nationalisierung des Gemeinwohls, die sowohl von „oben", durch den Staat, als auch von „unten", durch die Bürger und die nationale Bewegung, erfolgt. Die politische Idee der Nation beruht auf einer generellen Aktivierung ihrer Mitglieder, auf einem spezifischen Bürgersinn, der durch Gleichheits- und Solidaritätsversprechen gewonnen wird. Der Staat und die nationalen Eliten müssen dafür im Tausch nicht nur Schutz, Rechtssicherheit und ein bestimmtes Ausmaß an Gleichheit und Solidarität sichern, sondern sie können im nationalen Interesse (ein Substitutsbegriff für nationales Wohl) auch Solidaritätszumutungen und Opferforderungen an die Bürger richten. Es hängt von der spezifischen Ausprägung der Nationen, von ihrer inneren Verfassung wie ihrer geschichtlichen Entstehung ab, inwieweit es dabei auf nationaler und/oder darunter liegenden Ebenen (Regionen, Kommunen) zu Verknüpfungen zwischen Gemeinwohl und Gemeinsinn kommt.

Zum zweiten kennzeichnet das 19. Jahrhundert ein andauerndes und selten näher betrachtetes Fortwirken der republikanischen Tradition, die mit neuen Inanspruchnahmen der Gemeinwohlsemantik, insbesondere durch bürgerliche Schichten, einhergeht, wofür der Aufschwung des Stiftungswesens und des Mäzenatentums im Kaiserreich, den *Manuel Frey* darstellt, neben anderen Geselligkeitsformen und Assoziationen ein guter Indikator sind. Geht man diskursanalytisch vor, dann stellt sich das 19. Jahrhundert mit seinem Vereinswesen, seiner Blüte der Freimaurer-Bewegung, seiner bürgerlich-zivilen Geselligkeit, als eine Zeit dar, in der – statt seines oft diagnostizierten Endes – ein eigener Tugenddiskurs gepflegt wird. So gesehen, bleibt diese Ära noch im Schatten frühneuzeitlicher Begriffe, wie *Stefan-Ludwig Hoffmann* zeigt, und sie kontinuiert den republikanischen Denkstrang, in dem Gemeinwohl und Gemeinsinn zusammen gedacht wurden.

Fragt man nach diesem selektivem Gang durch die Geschichte des politischen Denkens im Hinblick auf einige Eckpunkte der Semantik von Gemeinwohl und Gemeinsinn, was ihren Anspruch, ein Bestandteil moderner Leitbegrifflichkeit zu sein, rechtfertigen kann, so ist es vor allem ihre schwache inhaltliche Bestimmtheit und die daraus resultierende vielfältige operationale Verwendbarkeit. Beides läßt sie immer wieder für verschiedene soziale und politische Akteure attraktiv erscheinen. Man kann politische Aufgaben und Projekte positiv mit dem Gemeinwohl verknüpfen oder *ex negativo* in Abgrenzung zu gemeinwohlschädigendem Verhalten thematisieren. Der skizzierte theoretische Ansatz eröffnet eine erfolgversprechende Verbindung von Gemeinwohl und

---

[42] Um so bemerkenswerter ist, daß ein einschlägiger Artikel in den *Geschichtlichen Grundbegriffen*, dem von Brunner, Conze und Koselleck herausgegebenen „Historischen Lexikon zur politisch-sozialen Sprache in Deutschland" fehlt.

Gemeinsinn in dem Sinne, daß man damit die überkommenen Konnotationen von Gemeinwohl als einem substanzialistischen Begriff aufsprengen und mit der Gemeinwohlsemantik transportierte Problemstellungen jenseits des alten begrifflichen Horizontes erörtern kann. Die Verbindung von politischen Ideen, politischer Rhetorik und praktisch-institutionellen Definitions- sowie Realisierungsprozessen erlaubt, die Transformation des Gemeinwohls und seine Wandlungen im Zusammenhang mit dem Gemeinsinn zu markieren und in ihrer Bedeutung für die Selbstthematisierung von Gesellschaften herauszustellen. Der Kampf um Begriffe und Ideen ist, wie der Wandel der Semantik zeigt, immer auch ein Kampf um die politische Hegemonie. Die auf eine Aktivierung des Gemeinsinnes der Bürger zielende Nutzung des Gemeinwohlkonzeptes ist in der Regel herrschaftslimitierend, während die Bestimmung des Gemeinwohls von „oben", die auf eine Passivierung der Bürger zielt, herrschaftslegitimierend fungiert. In historisch-politischen Diskursen prallen diese Varianten nicht nur oft aufeinander, sondern es entstehen auch Mischformen, die oft nicht leicht zu durchschauen sind. Thematisch werden in all diesen Fällen die Handlungsorientierungen von Bürgern und politischen Gemeinwesen, die Ermöglichung kooperativen Handelns und die Reproduktion der dafür nötigen institutionellen und sozio-moralische Ressourcen.

Literatur

Alemann, U. v./Heinze, R. G./Wehrhöfer, U. (Hg., 1999), Bürgergesellschaft und Gemeinwohl. Analyse, Diskussion, Praxis, Opladen.

Baron, H. (1992), Bürgersinn und Humanismus im Florenz der Renaissance, Berlin.

Bell, D. (Hg., 1993), Communitarianism and Its Critics, Oxford.

Böckenförde, E.-W. (1991): Lorenz von Stein als Theoretiker der Bewegung von Staat und Gesellschaft zum Sozialstaat, in: Ders., Recht, Staat, Freiheit. Studien zur Rechtsphilosophie, Staatstheorie und Verfassungsgeschichte, Frankfurt/M., S. 170-208.

Dahl, R. A. (1989), Democracy and Its Critics, New Haven/London.

Deth, J. W. van/Maraffi, M./Newton, K./Whiteley, P. F. (1999), Social Capital and European Democracy, London.

Euchner, W. (1973), Egoismus und Gemeinwohl. Studien zur Geschichte der bürgerlichen Philosophie, Frankfurt/M.

Fischer, K. (2000), Gemeinwohlrhetorik und Solidaritätsverbrauch. Bedingungen und Paradoxien des Wohlfahrtsstaates, in: Ethik im Sozialstaat, hg. v. M. Prisching, Wien, S. 131- 154.

Foucault, M. (2000), Die „Gouvernementalität", in: Gouvernementalität der Gegenwart. Studien zur Ökonomisierung des Sozialen, hg. v. U. Brökling u.a., Frankfurt/M., S. 41-67.

Gebhardt, J./Münkler, H. (Hg. 1993), Bürgerschaft und Herrschaft. Zum Verhältnis von Macht und Demokratie im antiken und neuzeitlichen politischen Denken, Baden-Baden.

Gierke, O. v. (1889), Die soziale Aufgabe des Privatrechtes, Berlin.

Gunn, J. A. W. (1969), Politics and the Public Interest in the Seventeenth Century, London/Toronto.

Hegel, G. W. F. (1981), Grundlinien der Philosophie des Rechtes oder Naturrecht und Staatswissenschaft im Grundrisse, Berlin.

Hibst, P. (1991), Utilitas Publica – Gemeiner Nutz – Gemeinwohl. Untersuchungen zur Idee eines politischen Leitbegriffes von der Antike bis zum späten Mittelalter, Frankfurt/M. u.a.

Hirschman, A. O. (1980), Leidenschaften und Interessen. Politische Begründungen des Kapitalismus vor seinem Sieg, dt. von S. Offe, Frankfurt/M.
Hirschman, A. O. (1984), Engagement und Entscheidung. Über das Schwanken der Bürger zwischen Privatwohl und Gemeinwohl, dt. von S. Offe, Frankfurt/M.
Hirschman, A. O. (1989), Moral und Sozialwissenschaften. Über die Langlebigkeit ihres Spannungsverhältnisses; in: Ders., Entwicklung, Markt und Moral. Abweichende Betrachtungen, Frankfurt/M.
Hirschman, A. O. (1997), Grenzübertritte, in: Ders., Tischgemeinschaft. Zwischen öffentlicher und privater Sphäre. Jan Patocka-Gedächtnisvorlesung des IWM 1996, Wien, S. 34-76.
Hofmann, H. (2000), Einführung in die Rechts- und Staatsphilosophie, Darmstadt.
Honneth, A. (Hg., 1993), Kommunitarismus: Eine Debatte über die moralischen Grundlagen moderner Gesellschaften, Frankfurt/M./New York.
Hont, I./Ignatieff, M. (Hg., 1983), Wealth and Virtue. The Shaping of Political Economy in the Scottish Enlightment, Cambridge.
Hundert, E. G. (1994), The Enlightenment's Fable. Bernard Mandeville and the Discovery of Society, Cambridge/New York.
Kant, I. (1995), Zum ewigen Frieden. Ein philosophischer Entwurf, in: Immanuel Kant Werkausgabe, hg. v. W. Weischedel, Frankfurt/M., Bd. IX, S. 193-251.
Kaufmann, M. (1999), Gemeinwohl und Recht, in: Das Gemeinwohl zwischen Universalismus und Partikularismus. Zur Theorie des Gemeinwohls und der Gemeinwohlwirkung von Ehescheidung, politischer Sezession und Kirchentrennung, hg. von P. Koslowski, Stuttgart/Bad Cannstatt, S. 102-123.
Kempshall, M. S. (1999), The common good in late medieval thought, Oxford.
Klages, H. (1999), Individualisierung als Triebkraft bürgerschaftlichen Engagements. Empirische Fakten und Folgerungen, in: Perspektiven gesellschaftlichen Zusammenhalts, hg. v. E. Kistler u.a., Berlin, S. 101-111.
Koselleck, R. (1972), Einleitung, in: Geschichtliche Grundbegriffe. Historisches Lexikon zur politisch-sozialen Sprache in Deutschland, hg. v. O. Brunner, W. Conze, R. Koselleck, Stuttgart, S. XIII-XXVII.
Koselleck, R. (1995^3), Vergangene Zukunft. Zur Semantik geschichtlicher Zeiten, Frankfurt/M.
Koslowski, P. (Hg., 1999), Das Gemeinwohl zwischen Universalismus und Partikularismus. Zur Theorie des Gemeinwohls und der Gemeinwohlwirkung von Ehescheidung, politischer Sezession und Kirchentrennung, Stuttgart/Bad Cannstatt.
Ladd, E. C. (1999), The Ladd Report, New York.
Maier, H. (1966), Die ältere deutsche Staats- und Verwaltungslehre, Neuwied a. Rhein/Berlin.
Mandeville, B. de (1980), Die Bienenfabel oder Private Laster, öffentliche Vorteile, Frankfurt/M.
Miller, P. N. (1994), Defining the Common Good: Empire, Religion and Philosophy in Eighteenth-century Britain, Cambridge/New York/Oakleigh.
Montaigne, M. de (1992), Essais, Zürich, Bd. 1-3.
Moos, P. v. (1998), Das Öffentliche und das Private im Mittelalter. Für einen kontrollierten Anachronismus, in: Das Öffentliche und das Private in der Vormoderne, hg. von G. Melville und P. v. Moos, Köln/Weimar/Wien, S. 3-83.
Mühleisen, H.-O./Stammen, Th./Philipp, M. (Hg., 1997), Fürstenspiegel der Frühen Neuzeit, Frankfurt/M.
Münkler, H. (1991), Die Idee der Tugend. Ein politischer Leitbegriff im vorrevolutionären Europa, in: Archiv für Kulturgeschichte, 73. Bd., S. 379-403.

Münkler, H. (1997), Der kompetente Bürger, in: Politische Beteiligung und Bürgerengagement in Deutschland, hg. v. A. Klein und R. Schmalz-Bruns, Baden-Baden, S. 153-172.

Münkler, H. (2000), Ehre, Amt und Engagement. Wie die knappe Ressource Bürgersinn gesichert werden kann, in: Forschungsjournal Neue soziale Bewegungen, Heft 2, S. 22-32.

Münkler, H. (Hg., 1996), Bürgerreligion und Bürgertugend. Debatten über die vorpolitischen Grundlagen politischer Ordnung, Baden-Baden.

Münkler, H./Fischer, K. (1999), Gemeinwohl und Gemeinsinn. Thematisierung und Verbrauch soziomoralischer Ressourcen in der modernen Gesellschaft; in: Berlin-Brandenburgische Akademie der Wissenschaften, Berichte und Abhandlungen Bd. 7, Berlin, S. 237-265.

Münkler, H./Fischer, K./Bluhm, H. (2000), Das Ende einer semantischen Karriere? Zur Gegenbegrifflichkeit von Gemeinwohl und politischer Korruption, in: Berlin-Brandenburgische Akademie der Wissenschaften, Berichte und Abhandlungen Bd. 8, Berlin, S. 425-440.

Münkler, H./Krause, S. (2001), Der aktive Bürger; in: Politik im 21. Jahrhundert, hg. v. C. Leggewie und R. Münch, Frankfurt/M. (i.E.).

Offe, C. (1999), „Sozialkapital". Begriffliche Probleme und Wirkungsweise, in: Perspektiven gesellschaftlichen Zusammenhalts, hg. v. E. Kistler, u.a., Berlin, S. 113-120.

Pocock, J. G. A. (1975), The Machiavellian Moment. Florentine Political Thought and the Atlantic Republican Tradition, Princeton (N.J.).

Pocock, J. G. A. (1985), Virtue, Commerce and History. Essays on Political Thought and History, Chiefly in the Eighteenth Century, Cambridge.

Putnam, R. D. (1995), Bowling Alone: America's declining social capital, in: Journal of Democracy, Jan. 1995, Vol. 6, S. 65-78.

Putnam, R. D. (2000), Bowling Alone. The Collapse and Revival of American Community, New York.

Putnam, R. D. (Hg., 2001), Gesellschaft und Gemeinsinn. Sozialkapital im internationalen Vergleich, Gütersloh.

Riklin, A./Batliner, G. (Hg., 1994), Subsidiarität, Baden-Baden.

Runciman, D. (1997), Pluralism and the Personality of the State, Cambridge.

Scharpf, F. W. (1991), Die Handlungsfähigkeit des Staates am Ende des 20. Jahrhunderts, in: Politische Vierteljahresschrift, 32. Jg., Heft 4, S. 621-634.

Scharpf, F. W. (1999), Regieren in Europa. Effektiv und demokratisch?, Frankfurt/M.

Skocpol, Th. (1997), The Tocqueville Problem. Civic Engagement in American Democracy, in: Social Science History 21: 4 (1997), S. 455-479.

Stein, L. v. (1865–68), Verwaltungslehre, 7 Theile, Stuttgart.

Stein, L. v. (1959), Geschichte der sozialen Bewegung in Frankreich, Darmstadt, Bd. 1-3.

Stolleis, M. (1988), Geschichte des öffentlichen Rechts in Deutschland. Bd. 1: 1600–1800, München.

Walzer, M. (1992), Zivile Gesellschaft und amerikanische Demokratie, Berlin.

GUIDO O. KIRNER

Polis und Gemeinwohl
Zum Gemeinwohlbegriff in Athen vom 6. bis 4. Jahrhundert v. Chr.[*]

I. Problem- und Quellenlage

Gemeinwohl kann als eine Handlungsorientierung definiert werden, welche das Streben nach Zielen und Verhältnissen umfaßt, die jedem einzelnen und allen zusammen in einem Kollektiv zum Vorteil gereichen. Bereits die diversen antiken Mythen bzw. Lehren von der Entstehung der Kultur oder die Anthropologien von der Soziabilität des Menschen aufgrund seines Daseins als Mängelwesen können als Reflexion darüber betrachtet werden. Das Nachdenken und Argumentieren, was den Vorteil jedes Einzelnen für die Gemeinschaft oder der Gemeinschaft für die Summe der Einzelen ausmacht, impliziert eine Argumentationsstrategie, die sich nicht als Nullsummenspiel begreifen läßt, bei dem der Vorteil des einen immer zugleich der Nachteil des / der anderen ist; statt dessen muß stets von einem Mehrwert an Kooperation bzw. Interaktion ausgegangen werden. Die Frage, was in einer Gemeinschaft allen zuträglich ist, gehört zu den Ausgangspunkten politischen Denkens im weitesten Sinne, dessen Grundformen sich in der Antike finden und von dort aus bis in die Moderne rezipiert wurden.[1]

Will man dabei nicht nur – wie zumeist – auf die einschlägigen Stellen bei Platon und Aristoteles rekurrieren,[2] sondern eine Entwicklung der Konstituierung eines Gemeinwohlbegriffs nachzeichnen, so muß dabei berücksichtigt werden, daß es bereits eine Vorstellung von gemeinwohlorientierten Praktiken und Institutionen geben konnte, ohne daß diese in ein ausdifferenziertes Begriffssystem eingebettet gewesen wäre. So ließen sich für die athenische Demokratie u.a. die von den Reichen freiwillig gespendeten Leiturgien

---

[*] Für Anregungen und maßgebliche Hilfe möchte ich mich bei Wilfried Nippel bedanken.
[1] Vgl. z.B. die Überlegungen von Dahrendorf 1986 zu zwei Theoriesträngen in der modernen politischen Soziologie im Hinblick auf den ungelösten Konflikt zwischen Sokrates und Thrasymachos in Platons *Politeia*.
[2] So bei Hibst 1990, der seinen begriffsgeschichtlichen Schwerpunkt sowie Forschungsüberblick auf das Mittelalter und die Frühe Neuzeit legt und nur die üblichen wenigen Aristoteles- bzw. Platonstellen anführt.

zum Nutzen der gesamten Polis, die Institution der Popularklage,[3] Einrichtungen wie Renten für Invaliden und Kriegswaisen oder die Verteilung öffentlicher Gelder an Bürger zur Ermöglichung ökonomischer Abkömmlichkeit für politische Aufgaben daraufhin untersuchen.

Bei der allmählichen Herausbildung einer spezifisch politischen Begrifflichkeit, zeigt sich im Gebrauch der Gemeinwohlsemantik, daß sich der diskursive Schwerpunkt alsbald auf die nächst konkretere Ebene verschiebt, nämlich zu Tugendvorstellungen und / oder zur Frage nach der Gesetzes- bzw. Verfassungsqualität. Dies hat mit einem Charakteristikum des Gemeinwohlbegriffs zu tun, der für sich genommen zu allgemein für eine konkrete Verbindlichkeit bleibt, in den Ansätzen seiner inhaltlichen Ausgestaltung aber in einem kontextabhängigen Netz harmonisierender oder antagonistischer Begrifflichkeit divergierender politischer Positionen aufgelöst zu werden droht. Damit fungiert die Vorstellung eines Gemeinwohls als eine positiv zu besetzende Leerstelle in Debatten um kollektiv anzustrebende Ziele einer politischen Gemeinschaft und eignet sich womöglich gerade deshalb als eine Art „Generalklausel", die erst in der politisch-sozialen Praxis ihre konkrete Auslegung bzw. Ausgestaltung erfährt.

Historisch greifbar werden Gemeinwohlvorstellungen erst im Rahmen einer Problematisierung des Gesamtzustands eines politischen Gemeinwesens, die ihren Niederschlag im überlieferten Quellenmaterial gefunden hat. Daß dies bei den Griechen im besonderen Maße der Fall war, auch wenn nur wenige Reste davon erhalten sind, hängt nicht zuletzt mit dem historischen Prozeß der Herausbildung neuer Formen von Öffentlichkeit und Kommunikation zusammen.[4] In deren Folge konnten sich seit archaischer Zeit geistige Positionen bilden, die keinem mächtigen Interesse unterworfen waren und als Anwälte für das Ganze der Polis auftraten, auch wenn sich dies nicht notwendig auf die politische Praxis auswirken mußte.

Eine historische Untersuchung der Gemeinwohlvorstellungen in der griechischen Antike ist mit besonderen Problemen verbunden: Sieht man einmal ab von der äußerst fragmentarischen Überlieferungslage sowie der Frage nach der Repräsentativität bestimmter literarischer Quellen und den Eigengesetzlichkeiten der jeweiligen Genres,[5] so müßte eine umfassende Abhandlung zum Gemeinwohlverständnis neben den begriffsgeschichtlichen Bedeutungsverschiebungen über die Zeit auch die engeren politisch-sozialen Kontexte im Hinblick auf bestimmte Rede- bzw. Parteiungskonstellationen berücksichtigen.

Diesen Maximalanforderungen kann hier nicht Genüge getan werden; allenfalls können hier einige erste Sondierungen vorgenommen werden, zumal sich keine Überblicksdarstellungen speziell zu diesem Thema finden lassen.[6] Eine sozial- bzw. verfas-

---

[3] Die Ausübung der Popularklage, d.h. die Möglichkeit für jedermann, Anklage vor Gericht zu erheben, ohne selbst persönlich „Betroffener" zu sein, konnte sich auch auf die Schädigung der Polis beziehen; vgl. z.B. Demosthenes 18,123.278 oder Lykurgos, *Leokrates* 6.

[4] Auf diese kann hier nicht eingegangen werden, vgl. dazu Vernant 1982, S. 8f., 44ff.; Meier 1995, S. 57ff., 70ff.

[5] Deshalb bleiben hier die attische Tragödie und Komödie ausgeblendet; vgl. Meier 1995, S. 144-246, Ders. 1988; Raaflaub 1988, S. 281-301.

[6] Andererseits kann aber beinahe jede Untersuchung zur Ideen-, Sozial- oder Verfassungsgeschichte

sungsgeschichtliche Kontextualisierung der angeführten Belege mußte weitgehend zugunsten eines ersten Überblicks über Denkmuster und Argumentationsweisen zurückstehen. Dafür bieten diese aber möglicherweise ein Panorama an Grundpositionen zur Gemeinwohlproblematik, die sich aufgrund der Rezeption griechischer Rhetorik und Philosophie idealtypisch auch in anderen historischen Kontexten wiederfinden lassen. Aufgrund der Überlieferungslage ist es außerdem angebracht, die Untersuchung weitgehend auf Athen für die Zeit der klassischen Polis vom 6. bis 4. Jahrhundert v. Chr. zu beschränken. Dabei sollen nicht die „großen Texte" von Platon und Aristoteles im Mittelpunkt stehen; vielmehr wird es darum gehen, zwei gegenläufige Diskursstränge in bezug auf die Gemeinwohlproblematik aufzudecken, welche die beiden wirkungsmächtigen Philosophen dann je auf ihre Weise aufzuheben versucht haben.

II. Das semantische Feld der Konstituierung eines Gemeinwohlbegriffs

Vorweg muß auf das Grundproblem eingegangen werden, vermittels welcher sprachlichen Komponenten sich überhaupt eine Gemeinwohlvorstellung artikulieren konnte. Erste Schwierigkeiten zeigen sich bereits im Bedeutungsspektrum der hierfür fundamentalen Gegenbegriffe *to koinon* und *ta idia*: Es reicht von der Grundbedeutung der Abgrenzung des Gemeinsamen bzw. Gemeinschaftlichen vom Eigenen, Individuellen bzw. Persönlichen über den häufig gebrauchten Gegensatz von öffentlicher und privater Sphäre, dessen Ausdeutung für die Antike ein besonderes Problem darstellt,[7] bis hin zu Übersetzungen, wo der auf die Polis bezogene Begriff mit gemeinsamen / öffentlichen / staatlichen / allgemeinen Nutzen / Gütern / Interessen / Angelegenheiten / Vorteil / Besten / Wohl / wiedergegeben werden kann, auch wenn – wie häufig – entsprechende Ergänzungswörter fehlen. Sind solche jedoch vorhanden, gilt es ein größeres semantisches Feld zu berücksichtigen,[8] wobei neben dem zweideutigen, d.h. sowohl dinglich als auch geistig zu verstehenden *agathon* (Gut, Wohltat), *chresimon* (Nutzen, ursprünglich im Hinblick auf den Gebrauch), *pragmata* (Angelegenheiten, häufig im Sinne von öffentlicher Verwaltung), *kerdos* (Vorteil, Gewinn) besonders den Verben *ophelein* (nutzen, fördern) und *sympherein* (nützlich bzw. zuträglich sein) mit ihren jeweiligen adjektivischen, partizipialen bzw. substantivischen Formen zentrale Bedeutung zukommt. Zum vermehrt seit der zweiten Hälfte des 5. Jahrhundert auftauchenden Partizip bzw. Substantiv *(to) sympheron*, das nicht selten auch mit Interesse übersetzt wird, ist

---

der Antike für sich beanspruchen, die Gemeinwohlproblematik auf irgend eine Weise explizit oder implizit thematisiert zu haben. Trotz der häufigen Erwähnung findet der Gemeinwohlbegriff in der Forschung jedoch kaum eine eingehendere Problematisierung. Vgl. etwa Demandt 1993, S. 395, der resümierend einfach behauptet: „Alle [antiken] Autoren sind sich einig, daß der höchste politische Wert im *koinon sympheron*, im *bonum comune*, im Gemeinwohl liege." Auf einen umfangreichen Anmerkungsapparat zur Forschung mußte verzichtet werden; die Literaturangaben im Anhang bieten allenfalls eine erste allgemeine Orientierung.

[7] Zum Verhältnis der öffentlichen und privaten Sphäre im Gegensatz zwischen *oikos* und *polis*, vgl. Spahn 1980 und grundsätzlicher Arendt 1998.

[8] Vgl. ausführlicher zum semantischen Feld Spahn 1986, S. 10ff.

im Gegensatz zur Moderne zu betonen, daß es nicht zwangsläufig negativ konnotiert war, sondern unter Betonung der Präposition *syn-* auf das Gemeinsame bzw. Zuträgliche abstellte. Als Gegenbegriff zu einem wie auch immer verstandenen Gemeinwohl taucht häufiger auch die menschliche Eigenschaft der *pleonexia* auf, die wörtlich ein „Mehrhabenwollen" umschreibt, das sich abwertend verstanden mit Habsucht, Eigennutz oder schlicht Anmaßung wiedergeben läßt.

Um Gemeinwohlvorstellungen nachzuspüren, sind also mindestens drei Aspekte zu berücksichtigen: Zum einen die Betonung der Gemeinschaftlichkeit, sodann ihre grundsätzlich positive Bewertung als Vorteil, Nutzen, Wohl aller sowie schließlich die jeweils konkreten Hypostasierungen, wofür u.a. diverse philosophische Glückskonzeptionen bzw. Vorstellungen vom ‚guten Leben' oder in Engführung auf das Politische ein ganzer Katalog an Verfassungs-, Gleichheits-, Freiheits- und Rechtsbegriffen in Frage kommen. Nicht zu vergessen sind mögliche Substitutbegriffe bzw. Redeweisen, bei denen davon ausgegangen werden kann, daß sie Gemeinwohlvorstellungen zwar implizieren, ohne dies jedoch mit einem speziell hierfür vorgesehenen Begriff zu bezeichnen. Im folgenden sollen exemplarisch einige Entwicklungstendenzen in der Artikulationsweise der Gemeinwohlproblematik sowie der hierbei zugrundeliegenden Denkmuster aufgezeigt werden.

III. Das Wohl der Stadt und die mächtigen Einzelnen (Hesiod, Solon)

Das Gemeinwohl erfährt im griechischen Denken seine früheste Form der Problematisierung, wenn dem Handeln herausragender Einzelner negative Folgen für die Gesamtheit einer sozialen Gemeinschaft zugeschrieben werden. Bereits die im „Zorn des Achill" exemplifizierte Möglichkeit zur Aufhebung der Adels- bzw. Gefolgschaftssolidarität in der homerischen *Ilias* legt hiervon Zeugnis ab.[9] Auch für die folgende Zeit wird dies mit dem Wort Hybris ausgedrückt, womit ein Verstoß, ein Frevel bzw. eine anmaßende bzw. hochmütige Herausforderung gegenüber der von Göttern gesetzten gesellschaftlichen Ordnung gemeint ist.

Hesiod umschreibt die gute Ordnung in seinem um 700 v. Chr. verfaßten Epos *Erga kai hemerai* („Werke und Tage") mit dem Ausdruck *dike*, womit das auch Sitte und Gewohnheit umfassende ‚gute alte Recht' gemeint ist und zugleich in der gleichnamigen Zeustochter personifiziert wird:[10]

---

[9] Während bei Homer – wie zumeist in der Antike – das Wohl der Gemeinde in Abhängigkeit von den Herrschenden gesehen wird (vgl. z.B. *Ilias* 16,383-388; *Odysseus* 19,107-111), führt Raaflaub 1988, S. 210 *Odyssee* 2,240-460 als Homerstelle an, wo „erstmals [...] der Appell an die Gemeinde als Ganzes (erklingt), Unrecht in ihrer Mitte nicht passiv hinzunehmen, sondern aktiv zu bekämpfen. Damit ist das Prinzip der kollektiven Verantwortung formuliert".

[10] Gottheiten wie *Dike*, *Eirene* (Frieden) und *Tyche* (Glück) kamen als neue Gestalten des Götterpantheons auf, als man begann, die „religiöse Welt der alten Zeit in eine moralische Begrifflichkeit mit juristisch-politischem Hintergrund zu fassen", wobei sie „nicht aus der Welt der mythischen Erzählungen, sondern direkt von abstrakten Begriffen hergeleitet waren und auf der Sublimierung von Werten und Problemen der neuen Gesellschaft beruhten"; vgl. Vegetti 1996, S. 313.

„Recht (*dike*) nämlich siegt zu guter Letzt über Willkür (*hybris*), und nur ein Tor wird durch Schaden erst weise. Gleich nämlich läuft der Eid neben krummen Rechtssprüchen einher, und Murren steigt auf, wenn man Dike fortzerrt, wohin gabenfressende Männer sie ziehen und das Recht mit krummen Beschlüssen verfälschen. Sie aber folgt, in Nebel gehüllt, bejammert Stadt und Wohnsitze der Völker und bringt Unheil über Menschen, die sie verjagen und sie nicht gehörig zuteilten. Die aber Fremden und Heimischen rechten Bescheid geben und keinen Finger breit vom Recht abweichen, denen gedeiht die Stadt, es blüht in ihr die Gemeinde, Friede herrscht im Land, der die Jugend nährt und der weitblickende Zeus verschont sie vor leidvollem Krieg" (*Erga* 216-223).

Auch der weitere Fortlauf des Textes legt dar, wie sich bei Achtung der *dike* allgemeine Prosperität einstellt, schlimmes Unheil jedoch bevorsteht, falls dagegen verstoßen wird. Dabei zeigt sich, daß Hesiod einerseits die Mächtigen ob ihrer Rechtsbeugung kritisiert, die Folgen des Fehlverhaltens aufgrund der Rache des „weitblickenden Zeus" und seiner olympischen Helfer jedoch von der Gesamtheit, dem ganzen Volk (*demos*), zu tragen sind (*Erga* 259f.).

Folglich wird eine Art Kollektivhaftung formuliert, ohne dem einfachen Volk einen Einfluß auf das Verhalten der Mächtigen einzuräumen. Darin spiegeln sich die schlechten Erfahrungen von (auch wohlsituierten) Bauern mit der Rechtspraxis des stadtsässigen Adels. Hesiod erfuhr im Boiotien seiner Zeit die *polis* als den Ort, an dem die Adligen ihre Willkürjustiz trieben, der die übrigen Mitglieder der Gesellschaft ausgesetzt waren. Insofern stellt sie also mehr einen Faktor der Bedrohung des häuslichen Friedens dar als eine Einheit der Kommunikation und des Handelns, die dem Gemeinwohl diente.[11] Für die Wahrung des Gemeinwohls im Sinne einer auf *dike* ausgerichteten Ordnung, für die Hesiod an anderer Stelle auch den Begriff der *Eunomie* verwendet,[12] wird hier noch ganz auf die strafende Wirkung göttlicher Intervention vertraut; allein die Furcht davor kann die Mächtigen davon abhalten, sich hochmütig zu verhalten.

Ein erkennbar höherer Grad der Institutionalisierung politischer Funktionen zeigt sich im Athen des 7. Jahrhunderts mit der Einrichtung der Jahresmagistratur (Archontat), des Adelsrats (Areopag) und der Kodifikation des Blutrechts durch Drakon. Allerdings war in Athen – wie andernorts – aufgrund der Spannungen innerhalb der Aristokratie wie der prekären Situation der Bauern die Gefahr einer Tyrannis gegeben. Die dramatische Zuspitzung der Lage der Kleinbauern, die zunehmend Verschuldung und Versklavung anheimfielen, führte im Jahr 594 v. Chr. dazu, daß Solon als Archon mit besonderen Vollmachten beauftragt wurde, um die soziale Krise und Tyrannis abzuwenden. Er setzte ein umfassendes Reformprogramm durch, zu dem die Aufhebung der Schuldknechtschaft, die Kodifizierung großer Teile des Rechts und verschiedene Modifikationen der Verfassung gehörten.

Über die grundsätzlichen Vorstellungen Solons, aus denen er seine Regelungen herleitete, sind wir durch seine politische Lyrik, mit der er sein Programm der Öffentlichkeit darlegte und seine konkreten Maßnahmen rechtfertigte, authentisch informiert. Sie

---

[11] Vgl. Walter 1993, S. 50f.
[12] Vgl. Hesiod, *Theogonie* 901-3 im Rahmen der Göttergenealogie, wo die zweite Ehe des Zeus mit *Themis* (Satzung) ein Leben in Wohlordnung (*eunomia*), Recht (*dike*) und Frieden (*eirene*) verbürgt.

bündeln sich im Konzept der Eunomie, das eine gewisse Kontinuität zu älteren Vorstellungen aufweist, zugleich aber auch manifestiert, daß die Reflexion über den guten Zustand des Gemeinwesens eine neue Stufe erreicht hatte. Als eine der wichtigsten Quellen aus dieser Zeit sei die zentrale Passage der Eunomie-Elegie zunächst ausführlicher zitiert:[13]

> „[...] Nein – ihre große Stadt durch Unverstand zu stürzen / sind die Bewohner selbst gewillt, von Geldgier übermannt, / im Bund mit Unrechtsdenken bei des Volkes Führern! Denen / ist ihres großen Frevels (*hybris*) Folge: schwerer Schmerz, schon vorbestimmt! Denn sie verstehn die Gier, sich vollzuschlagen, nicht zu zügeln, [...] / [...] in Reichtum schwelgen sie, ergeben ungerechtem Tun [...] / von götter- und gemeinschaftseigenem (*demosion*) Besitztum nichts verschonend stehlen sie in Raffgier – der von hier, der andere dorther – / und machen auch nicht halt vor *Dikes* heil'gem Fundament, / die schweigend ansieht, was geschieht und was davor geschehen, / doch mit der Zeit unweigerlich erscheint und Strafe bringt. / Das greift jetzt nach der ganzen Stadt als unfliehbarer Wundbrand, / und in den schlimmen Stand der Schuldknechtschaft gerät sie schnell, / die innern Aufruhr (*stasis*) und den Krieg aus seinem Schlafe weckt, / der vielen jäh vernichtet die geliebte Jugendzeit: durch ihrer Feinde Einfluß wird ja rasch die Stadt, die teure, / zerrieben im Geheimbundkampf, der den Verbrechern lieb! / Das sind die Mißstände hier bei uns im Volk. Doch von den Armen / gelangen viele in ein Land, das ihnen völlig fremd, für Geld verkauft, in Fesseln voller Schmach gebunden [...] / So kommt das Unglück der Gemeinschaft heim zu jedem einzeln, / des Hofes Tore halten es nicht länger willig ab, / hoch übern Zaun ist's schon gesprungen, trifft sein Opfer sicher / auch wenn da einer in den letzten Zimmerwinkel flieht. / Dies ist die Lehre, die's mich treibt Athens Volk zu verkünden: / Unglück im Höchstmaß bringt der Stadt die Mißgesetzlichkeit (*dysnomia*), / die Wohlgesetzlichkeit (*eunomia*) jedoch macht alles schön und passend / und legt beständig um die Ungerechten rings ihr Band, / macht Rauhes glatt, hemmt Überfluß, bringt Frevel (*hybris*) zum Verschwinden / und läßt verdorrn die Blüten, die Verblendung stetig treibt, sie richtet grade krummes Recht, und übermüt'ge Taten / mildert sie ab, beendet der Entzweiung Ränkewerk, beendet Zorn, der hartem Streit entsprang – und durch ihr Wirken / ist alles bei den Menschen passend und vernunftgemäß."

Wie bei Hesiod geht es um den Verstoß gegen die *dike* wegen frevelhaftem Verhalten (*hybris*); auch hier wird eine spezifische Gruppe angesprochen, der aufgrund ihrer Machtstellung besondere Verantwortung zukommt;[14] und ebenfalls ist es die ganze Stadt, welche die göttliche Rache fürchten muß. Zugleich werden *dike* und *hybris* mit einer anderen Begrifflichkeit verschränkt. Gemeint ist der Zustand der Eunomie, d.h. der Wohlgesetzlichkeit bzw. guten Ordnung, die mit ihrem Gegenteil, der Dysnomie, konfrontiert wird. Der Lobpreis gilt nun nicht mehr einer Gottheit, sondern der guten sozialen und moralischen Ordnung, wobei die Menschen selbst für ihr jeweiliges Schicksal verantwortlich sind. Solon verdeutlicht erstmals, daß es eine politische Sphäre mit eigenen Gesetzmäßigkeiten gibt, die sowohl aus dem Bereich der Natur ausgegrenzt ist als auch jenseits des Schicksals des Individuums liegt. Soziale Probleme waren Folgen menschlichen Handelns und ließen sich nur durch Anstrengungen überwinden, die

---

[13] Wegen der leichteren Zugänglichkeit wird hier nur nach der Nummern- und Seitenzahl der Fragmentsammlung der zweisprachigen Ausgabe von Latacz zitiert, wo auch die Zählungen der älteren Sammlungen (Diehl; West; Gentili/Prato) angegeben sind. Vgl. Latacz, Solon Nr. 2, S. 197-201.
[14] Vgl. a. ebd. Nr. 6, 3-7, S. 203.

auf einen Ausgleich der Interessen aller Gruppen zielten. Niemand kann sich mehr (wie es sich Hesiod noch vorgestellt hatte) hinter sein Hoftor zurückziehen, denn die Spaltung (*stasis*) und das damit verbundene Unglück der Gemeinschaft greift unentrinnbar auf jedes Haus über und betrifft ausnahmslos jeden Bewohner der Stadt. Die Gefährdung des sozialen Friedens liegt für Solon vor allem in der schrankenlosen Besitzgier.[15] Ähnlich wie Hesiod die gute und die schlechte *Eris* etwa im Sinne von zersetzender Zwietracht und belebender Konkurrenz unterschieden hat, differenziert Solon zwischen zwei Arten des Erwerbs von Reichtum, nämlich dem rechtmäßigen und demjenigen, der auf Machtmißbrauch gründet.[16]

Eunomie ist der Leitbegriff für eine stabile Ordnung, welche sich nur realisieren läßt, wenn die Reichen gemeinwohlorientiert, d.h. mit Rücksicht auch auf die Ansprüche des gesamten *demos* handeln. Daß das Volk nunmehr überhaupt des Anteils bzw. Einflusses für würdig erachtet wird – übrigens für die Zeit ein revolutionärer Gedanke –, findet sich deutlicher in einem anderen Fragment, in dem Solon auf seine Reformen zurückblickt:[17]

„[...] dem Volke (*demos*) nämlich gab ich so viel Anteil, wie genug ist, / von seiner Ehre nahm ich nichts, hab' nichts dazubegehrt / die aber Macht besaßen und durch Geld in Achtung standen, / auch denen hab' ich klug verwehrt unziemlichen Besitz! / Stand hielt ich so – mit starkem Schild gewappnet – beiden, / und siegen ließ ich beide nicht auf ungerechte Art!"

Deutlich wird hier, daß für Solon Eingriffe in den gesellschaftlichen Status quo insofern Grenzen hatten, als er die Ordnung als Ganzes noch für vorgegeben ansah. Deshalb konnte allen Gruppen nur das zugeteilt werden, was ihnen aus dieser Sicht rechtmäßig zukam. Konkret wurden damit sowohl die Kritik des Adels an den Eingriffen in seine Besitzverhältnisse als auch die weitergehenden Forderungen der Bauern im Sinne einer völligen Neuverteilung des Grundbesitzes abgewehrt. Dabei erntete Solon mit seinen Regelungen freilich die Mißgunst beider Gruppen, obgleich er – wie er selbst betont – nicht die Gelegenheit nutzte, um sich unter allerlei Versprechungen und Gunsterweisungen an das Volk zum Tyrannen aufzuschwingen.[18] Solons Ausspruch, „in Großen Dingen allen zu gefallen – das ist schwer!",[19] könnte geradezu als zeitloses Motto für gemeinwohlorientierte Reformversuche verstanden werden.

IV. Gemeinwohlparadigmen in der Historiographie (Thukydides)

Wenn hier nun etwas abrupt der Sprung zur Darstellung der Zeit des Peloponnesischen Krieges bei Thukydides vollzogen wird, obwohl die Zeit zwischen Solon und Perikles eine entscheidende historische Phase politischen Wandels für Athens darstellt, so hat dies nicht zuletzt mit dem Mangel zeitgenössischer Quellen zu tun, anhand derer sich

---

[15] Vgl. a. ebd. Nr. 1, S. 195.
[16] Vgl. Hesiod, *Erga* 11-26; Latacz, Solon Nr. 1, S. 189ff.
[17] Vgl. ebd. Nr. 7, S. 203f.
[18] Vgl. ebd. Nr. 8,13-25, S. 205.
[19] Vgl. ebd. Nr. 14, S. 209.

für unsere Themenstellung ein ideengeschichtlicher Entwicklungsprozeß aufzeigen ließe. Dessen ungeachtet scheint eine kurze Skizze der maßgeblichen Veränderungen erforderlich.

Auch wenn Solons Reformwerk in seiner Fernwirkung kaum zu unterschätzen ist, so scheiterte er doch im Hinblick auf eine unmittelbare Stabilisierung der politischen Verhältnisse. Die Kämpfe unter Bürgern und die Adelsfehden brachen bald wieder aus und Solon selbst sah voraus, daß dies wie in anderen Poleis in eine Tyrannis münden würde.[20] Die lange Herrschaft des Tyrannen Peisistratos (561–527 v. Chr., mit Unterbrechungen), bei der die solonische Verfassung formell unangetastet blieb, brachte durch die Schwächung der sozialen Abhängigkeit der Bauern vom Adel, die zentralisierte Rechtsprechung sowie die repräsentative Baupolitik durchaus eine Konzentration und Intensivierung der politischen Kräfte auf die Polis mit sich, die für die weitere Entwicklung von Bedeutung werden sollte. Die Konstituierung eines spezifisch poliszentrierten Bewußtseins wird jedoch erst nach der Vertreibung des letzten Tyrannen 510/11 v. Chr. erkennbar, als sich in der nachfolgenden Auseinandersetzung zweier Adelsfaktionen letztendlich Kleisthenes 507 v. Chr. durchsetzen konnte, indem er durch seine Reformvorschläge das Volk auf seine Seite zog. Da Kleisthenes selbst nichts schriftliches hinterlassen hat, versteht sich sein Reformwerk mehr aus seiner Wirkung als aus etwaigen zeitgenössischen Quellenbelegen. Dabei wird deutlich, daß seine artifiziell anmutende Neugliederung der Bürgerschaft und tiefgreifende institutionelle Umstrukturierung der politischen Ordnung zugunsten der Partizipationsmöglichkeit breiter Bevölkerungsschichten gegen den Widerstand einer von Sparta unterstützten Adelsfronde eine bereits vorhandene Disposition der Bürger voraussetzt, auf die hin die Reformen überhaupt erst konzipiert, vermittelt und schließlich umgesetzt werden konnten.

Die kleisthenische Ordnung hat wesentliche Voraussetzungen für die Entwicklung zur Demokratie geschaffen, zumal durch die Konstituierung eines neuen Rates (der 500). Zudem wurde 462/1 v. Chr. durch das Agitieren des Ephialtes der Areopag (der alte Adelsrat, in dem die Archonten jeweils nach Ablauf ihres Amtsjahres einen Sitz auf Lebenszeit erhielten) seiner politischen Funktionen entkleidet. Damit war ein Gremium ausgeschaltet, das aufgrund seiner traditionellen Autorität, der Kompetenz und des Ansehens seiner Mitglieder ein Gegengewicht zu den sich aus der gesamten Bürgerschaft rekrutierenden Institutionen Volksversammlung, Rat, Magistraturen und Gerichte hätte bilden können. Seit Mitte des 5. Jahrhunderts wurde durch die Einführung des Losverfahrens für die Bestellung von Rat und Magistraturen sowie die Zahlung von Diäten für Ratsherren, Geschworene und (einen Teil der) Magistrate auch faktisch die Teilhabe aller Bürger an den politischen Entscheidungen ermöglicht. Schließlich erforderte die Vielzahl der jährlich zu besetzenden Funktionen eine breitgestreute Partizipation der Bürgerschaft. Einerseits fielen nun alle wichtigen Entscheidungen in der Volksversammlung, andererseits konnten hier dann aber einzelne Redner, denen der Demos vertraute, eine herausragende Rolle bei der Festlegung der Leitlinien der Politik spielen. Anfänglich war dies mit der Ausübung des militärischen Führungsamtes, der *Strategie*, verbunden, wie sich am Beispiel des Perikles zeigt, dessen herausragende Stellung in-

---

[20] Vgl. auch Diogenes Laertius 1,49ff.

nerhalb der athenischen Politik daran deutlich wird, daß er von 443 bis zu seinem Tode 429 v. Chr. Jahr für Jahr in dieses Amt gewählt wurde.

Die Entfaltung der Demokratie vollzog sich in Wechselwirkung zu den großen außenpolitischen Erfolgen Athens, das nach den Siegen über die Perser (490 und 480/79 v. Chr.) mit dem „Seebund" ein den gesamten Ägäisraum umfassendes Militärsystem aufbaute, das mehr und mehr den Interessen der Hegemonialmacht untergeordnet wurde. Der ungeheure außenpolitische Erfolg Athens ermöglichte zugleich, daß auch die traditionellen Eliten in der demokratischen Ordnung so viel Entfaltungsmöglichkeiten erhielten, daß sich der weitere Ausbau der Demokratie nach dem Sturz des Areopags ohne schwerwiegende innere Konflikte vollziehen konnte.

Dies änderte sich nach den Rückschlägen, die Athen im Laufe des Peloponnesischen Kriegs erlitt, zumal daraus eine erhebliche finanzielle Belastung der Oberschichten für die Finanzierung der Flotte erwuchs. Bei einem Teil der sozialen Elite führte dies zu einer Entfremdung von der Demokratie. Der Begriff „Demokratie" als Bezeichnung für die politische Ordnung dürfte kurz vor der Mitte des 5. Jahrhunderts aufgekommen sein; bei der Verwendung in der Schrift des Pseudo-Xenophon zeigt sich dann, daß er spätestens zu Beginn des Peloponnesischen Kriegs nicht nur als Bezeichnung für die Selbstherrschaft der Bürgerschaft, sondern auch polemisch als Ausdruck für die Herrschaft der breiten Masse des Volkes, die nur ihre eigenen Interessen verfolge, verwendet werden konnte.[21] Der Anspruch des politischen Systems, dem Gemeininteresse aller Bürger zu entsprechen,[22] war damit in Frage gestellt. Die in Athen tätigen Sophisten zeitigten eine ambivalente Wirkung, wenn sie einerseits mit ihrer Vermittlung rhetorischer Kompetenz die Elite lehrten, sich in den Institutionen der Demokratie durchsetzen zu können, andererseits radikal das Selbstverständnis der Demokratie hinterfragten, Freiheit und Gleichheit zu verwirklichen.

Nach den katastrophalen Niederlagen in der Schlußphase des Peloponnesischen Kriegs kam es 411 und 404 v. Chr. zur Etablierung oligarchischer Regime, die für sich in Anspruch nahmen, durch eine „vernünftigere Regierung" die „Rettung" der Polis herbeiführen zu können.[23] Ihre Schreckensherrschaft hat jedoch jede Alternative zur – 403 wiederhergestellten – Demokratie in Athen auf Dauer diskreditiert. Im Kontext der Diskussionen der Bürgerschaft konnte nur noch eine vermeintlich bessere, ältere Form der Demokratie gegen die aktuellen Zustände ausgespielt werden und die grundsätzliche Kritik an dieser Verfassungsform fand nur noch in den Philosophenschulen statt.

Gemeinsinn im Politiker- bzw. Bürgerideal

Obwohl sich Thukydides (etwa 460–400 v. Chr.) in seiner Darstellung des Peloponnesischen Krieges mit expliziten eigenen Wertungen zurückhält, lassen seine Schilderungen der Ereignisse im Zusammenhang mit den von ihm bestimmten Politikern bzw. Feldherrn unterstellten Reden Vorstellungen von einer Politik erkennen, die sich am Gemeinwohl orientiert oder darüber hinwegsetzt. Sie zeigt sich im athenischen Kontext

---

[21] Zum begriffsgeschichtlichen Befund vgl. Meier 1995, S. 275ff.; Nippel 1980, S. 34ff.
[22] Vgl. Herodot 3,82,6.
[23] Vgl. Thukydides 8,53,3 zur Propaganda von 411.

zumal in der Stilisierung des Perikles zu einem idealen Politiker, an dem gemessen seinen athenischen Nachfolgern nur ein mäßiges bis schlechtes Zeugnis ausgestellt werden kann.[24]

Die Gefallenenrede des Perikles (2,34-46) gehört zu den wohl am häufigsten zitierten Passagen aus dem thukydideischen Geschichtswerk. Das darin gezeichnete Idealbild des athenischen Bürgers läßt sich auch als Lobpreis bürgerlichen Gemeinsinns interpretieren. Ausgangspunkt der Rede ist die Frage, aufgrund welcher Gesinnung, Verfassung und Lebensweise Athen zu seiner großen Macht gelangte (2,36,4). Dabei wird in bezug auf alle drei Bereiche die altruistische Einstellung der Athener herausgestellt, so z.B. ihre Gesetzestreue und Zügelung der Ehrsucht, ihre Bewertung von Menschen allein nach Leistungen für die Stadt sowie ihre Gastfreundschaft gegenüber Fremden und Verfolgten.

Gegen Ende der Rede heißt es, man solle in Nachahmung des Beispiels der Gefallenen „nicht nur in Gedanken auf den Nutzen (*ophelia*) schauen", sondern die Stadt in Anbetracht ihrer Größe und Macht „mit wahrer Leidenschaft lieben" (2,43,1). *Ophelia* könnte an dieser Stelle sowohl den individuellen Eigennutz als auch generell eine auf die Stadt als Ganzes bezogene utilitaristische Sichtweise umfassen, der die umfassendere emotional-affektive Dimension der Vaterstadtliebe zu Athen entgegengehalten wird. Zur Spezifizierung scheint von daher der Blick auf eine längere Passage notwendig, der hinsichtlich eines Gemeinwohlverständnisses zentrale Bedeutung zukommt:

> „Wir vereinigen in uns die Sorge zugleich um unser Haus (*oikeios*) und unsre Stadt (*politikos*), und den verschiedenen Tätigkeiten zugewandt, ist doch auch in den staatlichen Dingen keiner ohne Urteil. Denn einzig bei uns heißt doch jemand, der daran keinen Anteil nimmt, nicht ein untätiger Bürger, sondern ein unnützer, und nur wir entscheiden in den Staatsgeschäften selber oder denken sie doch richtig durch. Denn wir sehen nicht im Wort eine Gefahr fürs Tun, wohl aber darin, sich nicht durch Reden erst zu belehren, ehe man zur nötigen Tat schreitet. [...] Die größte Seelenstärke aber wird man mit Recht denen zusprechen, die das Furchtbare und das Angenehme am klarsten erkennen und gerade deshalb keiner Gefahr ausweichen. Auch im Edelmut unterscheiden wir uns von den meisten: Nicht indem wir Wohltaten empfangen, sondern leisten, gewinnen wir Freunde; zuverlässiger ist ja der Wohltäter, da er durch Freundschaft sich den, dem er gab, verpflichtet erhält, der Schuldner aber ist gleichgültiger, weiß er doch, daß er seine Leistung nicht als Dank, sondern als Schuld abstattet. Wir allein sind gewohnt, nicht aus Berechnung des Vorteils, sondern im sicheren Vertrauen auf unsere Freiheit jemandem zu nutzen (*ophelein*)." (2,40,2-5)

In den letzten Sätzen zeigt sich eine Unterscheidung zweier Auffassungen vom Nutzen, nämlich einerseits ein auf des anderen Schuld ausgerichtetes Nutzenkalkül im Eigeninteresse sowie andererseits ein auf Freundschaft ausgerichtetes Geben, das mehr auf den Nutzen des anderen bedacht ist. Die letzte, „freundschaftliche" Auffassung des Nutzens kann auch als Leitbild für den politischen Umgang zwischen den athenischen Bürgern verstanden werden, zumal Perikles betont, daß unter den Bedingungen der Demokratie jeder in den die gesamte Stadt betreffenden Angelegenheiten urteilt und dies in die öffentlichen Debatten einbringt, die den politischen Entscheidungen vorausgehen. Die allen zukommende Urteilsfähigkeit in politischen Dingen ist von der Ausbildung bür-

---

[24] Vgl. bes. Thukydides 2,65,5-13. Vgl. Hansen 1995, S. 38f., 276ff.; Leppin 1999, S. 132ff.

gerlichen Gemeinsinns nicht zu trennen, kann sich letztere doch nur einstellen, wenn eine individuelle Einsicht vorhanden ist, die auch das der Gemeinschaft Zuträgliche in die politische Bewertung mit einbezieht.

Schließlich wird die gemeinwohlorientierte Haltung der Bürger noch genauer bestimmt. Es handelt sich um eine „Sorge" (*epimeleia*), die nicht nur danach fragt, was dem eigenen Haushalt (*oikos*) nützt, sondern vor allem, was der Polis als Ganzes zuträglich ist. In neuzeitlichen Begriffen ließe sich sagen, daß der athenische Bürger immer zugleich *bourgeois* und *citoyen* ist; konzentriert er sich jedoch unter Vernachlässigung der politischen auf die häuslichen Angelegenheiten, wird er von der politischen Gemeinschaft nicht nur im apolitischen Sinne als teilnahmslos (*apragmon*, untätig, behaglich) kritisiert, sondern schlichtweg für unnütz bzw. unbrauchbar (*achreios*) gehalten. Bürgerlicher Gemeinsinn ist also untrennbar mit politischem Engagement verbunden, welches sich am Nutzen für die gesamte Polis interessiert zeigt.

Die Perikles hier zugeschriebene Vorstellung eines „gemeinen Nutzens" grenzt sich also in zwei Richtungen ab: zum einen in bezug auf die Vorteile eines behaglich-häuslichen und damit unpolitischen Lebens, zum anderen hinsichtlich eines nur auf den eigenen Vorteil bedachten Nutzenkalküls. Bemerkenswert ist schließlich, daß hier von einer „seelischen" Stärke als Grundlage der athenischen Machtstellung die Rede ist, womit der inneren Disposition der Bürger als Grundvoraussetzung gemeinwohlorientierten Handelns mehr Bedeutung eingeräumt wird als materiell-äußerlichen Gesichtspunkten. Beide Aspekte zusammen treten deutlicher in der späteren Trostrede des Perikles hervor (2,60-64), die ihm Thukydides angesichts der im zweiten Kriegsjahr in Athen grassierenden Seuche in den Mund legt:

> „Ich glaube nämlich, eine Stadt, die als Ganzes aufrecht steht, nützt ihren Bürgern mehr als eine, deren Wohlergehen nur auf dem jedes Einzelnen beruht, die in ihrer Gesamtheit aber scheitert. [...] Wenn also eine Stadt die Schicksalsschläge der Einzelnen zu tragen vermag, jeder Einzelne aber auf sich allein gestellt für ihre zu schwach ist, wie sollten da nicht alle für sie einstehen – und nicht so handeln, wie ihr jetzt: Über euer häusliches Elend erschüttert, schert ihr euch nicht um die Rettung des Gemeinwesens." (2,60,2-4)

Auch hier wird der Gegensatz zwischen häuslichem und allgemeinen Nutzen herausgestellt, jedoch muß dabei der konkrete Anlaß stärker berücksichtigt werden. Die Aussage, daß es dem Einzelnen durchaus wohl ergehen kann, jedoch nur, solange auch die Gemeinschaft als Ganzes in Ordnung ist, diese Ordnung aber nur Bestand hat, insoweit alle gemeinsam dafür Opfer zu erbringen bereit sind,[25] beziehen sich auf die äußerst beengenden Verhältnisse, nachdem sich die Landbevölkerung bei Einfall der Spartaner zum Schutz hinter die Stadtmauern Athens zurückgezogen und ihr Land preisgegeben hat. Das Opfer, das die Bauern erbracht haben, erfordert nun die Solidarität von Seiten der Stadtbevölkerung; nur die Selbstbeschränkung der Einzelnen garantiert also die Rettung der Gesamtheit, so daß dem hier geforderten Gemeinsinn eine ganz existentielle Bedeutung zukommt. Daß sich die menschliche Zusammenballung in der Stadt widrigerweise auf die Ausbreitung der Pest förderlich auswirkte, war von Perikles kaum vorauszusehen, jedoch

---

[25] Vgl. dazu das Demokrit-Fragment DK 68 B 252; zugleich Mansfeld II, S. 275, Nr. 31.

wird der Gemeinsinn der Bürger zusätzlich aufs äußerste strapaziert, so daß sich Perikles gegen Vorwürfe und Zornesausbrüche in der Volksversammlung rechtfertigen muß.

Städtisches Gemeinwohl und Außenpolitik

Mit der Ausgangsfrage der Gefallenenrede des Perikles, nämlich wie es Athen zu seiner Größe und Machtstellung bringen konnte, klang bereits etwas von der außenpolitischen Dimension des allgemeinen Wohls der Stadt an. Betrachtet man den Bedingungszusammenhang zwischen städtischem Gemeinwohl und Außenpolitik, stellt sich die Frage, ob das Wohl Athens nicht letztlich aus seiner Hegemonie über andere Städte resultierte, sei es unter Ausbeutung seiner Verbündeten im Rahmen der Seebundspolitik, worauf bereits das Schlagwort von der „tyrannischen Stadt" (*polis tyrannos*; 1,124,8; 3,37,2) verweist, sei es hinsichtlich der brutalen Unterwerfung verfeindeter Städte. Diese Problematik kommt bei Thukydides nirgendwo so prägnant zum Ausdruck, wie in der Debatte um das Schicksal Mytilenes (3,42-48) und im sog. Melierdialog (5,85-111). In beiden Fällen kommen zwei divergierende Auffassungen vom „Nutzen" in Abhängigkeit von der jeweiligen Machtposition zur Geltung.

Besonders in der innerathenischen Debatte des Jahres 427 v. Chr. zwischen Kleon und Diodotos über die Maßnahmen gegen das vom Seebund abgefallene Mytilene wird der Zusammenhang zwischen dem innerstädtischen Entscheidungsprozeß und dem angemessenen Handeln nach außen aus unterschiedlichen Positionen thematisiert. Obgleich die Volksversammlung die unterschiedslose Bestrafung aller Mytilener bereits beschlossen hatte, wurde am nächsten Tag eine erneute Debatte herbeigeführt, mit der die Gegner dieser Entscheidung eine Revision des Beschlusses erreichen wollten. Kleon verkörpert dabei den „Falken", für den eine Aufhebung der einmal getroffenen Entscheidung mit der Staatsraison unvereinbar ist. Zunächst schürt er das Mißtrauen gegenüber anderen Rednern, denn diese wollten immer „klüger scheinen als die Gesetze" und bei allem, „was zum besten der Gemeinschaft vorgebracht wird", nur ihre geistige Überlegenheit zeigen, wodurch sie die Stadt zugrunde richten (3,37,3-5). Unter weiteren Verweisen auf die Gefahr der Rhetorik, die Käuflichkeit der Redner und die Verführbarkeit des Volkes (3,38,2-7; 3,40,1) will er keine weiteren schönen Reden hören, sondern die sofortige Vernichtung Mytilenes herbeiführen, das seine Ehre verspielt habe und folglich keine Gnade erwarten könne, die nur Ebenbürtigen zustehe. Denn Nachgiebigkeit werde als Schwäche ausgelegt und gebe ein schlechtes Beispiel für die anderen Verbündeten; folgten sie aber seinem Rat, so handelten sie „gerecht" (*dikaia*) an Mytilene und zugleich zu ihrem „Vorteil" (*xynphora*). Ansonsten verlören sie ihr Herrschaftsrecht, müßten auf ihr „Reich verzichten und aus sicherem Winkel Tugend üben" (3,38,4).

Die „Taube" Diodotos tritt demgegenüber in seiner Gegenrede für die mehrmalige Beratung mit vernünftigen Argumenten ein, um Raschheit und Zorn als schlechten Ratgebern entgegenzuwirken (3,42,1). Denn wer „das Reden bekämpft, als sei es nicht die Schule für das Handeln", der sei unverständig oder habe ein „eigenes Interesse" (*idia*), wenn er schändliche Dinge durchsetzen möchte, ohne darüber debattieren zu wollen (3,42,2). Einschüchterungen und Bestechlichkeitsvorwürfe verscheuchten zum Verderb der Stadt die Ratgeber (3,42,3); besser sei es, wenn der „gute Bürger" von „gleich zu gleich sich mit besseren Gründen" durchsetze (3,42,5). Herrsche dagegen nur Mißtrauen aufgrund des Vorwurfs materieller Eigeninteressen, dann sei man so weit, „daß das gradaus vorgebrachte Gute mindestens so verdächtig ist wie das Böse" und auch der Vertreter der besseren Sache müsse dann bei der Menge mit Lügen um Vertrauen werben (3,43,1-3). Erst nach diesem Loblied auf die vernünftige Beratung, die auf dem gegenseitigen Vertrauen zwischen Bürgern beruhe, leitet Diodotos auf die Frage über, wie mit Mytilene zu verfahren sei:

> „Denn für uns geht es [...] nicht um ihr Recht und Unrecht, sondern ob wir für uns den besten Rat finden. Wenn ich beweise, daß sie die ärgsten Verbrecher sind, so muß ich darum nicht auch auf ihren Tod antragen, es sei denn, das nütze uns (*ei me xympheron*), und ist an ihrem Tun etwas verzeihlich, so bin ich doch nicht für Gnade, wenn ich nicht Athens Vorteil dabei sähe." (3,44,1-3)

Mit Blick auf den künftigen Nutzen für Athen plädiert Diodotos für eine weitgehende Schonung der Mytilener, wofür er vor allem zwei Gründe geltend macht: Zum einen liege es im athenischen Interesse, daß Mytilene auch in Zukunft in der Lage sei, seine Tribute zu zahlen, die Athen für seine Kriegführung benötige (3,46,2-5); zum anderen müsse man außerdem die Wirkung auf andere Verbündete bedenken, bei denen Athen sich stets auf die Masse des Volkes stützen könne. Diese Basis der eigenen Vorherrschaft werde verspielt, wenn man jetzt nicht allein die aristokratischen Anstifter des Abfalls von Athen, sondern die Gesamtheit der Mytilener bestrafe (3,47,2f.). Deshalb sei es „weit zweckmäßiger (*xympheroteron*)", „freiwillig auch ein Unrecht hinzunehmen, statt mit vollem Recht zu verderben, die man schonen sollte", woraus im Gegensatz zu Kleon, der beides gleichsetze, deutlich werde, daß „das Gerechte (*dikaion*)" und „Nützliche (*xympheron*)" durchaus auseinanderfallen könne (3,47,5).

In beiden Reden wird deutlich, daß sowohl Kleon wie auch Diodotos den Begriff des Nutzens im Sinne der „Staatsraison" bzw. „Interessenpolitik" einer Hegemonialmacht verwenden und unter Recht bzw. Gerechtigkeit ein absolutes Herrschaftsrecht der Vormacht verstehen. Denn keiner von beiden verschwendet irgendeinen Gedanken darauf, was den Mitgliedsstaaten des attischen Seebundes zum Wohl gereichen könnte, sondern beide setzen die Interessen Athens mit denjenigen der Bundesgenossen wie selbstverständlich gleich.

Bemerkenswerterweise verknüpft Thukydides mit den divergierenden Ansichten hinsichtlich der zu ergreifenden Maßnahmen auch jeweils unterschiedliche Standpunkte in bezug auf den internen Entscheidungsprozeß. Kleon befürchtet bei Wiederaufnahme der Debatte eine Umstimmung der Volksversammlung durch gegnerische Redner, die er allesamt dem Korruptionsverdacht aussetzt, um sich im Gegensatz dazu um so mehr als aufrechter Vollstrecker des öffentlichen Interesses zu gebärden. Sein Widerpart Diodotos sieht sich dadurch gezwungen, längere Ausführungen darüber anzustellen, warum eine vernunftgeleitete Beratung nützlicher ist. Er vertritt eine Art „kommunikative Vernunft" des gleichberechtigten Austauschs von Argumenten zwischen Bürgern als Grundvoraussetzung politischen Handelns zum Nutzen der Stadt. Ohne den für die Deliberation notwendigen Vertrauensvorschuß zwischen Bürgern schwinden die Maßstäbe dafür, was der Stadt am meisten dient. Damit vertritt Diodotos ähnlich wie Perikles in seiner Gefallenenrede das Ideal gemeinwohlorientierter Beratung, das sich nunmehr jedoch mit einem einseitig-zweckrationalen Nutzenkalkül in bezug auf die außenpolitischen Maßnahmen verbindet.

Eine andere Akzentuierung des Gemeinwohlgedankens in einem zwischenstaatlichen Kontext findet sich in dem im Jahre 416 v. Chr. spielenden Melierdialog. Athen hatte das oligarchisch regierte, aber bisher im Krieg zwischen Athen und Sparta neutral gebliebene Melos eingeschlossen, um es auf seine Seite zu zwingen. Die Vertreter von Melos versuchen die Athener davon zu überzeugen, daß es außer der Alternative zwischen bedingungsloser Kapitulation oder Vernichtung noch eine andere Möglichkeit gebe. Da die Athener aus ihrer überlegenen Machtposition heraus unnachgiebig auf der Grundlage eines einseitigen Nutzenkalküls argumentieren,[26] sind die Melier gezwungen, ein Argument zu finden, daß auf den beiderseitigen Nutzen einer versöhnlichen Politik bei Bewahrung des Status quo abstellt. So entgegnen sie den Athenern:

> „Wir glauben aber doch, es wäre nützlich – so müssen wir ja sprechen, da ihr statt des Rechtes (*to dikaion*) den Vorteil (*to xympheron*) unserem Gespräch zugrunde gelegt habt –, wenn ihr nicht etwas aufheben würdet, was allen zugute kommt (*to koinon agathon*), sondern wenn jedem, der in Gefahr gerät, Gründe der Billigkeit zu Gebote stünden und er daraus, auch ohne alles bis ins letzte genau zu erweisen, Nutzen ziehen könnte. Dies gilt nicht minder auch für euch: denn stürzet ihr je, ihr möchtet noch für andre zum Beispiel werden gewaltiger Rache." (5,90)

Die von Melos vorgebrachte Argumentation hat also den Nutzen beider Städte im Blick, so daß hier eine Art „internationales" Gemeinwohl thematisiert wird. Es könne auch im eigenen Interesse geboten sein, auf die Ausnutzung der gerade aktuell gegebenen Machtsituation zu verzichten. Der Kreislauf der Gewalt und Rache ist nur zu durchbrechen, indem der Stärkere sich in die Lage des Schwächeren hineinversetzt, in die er auch einmal selbst geraten kann und dann Schonung erhofft. Der Auffassung von der situativen Nutzenmaximierung zum momentanen Vorteil der aktuell überlegenen Stadt wird die Vorstellung eines gegenseitigen Nutzens entgegengehalten, welche auf lange Sicht die Wandlung der politischen Machtverhältnisse für wahrscheinlich hält. Damit deutet sich der Gedanke einer Hegung des Krieges bzw. außenpolitischer Sanktionsmaßnahmen zum gemeinsamen Nutzen auch zwischen verfeindeten Städten an.

Stasis *oder das Gegenbild von Gemeinwohl*

Das krasse Gegenbild zu einer gemeinwohlorientierten Politik stellt sich in Konstellationen der *stasis* ein, einer Spaltung der Bürgerschaft in feindliche Lager, die sich bis zum offenen Bürgerkrieg steigern kann. Im Peloponnesischen Krieg ergab sich dies in einer Vielzahl von Poleis, in denen sich innere Gegensätze mit unterschiedlichen Orientierungen auf die Vormächte so überlagerten, daß die „Demokraten" zumeist für Athen, die „Oligarchen" für Sparta optierten. Thukydides (3,82-84) hat am Beispiel des Bürgerkrieges in Kerkyra (427 v. Chr.) diese Konstellation modellhaft dargelegt:

---

[26] Thukydides 5,89.95.97.101-103.105.111. Auch darin zeigt sich, wie in den Außenbeziehungen die Herrschaftsideologie vom „Recht des Stärkeren" auch von einem Gemeinwesen vertreten werden konnte, das seine eigene innerstaatliche Ordnung auf die genau entgegengesetzte Position gründet.

„An all dem ist die Herrschsucht schuld, die sich in Habgier (*pleonexia*) und Ehrgeiz äußert, und daraus erwächst dann, wenn erst der Hader hinzutritt, wilde Leidenschaft. Denn die führenden Männer in den Städten – auf beiden Seiten mit schönklingenden Worten: sie vertreten die Gleichberechtigung des Volkes oder die gemäßigte Herrschaft der Besten – machten das Gemeingut (*ta koina*), dem sie ihren Worten nach dienten, zu ihrem persönlichen Kampfpreis; in ihrem Ringen, auf jede Art den anderen zu überbieten, erkühnten sie sich zu den verwegensten Taten und übersteigerten dann noch ihre Rache. Dabei aber hielten sie sich nicht im Rahmen des Rechtes und des Staatswohls, nein, jede Partei fand jeweils ihre Richtschnur nur in ihrer Leidenschaft; [...]" (3,82,8).

Der anomische Zustand der Stadt manifestiert sich hier in einer brutalen Mißachtung jeglichen Gemeininteresses, so daß sich die negativen menschlichen Eigenschaften ohne jede Hegung entfalten können. Nach Wegfall der gesamtbürgerschaftlichen Vertrauensbasis (*pistis*), der Entfremdung von verwandtschaftlichen Nahbeziehungen, wie am Beispiel politischer Geheimbünde (*hetaireiai*) deutlich wird (3,82,6), sowie der allgemeinen Hybris gegenüber allem angestammten Recht, wird der Bürgerkrieg in Kerkyra für Thukydides zum Paradigma sich ausbreitender und kommender Übel (3,82,1). Thukydides betont, daß sich beide Parteien auf aristokratische oder demokratische Parolen beriefen, um ihren jeweils an der Gegenseite ausgeübten Terror zu rechtfertigen. Dabei wird deutlich, daß die auf beiden Seiten implizierte Gemeinwohlsemantik nur der Verbrämung einer skrupellosen Durchsetzung von Partikularinteressen diente.

Insgesamt verdeutlichen die angeführten Passagen aus dem Geschichtswerk des Thukydides ein breites Panorama der Problematisierung des Gemeinwohls. Begrifflich ist der Gegensatz zwischen gemeinnützig und eigennützig auf mehreren Ebenen ohne Verweis auf außermenschliche Mächte tragend geworden. Bürger entscheiden nun selbst über das Schicksal ihrer eigenen Stadt oder über das einer anderen. Auch die Vergeltung für eine Hybris steht im Zeichen des Krieges oder der Stasis den Menschen anheim. Thukydides liefert positive wie negative Beispiele hinsichtlich der Gemeinwohlproblematik, und zwar sowohl in Beziehung auf die Interaktion zwischen Bürgern und Politikern innerhalb der Stadt als auch zwischen verschiedenen Städten sowie schließlich von beidem in ihrem wechselseitigem Bedingungsverhältnis. Thukydides knüpft die Realisierung eines Gemeinwohls an die Herrschaftspraxis bestimmter Personen im besonderen und die innere Disposition der Bürger im allgemeinen. Nur wenn sich Politiker und Bürger davon leiten lassen, was der Stadt als ganzer zuträglich ist, ist eine gemeinwohlorientierte Politik möglich; anderenfalls führt das Walten von in der Natur des Menschen verankerten Trieben (3,82,2) zu Verdächtigung, Feindschaft und Gewaltbereitschaft. Bevor wir ausführlicher auf die kritischen Positionen gegenüber einem Gemeinwohlkonzept eingehen, soll im folgenden die Gemeinwohlproblematik noch im Hinblick auf die Stellung des Redners und Politikers aus der Perspektive des 4. Jahrhunderts vertieft werden.

V. Gemeinwohl oder das Vorbild des Redners (Demosthenes)

In den Quellen finden sich seit dem späten 5. Jahrhundert eine Vielzahl von Belegen, wo das Wirken von Politikern oder das Verhalten der Bürgerschaft in der Demokratie für eine gemeinwohlorientierte Politik als untauglich erachtet wird.[27] Hierfür sind drei Grundgedanken charakteristisch: Zunächst, daß der Masse der Bürger, also der Mehrheit in der Volksversammlung schlichtweg die Fähigkeit abgesprochen wird, eine Vorstellung davon zu haben, was dem Wohl der Allgemeinheit dient; ferner, daß sich bestimmte „Volksführer"[28] den wechselhaften Launen des Volkes anpassen, um sich an der Macht zu halten; schließlich als Konsequenz daraus, daß sich die Polis im Streit bestimmter „Parteiungen" verzettelt, die jeweils nur auf ihren Vorteil bedacht sind.

Diese Ansicht kam jedoch nicht nur bei Autoren zum Ausdruck, die die Politik in der Volksversammlung quasi von außen beurteilten, sondern auch bei den Rednern selbst. Dies läßt sich an den politischen Reden des Demosthenes (384–322 v. Chr.) zeigen, der sein politisches Leben dem Kampf gegen den Hegemonialanspruch Makedoniens unter Philipp II. gewidmet hat. Exemplarisch sei hier einmal auf die drei *Olynthischen Reden* zurückgegriffen, die er 349/348 v. Chr. hielt, nachdem der für Athen strategisch wichtige Hauptort der Chalkidike, Olynthos, von Philipp II. eingenommen zu werden drohte und sich der zuvor abgefallene Bundesgenosse wieder an Athen wandte. Demosthenes forderte nun die Athener dazu auf, diese Stadt militärisch zu unterstützen, und die thessalischen Städte dazu zu bringen, von Philipp abzufallen, wobei er dem drohenden Schicksal Olynths auch für Athen paradigmatische Bedeutung beimaß, falls es seine Politik nicht ändere.

Sein Ausgangspunkt (1,1) ist bezeichnenderweise die Frage nach dem, was für die Stadt von Nutzen ist (*sympherontos*). Dabei wird das Wohl Athens an seine Fähigkeit zu einer gemeinsamen Außenpolitik mit anderen Poleis geknüpft. Der Erfolg Philipps II., der „alles nur aus Eigennutz (*ophelia*) tut", sei nur möglich gewesen, weil die Politiker in diversen Staaten immer wieder mit ihm kooperiert hätten „solange jeder meinte, er werde ihm selbst irgendeinen Vorteil (*sympheron*) verschaffen" (2,8). Demosthenes hofft demgegenüber auf einen Zusammenschluß, der „auf der Grundlage guten Willens (*eunoia*) zustande kommt und alle vom Krieg Betroffenen dieselben Interessen (*sympheron*) verfolgen"; dann nämlich „sind die Menschen auch allesamt bereit, gemeinsame Mühen auf sich zu nehmen, Unglück mitzutragen und auszuharren; wenn jemand aber aus Eigennutz (*pleonexia*) und Schlechtigkeit wie dieser zu Macht kommt, so bringt der erste Anlaß und zufällige Anstoß alles zum Sturz und setzt ihm ein Ende". (2,9)

---

[27] Vgl. z.B. die entsprechenden Argumente in der „Verfassungsdebatte" bei Herodot 3,80-84 oder Xenophon, *Memorabilien* 3,5,16; Allein von Protagoras ist uns eine prinzipielle Rechtfertigung des demokratischen Prinzips überliefert, vgl. Platon, *Protagoras* 322d-323c, 325c ff. Vgl. weiteres bei Jones 1957, S. 41-72.

[28] Der Ausdruck *demagogos* konnte zwar neutral gebraucht werden, vgl. z.B. Lysias 27,10; Hypereides 1,22, wird jedoch bei den Kritikern der Demokratie zumeist pejorativ verwendet, vgl. z.B. Xenophon, *Hellenika* 2,3,27; Isokrates, *Peri eirenes* (Rede Nr. 8) 129; Aristoteles, *Politik* 1292a7.

Hier zeigt sich das Motiv, daß zu diesem Zeitpunkt für Demosthenes eine rein auf den eigenen Vorteil bedachte Machtpolitik, zumal mit betrügerischen Mitteln (2,10), keinen dauerhaften Bestand haben kann, während dagegen geteilte Mühen, Wohlwollen und Vertrauen auf Grundlage gemeinsamer Interessen die Hoffnung mit sich bringt, der aggressiven Expansionspolitik Philipps standhalten zu können. Eine Grundvoraussetzung ist hierfür aber auch die innere Einheit und Opferbereitschaft der Stadt. Ist dem nicht so, etwa wenn die Bürger die Feldherren vor Gericht ziehen (2,28f.) oder hinsichtlich der Lastenverteilung zur Finanzierung des Krieges „untereinander in Streit und Auseinandersetzungen" liegen, dann bleibe nur das Fazit, „daß es um das Gemeinwohl (*ta koina*) schlecht steht". (2,29) Im Kontrast dazu stellt sich Demosthenes als ein Politiker dar, der sich allein dem Gemeinwohl verpflichtet weiß. Damit rechtfertigt er dann auch seinen Rat, die Theatergelder außer Kraft zu setzen, um statt dessen die Kriegskasse zu finanzieren: „Denn es ist ungerecht, daß den damaligen Gesetzgebern ihre Popularität, die der ganzen Stadt Schaden brachte, erhalten bleibt; dagegen auf demjenigen, der jetzt den besten Rat erteilt, die Feindseligkeit lastet". (3,13) Somit stilisiert sich Demosthenes zum Politiker, der nicht davor zurückscheut, Ratschläge zum Besten der Stadt zu erteilen, auch wenn sie auf Kosten seiner Beliebtheit gehen. Folglich verschränkt sich der geforderte Verzicht der Bürger hier mit dem drohenden Ansehensverlust des Politikers:

> „Ich bin nämlich nicht so töricht und blind, daß ich mir Gegner schaffen will, ohne davon überzeugt zu sein, etwas zum Nutzen beizutragen (*ophelein*); vielmehr halte ich es für meine Pflicht eines rechtschaffenden Bürgers, das Handeln zur Rettung der Stadt der Gunst, die man durch wohlgefällige Worte erwirbt, vorzuziehen." (3,21)

Demosthenes stellt sich in seiner intendierten Vorbildfunktion zum einen außerhalb der Bürgerschaft und erklärt zum anderen seine Haltung zur Bürgerpflicht eines rechtschaffenden Bürgers. Die Distanz der eingenommenen Gemeinwohlperspektive schafft sich folglich die Brücke zurück zur Identifikation mit den Bürgern über die Verallgemeinerung seiner Einstellung zur verpflichtenden Norm. Außerdem beruft er sich dabei auf ein Pflichtbewußtsein der Staatsmänner aus vergangenen Tagen. Wie den früheren Rednern (Aristeides, Nikias, Perikles) gehe es ihm darum, die „Angelegenheiten der Stadt" nicht um den „Preis der Gunst des Augenblicks leichtsinnig preiszugeben" (3,22), denn auch sie „waren nicht mit dem Ziel, sich selbst zu bereichern, politisch tätig, sondern jeder glaubte, das Gemeinwohl (*to koinon*) fördern zu müssen" (3,26).

Für Demosthenes (3,30) ist eine Politik zum allgemeinen Nutzen der Stadt zudem nur möglich, wenn sich auch die Bürger nicht von materiellen Begünstigungen abhängig machen, die ihnen aus eigensüchtigen Motiven von anderen Politikern gewährt werden, um das Volk mit Geldern zu korrumpieren.[29] Insgesamt verschränkt sich bei Demosthenes die Forderung nach dem Engagement der Bürger für jene Politiker, die das Wohl der Stadt in den Vordergrund stellen, mit dem Postulat einer langfristigen Bündnispolitik auf der Grundlage gemeinsamer Interessen. Die Vorstellung von einer Interessen-

---

[29] Mit dieser Stelle wird ironischerweise eine Kritik reproduziert, die sich gegen Perikles als Urheber der Diätenzahlungen gerichtet hatte; vgl. Aristoteles, *Athenaion Politeia* 27,3-7; *Politik* 1274a7-9; Platon, *Gorgias* 515e2-8; Plutarch, *Perikles* 9,2f.; *Kimon* 9.

kongruenz griechischer Poleis wird über das Bild eines äußeren Feindes konstituiert, der alle hellenischen Städte bedroht und als nichtgriechischer Barbar abgewehrt werden muß. Was die gemeinnützige Politik zwischen den hellenischen Städten anbetrifft, so wird hier nicht (wie die Melier bei Thukydides) mit der potentiellen Diskontinuität des Auf- und Niedergangs politischer Machtverhältnisse argumentiert, sondern über die Kontinuität der konkret gegebenen äußeren Bedrohung. Diese panhellenische Zielsetzung wird den jeweils eigennützigen Motiven bestimmter Politiker, Parteiungen und Bürgern oder einzelner Städte entgegengehalten.

VI. Gemeinwohl oder die ‚gute alte Zeit' (Isokrates)

Ein herausragendes Beispiel dafür, wie das Bild einer idealisierten Vergangenheit der Förderung einer gemeingriechischen Politik dienen soll, nunmehr jedoch mit einer anderen Stoßrichtung, nämlich gegen Persien, findet sich bei Isokrates (436–338 v. Chr.). Der um 380 v. Chr. verfaßte *Panegyrikos,* der wie die Mehrheit seiner „Reden" nicht für den öffentlichen Vortrag, sondern zur schriftlichen Verbreitung bestimmt war,[30] richtet sich nicht nur an die Bürger Athens, sondern an alle Hellenen, wobei unverhohlen die Legitimation einer Vormachtstellung Athens intendiert wird. Eine bestimmte Passage (76-81) spricht in gedrängter Form beinahe alles an, was eine zeitgenössische Gemeinwohlrhetorik aufzubieten hat. Gerade wegen ihres summarischen Charakters sollte sie als Beispiel stark stilisierter Rede vom Gemeinwohl nicht unerwähnt bleiben. Immerhin ist über ihre Wirkung von einem späteren Kritiker des artifiziellen Stils isokratischer Rhetorik bezeugt, daß man sie kaum ohne patriotische Gefühle und Bewunderung für bürgerliche Gesinnung lesen könne.[31] Isokrates bedient sich dabei durchweg des Lobpreises auf die Vorfahren in mythischer Zeit und zur Zeit der Perserkriege als Kontrastfolie für gegenwärtige Zustände.

Zunächst erwähnt Isokrates (76), daß die Vorfahren nicht achtlos mit den öffentlichen Gütern (*koinon*) umgegangen seien und es wie fremdes Eigentum geachtet hätten.[32] Denn sie „sahen nicht im Besitz von Geld ihr Glück (*eudaimonia*)", sondern im Handeln, das die „meiste Anerkennung der Anderen" mit sich brachte und noch den „Kindern größten Ruhm hinterließ". Damit wird auf allgemeine Verhaltensweisen übergeleitet (77), wobei betont wird, daß man Aggression im gegenseitigen Umgang vermied, da kaum etwas schlimmer gewesen sei, als in schlechtem Ruf zu sterben. Noch stärker habe man sich aber „wegen der Fehler der Allgemeinheit (*koinon*)" geschämt, und zwar mehr „als man sich heutzutage wegen der eigenen (*ideon*) schämt". In einem dritten Punkt (78) werden dann die vorigen Aussagen mit Blick auf das Rechtswesen konkretisiert:[33] Zum einen sei die Qualität der Gesetze besser gewesen, zum anderen habe man aufgrund der Selbstverständlichkeit alltäglicher Lebensregeln und Umgangs-

---

[30] Isokrates war damit der Schöpfer einer politischen Publizistik bzw. Pamphletliteratur, die nicht zuletzt als Ersatz für seine fehlende politische Praxis diente (vgl. z.B. *Panegyrikos* 171f.).
[31] Vgl. Dionysios aus Halikarnassos (seit etwa 30 v. Chr. in Rom), *Isocrates* 5 und 14.
[32] Vgl. auch Isokrates, (Rede Nr.7) *Areopagitikos* 24 u. 41; (Rede Nr.2) *Nikokles* 21.
[33] Vgl. das Bild von der „alten Demokratie" in Isokrates' *Areopagitikos* (zumal 41) und *Panathenaïkos*.

gepflogenheiten kaum schriftliche Gesetze benötigt, um sowohl in privaten (*ideon*) als auch öffentlichen (*koinon*) Angelegenheiten übereinzustimmen (*homonoesusin*).[34] Sodann geht Isokrates speziell auf das „politische Verhalten" ein (79) und greift hierfür einen besonders neuralgischen Punkt, nämlich die Parteikämpfe (*staseis*), heraus. Dabei behauptet er, daß es den Altvorderen nicht darum gegangen sei, „wer nach Vernichtung der Gegenpartei über den verbleibenden Rest herrschen würde, sondern wer den anderen mit seinen Verdiensten um die Polis zuvorkäme". Auch die „politischen Clubs" (*hetaireiai*) hätten sich nicht zum eigenen Vorteil (*hyper ton idia*), sondern zum „Nutzen der Bevölkerung" (*tu plethus ophelia*) gegründet.[35] Schließlich (80f.) überträgt Isokrates seine Vorstellung auf den gesamthellenischen Bereich und legitimiert gleichzeitig den Hegemonieanspruch Athens aus seiner vorbildlichen Art der Machtausübung. So hätten sie die Führung im Kriegsfall übernommen, nicht um Herrscher und Zerstörer zu sein, sondern um als Retter und Wohltäter zu gelten.

Insgesamt thematisiert Isokrates das Gemeinwohl also auf sämtlichen Ebenen, die auch schon bei den zuvor angeführten Autoren eine Rolle spielten. Weitaus stärker tritt aber der Aspekt der Idealisierung der Vergangenheit zur Kritik an gegenwärtigen Zuständen in den Vordergrund, die gleichzeitig auch eine Gegenwelt zu den von Thukydides beschriebenen Verhältnissen – sieht man von der Zeit des Perikles ab – vergegenwärtigen. Sämtliche Ideale werden auf die Zeit vor dem Peloponnesischen Krieg zurückprojiziert. Damit ist ein gewisser Kulminationspunkt einer Gemeinwohlrhetorik erreicht, der für das Genre der Panegyrik bzw. Epitaphreden typisch ist und aufgrund der stilisierten Übertreibungen und Idealisierungen Widerspruch geradezu herausfordert. Wenn bereits Platons Dialog *Menexenos* als Parodie auf die Gefallenenrede des Perikles gelesen werden kann, so stellt sich in bezug auf Isokrates noch mehr die Frage, welche zeitgenössischen Denkmuster auf eine fundamentale Kritik der Gemeinwohlrhetorik abzielten und einen Gegendiskurs formierten.

VII. Relativismus und Negation des Gemeinwohls

Der im folgenden aufgezeigte Gegendiskurs läßt sich als einen parallel dazu geführten Diskursstrang begreifen, der die Gemeinwohlrhetorik bereits aufgrund der völlig konträr dazu stehenden Grundprämissen zu unterlaufen droht. Die Kritik an konventionellen Vorstellungen verbindet sich zumeist mit dem Aufkommen der Sophistik seit der zweiten Hälfte des 5. Jahrhunderts. Hier geht es nur um die Frage, inwiefern sich in der Vielzahl origineller Denkansätze, die zumeist unter der Rubrik „antidemokratisches Denken" bzw. „Nomos-Physis-Debatte" behandelt werden, auch die Kritik bzw. Nega-

---

[34] Während *homonoia* bereits den einträchtigen Zustand umschreibt, kommt der *eunoia* als der hierfür erforderlichen individuellen Bereitschaft zum Wohlwollen (Zustimmung, Sympathie, Hilfsbereitschaft) eine besondere Bedeutung bei Isokrates zu, vgl. Romilly 1976.

[35] Diese Aussage erscheint angesichts der Rolle der Hetairien bei den oligarchischen Umstürzen von 411 und 404 v. Chr. gewagt, doch auch Thukydides (3,82,6) hat zwischen Vereinen unterschieden, die der gegenseitigen Hilfe gemäß den gültigen Gesetzen der Stadt dienen und solchen, die auf Umsturz der bestehenden Ordnung zielen.

tion an Gemeinwohlvorstellungen ausmachen läßt. Dies steht sicherlich im Zusammenhang mit einer kritischen Sicht auf die athenische Demokratie, die eher einer Beobachterperspektive quasi von außen als einer Teilnehmerperspektive gleichkommt, somit einen anderen Diskurs repräsentiert als denjenigen, der innerhalb der athenischen Volksversammlung gepflegt wurde und damit von der Akzeptanz dieser politischen Ordnung ausging.

Die Guten unter der Herrschaft des Pöbels (Pseudo-Xenophon)

Werfen wir zunächst den Blick auf eine Schrift, die wohl in den Anfangsjahren des Peloponnesischen Kriegs entstanden sein dürfte, die pseudo-xenophontische Abhandlung *Vom Staat der Athener*.[36] Der Autor lehnt die athenische Demokratie als eine Herrschaft der Minderwertigen ab, zollt ihr aber gleichzeitig auch Bewunderung für ihre innere Stabilität und Funktionstüchtigkeit, die einen Umsturz illusorisch mache (3,1; 3,8f.; 3,12f.). Seine Mißbilligung der Demokratie beruht auf dem Argument, daß das niedere Volk das Recht hat, „mehr zu haben" (*pleion echein*) als die Oberschicht (1,2). Er sieht in der Demokratie nicht nur das Gegenteil einer guten Ordnung (*eunomia*, 1,8), sondern versteht sie auch als Ausdruck eines einseitigen Herrschaftsinteresses zum Vorteil der großen Masse. So wird angeführt, daß das Volk die schwierigen und verantwortungsvollen Ämter den Vornehmen überlasse, für sich selbst aber die finanziell einträglicheren beanspruche (1,3). Pseudo-Xenophon gebraucht noch nicht den Gegensatz zwischen Nomos und Physis oder redet allgemein von einem „Recht des Stärkeren". Dies war wohl eine spätere Abstraktionsleistung, die es ermöglichte, zwar eine ähnliche politische Haltung einzunehmen, ohne dabei jedoch offen auf die jeweilige soziale Lage rekurrieren zu müssen und diese zugleich als moralisches Qualifikationskriterium für die Eignung zum politischen Handeln zu verstehen. Im Unterschied dazu werden hier Herrschaftsqualitäten eindeutig stratifikatorisch zugeordnet, nämlich den „Guten" (*agathoi*), „Wertvollen" bzw. „Vornehmen" (*esthloi, chrestoi*) im Gegensatz zu den „Schlechten" (*kakoi*) „Geringen" bzw. „Armen" (*poneroi*), die zu seinem Bedauern in der Demokratie das Sagen haben (1,4; 1,5-9). Konsequenterweise gesteht er ein, daß auch die Vornehmen, falls sie sich nur untereinander beraten würden, zu ihren eigenen Gunsten entscheiden würden (1,6). Folglich reduziert Pseudo-Xenophon Politik und Gesetzgebung auf ein Herrschaftsinteresse und verengt dieses auf die konsequente Vertretung des Eigeninteresses bestimmter Statusgruppen, mit dem sich eine Orientierung an einem standesübergreifenden Gemeinwohl nicht verbinden läßt.

Alles nur Konvention und wider die Natur (Antiphon, Thrasymachos, Kallikles)

Eine Voraussetzung der Hinterfragung des Bestehenden in verallgemeinerter Form beruhte nicht zuletzt darauf, daß sakrale Rechtsvorstellungen, wie sie z.B. bei Hesiod und Solon erkennbar waren, für bestimmte intellektuelle Zirkel in der politischen Ar-

---

[36] Der Verfasser ist nicht zu identifizieren; es ist jedenfalls nicht Xenophon, unter dessen Werken diese Schrift, mit unklarem Genre, überliefert worden ist. Der Autor muß noch nicht dem Einfluß der Sophistik unterlegen sein, der ihrerseits nicht grundsätzlich eine verfassungskritischen Haltung zugeschrieben werden darf.

gumentation keine Bedeutung mehr hatten. Damit bahnte sich einerseits der Weg zu einer Relativierung zuvor unumstößlich geltender Normen; andererseits verbindet sich damit gleichzeitig die Suche nach neuen Maßstäben, die für sich ihrerseits absolute Geltung beanspruchten konnten, wobei der Natur (*physis*) diese Funktion zugesprochen wurde. Der Naturbegriff konnte dazu dienen, die geltenden Gesetze (*nomoi*), da auf bloßer menschlicher Vereinbarung beruhend, infragezustellen.

Freilich läßt sich auch der Naturbegriff mit unterschiedlichen Wertvorstellungen aufladen und von daher für divergierende Ziele instrumentalisieren. Wurde z.B. von der Grundannahme ausgegangen, daß die Menschen von Natur aus alle gleich sind, so ließ sich damit die gesellschaftliche Ungleichheit anprangern, wie dies z.B. Hippias im allgemeinen, Alkidamas in bezug auf die Widernatürlichkeit der Sklaverei in Anspielung auf die spartanischen Heloten, Lykophron gegen die traditionelle Verehrung des Adels oder Antiphon mit Blick auf den Gegensatz zwischen Hellenen und Barbaren getan haben.[37] Wurde dagegen von der natürlichen Ungleichheit der Menschen ausgegangen, so ließ sich daraus eine Kritik an sozialen oder rechtlichen Gleichheitspostulaten ableiten. Im Kontext der Demokratiekritik richtete sich dies vor allem gegen die „Herrschaft der großen Zahl" sowie die Auslosung von Ämtern unabhängig von der Befähigung der Personen.[38]

Während bereits für Protagoras der Nomos keine absolute Gültigkeit mehr beanspruchen konnte, ohne daß sich dies mit einer subversiven Kritik an den bestehenden gesellschaftlichen Ordnungen verbunden hätte, klagt der Sophist Antiphon die Ungerechtigkeit der Gesetze sehr viel offener an. Die Einhaltung des von Menschen gesetzten Rechts habe nämlich nur dann einen Nutzen (*xympheron*), wenn dies vor Zeugen in der Öffentlichkeit geschehe. Von individuellem Nutzen sei dagegen immer die Befolgung der Gesetze der Natur. Dies zeige sich u.a. daran, daß ein im Verborgenen ausgeübter Verstoß an den von Menschen aufgestellten Gesetzen folgenlos bleibe, ein Verstoß gegen die Gesetze der Natur jedoch immer Konsequenzen habe.[39] Ferner übt Antiphon aus der Perspektive des Opfers Kritik am Strafrecht: Denn im Nachweis eines erlittenen Schadens sei man vor Gericht auf die Überzeugungskraft angewiesen, die sich aber auch der Täter zunutze machen könne.[40] Insgesamt sei das naturwüchsig Zuträgliche dem Menschen im Sinn des Erfreulichen und Lustvollen förderlich, während die Gesetze demgegenüber eine „Fessel der Natur" darstellten.[41]

---

[37] Zu Hippias vgl. Platon, *Protagoras* 337c-d; zu Alkidamas vgl. Aristoteles, *Rhetorik* 1373b18; 1406a22 und b11; *Politik* 1254b20; in bezug auf Lykophron DK 83 B 4 und in ähnlicher Weise Euripides, *Ion* 854-56; zu Antiphon vgl. DK 87 B 44,1,35-2,15. Zu einem frühen Beleg für die Adelskritik, dem individuellen Streben nach Ruhm und Macht auf Kosten des kollektiven Wohls der Polis vgl. Xenophanes DK 21 B 2.

[38] Zur Kritik am Egalitätsprinzip der Demokratie, vgl. Xenophon, *Memorabilia* 1,2,9; Aristoteles, *Politik* 1280a 7ff., 1292a1-38, 1301a26ff., 1301b28ff., 1301b3; Platon, *Politeia* 558c; *Nomoi* 756b-758a; *Phaidros* 260c; Isokrates, (Rede Nr. 7) *Areopagitikos* 21ff.

[39] Vgl. zu Antiphon DK 87 B 44, A 1-4. Vgl. den ähnlichen Gedankengang bei Kritias DK 88 B 25, der schildert, wie die Menschen die Gesetze als Züchtiger einführten, damit das Recht Tyrann sei und die Hybris zur Sklavin habe, jedoch die Menschen ihre Gewalttaten und Frevel im Verborgenen weiter ausführten.

[40] Vgl. Antiphon DK 87 B 44,6.

[41] Vgl. ebd. 44,4.

Antiphon bestreitet somit, daß die positiven Gesetze Gerechtigkeit für alle Bürger gewährleisten können, da sie sich im Einzelfall zu Lasten des Individuums auswirken können, sei es, daß er aufgrund falscher Anschuldigungen verurteilt wird, sei es, daß ein Täter wegen seiner überzeugenden Verteidigung vor Gericht ohne Strafe davonkommt. Versteht man nun die Gesetze als menschliche Satzung zur Gewährleistung des Gemeinwohls, so hemmen sie aus seiner Sicht nicht nur die natürlichen Sinnesfreuden des Menschen, sondern widersprechen auch der gewöhnlichen Vorstellung, Gemeinwohl und Gerechtigkeit in eins zu setzen, wenn sich ihre Ungerechtigkeit zum Schaden des einzelnen nachweisen läßt. Einem „Ausstieg" aus der Polis hat Antiphon deshalb aber noch nicht das Wort geredet, zumal er vor der Anarchie bei Gesetzesmißachtung warnte.[42] Insofern lassen sich seine Überlegungen eher als eine Empfehlung zu einem pragmatischen Gesetzesopportunismus verstehen, bei dem man die bestehenden Gesetze respektiert und nach außen danach handelt, auch wenn man innerlich von ihrer Ungerechtigkeit wider die Natur überzeugt ist.[43]

Dies ist nicht mehr der Fall, wenn die Gesetze als Ausfluß spezifischer Herrschaftsinteressen gedeutet werden, ihre Gemeinwohldienlichkeit somit weit fundamentaler bezweifelt wird, als dies bei Antiphon der Fall ist. Hierfür sind die Wiedergaben bestimmter sophistischer Positionen bei Platon einschlägig, die als Reflexion auf bestimmte Denkpositionen seiner Zeit gelten können, unabhängig davon, ob die Zuordnung zu bestimmten Personen historisch korrekt ist oder nicht.

Zu Beginn der *Politeia* stellt Platon den sog. Wutausbruch des Thrasymachos dar. Thrasymachos beginnt mit dem Vorwurf, daß Sokrates bisher nur darum herumgeredet habe, was eigentlich das Pflichtgemäße (*deon*), Nützliche (*ophelimon*), Zweckmäßige (*lysitelun*), Vorteilhafte (*kerdaleon*) bzw. Zuträgliche (*xympheron*) sei (336d). Thrasymachos definiert dagegen das Gerechte „als das dem Stärkeren Zuträgliche (338c: *to tu kreittonos xympheron*)" und untermauert diese These mit dem Argument, daß sich jede Herrschaft – sei es eine Demokratie, Tyrannis oder andere – jene Gesetze (*nomoi*) gebe, die den jeweils Herrschenden gerade nützen, und daß dies dann auch als das Gerechte (*dikaion*) erachtet würde (338e-339a). Sokrates' Einwände, daß sich der Regierende hinsichtlich seines Nutzens irren könne und dieser doch richtigerweise viel eher auf dem Wohl der Regierten gründe (340b, 343e, vgl. 345d-e 346e 347d), hält Thrasymachos schlicht für einfältig, weil „der Regent sofern er Regent ist, nicht fehlt, und wenn er nicht fehlt, das für ihn selbst Beste festsetzt. Und dieses hat der Regierte dann zu tun". (341a) Die Nullsummengleichung, welche die Gerechtigkeit als Herrschaft der Stärkeren zu ihrem Vorteil und damit zum Nachteil der Schwächeren bestimmt, wird im folgenden noch um die Dimension der Glückseligkeit (*eudaimonia*) und Habsucht (*pleonexia*) erweitert. Beides wird insofern gleichgesetzt, als der Ungerechte seine Stärke sowohl im Geschäftsleben als auch im politischen Amt zu seinem persönlichen Vorteil ausnutze, während der Gerechte sich schade, wenn er keinen Vorteil aus dem Gemeingut (*demosia*) zöge, ja sich sogar seinen Bekannten durch verweigerte Vergünstigungen verhaßt mache (343e). Thrasymachos steigert seine Ausführung noch, indem er

---

[42] Vgl. ebd. 61.
[43] Vgl. dazu in bezug auf die im Verborgenen ausgeübten Vergehen das Demokrit-Fragment DK 68 B 264, zugleich in Mansfeld II, S. 273.

am Beispiel „vollendeter Ungerechtigkeit" der Tyrannis verdeutlicht, daß die Verbrechen im großen Stil den Tyrannen nicht nur zum Glücklichsten machen (344a), sondern im Gegensatz zu den kleineren Vergehen auch von den Mitbürgern „glückselig" (*eudaimones*) und „bewundernswert" (*makarion*) genannt würden, obgleich er sich mit List und Gewalt am Gemeingut der Stadt und Eigentum seiner geknechteten Mitbürger vergangen habe (344b-c). Nicht die Furcht, Unrecht zu tun, wie Sokrates behaupte, sondern Unrecht zu erleiden, werde folglich Ungerechtigkeit geschimpft, so daß sie letztlich „kräftiger, edler und vornehmer als die Gerechtigkeit ist, wenn man sie im Großen treibt" (344c).

Thrasymachos droht sich hier bei seiner Verwendung des Gerechtigkeitsbegriffs in Widersprüche zu begeben, da er den Begriff gleichzeitig nach seiner eigenen Definition sowie im Sinne des gewöhnlichen Rechts- bzw. Unrechtsempfindens verwendet. Da sich Thrasymachos hier nicht explizit des Gegensatzes zwischen einem Recht gemäß der Natur und jenem aufgrund menschlicher Konvention bedient, kann er diesen Widerspruch nur auflösen, indem er die Ungerechtigkeitsvorstellung nach dem *common sense* ab einem gewissen Ausmaß ihrer Ausübung wieder in Gerechtigkeit umschlagen läßt. Dies steht mit Thrasymachos' Ausgangsüberlegung in Einklang, daß der Stärkere im Rahmen seiner Herrschaftspraxis über die Gesetzgebung auch die Definitionsmacht über die Gerechtigkeit ausübt. Somit handelt es sich nicht um die „reine Negation der Möglichkeit von Gerechtigkeit"[44] als vielmehr um diejenige eines Gemeinwohls, wenn das Gerechte mit den Interessen der jeweils Herrschenden radikal gleichgesetzt wird.

Noch deutlicher wird dies in der Position des Kallikles, die uns aus Platons *Gorgias* überliefert ist. Auch hier ist der Ausgangspunkt die heftige Reaktion eines Gesprächspartners des Sokrates gegen dessen Behauptung, Unrechttun sei schlimmer als Unrechtleiden. Dieses Gerede nach Art eines „Volksschwätzers" (482c-e) versucht Kallikles anhand des scharfen Gegensatzes zwischen dem Natürlichen und Gesetzlichen zu widerlegen: „Denn von Natur ist allemal jedes das Unschönere, was auch das Üblere ist, also das Unrechtleiden, gesetzlich ist es aber das Unrechttun" (483a). Hier wird die Identifizierung des Gerechten mit dem Herrschenden in Engführung auf die Bedingungen der Demokratie präzisiert, also aus Sicht eines von Natur aus Stärkeren, der sich den Gesetzen der demokratischen Polis unterordnen muß. Denn es sei die Mehrheit der Schwachen, die sich hier die Gesetze geben, und zwar „in Beziehung auf sich selbst" und „das, was ihnen nutzt (*to hautois sympheron*)" (483b). Die starken Menschen dagegen, die naturgemäß mehr haben könnten und wollen, werden davon durch die Gesetzesfurcht abgehalten (483c-d).

Gegen den Egalitarismus der Masse vertritt Kallikles eine Art heroischen Individualismus des Übermenschen (484a-b): Wird nämlich jemand mit einer „recht tüchtigen Natur zum Manne [...], so schüttelt er alles ab, reißt sich los, durchbricht und zertritt alle unsere Schriften und Gaukeleien sowie Besprechungen und widernatürlichen Gesetze und steht auf, offenbar als unser Herr, er, der Knecht [der Gesetze, GK], und eben darin leuchtet recht deutlich hervor das Recht der Natur". Diese Ungebundenheit nimmt dann auch libertäre Züge an, wenn Kallikles im Gegensatz zum sokratischen Ideal der Selbstbeherrschung im naturgemäßen Ausleben der Lüste und Begierden das von Natur

---

[44] Vgl. Bleicken 1995, S. 457.

aus wahrhaft Schöne und Rechte erkennt, während jene, die von Besonnenheit und Gerechtigkeit reden, damit nur ihre Unmännlichkeit verschleiern und sich „des großen Haufens Gesetz, Geschwätz und Gericht" unterwerfen (491e-492c). „Üppigkeit, Ungebundenheit und Freiheit" seien eben Tugend und Glückseligkeit (*eudaimonia*); alles andere aber sind „Ziererien, widernatürliche Satzungen, leeres Geschwätz der Leute und nichts wert". (492c)

Wie überzeichnet Platon die Auffassungen von Thrasymachos und Kallikles auch immer dargestellt haben mag, sie vermitteln immerhin den Eindruck von einer zeitgenössischen Grundhaltung, die den Gedanken eines anzustrebenden gemeinen Nutzens ausschließen. Nutzen zu Gunsten der Herrschenden auf Kosten der Beherrschten kann nur als Partikularinteresse gedacht werden, wobei die Bestimmung dessen, was jeweils für nützlich und gerecht erachtet wird, sich je nach Regime unterscheidet. In einer Demokratie halten die Schwachen mit ihren Gesetzen die von Natur aus Starken nieder, während in einer Tyrannis ein von Natur aus Starker die Masse unterdrückt. In beiden Fällen ist für eine Vorstellung eines wie auch immer gearteten Gemeinwohls kein Platz, wobei sich die Argumentationsweise des Thrasymachos zur Tyrannis und die des Kallikles zur Demokratie um weitere Verfassungstypen wie z.B. die Oligarchie oder Aristokratie ergänzen ließe.[45] Außerdem begegnet die These vom Wohl allein zugunsten des Stärkeren auch in einer auf die zwischenstaatliche Politik bezogenen Variante und zeigt sich vor allem in der Position, welche die Athener im (oben schon behandelten) Melierdialog bei Thukydides vertreten. Dies kann als Hinweis verstanden werden, daß die Ideologie von der Herrschaft des Stärkeren in bestimmten Kreisen bereits größeren Anklang gefunden hatte.

VIII. Gemeinwohl als philosophischer Maßstab (Platon, Aristoteles)

Platons politisch-ethische Dialoge lassen sich als Reaktion auf die beiden dargestellten gegenläufigen Diskurse interpretieren, ebenso wie die Schriften des Aristoteles zur pragmatischen Philosophie wiederum als Reaktion auf diese und auf Platon verstanden werden können. Mit Platon, der das Politische im Rahmen eines von konventionellen Meinungen (*doxa*) unabhängigen Erkenntnisprozesses zur Erlangung eines ontologisch fundierten Wissens (*episteme*) betrachtet, taucht für uns zum ersten Mal greifbar der Begriff des ethischen Endzwecks (*telos*) auf; und bei Aristoteles wird er als gedanklicher Ausgangspunkt an zahlreichen Stellen dahingehend elaboriert, daß es einen Zweck geben muß, der sich selbst nicht mehr Mittel ist und auf den sich das menschliche Leben hinordnet. Für beide dient das Telos in Rückbindung an die vernunftbegabte Menschnatur (*physis*) als Aufhänger, die politische Vergemeinschaftung im Hinblick auf das Gemeinwohl so zu konzipieren, daß dabei von konkreten Lebenssituationen sowie sittlichen Kulturtraditionen abstrahiert wird. Die normative Gültigkeit leitet ihre Autorität fortan nicht mehr allein aus der Tradition überkommener Lebensregeln ab, sondern vor allem aus absoluten und rational nachvollziehbaren Prinzipien. Nachfolgend

---

[45] Vgl. dazu etwa den Dialog zwischen Perikles und dem jungen Alkibiades bei Xenophon, *Memorabilien*, 1, 2, 40-46.

kann nur anhand einiger zentraler Belege gezeigt werden, wie die beiden Philosophen den Gemeinwohlbegriff im Rahmen ihrer unterschiedlichen philosophischen Ansätze aufgreifen, um ein normativ generalisiertes Kriterium zur Bewertung von Polisverfassungen zu formulieren.

Ohne hier ausführlich Platons Argumentationssträngen folgen zu können, daß das Ungerechte unmöglich „nützlicher" als das Gerechte sein kann, werfen wir zunächst einen Blick auf die Reaktion des Sokrates in der *Politeia* angesichts der uns bereits bekannten Herausforderung des Thrasymachos. In Erörterung des Verhältnisses zwischen Herrschenden und Beherrschten und angesichts der These des Thrasymachos, daß der Stärkere immer nur zu seinem eigenen Nutzen herrsche und dies dann das Gerechte sei, greift Sokrates zunächst einmal auf den Vergleich zu anderen „Künsten" (*technai*, i.S.v. bes. Fertigkeiten) zurück, um daraus dann Schlußfolgerungen für die Regierungskunst zu ziehen. Dabei legt er dar, daß sie allesamt jeweils ein spezifisches Wissen (*episteme*) implizieren, das nicht zu ihrem eigenen Nutzen oder in bezug auf „irgendeinen besonderen Nutzen" (*ophelia idia*) praktiziert wird, sondern sämtlich einen „gemeinschaftlichen" (*koina*) Nutzen gewährleisten (346a), so z.B. Behausung durch die Baukunst oder Gesundheit durch die Heilkunst (346d). Besonders am Beispiel der „wahren Hirtenkunst" (346c), will Sokrates verdeutlichen, daß auch die Kunst der Regierenden „keines anderen Bestes bedenke, als eben jenes der Regierten und Gepflegten, sowohl von der bürgerlichen Regierung als von irgendeiner besonderen Oberaufsicht". (345d-e) Von daher sei klar, „daß keine Kunst oder Regierung ihren eigenen Nutzen besorgt, sondern [...] den des Regierten" und folglich alles anordnet, was dem Schwächeren zuträglich ist und nicht dem Stärkeren (346e, vgl. 3423, 345e-346a).

Während also Thrasymachos zuvor die politische Kunst als rein *macht*fundiertes Vermögen betrachtet hat, die Herrschaft zum eigenen Nutzen auszuüben, setzt Sokrates dem die Anschauung entgegen, sie sei ein *wissens*fundiertes Vermögen jeweils zum Nutzen der anderen. Thrasymachos verschwendet keinen Gedanken darauf, inwiefern sich die Herrschaftspraxis auch zum Wohl der Regierten auswirken könnte, und Sokrates blendet aus, daß diese durchaus auch eigene Vorteile für die Regierenden mit sich bringen könnte. Beide denken von zwei entgegengesetzten Richtungen her: Thrasymachos leitet den Nutzen nur aus der Ausübung der Tätigkeit selbst ab, so daß sie auch nur Nutzen für denjenigen mit sich bringen kann, der sie ausübt; Sokrates dagegen leitet den Nutzen einer Tätigkeit nur aus dem ab, was sie jeweils bei dem bewirkt, für den sie ausgeübt wird (vgl. 346c-d). Während für Thrasymachos Subjekt und Objekt des Nutzens einer politischen Praxis identisch sind, vollzieht Sokrates diesbezüglich eine strikte Trennung.

Daß die Perspektive des Thrasymachos eine Gemeinwohlorientierung der Herrschenden ausschließt, wurde bereits dargelegt. Jedoch scheint der Altruismus der Herrschenden bei Sokrates dies vom Gegenextrem her ebenfalls nahezulegen, wenn der „gemeinschaftliche Nutzen" sich allein auf den Nutzen für die Schwächeren und Beherrschten beschränken würde. Deshalb stellt sich für Sokrates das Problem, aus welchen Motiven heraus und aufgrund welcher Vorteile die Herrschenden überhaupt regieren wollen. Dabei geht Sokrates zudem von der Herrschaft der Guten (*agathoi*) aus, die weder des Geldes noch der Ehre wegen regierten, wodurch es noch schwieriger wird, irgendeinen Vorteil bzw. „Lohn" (*misthos*) für die Regierenden zu erkennen (346e-347a, vgl. 412d-e). Er löst das Problem schließlich damit, daß die Guten nur deshalb die Herrschaft anstrebten, weil sie es nicht ertragen könnten, von Schlechteren regiert zu werden (347c). Erst daran wird erkennbar, daß sich für Sokrates ein Nutzen sowohl für die Regierenden als auch für die Regierten einstellt und folglich von einer Gemeinwohlvorstellung ausgegangen werden kann.

Obgleich die Argumentationsweise des Sokrates hier äußerst konstruiert erscheint, lassen sich aus seinem Gegensatz zum Sophisten immerhin zwei paradigmatische Denkansätze in bezug auf die Vorstellung der Möglichkeit eines gemeinsamen Nutzens ableiten: Thrasymachos kritisiert das Ideal des Gemeinnutzens auf Grundlage einer Herrschaftspraxis nur zum eigenen Vorteil, wie sie seiner Meinung nach *realiter* existiert; Sokrates hingegen kritisiert die Anschauung des Thrasymachos auf Grundlage seiner Vorstellung von politischer Herrschaft, wie sie *idealiter* sein sollte und hat dabei immer das Wohl anderer und letztlich das Gemeinwohl vor Augen. Folglich argumentieren beide von ganz verschiedenen Grundpositionen aus und reden aneinander vorbei.

Indem Platon in seiner *Politeia* Sokrates das Gespräch nach entnervtem Verstummen des Thrasymachos größtenteils mit Glaukon weiterführen läßt, kann sich Sokrates fortan konsequent dem Problem der gerechten Herrschaft mittels des „Vergrößerungsglases" (368d) der gedanklichen Konstruktion einer idealen Polis widmen, um von dort aus dann wiederum ihre Verfallserscheinungen zu betrachten. Dabei ließe sich m.E. plausibel zeigen, daß weite Teile auch im Zusammenhang mit anderen Dialogen als ein Versuch verstanden werden könnten, nach den Bedingungen der Möglichkeit zur Realisierung eines Gemeinwohls zu suchen. Denn sein gedanklicher Ausgangspunkt bleibt die Frage nach den Voraussetzungen des wechselseitigen Bedingungszusammenhangs zwischen Polis und der inneren Grunddisposition des Menschen,[46] ein gerechtes und vollendetes Leben auf der Stufe der „Glückseligkeit" (*eudaimonia*) in der Polis zu führen zu können.[47] Unumgänglich wird dabei das Politische am epistemisch-philosophischen Maßstab des Wissens um das wahrhaft Gute und Gerechte ausgerichtet. Beides ist sogar untrennbar miteinander verbunden, wenn nach der sokratischen Vorstellung allein dieses Wissen das tugendhafte und gute Leben ermöglicht. Folglich kann auch nur aus der philosophischen Erkenntnis heraus, was das Gute und Gerechte „an sich" ist, der Maßstab formuliert werden, wie eine Stadt eingerichtet sein müßte, damit sie „jedem das seine" nach seinen Fähigkeiten und zum Nutzen die Polis zukommen läßt (370a, 433d-434a).

In letzter Konsequenz läuft die *Politeia* ebenso wie Platons späterer Dialog über den „Staatsmann" (*Politikos*) auf eine personalistische Herrschaftskonzeption der Besten hinaus, bei der die Gesetze als Mittel zur Gewährleistung des Gemeinwohls obsolet werden. Erst mit seinem großen Alterswerk von den *Nomoi* rückt Platon davon ab, um als „zweitbeste" Lösung die ideale Staatgründung nunmehr aus der Perspektive des Gesetzgebers zu

---

[46] Die innere Verfassung des Menschen und die äußere Verfassung der Polis werden dabei vermittels der Reflexion über die richtige Erziehung und Bildung (*paideia*) aufeinander abgestimmt.

[47] Vgl. Platon, *Politeia* 420b-c; 432a ff. Auch wenn mit der Verurteilung seines Vorbildes Sokrates als den „besten Bürger" der Stadt bei Platon eine Entfremdung von der zeitgenössischen Polis Athen einsetzt, hat dies jedoch nicht den mentalen Rückzug aus der Polis in Konzentration auf das „private" Glück zur Folge, wie dies z.B. bei dem Sokratiker Aristipp der Fall ist; vgl. Xenophon, *Memorabilien* 2,1,8ff.; Diogenes Laertius 2,65ff.

betrachten.[48] In einer zentralen Passage (874e-875c) erhebt Platon das Gemeinwohl zum verallgemeinerten Maßstab politischer Ordnung und ihrer Gesetze:

> „Es ist den Menschen unerläßlich, sich Gesetze zu geben und nach Gesetzen zu leben, sonst werden sie sich in nichts von den allerwildesten Tieren unterscheiden. Der Grund hiervon ist der, daß keines Menschen Natur mit einer solchen Fähigkeit begabt ist, daß sie nicht nur erkennt, was den Menschen für ihre staatliche Gemeinschaft nützt, sondern auch, wenn sie es erkannt hat, die Kraft und den Willen aufzubringen, das Beste zu verwirklichen. Erstens ist es nämlich schwierig zu erkennen, daß die wahre Staatskunst nicht auf dem Vorteil des einzelnen (*to idion*), sondern auf das Gemeinwohl (*to koinon*) bedacht sein muß, denn das Gemeinsame eint, das Einzelne zerreißt die Staaten – und daß es für beide, für das Gemeinwesen wie für den einzelnen, von Vorteil ist, wenn eher das Gemeinwohl (*to koinon*) gefördert wird, als die Interessen des einzelnen (*to idion*). Das Zweite ist: selbst wenn sich wirklich jemand die Erkenntnis, daß sich das naturgemäß so verhält, in seiner Kunst voll zu eigen gemacht hat, er aber hernach frei von jeder Verantwortung und aus eigener Macht über einen Staat herrscht, so wird er wohl niemals die Kraft haben, diesem Grundsatz treu zu bleiben und sein ganzes Leben hindurch an erster Stelle das Gemeinwohl im Staat zu fördern, das eigene Interesse (*to idion*) aber erst im Anschluß an das Gemeinwohl (*to koinon*). Sondern seine sterbliche Natur wird ihn stets zur Selbstsucht (*pleonoxia*) und zur Befriedigung seiner persönlichen Interessen antreiben, wie sie unvernünftigerweise vor dem Schmerz flieht und der Lust nachjagt; dem Gerechteren und Besseren wird sie die Rücksicht auf diese beiden vorziehen, und indem sie in sich selbst Finsternis erzeugt, wird sie am Ende sich selbst und den gesamten Staat mit lauter Übeln anfüllen."

In komprimierter Form gibt Platon hier eine anthropologische Begründung für die Notwendigkeit von Gesetzen zur Verwirklichung des Gemeinwohls der Polis. Da selbst der Mensch mit den besten Anlagen naturgemäß auf lange Sicht seiner Habsucht und seinen egoistischen Interessen frönt, bedarf es zum Ausgleich der Gesetze; andernfalls zerfällt die politische Gemeinschaft. Zugleich bilden die Gesetze eine Schranke für die willkürliche Herrschaftsausübung. Deshalb ist die Erkenntnis von zentraler Bedeutung, daß die wahre politische Kunst darin besteht, das Gemeinwohl zu fördern, weil dies dem einzelnen *und* der Polis als Ganzes zuträglicher ist, also alle zusammen einen gemeinsamen Nutzen davon haben.

Auch wenn in dieser Passage der Gemeinwohlgrundsatz ausführlicher und prinzipieller formuliert wird, enthält er inhaltlich kaum etwas, das nicht auch die Politiker und Redner in dem zuvor aufgezeigten Gemeinwohldiskurs für sich in Anspruch genommen hätten. Es ist vielmehr der Argumentationsstil, in welchem Platon seiner Gemeinwohlvorstellung Ausdruck verleiht und der einen Unterschied ausmacht: Er versetzt sich in die Rolle eines Nomotheten wie z.B. Solon, um die Polis weitgehend historisch entkontextualisiert in Ausrichtung am philosophischen Erkenntnisideal gedanklich von Grund auf neu zu konstruieren, um dadurch einen verabsolutierten normativen Maßstab zur Bewertung politischer Verfassungen und politischen Handelns im Gegenzug zur relativistischen Sophistik zu formulieren.

Auch Aristoteles bringt in diesem Sinne, jedoch in kritischer Auseinandersetzung mit Platon und in abweichender Form seinen Gemeinwohlbegriff zur Geltung: In seinen über-

---

[48] Vgl. dazu bes. Platon, *Nomoi* 875c-d. Auf die einzelnen Revisionen im Vergleich zur *Politeia* kann hier nicht eingegangen werden.

lieferten Abhandlungen zur Ethik und Politik bleibt er zwar dem Ideal einer rein der philosophisch-theoretischen Erkenntnis gewidmeten Lebensweise (*bios theoretikos – vita contemplativa*) verhaftet, jedoch berücksichtigt er, weil dieses nur für wenige erreichbar bzw. praktizierbar ist,[49] bei seiner Betrachtung der besten Polis weit mehr das historische Überlieferungs- und zeitgenössische Erfahrungswissen über die diversen Polisverfassungen sowie ihrer konstitutiven Teile.[50] Auch er geht wie Platon von der höchsten Zweckbestimmung der Polis aus, das gute Leben (*eu zen*) und die Glückseligkeit (*eudaimonia*) der Menschen zu ermöglichen,[51] und sieht ebenfalls in der Verfassung ein Instrument die Bürger zu einer tugendhaften Lebensführung zu erziehen;[52] jedoch analysiert er die Polis unter der Leitvorstellungen der Vervollkommnung ihrer natürlichen Ziel- bzw. Zweckbestimmtheit unter Berücksichtigung institutioneller Arrangements mehr nach Maßgabe der wahrscheinlichen Realisierungschancen für die Bürger als im Sinne einer Wahrheitsschau des philosophischen Weisen.[53] Auch für Aristoteles spielt der Gemeinnutz im Hinblick auf die politische Vergemeinschaftung eine zentrale Rolle, was besonders an zwei Stellen zum Ausdruck kommt. Zum einen in der *Nikomachischen Ethik*:

„Alle Gemeinschaften sind gewissermaßen Teile der staatlichen Gemeinschaft. Denn sie vereinigen sich um eines bestimmten Nutzens (*sympheron*) willen und um sich etwas zu verschaffen, was zum Leben notwendig ist. Ebenso scheint die politische Gemeinschaft von vornherein um des Nutzens willen entstanden zu sein und zu bestehen. Denn danach streben die Gesetzgeber und erklären als gerecht, was allen nützt (*to koine sympheron*)." (1160a9-14)[54]

In der *Politik* (1278b19-24) folgert Aristoteles aus seinem Grundaxiom, „daß der Mensch seiner Natur nach ein staatsbürgerliches Wesen (*zoon politikon*) ist"[55]:

„Daher trachten auch die, die der gegenseitigen Hilfe nicht bedürfen, nach dem Zusammenleben. Indessen führt sie auch der gemeinsame Nutzen zusammen (*to koine sympheron synagei*), insoweit jedem ein Teil am richtigen Leben zufällt. Und besonders ist es nun das das Ziel (*telos*), sowohl für alle in Gemeinschaft als auch voneinander getrennt."

In der Substanz ist es die „Freundschaft" (*philia*),[56] welche für Aristoteles den Übergang von der Handlungstheorie zu seiner Theorie der Vergemeinschaftung bildet. Die spezifisch politische Form der Freundschaft resultiert für Aristoteles aus einem Leben

---

[49] Zur elitären Mußekonzeption vgl. Aristoteles, *Politik* 1337b5-1338a3, 1284a10-14, b30-34; von daher auch die Weigerung den Handwerkern im besten Staat eine entscheidende Rolle zuzubilligen, vgl. 1278a8-21, 1329a6-39, 1330a23-31, und die Abwertung körperlicher Arbeit, vgl. 1258b35-39, 1337b4-21.

[50] Aristoteles konnte bei Abfassung seiner Schriften zur *Politik* auf die Sammlung von Informationen zu den *politeiai* aus 158 verschiedenen Poleis zugreifen, die jedoch bis auf die um 1890 wiederentdeckte *Athenaion Politeia* vollständig verloren gingen.

[51] Vgl. Aristoteles, *Politik* 1280b25-35.39-1281a2, 1324a5-7, 1328b33-41.

[52] Vgl. ebd. 1310a12-14, 1332b12-1334b28, 1336a2-1337b23.

[53] Vgl. die Maxime von der Ermöglichbarkeit ebd. 1288b35-39, 1325b27-39.

[54] Vgl. auch Aristoteles, *Rhetorik*, 1365b22ff. in bezug auf die auf alle wirkende Überzeugungskraft des Nutzensarguments, jedoch in Abhängigkeit vom Verfassungstypus.

[55] Vgl. Aristoteles, *Politik* 1253a1-4; *Nikomachische Ethik* 1169b18f. und 1162a17-19; im Zusammenhang mit dem Autarkieideal des guten Staates vgl. *Politik* 1252b27-30; 1280b29-35.

[56] Zur Freundschaft vgl. Buch 8 und 9 der *Nikomachischen Ethik*.

in Übereinstimmung mit sich selbst und seinen Mitbürgern. Dies ermöglicht die Eintracht (*homonoia*) der Stadt, „wenn die Bürger über das Zuträgliche (*sympheronton*) einer Meinung sind und dasselbe wünschen und das tun, was gemeinsam beschlossen wurde".[57]

Im Rückgriff auf die zeitgenössische Verfassungstypologie untersucht Aristoteles folglich die einzelnen Verfassungen daraufhin, ob sie den Nutzen für die Gesamtheit der Polis oder nur die Interessen der jeweils Herrschenden berücksichtigen. Hatte Platon in seiner Verfassungstypologie im *Politikos* (291c-292a) die Ausübung der Herrschaft noch mittels der Kriterien gewaltsam/freiwillig, arm/reich und gesetzlich/ungesetzlich in positive und negative Varianten unterschieden, so abstrahiert Aristoteles im 3. Buch der *Politik* davon und erhebt bei seiner Unterscheidung zwischen guten (Monarchie, Aristokratie, Politie) und schlechten (Tyrannis, Oligarchie, Demokratie) Verfassungen allein den Gemeinwohlgrundsatz zum normativ generalisierten Bewertungsmaßstab, die er seiner nachfolgenden ausführlichen Untersuchung voranstellt:

> „Es ist also offenbar, daß alle Staatsverfassungen, die den Nutzen der Gemeinschaft (*to koine sympheron*) im Auge haben, mit Rücksicht auf das schlechthin Gerechte richtig sind, daß aber alle die, die nur ihren eigenen Nutzen als den der Herrschenden im Auge haben, fehlerhaft sind und alle Abweichungen der richtigen Staatsauffassungen. Sie sind nämlich herrisch, der Staat aber ist eine Gemeinschaft der Freien."[58]

Die politische Freiheit wird bei Aristoteles besonders in bezug auf die jeweiligen Entscheidungsträger einer Verfassung konzipiert.[59] In einem bürgerlichen Gemeinwesen manifestiert sich die Freiheit nach Aristoteles im Rahmen des verfassungsmäßigen Alternierens zwischen Regieren und Regiertwerden und folglich in der Tugend der Bürger sowohl zu regieren als auch sich regieren zu lassen.[60] Da es diesbezüglich bestimmter Fähigkeiten, zumal der Klugheit bzw. Einsicht (*phronesis*)[61] bedarf, bleiben für ihn diejenigen in einer guten Polis vom politischen Entscheidungsprozeß ausgeschlossen, die aufgrund ihrer Ausübung körperlicher Arbeit oder ihres gesellschaftlichen Status (Kinder, Frauen, Sklaven) dazu seiner Meinung nach nicht in der Lage sind. Andererseits liefert er in seiner sog. Summationstheorie[62] die Begründung für eine Art kollektive Einsichtsfähigkeit der Masse des Volkes, die zusammen genommen durchaus geeigneter für die Entscheidungsfindung sein könnte, als wenn nur einige wenige für sich allein entschieden. Nachdem er dies noch einmal explizit festgestellt hat (*Politik* 1283b34), leitet er – wohl in Anspielung auf Platons *Nomoi* – auf die Perspektive des Gesetzgebers über (1283b37-1284a2):

> „Es werfen nämlich einige die Frage auf, ob der Gesetzgeber, der willens ist, die richtigsten Gesetze einzusetzen, Gesetze erlassen soll im Hinblick auf den Nutzen (*sympheron*) der Besse-

---

[57] Vgl. Aristoteles, *Nikomachische Ethik* 1167a26-30.
[58] Aristoteles, *Politik* 1279a17-21; vgl. 1284b22-24.
[59] Vgl. ebd. 1290a37-b3, 1317a40-1318a10.
[60] Vgl. ebd. 1275a1-1275b20, bes. 1277a25-1277b15.
[61] Vgl. ebd. 1277b25-29 in Verb. mit 1277a14-16; *Rhetorik* 1371b27f.; ihre exponierte Ausarbeitung erhält die *phronesis* in Buch 6 der *Nikomachischen Ethik*.
[62] Zur Summationstheorie vgl. Aristoteles, *Politik* 1281a40-1282a40.

ren oder im Hinblick auf den der Überzahl [...]. Das ‚richtig' aber ist hier aufzufassen als das ‚in gleicher Weise' richtige; doch das in gleicher Weise richtige meint das, was dem gesamten Staat nützt und der Gemeinschaft der Bürger. Der Bürger aber ist allgemein der, der Anteil hat am Herrschen und am Beherrschtwerden, in jeder Staatsverfassung je ein anderer, doch in der besten derjenige, der es sich vornimmt, beherrscht zu werden und zu beherrschen mit Bezug auf das Leben, das nach der Tugend gestaltet wird."

Die Erörterung des Zusammenhangs von Gemeinwohl, Gerechtigkeit, Verfassung, Gesetzgebung, Freundschaft und Tugend bei Aristoteles kann hier freilich nicht weiter vertieft werden. An dieser Stelle sei nur erwähnt, daß der Gemeinwohlbegriff endlich seinen klassischen Ort einer geistigen Autorität gefunden hat, von wo aus er in der politischen Ideengeschichte als verallgemeinertes normatives Bewertungskriterium in der Funktion eines appellativen Korrektivs für politische Regime und ihrer Herrschaftspraxis in unterschiedlichsten historischen Kontexten und bis heute rezipiert werden konnte.

IX. Schluß

Abschließend bleibt festzuhalten, daß sich im athenischen Denken ausgehend von einem relativ offenen semantischen Feld seit dem 5. Jahrhundert ein Gemeinwohldiskurs konstituierte, der seinen Widerpart in einem Gegendiskurs des einseitigen Herrschaftsinteresses gefunden hat. Die Ansätze von Platon und Aristoteles können in Reaktion darauf als umfassende Versuche gewertet werden, das Gemeinwohl mit philosophischen Erkenntnismitteln zu einem abstrakt-generalisierten und normativen Bewertungsmaßstab politischer Ordnungen zu erheben. Ohne die diversen Positionen und Argumentationsweisen hier noch einmal ausführlich zu resümieren, seien abschließend nur einige allgemeine Beobachtungen bzw. Überlegungen in bezug auf spezifische Merkmale des Gemeinwohldiskurses angestellt, die m.E. eine auffällige Kontinuität aufweisen.

Die Gemeinwohlsemantik ist nicht selten mit einer Normativität verknüpft, die in unterschiedlicher Weise über die Zeitdimension hergestellt wird. Eine Verstetigung der Bewertung gemeinwohlorientierten Handelns und der hierfür notwendigen politischen Verfassung setzt erkennbar häufig erst im verklärten Rückblick auf eine ‚gute alte Zeit' ein, die gleichzeitig dazu dient, gegenwärtige Verhältnisse anzuprangern, um das Richtige zum künftigen Wohl der Stadt zu tun. Je nach Zeitraum läßt sich dies mit antiken Deszendenztheorien bzw. Mythen vom goldenen Zeitalter, dem Rückgriff auf eine göttlich vorgegebenen Ordnung oder dem stark idealisierenden und zugleich gegenwartskritischen Rekurs auf eine vorväterliche Verfassung (*patrios politeia*) in Zusammenhang bringen, und zwar jeweils zur Generierung handlungsleitender normativer Maßstäbe. Außerdem kommt der Zeitdimension in bezug auf das Gemeinwohl eine Bedeutung zu, wenn politische Entscheidungen als affektgesteuerte Augenblickshandlungen kritisiert werden, die dem Gemeinwohl abträglich sind; dem wird ein vernunftgeleitetes Handeln entgegengehalten, das an deliberative Verfahren unter Anteilnahme und Beratung der Bürger geknüpft ist, die politische Entscheidungen mit Blick auf den langfristigen Nutzen für die gesamte Stadt ermöglichen sollen.

Nachdem sich erst einmal ein auf die ganze Polis bezogenes politisches Bewußtsein ausgebildet hatte, konnte es sich mit bestimmten Reflexionskernen über die Bedingungen und Voraussetzungen gemeinwohlorientierten politischen Verhaltens verbinden, welche die gesamte Bürgerschaft einer Stadt betreffen: Zu nennen ist zunächst die Selbstbeschränkung der traditionellen sowie neuen Eliten im Hinblick auf ihre potentiellen Möglichkeiten der Machtausübung, um im Sinne der Bürgerschaft als Ganzes zu handeln. Dem entspricht ein Partizipationswille der Bürger und eine politische Mündigkeit bzw. Urteilsfähigkeit, die sie über den Horizont ihrer jeweiligen häuslichen oder persönlichen Eigeninteressen hinausdenken läßt. Angesprochen wurde außerdem der hierfür notwendige Vertrauensvorschuß zwischen den Bürgern im politischen Beratungs- und Entscheidungsprozeß, da andernfalls die Verdächtigungen und Anspielungen auf die Korruption die politische Einheit zersetzen. Dieses Vertrauen muß jedoch immer wieder bewiesen bzw. überprüft werden, wobei besonders zwei Referenzen auffällig sind: Das Mißtrauen gegenüber politischen Clubs (Hetairien), die eventuell auf den Umsturz des Gemeinwesen im eigenen Herrschaftsinteresse abzielen, sowie der Mißbrauch öffentlicher Güter („Gemeingut"), zumal in Ausübung eines politischen Amtes. Als Faktoren zur Gewährleistung des Gemeinwohls wurde entweder auf die konkreten persönlichen Eigenschaften (Tugenden) der Bürger bzw. Politiker rekurriert oder auf die Qualität der Gesetze und Verfassung. Beides ließe sich anhand einer Untersuchung zur Erziehung zum „guten Bürger" miteinander Verbinden, worauf in der Darstellung nicht eingegangen werden konnte.

Ein Grundmuster von Sozialbeziehungen scheint der Realisierung des Gemeinwohls im politischen Raum jedenfalls Pate zu stehen: Gemeint ist die „Freundschaft" (*philia*), insofern sie als eine auf Gegenseitigkeit bedachte Sozialbeziehung zwischen freien Menschen verstanden wird, die sich als gleichrangig anerkennen und dabei auf die Förderung des Wohls des jeweils anderen bedacht sind. Im kollektiven Maßstab bedeutet diese Auffassung von Freundschaft wohl etwa, wofür sich in moderneren Zeiten der Ausdruck ‚Solidarität' eingebürgert hat.

Quellen

Vorsokratikersammlungen

DK = [Diels/Kranz] Die Fragmente der Vorsokratiker, griechisch und deutsch von H. Diels, hg. v. W. Kranz, 3 Bde., Berlin 1960/61[10];

Mansfeld = Die Vorsokratiker, Griechisch-Deutsch, hg. v. J. Mansfeld, 2 Bde., Stuttgart 1995/96;

Capelle = Die Vorsokratiker, hg. v. W. Capelle, Stuttgart 1968.

Lyrik (Solon)

Latacz = Die griechische Literatur in Text und Darstellung, Bd. 1 Archaische Periode, hg. v. J. Latacz, Stuttgart 1998.

Werkausgaben

Aristoteles (1998), Politik, übers. und hg. v. Fr. F. Schwarz, Stuttgart; (1981[4]), übers. u. hg. v. O. Gigon, München; (1994), übers. v. Fr. Susemihl, hg. v. W. Kullmann, Reinbeck. Aristotle, Politics (1998[7]), griechisch-englisch, übers. v. H. Rackham, Cambridge/Mass.

Aristoteles (2000⁴), Nikomachische Ethik, übers. u. hg. v. O. Gigon, München. Aristotle, (1999¹¹), The Nicomachean Ethics, griechisch-englisch, übers. v. H. Rackham, Cambridge/Mass.
Aristoteles (1997), Der Staat der Athener (Athenaion Politeia), übers. u. hg. v. M. Dreher, Stuttgart. Aristotle (1935), The Athenian Constitution, griechisch-englisch, übers. v. H. Rackham, Cambridge/Mass.
Demosthenes (1995), Politische Reden, griechisch-deutsch, übers. u. hg. v. W. Unte, Stuttgart 1995.
Hesiod (1996), Werke und Tage, griechisch-deutsch, übers. u. hg. v. O. Schönberger, Stuttgart.
Isokrates (1993), Sämtliche Werke, 2 Bde., übers. v. Chr. Ley-Hutton, Stuttgart. Panegyricus, griechisch-englisch, Bd. I, übers. v. G. Norlin, Cambridge/Mass., S. 120-241.
Platon (1990²), Politeia, griechisch-deutsch, übers. v. Fr. Schleiermacher, Werke in 8 Bde., hg. v. G. Eigler, Bd. 4, Darmstadt.
Platon (1990²), Nomoi, griechisch-deutsch, übers. v. K. Schöpsdau, Werke in 8 Bde., hg. v. G. Eigler, Bd. 8, Darmstadt.
Pseudo-Xenophon (2000⁸), Constitution of the Athenians, in: Xenophon, Scripta Minora, griechisch-englisch, übers. v. G. W. Bowersock, Cambridge/Mass., S. 474-507.
Thukydides (1993), Geschichte des Peloponnesischen Krieges, griechisch-deutsch, 2 Bde., übers. u. hg. v. G. P. Landmann, München/Zürich; (2000), Der Peloponnesische Krieg, übers. u. hg. v. H. Vretska u. W. Rinner, Stuttgart.
Xenophon (1987⁴), Erinnerung an Sokrates [Memorabilia], griechisch-deutsch, übers. u. hg. P. Jaerisch, München/Zürich.

Literatur

Austin, M./Vidal-Naquet, P. (1984), Gesellschaft und Wirtschaft im alten Griechenland, München.
Arendt, H. (1998¹⁰), Vita activa oder Vom tätigen Leben, München/Zürich.
Bleicken, J. (1995⁴), Die athenische Demokratie, Paderborn u.a.
Dahrendorf, R. (1986⁴), Lob des Thrasymachos. Zur Neuorientierung von politischer Theorie und politischer Analyse, in: ders., Pfade aus Utopia. Zur Theorie und Methode der Soziologie, München, S. 294-313.
Davies, J. K. (1996⁵), Das klassische Griechenland und die Demokratie, München.
Demandt, A. (1993²), Der Idealstaat. Die politischen Theorien der Antike, Köln/Weimar/Wien.
Ehrenberg, V. (1965), Der Staat der Griechen, Zürich/Stuttgart.
Fränkel, H. (1969), Dichtung und Philosophie des frühen Griechentums. Eine Geschichte der griechischen Epik, Lyrik und Prosa bis zur Mitte des fünften Jahrhunderts, München.
Hansen, M. H. (1995), Die Athenische Demokratie im Zeitalter des Demosthenes: Struktur, Prinzipien und Selbstverständnis, Berlin.
Hibst, P. (1990), Gemeiner Nutzen. Begriffsgeschichtliche Untersuchungen zur politischen Theorie vom 5. vorchristlichen bis zum 15. nachchristlichen Jahrhundert, in: Archiv für Begriffsgeschichte 33, S. 60-95.
Jones, A. H. M. (1957), Athenian Democracy, Oxford.
Leppin, H. (1999), Thukydides und die Verfassung der Polis. Ein Beitrag zur politischen Ideengeschichte des 5. Jahrhunderts v. Chr., Berlin.
Meier, Chr. (1970), Entstehung des Begriffs ‚Demokratie'. Vier Prolegomena zu einer historischen Theorie, Frankfurt/M.
Meier, Chr. (1988), Die politische Kunst der griechischen Tragödie, München.

Meier, Chr. (1995³), Die Entstehung des Politischen bei den Griechen, Frankfurt/M.
Murray, O. (1995⁵), Das frühe Griechenland, München.
Nippel, W. (1980), Mischverfassungstheorie und Verfassungsrealität in Antike und früher Neuzeit, Stuttgart.
Nippel, W. (1991), Politische Theorien der griechisch-römischen Antike, in: Politische Theorien von der Antike bis zur Gegenwart, hg. v. H. J. Lieber, Bonn, S. 17-46.
Raaflaub, K. (1988), Die Anfänge des politischen Denkens bei den Griechen, sowie: Politisches Denken im Zeitalter Athens, beides in: Pipers Handbuch der politischen Ideen, Bd. I, hg. v. I. Fetscher u. H. Münkler, München/Zürich, S. 189-368.
Romilly, J. de (1976), Eunoia bei Isokrates oder die politische Bedeutung der Gewinnung von Wohlwollen, in: Isokrates, hg. v. Fr. Seck, Darmstadt.
Scholz, P. (1998), Der Philosoph und die Politik. Die Ausbildung der philosophischen Lebensform und die Entwicklung des Verhältnisses von Philosophie und Politik im 4. und 3. Jh. v. Chr., Stuttgart.
Spahn, P. (1977), Mittelschicht und Polisbildung, Frankfurt/M./Bern/Las Vegas.
Spahn, P. (1980), Oikos und Polis. Beobachtungen zum Prozeß der Polisbildung bei Hesiod, Solon und Aischylos, Historische Zeitschrift 231, S. 529-564.
Spahn, P. (1986), Das Aufkommen des politischen Utilitarismus bei den Griechen, in: Saeculum 37, S. 8-21.
Vegetti, M. (1996), Der Mensch und die Götter, in: Der Mensch der griechischen Antike, hg. v. J.-P. Vernant, Frankfurt/M., S. 295-333.
Vernant, J.-P. (1982), Die Entstehung des griechischen Denkens, Frankfurt/M.
Walter, U. (1993), An der Polis teilhaben. Bürgerstaat und Zugehörigkeit im Archaischen Griechenland. Stuttgart.
Welwei, K. W. (1999), Das klassische Athen. Demokratie und Machtpolitik im 5. und 4. Jahrhundert, Darmstadt.

OTTO GERHARD OEXLE

Konflikt und Konsens

Über gemeinschaftsrelevantes Handeln
in der vormodernen Gesellschaft

I. ‚Gemeinwohl' als ein Orientierungspunkt für gemeinschaftsrelevantes Handeln und ‚Gemeinsinn' als Bereitschaft zur Orientierung am Gemeinwohl von seiten gemeinschaftsrelevant handelnder Individuen[1] lassen sich für die Vormoderne anhand der Geschichte dieser Begriffe und der mit ihnen verbundenen Theorien gut darstellen.[2] Aber diese Darstellung wäre nicht erschöpfend. Deshalb ist es lohnend, sich von den Begriffen der *utilitas publica* oder des ‚gemeinen Nutzens' einmal zu lösen und Gemeinwohl-Vorstellungen in benachbarten Begriffsfeldern zu suchen. Dazu gehört zum Beispiel das Begriffsfeld *ordo* (‚Ordnung')[3] und dazu gehören die unter dem Stichwort ‚Frieden' (*pax*) zusammengefaßten Vorstellungen.[4]

An einer berühmten Stelle seines Buches ‚De civitate Dei' hat zum Beispiel Augustinus den Frieden im weitesten Sinne (*pax omnium rerum*) als die „Ruhe in der Ordnung" (*tranquillitas ordinis*) bestimmt, *ordo* aber definiert als die „Anordnung der gleichen und ungleichen Dinge, die jedem seinen Platz anweist" (*ordo est parium dispariumque rerum sua cuique loca tribuens dispositio*).[5] Diese an Cicero anschließende[6] Definition Augustins bezieht sich auf die von Gott geschaffene Welt als einen geordneten Kosmos, in dem jedes seinen Platz hat und auch, im Hinblick auf das Zusammenleben der Menschen, jeder an seinem Platz wirkt und „das Seine tut". Zugleich wird hier Platos Modell der drei Stände evoziert, wie es in der ‚Politeia' dargelegt ist.[7] Die Ordnung der Welt wie der

---

[1] Münkler/Fischer 1999.
[2] Schulze 1986; Hibst 1991.
[3] Dazu umfassend die verschiedenen Abschnitte des Artikels ‚Ordnung' in: Historisches Wörterbuch der Philosophie 6 (1984), Sp. 1249-1310.
[4] Zu den Vorstellungen und Deutungen von Frieden: Oexle 1993; ders., 1996b.
[5] Augustinus, ‚De civitate Dei' XIX, 13 (Corpus scriptorum ecclesiasticorum latinorum 40/2, 1900, S. 395).
[6] Den Stoikern folgend definierte Cicero (De officiis I,40,142) ‚ordo' als die *compositio rerum aptis et accommodatis locis* und im Anschluß daran die „Ordnung des Handelns" (*ordo actionum*) dergestalt, daß *in vita omnia sint apta inter se et convenientia* (Marcus Tullius Cicero, De officiis. Vom pflichtgemäßen Handeln, übers. und hg. von Heinz Gunermann, Stuttgart 1978, S. 124).
[7] Oexle 1987, S. 77ff.

menschlichen Gesellschaft wird verstanden als eine ‚Harmonie in der Ungleichheit'. Für Augustinus zeigt sie sich konkret als Hausfriede (*pax domus*) und als Friede des Gemeinwesens (*pax civitatis*), deren Ordnung er durch ‚Herrschaft', also durch die Eintracht der im Hause Wohnenden oder der Bürger im Zusammenspiel von Befehl und Gehorsam (*ordinata imperandi oboediendique concordia cohabitantium* und *ordinata imperandi adque oboediendi concordia civium*) sieht. Im Rahmen solcher Vorstellungen von ‚Harmonie in der Ungleichheit' haben sich im Mittelalter die fast unzähligen Vorstellungen über die Ordnung der Gesellschaft und das Wohl ihrer Mitglieder durch die Eintracht des Zusammenwirkens der verschiedenen Stände (*ordines, status, conditiones*) entfaltet.[8] Solche ‚Deutungsschemata' der gesellschaftlichen Ordnung konnten hierarchisch verstanden sein, wie zum Beispiel die Einteilung der Gesellschaft nach Klerus und Laien, oder sie konnten funktional gedacht sein, wie dies die berühmte ‚funktionale Dreiteilung' der Gesellschaft in jene, die beten (Klerus und Mönche), jene, die kämpfen (Ritter) und jene, die arbeiten (Bauern, Kaufleute, Bürger, der ‚Dritte Stand') vorsieht. Neben den vom ‚Staat' und von der ‚Kirche' ausgehenden Gemeinwohlvorstellungen enthält also auch die Theorie der Gesellschaft, so wie sie in der Reflexion über deren Gliederung nach Ständen enthalten ist, ein reiches Reservoir von Vorstellungen über die Bedingungen und die Wirkungen von ‚Gemeinsinn' und ‚Gemeinwohl'.

Davon soll im folgenden indessen nicht die Rede sein. Hier geht es nicht um Stände, Staat und Kirche, sondern um soziale Gruppen. Und das heißt auch: es geht nicht um philosophische oder theologische ‚Theorien', sondern vielmehr um die Praxis sozialen Handelns von Individuen in Gruppen und um die solcher Praxis zugrundeliegenden und aus ihr resultierenden Orientierungen von Gemeinsinn und Gemeinwohl. Die zentrale Frage, die dabei zu erörtern ist, gilt natürlich dem Problem, wie diese gruppenbezogenen Erscheinungsformen von Gemeinsinn und Gemeinwohl mit einem allgemein zu verstehenden Gemeinwohl verknüpft waren.

Ein solcher Ansatz bedarf freilich einer zusätzlichen, vorgängigen Reflexion. Sie bezieht sich auf das Problem der Wahrnehmung des Mittelalters in der Moderne, also in der historischen Epoche, in der wir selbst leben. Es geht um das Problem, daß und in welchem Maße unsere Annahmen über das Mittelalter von Annahmen über die Moderne bedingt und gesteuert werden.[9] Unserer Wahrnehmung des Mittelalters kommen immer wieder jene Epochenimaginationen in die Quere, in denen das Mittelalter als eine Bezugsgröße erscheint, die von der Moderne her gedacht ist und von der Moderne her geprüft wird, – oder aber, umgekehrt: in denen die Moderne und der Prozeß der Modernisierung seit dem 18. Jahrhundert vom Standpunkt eines imaginierten Mittelalters her beurteilt werden. Dies hat, seit Aufklärung und Romantik und im Zeichen des Historismus als einem konstituierenden Faktor der Moderne,[10] ein weites Feld von historisch begründeten Fortschritts- und Verfalls-‚Geschichten' erzeugt, die sowohl die Forschungen der historischen wie der Sozialwissenschaften und erst recht das geschichtliche Denken im Ganzen in weiträumigen Diachronien gesteuert haben. Zu nen-

---

[8] Oexle 1987; ders. 1990a.
[9] Zum folgenden Oexle 1992 und ders. 1997.
[10] Dazu Oexle 2000.

nen wären hier zum Beispiel: die Geschichten vom fortschreitenden Prozeß der Zivilisation oder von der zunehmenden Rationalisierung (‚Vom magischen zum rationalen Weltbild'), – oder aber, umgekehrt, in der Aufrechnung der Kosten der Modernisierung: die Geschichten vom zunehmenden Wertverfall (‚Von der christlichen Weltordnung zum Relativismus') oder von der Überwältigung des Individuums durch gesellschaftliche und staatliche Mächte, also die Geschichte des Gangs von der Ursprünglichkeit des Menschen zur Sozialdisziplinierung. Das Mittelalter erscheint in solchen Geschichten auf der einen Seite, nämlich in den Verfalls-Geschichten, als eine glückliche Zeit von Bindung, Einheit, Gemeinschaft und Ganzheit, welche den negativen, ja desaströsen Zügen der Moderne gegenübergestellt wird, womit dann der angeblich fatale Weg, den die europäische Geschichte seit Renaissance und Reformation, seit Humanismus und Aufklärung und bis zum Liberalismus und Sozialismus des 20. Jahrhunderts genommen hat, beklagt werden kann. Auf der anderen Seite, in den Fortschritts-Geschichten, erscheint das Mittelalter als eine Epoche der Unordnung und Zersplitterung, von Brutalität und Primitivität, die eben durch Renaissance und Reformation, durch Humanismus und Aufklärung fortschreitend überwunden werden konnten.

Gerade im Blick auf unsere Frage nach den Gruppen in der Gesellschaft gibt es zwei Linien, auf denen diese Geschichten vom Fortschritt und vom Verfall erzählt werden. Die eine – sie hat ihre klassische und unaufhörlich weiterwirkende Ausformung in Jacob Burckhardts ‚Die Kultur der Renaissance' von 1860 gefunden – läßt mit der Renaissance die Geschichte des modernen Menschen beginnen, eine Deutung, die in der Überwindung der Gruppen-Bindungen des Menschen den zur Moderne führenden und entscheidenden Fortschritt der Individualisierung sieht. Die dem entgegengesetzte Verfallsgeschichte hat – ebenso wirkungsvoll – Ferdinand Tönnies in seinem Buch ‚Gemeinschaft und Gesellschaft' von 1887 vorgetragen. Wie bekannt, unterschied Tönnies hier ‚Gemeinschaft' – als „organische" Bindung des Menschen im vertrauten Zusammenleben, in Familie und Verwandtschaft, in Nachbarschaft und Freundschaft, in Dorf und Stadt – von ‚Gesellschaft' als dem Inbegriff von „mechanischen" Beziehungen unter den Menschen, im Zeichen von Interessenkonflikten und Vertragsverhältnissen, von mechanischer Produktion und ökonomischem Tausch, von Individualismus und Rationalismus, – bei Verlust aller Bindungen, Solidaritäten und Werten. Tönnies hat die Geschichte des Okzidents geradezu als eine Aufeinanderfolge von zwei Zeitaltern gedeutet. Ein Zeitalter der ‚Gesellschaft' sei auf ein Zeitalter der ‚Gemeinschaft' gefolgt, also die Moderne auf das Mittelalter, und dadurch sei die gesamte Kultur, so Tönnies 1887 wie auch später, in ‚Zivilisation' umgeschlagen. Und deshalb gehe in dieser ihrer verwandelten Gestalt die Kultur selber zu Ende.

Die in diesen Deutungsmustern der Moderne gestellte Doppelfrage ist also, ob die Überwindung des Mittelalters einen Fortschritt darstellt, oder ob nicht vielmehr der Fortschritt, den die okzidentale Kultur seit dem Ende des Mittelalters und im Verlauf der Moderne genommen hat, sich – wenn man sie am Mittelalter mißt – als Unglück erweist. Im Blick auf die Bildung sozialer Gruppen ist diese Frage verknüpft mit dem Problem der Individualität. Die Doppelfrage lautet hier, ob die Emanzipation des Individuums, so wie sie Jacob Burckhardt 1860 und seine vielen Nachfolger bis heute als den Beginn der

Moderne definieren,[11] und zwar als eine zweifache Emanzipation des Individuums: von den Mächten der ‚Gemeinschaft' und denen des Glaubens, von Religion und Kirche also, – ob diese zweifache Emanzipation einen Fortschritt oder ein Verhängnis darstellt. Ist der Prozeß der europäischen Kultur seit der Renaissance begreifbar als ein Prozeß des zunehmenden Ausgangs des Menschen aus seiner selbstverschuldeten Unmündigkeit, aus den Zwängen geistiger und sozialer Unfreiheit und Unwissenheit? Oder sind – gerade im Gegenteil – Renaissance, Humanismus, Aufklärung zu sehen als ein zerstörerischer Prozeß, der den Menschen herausriß aus seinen „natürlichen" Bindungen und Ordnungen? Was hier kontrovers diskutiert wird, ist das Problem von Bindung und Freiheit im sozialen wie im geistigen Sinn als einem Grundproblem der Moderne. Darin wird das Mittelalter zu einem singulären Exempel, an dem – in der Dialektik von Abstoßung und von Identifikation – die Moderne illuminiert oder aber verurteilt werden kann.

Ich habe an anderer Stelle gezeigt,[12] in welchem Maß diese Geschichten vom Mittelalter und von der Moderne noch immer ein stummer Gast systematischer Wissenschaften in der Gegenwart sind, gerade bei Soziologen und Ökonomen, in der Philosophie und Politik, zum Beispiel wenn neuerdings vehement das „Ende" des modernen „Individualismus" gefordert wird, damit die Deutschen nicht aussterben und damit die „Kultur des Westens" sich am Ende nicht gar selbst „zerstört". Die Wirkung solcher uneingestandener, historisch vermittelter Deutungsmuster vor Augen zu haben ist erforderlich, bevor man sich ernstlich mit der Frage nach den Vorstellungen von Gemeinsinn und Gemeinwohl bei sozialen Gruppen der mittelalterlichen Gesellschaft befaßt.

II. In welchem Maße soziale Gruppen und die Reflexion über sie für die Entwicklung von Vorstellungen über Gemeinsinn und Gemeinwohl relevant wurden, zeigt anschaulich das Sozialgebilde des ‚Hauses' (*domus*).[13] Dazu nur ein Beispiel: die Predigten, die der junge Presbyter Basilius von Caesarea in Kleinasien anläßlich der großen Hungersnot des Jahres 368 hielt. Sein zentrales Argument war, daß die Welt ein einziges ‚Haus' sei und die Menschen eine häusliche Solidargemeinschaft darstellen; das Vermögen der Reichen sei demzufolge ein Gut, das ihnen von Gott zur guten ‚Verwaltung', im Sinne einer ‚Treuhandschaft', anvertraut sei und das sie zugunsten des Allgemeinwohls und vor allem zugunsten der Armen zu verwenden haben. Die Wirksamkeit dieser ‚ökonomischen' Argumente des Basilius hat übrigens Bischof Gregor von Nazianz einige Jahre später eingehend bestätigt und gewürdigt.[14]

Von besonderer Bedeutung für die Entwicklung von Gemeinwohl-Vorstellungen sind jene Gruppen, die in der vormodernen Gesellschaft durch Konsens und Vertrag und die Vereinbarung gemeinsamer Ziele auf der Basis gemeinsamer Werte entstanden. Das gilt vor allem für drei Gruppen-Typen:[15] die Vita Communis, das heißt die auf der Grundla-

---

[11] Oexle 2001a.
[12] Oexle 1997.
[13] Zum folgenden Meyer 1998.
[14] Ebd. S. 106ff.
[15] Dazu Oexle 1998.

ge von Gemeinwirtschaft und Gemeinbesitz definierte Gesinnungsgemeinschaft,[16] sodann für die Vasallität als Form eines wechselseitigen Vertrags zwischen Ungleichen, aber mit beiderseitig bindenden Rechten und Pflichten,[17] und schließlich für jene Formen der Gruppenbildung durch Konsens und Vertrag, die auf einem gegenseitig geleisteten Versprechenseid beruhten und die man deshalb als Conjurationes bezeichnet.[18] Davon soll im folgenden eingehender die Rede sein.

Die kulturelle Produktivität solcher Conjurationes im Hinblick auf Gemeinsinn und die Vorstellungen von Gemeinwohl sei zunächst an einem historischen Beispiel erläutert, einem Ereignis, das sich vor rund tausend Jahren, nämlich um das Jahr 1000 zugetragen hat.[19] Es handelt sich dabei um einen „Bauernaufstand" in der Normandie, von dem in einer Geschichte der Herzöge der Normandie und der anglo-normannischen Könige die Rede ist, die ein am Hof König Heinrichs II. von England lebender Kleriker um 1170 in französischer Sprache geschrieben hat. Aber: es ging um sehr viel mehr als nur um einen „Bauernaufstand".

Wie hier berichtet wird, versammelten sich normannische Bauern damals in Gruppen zu zwanzig, dreißig oder hundert Leuten und hielten „Parlamente" (*parlemenz*) ab. Hier wurde über die Herrschaft der Grundherren gesprochen. Sie sei um so weniger gerechtfertigt, hieß es, als überhaupt jegliche Herrschaft unbegründet sei; denn alle Menschen seien gleich. Es erging dann die allgemeine Aufforderung zu einer Schwureinung, die der Verteidigung von Hab und Gut und des Lebens der Schwörenden dienen und alle zu gegenseitigem Schutz verbinden sollte. Seiner Schilderung dieser bäuerlichen „Parlamente" läßt der Autor dann die Formulierung des Ziels dieser Schwureinung folgen. Es ging nicht etwa um die Abschüttelung bäuerlicher Dienste und Leistungen insgesamt, es ging auch nicht um einen generellen Widerstand gegen die Grundherren. Vielmehr ging es um die Durchsetzung einer gemeinschaftlichen, freien Nutzung von Wald, Weide und Wasser, beim Fällen des Holzes, beim Fischfang und bei der Jagd. Darin sollte künftig dem Recht der adligen Herren ein vereinbartes, statutarisches, also ein positives bäuerliches Recht gegenübergestellt werden. Unser Autor bezeichnet dieses Recht als *volonté*. ‚Volonté' ist hier als ein Rechtswort zu verstehen. Es entspricht dem lateinischen *voluntas*, ‚Willkür', bezeichnet also das gruppenbezogene, statutarische Sonderrecht – im Gegensatz zum allgemeinen Recht, der *lex*. So sei es schließlich zu einer allgemeinen Beschlußfassung gekommen, deren Inhalt, das vereinbarte Ziel des Unternehmens, durch einen allgemeinen gegenseitigen Versprechenseid konstituiert war: „Sie haben sich gegenseitig einen Eid geleistet, daß sie alle zusammenhalten und gemeinschaftlich sich verteidigen würden". Sodann seien einzelne, redegewandte Bauern gewählt worden, die als Delegierte dieser „Parlamente" durch das ganze Herzogtum der Normandie gehen sollten, um weitere derartige Versammlungen einzuberufen und dort die Eide jener entgegenzunehmen, die zunächst nicht anwesend waren oder nicht anwesend sein konnten. Auch diese Versammlungen werden wiederum als „Parlamente"

---

[16] Derda 1992.
[17] Die beste Darstellung dazu ist nach wie vor das berühmte Buch von Marc Bloch ‚La société féodale' von 1939–40; vgl. Bloch 1999.
[18] Oexle 1985; ders. 1996a.
[19] Das folgende bereits in: Oexle 1996a, S. 78ff.

bezeichnet. Zu deren Einberufung kam es freilich nicht mehr. Der Normannenherzog hatte von den Vorgängen erfahren und ließ die Delegierten der Bauern gefangennehmen und grausam bestrafen. Er sah in diesem Unternehmen eine Rebellion gegen seine Herrschaft und gegen die der adligen Grundherren im Ganzen.

Der Autor läßt also den Hörer oder Leser seiner Geschichtserzählung, im 12. Jahrhundert wie heute, die Entstehung eines sehr komplexen Rechts- und Sozialgebildes miterleben, dessen Grundlage ein gegenseitig geleisteter Versprechenseid war. Ziel war die Durchsetzung eines vereinbarten bäuerlichen Rechts, das *volonté* genannt wurde. Das lateinische Wort für ein solches, durch einen gegenseitige Eid geschaffenes Sozialgebilde lautete im 12. Jahrhundert, also in der Zeit, in der unser Autor schreibt, im allgemeinen ‚Conjuratio', was sowohl „Verschwörung" in pejorativem Sinn, wie auch „Schwureinung" im objektiven, rechtlich-sozialen Sinn des Wortes bedeutete. Der Autor bezeichnete das, was die normannischen Bauern um 1000 machten, allerdings nicht als ‚Conjuratio'. Er nannte es, spezifischer, eine ‚Kommune'. „Die Bauern", so sagt er, „machten eine Kommune".

In dem komplexen Rechts- und Sozialgebilde der Kommune als einer Conjuratio, wie der Autor des 12. Jahrhunderts es uns für die bäuerliche Welt um 1000 vor Augen stellt, ging es also um konkrete Inhalte von Gemeinwohl, nämlich um Recht und Frieden, – allerdings in einer gruppengebundenen und gruppenspezifischen Verwirklichung. Diese Inhalte wurden in einer Form der Gruppenbildung verwirklicht, die durch eine Partizipation aller Beteiligten konstituiert wird. Dies kommt uns in mehreren Hinsichten ‚modern' vor. ‚Modern' erscheint zum Beispiel, daß hier durch Vertragshandeln auf der Grundlage eines gegenseitig geleisteten Versprechenseides im Konsens aller Beteiligten eine Rechtsordnung vereinbart und positiv gesetzt wird. ‚Modern' erscheint uns die Abhaltung von Versammlungen, hier „Parlamente" genannt, auf denen die Meinungsbildung der Schwurgenossen stattfand, die Schwureinung vereinbart und verwirklicht wurde. ‚Modern' erscheint uns auch die Rechtsfigur der Delegation und der Repräsentation, die hier offensichtlich eine bedeutsame Rolle gespielt haben, und zwar im Rahmen von sozialer Praxis von Bauern der Zeit um 1000.

Gerade im Hinblick auf solche ‚modern' erscheinenden Momente hat man deshalb die Meinung vertreten, daß es sich bei dieser Schilderung um völlig aus der Luft gegriffene Nachrichten, um Mitteilungen ohne historischen Realitätsgehalt handle, um eine literarische Fiktion also. Als Schilderung einer „Repräsentativverfassung mit parlamentsähnlichen Versammlungen gewählter Deputierter" hat man denn auch jüngst diesen Vorgang durchaus treffend zusammengefaßt, – freilich, um gerade mit einer solchen Pointierung die These von der Fiktionalilität des geschilderten Vorgangs zu begründen. Es bleibe, so wurde behauptet, der Versuch, aus dieser Erzählung des 12. Jahrhunderts „einen historischen Kern herauszuschälen", von vornherein „aussichtslos"; er sei „schon im Ansatz verfehlt"; der nomannische Bauernaufstand auf der Basis einer bäuerlichen ‚Kommune' um 1000 sei eine „Schimäre: sagenhaft, vage, malerisch". Man erkennt in einem solchen Urteil die Macht der Mittelalterbilder der Moderne, die bestimmte Phänomene in der mittelalterlichen Gesellschaft als von vornherein unmöglich erscheinen lassen: Dergleichen ‚kann' es im ‚Mittelalter' nicht gegeben haben. Bei einer solchen

These bleibt allerdings die Frage unbeantwortet, wo denn der Verfasser dieses Berichts im 12. Jahrhundert die Elemente seiner „Fiktion" hergenommen hat.

Aber die Frage nach dem historischen Kern läßt sich eindeutig beantworten, nämlich deshalb,[20] weil man anhand einer Geschichte des Begriffs der Conjuratio und der mit ihm verbundenen Phänomene nicht nur zu den gut bekannten städtischen Kommunen des 11. und 12. Jahrhunderts geführt wird, sondern auch zu einem Sozialgebilde in der bäuerlichen Welt des Frühmittelalters, das in seiner Struktur einer solchen Kommune, wie sie hier für die Zeit um 1000 dargestellt wurde, wesentlich gleicht, und das ist die Gilde. Zeugnisse seit der Zeit der zweiten Hälfte des 8. Jahrhunderts lassen erkennen, daß es bei diesen Gilden um örtliche Vereinigungen der Bevölkerung auf dem Land handelte, die auf Konsens, Vereinbarung, Vertrag (*convenientia*) der Mitglieder beruhten und ebenfalls durch einen wechselseitigen Versprechenseid konstituiert wurden. Zu ihren Mitgliedern gehörten Kleriker und Laien, Männer und Frauen, die in Grundherrschaft, Dorf und Pfarrei lebten, sich hier aber in einer anderen sozialen Formation, nämlich auf der Ebene einer genossenschaftlichen Einung zusammenfanden. Die Ziele solcher Gilden waren umfassender Schutz und gegenseitige Hilfe in allen Wechsellagen des Alltagslebens, in religiöser, wirtschaftlicher und sozialer Hinsicht.

In einer systematischen Betrachtung, welche die Formen der Vergesellschaftung und Vergemeinschaftung im Blick hat, lassen sich deshalb ‚Gilde' und ‚Kommune' als zwei Erscheinungsformen der geschworenen Einung, der Conjuratio auffassen. Beide Formen stimmen darin überein, daß sie durch ein mit einem wechselseitigen Versprechenseid geschaffenes Konsens- und Vertragshandeln zwecks gegenseitiger Hilfe konstituiert sind. Der wichtigste Unterschied zwischen den beiden Formen ist darin zu erkennen, daß es sich bei Gilden um rein personal bestimmte Vereinigungen handelt, während eine Kommune, wie das auch im Fall der normannischen Bauernkommune der Zeit um 1000 der Fall war, einen bestimmten Raum besetzt, daß sie auf einen Ort oder ein Territorium ‚radiziert' ist, also eine Form der Vergesellschaftung darstellt, die auf dem Substrat eines örtlichen oder regionalen Bereichs beruht. Überdies lassen sich schon in der Karolingerzeit Conjurationes nachweisen, die auf einem solchen räumlichen Substrat gebildet wurden, also den Charakter von Kommunen hatten.

III. Warum dieser historische Exkurs in eine so weit zurückliegende Vergangenheit? Es kam darauf an, eine konkrete Form der Vergesellschaftung zu zeigen, die man als die Form der Gegenseitigkeit bezeichnen kann. Dabei geht es um gegenseitigen Schutz und gegenseitige Hilfe – *mutuum consilium et auxilium*, wie es in den zuweilen überlieferten Formeln des wechselseitig geleisteten Versprechenseides heißt. Es geht also um ein spezifisch konstituiertes, gruppengebundenes ‚Gemeinwohl'. Mit dieser Form der Vergesellschaftung sind spezifische Formen der Verfahrensregelung und der Institutionenbildung verbunden, die allesamt von der Norm der Gegenseitigkeit ausgingen und die sich konkretisierten in Selbstverwaltung und selbstgesetzter Gerichtsbarkeit, in der Wahl von Funktionsträgern auf Zeit und im Reihendienst, also mit interner Differenzierung und Arbeitsteilung. Zu diesen Verfahrensregelungen gehörte auch das Rechtsprin-

---

[20] Ebd. S. 81ff. und 85ff.

zip des freien Eintritts und der Kooptation, gehörten die Rechtsfiguren der Delegation und der Repräsentation, wie wir sie bei der normannischen Kommune der Zeit um 1000 bereits kennengelernt haben.

Alle diese Verfahrensregelungen und spezifischen Formen der Institutionenbildung zwecks gruppengebundenem ‚Gemeinwohl' beruhten also nicht auf gelehrter Theorie, sondern sind pragmatische Konsequenzen einer spezifischen Form der Gruppenbildung, also einer bestimmten Form sozialen Handelns. Man kann also auch hier sagen: die Form ist die älteste Norm. Es ist die Praxis solcher Art von Gruppenbildung, die diese Verfahrensregelungen erzeugt. Diese Verfahrensregelungen zur Ermöglichung gemeinschaftsrelevanten Handelns, zur Erzeugung von Gemeinsinn im Sinne eines gruppenbezogenen Gemeinwohls, ‚von unten' also, sind so konstruiert, daß sie von vornherein auf Konfliktausgleich und Konfliktregelung gründen und diese auch in der Zukunft garantieren sollen. Außerdem sind sie offensichtlich rein immanent begründet; Transzendenz ist hier nicht im Spiel, – ausgenommen die Tatsache, daß das Ganze durch die Selbstverpflichtung des promissorischen Eides konstituiert ist, dessen religiöse Bindekraft hier zur Sicherung des gemeinsamen Handelns vorausgesetzt wird.[21] Außerdem wurde schon in frühester Zeit die Zielsetzung zusätzlich durch religiöse Begründungen von wechselseitiger Hilfe und Verpflichtung bestärkt: sie heißen – entsprechend den Grundnormen des Christentums – *caritas* und *fraternitas*. *Caritas* und *fraternitas* werden in diesen Gruppen aber nicht universal, sondern stets partikular, also auf die Gruppe selbst bezogen verstanden. Diese Partikularität zeigt sich auch in den wichtigsten Konsequenzen des Wirkens solcher Conjurationes, nämlich in der Schaffung von statutarischem, positivem, aber stets gruppenbezogenem Recht und in der Schaffung von gruppeninternem, dann aber auch nach außen wirkendem Frieden. Vertrag (*pactum*) und Frieden (*pax*) sind hier unmittelbar aufeinander bezogen.

Bis auf den heutigen Tag sind ‚Verein' und ‚Gemeinde' Grundformen des Vertragshandelns und Grundformen der Vergesellschaftung und Vergemeinschaftung geblieben. Man könnte unter einer solchen Perspektive nunmehr in diachronisch weitgespannten Überlegungen die Geschichte dieser beiden Erscheinungsformen von Conjuratio im europäischen Okzident skizzieren:[22] die Geschichte der zunächst bäuerlichen, dann, seit dem 11. und 12. Jahrhundert auch städtischen Kommune; und: die Geschichte der rein personal bestimmten Conjurationes, also der ‚Gilden', beginnend mit den Klerikergilden der Merowinger- und den örtlichen Gilden der Karolingerzeit, denen sich dann, wiederum seit dem 11. Jahrhundert, eine Vielfalt von berufsspezifisch oder ständisch konstituierten Conjurationes an die Seite stellten. Zunächst, mit dem Beginn einer arbeitsteiligen Verkehrswirtschaft, die Gilden der Kaufleute und dann die der Handwerker, um 1200 sodann jene Conjurationes, die man in der Folge ‚Universitäten' nannte, im 14. und 15. Jahrhundert die Vereinigung der Handwerksgesellen, welche die Mittel des Arbeitskampfes, nämlich Streik und Boykott gewissermaßen erfunden haben. Aufgrund ihres hohen Grades von Schriftlichkeit sind besonders gut dokumentiert die Gilden der Juristen (vor allem der Anwälte) in Oberitalien, während wir zum Beispiel die Adelsvereinigungen des Spätmittelalters weniger gut, die der *pauperes* kaum kennen. Alle

---

[21] Dazu Dilcher 1999a, S. 507ff.
[22] Zum folgenden Oexle 1996a und ders. 1998, S. 22ff. Für die frühe Neuzeit Hardtwig 1997.

diese Formen der Vereinigung (und es wären noch andere zu nennen) sind Indikatoren und Faktoren in sozialen, politischen und ökonomischen Prozessen. Oder anders gesagt: in der Dynamik dieser Prozesse erweist sich die Form der Gegenseitigkeit gemeinsamen Handelns als eine Form des Zusammenlebens, die Individuen handlungsfähig macht und es ihnen ermöglicht, ihre Vorstellungen von ‚Gemeinwohl' zu realisieren. Immer geht es dabei wesentlich um die Schaffung eines partikularen, selbstgesetzten Sonderrechts, das *voluntas* oder *consuetudo* genannt wird, und um die Schaffung von Frieden und Sicherheit (*securitas*), nach innen wie nach außen.

Am Beispiel der Universitäten kann man dies, in der Zeit um 1200 und im Lauf des 13. Jahrhunderts besonders gut beobachten.[23] In Paris zum Beispiel sind die im Lauf des 12. Jahrhunderts dort zusammenströmenden Studierenden und Magister Fremde. Sie kommen aus allen Regionen des Okzidents. Ihr Rechtsstatus ist ungeklärt. Als Fremde geraten sie in Konflikte mit Einwohnern und mit der örtlichen Polizei. Und als Lehrende sind diese Pariser Magister eines neuen Typus mit einem prekären Status behaftet, weil sie weder einer der Klosterschulen noch gar der Domschule des Bischofs von Paris angehörten. Sie haben deshalb keine Lehrbefugnis. Die Vergesellschaftung dieser Magister und ihrer Studierenden in einer Conjuratio schafft Legitimität in beiden Hinsichten: die Conjuratio macht handlungsfähig und bewirkt, in schwierigen Auseinandersetzungen mit dem König von Frankreich am Anfang des 13. Jahrhunderts, die Gewährung eines eigenen Rechtsstatus und damit Schutz und Sicherheit. Und gegenüber dem Bischof von Paris, gegenüber der Kathedralschule und ihrem Leiter, dem Domscholaster, wird eine autonome Vergabe der ‚*licentia docendi*' durchgesetzt und auch das, was man seitdem ‚Lehrfreiheit' nennt. Damals bezog sie sich zum Beispiel auf die uneingeschränkte Lektüre der Schriften des Aristoteles. Als Kampfmittel hat die als Conjuratio formierte *universitas* der Studierenden und Magister auch ihrerseits bereits den Vorlesungsstreik und als besonders wirkungsvolles Mittel die angedrohte und im Ernstfall dann auch vollzogene Sezession, das heißt den Weggang an einen anderen Ort, eingesetzt.

Es geht bei alledem aber nicht nur um Formen einer zweckrationalen Durchsetzung ‚nach außen'. Es geht immer auch um den ‚inneren' Frieden, der auf dem friedlichen Verhalten und der friedlichen Gesinnung der Mitglieder untereinander beruht, also auf der Einhaltung der vereinbarten Rechtsordnung und auf dem Zusammenspiel zwischen den Mitgliedern und den von ihnen selbst geschaffenen und besetzten Institutionen.[24] Man kann das im einzelnen bei den Kaufmannsgilden seit dem 11. und 12. Jahrhundert beobachten oder abermals bei den Magistern und Studierenden der werdenden Universitäten. Die Pariser Magister und Studierenden des 12. und 13. Jahrhunderts kamen aus allen Regionen Europas, von Skandinavien bis Sizilien. Sie sprachen keine gemeinsame Sprache. ‚Nationale', d.h. regional bezogene Vorurteile und Diffamierungen waren Anlaß zu ständigen Konflikten. Auch hier galt es, Regularien auszuarbeiten, um Aggressivität, Konflikte und Fehlverhalten zu regulieren und außerdem eine gleichmäßige Partizipation der verschiedenen ‚nationalen' Teilgruppen etwa bei der Vergabe von Ämtern im Reihendienst sicherzustellen. Dasselbe kann man auch am Beispiel der oberitalischen

---

[23] Dazu Oexle 1996b, S. 130ff.
[24] Ebd. S. 130ff. und 132ff.

‚Universitäten' des beginnenden 13. Jahrhunderts beobachten, die bekanntlich nur von Studierenden gebildet wurden.

Und all dies gilt in analoger Weise auch für die Kommunen, die bäuerlichen wie für die städtischen. Denn auch die Kommune ist, wie wir sahen, eine Friedensordnung mit vereinbarten Verfahren und Institutionen auf der Grundlage vereinbarter Wertsetzungen, die dem Wohl aller dienen sollten: in der Schaffung eines gemeinsamen Rechts zur Abwehr von Verhältnissen der Desorganisation, und die sich verbanden in dem Programm einer wechselseitigen *caritas, dilectio, fraternitas, unanimitas* und *humilitas*.[25]

Von großem Interesse für unser Thema ist nun, wie sich im Kontext der Bildung und des Handelns solcher Conjurationes der Gegensatz von gruppenbezogenen und allgemeinen Vorstellungen von Gemeinsinn und Gemeinwohl manifestierte und wie dieser Gegensatz schon im frühen und hohen Mittelalter reflektiert wurde. Man kann hier von „Paradoxien" der Conjuratio sprechen.[26] Es geht dabei um den Gegensatz von ‚innen' und von ‚außen', also von gruppengebundener Exklusivität und ihrem Ausgriff nach außen. Es geht um das Problem gruppenbezogener Normen und des in ihnen begründeten gruppenbezogenen sozialen Handelns, das sich doch auch zugleich in die eine solche Gruppe umgebende ‚Gesellschaft' hinein auswirkt. Es geht um die Spannung zwischen einer intendierten expliziten Partikularität und einer impliziten Universalität solcher Normen. Diese Widersprüchlichkeit, diese Paradoxien und polaren Spannungen äußerten sich in mehrfacher Hinsicht und wurde so auch von Außenstehenden und Mitlebenden gegenüber den mittelalterlichen Conjurationes immer wieder wahrgenommen und festgestellt. Da ging es zum Beispiel immer wieder um den bereits angedeuteteten Gegensatz von gewillkürtem, gruppenbezogenem Sonderrecht (*voluntas, consuetudo*) und allgemeinem Recht (*lex*), oder um den Gegensatz zwischen einer partikular geübten Brüderlichkeit und der Pflicht zu einer universalen Brüderlichkeit, wie sie das Christentum forderte. Oder es ging um den Gegensatz zwischen der durch eine Conjuratio hergestellten Gleichheit (Parität) der Mitglieder und der von Außenstehenden geforderten Beachtung der Normen einer von Gott in Ungleichheit geordneten Ständegesellschaft. Oder es ging um den Gegensatz zwischen einer durch Konsens und Vertrag rein immanent gesetzten Lebensordnung und einer, so sagten und dachten viele, transzendent begründeten Ordnung von Welt und Gesellschaft. Darüber gab es seit dem 11. Jahrhundert ausgedehnte, öffentliche Diskurse. Es sind Diskurse über die Normen ‚gesellschaftlicher' Ordnung und schließlich über ‚Gesellschaft' selbst.

IV. Aber gab es eigentlich eine ‚Gesellschaft' im Mittelalter? Die Antwort auf diese Frage ist – so will mir scheinen – wesentlich an unsere Thematik gebunden und läßt sich nur von hier aus wirklich beantworten.

Der Begriff der ‚Gesellschaft' wird im Blick auf das Mittelalter oft unbedacht verwendet. Denn: „Ohne gemeinsame Begriffe gibt es keine Gesellschaft", wie Reinhart Koselleck zu Recht feststellte.[27] Nun kann man zwar immer wieder darauf hinweisen,

---

[25] Ebd. S. 123ff. und 138ff.
[26] Ebd. S. 144ff.
[27] Koselleck 1973, S. 116.

daß das soziale ‚Ganze' als eine Stände-Gesellschaft, als ein Kosmos von ‚*ordines*' im Mittelalter vielfältig reflektiert worden ist,[28] in der Reflexion über den Aufbau dieser Ständegesellschaft in einem hierarchischen oder einem funktional gedachten Kosmos verschiedener Stände, die jeweils ihre eigenen Rechte haben, ihre spezifischen Aufgaben wahrnehmen und in ihrer Gesamtheit das ‚Ganze der Gesellschaft' darstellen: als Laien und Klerus; als Klerus, Mönche und Laien; als *oratores, bellatores* und *laboratores*, und so fort. Aber die Frage, inwieweit diese vor allem von Angehörigen des Klerus vorgetragenen Auffassungen von der ‚Gesellschaft' auf *gemeinsamen Begriffen* aller beruhte, muß bekanntlich offen bleiben.

Wo aber könnte man im Mittelalter jenen „Diskurs" der Akteure finden, jene über Sprache, über Begriffe „vermittelte und erschließbare Einheit eines Handlungs- und Deutungszusammenhangs",[29] so daß das ‚Subjektive' mit dem ‚Objektiven' so verschränkt ist, daß zu Recht von ‚Gesellschaft' gesprochen werden kann?

Ich denke, daß dies im Blick auf die mittelalterliche Stadt möglich ist. Darauf hat die neuere Forschung mehr und mehr hingewiesen. In seiner jüngst veröffentlichten ‚Rechtsgeschichte der Stadt' hat der Rechtshistoriker Gerhard Dilcher auf die „revolutionäre Bedeutung der Bildung kommunal verfaßter Städte in Europa seit dem 12. Jahrhundert für den Begriff einer Gesellschaft" mit Nachdruck aufmerksam gemacht.[30] Denn allein in der hochmittelalterlichen Stadt habe „eine Vergesellschaftung über nahes Zusammenwohnen, Bürgerversammlungen, politische und rechtliche Willensbildung, Markt und andere Wirtschaftsbeziehungen" stattgefunden. Der Gesellschafts-Charakter der hochmittelalterlichen und spätmittelalterlichen Stadt ergibt sich demnach zum einen daraus, daß ihr selbst als Stadt-Gemeinde, als Kommune, eine Gruppenstruktur eignet, zum anderen, daß im Schutz des kommunalen Friedens eine Vielzahl von Gruppenbildungen, solche der Verwandtschaft (Familie, Haus) wie solche mit Vertragscharakter (Gilden, Zünfte, Bruderschaften, Klöster), existierten und daß in der Vielheit dieser Gruppenbildungen und Gruppenbindungen und auch in ihrer Gegensätzlichkeit ein reges ‚gesellschaftliches' Zusammenleben möglich war. Am Beispiel vieler einzelner Städte konnte dies in den letzten Jahren deutlicher herausgearbeitet werden. Zu erinnern wäre zum Beispiel an Richard Trexlers ‚Public Life in Renaissance Florence' von 1980, dem andere Untersuchungen, auch über nordalpine Städte folgten,[31] oder an das jüngst erschienene Buch von Frank Rexroth über das spätmittelalterliche London,[32] in dem die komplexen gesellschaftlichen Prozesse sowohl einer politischen Entdifferenzierung (das heißt einer zunehmenden Verobrigkeitlichung der Städte durch die zunehmende Ausformung städtischer Herrschafts- und Kontrollorgane) als auch einer gleichzeitigen sozialen Differenzierung der städtischen Gruppenkultur in einer immer größer werdenden Zahl genossenschaftlich organisierter Gruppen sichtbar wird.

Wiederholt ist von der neueren Forschung darauf hingewiesen worden, welche Bedeutung die Vielzahl von Gruppen, gerade des Typus der Konsens- und Vertragsgrup-

---

[28] S. oben Anm. 8.
[29] Hardtwig 1997, S. 17.
[30] Dilcher 1999b, S. 482ff.
[31] Trexler 1980.
[32] Rexroth 1999.

pen, für den Zusammenhalt, für die Friedens- und Rechtsgemeinschaft des städtischen Bürgerverbandes gehabt hat. Die Gruppen des genossenschaftlichen Typus der Einung in Gilden, Zünften, Bruderschaften wurden geradezu als eine „gesellschaftliche Substruktur" bezeichnet.[33] Gilden, Zünfte und Bruderschaften sind Einungen, „voluntary associations", und bilden deshalb eine „Kommune en miniature".[34] Sie eröffneten dem Einzelnen die Möglichkeit, die Bindungen von Familie und Haus, von Pfarrei und Nachbarschaft ebenso wie die des Berufes und des Standes zu überschreiten, und zwar über die ganze Stadt hin. Und dies bedeutete zugleich die Schaffung weit ausgreifender, rituell und religiös begründeter Bindungen in der Verpflichtung der Gegenseitigkeit. Die Betonung der außerordentlichen Bedeutung dieser Duplizität von Vertragsbindungen und vertraglichen Sicherungen, sowohl auf der Ebene der Gruppen wie auf der Ebene der Stadt im ganzen, ist schon von Angehörigen jener städtischen Gesellschaften selbst betont worden, von den italienischen Humanisten zum Beispiel, die in den in diesen Gruppen geübten Formen der Vergesellschaftung und Gemeinschaftsbildung den wichtigsten Beitrag dieser Gruppen zum Gemeinwesen sahen, nämlich die Erziehung zu Pax und Concordia.[35]

In einem solchen Zusammenhang ist auf ein erstaunliches Buch des ausgehenden 12. Jahrhunderts hinzuweisen, das die Bedeutung des Vertragsgedankens für die Gesellschaft insgesamt erörtert und damit vermutlich die erste Reflexion über ‚Gesellschaft' im ‚modernen' Sinne im Mittelalter darstellt. Es ist das Buch über den Frieden, ‚De bono pacis', das der Erzbischof Rufinus von Sorrent um 1180 schrieb.[36] Rufinus schließt in seiner Definition des Friedens zwar explizit an Augustinus in ‚De civitate Dei' an,[37] definiert Frieden aber gleichwohl in völlig entgegengesetzter Weise, nämlich nicht, wie Augustinus, durch die *tranquillitas ordinis*, nicht durch die Wohlgefügtheit harmonischer Über- und Unterordnungen im Kosmos und also auch nicht durch die *concordia imperandi et oboediendi*, die Eintracht des Befehlens und Gehorchens im Haus, in der *civitas* und im Kosmos der Welt. Rufinus definiert *pax* vielmehr durch *pactum* und *foedus*, also durch vertragliche Bindungen und die Verhältnisse der Gegenseitigkeit: *pax fit dando et accipiendo*, sagt er pointiert und zu wiederholten Malen, „Frieden entsteht durch Geben und Nehmen". Und das gilt für Königsherrschaft und Untertanen in einem unausgesprochenen ‚Herrschaftsvertrag' (*pactio tacita*) ebenso wie für das Zusammenwirken der Stände in der Wechselseitigkeit ihrer Pflichten und Leistungen, es gilt für die Beziehungen der Christen mit Fremden und Andersgläubigen, die durch Handel und Warentausch geschaffen werden, und es gilt – wie Rufinus eingehend darlegt – sogar für die Kirche, so daß die religiöse Gemeinschaft der Christen nicht auf Gehorsam und Unterordnung der Gläubigen gegenüber Klerus, Bischöfen und Papst begründet ist, sondern als ein Bund (*foedus*), als ein Vertrag erscheint, ja, die Kirche selbst als ein Markt (*forum*) dargestellt wird, auf dem Menschen verschiedener Herkunft zusammenkommen, um zu geben und zu empfangen, *dando et recipiendo*.

---

[33] Dilcher 1985, S. 106 und 109.
[34] Weissman 1982, S. 58.
[35] Oexle 1996b, S. 136f.
[36] Rufinus von Sorrent 1997. Vgl. dazu Oexle 2001b.
[37] S. oben Anm. 5.

Das ist eine erstaunliche und gewiß singuläre Ekklesiologie. Diese Vertragsverhältnisse, diese Verhältnisse des gegenseitigen Gebens und Nehmens, sind demnach die Grundlage einer umfassenden ‚Vergesellschaftung' und ‚Vergemeinschaftung' der Menschen in dem Prozeß einer fortwährenden *consociatio*, in der Bildung der verschiedensten Formen von *societas* (als einzelner ‚Vergesellschaftungen' in Gruppen) und gesellschaftlicher Ordnung im Ganzen, die Rufinus gleichfalls als *societas* bezeichnet. Dieses Bild der politischen und gesellschaftlichen Strukturen ist gleichwohl nicht harmonistisch. Denn, wie Rufinus wohl weiß: es gibt immer Streit, sogar in der Kirche. Aber: Vertrag und Konsens sind Instrumente auch der Überwindung von Streit. Man kann sich fragen, woher Rufinus dieses sowohl in der Gesellschafts- wie in der politischen Theorie des Mittelalters ganz singuläre Konzept gewonnen hat. Ich neige dazu, anzunehmen, daß es die Praxis der Vielzahl konkreter Vertragsverhältnisse ist, die ihm hier als Vorbild gedient hat, – ganz ähnlich also, wie das später, im 14. und 15. Jahrhundert, bei den italienischen Humanisten der Fall war.

V. Wir haben in den bisherigen Überlegungen Vorstellungen von ‚Gemeinsinn' und ‚Gemeinwohl' außerhalb der spezifischen Begrifflichkeit kennengelernt und vor allem Formen eines gruppengebundenen und gruppenspezifischen Gemeinwohls, die sich untereinander in Konkurrenz befanden und auch im Gegensatz standen zu jenen Auffassungen von Gemeinwohl, wie sie einer durch Stände konstituierten Vorstellung vom sozialen ‚Ganzen' eigneten. Es bleibt die Frage, warum gruppengebundenen Vorstellungen von Gemeinsinn und Gemeinwohl in der okzidentalen Kultur eine solche Virulenz eignete. Dies hat verschiedene Gründe.[38]

Zunächst und vor allem sind diese Gründe darin zu suchen, daß das Christentum eine gruppenfreundliche Religion ist. Denn diese Religion hat, was in einer vergleichenden Religionsgeschichte wohl ein einzigartiges Faktum darstellt, schon in den ersten hundert Jahren ihres Bestehens nicht weniger als drei und außerdem drei ganz verschiedene Formen von Gruppenbildung initiiert, von denen jede ihre eigenen Wirkungen hatte. Nämlich: zum einen die spirituelle Gemeinde der Gläubigen, die im Zeichen der durch Berufung und Taufe geschaffenen Gleichheit vor Gott besteht; sodann: die hierarchisch geordnete, nach Laien und Klerus unterschiedene und von Diakonen, Presbytern und Episkopen geleitete Gemeinde; und, schließlich, drittens: jene Gemeinde, die nach dem Muster der Vita Communis lebt, also in der durch Gütergemeinschaft begründeten Gesinnungsgemeinschaft, und die nach der Aussage der sogenannten ‚Apostelgeschichte' des Neuen Testaments (Apg. 2,42ff.; 4,32ff.) die Lebensform der ältesten christlichen Gemeinde zu Jerusalem gewesen sei.

Sodann war das Christentum eine gruppenfreundliche Religion, die sich rasch universal ausbreitete, gleichzeitig aber über mehrere Jahrhunderte hin die Religion einer immer wieder verfolgten Minderheit war. Dies förderte die Entfaltung von Gruppenstrukturen und hemmte die Entfaltung von ‚anstaltlichen' Strukturen. ‚Kirche' war in dieser Zeit wesentlich örtliche Gemeinde, vor allem „Bischofsgemeinde". Übergemeindliche Strukturen wurden nur langsam aufgebaut, und die Ausformung umfassen-

---

[38] Zum folgenden bereits Oexle 1998, S. 36ff.

der ‚anstaltlicher' Strukturen vollzog sich bekanntlich erst seit dem Beginn des frühen 4. Jahrhunderts, nach der sogenannten ‚Konstantinischen Wende'. Die Vielheit örtlicher Gemeinden ist also in dieser frühen Zeit das Kennzeichen des kirchlichen Lebens.

Außerdem haben sich im spätantiken Westen – und daß es sich im Osten des römischen Reiches anders verhielt, ist von entscheidender Bedeutung – die ‚staatlichen' Strukturen weitgehend verändert oder sind ganz verschwunden. Dies bedeutete zum einen, daß Vieles, was an Schutz, Sicherheit und Recht von staatlichen Ordnungen bisher geschaffen, geleistet und bewirkt war, nun auf andere Weise, durch Selbsthilfe und ‚von unten' geordnet werden mußte, daß es einer Reorganisation von Gesellschaft nicht nur, aber auch ‚von unten' bedurfte. Zum anderen bedeutete diese Veränderung staatlicher ‚Ordnungen' und Institutionen auch den Wegfall jener Zwänge und Kontrollen, denen die römischen Kaiser Vereinigungen aller Art, mit beruflichen, politischen oder eher religiösen Zügen, immer unterworfen hatten. Die Transformation der antiken staatlichen Ordnungen im römischen Westen befreite also einerseits die Vereinigungen von Kontrollen und gab andererseits zugleich neue Motive dafür, daß Menschen sich in Gruppen von großer sozialer Bindekraft in neuer Weise zusammenschließen mußten. Dies erklärt auch, daß bestimmte Formen der Gruppenbildung, wie die ‚Conjuratio' oder die ‚Vita Communis', schon in der Antike begegnen, daß ihre eigentliche Wirkung jedoch erst in der Zeit des Übergangs von der Antike zum Mittelalter einsetzte, und: daß im Westen diese Formen der Gruppenbildung völlig andere Wirkungen hatten als in Byzanz. So hat zum Beispiel in Byzanz das nach der Form der Vita Communis lebende Mönchtum niemals zu jener stabilisierenden Gruppenkohärenz und Institutionalisierung gefunden, wie sie für die Klöster des Westens so charakteristisch ist. Und: in Byzanz gab es weder Gilden noch Stadtkommunen noch Universitäten.

Und schließlich begegneten die Gruppen, die dem Typus der Conjuratio zugehören, im Westen, vor allem seit der Karolingerzeit, einem zunehmendem Widerstand neu sich bildender staatlicher und kirchlicher Herrschaft. Der damit aufbrechende Gegensatz von ‚Herrschaft' und ‚Genossenschaft' (so die berühmte Formel Otto von Gierkes) oder von ‚Anstalt' oder ‚Verein' (so die ebenso berühmte Formel Max Webers) erweist sich als kulturell produktiv und als ein hinfort in Konflikt und Konsens bleibendes Moment der Geschichte von Staat oder Kirche und Gesellschaft. Einerseits sind Gruppen des Typus der Conjuratio eine bemerkenswerte Form von ‚constitution-making', zum Beispiel im Frühmittelalter.[39] Und dasselbe läßt sich in den ‚späten' Staatsbildungen des skandinavischen Nordens im hohen und späten Mittelalter ein weiteres Mal gut erkennen.[40] Dazu gehört auch die neuerdings gemachte Beobachtung, wie sich ‚genossenschaftliche' Momente im Rahmen der kirchlichen ‚Anstalt', zum Beispiel in der Pfarrei des späteren Mittelalters, als ein unbestreitbares Element der Intensivierung geistlichen und kirchlichen Lebens erwiesen haben.[41] Andererseits haben ‚Staat' und ‚Kirche' in diesen Gruppen immer eine Konkurrenz gesehen und sie immer wieder aufs Neue bekämpft. Der bereits erwähnte und so oft erörterte Gegensatz von gruppenspezifischem Sonderrecht und allgemeinem Recht zeigt dies ebenso wie der im hohen Mittelalter aufkommende

---

[39] Dazu Oexle 1985, S. 184ff.
[40] Dazu Anz 1998.
[41] Dazu Staub 1995.

Gegensatz von kirchlichem (kanonischem) Recht und profanem, vereinbartem städtischen Recht[42] oder die Jahrhunderte umspannende Konkurrenz von ‚Friede durch Herrschaft' und ‚Friede durch Verschwörung'.[43]

Und mehr noch: in diesem Antagonismus von staatlicher und kirchlicher Herrschaft und Gruppen werden die spezifischen ‚kulturellen' Normen von Gruppen und ihren spezifischen Vorstellungen von Gemeinsinn und Gemeinwohl zu kulturellen, politisch-sozialen Grundwerten der ganzen ‚Gesellschaft', wie Marc Bloch und Walter Ullmann für die Vasallität, also für die spezifische Form des vasallitischen Vertragsverhältnisses und seiner Gegenseitigkeit unter Ungleichen gezeigt haben.[44] Alle Formen des Handelns nach Konsens und Vertrag und die darin begründeten Normen, wie zum Beispiel Reziprozität und ‚Brüderlichkeit' oder ‚Gesinnungsgemeinschaft durch Gütergemeinschaft', wurden in unterschiedlichen Typen von Gruppen schließlich zu allgemeinen Normen des Zusammenlebens von Menschen, die weit über den Bereich der ursprünglichen Gruppen, in denen sie zunächst gelebt wurden, hinaus ausstrahlten.

In einer solchen Perspektive läßt sich abschließend auch die Zeit des Übergangs von der Vormoderne zur Moderne in den Blick nehmen[45]. Im 18. Jahrhundert ging es, was hier nur noch angedeutet werden kann, um die Dekorporierung, das heißt um die Auflösung der Gruppen, also der Kommunen, Universitäten und Zünfte, so wie sie von Rousseau, Diderot oder Adam Smith theoretisch begründet und im späten Ancien Régime sowie in der Revolution praktisch vollzogen wurden. Daraus ergaben sich die Grundfragen nach den Rechten des Individuums in der Moderne, zum Beispiel nach dem Recht der Vereinigungsfreiheit, die schon in der Revolution und dann in der ersten Hälfte des 19. Jahrhunderts neu gestellt und diskutiert wurden. Allerdings so, daß seit Beginn des 19. Jahrhunderts der moderne Staat – zumindest in Frankreich und Deutschland – sich die Gewährung des Rechts der Vereinigungsfreiheit vorbehielt, die alte Frage von Gruppenbildung durch Konsens und Vertrag gegenüber der Obrigkeit somit neu beantwortet wurde. Zugleich aber wurde der Typ der Gemeinde als Stadtgemeinde zu einem Muster, in dem Grundsatzfragen nach dem Charakter moderner Staatlichkeit auch sehr grundsätzlich erörtert werden konnten.[46]

Ein zweites Problem, das hier abschließend zu diskutieren wäre, ist das von Gruppennormen und universalen Normen. Ein Beispiel: die Brüderlichkeit (*fraternitas*). Wie steht es damit in einer umfassenden, diachronischen Betrachtung? Vielfach wird die Geschichte der Brüderlichkeit und der Reflexion darüber im Blick auf den Okzident so gedeutet, daß Brüderlichkeit im frühen Christentum als eine universale, alle Menschen betreffende Norm propagiert wurde, die man dann im 18. Jahrhundert und in der Revolution als eine universale Norm gewissermaßen wiederentdeckte. Die ‚dazwischen' liegende Geschichte von Brüderlichkeit als einer partikularen, in Gruppen und gegenüber Gruppenmitgliedern geübten Brüderlichkeit wird demgegenüber als eine Art Verdunkelung und Veruneigentlichung angesehen. Freilich kann man diese Frage auch

---

[42] Dies hat besonders herausgearbeitet Berman 1991.
[43] Oexle 1996b.
[44] Bloch 1999; Ullmann 1966.
[45] Oexle 1990b.
[46] Gall 1996.

anders stellen und beantworten. Dann wäre zu fragen, was es für die Geschichte von Brüderlichkeit als universaler Norm bedeutet, daß sie im Okzident über viele Jahrhunderte hin, nämlich von der Spätantike bis zum 18. Jahrhundert, immer auch und immer auch sehr wesentlich als eine gruppenbezogene, als eine partikulare Norm geübt wurde, und daß es einen permanenten Diskurs über Universalität und Partikularität von Brüderlichkeit gegeben hat. Welche Bedeutung wäre dann der Tatsache beizumessen, daß die Universalisierung der bis dahin vorwiegend (zumindest in einer sozialgeschichtlichen Betrachtung als vorwiegend wahrzunehmenden) gruppenbezogenen Brüderlichkeit in einem historischen Moment erfolgte, der von der Auflösung der Gruppen, von einer Dekorporierung geprägt war?

VI. Abschließend stellt sich die Frage: was wissen wir, wenn wir dies alles wissen? Zunächst sei noch einmal vor allen Romantisierungen des Gruppenlebens im Blick auf das Mittelalter gewarnt,[47] wovon eingangs die Rede war, ebenso aber auch vor allen Wahrnehmungen des Mittelalters als einer ‚primitiven' Gesellschaft, in der nur durch ‚Staat' und ‚Kirche' Kultur aufgebaut werden konnte.

Man kann natürlich behaupten, daß Desintegration der Normalfall moderner Gesellschaften ist und daher die Frage stellen, ob die moderne Gesellschaft sich nicht durch eine von allen geteilte Sinnperspektive neu integrieren müsse. Ein Blick in die Geschichte des Okzidents und insbesondere in die mittelalterliche Geschichte kann freilich darüber belehren, daß die vielbeklagte Desintegration der Normalfall auch vormoderner Gesellschaften war und daß auch vormoderne Gesellschaften sich keineswegs durch eine von allen geteilte Sinnperspektive integriert haben, wie dies die Vertreter einer nach Ständen gegliederten und in der ‚Harmonie der Ungleichheit' geordneten Gesellschaft immer und bis tief in die Moderne hinein behaupteten. Das Mittelalter war etwas anderes als die Summe von Wünschen und Hoffnungen einer von ihren eigenen Ängsten vor Desintegration getriebenen Moderne.

Die Sozialgeschichte des Mittelalters läßt es etwas anders sehen: nämlich eine Vielheit von Gruppen, die in jeweils spezifischer Weise als Aufbauelemente von ‚Gesellschaft' gewirkt haben, als deren Resultat schließlich die mittelalterliche Stadt als ‚Gruppe von Gruppen' und demzufolge als die erste Realisierung von ‚Gesellschaft' im modernen Sinn in Erscheinung trat. Die Stadt ist die erste Gesellschaft in der Geschichte des Okzidents, eben weil sie eine Gruppe von Gruppen darstellt. Sie ist dies, weil die hier relevanten Formen der Gruppenbildung in ihrer Form selbst ein Instrumentarium der Konfliktregelung bieten, also jederzeit die Möglichkeit boten, vom Konflikt zum Konsens zu gelangen. Die politische Theorie hat dies, zum Beispiel bei Rufinus von Sorrent, bemerkenswert früh und umfassend reflektiert. Die oberitalischen Humanisten des Spätmittelalters haben es ihrerseits ausgesprochen, wenn sie darauf hinwiesen, welche Bedeutung es für die Stadt als Kommune hat, daß sie aus einer Vielzahl untereinander konkurrierender Gruppen besteht, so daß jeder Stadtbürger die Maximen der Kommune im Ganzen schon in den kleineren Lebenskreisen der Zunft, der Bruderschaft und anderer Assoziationen kennenlernen und einüben konnte. Wichtig erscheint mir auch die Erkenntnis, daß in den

---

[47] Dazu Oexle 1994.

verschiedenen Formen mittelalterlicher Gruppen sehr komplexe Normen und Wertsysteme angelegt sind und daß in vielen Fällen, so etwa in dem der Conjuratio, normative Vereinbarungen in den Verfahrensweisen niedergelegt sind, oder: daß es Verfahrensregelungen sind, in denen fundamentale Werte zum Ausdruck kamen. Das heißt: es war die Praxis des Gruppenlebens, in denen übergreifende Wertorientierungen von Gemeinwohl und Gemeinsinn wie Gleichheit, Brüderlichkeit, Partizipation zum Ausdruck kamen. Nicht weniger bedeutsam erscheint auch der Sachverhalt, daß die Vielheit partikularer Gruppenbildungen und die Vielheit der von ihnen vertretenen und geübten, und zwar in der Praxis des Alltags geübten Wertsetzungen ständig in einer Gemengelage erscheinen, also in wechselseitiger Konkurrenz.

Hier liegt wohl einiger Stoff zum Nachdenken, gerade in der Situation des ausgehenden 20. und des beginnenden 21. Jahrhunderts, in der die Bindungen an die kirchlichen Anstalten sich weiterhin lockern (was ja schon seit geraumer Zeit der Fall ist), in einer Zeit auch, in welcher der Nationalstaat, seit zwei Jahrhunderten die umfassendste Form eines die Menschen in allen Lebensbezügen umfassenden Gemeinwesens an Bedeutung zunehmend verliert und neue Formen staatlicher Verfaßtheit erzeugt werden müssen. Außerdem erleben wir derzeit, wie die historisch gewachsenen kollektiven Gedächtnisse, die so festgefügt schienen, seit der welthistorischen Wende von 1989–91 verblassen. Neue Identitäten und neue Erinnerungsgemeinschaften konstituieren sich. Die Frage nach den Basisgedächtnissen muß neu definiert werden. Manche sehen da gar ein ‚Neues Mittelalter' heraufdämmern, – und, je nach Standpunkt, wird dieses dann herbeigewünscht oder perhorresziert. Das ist alles nichts Neues, – und es hat keine Bedeutung.

Das entscheidende Thema – und ich zitiere hier Franz-Xaver Kaufmann[48] – ist vielmehr: „daß und ob Menschen als Menschen zusammenleben *wollen*, ob sie also weiterhin die moralische Anstrengung auf sich nehmen, über den Tellerrand ihres persönlichen kurzfristigen Nutzens hinauszudenken, und ob sie dies in gemeinschaftlichen Formen tun, aus denen eine gewisse Breitenwirkung entstehen kann". Nicht der Versuch einer Nachahmung der vormodernen Gruppengesellschaft könnte dabei von Interesse sein, wohl aber die Erinnerung daran, daß es diese einmal gegeben hat.

Literatur

Anz, Chr. (1998), Gilden im mittelalterlichen Skandinavien, Göttingen.
Berman, H. J. (1991), Recht und Revolution. Die Bildung der westlichen Rechtstradition, Frankfurt/M.
Bloch, M. (1999), Die Feudalgesellschaft, Stuttgart.
Derda, H.-J. (1992), Vita Communis. Studien zur Geschichte einer Lebensform in Mittelalter und Neuzeit, Köln u. a.
Dilcher, G. (1985), Die genossenschaftliche Struktur von Gilden und Zünften, in: Gilden und Zünfte. Kaufmännische und gewerbliche Genossenschaften im frühen und hohen Mittelalter, hg. v. B. Schwineköper, Sigmaringen, S. 71-112.
Dilcher, G. (1999a), Geistliches und Weltliches an der Wiege des europäischen Städtewesens, in: Festschrift für Martin Heckel zum siebzigsten Geburtstag, hg. v. K.-H. Kästner u.a., Tübingen, S. 497-511.

---

[48] Kaufmann 1997.

Dilcher, G. (1999b), Die Rechtsgeschichte der Stadt, in: Deutsche Rechtsgeschichte. Land und Stadt – Bürger und Bauer im Alten Europa, hg. v. K. S. Bader u. G. Dilcher, Berlin u.a., S. 249-827.

Hardtwig, W. (1997), Genossenschaft, Sekte, Verein in Deutschland. Bd. 1: Vom Spätmittelalter bis zur Französischen Revolution, München.

Hibst, P. (1991), Utilitas Publica – Gemeiner Nutz – Gemeinwohl. Untersuchungen zur Idee eines politischen Leitbegriffes von der Antike bis zum späten Mittelalter, Frankfurt/M. u. a.

Gall, L. (1996), Gemeinde und Staat in der politischen Theorie des frühen 19. Jahrhunderts, in: Theorien kommunaler Ordnung in Europa, hg. v. P. Blickle, München, S. 63-74.

Kaufmann, Fr.-X. (1997), Was hält die Gesellschaft heute zusammen?, in: Frankfurter Allgemeine Zeitung vom 4. November 1997.

Koselleck, R. (1973), Begriffsgeschichte und Sozialgeschichte, in: Soziologie und Sozialgeschichte. Aspekte und Probleme, hg. v. P. Chr. Ludz, Opladen, S. 116-131.

Meyer, U. (1998), Soziales Handeln im Zeichen des ‚Hauses'. Zur Ökonomik in der Spätantike und im früheren Mittelalter, Göttingen.

Münkler, H./Fischer, K. (1999), Gemeinwohl und Gemeinsinn. Thematisierung und Verbrauch soziomoralischer Ressourcen in der modernen Gesellschaft, Berlin.

Oexle, O. G. (1985), Conjuratio und Gilde im frühen Mittelalter. Ein Beitrag zum Problem der sozialgeschichtlichen Kontinuität zwischen Antike und Mittelalter, in: Gilden und Zünfte. Kaufmännische und gewerbliche Genossenschaften im frühen und hohen Mittelalter, hg. v. B. Schwineköper, Sigmaringen, S. 151-214.

Oexle, O. G. (1987), Deutungsschemata der sozialen Wirklichkeit im frühen und hohen Mittelalter. Ein Beitrag zur Geschichte des Wissens, in: Mentalitäten im Mittelalter. Methodische und inhaltliche Probleme, hg. v. Fr. Graus, Sigmaringen, S. 65-117.

Oexle, O. G. (1990a), Artikel ‚Stand, Klasse (Antike und Mittelalter)', in: Geschichtliche Grundbegriffe 6, hg. v. O. Brunner, W. Conze u. R. Koselleck, S. 156-200.

Oexle, O. G. (1990b), Das Bild der Moderne vom Mittelalter und die moderne Mittelalterforschung, in: Frühmittelalterliche Studien 24, S. 1-22.

Oexle, O. G. (1992), Das entzweite Mittelalter, in: Die Deutschen und ihr Mittelalter. Themen und Funktionen moderner Geschichtsbilder vom Mittelalter, hg. v. G. Althoff, Darmstadt, S. 7-28.

Oexle, O. G. (1993), Formen des Friedens in den religiösen Bewegungen des Hochmittelalters (1000–1300), in: Mittelalter. Annäherungen an eine fremde Zeit, hg. v. W. Hartmann, Regensburg, S. 87-109.

Oexle, O. G. (1994), Kulturwissenschaftliche Reflexionen über soziale Gruppen in der mittelalterlichen Gesellschaft: Tönnies, Simmel, Durkheim und Max Weber, in: Die okzidentale Stadt nach Max Weber. Zum Problem der Zugehörigkeit in Antike und Mittelalter, hg. v. Chr. Meier, München, S. 115-159.

Oexle, O. G. (1996a), Gilde und Kommune. Über die Entstehung von ‚Einung' und ‚Gemeinde' als Grundformen des Zusammenlebens in Europa, in: Theorien kommunaler Ordnung in Europa, hg. v. P. Blickle, München, S. 75-97.

Oexle, O. G. (1996b), Friede durch Verschwörung, in: Träger und Instrumentarien des Friedens im hohen und späten Mittelalter, hg. v. Joh. Fried, Sigmaringen, S. 115-150.

Oexle, O. G. (1997), Die Moderne und ihr Mittelalter. Eine folgenreiche Problemgeschichte, in: Mittelalter und Moderne. Entdeckung und Rekonstruktion der mittelalterlichen Welt, hg. v. P. Segl, Sigmaringen, S. 307-364.

Oexle, O. G. (1998), Soziale Gruppen in der Ständegesellschaft: Lebensformen des Mittelalters und ihre historischen Wirkungen, in: Die Repräsentation der Gruppen. Texte – Bilder – Objekte, hg. v. Ders. u. A. v. Hülsen-Esch, Göttingen, S. 9-44.

Oexle, O. G. (2000), Kulturelles Gedächtnis im Zeichen des Historismus, in: Bauten und Orte als Träger von Erinnerung. Die Erinnerungsdebatte in der Denkmalpflege, hg. v. H.-R. Meier u. M. Wohlleben, Zürich, S. 59-75.

Oexle, O. G. (2001a), Konsens – Vertrag – Individuum. Über Formen des Vertragshandelns im Mittelalter, in: Das Individuum und die Seinen: Individualität in der okzidentalen und in der russischen Kultur in Mittelalter und früher Neuzeit, hg. v. Y. Bessmertny u. O. G. Oexle, Göttingen, S. 15-37.

Oexle, O. G. (2001b), Pax und Pactum. Rufinus von Sorrent und sein Traktat über den Frieden, in: Italia et Germania. Liber Amicorum Arnold Esch, hg. v. H. Keller u. a., Tübingen, S. 539-555.

Rexroth, Fr. (1999), Das Milieu der Nacht. Obrigkeit und Randgruppen im spätmittelalterlichen London, Göttingen.

Rufinus von Sorrent (1997), De bono pacis, hg. und übersetzt von R. Deutinger, Hannover.

Schulze, W. (1986), Vom Gemeinnutz zum Eigennutz. Über den Normenwandel in der ständischen Gesellschaft der Frühen Neuzeit, in: Historische Zeitschrift 243, S. 591-626.

Staub, M. (1995), Memoria im Dienst von Gemeinwohl und Öffentlichkeit. Stiftungspraxis und kultureller Wandel in Nürnberg um 1500, in: Memoria als Kultur, hg. v. O. G. Oexle, Göttingen, S. 285-334.

Trexler, R. C. (1980), Public Life in Renaissance Florence, New York u.a.

Ullmann, W. (1966), Mittelalterliche Grundlagen der englischen Verfassung, in: Ders., Papst und König, Salzburg/München, S. 43-79.

Weissman, R. F. E. (1982), Ritual Brotherhood in Renaissance Florence, New York u.a.

Peter Blickle

Der Gemeine Nutzen
Ein kommunaler Wert und seine politische Karriere

Neulich hat Matthew S. Kempshall[1] eine gelehrsame Arbeit über die Frage der philosophisch angemessenen Lokalisierung des „bonum commune"-Topos im 13. und 14. Jahrhundert vorgelegt. Er untersucht äußerst detailliert das Werk von acht Autoren, die als politische Theoretiker oder Fürstenspiegler gelten können, unter ihnen Albertus Magnus, Thomas von Aquin und Heinrich von Gent. Das endliche Ergebnis der Darstellung lautet, inhaltlich sei der Begriff *bonum commune* stärker von Augustinus als von Aristoteles geprägt. Begriffsgeschichte wird seit langem auf diese Weise betrieben, als Analyse intellektueller Diskurse, namentlich wenn es sich um Begriffe der politischen Sprache handelt.

Zeitgleich mit Kempshall hat Thomas Simon[2] den deutschen Begriff „Gemeinwohl" zu definieren versucht, allerdings von einem anderen Standort ausgehend, denn ihn interessiert, weshalb er einen so prominenten Platz bei der Begründung der Polizeiordnungen im 16. und 17. Jahrhundert einnimmt. Auch er bedient sich teilweise desselben Materials wie Kempshall. Nach seiner Einschätzung stellen die Theoretiker und Praktiker der Politik des Mittelalters und der Frühneuzeit für Gemeinwohl zwei korrespondierende lateinische Äquivalente zur Verfügung, einerseits *utilitas publica* und *salus publica*, andererseits *bonum, bonum commune* und *bonum publicum*. Daneben gibt es einen zweiten Traditionsstrang für die Gemeinwohlformel der Frühen Neuzeit, den Simon im wesentlichen aus der neueren geschichtswissenschaftlichen Literatur zieht. „Mindestens ebenso wichtig", kann man bei ihm lesen, „wie die gesamten rechts- und politikwissenschaftlichen Ausdrücke ist aber schließlich der volkssprachliche Ausdruck *Gemeiner Nutz*".[3]

Dieser Ansatz soll im folgenden aufgenommen und vertieft werden. Die Kernthese ist im Titel ausgedrückt und besagt, dass erstens der *Gemeine Nutzen* ein in der kommunalen Welt entwickelter Wert ist, der zweitens seine *politische Karriere* dadurch gemacht hat, dass er ein umfassender Legitimationsbegriff für staatliches Handeln wurde und über die

---

[1] Kempshall 1999.
[2] Thomas Simon, in diesem Band.
[3] Ebd. Simon interessiert in der Durchführung seiner Fragestellung dann vor allem, welche Verbindung die Gemeinwohlformel in der Neuzeit mit der Staatsräsonformel eingehen kann.

Transformation von Gemeiner Nutzen zu Gemeinwohl und Wohlfahrt bis heute geblieben ist.[4]

Wie sich das Wort Gemeiner Nutzen bildet und was es abbildet (1) wird zunächst am exemplarischen Fall einer Stadt erörtert (1.1), der dann auf seine mögliche Generalisierbarkeit (1.2) auf die dörfliche und die regionale Ebene befragt wird. Dabei erfolgt wegen der semantischen Schwierigkeiten zunächst eine Beschränkung auf den deutschsprachigen Raum. Erst in einem zweiten Schritt werden anderssprachige Länder hinzugezogen (1.3), um den behaupteten Zusammenhangs vom Gemeinem Nutzen und kommunaler Ordnung zu prüfen. *Die politische Karriere des Begriffs* (2), die mit seinem allmählichen Eindringen in die Traktate der praktischen Philosophie einsetzt (2.1) und ihren Höhepunkt in der politischen Rhetorik der Gesetze des frühmodernen Staates im 16. Jahrhundert erreicht (2.2), wird durch die großen Erschütterungen der Zeit, Reformation und Revolten, erheblich gefördert (2.3). Daraus wird dann ein *Fazit* zu ziehen sein (3), das den Beitrag des Gemeinen Nutzen für die Moderne zu würdigen hat.

1. Gemeiner Nutzen – die Rekonstruktion eines Begriffs

Es ist mit methodischen Schwierigkeiten verbunden, den Gemeinen Nutzen, sein Aufkommen, seinen Inhalt und seine Verbreitung zu rekonstruieren, weil die archivische Überlieferung zentrale Bestände dafür nicht kennt, wie sie etwa vorliegen, geht man dem Begriff Frieden nach. Ersatzweise kann man edierte Bestände durcharbeiten, soweit sie eine gewisse Geschlossenheit aufweisen, und versuchen, über sie die gestellten Fragen zu beantworten.

1.1 Gemeinnutz in der Stadt

Für die Verwendung von Gemeinem Nutzen im städtischen Raum bietet sich Basel an, weil dessen Urkunden von den ersten Nennungen bis ins ausgehende 18. Jahrhundert in 11 Bänden editorisch erschlossen sind.[5] Basel war im Mittelalter eine bischöfliche Residenz und damit administratives Zentrum eines reichsunmittelbaren Hochstifts, gewann aber ständig an Autonomie dadurch, dass seit 1450 die Zünfte einen hohen Anteil am städtischen Regiment gewannen, 1501 ein Bündnis mit der Eidgenossenschaft abgeschlossen wurde und im Zuge der Reformation Bischof und Domkapitel ihre Residenz nach Pruntrut im Jura verlegten.

In der Mitte des 14. Jahrhunderts tritt der *Gemeine Nutzen* in den Basler Beständen in Erscheinung und gewinnt rasch einen prominenteren Platz. Der Abschluss eines Bündnisses der Stadt Basel mit dem Bischof von Straßburg, dem Abt von Murbach, der Gräfin von

---

[4] Maier 1980, S. 278-296.

[5] Das Basler Material habe ich in einem früheren Aufsatz ausgebreitet, dennoch weise ich zur leichteren Überprüfbarkeit die für die folgenden Überlegungen noch genutzten Quellen einzeln nach. Eine umfassendere Bibliographie zum Gemeinen Nutzen findet sich auch in Blickle 1996, S. 31-40. Es finden folgende Abkürzungen Verwendung: EA, Krütli 1839–1882; LdM, Lexikon des Mittelalters 1980–1998; QW, Schieß et al. 1933–1964; UB Basel, Wackernagel et al. 1899–1910; UB St. Gallen, Wackernagel et al. 1882–1955.

Mömpelgard, dem Landgrafen im Elsass, den elsässischen Städten, sowie der Stadt Freiburg sei „durch [zu, P.B.] unsern und des landes gemeinlichen nutz und notdurft gemeinlich" erfolgt, heißt hier die Begründung.[6] Wo sich die Friedensbemühungen räumlich auf die Stadt konzentrierten, konnte an die Stelle des Gemeinen Nutzens auch der *Stadtnutz* treten. 1339 wurde zwischen dem Bischof und dem Domkapitel von Basel einerseits und den Bürgern der Stadt andererseits die sogenannte *große Einung*, ein Vertrag also, geschlossen. Sein Ziel war es, den Frieden in der Stadt sicherer zu machen, was man durch die Androhung drakonischer Strafen zu erreichen suchte. Das Friedenswerk sei „dur [zu, P.B.] unser stette nutze und ere, dur gůt und frides willen" gemacht worden, um es zu festigen, mussten es alle Bürger „mit geswornem eide" bekräftigen.[7] Ein anderes Motiv hatten Bischof und Domkapitel: sie traten der Einung bei „durch friden und durch unser stift und der pfaffeheit nutz und ere".[8] Soweit bischöfliche und städtische Rechte sich kreuzten, konnten sich *Stiftsnutz* und *Stadtnutz* komplementär ergänzen, auch außerhalb des Bereichs der Friedewahrung. 1354 erlaubte der Bischof auf Bitten der Stadt, den Fischern und Schiffleuten, eine Zunft zu errichten, „unser stift und der stat ze nutze und ze eren".[9]

Der Stadtnutz diente, wie hier angedeutet wird, auch als Begründung für, wie man heute sagen würde, infrastrukturelle Maßnahmen, etwa für die Wasserversorgung[10] der Stadt und den Brückenbau über den Rhein.[11] Die dafür eigens angestellten Fachleute verpflichteten sich in der Regel, „der statt Basel und der iren nutz und ere ze werben und iren schaden ze wenden",[12] und diese zunehmend gängig werdende Formel wurde auch in den Amtseid der Vögte des Basler Territoriums[13] und in die Eide, die bei der Aufnahme ins Bürgerrecht zu leisten waren, eingearbeitet.[14]

Offenbar war eine weitgehende Austauschbarkeit von *Stadtnutz* und *Gemeinnutz* nicht ungebräuchlich, wie sich auch beim Brückenbau und Straßenbau belegen lässt.[15] Ähnlich

---

[6] UB Basel 4, S. 153 Nr. 163. UB Basel 7, S. 1f. Nr. 2, S. 56f. Nr. 45. Weitere ähnliche Belege UB Basel 5, S. 23 Nr. 17, S. 46f. Nr. 32, S. 140 Nr. 135, S. 194f. Nr. 181, S. 206f. Nr. 196. UB Basel 7, S. 516f. Nr. 402. UB Basel 8, S. 251f. Nr. 326.
[7] UB Basel 4, S. 132 Nr. 140.
[8] UB Basel 4, S. 190 Nr. 202.
[9] UB Basel 4, S. 196 Nr. 208; ähnlich UB Basel 5, S. 220 Nr. 215.
[10] Erstmals 1317: Die Stadt trifft ein Übereinkommen mit dem Stift St. Leonhard über Wasserleitungen „dur unserre stette nutz unde vůrderunge". UB Basel 4, S. 32 Nr. 37. Ergänzend S. 260f. Nr. 290. (1317 heißt eine entsprechende lateinische Version „ob utilitatem publicam civitatis Basiliensis". UB Basel 4, S. 39f. [VIII].)
[11] UB Basel 9, S. 348 Nr. 379.
[12] Zitat nach UB Basel 7, S. 532 Nr. 427; ähnlich UB Basel 8, S. 98 Nr. 141, S. 354 Nr. 444, S. 378 Nr. 484, S. 385 Nr. 494, S. 390f. Nr. 502, S. 398f. Nr. 507 Alle späteren Belege eigens zu nennen würde eine langfädige Kette ergeben, da in der 2. Hälfte des 15. und im 16. Jahrhundert viele in die Dienste der Stadt treten. Auswahlweise für das 16. Jahrhundert UB Basel 9, S. 347 Nr. 378. UB Basel 10, S. 333 Nr. 305, S. 455 Nr. 427.
[13] Die Belege im wesentlichen unter der vorstehenden Anmerkung. Abweichendes Formular in UB Basel 9, S. 326 Nr. 353, S. 378 Nr. 418.
[14] UB Basel 9, S. 379f. Nr. 420; ähnlich S. 401f. Nr. 458.
[15] UB Basel 7, S. 17 Nr. 16. UB Basel 9, S. 245 Nr. 302, S. 378 Nr. 417. UB Basel 10, S. 569 Nr. 581.

begründeten Bürgermeister und Rat den Verkauf eines Hofs zu Kleinbasel 1401 an die Karthäuser; er sei „durch ünser stette gemeynes nutz und notdurft willen"[16] erfolgt. Doch rückt, falls man die Urkundensprache wirklich als repräsentativ gelten lassen darf, der Gemeine Nutzen schließlich doch in den Vordergrund. Als Basel von den im Sundgau begüterten Habsburgern gerügt wurde, im nahen Forst Hard Eichen gefällt zu haben, wehrte es sich mit dem Argument, das „nit umb eygenen, aber gmeines nutzes willen" getan zu haben, um die durch den Forst führende Straße für die Basler Bürger und auch die österreichischen Untertanen besser befahrbar zu machen.[17] Auch der Gesamtbereich des Münzwesens wurde bereits seit dem mittleren 14. Jahrhundert über den Gemeinnutz seiner Ordnung zugeführt: Münzkonventionen werden mit ihm begründet,[18] die Anstellung städtischer Münzmeister,[19] Verträge mit den Münzgenossen[20] und die Einrichtung eines Wechsels, also einer Art Bank.[21]

Im 15. Jahrhundert avancierte der Gemeine Nutzen schließlich zur umfassenden Begründungsfigur der gesamten städtischen Innenpolitik, ja der städtischen Verfassung schlechthin. Als 1406 das Gremium der *Neuner* geschaffen wurde, erfolgte das „durch ünser und gemeiner stat nutz und eren willen".[22] Der Bannwart von St. Alban musste in seinem Amtseid schwören, „der ganzen gemeindt ir aller schaden zů wenden und nutz ze fürdern", und zwar, wie es bekräftigend nochmals heißt, zur Beförderung des „gemein nütz".[23] 1449 wurde diese Praxis durch den Basler Bischof in der Form bestätigt, dass „die von Basel als wol als andere stett umb gemeines nutzes willen wol ze setzen" hätten, ihnen also ein unbeschränktes Satzungsrecht zukäme.[24] 1488 erhielt diese Zuständigkeit das Gütesiegel eines Freiheitsbriefs Kaiser Friedrichs III., in dem es unter Artikel 7 heißt, „das sy in der stat Basel und iren gebieten nu hinfür ewigclich alles und yeglichs, das sy bey iren eyden erkennen, das ir und gemeiner stat nůtz notdurfft und gůt und doch unns, dem heiligen reiche und dem rechten nit widerwertig noch schedlich ist, zů ordnen setzen und zů enntsetzen on allermenigklichs irrung und widersprechen" befugt sein sollen.[25]

Verfassungsrang, wenn man so zur Verdeutlichung sagen darf, erhielt der Gemeine Nutzen durch die Ratserkenntnis von 1529. Der Rat habe, heisst es dort, die Ehre Gottes

---

[16] UB Basel 5, S. 315 Nr. 292. Vgl. UB Basel 6, S. 132f. Nr. 151.
[17] UB Basel 10, S. 256 Nr. 226.
[18] Münzkonvention 1344 zwischen Basel (Bischof und Stadt), Zürich (Äbtissin und Stadt) und Herrschaft Österreich 1344 „durch gemeinen nutz und notdurft dez landes und unserr stetten". UB Basel 4, S. 148 Nr. 158. Ähnlich ebd. S. 182 Nr. 192. UB Basel 5, S. 100 Nr. 94, S. 318 Nr. 302. UB Basel 6, S. 201 Nr. 199. UB Basel 10, S. 163 Nr. 145.
[19] UB Basel 6, S. 347 Nr. 331. UB Basel 8, S. 155 Nr. 195, S. 333 Nr. 426, S. 465 Nr. 595. UB Basel 9, S. 217 Nr. 289.
[20] UB Basel 9, S. 368f. Nr. 403.
[21] Ebd., S. 257f. Nr. 314.
[22] UB Basel 5, S. 359 Nr. 346.
[23] UB Basel 8, S. 350 Nr. 441.
[24] UB Basel 7, S. 375 Nr. 214. Der Text bringt zum Ausdruck, dass die Basler „irer statt ordnung umb gemeines nutzes willen" gemacht hätten, er belegt also eine gängige Praxis und geläufige Begründung.
[25] UB Basel 9, S. 59f. Nr. 73.

zu fördern, doch sollen die Ratsherren als „oberkeit irer unnderthonen, denen sy fürgesetzt, nit vergessen, sondern sich vlissenn mit hohem ernnst ze hanndln, was zů erhalltung gemeinen nutzes, burgerlichenn fridenns unnd einigkeit dienen mag".[26] Der Gemeine Nutzen gehört damit dem Rang nach zu den herausgehobenen Zwecksetzungen des politischen Verbandes Stadt. Seitdem ist er nicht mehr weiterentwickelt worden.

Der Gemeine Nutzen in den Basler Urkunden dient dazu, den Frieden zu schaffen, das wirtschaftliche Leben der Stadt mittels Statuten zu normieren und die politischen Ämter zu legitimieren. Zunächst konkurrierend mit Stadtnutz, siegt schließlich der Gemeine Nutzen. Es ist nicht ohne Erkenntniswert, abschließend darauf hinzuweisen, dass der auch namhaft gemachte Stiftsnutz, also jener des Hochstifts Basel, nicht zum Gemeinen Nutzen fortgeschrieben wird. In dem elfbändigen Basler Urkundenbuch wird der Stiftsnutz nur ein einziges Mal auch als Gemeinnutz ausgewiesen.[27]

1.2 Gemeinnutz als kommunaler Wert

Es gibt sicher keinen einsichtigen Grund, weshalb Basel den Gemeinen Nutzen in der skizzierten Weise entwickelt haben sollte, andere Städte indessen nicht. Dass Städte auch mit dem Gemeinwohl argumentieren, ist an sich auch für die Stadtgeschichtsforschung keine neue Erkenntnis,[28] wenngleich sorgfältigere Alters- und Begriffsbestimmungen durchaus wünschenswert wären. So mag es angezeigt sein, das Beweisverfahren abkürzend, zunächst seine Verwendung im dörflichen und ländlichen Bereich (1) zu untersuchen und dann die regionale (2) und territoriale Ebene (3) auf sein Vorkommen zu befragen.

(1) Gemessen an der Dichte der Überlieferung findet der Gemeine Nutzen in Dörfern und auf dem Land nicht weniger Verwendung als in den Städten. Auch gibt es keine Anhaltspunkte dafür, dass er dort erkennbar später auftauchen würde als in der Stadt. Der Beweisgang soll aus Raumgründen auf das Nötigste beschränkt werden.

Auf dem Land werden zunächst vornehmlich Regulierungen des Wirtschaftsleben der Dörfer mit dem Gemeinen Nutzen begründet. 1482 teilte eine Gemeinde nahe bei St. Gallen Allmenden auf mit dem Argument, die bisherige Praxis verfehle den „gemeinen nutz".[29] 1522 legte „ein gnossami zu Schenis" ihre Wälder in den Bann zu „der gemein nutz".[30] Auf Allmendfragen musste sich die dörfliche Satzungstätigkeit allerdings nicht beschränken. Der Gemeinde Utzwil wurde 1420 durch Abt und Konvent des reichsunmittelbaren Klosters St. Gallen bestätigt, „was ouch gmain nachburen durch des gmainen nutz willen fürnement und ansehent und was potten sy daruf haissent setzen, die mag ain herr abt nemen und sol sy daby schirman".[31] Die Satzungskompetenz der Dorfgemeinde wird hier ohne erkennbare Einschränkung anerkannt, sofern sie dem Gemeinen Nutzen

---

[26] Dürr/Roth 1921–1950, 3. Bd., S. 284f. Nr. 387.
[27] Der Bischof verkaufte das jenseits des Rheins liegende Kleinbasel 1391 an die Reichsstadt zu des „bistůms und der stift kuntlichen gemeinen nucze". UB Basel 5, S. 167 Nr. 155.
[28] Isenmann 1997, bes. S. 213f.
[29] UB Basel 5, S. 337, Nr. 236.
[30] Elsener 1951, S. 248 Nr. 157.
[31] UB St. Gallen 5, S. 1042 Nr. 2892 a.

dient. Etwaige Strafgebühren, die durch Übertretung der Gebote anfallen können, erhält der Abt, und er schützt mit seiner und seines Vogtes Autorität die Satzung selbst.

Nimmt man an, die wenigen Belege seien repräsentativ, hier wie am Basler Fall erhoben aufgrund einer günstigen editorischen Erschließung der Urkunden, dann muss der Gemeine Nutzen als legitimatorische Grundlage kommunaler Satzungstätigkeit in der Stadt und auf dem Land gelten.[32]

Unter diesen Umständen überrascht auch der Befund nicht, dass bei vertraglichen Abmachungen unter Städten oder Kommunen mit der Legitimationsfigur des Gemeinen Nutzens gearbeitet wurde. Das gilt gleichermaßen für Fischereiordnungen für den Walensee[33] und den Bodensee,[34] als auch für Getreidehandelsabkommen zwischen den Reichsstädten Lindau und St. Gallen.[35]

(2) Von hier war es nur mehr ein kleiner Schritt, dem Gemeinen Nutzen normierenden Charakter für die Politik ganzer Regionen zu geben, vorausgesetzt die gemeindliche Organisation war so stark, dass sie das Leben von Bauern und Bürgern nachhaltig prägen konnte. Ein schönes Belegstück für den unterstellten Zusammenhang liefert das Appenzell.

Die Appenzeller, die Grundholden und Leibeigene des reichsunmittelbaren Klosters St. Gallen waren, leisteten um die Mitte des 14. Jahrhunderts beim Regierungsantritt eines neu ins Amt gekommenen Abtes einen Eid dreifachen Inhalts, nämlich erstens Abt und Konvent „sinü reht", gemeint sind wohl die Abgaben, zukommen zu lassen, zweitens „sinen und sines gotzhus nutz und ffromen ze fürderren und sinen schaden ze wennden" und drittens dem Kloster seine Rechte zu weisen und es zu schirmen.[36] 1379 wurde dieser sogenannte Huldigungseid strittig. Es bedurfte erst eines ausdrücklichen Befehls der Bodenseestädte, mit denen die Appenzeller verbündet[37] waren, um sie zu veranlassen, wie herkömmlich dem Abt eidlich zu versprechen, „sinen und sins gotzhus nutz und fromen ze fürderent und sinen schaden ze wendent".[38]

Ein bemerkenswerter Wechsel im Verwendungsmodus von „Nutzen" ergab sich um 1400, als von den Ammännern ein eidliches Versprechen verlangt wurde, dem Abt „sinem gotzhus und den lendern nutzlich" zu sein.[39] Analog zum Stadtnutz in Basel tritt hier ein Landnutz in Erscheinung. Zeitgleich sind Bündnisse belegt, die ländliche Gemeinden aus dem hinteren Rheintal mit den Appenzellern („dem amman und den lantlüten gemain-

---

[32] Für die Stadt allgemein Isenmann 1988, S. 146, 256, 269. Für die Repräsentativität der Belege vom Land vgl. Blickle 2000, S. 88-98.
[33] Elsener 1951, S. 337, Nr. 236.
[34] UB St. Gallen 6, S. 371 Nr. 5495.
[35] UB St. Gallen 5, S. 834 Nr. 4004: „durch gemains lands nutz" willen.
[36] UB St. Gallen 3, S. 806 Nr. 75 [Anhang]. Häufiger belegt, vgl. UB St. Gallen 6, S. 97f. Nr. 4648. Rechtsweisung durch die Bauern war angesichts des oral tradierten Rechts im Mittelalter von größter Wichtigkeit. Erst um und nach 1500 wurde dieses Recht verschriftlicht.
[37] Ereignisgeschichtliche Zusammenhänge bei Blickle 1980, S. 218ff.
[38] UB St. Gallen 4, S. 225 Nr. 1806.
[39] Ebd., S. 626 Nr. 2226.

lich") schlossen und die sie mit der Versicherung bekräftigten, den Appenzellern „ir nutz ze fürderen, iro schaden ze wenden, so verre wir mugen".[40]

Hinter dem terminologischen Wechsel vom Nutzen des Abtes und des Klosters zum Nutzen des Landes in rund 30 Jahren steht ein bedeutender verfassungsgeschichtlicher Transformationsprozess dieser Region, die sich zunächst in nichts von einer herkömmlichen Klostergrundherrschaft im Reich unterschied. Seit der Mitte des 14. Jahrhunderts fand indessen in Appenzell ein Kommunalisierungsprozess statt. Das lässt sich über die Urkunden belegen. Noch in den 1370er Jahren war keine einzige Gemeinde im Appenzell siegelfähig, um 1400 waren es bereits alle größeren.[41] Um die Mitte des 14. Jahrhunderts lassen sich letztmals St. Galler Ministeriale als Ammänner in Appenzell nachweisen, seitdem besetzten die einheimischen Geschlechter die Ämter. 1377 traten die fünf Gemeinden Appenzell, Hundwil, Urnäsch, Gais und Teufen dem schwäbischen Städtebund bei. Das führt zu einer neuen und vom Kloster gänzlich unabhängigen Institution in Form eines von den Bauern des ganzen Landes gewählten dreizehnköpfigen „Landsrats" zur Organisation der steuerlichen und militärischen Verpflichtungen gegenüber dem Bund.

An dieser Stelle ist eine generelle Erläuterung angebracht, weil jetzt Grundsätzliches zur Entstehung des Gemeinen Nutzen gesagt werden kann und muss. Im Prozess der Kommunalisierung der mittelalterlichen Herrschaften, gleichgültig, ob er zum Entstehen städtischer oder ländlicher Gemeinden führt, wandelt sich *der Nutzen* prinzipiell, vom Nutzen des Stifts zum Nutzen der Stadt wie in Basel, vom Nutzen des Klosters zum Nutzen des Landes wie in Appenzell, und (um abstrakter und genereller zu sprechen) vom Herrennutz zum Gemeinen Nutz. Die gängige Huldigungsformel, die Herren von ihren Holden im Mittelalter einwarben und eidlich bekräftigen ließen, war auf den Satz zentriert, des *Herrn N.N. Nutzen und Frommen zu fördern und seinen Schaden zu wenden*. In dieser standardisierten Form ließe er sich mühelos in Tausenden von Fällen belegen, als Eid von ministerialischen Vasallen und bäuerlichen Holden gegenüber ihren Herren. Es handelt sich um die rhetorische Grundfigur der Legitimation feudaler Herrschaft.[42] Der Gemeine Nutzen erklärt sich damit am einsichtigsten als Umarbeitung einer lehens- und feudalrechtlichen Norm in die Lebenswelt der Gemeinden. Es ist eine starke Formel, um die alten mittelalterlichen Herrschaftsverhältnisse abzulösen oder mindestens zu schwächen und sie durch kommunale zu ersetzen oder mindestens zu ergänzen. Der Eid ist ein „Sakrament der Herrschaft", hat Paolo Prodi gesagt.[43]

Bislang war von der kommunalen und der regionalen Ebene die Rede, nicht von der territorialen. Territorien unterscheiden sich von Regionen im wissenschaftlichen Sprachgebrauch der Historiker durch ihren vorstaatlichen oder durch eine Art Verfassung gefestigten Charakter. Dabei spielt es keine Rolle, ob es sich um weltliche und geistliche Für-

---

[40] Ebd., S. 758f. Nr. 2342. Die Versicherung gilt auch für die Stadt St. Gallen.
[41] Die Corroboratio zu UB St. Gallen 4, S. 195 Nr. 1771 sagt deutlich, dass die klösterlichen Ammänner für die Gemeinden Appenzell, Hundwil, Urnäsch, Gais und Teufen siegeln, „won wir aigner insigel niht hattent". Nach einer Urkunde von 1401 (UB St. Gallen 4, S. 612 Nr. 2211) haben „die lender, dörfer und gegninen Appacell, Huntwile, Trogen, Gossöw und Herisöw iekliches besunder ir aigen insigel offenlich gehenkt an disen brief".
[42] Holenstein 1991.
[43] Paolo Prodi 1997.

stentümer handelt oder um Republiken im freistaatlichen Sinn. Zu fragen ist jetzt also, ob der Gemeine Nutzen auch auf der territorialen Ebene als normgebend für politisches Handeln anzutreffen ist und ob Wechselbeziehungen zum kommunalen Gemeinen Nutzen bestehen.

(3) Angesichts des jetzt begründeten Verdachts, der Gemeine Nutzen sei in der Alltags- und Lebenswelt von Gemeinden entstanden, wird man mit der Suche nahe liegender Weise zuerst in der Schweiz beginnen. Um das Ergebnis vorwegzunehmen: die bisher gemachten Beobachtungen lassen sich auf die gesamte Eidgenossenschaft ausweiten. Städte, Länder und Täler begründen ihre Existenz mit dem Gemeinnutz. In Unterwalden beschloss die Landsgemeinde im 15. Jahrhundert, von allen sechzehnjährigen Männern einen Eid zu verlangen, der lautet „unsers gemeinen lands nütz und ere zu fürderen und unsern schaden ze warnen und ze wenden". Im benachbarten Obwalden war „unsers lands gemeinen nütz"[44] als Formel gebräuchlich. So legitimiert sich aber auch die Eidgenossenschaft als politischer Verband insgesamt. „Pro comuni utilitate" schlossen Schwyz, Uri und Nidwalden ihren Bund 1291, „umb ein gemeinen nutz", wie es in der deutschen Fassung hundert Jahre später heißt.[45] „Ze nutze und ze eren ufgesetzet" wird die Erneuerung des Bundes 1315,[46] und in ähnlichen Wendungen, auch unter Verwendung des Begriffs „gemeiner nutz",[47] werden alle weiteren Bünde geschlossen.[48] Die Schweiz als Verband ruht auf Kommunen, folglich ist die Ausdehnung des Gemeinen Nutzen als verbandsbegründend eigentlich zwingend. Ähnliche Beobachtungen lassen sich aber auch in fürstlichen Territorien machen. Als Beispiel soll, wiederum bedingt durch die editorische Erschließung, aber auch aufgrund von Archivstudien, die gefürstete Grafschaft Tirol dienen.

---

[44] Vgl. Blickle 1991, S. 200f.

[45] QW 1/1, S. 783, Nr. 1681. Zur Datierung der deutschen Fassung vgl. die Bemerkung des Herausgebers ebd., S. 777.

[46] QW 1/2, S. 412, Nr. 807; vgl. auch ebd., S. 800-811, Nr. 1638 die parallel abgedruckten Fassungen für Luzern, Zürich, Gersau und Tschudi.

[47] So das Bündnis der drei Länder mit dem Städtebund von 1329. EA 1, S. 255, Nr. 17, in: QW 1/2, S. 710, Nr. 1457 als Regest.

[48] Vgl. etwa EA 1, S. 256, Nr. 18. Mit dem Berner Bund von 1353 (und dem vorgängigen Zürcher Bund von 1351) bildet sich offensichtlich auch für alle späteren Bundesschlüsse in der Schweiz eine einheitliche Redeweise der Urkunden heraus. Ihre Präambeln versichern „allen, die disen brief sehent oder hörent lesen, das wir mit gůten rat und mit sinneklicher vorbetrachtung, durch gůten frid und schirnung ůnser lip und gůtes, ůnser stett, ůnser lender und lůten, durch nůtz und fromung willen gemeinlich des landes einer ewigen buntnůss und frůntschaft übereinkomen sein". QW 1/3, S. 602, Nr. 942. Sie schließen mit der Bekräftigung, Änderungen nur zum Gemeinen Nutzen aller Vertragspartner vornehmen zu wollen. „Wir haben öch einmůteklich mit gůter vorbetrachtung ůns selber vorbehebt und behalten, ob wir durch ůnsern gemeinen nutz und notdůrft keinr ding einhelleklich mit enander nu oder hienach jemer ze rat wurdin, anders dann in dirr buntnůss ietz verschriben und berett ist, es wer ze minren oder ze meren, das wir des alle mit enandern wol mügent und gewalt haben sůln [...]". Ebd., S. 618. Das nämliche Formular verwenden der Zuger Bund (EA 1, S. 275 bzw. S. 278, Nr. 23), der Bund zwischen Zürich und Glarus (EA 1, S. 337 bzw. S. 340, Nr. 44). Abweichende Formulierungen, allerdings unter Verwendung der Nutzen-Figur, im Pfaffenbrief und Sempacherbrief. Vgl. EA 1, S. 301, Nr. 31 und S. 328, Nr. 41.

Gemeinnutz ist, was der Gemeinde dient, heißt die für Land- und Stadtgemeinden Tirols verallgemeinerbare Bedeutung, die sich aus der fünfbändigen Sammlung der Tiroler Weistümer erheben lässt. Gemeiner Nutzen gehört zur geläufigen Sprechweise, wenn Bauern und Bürger Satzungen machen, andere Begründungen lassen sich in ihrer alltäglichen Lebenswelt kaum finden. Für die Tiroler Geschichte ist das von größter Bedeutung geworden, weil der Gemeine Nutzen schließlich zur leitenden Norm der Gesetzgebungstätigkeit des Landesherrn geworden ist.[49] Tirol besaß von seiner Verfassung her insofern gute Voraussetzungen, Werte der Bauern und Bürger zur Geltung zu bringen, als Vertreter der Landgerichte und der Städte, bäuerliche und bürgerliche Repräsentanten, im Tiroler Landtag als je eigene Kurie Sitz und Stimme hatten. Zu den Spielregeln des Landtags gehörte es, landesfürstliche Forderungen, meist Steuern, mit Beschwerden (Gravamina) zu beantworten.

Die Tiroler haben seit dem 15. Jahrhundert den *Gemeinen Nutzen* als leitende Begründungsfigur in ihre Gravamina geschrieben und damit naheliegenderweise genau jene Vorstellungen verbunden, die sie in ihren gemeindlichen Leben selbst entwickelt hatten. Die Umgehung des Marktzwangs, heißt es dann in den Beschwerdesätzen, soll verboten werden, „weil solhs zu abpruch vnd hyndrung gemains nutz raicht". Preise für Mehl, Brot, Fleisch, Fische und Wein sollen „zů fürdrung gemains nůtz" festgelegt werden. Adel und Prälaten zu den Steuern des Landes heranzuziehen, diene dem Gemeinen Nutzen.[50]

Der Fürst und seine Regierung gerieten zunehmend unter Druck, dem Gemeinen Nutzen als normativer Regel mehr Raum zu gönnen. Eine der umfangreichsten Beschwerdeschriften, welche die Tiroler Bauern und Bürger je formuliert haben, die 96 Meraner-Innsbrucker Artikel von 1525, schließen mit der Forderung an Erzherzog Ferdinand von Österreich, er solle die Artikel „S[einer] F[ürstlichen] D[urchlaucht] und gemainer lanndschaft zu gut und furdrung gemaines nutz gnedigklich annemen und bestatten".[51] In der Landesordnung, die im folgenden Jahr im Druck publiziert wurde, heißt es dann, sie sei „zu fürdrung des gemainen vnd vnserer Lanndschafft frumen vnd nutzen"[52] erlassen worden. Als umfassendes und erstes großes Gesetzgebungswerk ist sie bis ins 18. Jahrhundert, wenn auch vielfach redaktionell überarbeitet, in der Substanz jedoch wenig verändert, in Geltung geblieben. Der *Gemeine Nutzen* als Wert hatte sich im ganzen Land durchgesetzt.

Tirol ist ein Beispiel dafür, dass in Fürstentümern mit starker kommunaler Fundierung auch der Gemeine Nutzen zur Norm werden kann, wenn auch spät, nachdem er sich in der bäuerlichen und bürgerlichen Welt etabliert hat. Belegen ließe sich das auch für das Her-

---

[49] Wiewohl die Taidinge mehrheitlich zeitlich später abgefasst sind, erlaubt doch die Gleichförmigkeit der Wortwahl über alle Jahrhunderte hinweg, den Gemeinnutz als Wert neben den ausdrücklichen Nennungen als verbindlich auch für das 15. Jahrhundert anzunehmen. Belegmaterial gibt es auch aus Vorarlberg, das zu dieser Zeit noch die Tiroler Landtage beschickt. So nach Ordnungen von 1456, 1482 und 1506 bei Burmeister 1973, S. 177, 250ff., 277f., 288.
[50] Landesregierungsarchiv für Tirol Innsbruck, Landtagsakten Fasz. 1, fol. 31-36 und Codex 597, 14, 15, 19 [letzterer Ordnungen enthaltend, die auf Landschaftsbeschwerden zurückgehen].
[51] Wopfner 1908, S. 67.
[52] Der Fürstlichen Grafschaft Tirol Landsordnung 1526 (Staatsbibliothek München J. austr. 39), 3.

zogtum Württemberg, das habsburgische Uechtland, das Erzstift Salzburg und das Hochstift Sitten.[53]

Die Analyse des deutschen Wortes Gemeiner Nutzen auf den verschiedenen politischen Ebenen ist damit zunächst abgeschlossen, und es mag angezeigt sein, erste Schlussfolgerungen zu ziehen. Man wird sinnvollerweise zwischen formalen und materialen Aspekten des Begriffs unterscheiden. *Formal* ist der Gemeine Nutzen erstens die Transformation einer alten Formel aus dem Lehnsrecht und dem Hörigkeitsverhältnis – „des Herren Nutzen fördern und seinen Schaden wenden" – in ein kommunales Referenzsystem. Der Gemeine Nutzen hat folglich ursprünglich mit dem bonum commune der Politiktheorie nichts zu tun. Er ist zweitens eine Hervorbringung der städtischen und ländlichen Kommunen, nicht eine solche des Adels, der Fürsten, der Prälaten und der Bischöfe. *Inhaltlich* ist der Gemeine Nutzen dreifach bestimmbar, erstens als Legitimation für den Frieden, womit die Fehde prinzipiell geächtet und Rechtsansprüche generell vor Gerichten vertreten werden müssen, zweitens für Satzungen zur Sicherung und Verbesserung des kommunalen Zusammenlebens, was ihm einen stark utilitaristischen und rationalen Zug gibt, und drittens als Funktionsumschreibung für kommunale Regimentsformen und Ämter.

1.3 *Gemeiner Nutzen in fremden Sprachen*

Der Gemeine Nutzen und seine kommunale Fundierung lassen sich auch in anderen europäischen Sprachen aufspüren.

„Commun profit" dient bei seiner ersten Erwähnung 1305 dazu, für Paris eine Getreide-, Brot- und Bäckerordnung zu erlassen. Zwar wurde sie vom König ausgestellt, Anlass waren indessen „les requestes de la communaulté des genz de Paris",[54] die Initiative kam folglich aus der Bürgerschaft, nicht vom Hof. 1415 entstand die erste große Polizeiordnung.[55] Zur Sicherstellung der Versorgung der Stadt mit Lebensmitteln und Kaufmannswaren aller Art werden „pour le bien et utilité de nous, de nostredicte bonne ville, de toute la chose publique, et des bourgeois, marchans, manans et habitans et autres frequentans et affluans en icelle", alle Missbräuche abgestellt. Das geschah in der Weise, dass das gesamte in Paris geltende Recht unter Beiziehung von städtischen Ver-

---

[53] Blickle 1973; Übersicht der Belege für die genannten Territorien bei Blickle 1986. Für das Uechtland vgl. Schulze, 1995. Herzog Albrecht VI. legte 1449 einen Konflikt zwischen Rat, Bürgerschaft und Territorium der Stadt Freiburg bei, mit der Begründung „umb gemainen nutzes willen, dadurch das lant erpaun und die güter gepessert werden" und „unnserer stette und comune gemeinen nutz in sonderhait zu furdern" (ebd. S. 138). Der Gemeine Nutzen wird aber auch für die Herrschaft in Anspruch genommen, „umb künftig guot wesen und gemainen nutz unser und des haus Österreich und aller unser obgenanten undertanen" (ebd.). (In diesem Zusammenhang findet auch der Begriff „policy" Verwendung (1454), ein selten früher Beleg. Der bislang älteste Beleg datiert aus Wien (1451). Vgl. Pauser 1997, S. 18.) Ergänzend zu Bayern Rankl 1976, S. 73-76.

[54] „[...] sur lesquelles nous [König Philipp. P.B.] avons ordené et repondu pour *le commun prouffit*, si comme cy-dessoubz est contenu [...]". Decrusy et al. 1823–1833, hier 2, S. 828 Nr. 411.

[55] Ebd. 8, S. 427-430 Nr. 626.

tretern geprüft, überarbeitet und den aktuellen Bedürfnissen angepasst wurde.[56] Die Terminologie, ausgedrückt in *commun profit, bien et utilité de la ville, bon régime* siedelt nahe beim Gemeinen Nutzen.

Ein flüchtiger Blick nach Italien lehrt, dass der Gemeine Nutzen ursächlich mit dem *ius statuendi* verbunden ist. Die italienischen Städte und mit ihnen ihr Hinterland entstehen geradezu aus dem Statutarrecht. In Pisa wurden die Statuten des 12. Jahrhunderts „pro communi utilitate", „pro salute totius civitatis" und „pro universali omnium utilitate" erlassen.[57] Gemeinnutz polarisiert auf Eigennutz, denn gelegentlich wurden die Statuten „pro communi utilitate vel honore et non aliquo speciali amore" erlassen.[58] Das italienische Äquivalent *ben comune* diente gelegentlich dazu, korporative Sonderinteressen der Zünfte den gesamtstädtischen unterzuordnen[59] und den Adel städtischen Rechtsnormen zu unterwerfen.[60] Theoretiker der kommunalen Ordnung in Italien, Remigius von Florenz etwa, haben dieser Vorstellung mit dem Satz Ausdruck verliehen, „bonum commune praeamandum est bono particulari".[61]

Es geht hier nicht darum, den Variantenreichtum der Begriffe umfassend zu würdigen, sondern ihren Kern freizulegen, der, nicht anders als in den deutschsprachigen Quellen auch, den engen Konnex mit Kommune zeigt. Der Verweis von Remigius von Florenz soll als Brücke zur politische Theorie dienen, die im Mittelalter naturgemäß nicht davon absehen konnte, dass die verbreitetste Form von Herrschaft die Königs- und Fürstenherrschaft war. Da Könige und Fürsten aber seit dem 16. Jahrhundert in geradezu überwältigender Weise mit dem Gemeinwohl ihre legislativen und administrativen Maßnahmen begründen, bleibt zu fragen, wie der Begriff dorthin gelangt ist.

2. Gemeiner Nutzen – die Karrierewege

Karriere konnte der Gemeine Nutzen in erster Linie dadurch machen, dass er sich als kommunaler Wert hatte etablieren lassen und damit in der bäuerlichen und bürgerlichen Welt tief verankert war. Dieser Umstand blieb für die politische Theorie nicht folgenlos (2.1) und erklärt seine Integration in die Legitimitätsmuster des frühmodernen Staates des 16. Jahrhunderts (2.2), wozu die Reformation und die Revolten viel

---

[56] Offensichtlich waren während des 15. Jahrhunderts mehrfach die coutumes erneuert und ergänzend eigene ordonnances erlassen worden, denn 1510 wurde das *Parlement* von Paris vom König angehalten, die „coutumes pour le bien et soulagement de noz subjects" zu registrieren und zu publizieren. Dazu wurden eigens einberufen „tous et chacuns les comtes, barons, chastelains, seigneurs, haulx justiciers, prélatz, abbez, chapitres, noz officiers ausdits lieux, advocatz, licenciez, praticiens et aultres, bons, notables bourgeois de ladite ville, prévosté et viconté". Decrusy et al. 1823–1833, 11, S. 560 Nr. 93.

[57] Celli, 1982, S. 208.

[58] Ebd., S. 208 Anm. 25. Die *salus patriae* wird gelegentlich von den Juristen gefordert, wenn sie die Rechtskraft eines Statuts anerkennen sollen. Belege bei Baumgärtner 1990, S. 144f.

[59] Brucker 1977, S. 30.

[60] Becker, S. 308; Brucker 1977, S. 31ff.

[61] Davis, 1960; das Zitat bei Egenter 1934, S. 81, 84f.

beigetragen haben, weil sie den Gemeinen Nutzen zur Letztbegründung von institutionalisiertem gesellschaftlichem Zusammenleben gemacht hatten (2.3).

2.1 Herrschertugend und Gemeinwohlrhetorik in der politischen Theorie

Der Gemeine Nutzen in seiner lateinischen Form von bonum commune findet sich in der politischen Theorie des Spätmittelalters, wäre es anders, würden die meisten Arbeiten zu diesem Thema nicht geschrieben worden sein, auch nicht das einleitend zitierte Werk von Kempshall. Es lohnt sich aber, diese Textsorte nach den jetzt erzielten Ergebnissen nochmals genauer zu betrachten, weil sich auch hier bislang zu wenig berücksichtigte Genealogien des Wortes erstellen lassen. Sie werden verständlicher machen, weshalb Gemeinwohl als umfassender Staatszweck eine neuzeitliche, nicht aber schon eine verbreitertere mittelalterliche Begründung von Herrschaft darstellt.

Geistliche und weltliche Fürsten, Grafen und Prälaten haben zur Ausbildung des Gemeinen Nutzens nichts oder wenig beigetragen, war das Ergebnis der Quellenanalyse. Wie verhält es sich, bleibt noch zu fragen, mit den Königen?

Argumentiert man zunächst mit Zeugnissen, die das Selbstverständnis der europäischen Könige spiegeln, dann macht man interessante Beobachtungen. Eine für diese Frage auskunftsreiche Quelle sind die Arengen der Königsurkunden. Die Arenga ist der dritte Teil des Protokolls einer Urkunde, in der in allgemeinen rhetorischen Wendungen die Aufgaben, Pflichten und Absichten des Ausstellers in einer feierlichen Sprache inszeniert werden. Vom *Gemeinwohl* ist kaum, jedenfalls immer erst nachgeordnet die Rede. Die Sorge für Religion und Kirche, Friede und Recht stehen eindeutig im Vordergrund.[62] Heinrich Fichtenau, dem man die analytische Durcharbeitung der Kaiser- und Königsurkunden verdankt, zweifelt selbst daran, dass es sich beim bonum commune der Arengen, soweit es Verwendung findet, „um ein eigenständiges Prinzip neben der Wahrung von Recht und Gerechtigkeit" handle, er bevorzugt vielmehr die Interpretation, das Reden vom Gemeinen Nutzen habe der Abgrenzung des guten Herrschers vom Tyrannen gegolten, nicht aber der Festlegung eines Staatszwecks.[63] Diese Beobachtung hat auch Thomas Simon gemacht.

Die Herrscherpropaganda *im Abendland*, so kann man unter Heranziehung kaiserlicher, päpstlicher und königlicher Urkunden vornehmlich aus dem Reich, dann aber auch aus Frankreich und anderen Königreichen sagen, stützt sich auf „Tugenden, Beispiel und Aufgaben des Regenten, die Pflichten der Untertanen und die Bedeutung der Religion".[64] Um dem Sachverhalt die nötige Schärfe zu geben – vom bonum commune als Aufgabe von Kaisern und Königen kann ernsthaft nicht die Rede sein.

Es gibt allerdings, jedenfalls im deutschsprachigen Bereich, Ausnahmen. Wo König und Kaiser mit dem Gemeinen Nutzen argumentieren, tun sie es vornehmlich als Beteiligte eines Landfriedens. Jenseits der Landfrieden wird Gemeiner Nutzen auf Reichsebene selten verwendet. Wenn 1427 die Reichssteuer des Gemeinen Pfennigs dazu

---

[62] Fichtenau 1957, S. 80f.
[63] Ebd., S. 81f.
[64] Ebd., S. 210.

verwendet werden soll, Kriegsknechte zum „gemeinen nuz" zu werben,[65] dann dient das ebenso dem Frieden, wie wenn die Femegerichte mit Verweis auf den durch sie gestörten „gemeinen nutz"[66] verboten werden. Ja auch dort, wo sich der Kaiser programmatisch dazu bekennt, die Bürde des königlichen Amtes „Gott zu Lobe, dem heiligen Reich zu Ehren, unnd durch gemeines Nuz willen" auf sich genommen zu haben, kann eine solche Aussage im Kontext landfriedenssichernder Satzungen stehen.[67]

Mediävisten unter den Historikern vertreten die Auffassung, „rex propter bonum commune" sei „ein Gemeinplatz mittelalterlicher Herrschaftsethik, der den Zusammenhang von *res publica*, lex und gemeinem Nutzen konkretisiert".[68] Das Urteil stammt von Ernst Schubert. Es wird von ihm selbst jedoch in seiner Überzeugungskraft geschmälert, wenn er auf dessen quellenmäßige Fundierung zu sprechen kommt. „Auf zwei verschiedenen Entwicklungen beruht die Zuordnung des bonum commune zur Obrigkeit", heißt es erläuternd weiter. „Einmal begannen seit dem ausgehenden 14. Jahrhundert die Städte sich auf den *gemeinen Nutz* als Ausdruck ihrer Interessen zu berufen – Folgerung letztlich daraus, dass im Spätmittelalter auch der wirtschaftliche Bereich im weitesten Sinne unter *gemein nutz* verstanden werden konnte –, und zum zweiten war das immer wieder behauptete Ziel allen Mühens um eine Reichsreform die Sicherung des *bonum commune*, was sich dann als legitimierende Formel den zur Mithilfe an dieser Reform aufgerufenen Ständen mitteilte".[69] Damit wird das bonum commune zweifach hergeleitet, von der Stadt (und vom Land, wie man nach den eben vorgezeigten Quellen hinzufügen muss) und über die Reichsreformbewegung von der Politiktheorie.

Soweit sich die Politiktheorie um das Amt des Königs kümmert, tut sie es vornehmlich in den sogenannten „Fürstenspiegeln". Fürstenspiegel sind Zuschreibungen von Aufgaben an den Fürsten.[70] Im Mittelalter sind das einerseits persönliche Tugenden, *iustitia, aequitas, pietas, virtutes*, andererseits Amtsvorstellungen, *minister, imago, vicarius Dei*.[71] Im Hochmittelalter wird der aristotelisch-thomasische Einfluss wirksam, aber auch jetzt wird das bonum commune selten aufgerufen[72] und soweit es eine ethische Forderung einschließt, nicht nur an Könige und Fürsten gerichtet, sondern an alle Obrigkeiten, auch städtische Räte.

Interessant ist die Beobachtung, dass man diejenigen, die das bonum commune namhaft machen, mehrheitlich den italienischen Scholastikern und Humanisten zurechnen

---

[65] Koch 1747, 1, S. 125. In der gleichen Bedeutung 1431 (ebd. S. 142). 1500 wird der Gemeinnutz auch in die Amtseide der Hauptleute von Reichskontingenten eingearbeitet. Ebd. 2, S. 86.
[66] Ebd. 1, S. 158.
[67] Ebd. 1., S. 170. Vgl. ergänzend die Belege bei Merk 1934, S. 494ff. In diesem Zusammenhang vielleicht auch die Wendung „propter bonum reipublice et communem utilitatem" als Begründung Karls 1349, Mainz und Köln zu schützen. MGH Constitutiones 9, bearbeitet von M. Kühn, Weimar 1974–1983, S. 123.
[68] Schubert 1979, S. 283f.
[69] Ebd., S. 284.
[70] Hans H. Anton, Artikel Fürstenspiegel, in: LdM 4, S. 1040-1048.
[71] Ebd.
[72] Singer 1981. Berges 1983, S. 183, 185, 194, 200, 260. Viele Belege sind interpretatorisch stark überdehnt, um den *Gemeinnutz* als Aufgabe des Fürsten zu belegen.

kann, sie folglich auch der Welt der Stadtstaaten besonders nahe standen. Von der italienischen Civitas mit ihrer republikanischen Verfassung führten, wo diese Verfassung theoretisch durchgearbeitet wurde, immer Wege in die antike Tradition, wie man durch die Arbeiten von Hans Baron, John G. A. Pocock, Quentin Skinner und Herfried Münkler heute sehr genau weiß. Im Referenzsystem von griechischer Polis und römischer Republik argumentierend, musste das bonum commune einen hohen Stellenwert bekommen und die Redeweise der Legisten und Humanisten unterstützen, welche die *utilitas publica* und das *bonum commune* häufig im Munde führten.[73] Quellen waren „natürlich das Corpus Iuris Civilis, die klassischen lateinischen Schriftsteller und nach etwa 1260 die *Politik* des Aristoteles".[74]

Auch in diesem Fall darf man nochmals auf Thomas Simon Bezug nehmen, der darauf hinweist, dass das Aufkommen der *bonum commune*-Rhetorik bei Thomas von Aquin und Ptolomaeus von Lucca immer im Zusammenhang mit der Gesetzgebung steht, und die Beobachtung hinzufügt, solche Erörterungen liefen „zeitlich im wesentlichen parallel mit dem Beginn einer entsprechenden legislativen Praxis in den oberitalienischen Städten seit dem 13. Jahrhundert – einer Praxis, die von den großräumigeren Territorialstaaten in der Regel erst am Ende des Mittelalters aufgegriffen wird".[75]

Historiker neigen dazu, politische Theorien stärker in der Lebenswelt ihrer Autoren zu verankern und sie als reflexive Verarbeitung von Wirklichkeit zu deuten, hingegen die ideengeschichtlichen Traditionsstränge für weniger bedeutend zu halten. Wenigstens andeutungsweise soll von der Verankerung der Theoretiker in der Praxis noch die Rede sein.

Seit Thomas von Aquin „De regimine principum" (um 1255) wird das *bonum commune* ein häufiger zitierter und gefestigterer Begriff. Der Inhalt trägt auch bei ihm noch stark den von Frieden und Recht abgeleiteten Charakter. „Bonum commune, ad quod ordinat justitia", heisst ein Schlüsselsatz von Thomas.[76] „Die Ethik des Thomas ist aristotelisch", lautet das bündige Urteil von Leo J. Elders[77] als Ergebnis seiner ideengeschichtlichen Rekonstruktion des thomasischen Werkes. Über Aristoteles bewegt man sich indessen wegen dessen Referenzsystem, der Polis, wieder in einem kommunalen Bezugssystem. Auf Thomas fußen bekanntermaßen viele Fürstenspiegler, unter ihnen auch der erfolgreichste, Aegidius Romanus (1243/47–1316). Die zwei einzigen aus Skandinavien überhaupt bekannten Fürstenspiegel sind ganz der Denkwelt von Aegidius verpflichtet, einem in Rom geborenen, in Avignon gestorbenen, in Bourges und Paris wirkenden Mann. Kommt einer der Politiktheoretiker nicht aus der stadtstaatlichen Welt Italiens, steht er einer anderen Stadtlandschaft nahe, wie der in Holland lebende und wirkende Philipp von Leyden.

---

[73] Generell Post 1961, S. 17. Formulierungen, wie sie Nikolaus von Kues gebraucht [„Imperatores consensu et volutante pro communi utilitate constituti sunt"], finden sich bei den Theoretikern häufig. Vgl. die Zusammenstellungen bei Eberhard 1984, S. 202, und Ders. 1986, S. 248.
[74] Post 1961, S. 17.
[75] Simon in diesem Band.
[76] Zitiert bei Radbruch 1941, S. 125.
[77] Leo J. Elders, Artikel Thomas von Aquin, in: LdM 8, Sp. 706-711.

Zweierlei verdient nochmals markiert zu werden. Erstens der in europäischem Maßstab seltene Gebrauch des Begriffs *Gemeiner Nutzen – bonum commune* im Mittelalter. Wenn man die klassischen Darstellungen zur Fürstenspiegelliteratur nochmals mit dem jetzt geschärften Blick der möglichen anderen Herkunft des Gemeinwohl-Begriffs liest, die Werke von Bruno Singer und Wilhelm Berges, dann wird deutlich, dass sich die Belege entweder überwiegend auf Textstellen aus der nachreformatorischen Zeit beziehen oder stark interpretatorisch überdehnt sind. Es ist kein Zufall, dass jüngste Fallstudien zur Fürstenspiegelliteratur wie die von Heinz Dollinger für Bayern das Ergebnis zeitigen, die Textsorte hätte für den Gemeinen Nutzen überhaupt keine Verwendung.[78] Zweitens gibt es bonum commune-Belege im wesentlichen bei Autoren mit einer lebensweltlichen Verankerung in der Stadt. Gemeiner Nutzen ist keine Kategorie, die von Königen oder an der curia regis ausgebildet worden wäre. Die These von Wilfried Eberhard, „daß es allein Pflicht und Recht des Herrschers war, Entscheidungen über das Gemeinwohl zu treffen, es auszulegen und zu repräsentieren",[79] wird sich so nicht aufrecht erhalten lassen, womit seine großen Verdienste, die er sich um die Erforschung des Gemeinen Nutzes erworben hat, nicht geschmälert werden.

Die verbreitete Vorstellung, beim Gemeinen Nutzen (Gemeinwohl) und bonum commune handele es sich um eine universale Begründungsfigur, also um eine solche für jede Art von Herrschaft und Staat, ist in dieser generellen Form nicht haltbar.

2.2 Die Verstaatlichung

Der Durchbruch des Gemeinen Nutzens als Legitimationsfigur für politische Macht auf der Ebene des Reiches und jener der Territorien erfolgt in Deutschland im 16. Jahrhundert, zu einer Zeit, als er im kommunalen Bereich längst die alles überragende Begründungsfigur für Frieden, rationale Gesetzgebung und gemeindliche Politik der Räte geworden war.

Den Sachverhalt gibt eine Abbildung wieder, die am Ende des 15. Jahrhunderts in der Reichsstadt Memmingen als Einblattdruck erschienen ist (vgl. Abb. I auf Seite 100). „Das ist der Gmain Nutz", belehrt die Aufschrift auf der Mauer am unteren Rand des Blattes den Leser. Bauern und Bürger, Landwirtschaft und Handwerk stehen mit dem pflügenden Bauern und dem Zimmermann und dem Weber im Vordergrund des Bildes, als wollten sie so die Nähe des Gemeinen Nutzen zur dörflichen und städtischen Lebenswelt anzeigen. Ritter und Bannerherr umreiten diesen Kreis, Ratgeber und Richter berühren ihn. Fürst, König und Kaiser werden schließlich von einem äußeren Kreis umschlossen, der „das haillig [römische] Reich" ausmacht.

Nach 1500 wurden Mandate des Reiches in Wirtschaftsfragen (jetzt häufig *Policeyen* genannt) – Weinverfälschung,[80] Münzen,[81] Monopole[82] – regelmäßiger mit dem Ge-

---

[78] Dollinger 1992, besonders S. 257, 263.
[79] Eberhard 1986, S. 246.
[80] Koch 1747, 2, S. 54 [zu Weinordnung 1498].
[81] Ebd., S. 78; früher, soweit sich sehen lässt, im Zusammenhang mit Zöllen; so Ruprecht 1401. Weizsäcker 1956, S. 245.
[82] Koch 1747, 2, S. 144.

Abb. I

Legende zu Abb. I (Seite 100):
Das Blatt ist gedruckt bei W. L. Schreiber, Holzschnitte, Metallschnitte, Teigdrucke aus dem herzoglichen Museum Gotha und Kunst- und Alterthumssammlungen Veste Coburg (Die Einblattdrucke des fünfzehnten Jahrhunderts, hg. von Paul Heitz, Bd. 64), Straßburg 1928, Blatt 15, knapper Kommentar S. 9. Dort trägt das Blatt den Titel „Der Gekreuzigte auf dem Reichsadler und die Stände". – Der Gemeine Nutzen ist interpretationsleitend für das Bild auch bei Ferdinand Seibt, Vom Lob der Handarbeit, in: Vom Elend der Handarbeit. Probleme historischer Unterschichtenforschung (Geschichte und Gesellschaft 24), hg. v. Hans Mommsen und Winfried Schulze, Stuttgart 1981, S. 158-181, hier 178f. Eine ausführlichere Beschreibung und Deutung des Bildes erfolgt an anderer Stelle.

meinen Nutzen begründet, aber auch die Regimentsordnung[83] oder die Notariatsordnung des Reiches.[84] 1495 verhandelte der Reichstag in Worms erstmals in umfassender Weise Policeysachen, was schließlich zu den drei großen Reichspolizeiordnungen von 1530, 1548 und 1577 führte, die alle den Gemeinen Nutzen als Motiv für ihre Verabschiedung nennen.[85]

Der Reichstag benutzte jedenfalls den Gemeinen Nutzen erst zu einem Zeitpunkt, als dieser sich in der bürgerlich-bäuerlichen Welt längst durchgesetzt hatte. Offenbar erlaubt erst die Ausweitung seines Gebrauchs um 1500, ihn in die Präambel der Wahlkapitulation für Karl V. von 1519 aufzunehmen.[86] Verbandsbegründend für das Reich ist er in der Sprache der praktischen Politik vor 1500 jedenfalls nicht gewesen.[87]

Die steil aufsteigende legislatorische Tätigkeit des frühmodernen Staates fand ihre Legitimation in der Förderung des Gemeinen Nutzens. In Deutschland nannte man die staatlichen Aktivitäten unter dem Prätext des Gemeinwohls *gute Policeyen*, in Frankreich *bonne police*. Das soll im einzelnen mit dem konkreten Verweis auf Tirol und dem allgemeinen auf die jüngsten Forschungen zur Geschichte der *Policey* als bekannt vorausgesetzt werden.[88] Das 16. Jahrhundert machte wie kein zweites den Gemeinen Nutzen zum Leitbegriff der politischen Kultur. Nach 1600, so hat Simon gezeigt, ver-

---

[83] Ebd., S. 59; ergänzend S. 95, 262, 265.
[84] Ebd., S. 86, 152, 157. Vom Notar wird gesagt, dass er ein „Diener ist gemeines Nutzens" (ebd., S. 157).
[85] Vgl. zur Auswertung Schmelzeisen 1968, S. 19-24. Härter 1993.
[86] A. Kluckhohn, Deutsche Reichstagsakten unter Kaiser Karl V., 1. Bd. (Deutsche Reichstagsakten, Jüngere Reihe 1), Gotha 1893, S. 865 Nr. 387. Für frühere Belege Schubert 1979, S. 284, bes. Anm. 56. Die Dichte der Belege bei Zeumer 1913 ist vor 1500 eher gering (ebd., S. 216, 222, 224, 235, 251, 260).
[87] Belege für die Verwendung des Gemeinnutzes als politisches Argument der Kurfürsten ebd., S. 250ff. Mit den gleichen Stellen arbeitet auch Diehl 1937, S. 306ff. Für konstitutiv für das Reich hält den Begriff Eberhard 1984, S. 202; so auch Merk 1934, S. 451-520, auch mit den germanischen Stammesrechten argumentierend in der Absicht, eine germanische neben der römischen Tradition freizulegen.
[88] Simon 1997; Stolleis 1988 u. 1996; Härter 2000. Vgl. auch die von Michael Stolleis herausgegebene Reihe Studien zu „Policey und Policeywissenschaft" [1. Bd., 1999].

schränken sich Gemeinnutz und Gemeinwohl mit disciplina und necessitas.[89] Die Staatsräson gewinnt an Bedeutung.

2.3 „Begriffsverstaatlichung" als Krisenbewältigung

Wohl erst nach der Reformation wurde der Gemeine Nutzen endgültig verstaatlicht, und zwar in der Weise, dass er auch auf die fürstlichen Territorien und das Reich gezogen wurde. 1533 hatte Johannes Ferrarius eine mit über 100 Seiten stattliche Schrift „Von dem Gemeinen nutze" erscheinen lassen, eine der ersten protestantischen Staatsrechtslehren. Dort heißt es bündig, der „Gemein Nutz" sei nichts anderes, „dann ein gemein gutte ordenung einer statt / oder einer andern commun".[90] Die *andere Commun* ist der Territorialstaat. Den Gemeinen Nutzen zu befördern, so erläutert Ferrarius, ist Aufgabe der „weltliche[n] Oberkeit von gott verordnet / vnd der gemein als notwendig vorgesatzt"[91], weil anders der Teufel die Oberhand gewinnen würde, „man sehe allein kurtzuergangne pawers empörung vñ auffir an / was die vor bluets gekost hait".[92]

Auf Revolten lenkt Ferrarius den Blick und mit seiner heftigen Betonung der von Gott gesetzten Obrigkeit auf die Reformation. Beide Bewegungen hatten den Gemeinen Nutzen nochmals auf eine bislang ungeahnte Bedeutungshöhe getrieben. In den Revolten hatte er sein herrschaftskritisches Potential entfaltet, in der Reformation war er zu einem Begriff von geradezu liturgischer Qualität ausgebaut worden.

Als sich europaweit in der bürgerlichen und bäuerlichen Welt des Kommunalismus der Gemeine Nutzen als Logik des Politischen durchgesetzt hatte, entfaltete er sein herrschaftskritisches Potential.

Wie in kaum einem zweiten Jahrhundert wurde Europa zu Beginn der Neuzeit durch große Revolten erschüttert. Dazu gehören namentlich der *Dózsa-Aufstand* 1514 in Ungarn, der Aufstand der *comuneros* von 1520 in Spanien und der *Bauernkrieg* von 1525 im Reich. Das waren Aufstände nationalen Zuschnitts, an denen sich in Spanien alle Städte beteiligten und die in Ungarn 40 000 Menschen und in Deutschland 100 000 das Leben kosteten.

In der Rhetorik und Programmatik des Bauernkriegs nimmt der Gemeine Nutzen einen vorderen Platz ein, neben der christlichen brüderlichen Liebe, als deren ethische Entsprechung er gedacht wird. Einer der prominenteren Köpfe des Bauernkriegs, Michael Gaismair, verpflichtete in seiner *Landesordnung*, einem politiktheoretischen Traktat, die Menschen darauf, „zum ersten die eer gottes und darnach den gemainen nutz zu suechen". Die „gotlosen menschen, die daz ewig wort gottes vervolgen, den gemain arm man beschwären und den gemeinen nutz verhindern", müssen ausgerottet werden. Hans Hergot verwendet in seiner Utopie „Von der christlichen Wandlung" die *Ehre Gottes* und den *gemeinen Nutzen*, die für ihn leitenden Kategorien sozialer und politi-

---

[89] Simon in diesem Band.
[90] Johannes Ferarrius, Von dem Gemeinen nutze / in massen sich ein ieder / er sey Regent / ader unterdan / darin schicken sal / den eygen nutz hindan setzen / vnd der Gemeyn wolfart suechen, Marburg 1536, Fol. Fiii.
[91] Ebd., C iiij [viii].
[92] Ebd., D [ixf].

scher Ordnungen, als Begriffspaar nicht weniger als zehn Mal in dem doch recht kurzen Text.[93] Gesteigert zu „omnia sunt communia" hat die ursprünglich ganz pragmatisch und unpathetisch gebrauchte Formel vom Gemeinen Nutzen ihre letzte Radikalisierung durch Thomas Müntzer erfahren. Auch in Spanien ließ sich der Gemeine Nutzen in der Redeweise von der „utilidad de la República" revolutionär umsetzen, denn mit ihm wurde von dem jungen König Karl verlangt, die Staatsfinanzen ohne Einhebung von Steuern zu konsolidieren, die Verwaltung durch die Heranziehung der Einheimischen zu verbessern und die Cortes regelmäßig zur Beratung der politischen Geschäfte heranzuziehen. Es handelt sich in allen Fällen, um das nochmals zu markieren, um Revolten, die in Kommunen wurzeln.

Theologisch aufgeladen hat den Gemeinen Nutzen schließlich auch die reformatorische Bewegung. *Eigennutz* wurde von den Theologen der alten Kirche – dem Papst, den Bischöfen, den Mönchen – vorgeworfen, aber nicht nur ihr, sondern allen, die sich gegen einen christlichen Lebenswandel, das war jetzt gleichbedeutend mit einem Bekenntnis zur Reformation, sperrten. *Eigennutz ist gottlos*, gehört zu den ständig memorierten und repetierten Aussagen von Huldrich Zwingli, folglich dient derjenige dem *Gemeinen Nutzen*, der sich praktisch zum reformatorischen *reinen Evangelium* bekennt.[94] Christoph Schappeler, Prädikant in Memmingen und einer der engsten Gefährten Zwinglis, machte diese Überzeugung zum argumentativen Kern eines politiktheoretischen Traktats. „Divina, betreffend der seel hayl" und „Politica, die den gemaynen nutz betreffent", ließen sich nicht trennen, heißt es bei ihm in einer scharfen Wendung, die nur an Martin Luther adressiert sein konnte und dessen Konzeptualisierung von zwei Regimenten. „Ach got, dyse gebot mögent sich nit vonainander schaiden, dann die politica-gebotte seind auch divina, die den gemaynen nutz trewlich fürdern, ist nichts anders dann die brüderliche liebe trewlich zů erhalten, dz der seligkayt höchste verdienung ayne ist".[95]

Abschließend soll noch einmal auf Basel Bezug genommen werden. Als die Bürgerschaft von Basel – um nochmals zum Ausgangspunkt der Überlegungen zurück zu kommen und sie zu schließen – am 9. Februar 1529 das Münster gestürmt und die Bilder herausgerissen und verbrannt hatte, war die Einführung der Reformation in der Stadt nicht mehr zu verhindern. Wer sich ihr nicht anschließen wollte, verließ die Stadt, dazu gehörte Erasmus von Rotterdam, oder wurde aus dem Rat gejagt, so 12 amtierende Ratsherren. Jetzt wurde kurz und bündig die Aufgabe des städtischen Magistrats mit den Worten umschrieben, künftig müsse „allein die eer gottes und gmeiner nutz betrachtet" werden. Folglich sollten nur „personen, dem gottlichen wort anhengig und

---

[93] Alle Belege für den Bauernkrieg sind entnommen Blickle 1993, S. 223-226.
[94] Reiches Belegmaterial bei Locher 1969, besonders S. 180f., 191. Vgl. auch die kommentierten Nachweise für die Verwendungsmodi von *Eigennutz* und *Gemeinnutz* bei Zwingli in Hamm, 1988, S. 11ff., 19, 100f., 105, 107, 110. Die Durchsicht von Zwinglis in dieser Hinsicht relevanten Schriften [Indices fehlen] ergab mehr Belege für Eigennutz als für Gemeinen Nutzen. Vgl. Zwingli 1905–1983, hier Werke 2, S. 522, 633, 650f.; ebd. S. 3, 103, 105, 107-112, 400.
[95] Text zitiert nach der Edition von Hoyer/Rüdiger 1975, S. 110. Dort auch Einordnung und Interpretation des anonym erschienenen Textes. Die Zuschreibung auf Christoph Schappeler belege ich an anderer Stelle.

gmeine nutz furstendig, in solch regierung berueft und erkosen werden"[96]. Der Gemeine Nutzen war in Basel protestantisch geworden.

3. Zusammenfassung

Die vorgetragenen Überlegungen und Argumentationsschritte lassen sich in vier Punkten zusammenfassen und durch eine Erweiterung des Kontextes auf Thesen zuspitzen.

1. Der deutsche Begriff des Gemeinen Nutzen entsteht im gemeindlichen Umfeld der Städte und Dörfer und ist entwicklungsgeschichtlich gesehen die Transformation einer alten lehensrechtlichen Formel (*des Herren Nutzen mehren und seinen Schaden warnen*) im Interesse der Gemeinde. Jedenfalls lässt sich das Aufkommen des Gemeinen Nutzen nicht als Eindeutschung der antiken rhetorischen Formel des bonum commune beschreiben.

2. Der Gemeine Nutzen legitimiert Ordnungsmaßnahmen der kommunalen Verbände, die sich aus der Arbeit und den verdichteten Nachbarschaftsbeziehungen in Stadt und Dorf ergeben. Arbeit verlangt den Frieden (und seine rechtliche Inkraftsetzung im Verbot der Fehde), die Nachbarschaft Normierungen des alltäglichen Zusammenlebens. Beides wird auf dem Weg von Statuten, Geboten und Verboten, Satzungen und Einungen geschaffen – Gesetzen, um modern zu sprechen, deren Rationalität in ihrer Aktualität und ihrer momentanen Nützlichkeit liegt.

Aus der Gesetzesförmigkeit wird noch nicht notwendigerweise eine Rechtsförmigkeit. Das Recht bedarf keiner Legitimation, es liegt in der göttlichen Schöpfung, folglich in jedem Menschen und wird durch die Urteilsfindung im Gericht positiviert. Das Gesetz als Hervorbringung der menschlichen Vernunft und willentlicher Akt bedarf der Legitimation und findet sie im Gemeinen Nutzen.

3. Von der kommunalen Ebene wandert der Begriff auf die territoriale Ebene und wird zunächst begründend für republikanische Regimentsformen (Basel, Appenzell, Eidgenossenschaft), dann aber auch für die Landes- und Polizeiordnungen von Fürstentümern (Tirol). Ein namhafter Anteil der Fürsten und Könige an der Ausbildung des Gemeinen Nutzen ist nicht festzustellen und, darf man als argumentative Fermate hinzusetzen, eigentlich auch gar nicht zu erwarten. Denn Königsherrschaft und Fürstenherrschaft ruhen auf dem Lehnswesen. Dessen ethische Grundlage ist nicht das Gemeinwohl, sondern die Treue.

4. Der Gemeine Nutzen wird durch die Reformation und die großen europäischen Revolten insofern zum politikkulturellen Leitbegriff gesteigert, als beide Bewegungen ihm normativen Charakter für jede Form von politischer Machtorganisation zuschreiben und daraus ihre herrschaftskritische Energie beziehen. Die Königs- und Fürstenherrschaft sichert sich ihr politische Macht, indem sie den Gemeinen Nutzen in ihre Herrschaftslegitimation implementiert. Der frühmoderne Staat, der im wesentlichen Gesetzgebungsstaat ist, steht insofern auf kommunalem Grund und Boden.

---

[96] Dürr/Roth 1921–1950, 3. Bd., S. 259f., Nr. 398.

Literatur

Baumgärtner, I. (1990), Stadtgeschichte und Consilia im italienischen Spätmittelalter, in: Zeitschrift für Historische Forschung 17, S.129-154.

Becker, M. (1965), A Study in Political Failure: The Florentine Magnates 1280-1343, in: Medieval Studies 27, S. 246-308.

Berges, W. (1983), Die Fürstenspiegel im hohen und späten Mittelalter (Schriften des Reichsinstituts für ältere deutsche Geschichtskunde 2), Stuttgart.

Blickle, P. (1973), Landschaften im Alten Reich. Die staatliche Funktion des gemeinen Mannes, München.

Blickle, P. (1980), Bäuerliche Rebellionen im Fürststift St. Gallen, in: Ders. (Hg.), Aufruhr und Empörung? Studien zum bäuerlichen Widerstand im Alten Reich, München 1980, S. 218-295.

Blickle, P. (1986) Kommunalismus, Parlamentarismus, Republikanismus, in: Historische Zeitschrift 242, S. 529-556.

Blickle, P. (1991), Friede und Verfassung. Voraussetzungen und Folgen der Eidgenossenschaft von 1291, in: Innerschweiz und frühe Eidgenossenschaft, 1. Bd., Olten 1991, S. 200f.

Blickle, P. (1993^3), Die Revolution des Gemeinen Mannes, München.

Blickle, P. (1996), Gemeinnutz in Basel. Legitimatorische Funktion und ethische Norm, in: Querdenken. Dissens und Toleranz im Wandel der Geschichte, Festschrift zum 65. Geburtstag von Hans R. Guggisberg, hg. v. M. Erbe u.a., Mannheim, S. 31-40.

Blickle, P. (2000), Kommunalismus. Skizzen einer gesellschaftlichen Organisationsform, 1. Bd. Oberdeutschland, München.

Brucker, G. A. (1977), The Civic World of Early Renaissance Florence, Princeton/New Jersey.

Burmeister, K.-H. (1973), Vorarlberger Weistümer (Oesterreichische Weistümer 18), Innsbruck.

Celli, R. (1982), Il principio del potere popolare nella genesi die comuni italiani, in: Diritto e potere nella storia europea. Atti in onere die Bruno Paradisi, vol. I, Florenz.

Davis, Ch. T. (1960), An early Florentine political theorist. Fra Remigio de' Girolami, in: Proceedings of the American Philosophical Society 104, S. 662-676.

Decrusy, A./Isambert, F. A./Jourdan, A. J. L. (1823–1833), Recueil général des anciennes lois françaises depuis l'an 420 jusqu'à la révolution de 1789, 29 tomes, Paris.

Diehl, A. (1937), Gemeiner Nutzen im Mittelalter. Nach süddeutschen Quellen, in: Zeitschrift für württembergische Landesgeschichte 1, S. 296-315.

Dollinger, H. (1992), Staatsräson und Staatsfinanzen in Bayern im 16. und frühen 17. Jahrhundert, in: Finanzen und Staatsräson in Italien und Deutschland in der frühen Neuzeit, hg. v. A. de Maddalena u. H. Kellenbenz, Berlin, S. 249-268.

Dürr, E./Roth, P. (Hg., 1921–1950), Aktensammlung zur Geschichte der Basler Reformation in den Jahren 1519 bis Anfang 1534, 6 Bde.

Eberhard, W. (1984), „Gemeiner Nutzen" als oppositionelle Leitvorstellung im Spätmittelalter, in: Renovatio et reformatio. Festschrift für Ludwig Hödl, hg. v. M. Gerwing u. G. Ruppert, Münster, S. 195-214.

Eberhard, W. (1986), Der Legitimationsbegriff des „Gemeinen Nutzens" im Streit zwischen Herrschaft und Genossenschaft im Spätmittelalter, in: Zusammenhänge, Einflüsse, Wirkungen. Kongreßakten zum ersten Symposium des Mediävistenverbandes in Tübingen 1984, hg. v. J. O. Fichte u.a., Berlin/New York, S.241-254.

Egenter, R. (1934), Gemeinnutz vor Eigennutz. Die soziale Leitidee im „Tractatus de bono communi" des Fr. Remigius von Florenz (1319), in: Scholastik. Vierteljahresschrift für Theologie und Philosophie 9, S. 79-92.

Elsener, F. (Hg., 1951), Die Rechtsquellen des Kantons St. Gallen (Sammlung Schweizerischer Rechtsquellen 14), Aarau.

Fichtenau, H. (1957), Arenga. Spätantike und Mittelalter im Spiegel von Urkundenformeln (Mitteilungen des Instituts für österreichische Geschichtsforschung. Ergänzungsband 18), Graz/Köln.

Hamm, B. (1988), Zwinglis Reformation der Freiheit, Neukirchen/Vluyn.

Härter, K. (1993), Entwicklung und Funktion der Policeygesetzgebung des Heiligen römischen Reiches Deutscher Nation im 16. Jahrhundert, in: Ius Commune 20, S. 61-141.

Härter, K. (Hg., 2000), Policey und frühneuzeitliche Gesellschaft (Ius Commune, Sonderheft 129), Frankfurt/M. 2000.

Holenstein, A. (1991), Die Huldigung der Untertanen. Rechtskultur und Herrschaftsordnung (800–1800) (Quellen und Forschungen zur Agrargeschichte 36), Stuttgart/New York.

Hoyer, S./Rüdiger, B. (1975), An die Versammlung gemeiner Bauernschaft. Eine revolutionäre Flugschrift aus dem Deutschen Bauernkrieg (1525), Leipzig.

Isenmann, E. (1988), Die deutsche Stadt im Spätmittelalter, 1250–1500. Stadtgestalt, Recht, Stadtregiment, Kirche, Gesellschaft, Wirtschaft, Stuttgart.

Isenmann, E. (1997), Norms and Values in the European City, 1300–1800, in: Resistance, Representation, and Community, hg. v. P. Blickle, Oxford, S. 185-215.

Kempshall, M. S. (1999), The common good in late medieval political thought, Oxford.

Kluckhohn, A. (1893), Deutsche Reichstagsakten unter Kaiser Karl V., 1. Bd. (Deutsche Reichstagsakten, Jüngere Reihe 1), Gotha, S. 865 Nr. 387.

Koch, E. A. (1747), Neue und vollständigere Sammlung der Reichs-Abschiede, Welche von den Zeiten Kayser Konrads des II. bis jetzo auf den Teutschen Reichs-Tagen abgefasset worden [...] in 4 Theilen, [2 Bde.], Frankfurt/M. [Nachdruck 1967].

Krütli, J. K. (Hg., 1839–1882), Amtliche Sammlung der älteren eidgenössischen Abschiede [zitiert EA], 18 Bde., Luzern.

Lexikon des Mittelalters [zitiert LdM], hg. u. ber. v. N. Angermann, 9 Bde., München/Zürich 1980–1998.

Locher, G. (1969), Grundzüge der Theologie Huldrych Zwinglis im Vergleich mit derjenigen Martin Luthers und Johannes Calvins, in: Ders. (Hg.), Huldrych Zwingli in neuer Sicht. Zehn Beiträge zur Theologie der Zürcher Reformation, Zürich/Stuttgart, S. 173-274.

Maier, H. (1980^2), Die ältere deutsche Staats- und Verwaltungslehre, München.

Merk, W. (1934), Der Gedanke des gemeinen Besten in der deutschen Staats- und Rechtsentwicklung, in: Festschrift Alfred Schultze zum 70. Geburtstag, hg. v. Ders., Weimar, S. 451-520.

Pauser, J. (1997), Gravamina und Policey, in: Parliaments, Estates & Representation 17, S.13-18.

Post, G. (1961), Ratio publicae utilitatis, ratio status und „Staatsräson" (1100–1300), in: Die Welt als Geschichte 21, S. 17.

Prodi, P. (1997), Das Sakrament der Herrschaft. Der politische Eid in der Verfassungsgeschichte des Okzidents (Schriften des Italienisch-Deutschen Historischen Instituts in Trient 11), Berlin.

Radbruch, G. (1941), Aus Lieb der Gerechtigkeit und um gemeines Nutz willen. Eine Formel des Johann von Schwarzenberg, in: Schweizerische Zeitschrift für Strafrecht 55, S. 113-133.

Rankl, H. (1976), Staatshaushalt, Stände und „gemeiner Nutzen" in Bayern 1500–1516 (Studien zur bayerischen Verfassungs- und Sozialgeschichte 7), München.

Schieß, Tr./Meyer, Br./Schudel, Elisabeth/Usteri, E. (Hg., 1933–1964), Quellenwerk zur Entstehung der Schweizerischen Eidgenossenschaft, Abteilung 1: Urkunden, 3 Bde. [zitiert *QW 1/1* bis *1/3*], Aarau.

Schmelzeisen, G. K. (Hg., 1968), Polizei- und Landesordnungen, 1. Halbband: Reich und Territorien (Quellen zur Neueren Privatrechtsgeschichte Deutschlands 2), Weimar.

Schubert, E. (1979), König und Reich. Studien zur spätmittelalterlichen deutschen Verfassungsgeschichte (Veröffentlichungen des Max-Planck-Instituts für Geschichte 63), Göttingen.

Schulze, W. (1995), Landesfürst und Stadt: Herzog Albrecht von Österreich und die Stadt Freiburg i. Ü. 1449, in: Freiburger Geschichtsblätter 72, S. 131-173.

Singer, Br. (1981), Die Fürstenspiegel in Deutschland im Zeitalter des Humanismus und der Reformation (Humanistische Bibliothek I, 34), München.

Simon, Th. (1997), Krise oder Wachstum? Erklärungsversuche zum Aufkommen territorialer Gesetzgebung am Ausgang des Mittelalters, in: Wirkungen europäischer Rechtskultur. Festschrift Karl Kroeschell zum 70. Geburtstag, hg. v. G. Köbler u. H. Nehlsen, München, S. 1201-1217.

Stolleis, Michael (1988), Die Geschichte des öffentlichen Rechts in Deutschland. 1. Bd.: Reichspublizistik und Policeywissenschaft 1600–1800, München.

Stolleis, Michael (Hg., 1996), Policey im Europa der Frühen Neuzeit (Ius Commune, Sonderheft 83), Frankfurt/M.

Wackernagel, R./Bütler, P./Schiess, Tr./Stärkle, P. (Hg., 1882–1955), Urkundenbuch der Abtei Sanct Gallen [zitiert UB St. Gallen], Bd. 3-6, St. Gallen.

Wackernagel, R./Huber, A./Haller, Joh./Thommen, R. (Hg., 1899–1910), Urkundenbuch der Stadt Basel [zitiert UB Basel], Bd. 4-11, Basel.

Weizsäcker, J. (Hg., 1956²), Deutsche Reichstagsakten, 4. Bd., Göttingen.

Wopfner, H. (1908), Quellen zur Geschichte des Bauernkriegs in Deutschtirol 1525 (Acta Tirolensia 3), Innsbruck.

Zeumer, K. (Hg., 1913²), Quellensammlung zur Geschichte der Deutschen Reichsverfassung in Mittelalter und Neuzeit, Tübingen.

Zwingli, H. (1905–1983), Sämtliche Werke, 14 Bde. (Corpus Reformatorum, Bd. 88-101), Berlin/Zürich.

GISELA NAEGLE

Französische Gemeinwohldebatten im 15. Jahrhundert

Wie in anderen europäischen Ländern und im Reich spielte die Vorstellung des Gemeinwohls auch in spätmittelalterlichen Debatten in Frankreich eine wichtige Rolle. „Gemeinwohl" läßt sich für Frankreich allerdings ebensowenig wie in anderen in diesem Band beschriebenen Fällen auf einen einzigen Begriff oder eine einzige terminologische Ausprägung reduzieren, die das Konzept „Gemeinwohl" zum Ausdruck bringt. Anhand von Beispielen aus der französischen Reformdebatte[1] am Ende des 14. und Anfang des 15. Jahrhunderts sollen deshalb zunächst einige terminologische und inhaltliche Varianten solcher Diskussionen vorgestellt werden, bevor sich die Darstellung zwei Teildebatten als Beispielen zuwendet.

Das erste Beispiel betrifft das Verhältnis von Städten und Zentralgewalt, das zweite beschäftigt sich mit dem Parlement und seiner Rolle als „Hüter" des Gemeinwohls. Dabei wird die Darstellung der Bedeutung des Gemeinwohlkonzeptes als einer für die argumentativen Auseinandersetzungen des Spätmittelalters grundlegenden theoretischen Vorstellung im Vordergrund stehen.

„Gemeinwohl" wird deshalb zunächst in einem weiten Sinn als ein abstraktes theoretisches Konzept verstanden, als die Vorstellung, eine bestimmte Handlung, Verhaltensweise, Entscheidung oder Argumentation liege im allgemeinen Interesse einer bestimmten größeren Gemeinschaft. Der Hintergrund, auf den diese abstrakte Vorstellung hier bezogen werden soll, besteht in argumentativen Auseinandersetzungen wie z.B. Prozessen, aber auch in Schriften aus dem Bereich des allmählich entstehenden öffentlichen Rechts und des „Verfassungsdenkens" im Kontext der sich entwickelnden Staatlichkeit.

1. Reformdebatten im späten 14. und frühen 15. Jahrhundert

Legt man eine solche „Gemeinwohlvorstellung" zugrunde, zeigt sich schnell, daß die Terminologie mit der das dahinterstehende Konzept zum Ausdruck gebracht wird, sehr

---

[1] Vgl. allgemein zur französischen Reformdebatte: Bulst, 2000, S. 115-132; Contamine, S. 145-156, Cazelles, 1962, S. 91-99

verschieden sein kann. Auch der jeweilige „Bezugspunkt" ist unterschiedlich. Ein Beispiel: In Parlementsprozessen war naturgemäß die Vorstellung vom Gemeinwohl aufs engste mit dem Bereich des Rechts verknüpft. Diese Debatte war fast ausschließlich weltlich bestimmt und fand auch ihren dementsprechenden terminologischen Ausdruck. „Gemeinwohl" wurde hier vor allem im Hinblick auf den entstehenden Staat, das Royaume, den König und seine Rechte oder die Rechte von Institutionen und Untertanen formuliert. Typische Formulierungen dieses Gemeinwohlverständnisses waren das „bien de la chose publique" / „bien publique", „interest publique" oder der „prouffit de la chose publique" usw. Besonders auffallend war dabei der häufige Gebrauch des Adjektivs „publique", das auf die „öffentliche" Sphäre verwies, oder die Verwendung von „chose publique". In anderen Schriften und nichtjuristischen Texten trifft man dagegen ganz andere Formulierungen an, die sich zwar auch dem Oberbegriff „Gemeinwohl" zuordnen lassen, die allerdings einen völlig anderen Hintergrund und auch einen anderen Adressatenkreis aufweisen. Im Fall der Parlementsdiskussion war der „Adressatenkreis" derjenigen, deren allgemeinem Wohl etwas dienen sollte, in der Regel die Gesamtheit der Bewohner des Royaume oder von Personen und Institutionen, die in irgendeiner Form deren echte oder vermeintliche Interessen repräsentierten. Im Falle der anderen Gemeinwohldebatten konnte dieser Bezugspunkt ganz anders und wesentlich umfassender sein.

Im folgenden soll am Beispiel ausgewählter Autoren verdeutlicht werden, welche Erscheinungsformen die spätmittelalterliche Gemeinwohldebatte in Frankreich annehmen konnte. Es kann sich hierbei natürlich nur um einen kleinen Ausschnitt handeln. Dabei liegt der Schwerpunkt der verwendeten Beispiele auf den Schriften von Philippe de Mézières, Christine de Pizan, Juvénal des Ursins[2] und einigen kürzeren Reformschriften. Bei den genannten Autoren handelt es sich um Teilnehmer der zeitgenössischen Debatten, die durch ihre Person oder Funktion in relativ enger Verbindung zum französischen Hof standen, aber dennoch auch kritische Beobachter ihrer Zeit waren. Philippe de Mézières war z.B. zeitweise Conseiller von Charles V. und Prinzenerzieher. Er ist jedoch auch deshalb als Autor interessant, weil er weit gereist war und durch seine Erfahrungen als Chancelier von Zypern und den Aufenthalt an der Kurie von Avignon auch über Erfahrungen aus anderen Bereichen der damaligen Welt verfügte, die seinen Horizont im wortwörtlichen Sinn erweiterten: Das Anliegen seines „Songe du Vieil Pèlerin" ist nicht nur die Reform Frankreichs, sondern letztlich eine „Weltreformation", was sich äußerlich schon daran zeigt, daß dieser „Traum" die Form einer Weltreise annimmt. Auch sein Engagement für einen neuen Kreuzzug weist über Frankreich hinaus.[3] Christine de Pizan interessiert hier vor allem als Autorin mehrerer Werke mit fürstenspiegelartigen Zügen, auf deren Bedeutung bereits Krynen hingewiesen hat.[4] Dabei ergibt sich die Bedeutung stark aus den Entstehungsbedingungen der Werke: Das bekannteste Werk Christines, „Le Livre des fais et bonnes meurs du sage roy Charles V" war eine „Auftragsarbeit" für den Herzog von Burgund und sollte mit seiner idealisierten Darstellung Charles V. (als positivem Beispiel) der Ausbildung des Dauphin dienen. Ein weiteres Werk, „Le Livre du corps de policie", be-

---

[2] Zur Person vgl. Thoss 1991, Bd.5, Sp. 640.
[3] Zur Person vgl. Richard 1991, Bd.6, Sp. 593 und Bell 1955, S.10ff.
[4] Vgl. Krynen 1993, S. 200ff.

schäftigt sich ebenfalls mit der richtigen Art zu regieren. In beiden Fällen stützt sich die Autorin direkt und indirekt stark auf „Vorbilder" wie Aegidius Romanus oder Valerius Maximus oder beruft sich auf Cicero, Aristoteles oder Gestalten der Antike. Sie hat bei der „Verarbeitung" älterer Literatur offenbar häufig auf Übersetzungen zurückgegriffen, die während der Regierung Charles V. gefördert wurden.[5] Ihr Werk ist daher auch in bezug auf die Rezeptionsgeschichte der antiken Philosophie interessant, entwickelt aber anders als die Schriften von Mézières keine weitreichenden innovativen Reformvorschläge.

Schriften, die sich mit der Notwendigkeit von Reformen befassen, sehen mitunter einen Zusammenhang zwischen der Reform des eigenen Landes, Frankreich und der Reform der Kirche bzw. der gesamten christlichen Welt, „reformation de la crestiente".[6] Bezugspunkt solcher Gemeinwohlvorstellungen ist daher in manchen Fällen nicht nur das französische Royaume, sondern die „Crestienté", das heißt alle Christen oder sogar die ganze noch dem Christentum zuzuführende Welt. Einige solcher Schriften wie der „Songe" von Mézières propagieren mehrere „Reformstufen", die bis hin zu einer „Weltreformation" führen sollen: „reformation du monde" / „reformation de tout le monde et de la crestiente", „reformacion de tout le monde et de toute la crestiente et par espicial du royaume de France", „reformation de l'umayne generacion".[7] Der dort verwendete Gemeinwohlbegriff unterscheidet sich sowohl terminologisch als auch inhaltlich deutlich vom weitgehend säkularen „Gemeinwohl" des Parlements. Solche Autoren sprechen z.B. vom „prouffit du bien commun de la crestiente",[8] vom „bien de la crestiente" / „bien commun de la crestiente" usw. Dabei fehlt meistens der in anderen Fällen durch Adjektive wie „publique" oder den Ausdruck „chose publique" anzutreffende Hinweis auf den staatlichen Bereich. Wie im folgenden gezeigt werden soll, ist auch die Herkunft und der Hintergrund dieser Vorstellungen anders. Allerdings gibt es zahlreiche Übergänge, so verwendet z.B. auch Mézières in seinem „Songe du Vieil Pèlerin" durchaus Elemente aus beiden Debatten und paßt sich sprachlich-terminologisch dem jeweiligen Umfeld an. Geht es ihm um die Reform der Kirche, der Moral und der Sitten besonders im Hinblick auf einen gemeinsamen europäischen Kreuzzug, bedient er sich des Vokabulars der allgemeiner gehaltenen, durch religiöse Elemente mitbestimmten Debatte. Seine Kritik an der Justiz und den Gerichten erfolgt jedoch in der Sprache der Juristen und der Parlementsdebatte, die er zeitweise kritisiert und zu parodieren versucht. So z.B. an dieser Stelle, an der er sich über das ständige Vertagen von Prozessen und das Hinausschieben der abschließenden Urteile beklagt und die Juristen mit Raben vergleicht:

„Ausquelx arquemistes [Allegorie] francois ainsi vantans et plains d'oultrecuidance [...] assez clerement se puet respondre, c'est assavoir aux dessusdiz comparez au corbeau qui ne scet autre chancon fors tant seulement ‚cas, cras', c'est a dire ‚a demain, a demain', voire de la sentence difinitive de demain en demain est prolongie".[9]

---

[5] Kennedy 1998, S. XXVII.
[6] Mézières 1969, Bd.1, S. 88, 106 etc.
[7] Mézières 1969, Bd.1, S. 93f., 96, 106.
[8] Ebd. S. 248.
[9] Ebd. S. 483.

Trotzdem übernimmt er in diesem Bereich teilweise das dort verwendete Vokabular, soweit er es als Nichtjurist beherrscht. An einer anderen Stelle ahmt er den juristischen Sprachgebrauch in seiner Kritik an den Avocats nach, indem er z.B. die häufig verwendete Formel „être en possesssion de", die ein Besitzrecht im weiten Sinn zum Ausdruck bringt, aufnimmt:

> „Mais aujourduy il est tout le contraire, car les advocaz sont soutilz et malicieux, et sont en possession, comme dit est, de proposer les cautelles sustochees par lesquelles il nous convient maintesfoiz, et contre nostre volente, differer et prolonguer la sentence".[10]

In diesen Teilen seiner Schrift und in dem speziell auf Frankreich bezogenen Teil kennt auch Mézières andere Gemeinwohlvorstellungen, die einen wesentlich kleineren „Adressatenkreis" betreffen: z.B. „le bien commun des Francois", „ou prejudice du roy et du bien commun du royaume", „contre le bien commun de France et de son roy", „au prouffit du roy et du bien commun des Francoys".[11] An einigen Stellen werden auch Elemente beider Debatten miteinander verbunden, z.B. wenn es um die Person des französischen Königs in seiner Qualität als einer der wichtigsten Anführer der Christenheit geht: „du bien et de la gloire du Blanc Faucon [frz. König] et de la crestiente", „[...] de travailler pour le bien commun de la generation de Adam, et par espicial de la crestiente catholique et finablement pour le bien et gloire du Blanc Faucon et par consequant du royaume de Gaule".[12] Gerade dieses letzte Beispiel zeigt, wie eng für manche Autoren das Wohl von König, Royaume, Christenheit und Menschheit insgesamt miteinander verknüpft waren. In diesem Zusammenhang bezogen sich Autoren wie Mézières, Gerson, d'Ailly, Oresme etc. auch immer wieder auf den Titel des französischen Königs als „roi très chrétien / rex christianissimus", der ihn zu einer besonders aktiven Rolle in Angelegenheiten des Glaubens und der Kirche und bei der Beseitigung des Schismas verpflichte.[13] So heißt es dazu zum Beispiel bei Oresme in Bezug auf die Einberufung von Konzilien:

> „Et as princes seculiers appartient donner a ce faire aide et confort et seureté et ce doivent vouloir et desirer souvereinement et a ce entendre tres diligenment *pour le bien publique du peuple crestien* [meine Hervorhebung – G.N.]. Especialment le roy de France, qui est tres catholique et vrai filz et champion de Sainte Eglise et le plus excellent de touz les princes terriens qui sunt en ce monde."[14]

Der letzte Teil dieses Zitats von Oresme stellt den französischen König aufgrund seiner besonderen Stellung als „allerchristlichster König" auch als den hervorragendsten der irdischen Fürsten dar. Ähnliche Zusammenhänge sah auch Mézières. Bezüglich der Verbindung von Herrschaft, Gemeinwohl und Christentum äußert er sich nicht nur zu

---

[10] Ebd. S. 484.
[11] Ebd. S. 489, 503, 507, 521.
[12] Mézières, 1969, Bd.1, S. 105, 94.
[13] Vgl. Krynen 1993, S. 373-375.
[14] Oresme 1970, S. 161. D.h. es ist eine der allerhöchsten Aufgaben der weltlichen Fürsten und besonders des französischen Königs als ‚hervorragendstem aller irdischen Fürsten' im Namen des ‚öffentlichen Wohls des christlichen Volkes' den Papst bei der Einberufung von Konzilien zu unterstützen.

Frankreich, sondern auch zu Kaiser und Reich. Verstöße gegen Gemeinwohl und Recht durch Kaiser Karl IV. waren der Grund für den Niedergang des Reiches, der mit der biblischen Prophezeiung über den Weltuntergang in Zusammenhang gebracht wird. Das Reich neigte sich Mézières zufolge mehr als jemals zuvor seinem Ende entgegen und zwar auch deshalb, weil Karl IV. von Ehrgeiz getrieben mit Hilfe des „böhmischen Goldes" das übliche Wahlverfahren zu Gunsten seines Sohnes Wenzel manipuliert habe:

> „Or pouez veoir [...] comment a present le royaume des Rommains va a declin. Et comment et plusque oncques mais a destruction et a non estre, il est enclin. Quel merveille! Car le derrain roy et empereur des Rommains meu de ambicion et en requoy ouvry les mains et par force de florins de fin or de Behaigne, qui les cuers avaricieux et tresperce et maigne, *pervertit le droit commun et l'ancienne loy des esliseurs et contre l'opinion de maint preudomme et bien publique de la Crestiente* [meine Hervorhebung – G.N.], fist son fils roy des royaumes; dont il est demoure desheureux et sans dominacion des Rommains, des subgiez du royaume et aussi de l'empire, dont il est pou plains".[15]

In einem solchen Zusammenhang sind vereinzelt auch Ausdrücke wie „bien publique de la foy catholique" etc. anzutreffen.[16] Bemerkenswert ist auch, daß mitunter eine Art „Gegenbegriff" formuliert wird, bzw. der Autor das beschreibt, was eintreten wird, wenn das Gemeinwohl nicht als Handlungsmaßstab dient. In solchen Fällen ist oft von „ruyne", „prejudice", „dommage", „destruction totale" oder „oultrage" die Rede und zwar sowohl innerhalb der religiös geprägten als auch innerhalb der weltlich-juristischen Diskussion: Beispiele: „grant oultrage et publique dommage du peuple gallican", „ou prejudice du roy et du bien commun du royaume", „ou prejudice de la puissance royalle et du bien commun du royaume de France", „le roy est pauvre et le bien commun va diminuant",[17] „ou prejudice de l'utilité publique".[18]

In beiden Debatten findet sich zudem oft die Gegenüberstellung Gemeinnutz – Eigennutz, wobei der Eigennutz als selbstsüchtiges, gemeinschaftsschädliches und damit unzulässiges Verhalten interpretiert wird. Dabei erscheint der „Eigennutz" terminologisch in verschiedener Form, z.B. als „proufflt singulier" / „utilité privée" (im Gegensatz zur utilité publique"), als „bien privé" usw. In einigen Fällen erscheinen „privater" und „öffentlicher Nutzen" allerdings auch harmonisierbar: Bsp. „encontre le bien publique et prive de la royalle mageste et de la communaulte des Francois".[19] Ein solcher Befund ergibt sich beispielsweise auch dann, wenn einzelne Personen gerichtlich versuchen, ihre Interessen gegenüber der Zentralgewalt durchzusetzen. Man versucht dann, zu zeigen, daß das eigene private Wohl in diesem konkreten Fall durchaus mit den Erfordernissen des allgemeinen Wohls zusammenfällt und die Gegenseite, die oft ebenfalls mit dem „bien de la chose publique" argumentiert, eine falsche Vorstellung von den daraus abzuleitenden Erfordernissen hat. Dabei spielten natürlich auch argumentationstaktische Erwägungen eine Rolle: königliche Officiers und Richter ließen sich

---

[15] Mézières 1969, Bd.1, S. 276.
[16] Mézières 1969, Bd. 1, S. 253.
[17] Vgl. Mézières 1969 Bd.1, S. 502, 503, 478, 504.
[18] Pisan 1936, Bd.1, S. 127.
[19] Mézières 1969, Bd.1, S. 508.

besser von der Richtigkeit der eigenen Position überzeugen, wenn man nachweisen konnte, daß die privaten Interessen des Prozeßbeteiligten auch den Interessen des Königs und des Royaume dienten und bestens mit ihnen vereinbar waren.

Ähnliche Ergebnisse wie die Untersuchung der Gemeinwohl-Terminologie bei Philippe de Mézières lassen sich bezüglich der Gegenüberstellung von Gemeinnutz und Eigennutz beispielsweise auch für Christine de Pizan, die Ordonnance Cabochienne (26–27. Mai 1413)[20] oder die Remontrances der Universität von Paris feststellen, so zum Beispiel bei der Kritik an Officiers: „par plusieurs officiers qui n'ont pas eu l'ueil au bien de vous [des Königs] ne de la chose publique, fors seulement à leur singulier prouffit".[21] Innerhalb der Kritik an königlichen Officiers ist dieser Vorwurf, die bedenkenlose Verfolgung eigener Interessen und der Bereicherung auf Kosten des Gemeinwohls einer der am häufigsten geäußerten Kritikpunkte.

> „Tournant doncques au propoz, [...] *pour le bien commun du roy et de son peuple* [...] les dessusdiz officiers devroyent estre retrains et regulez. Car qui vouldroit bien peser les gaiges desdiz officiers et les grans et oultrageux esmolumens qui sourdent desdiz offices oultre les gaiges ordinayres, on trouveroit une tresgrant entree et si grant revenue qu'il souffiroit pour la revenue d'un des plusgrans princes du royaume; laquelle entree *superflue et dommageable au bien commun* [meine Hervorhebung – G.N.] seroit mieulx seant a payer les debtes du roy et maintenir sa guerre."[22]

Dies hängt damit zusammen, daß sich bereits die Vorstellung durchgesetzt hat, ein königlicher Officier sei in weit höherem Maß als andere Personen dem Maßstab des allgemeinen Wohls und der Interessen von König und Royaume verpflichtet. Die Quellen unterscheiden in dieser Hinsicht begrifflich häufig deutlich zwischen königlichen oder städtischen „Officiers" und „personnes privées". Für Officiers gehört es zu ihren Aufgaben, auf die Einhaltung dieser Maßstäbe zu achten und sich in dieser Hinsicht besonders vorbildhaft zu benehmen. Im Falle der Mißachtung solcher Gebote hatten die Strafen dementsprechend härter zu sein als bei „Privatpersonen". Ein Beispiel dafür und für diese härtere Strafandrohung stammt aus einem Prozeß (1424) gegen einen ehemaligen Sénéchal der Ile de Ré, der wegen Fehlverhaltens abgesetzt worden war: „[...] pour son mauvais gouvernement il fut debouté de l'office de senecal de l'Isle de Ré. Et dit que, veu qu'il est officier royal, de tant, a plus mespris et gravius est puniendus".[23] Innerhalb solcher Diskussionen ist das Gemeinwohl jedoch nicht der einzige Wertmaßstab, sondern es wird durch weitere, ebenfalls allgemeingültige Werte ergänzt, die in manchen Fällen zur Konkretisierung mit herangezogen werden. Dazu gehören Ehre und Ruhm des Königs, Frankreichs oder des Parlements bzw. der Justiz (Honneur, Gloire) Bsp.: „pour le prouffit, honneur et bien de vous [König] et pour la chose publique de vostre royaume",[24] „aiant l'ueil à vostre bien et honneur, à la conservacion de vostre couronne, seigneurie et l'utilité de vostre royaume",[25] „le bien et l'acroissement de son pays et de

---

[20] Vgl. Coville 1891.
[21] In: Moranvillé 1890, S. 426.
[22] Mézières 1969, Bd.1, S. 462.
[23] Parlement de Poitiers, Parlement criminel, Plaidoiries, in: Naegle 1999, Bd.2, S. 433.
[24] In: Moranvillé 1890, S. 423.
[25] In: Moranvillé 1890, S. 432.

son peuple",²⁶ weitere derartige Werte sind auch Frieden, Gerechtigkeit, Sicherheit, Rechtssicherheit, „bonne police", Wohlstand oder die Verteidigung des eigenen Landes.

Es erscheint angesichts terminologischer Unterschiede angebracht, für Frankreich von der Existenz verschiedener Gemeinwohldebatten auszugehen, die zwischen den beiden Extrempunkten der kirchlich-religiös-theologischen und der weitgehend säkularisierten juristischen Debatte zahlreiche Übergangsformen und Zwischenstufen aufweisen. Es handelt sich hierbei zunächst um eine Arbeitshypothese, die in Zukunft – auch im Vergleich mit Gemeinwohlvorstellungen im Reich – weiter vertieft werden soll. Die Grenzen dabei sind – wie die letzten französischen Beispiele gezeigt haben – sehr wahrscheinlich fließend. Die Bestimmung der Herkunft eines in solchen Schriften verwendeten Gemeinwohlbegriffes ist daher oft schwierig. In Bezug auf diesen Komplex werden die Fragen nach dem „Umfeld" und der konkreten Funktion der verwendeten Gemeinwohlbegriffe bzw. die Frage nach „Substitutbegriffen" eine wichtige Rolle spielen. Dies gilt besonders für den Vergleich Frankreich – Reich. Ein kurzer Blick auf die in diesem Band von Peter Blickle beschriebenen Beispiele für die Verwendung des Begriffes „Gemeiner Nutzen", „Stadtnutz", „Landnutz" im deutschsprachigen Raum (z.B. Basel, Begründungsfigur in Tiroler Gravamina) zeigt partielle Gemeinsamkeiten mit dem spätmittelalterlichen Gebrauch solcher Begriffe durch französische Städte. In Frankreich taucht der Begriff in ähnlichen Zusammenhängen auf, so z.B. in bezug auf Straßenbau, Brückenbau, Fragen der Marktordnung und des Warenverkaufs bzw. der „Police", Abgabenerhebung, Maßnahmen zur Stadtverteidigung, städtische Beschwerden, Konflikte mit Klerikern oder königlichen Officiers, Kompetenzstreitigkeiten etc. Dabei handelt es sich häufig auch um rechtliche Fragen bzw. die entsprechenden Formulierungen kommen innerhalb von städtischen Prozessen vor. Die „Fallgruppen" und argumentativen Verbindungen, in denen sich der Bezug auf das Gemeinwohl findet, ähneln dabei auch den von Honsell für das römische Recht festgestellten Konstellationen wie z.B. Gefahrenprävention (hier v.a. militärische Bedrohung im Krieg), Rechtssicherheit, (z.B. ausdrücklich bei der Begründung der Ersitzung), Begründung von Ausnahmeentscheidungen / Appellfunktion (z.B. Abriß kirchlicher / städtischer Gebäude aus strategischen Gründen; Einforderung von Opfern angesichts der Bedrohung durch die Engländer), rechtsfortbildene bzw. ergänzende Funktion.²⁷ Dies bedeutet jedoch noch keinesfalls, daß die Bezugnahme auf das Gemeinwohl in diesen „Fallgruppen" direkt oder gar ausschließlich mit Hilfe römischrechtlicher Vorstellungen zu erklären wäre. Wenn es um Flüsse, Wege usw. geht, die auch als „fleuves publiques" bzw. „voies publiques" bezeichnet werden, finden sich mitunter allerdings direkte Hinweise auf das Corpus Iuris und entsprechende römischrechtliche Vorstellungen. In ganz ähnlichen Zusammenhängen argumentieren andere Quellen allerdings manchmal mit lokalen Coutumes usw.²⁸ Die Terminologie solcher städtischer Prozesse ist in dieser Beziehung in den

---

[26] Pizan 1998, S. 9.
[27] Für das klassische römische Recht, siehe Honsell 1978, S. 105ff., 114, 116, 122, 124, 127, 129-133.
[28] Die Frage der Herkunft derartiger Begründungen aus römischem Recht, Kaiserrecht, Coutumes, Lehnsrecht etc. erörtert z.B. Leyte 1996, S. 169f. Dort finden sich auch Beispiele für verschiedene im Spätmittelalter verwendete „Begründungsmethoden" für königliche Rechte an Wasserläufen, Ufern, Wegen etc.

ersten Jahrzehnten des 15. Jahrhunderts in Frankreich sehr einheitlich: Man spricht fast immer vom „bien de la chose publique" / „interest de la chose publique" / „proufit publique" etc. Der Nutzen der eigenen Stadt wird dabei oft als Bestandteil dieses umfassenderen „Gemeinwohls" dargestellt. „Bien de la ville" und „bien de la chose publique" werden also – auch aus taktischen Erwägungen – bei der Vertretung der städtischen Interessen mit dem Wohl von König und Royaume harmonisiert. Angesichts zahlreicher gemeinsamer Interessen z.B. im Bereich der Verteidigung während des Hundertjährigen Krieges war dies auch in vielen Fällen möglich. Wie dieser letzte Bereich zeigt, scheint die sprachliche Formulierung der jeweiligen „Gemeinwohlvorstellung" nach derzeitigen Erkenntnissen wichtige Hinweise zu bieten. Spricht ein Autor vom „bien commun", geschieht dies oft im Kontext mit Verweisen auf kirchlich-theologische Autoren oder wiederentdeckte antike Autoren wie Aristoteles, Cicero etc. In derartigen Texten werden oft auch ganze Passagen oder Beispiele für ein besonders exemplarisches, positives Verhalten im Sinne des Dienstes an der Gemeinschaft übernommen. Teilweise findet dabei eine Umdeutung und Verschmelzung mit eigenen, zeitgenössischen Vorstellungen statt. So verweist Christine de Pizan z.B. auf die durch Valerius Maximus vermittelte Geschichte des „noble chevalier" Attilius Regulus, der den „proufit de la chose publique" höher schätzte als sein eigenes Leben und daher einen ihn begünstigenden Gefangenenaustausch ablehnte.[29] Die Formulierung „bien de la chose publique" / „prouffit publique" etc. verweist eher auf die „juristische Debatte". Auch hier lassen sich Impulse aus den anderen Bereichen jedoch nicht ganz ausschließen. Zu einer ähnlichen Schlußfolgerung kommt z.B. auch Miethke für Theoretiker des 14. Jahrhunderts: „Bei ihnen vereinigten sich tendenziell die verschiedenen Sprachangebote der einzelnen Universitätsdisziplinen, der ‚Leitwissenschaften' [...] zu einer wenn nicht geschlossenen, so doch integrativen theoretischen Bemühung".[30] Dies gilt besonders für den Bereich der Gemeinwohldebatten, zumal der Kreis derjenigen, die für den König als Officiers tätig waren, die an der Wiederentdeckung der antiken Autoren im sog. Frühhumanismus bzw. an den von Charles V. veranlaßten Übersetzungen partizipierten, die universitäre oder geistliche Funktionen inne hatten, oder die für den König mit diplomatischen Missionen – auch zu den Konzilien – tätig waren, oft personell übereinstimmte. Ein Beispiel hierfür ist die Familie von Juvénal des Ursins. Der hier mehrfach als Autor von Traktaten erwähnte Autor Jean II Juvénal des Ursins, Doktor beider Rechte, war im Laufe seines Lebens z.B. Erzbischof von Reims, Bischof von Beauvais und Laon und 1431–32 französischer Gesandter in Rom, er war aber auch zeitweise königlicher Conseiller, Maître des Requêtes de l'Hôtel du Dauphin und Avocat général du Roi am Parlement von Poitiers.[31] Jean Juvénal vertrat also „gallikanische" kirchliche Interessen und entstammte einer Familie, die zahlreiche königliche Officiers und Parlementsmitglieder hervorgebracht hatte. So war sein Vater z.B. unter anderem bereits Conseiller am Châtelet und Conseiller und Avocat général am Parlement gewesen.[32] Jacques, einer der Brüder des Autors, war 1447 bis 1449 als Diplomat im Auftrag des französischen

---

[29] Pizan 1998, S. 76.
[30] Miethke 2000, S. 301.
[31] Müller 1990, Bd.1, S. 393-414, Bd.2, S. 962.
[32] Müller 1990, Bd.1, S. 394.

Königs in Lyon, Genf, Lausanne und Rom an der Beendigung des Basler Schismas beteiligt. Guillaume, ein weiterer Bruder, wurde 1445 französischer Chancelier.[33] Unter derartigen Bedingungen wirkten sich natürlich auf einen Autor wie Juvénal des Ursins beide Traditionen – die kirchliche, aber ganz besonders auch die weltlich-parlamentarische Tradition – aus. Für die Gemeinwohldebatten und die Entwicklung der politischen Theorie im spätmittelalterlichen Frankreich spielten solche relativ geschlossenen Milieus, wie z.B. das des Parlements mit seinen „Parlementsfamilien", die über mehrere dort tätige Mitglieder verfügten, eine wichtige Rolle. Die jeweilige Ausprägung der Gemeinwohldebatte ist daher sowohl von ihren Trägern und deren Ausbildung und derzeitiger Funktion, als auch vom Zweck und den Entstehungsbedingungen der jeweiligen Texte abhängig.

2. Gemeinwohl im Verhältnis von Städten und Zentralgewalt

Die Gemeinwohldiskussion in argumentativen Auseinandersetzungen zwischen Städten und Zentralgewalt ist zugleich ein weiterer Beleg für den wechselnden „Adressatenkreis" von Gemeinwohlkonzepten. Mitunter halten die Städte ihren Prozeßgegnern oder im Extremfall auch dem König und seinen Vertretern ein Art „städtisches Gemeinwohl" entgegen, das auf den Kreis ihrer jeweiligen Bürger- und Einwohnerschaft bzw. auf die dann personenähnlich verstandene Stadt bezogen ist. Derartige Vorstellungen gehen teilweise im Kern auf Theorien der oberitalienischen Juristen wie z.B. Bartolus' „Tractatus de regimine civitatis" zurück: „Sed tota civitas est una persona et unus homo artificialis et ymaginatus [...]".[34] Man spricht dann vom „bien de la ville" oder geht sogar so weit, zu argumentieren, die Stadt sei eine eigene „res publica" mit entsprechenden aus dieser Qualität abgeleiteten Rechten, die auch dem König entgegengehalten werden könnten. Der letzte Fall ist allerdings aufgrund einer durch die äußeren Zeitumstände des Hundertjährigen Krieges herbeigeführten weitgehenden Interessenidentität relativ selten. (Verteidigungsnotwendigkeit und Zwang zur Solidarität gegenüber dem gemeinsamen Feind England). Generell läßt sich in diesem Bereich feststellen, daß sowohl die Städte ihren Bürgern gegenüber als auch König und Zentralgewalt im Verhältnis zu ihren Untertanen im allgemeinen und den Städten im besonderen auf die Gemeinwohlvorstellung zurückgreifen, um Eingriffe in deren Rechte zu begründen. Beispiele dafür sind: Enteignungen, Abrißmaßnahmen aus strategischen Gründen, Zerstörungen von Vorstädten, die dem Feind Deckung bieten könnten, Rechtfertigung von Opfern wie Abgabenbelastungen, Zwang zu Wachdiensten oder Mitarbeit an der Stadtbefestigung, Kriegsdienst usw. In allen diesen Zusammenhängen argumentiert man mit dem „bien de la chose publique". Dabei wird dieser Begriff oft aufs engste mit den Interessen des Königs als Person verknüpft. Er ist also oft sowohl abstrakt auf Royaume und entstehenden Staat bezogen als auch personal zu verstehen, ohne daß man dies als Ausweis von Rückständigkeit in der Begriffsentwicklung deuten könnte. Denn solche Formulierungen finden sich immer wieder im Zusammenhang mit terminologisch sehr hochent-

---

[33] Vgl. Müller 1990, Bd.1, S. 395f.
[34] Bartolus 1983, S. 154.

wickelten grundlegenden Erörterungen königlich-staatlicher Rechte oder auch der „souveraineté".[35]

Zu Recht hat Winfried Eberhard bereits auf die Verwendung des Begriffs als „legitimatorisches Leitmotiv gesetzgeberischen und politischen Handels in den Ordonnanzen der französischen Könige" hingewiesen.[36] Ähnliches gilt auch für Privilegienerteilungen und Formularsammlungen der königlichen Kanzlei. Die Berufung auf das Gemeinwohl war jedoch kein Monopol des Königs, seiner Officiers und der Institutionen. Auch die Städte gegenüber der Zentralgewalt und die Bürger gegenüber den Städten beriefen sich auf das Gemeinwohl, das sie richtiger zu erkennen glaubten als die jeweilige Gegenseite. Dabei konnte es auch zu einer „oppositionellen" Verwendung des Begriffes kommen, wie z.B. bei den „Cabochiens" 1413, während der „Ligue du Bien Public" oder bei anderen städtischen Unruhen.[37] Eine in Konfliktfällen häufig verwendete Argumentationsfigur war hierbei die Gegenüberstellung der als eigensüchtig und damit verwerflich interpretierten Interessen des Einzelnen oder der einzelnen Stadt und des allgemeinen Wohls der jeweiligen Gemeinschaft (Stadt, Royaume, Christenheit). Es findet sich dann stets die Aussage, das Wohl des Einzelnen oder der kleineren Einheit müsse hinter dem als übergeordnetes höherwertiges Interesse verstandenen Gemeinwohl zurücktreten. Prinzipiell mußte aber keineswegs immer ein Spannungsverhältnis oder ein Interessengegensatz vorliegen und das Interesse des Einzelnen und der Gemeinschaft waren oft in einem übergeordneten Gemeinwohl integrierbar. Dieser letzte Aspekt zeigt sich bei der Bemühung um neue Privilegien, z.B. für die Abhaltung von Messen, für die Erlaubnis zur Erhebung neuer Abgaben, beim Bemühen um Ermäßigung oder Überlassung bestimmter Abgaben. Weitere derartige Fälle sind die Bitte um königliche Hilfe z.B. bei der Stadtverteidigung, oder das Streben, Sitz königlicher Institutionen zu werden. Hierbei wurde stets versucht, nachzuweisen, daß das, was dem Wohl der Stadt diene, auch im Interesse von König und Royaume liege. Auch hier findet sich immer wieder der Verweis auf das „bien de la chose publique". Im Hinblick auf das Ziel der jeweiligen Bemühungen werden dann allerdings konkrete Vorteile aufgezählt, die König und Royaume durch die Erteilung der Privilegien oder die geforderte Hilfeleistung zu erwarten haben. Der Begriff „Gemeinwohl" wird hier also auf den jeweiligen Einzelfall bezogen und dadurch konkretisiert, es fehlt jedoch eine grundsätzlich-theoretische Definition. Diese Frage bleibt in der Regel offen und wird durch den bloßen Hinweis auf das „bien de la chose publique", „bien commun", „interest publique" usw. oder auf ergänzende Werte wie das „bien de justice", die „équité" etc. ersetzt. Das jeweilige Ziel der verlangten oder zu unterlassenden Handlung und die dadurch zu erwartenden Vorteile oder Nachteile werden allerdings benannt. Es ergibt sich bei Prozessen in der Regel bereits aus dem Ziel der Klage. Es handelt sich bei dem Verweis auf das Gemeinwohl also um einen jeweils inhaltlich durch die jeweilige Situation und den Kontext der Verwendung bestimmte Formel. Wobei insbesondere die schädlichen Auswirkungen des nicht mit dem Gemeinwohl in Einklang stehenden Verhaltens immer

---

[35] Kurzfassung einiger Ergebnisse der Untersuchung der städtischen Prozesse vor dem Parlement von Poitiers. Ausführlich dazu: Naegle, 1999, Bd.2, Kapitel 7-8, S. 298ff.

[36] Eberhard 1985, S. 199.

[37] So auch Eberhard 1985, S. 208-212, 203.

wieder – und im Hinblick auf den Argumentationszweck mitunter sehr drastisch – beschrieben werden. Sie können z.B. im völligen Ruin der Stadt oder Landschaft, des Royaume, der Christenheit oder im Extremfall – bei Aussagen mit religiösen Aspekten – im Verlust von Kriegen oder im Weltuntergang und der Vernichtung der Menschheit oder der ewigen Verdammnis bestehen.

Hinsichtlich der Gemeinwohlargumentation in städtischen Prozessen stellt sich die Frage nach der Herkunft des verwendeten Gemeinwohlbegriffes, die im Einzelfall sehr schwer und mitunter gar nicht zu beantworten ist. Ein Grund dafür besteht darin, daß ein wesentlicher Teil der überlieferten Quellen, die Einblicke in derartige Debatten erlauben, Prozeßregister sind. Die eigentlichen Akten existieren in der Regel – von seltenen Glücksfällen abgesehen, in denen Prozeßbeteiligte Unterlagen zu ihren Verfahren gesammelt haben – nicht mehr. Die erhaltenen Prozeßregister und Accords bieten nur eine verkürzte Form der Argumentation, die zudem aus den rein chronologisch geordneten Registern erst zu einem möglichst vollständigen Bild des jeweiligen Prozesses zusammengesetzt werden muß. In den meisten Fällen führt dieses Verfahren dennoch nur zu mehr oder weniger ausführlichen Prozeßfragmenten. Hinzu kommt, daß die Register der Plädoyers aus dem Gedächtnis angefertigt sein dürften und nur selten eindeutig identifizierbare Zitate, etwa aus dem Corpus Juris oder aus Coutumes enthalten. Oft sind die wiedergegebenen Zitate nicht mehr identifizierbar, weil verkürzt, verändert oder nur mit sehr allgemeinen Hinweisen versehen wie z.B. auf die „anciens" oder die allgemeine Üblichkeit „de si long temps qu'il n'est memoire du contraire".

In vielen Fällen wird auch eine ganze Sammlung verschiedener Autoritäten und Rechtsbereiche in sehr allgemeiner Form aufgezählt. Ähnliches gilt mitunter auch für theoretische Schriften, wie hier z.B. bei Christine de Pizan: „[...] comme il soit de droit escript et loy que tous princes naturelx puissent user et prendre sus leur subgiez en certains cas necessaires comme pour soustenir les guerres et deffenses du reaume et du bien commun et autres cas".[38]

Hier wird also explizit auf das geschriebene Recht und die Gesetze verwiesen, aber ohne die Quellen genauer anzugeben. Derartige Pflichten ließen sich natürlich aus dem geschriebenen Recht, aus Coutumes oder königlichen Ordonnances ableiten. Solche Pflichten finden sich aber auch traditionell unter den lehnrechtlich begründeten sog. „Quatre cas". Worauf sich eine solche Aussage bezieht, muß damit offen bleiben. Ein weiteres Problem bei der Identifizierung von Quellen besteht darin, daß selbst dem römischen Recht ähnliche Verjährungsfristen oder Bestimmungen nicht direkt daraus abgeleitet sein müssen: Sie könnten auch aus romanisierten Coutumes stammen, oder es könnte eine zufällige Ähnlichkeit vorliegen.

Die Interpretation erschwerend kommt hinzu, daß sich für juristische Tatbestände auch das Problem des Anachronismus stellt, d.h. es besteht die Gefahr Rechtsinstitute späterer Zeiten „zurückzuinterpretieren" oder – gerade wenn ausgeprägte Ähnlichkeiten auftreten – eine Art lückenloser Vorgeschichte konstruieren zu wollen. In diesem Zusammenhang sind terminologische und inhaltliche Aspekte eng und komplex miteinander verzahnt und die „Anachronismus-Frage" ist im Einzelfall schwierig zu beantworten.

---

[38] Pizan 1936, Bd.1, S. 69.

Einer etwas älteren, aber als Ergänzung anderer Theorien immer noch verwendeten juristischen Definition – der sog. „Interessentheorie" zufolge gehört „eine Norm, die überwiegend dem Interesse der Allgemeinheit dient, zum öffentlichen Recht, eine Norm, die überwiegend dem Interesse von Einzelnen dient, zum Privatrecht".[39] Handelt es sich hierbei um eine anachronistische Definition? Zu Recht ist immer wieder darauf hingewiesen worden, daß der Begriff „ius publicum" erst in der frühen Neuzeit und während der allmählichen Entstehung des modernen Staates schärfere Konturen erhält.[40] Ein Blick auf die Geschichte: Bereits das römische Recht kennt den Ausdruck „ius publicum", im Unterschied zum „ius privatum". In den Digesten heißt es dazu: „Publicum ius est quod ad statum rei Romanae spectat, privatum quod ad singulorum utilitatem: sunt enim publice utilia, quaedam privatim" (D.1.1.1.) Mittelalterliche gelehrte Juristen kannten diese Definition und wandten sie auch an. So spielten für die Frage der Abgrenzung, ob es in einem Prozeß aus den ersten Jahrzehnten des 15. Jahrhunderts – Streitigkeiten im Zusammenhang mit der Vergabe von Metzgerständen in La Rochelle – um „öffentliche" oder „private" Interessen ging, die eben zitierten Grundsätze eine wichtige Rolle. Bemerkenswert ist dabei der direkte Verweis auf das „interest de la chose publique" und die Beteiligung bzw. Nichtbeteiligung königlicher Officiers am Prozeß und seinen Vorstufen als Unterscheidungskriterium der beiden Fälle:

> „[...] dit que les demandeurs n'ont corps ne college [...] ainsi ne sont ni la plus grant ne la plus saine partie, ne de chose dont est question par eulx n'y a interest a la chose publique, ne il n'y a plaintif, ne les procureur ne les gens du roy de pardela n'en ont riens escript et n'est pas samblable au fait des bouchers de Bourges qui fut a la complaincte des habitans et par deliberacion du Conseil du roy [...]".[41]

Die Abgrenzung der verschiedenen Rechtsgebiete in den Digesten ist nicht die einzige, auf die mittelalterlichen Autoren zurückgreifen konnten. Auch das kanonische Recht beschäftigt sich mit dieser Frage und der Unterscheidung und Abgrenzung von „ius naturale", „ius civile" und „ius gentium" usw. Im *Corpus Iuris Canonici* heißt es beispielsweise: „Ius publicum est in sacris et sacerdotibus et magistratibus" (Dist.1, C.XI.). Sowohl die römisch-rechtliche als auch die kanonistische Abgrenzung der verschiedenen Rechtsbereiche werden explizit oder implizit viel verwendet und miteinander vermischt. Ein Beispiel dafür aus den späten 1570er Jahren ist die Definition des „ius publicum" in der „Juris universi distributio" von Jean Bodin, der selbst römisches Recht in Toulouse gelehrt hatte und als Avocat am Parlement von Paris tätig gewesen war. Hier lassen sich deutlich Elemente aus beiden älteren Definitionen erkennen:

> „Publicum est, quod publicam utilitatem consectatur, cujusmodi sunt, Sacra tueri, Leges jubere, Magistratus creare, Consilium de Repub. capere, Bellum indicere ac finire, Poenas ac praemia irrogare, Legis actiones exequi".[42]

Es läßt sich also feststellen, daß der spätmittelalterlich-frühneuzeitliche Begriff des Ius publicum sehr viel weiter gefaßt war als der heutige und unter anderem auch Rechtsbe-

---

[39] Köbler 1986, S. 175.
[40] Stolleis 1988, S. 47.
[41] Darstellung des Prozesses und Wiedergabe der Textstelle in: Naegle, 1999, Bd.2, S. 550.
[42] Bodin, 1985, S. 20.

reiche mitumfaßte, die heute in den Bereich der zwischenstaatlichen Beziehungen, der Diplomatie oder des Völkerrechts fallen.

Wie komplex das Verhältnis zwischen römisch-kanonischem und mittelalterlichem Recht sein kann und wie schwierig sich im Einzelfall die Zuordnung einer Stelle gestalten kann, verdeutlicht eine Aussage von Jean Juvénal des Ursins aus der „Exortation faicte au roy nostre souverain seigneur":

> „[...] vous [der König] n'estes de riens subgect aux lois rommaines; vous estes empereur en vostre royaume, lequel tenés de Dieu et de l'espee et non d'aultre [meine Hervorhebung – G.N.]. Et supposé que en vostre royaume on ait accoustumé de user du sens et entendement de la loy en tant qu'il touche confiscacion de corps et de biens [...], toutevoye ce n'est pas comme subgect a la loy, mais pour ce que, selon bonne justice et entendement, raison veult que ainsi soit fait."[43]

Das Zitat stammt aus einem Zusammenhang, in dem es um die Beurteilung von Majestätsverbrechen, einer besonders stark römisch-rechtlich geprägten Materie, geht: Selbst hier ist der französische König nach den Vorstellungen Juvénal des Ursins' nicht an das römische Recht gebunden. Aufgrund seiner kaisergleichen Stellung innerhalb des Royaume ist er ihm nicht unterworfen. Selbst wenn es in Frankreich üblich sei, den Grundgedanken der römisch-rechtlichen Bestimmungen zu folgen, so könne dies keinesfalls auf den verpflichtenden Charakter dieser Regeln für den König zurückgeführt werden, sondern ergebe sich lediglich aus den Geboten der Vernunft und der Gerechtigkeit.

Damit verweist Juvénal des Ursins indirekt auf einen für die rechtliche Entwicklung sowohl Frankreichs als auch des Reichs zu bedenkenden Aspekt: das römisch-kanonische Recht war bei weitem nicht die einzige Wurzel mittelalterlichen Rechts, sondern drang erst allmählich im Zuge der sog. Rezeption in immer größere Bereiche vor, die früher durch ungeschriebenes Gewohnheitsrecht bestimmt worden waren. Dieses Gewohnheitsrecht z.B. in Form von Coutumes in Frankreich oder des „alten Herkommens" im Reich konnte regional sehr verschieden und unterschiedlich stark entwickelt sein. In beiden Fällen wurde es nicht völlig verdrängt, sondern galt weiterhin – oft allerdings nur subsidiär bzw. wenn seine Existenz sicher bewiesen werden konnte. In Frankreich kam es auf königliche Anordnung hin schließlich ab der zweiten Hälfte des 15. Jahrhunderts zu einer groß angelegten Welle von Coutume-Aufzeichnungen. Hinzu kommt auch, daß das römisch-kanonische Recht weder im Reich noch in Frankreich in der „klassischen Form" rezipiert wurde, sondern vor allem so, wie es sich nach der Bearbeitung durch oberitalienische Juristen wie Bartolus und Baldus oder der Auslegung durch bestimmte Rechtsschulen französischer Universitäten darstellte. Bei dieser Bearbeitung kam es zu einer Anpassung an die mittelalterlichen Lebensverhältnisse, die die ursprüngliche Substanz mitunter erheblich veränderte. Zeitpunkt, Art und Ausmaß der Rezeption waren regional sehr verschieden. In Südfrankreich setzte die Rezeption z.B. sehr früh ein, während der Norden stark durch Coutumes geprägt blieb. Im einzelnen gesehen, gibt es hier noch zahlreiche Forschungslücken.

So stellt Gauvard für den Bereich des Strafrechts fest, es sei nach derzeitigem Kenntnisstand noch nicht möglich zu sagen, wie stark der Einfluß des römisch-kanonischen

---

[43] Juvénal des Ursins 1985, S. 413.

Rechts oder der Lehren von Bartolus und Baldus auf Strafurteile gewesen sei, da es noch keine Untersuchungen und quantifizierenden Inventarisierungen von diesbezüglichen Zitaten und Verweisen gebe.[44] Für andere Rechtsgebiete und das Reich gilt Ähnliches, auch wenn seit einiger Zeit intensiv an solchen Fragestellungen gearbeitet wird.

Hinzu kommt, daß in späterer Zeit das Verhältnis zum römischen Recht mitunter sehr distanziert gesehen oder es teilweise völlig abgelehnt wurde. Die Gründe für die Ablehnung hängen auch mit einem allmählichen Aufschwung des Nationalgefühls bis hin zu recht extremen Formen, die man heute als „Nationalismus" bezeichnen würde, zusammen.

3. Das Parlement als Hüter des Gemeinwohls

Wie bereits an anderen Beispielen deutlich wurde, kam es in Frankreich schon früh und vor allem wesentlich früher als im Reich zur Entstehung differenzierter zentraler Institutionen, die im Laufe der Zeit ein beträchtliches Eigengewicht und Eigenbewußtsein entwickelten wie z.B. das Parlement oder die Chambre des Comptes. Parallel dazu entstand – auch hier in deutlichem Unterschied zu den deutschen Verhältnissen – die neue Schicht der sog. „noblesse de robe" eines Standes königlicher Officiers mit spezifischem Verhalten, Ethos und Zusammengehörigkeitsgefühl. Diese einigenden Faktoren lassen sich sowohl prosopographisch wie z.B. in der Arbeit von Françoise Autrand „Naissance d'un grand corps de l'État"[45] und weiteren Untersuchungen der letzten Jahre, als auch „inhaltlich" anhand von Selbstaussagen aus Prozessen etc. fassen. Königliche Ordonnances bezeichneten das Parlement gelegentlich als „fons et origo justitiae totius regni".[46]

Das Parlement selbst hatte ebenfalls eine sehr hohe Meinung von sich. Es nahm auf seine „Außenwirkung" bezug und behauptete, nicht nur „subditi quin etiam extranei et sarraceni" hätten das Parlement in seiner Funktion als oberstes Gericht („suprema et capitalis representans regem immediate") angerufen. Auch Poitiers verwies bei seinen Bemühungen, das Parlement zu behalten, auf dessen „außerfranzösisches Ansehen" und sprach davon, der Glanz der „justice souveraine de ce royaume" sei in der Vergangenheit in allen christlichen Königreichen zu sehen gewesen („la justice qui ou temps passé a esté reluisant par tous les royaumes crestiens").[47] Daß diese hohe Meinung durchaus einen realen Hintergrund hatte, zeigen einige bewundernde Aussagen aus dem Reich. So erwähnt z.B. der von Ranke abgedruckte „Abschiedt zwischen geistlichen Churfürsten, mit waß mittel das Rom. Reich wieder uffzubringen wäre [...]" (um 1454) auch das Parlement: „Item, das eyn gericht ordinert werde, mit eyner nemlicher zale personen von allem stade, die stediß alle sachen ußrichten, Im rechten, in glycherwyse als an dem par-

---

[44] Gauvard 1997, S. 31f.
[45] Autrand 1981.
[46] Krynen 1989, S. 334, Anm. 7.
[47] Vgl. Mémoire von Poitiers, 50er Jahre des 15. Jhds., Zitat nach dem Original aus Naegle 1999, Bd.1, S. 278.

lament zu paryß, als von alters dick gescheen ist, und man die forme davon noch woil findet".[48]

Der sog. „Oberrheinische Revolutionär" nimmt ebenfalls auf das Parlement bezug, auch wenn es in seiner kurzen Beschreibung kaum wiederzuerkennen ist:

> „Dorumb noch die Franzosen sagen nach underwisung der Triereren: halten das parliment, das ist das palatium ymperiale consistorii, das ein pfaltzgraff halten soll, do der armen sin mecht beclagen. Und uff ein Tag mŭst iederman verfasset sin. Und wer verlor die sach, hat ers nit am gŭt zu bezahlen, so strofft man im an dem lib".[49]

Zumindest der Aspekt, daß vor dem Parlement auch „arme Leute" zu ihrem Recht kommen sollten, war auch den Franzosen selbst wichtig, so heißt es z.B. in einem städtischen Mémoire aus Poitiers (aus den 1450er Jahren):

> „Item que par ces moyens [...] la justice souveraine semble n'estre deuement administree a tous les subgietz du royaume [...] et est chose tres piteable que le povre peuple qui de son puvoir a loyaulment servy et obey aud. sr. et tousiours fera jusques a la mort soit forclox par ces moyens [die Rückkehr des Parlements nach Paris] du bien de justice".[50]

In der Tat fanden vor dem Parlement im 15. Jahrhundert zahlreiche Prozesse „einfacher" Leute, von Handwerkern und dörflichen Gemeinden statt.

Obwohl also das Parlement durchaus Gegenstand der Bewunderung war, wurde es auch zur Zielscheibe von Kritik, die allerdings oft etwas milder ausfiel als für andere Institutionen und Juristen, da verglichen mit den übrigen das Parlement seine Aufgaben doch noch besser erfülle: „il se puet dire que ce sont ceulx qui mains sont corrumpuz".[51] Auch Mézières kann sich allerdings der Bewunderung für das Parlement nicht ganz entziehen, da es der direkteste Ausdruck des Lebens des Royaume sei und den König und seine Majestät repräsentiere: „c'est assavoir aux grans juges et a la haulte justice qui ou royaume pardessus tous juges representent le roy et sa royale mageste, c'est assavoir au benoist parlement, qui par sa nature est la vie du royaume".[52] Mézières vergleicht das Parlement zusammen mit Requêtes und Enquêtes sogar mit der heiligen Dreieinigkeit und tituliert es selbst als „heilig", indem er vom „benoist" oder „saint Parlement" spricht.[53] Dennoch sieht er die Lage von Justiz und Gerichten insgesamt sehr düster. Alle Mißstände wirken sich zu Ungunsten des „bien commun" und der „chose publique" aus. So z.B. auch die von ihm kritisierte überlange Dauer von Prozessen, besonders für weniger wohlhabende Parteien, die dadurch in Armut geraten könnten:

> „si est que les subgiez du roy par longues plaidoiries, pour lesquelz ilz sont cheuz en pauvrete, n'ont de quoy il puissent servir le roy, ne faire leur devoir a leur seigneur naturel, ou prejudice de la puissance royale et du bien commun du royaume de France".[54]

---

[48] Ranke 1868, S. 12.
[49] „Oberrheinischer Revolutionär" 1967, S. 255.
[50] Naegle 1999, Bd.1, S. 281, nach dem Original.
[51] Mézières 1969, Bd.1, S. 475.
[52] Mézières 1969, Bd.1, S. 472f.
[53] Mézières 1969, Bd.1, S. 473.
[54] Ebd. S. 478.

Mézières kritisiert wie einige andere Zeitgenossen heftig den Aufstieg und Einflußgewinn der Juristen, die sich zudem zunehmend in Bereiche hineindrängten, in denen sie nichts zu suchen hätten. Er wirft ihnen unter anderem die bewußte Verlängerung von Prozessen, Spitzfindigkeiten und – besonders den Avocats – zahlreiche Kunstgriffe zur Verfälschung der Wahrheit vor. Demgegenüber wird eine „goldene" Vergangenheit idealisiert und behauptet, der Begründungsaufwand der Juristen sei verzichtbar:

> „si est que les advocaz de commun cours, par sophismes et soutilz argumens, par allegacions de loix, decretalles, de costumes abusives, et divers privileges, ont acoustume par une possession acquise de destourber souvent les juges de jugier verite".[55]

Trotz der geforderten Rückkehr zu Einfachheit und Gerechtigkeit und einigen Vorschlägen, die teilweise utopische Züge aufweisen, möchte Mézières nicht völlig auf gelehrte Juristen verzichten, aber es muß dringend zu einer Verbesserung der Zustände kommen, da das Gemeinwohl völlig daniederliege:

> „Mais vous autres juges, docteurs et avocaz avez tant estudie et multiplie les gloses que la substance et entencion de la loy, pour le bien du commun abregiee, aujourduy en son effect est comme toute perie[...]".[56]

Einige der von ihm genannten Kritikpunkte finden sich auch in anderen Reformschriften. Derartige Vorwürfe sind ein wichtiger Grund dafür, daß spätmittelalterliche und frühneuzeitliche Gerichte von der Forschung lange Zeit überwiegend negativ beurteilt wurden. Zu den immer wieder geäußerten Vorwürfen gehören: der immer weiter anwachsende „Rückstau" von unerledigten Prozessen, die überlange Prozeßdauer, die geringe Entscheidungsfreude der Richter und unzulängliche Vollstreckungsmöglichkeiten bzw. die mangelnde Durchsetzbarkeit der gefällten Urteile.[57]

Selbst jemand wie Juvénal des Ursins, der das Parlement aus eigener Tätigkeit kannte, äußerte mitunter eine derartige Kritik. Auch hier war der Bezugspunkt immer wieder das Gemeinwohl:

> „[...] et encores quant le president ordonne que on oeuvre l'uys pour plaider il n'en aura avec lui que cinq ou six, et souvent, *comme l'en dit, preferent leurs besongnes particulieres ou de leurs amis au bien de la chose publique* [meine Hervorhebung – G.N.]. Et dient aucuns que quant ilz vont en commissions ilz besongnent tres lachement et prolongent leurs matieres, ad fin qu'il y ait plus de jours pour plus gaignier. Et ou paiement on treuve que ilz sont bien rigoreux [...]".[58]

Dennoch zeigt der Blick auf das überlieferte Quellenmaterial, daß solche Vorwürfe zwar einen wahren Kern hatten, daß die Prozeßwirklichkeit und die tatsächlichen Leistungen der Gerichte aber längst nicht so schlecht waren, wie die Aussagen ihrer Kritiker vermuten lassen. Ein Teil der Kritik hängt mit sich verändernden Rahmenbedingungen wie der zunehmenden Professionalisierung und Juridifizierung der königlichen

---

[55] Ebd. S. 464.
[56] Ebd. S. 500. Mit seiner Kritik an Justiz und Parlement steht Mézières nicht allein. Zur Juristen- und Gerichtskritik im Songe von Mézières vgl. Krynen 1989, S. 87-111.
[57] Diestelkamp 1995, S. 33, für das Reichskammergericht. Für das Parlement bzw. die Beurteilung durch die französische Forschung gilt Entsprechendes.
[58] Juvénal des Ursins 1985, Bd.2, S. 335.

Verwaltung und der Institutionen und Verfahren bis hinunter auf die untere Ebene der Städte zusammen. Daraus ergab sich ein erheblich gewachsenes Prozeßaufkommen auch im Bereich der obersten Gerichte, auf das sie sich erst allmählich einstellen mußten. In vielen Fällen trugen die Prozeßparteien, soweit ihnen diese Entwicklung dienlich war, selbst zu dieser Veränderung bei, oder sie setzten bei entsprechendem Interesse selbst alles daran, ihren Prozeß zu verschleppen.

Der gemeinsame Nenner bei der Beurteilung des Parlements ist jedoch seine Aufgabe als Hüter und Wahrer des „bien de la chose publique", die ihm sowohl nach seiner eigenen Meinung als auch in den Augen seiner Kritiker zukam. Diese Aufgabe erfüllte das Parlement durchaus auch gegenüber dem König, wenn es „Remontrances" vorbrachte oder die Registrierung von Privilegien verweigerte, die eine Schmälerung oder einen Verlust von königlichen Rechten bedeuteten. Nicht immer war der Widerstand gegen diesbezügliche königliche Maßnahmen erfolgreich (z.B. bei Abtretungen von Teilen des domaine royal), aber dennoch gibt es zahlreiche Fälle, in denen das Parlement oder andere große Institutionen ihren Standpunkt durchsetzen konnten. Gerade in der unruhigen Zeit des Hundertjährigen Krieges und der in diesem Zusammenhang auftretenden Krisen des Königtums stellten sie einen wichtigen Faktor der Stabilisierung dar. Wie die große Zahl von Prozessen auch aus kleineren Städten und sogar dörflichen Gemeinden oder von Einzelpersonen zeigt, nahmen auch die Zeitgenossen diesen Faktor durchaus wahr.[59]

Gerade das Beispiel des Parlements, mit seinem hohen inner- und außerfranzösischen Ansehen, die Tatsache, daß es als Instanz rechtlicher Konfliktregelung bis auf die Ebene von Dörfern hinein zunehmend an Bedeutung gewann und der Blick auf die säkularisierte „juristische" Debatte zeigen, daß die Bezugnahme auf das Gemeinwohl in Frankreich im Spätmittelalter stark integrative Aspekte aufwies. Zwar beriefen sich auch „Oppositionelle" und Anführer von Unruhen auf das Gemeinwohl, aber selbst hier geschieht dies in der Regel nicht in der Form, daß man eine wirklich neue, eigenständige Definition der wünschenswerten Zustände oder eines „anderen" Gemeinwohls entwirft. Vielmehr orientieren sich die Forderungen oft eher rückwärtsgewandt an einer idealisierten Vergangenheit und man beansprucht lediglich, den situationsbezogenen Erfordernissen des Gemeinwohls besser gerecht zu werden. Ein Beispiel für diese Haltung findet sich auch in Étienne Marcels Brief an die Échevins von Ypern vom 28. Juni 1358, wo es zu den Zielen der erbetenen Hilfe für Paris unter anderem heißt,

> „[...] par telle manière que nous tous puissions vivre en france liberté selon ce que ordené fu du temps ancien au royaume de France." („[...] so daß wir alle in ‚fränkischer' Freiheit leben können, wie es in alter Zeit im Königreich Frankreich bestimmt wurde.")[60]

Schaut man sich die Herkunft oder die Funktion der Verfasser von Reformschriften an, so zeigt sich, daß viele von ihnen dem König bzw. dem Hof nahestanden oder zumindest zeitweise königliche Officiers waren. Eine ganze Anzahl derer, die sich an den spätmittelalterlichen französischen Gemeinwohldebatten beteiligten, hatten also die für sie oft stark prägende Erfahrung der entstehenden „großen Institutionen" gemacht und waren durch

---

[59] Liste von an Prozessen vor dem Parlement von Poitiers beteiligten Ortschaften, in: Naegle 1999, Bd.2, S. 635-642.
[60] D'Avout 1960, S. 304.

die dort üblichen Argumentationsweisen beeinflußt. Auf diese Weise waren die Gemeinwohldebatten auch „innere" Debatten innerhalb der sich immer stärker entwickelnden Verwaltung. Hinzu kam, daß gerade diese entstehende Verwaltung in den Wirren des Hundertjährigen Krieges als Faktor der Stabilität in vielen Bereichen den mitunter abwesenden oder weitgehend handlungsunfähigen König ersetzte, sozusagen vor Ort für ihn regierte und auch ihrem Selbstverständnis nach seine Interessen wahrnahm. Hinzu kam, daß in zahlreichen Städten die bedeutendsten Familien der regierenden Stadtoligarchie auch die wichtigsten königlichen Offices inne hatten und immer stärker nach solchen Funktionen und nach juristischer Bildung strebten. Auf diese Weise schloß sich der Kreis, da es so immer weniger mögliche Interessengegensätze zwischen den führenden städtischen Familien und den Vertretern der Zentralgewalt gab. Konsequenterweise beriefen sich in Prozessen dann auch beide Seiten auf das Gemeinwohl. Dabei mußte sich die jeweilige – fallbezogene – Definition nicht unbedingt grundsätzlich unterscheiden, sondern es ging lediglich um das „richtigere" Verständnis derselben Sache und die daraus abzuleitenden Konsequenzen. Ein Beispiel dafür bietet in dieser Zeit die Identifizierung von Gemeinwohl und Sicherheitsinteresse bzw. der Notwendigkeit der Verteidigung gegen den äußeren Feind. Daß diese Verteidigung im allgemeinen Interesse lag, bezweifelte in der Regel keine der an einem Rechtsstreit beteiligten Parteien. Strittig war vielmehr, welche Maßnahmen erforderlich oder welche Eingriffe in eigene Rechte noch zumutbar waren. Dennoch zeigt gerade dieses letzte Beispiel, daß hier die Berufung auf das Gemeinwohl einen integrativen Appellcharakter haben konnte.

Quellen

Bartolus (1983), De regimine civitatis, in: Politica e diritto nel Trecento italiano, hg. v. D. Quaglioni, Florenz.
Bodin, J. (1985), Exposé du droit universel, Juris universi distributio, hg. v. Bl. Barret-Kriegel, Paris.
Juvénal des Ursins, J. (1985), Écrits politiques de Jean Juvénal des Ursins, hg. v. P. S. Lewis, Bd.2, Paris.
Marcel, É. (1960), Lettre aux échevins d'Ypres, 28 juin 1358, in: Le meurtre d'Étienne Marcel, hg. v. J. D'Avout, Paris, 1960, S. 303f.
Mézières, Ph. de (1969), Le Songe du Vieil Pèlerin, hg. v. G. W. Coopland, 2 Bde., Cambridge.
Moranvillé, H. (Hg., 1890), Remontrances de l'Université et de la ville de Paris à Charles VI sur le gouvernement du royaume (1890), in: Bibliothèque de l'École des Chartes 51, S. 420-442.
„Oberrheinischer Revolutionär" (1967), Das Buch der Hundert Kapitel und der vierzig Statuten des sog. Oberrheinischen Revolutionärs, hg. v. A. Franke, Berlin.
L'Ordonannce Cabochienne 26–27. mai 1413 (1891), hg. v. A. Coville, Paris.
Oresme, N. (1970), Le Livre de Politiques d'Aristote, hg. v. A. Douglas Menut, in: Transactions of the American Philosophical Society, New Series, vol. 60, part 6, 1970.
Pisan, Chr. de (1936), Le Livre des fais et bonnes meurs du sage roy Charles V, hg. v. S. Solente, 2 Bde., Paris.
Pizan, Chr. de (1998), Le Livre du corps de policie, hg. v. A. J. Kennedy, Paris.

Sekundärliteratur

Autrand, Fr. (1981), Naissance d'un grand corps de l'État, Paris.
Bell, D. M. (1955), Étude sur le Songe du Vieil Pèlerin de Philippe de Mézières, Genève.
Bulst, N. (2000), Stände und Widerstand. Die Reformvorstellungen der Generalstände von 1413 und die révolte cabochienne, in: Heinig, P.-J. (Hg.), Reich, Regionen und Europa in Mittelalter und Neuzeit, Berlin, S. 115-132.
Cazelles, R. (1962), Une exigence de l'opinion depuis Saint-Louis: la réformation du royaume, in: Annuaire-Bulletin de la Société de L'Histoire de France, 1962–1963, S. 91-99.
Contamine, Ph. (1986), Le vocabulaire politique en France à la fin du Moyen Age: l'idée de réformation, in: J.-Ph. Genet/B. Vincent (Hg.), État et Église dans la genèse de l'État moderne, Madrid, S. 145-156.
Diestelkamp, B. (1995), Rechtsfälle aus dem alten Reich, München.
Eberhard, W. (1985), „Gemeiner Nutzen" als oppositionelle Leitvorstellung im Spätmittelalter, in: Renovatio et Reformatio. FS für Ludwig Hödl zum 60. Geburtstag, hg. v. M. Gerwig und G. Ruppert, Münster, S.195-214.
Gauvard, Cl. (1997), Le jugement entre norme et pratique: le cas de la France du Nord à la fin du Moyen Age, in: Österreichische Akademie der Wissenschaften, philosophisch-historische Klasse (Hg.), Forschungen des Instituts für Realienkunde des Mittelalters und der Frühen Neuzeit, Diskussionen und Materialien Nr.2, Wien, S. 27-38.
Honsell, Th. (1978), Gemeinwohl und öffentliches Interesse im klassischen römischen Recht, in: ZSRG (RA) 95 (1978), S. 93-137.
Köbler, G. (1986^4), Juristisches Wörterbuch, München.
Kennnedy, A. J. (1998), Einleitung zu Christine de Pizan, Le Livre du corps de policie, Paris.
Krynen, J. (1989), Un exemple de critique médiévale des juristes professionnels: Philippe de Mézières et les gens du Parlement de Paris, in: Histoire du droit social, Mélanges en hommage à Jean Imbert, Paris, S. 87-111.
Krynen, J. (1993), L'Empire du roi, Paris.
Leyte, G. (1996), Domaine et domanialité publique dans la France médiévale, Strasbourg.
Miethke, J. (2000), De potestate papae, Tübingen.
Müller, H. (1990), Die Franzosen, Frankreich und das Basler Konzil, 2 Bde., Paderborn, München.
Naegle, G. (1999) Französische Städte im späten Mittelalter – Verfassung und Verhältnis zur Zentralgewalt, Dissertation 2 Bde., Gießen, i.E.
Ranke, L. v. (1868), Deutsche Geschichte im Zeitalter der Reformation, Bd.6, Leipzig.
Richard, J. (1993), „Philippe de Mézières", in: Lexikon des Mittelalters, Bd.6, München, Zürich, Sp. 592f.
Stolleis, M. (1988), Geschichte des Öffentlichen Rechts in Deutschland, Bd.1, München.
Thoss, D. (1991), „Jouvenel des Ursins", in: Lexikon des Mittelalters, Bd.5, München, Zürich, Sp. 640.

THOMAS SIMON

Gemeinwohltopik in der mittelalterlichen und frühneuzeitlichen Politiktheorie

I. Zur Tradition der Politikliteratur

Im Jahre 1533 erscheint in Marburg eine Schrift, die ausweislich ihres Titels „Von dem Gemeinen Nutze" das politische Problem des Gemeinwohls zum Gegenstand einer eingehenden wissenschaftlichen Erörterung macht. Autor ist der Marburger Rechtsprofessor und mehrmalige Rektor der dortigen Juristenfakultät, Johannes Eisermann, alias Ferrarius, wie die im humanistisch beflissenen Stil dieser Zeit latinisierte Form des Namens lautet, unter dem der Autor bekannt geworden ist.[1] Ferrarius wendet sich mit seinem Traktat an die „Regenten und Untertanen" aller „Communen" und „Gemeinden"; so kann man es dem Untertitel der Schrift entnehmen. Sie ist dem Schwager des Autors gewidmet, einem Mann, der damals als Bürgermeister der zwischen Marburg und Frankenberg gelegenen Kleinstadt Wetter amtierte. Die städtischen Bürgermeister und Räte als Regenten ihrer Gemeinden sind der vorrangige Adressatenkreis, den Eisermann mit seinem Traktat ansprechen möchte. Der Autor schreibt also weniger für ein gelehrtes Publikum, sondern vorrangig für einen Personenkreis, „so zu regirn auffgeworffen", und weil darunter „die wenigsten latinisch kunnen oder in den freyen kunsten erfahren seyn", hat er seinen praxisorientierten Traktat nicht in der Gelehrtensprache, sondern in Deutsch verfaßt.[2] Im Zuge seiner Abhandlung stößt Ferrarius schließlich auch zu einer ausdrücklichen Definition des „Gemeinen Nutz" vor, wie er ihn verstanden wissen möchte und in seinem politischen Traktat verwendet: Im fünften Kapitel unter der Überschrift „Was der Gemein nutz sei" stellt er fest, „daß Respublica oder gemein nutz nit anders ist, denn ein gemein gute ordenung einer statt oder einer andern commun".[3] Im weiteren Verlauf der Schrift lassen sich dann bei näherem Hinsehen drei nebeneinander verwendete, aber fließend ineinander übergehende Bedeutungsvarianten des „Gemeinen Nutz" erkennen: Zum einen, wie sich schon der eben zitierten Definition entnehmen läßt, die „Respublica" selbst, die „burgerliche" oder „menschliche Ge-

---

[1] Zur Person vgl. Stolleis 1988, S. 86f.
[2] Vgl. Ferrarius 1533, Vorrede am Ende.
[3] Vgl. ebd. S. 19v; vgl. Schulze 1986, S. 598f.

sellschaft", wie Ferrarius dieses Wort übersetzt.[4] Zum anderen ein bestimmter Ordnungszustand, in dem sich dieses Gemeinwesen befinden soll, die „gute Ordnung", schließlich aber auch das, was Ferrarius „die Gemeinschaft des Nutzes" nennt: Es sind die „gemeinen Dinge", die „allen gemein sind", die sozusagen das materielle Substrat der „burgerlichen Gesellschaft" darstellen, also deren Gemeindegüter und Allmenden. Der ganze Traktat kreist um die Frage, wie sich der intendierte Ordnungszustand des „Gemeinen Nutz" in der „Respublica" instituieren läßt, welche charakterlichen Vorbedingungen bei den Regenten und Untertanen dafür gegeben sein müssen, wie die Regierung zu diesem Ende zu führen ist und welche Ordnungsstrukturen das Gemeinwesen dazu im einzelnen aufzuweisen hat.

Was der Jurist und Universitätsprofessor aus Marburg hier unter dem Titel des „Gemeinen Nutz" veröffentlicht hat, ist nur dieses Titels wegen ungewöhnlich; der Sache nach handelt es sich um eine Arbeit aus einer im 16. Jahrhundert durchaus verbreiteten politischen Literaturgattung, die in der Forschung zur Verwaltungsgeschichte oder der politischen Ideengeschichte häufig unter den Bezeichnungen „Regiments-" oder „Policeytraktate" zusammengefaßt werden.[5] Diese Spezies praktischer Regierungs- und Verwaltungslehre ist wiederum nur eine spezifisch frühneuzeitliche Ausprägung einer seit dem Hochmittelalter gepflegten theoretischen Politikliteratur, die im wesentlichen mit der Aristotelesrezeption des 13. Jahrhunderts einsetzt; die Wiederentdeckung, Übersetzung und wissenschaftliche Erschließung der aristotelischen Politik durch die Scholastik war ein entscheidender Faktor für die Entstehung dieser Art der politischen Reflexion.[6] Sie tritt im Laufe des Mittelalters und der frühen Neuzeit in ganz unterschiedlichen Literaturgattungen zutage. Im Mittelalter waren es in erster Linie die Fürstenspiegel, in denen sich neben der fürstlichen Tugendlehre unter anderem auch das Thema der rechten Ordnung des Gemeinwesens und seine sachgerechte und kunstfertige Leitung behandelt findet.[7] Zu den bekanntesten Werken dieser normativen Politikanleitung zählt vor allem der Fürstenspiegel des Thomas von Aquin, der es zuerst unternommen hat, die Leitlinien der aristotelischen Politik für die mittelalterliche Staats- und Herrschaftslehre zu erschließen und mit der kirchlichen Tradition zu verbinden; das Ergebnis hat er in die traditionelle Form eines Fürstenspiegels unter dem üblichen Titel *De regimine principum* gegossen.[8] Was die Verbreitung anbelangt, steht allerdings unangefochten der am Ende des 13. Jahrhunderts verfaßte Fürstenspiegel des Augustiner-Eremiten und französischen Prinzenerziehers Aegidius Romanus an der Spitze; diese Regierungslehre wurde in nahezu alle europäischen Sprachen übersetzt und gilt als die meistgelesene Politik des Mittelalters überhaupt.[9]

---

[4] Vgl. Ferrarrius 1533, S. 19r.
[5] Vgl. grundlegend Maier 1980, S. 95ff.; Stolleis 1988, S. 85f.; 345ff.
[6] Vgl. Miethke 1991, S. 69f.; Viroli 1992, S. 11; 32f.; Sellin 1978, S. 802f.
[7] Grundlegend immer noch Berges 1938, S. 113ff.; vgl. auch Struve 1978, S. 149ff.; Anton 1989, Sp. 1044f.
[8] Vgl. Miethke 1992, S. 162f.
[9] Zu Aegidius und dessen wissenschaftlicher Karriere eingehend Scholz 1903, S. 32ff.; vgl. auch Berges 1938, S. 320.

Neben die Fürstenspiegel treten dann zu Beginn der Neuzeit die Regimentstraktate, die sich – mit entsprechenden Inhalten – nicht mehr ausschließlich an den Princeps, sondern generell an alle Obrigkeiten einschließlich der städtischen Räte wenden und deren Aufgabenkataloge formulieren.[10] Seit dem Ende des 16. Jahrhunderts entsteht dann schließlich eine auch akademisch-universitär verankerte Politikliteratur, die auf der Basis eines breiten Spektrums antiker Bezugstexte die Regierungskunst und deren Handlungsziele im wissenschaftlichen Stil der Zeit erörtert.[11] Gemeinsam ist allen diesen literarischen Erscheinungsformen politischer Reflexion neben der Erörterung der Herrschaftsfunktionen vor allem auch das Thema des richtigen und daher von der Regierung anzustrebenden politischen Ordnungszustandes: Hier wird in allgemeiner Weise formuliert, welches die entscheidenden Kriterien der inneren Ordnung des Gemeinwesens sein sollen.

II. *bonum commune* und die hochmittelalterliche Funktionserweiterung politischer Herrschaft

Solcherlei Politikliteratur erweist sich auch als aussagekräftig hinsichtlich des Versuchs, die Bedeutung und den Stellenwert des Gemeinwohlargumentes im politischen Diskurs der Vormoderne zu bestimmen. In die Erörterung der Staatsfunktionen, der richtigen Verfassung des Gemeinwesens und der Kunst seiner Regierung ist das Problem des Gemeinwohls in mannigfacher Weise miteingeflochten. Typischerweise sind es dabei drei Wortgruppen, in denen sich der Gemeinwohlgedanke ausgedrückt findet: Die eine davon besteht aus begrifflichen Verbindungen mit dem Adjektiv „publica", vor allem in der Kombination *utilitas publica* oder *salus publica*. Diese Wendungen finden sich schon im Römischen Recht und fließen von hier aus in die mittelalterlichen Rechtstexte und Urkunden. Eine zweite Wortgruppe zur Bezeichnung des Gemeinen Wohls ist um das Wort „bonum" gebildet, etwa *bonum commune*, *bonum multitudinis* oder *bonum publicum*. Solche Gemeinwohlformeln werden, soweit ersichtlich, vor allem in der wissenschaftlichen Politiklehre gebraucht, wie sie im Hochmittelalter auf der Grundlage der Aristotelesrezeption allmählich emporkommt. Mindestens ebenso wichtig wie die genannten rechts- und politikwissenschaftlichen Ausdrücke ist aber schließlich der volkssprachliche Ausdruck *Gemeiner Nutz*; er findet sich nicht nur in den deutschsprachigen Regimentstraktaten des 16. Jahrhunderts, wie sie von der eingangs dargestellten Schrift Eisermanns repräsentiert werden, sondern ebenso in zahllosen politischen Manifesten und Streitschriften dieser Zeit.[12]

Beobachtet man nun den Kontext und die Verwendungsweise dieser Formeln, so muß zunächst auffallen, daß dem Topos vom *bonum commune* erst in den scholastischen Fürstenspiegeln des hohen Mittelalters eine wesentliche Bedeutung zukommt.[13] Natürlich taucht dieser Gemeinplatz auch im früheren Mittelalter vielfach dort auf, wo

---

[10] Vgl. dazu eingehend Simon 2002, Teil B, Kap. II.
[11] Vgl. Stolleis 1988, S. 104ff.
[12] Blickle 1986, S. 541f.
[13] Vgl. Hibst 1991, S. 174, 177 und 184f.

das Amt des Königs und seine Pflichten und Aufgaben beschrieben werden. Aber erst in den Fürstenspiegeln des 13. Jahrhunderts rückt das gemeinwohlorientierte politische Handeln zur primären, noch vor der Gerechtigkeit rangierenden Fürstentugend auf. In den älteren Quellen war es demgegenüber noch die *justitia* gewesen, die den Kanon der Fürstentugenden angeführt hatte. Umgekehrt definieren die scholastischen Fürstenspiegel den Tyrannen gerade mit der fehlenden Gemeinwohlbindung seines politischen Handelns: Der Fürst wird dann zum Tyrannen, wenn er statt des *bonum commune* sein *bonum proprium* sucht.[14]

Auffallenderweise taucht die Formel vorrangig in Verbindung mit einer ganz bestimmten Funktion des Fürsten auf – einer Funktion, die in den Fürstenspiegeln mit den Worten „*ordinare*", „*disponere*" oder auch „*dirigere*" umschrieben wird: Die Hauptaufgabe des Princeps besteht diesen Fürstenspiegeln zufolge darin, sein Land „*ordinare in bonum commune*", wie es etwa bei Aegidius Romanus heißt.[15] Das „*ordinare*" und seine begrifflichen Entsprechungen „*disponere*" und „*dirigere*" umschreiben eine damals neue Funktion weltlicher Herrschaft, die man als legislative Ordnungsfunktion bezeichnen könnte.[16] In den älteren Funktions- und Aufgabenbeschreibungen wird man diese Form der Regierungstätigkeit noch vergeblich suchen – hier wird das herrschaftliche Aufgabenspektrum noch ganz von der Schutzleistung und der Rechtswahrung geprägt: „*justitiam expedire*", „*corrigere*" und „*defendere*" sind die wesentlichen Begriffe, mit denen die Zwecke und Funktionen weltlicher Herrschaft hier umschrieben werden. Entscheidend ist, daß diese Funktionsformeln den Herrscher nirgendwo als Gesetzgeber ansprechen.[17] Der Fürst soll „*legem servare*", soll dem Recht Geltung verschaffen, aber nicht in die Normenordnung eingreifen. Genau dies aber – die Normgebung – macht zu einem entscheidenden Teil die neuartige Ordnungsfunktion aus: Das entscheidende Handlungsinstrument ist dabei die Gesetzgebung – die scholastischen Fürstenspiegel sprechen hier von „*ordinationes facere*",[18] nicht von „*legem dare*". „*Ordinationes facere*" ist der Erlaß von Gesetzen zur Bewahrung der Guten Ordnung des Gemeinwesens; im Kern ist hier also genau diejenige herrschaftliche Tätigkeitsform angesprochen, die Jahrhunderte später in Bezug auf die deutschen Territorien mit dem Terminus der „Policey" verbunden wird. Ziel des *ordinare* ist die „*politia bene disposita*", wie es Tolomäus von Lucca in seiner Fortsetzung des thomasianischen Fürstenspiegels ausdrückt.[19] Sie soll mittels einer entsprechenden Gesetzgebung realisiert werden, mit der die *malae consuetudines*, welche die gute Ordnung stören, unter Strafandrohung verboten werden. Der Gedanke, daß man bestimmte, politisch erwünschte Ordnungszustände im Wege der Gesetzgebung bewahren, ja sogar neu konstituieren könne, wird in der mittelalterlichen Welt zuerst in der scholastischen Politikliteratur zum Gegenstand gelehrter Erörterung gemacht.[20] Sie läuft zeitlich im wesentlichen parallel mit dem Beginn einer ent-

---

[14] Simon 2002, Teil A, Kap. III.3.
[15] Aegidius Romanus 1556, S. 280
[16] Eingehend hierzu und zum folgenden Simon 2002, Teil A, Kap. III.3.
[17] Vgl. Berges 1938, S. 14.
[18] Aegidius Romanus 1556, 3. Buch, 2. Teil, Kap. 19.
[19] Tolomäus 1948, IV, 23, S. 90b-91a.
[20] Grundlegend Gagnér 1960, S. 193ff.

sprechenden legislativen Praxis in den oberitalienischen Städten seit dem 13. Jahrhundert – einer Praxis, die von den großräumigeren Territorialstaaten in der Regel erst am Ende des Mittelalters aufgegriffen wird.[21]

Es fällt auf, daß die Intensivierung der Gemeinwohltopik, wie sie in den scholastischen Fürstenspiegeln beobachtet werden kann, zeitlich einher geht mit der erstmaligen Thematisierung der legislativen Steuerungsfunktion als einem neuen Aufgabenfeld des Fürsten. Erst zusammen mit dem Leitbild des fürstlichen Gesetzgebers wird der *bonum commune*-Topos als bindender Leitgesichtspunkt fürstlichen Handelns in den Fürstenspiegeln sichtbar. Der Gemeinwohltopos vom *bonum commune* und seine begrifflichen Entsprechungen sind jedenfalls im Moment ihrer intensivierten Verwendung in den scholastischen Fürstenspiegeln eng mit der Ordnungsfunktion verbunden; sie macht den wesentlichen Kontext aus, in den sich die Gemeinwohlformeln hier plaziert finden.

III. Gemeinwohltopos und Genossenschaften

Das Bild kann noch geschärft werden, wenn man auch außerhalb der hier vorrangig thematisierten Politiktheorie den semantischen Kristallisationspunkten nachspürt, in deren Umfeld der Gemeinwohltopos in besonders dichter Weise verwendet wird. Hierzu liegen einige detaillierte Einzeluntersuchungen vor, unter denen vor allem die Arbeiten von Peter Blickle und Winfried Eberhard zu nennen wären. Beide zeigen mit reichem Quellenmaterial, wie die Gemeinwohlformel und ihre zahlreichen lateinischen und deutschsprachigen Äquivalente vorrangig im genossenschaftlichen Sozialkreis städtischer und dörflicher Gemeinden die politische und rechtliche Rhetorik prägten.[22] Blickle geht dabei sogar soweit, die „Wertkategorie des gemeinen Nutzens" ausschließlich im „System des Kommunalismus" zu verorten. Herrschaftsverhältnisse hingegen rechtfertigten sich ihm zufolge regelmäßig nicht mit der Funktion, den Gemeinen Nutzen zu fördern, sondern ausschließlich mit ihrer Aufgabe der Rechtssicherung und Friedenswahrung.[23] Auch wenn sich diese Schlußfolgerung als übermäßig zugespitzt erweist, weil dabei, wie Eberhard zutreffend einwendet, die ältere, auf das Königtum orientierte Tradition der Begriffsverwendung aus dem Blick gerät,[24] so erweist sich doch – jedenfalls für das Mittelalter – die These einer ausgeprägten Affinität des Gemeinwohltopos zu den genossenschaftlich strukturierten Sozialbereichen als richtig. Denn wenn es auch im früheren Mittelalter eine auf das antike Rechts- und Staatsschrifttum gestützte kontinuierliche Praxis der Gemeinwohlargumentation in den Urkundenformulierungen der fürstlichen Kanzleien gegeben haben mag, so ist die sprunghafte Intensivierung des Gemeinwohlrekurses während des Hochmittelalters ebenso unbestreitbar wie der Umstand, daß diese Intensivierung zunächst vorrangig im städtisch-kommunalen Raum stattfand.[25] Und hier wiederum war es, wie gerade die zahlrei-

---

[21] Vgl. Simon 1997, S. 1204f.
[22] Vgl. Eberhard 1988, S. 271f.
[23] Blickle 1986 S. 543f.
[24] Vgl. Eberhard 1985, S. 198ff. sowie 1986, S. 245f. und 1988, S. 273f.
[25] Vgl. hierzu auch Le Goff 1965, S. 204.

chen, von Eberhard und Blickle referierten Quellenstellen eindringlich zeigen, vorrangig der Sachbereich der Normgebung, der immer wieder Anlaß zum legitimierenden Rückgriff auf die Kategorie des Gemeinwohls gab: Es war dasjenige politische Handeln, welches das Wiener Stadtrecht 1221 mit den Worten „disponere de universis, quae ad utilitatem civitatis pertinent"[26] umschreibt, also die Ordnung des städtischen Gemeinwesens durch Erlaß von Gassen-, Zunft-, Markt- oder gar umfassenden, in den lateinischen Quellen als *statuta* bezeichneten Stadtordnungen. Ihr Erlaß wurde in den Proömien regelmäßig unter Verweis auf das Gemeinwohl gerechtfertigt, das damit erhalten und gefördert werden sollte.[27] Kommunale Bewegung und die Intensivierung der Gesetzgebungstätigkeit standen in engster Wechselwirkung miteinander und bedingten beide den steigenden argumentativen Stellenwert des Gemeinwohltopos, wie er für den Verlauf des Hochmittelalters zu beobachten ist. Vieles deutet darauf hin, daß eine entscheidende gesetzgebungsgeschichtliche Wurzel der policeylichen Ordnungstätigkeit in den genossenschaftlichen Sozialstrukturen zu suchen ist – jedenfalls außerhalb der Kirche, die auch in diesem Punkt eine weiter zurückreichende Tradition aufweist. Im strukturell verdichteten und ökonomisch am stärksten differenzierten Raum der Städte erwuchs am frühesten der Bedarf für eine neuartige Steuerungsgesetzgebung, die in spezifischer Weise darauf ausgerichtet war, Mißstände zu beseitigen, um dem Gemeinwesen auf diese Weise bestimmte Ordnungsstrukturen zu verleihen. Soziale Verdichtung und ausgeprägte funktionale Differenzierung bedingten hier einen vergleichsweise hohen Steuerungsbedarf, der mit dem Erlaß der Statuten und „Ordnungen" befriedigt werden sollte.[28] Aber auch der Sozialraum des Dorfes stellte sich auf Grund der – maßgeblich durch Dreifelderwirtschaft und Flurzwang bedingten – überaus engen ökonomischen Verknüpfung der einzelnen Bauernstellen und deren gemeinsamer Einordnung in den kräftig ausgeprägten Kollektivwirtschaftsrahmen der Allmenden als Sozialgebilde mit hohem internem Regelungsbedarf dar, der sich in den genossenschaftlichen Vereinbarungen der „Einungen" oder „Willküren" niederschlug.[29] Diese gemeindeinterne Regulierungstätigkeit läßt sich der Sache nach seit dem Hochmittelalter belegen, und nicht zufällig wurde gerade in diesem Punkt neben dem städtischen Sozialkreis ein weiteres Feld auffallend vielfältiger und häufiger Verwendung der Legitimationsformel vom *Gemeinen Nutzen* gefunden.[30] Den genossenschaftlichen Verbänden städtischer und ländlicher Provenienz war aber nicht nur ein besonders hoher Regelungs*bedarf* eigen, sondern sie waren auch in besonderer Weise zur normativen Regulierung *befähigt*, weil das Konsensprinzip bei ihnen ein wesentliches Strukturelement ausmachte, das gerade auch bei der Normproduktion zur Geltung kam. Eingespielte Konsensmechanismen waren aber im Mittelalter eine ganz wesentliche Vorbedingung für die Statuierung „neuer" Normen, insbesondere dann, wenn sie zum überlieferten Recht in Widerspruch traten. Das änderte sich im Grundsatz auch dann nicht, als am Ende des Mittelalters die nunmehr erstarkenden Territorialherrschaften einen Teil der legislativen Steuerungstä-

---

[26] Zit. nach Eberhard 1988, S. 280.
[27] Zahlreiche anschauliche Einzelbeispiele bei Eberhard 1988, S. 280ff.
[28] Simon 1997, S. 1209ff.
[29] Vgl. dazu Vogel 1953, S. 52ff.
[30] Bader 1962, S. 334ff.; Blickle 1986, S. 542.

tigkeit an sich zogen und eine Regulierung nunmehr in territorialem, d.h. in „policeylichem" Rahmen versuchten: Es ist längst offenbar, daß auch dies, jedenfalls noch im 16. Jahrhundert, keine nur obrigkeitliche, rein befehlsgestützte, sondern eine gleichfalls auf das stärkste von konsensualen Mechanismen getragene Angelegenheit war.[31] Um so mehr waren im Mittelalter die verschiedenen genossenschaftlich strukturierten Verbände, angefangen bei den Städten mit ihren vielfältigen, wiederum genossenschaftlich strukturierten Untergliederungen, bis hin zu den zahllosen Dorf- und Nutzungsgenossenschaften zur normativen Steuerung prädestiniert, weil sie der konsensualen Willensbildung einen institutionellen Rahmen geben konnten und damit zugleich auch eine unerläßliche Vorbedingung für die Implementierung der neustatuierten Steuerungsnormen schufen. Eben weil es sich bei den genossenschaftlich strukturierten Sozialbereichen um gleichermaßen regelungsintensive wie implementationsfähige soziale Einheiten handelte, kam hier dem Gemeinwohlargument auch jener übereinstimmend beobachtete überragende Stellenwert zu. Wie in der eingangs behandelten Politikliteratur steht der Gemeinwohltopos auch hier, im Kontext seiner genossenschaftlich-gemeindlichen Verwendung, in engem Bezug zur Mobilisierung der Normenordnung im Wege der Gesetzgebung, die hier wie dort unter Verweis auf den Gemeinwohlgedanken legitimiert wird. Die großen Fürstenspiegel des 13. Jahrhunderts hatten Gesetzgebung und Gemeinwohl zwar als politische Aufgabe des *Fürsten*, also im Kontext *monarchischer* Herrschaft thematisiert, aber es spricht sehr viel dafür, die Gesetzgebungslehre, wie man sie etwa bei Thomas oder Aegidius ausformuliert findet, in engem Zusammenhang mit der zeitgenössischen Statutenpraxis der oberitalienischen Städte zu sehen.[32] Es ist daher fraglich, inwieweit wirklich von einer „Usurpation" des Gemeinwohlbegriffs durch Städte und Landstände während des Spätmittelalters oder einem „Eingreifen genossenschaftlicher Instanzen in die Staatszweckbestimmung des gemeinen Nutzens" gesprochen werden kann.[33] Denn in solchen Aussagen ist die Vorstellung enthalten, es habe ursprünglich eine Art fürstliches Definitionsmonopol gegeben, auf Grund dessen die Fürsten das Gemeinwohl für ihre Länder jeweils einheitlich bestimmen konnten. Dies setzt aber ein Maß an Zentralisierung und eine Fähigkeit zur Normsetzung und -durchsetzung voraus, die auf der territorialstaatlichen Ebene im Laufe des späteren Mittelalters erst ganz allmählich heranwuchsen. Treffender dürfte es sein, für diesen Zeitraum von einem allmählichen Emporsteigen der Regulierungstätigkeit von der lokalen, gemeindlich-genossenschaftlichen Ebene auf die sich langsam verdichtende staatliche Ebene auszugehen[34] – ein Vorgang, der in der Verortung des Gemeinwohlrekurses seine Parallele findet: Neben der Gemeinwohlargumentation der „Kronjuristen"[35] stand die aus den eigenständigen Regelungsbedürfnissen der Kommunen erwachsende Topik vom Gemeinen Nutzen. Erst mit dem Erstarken des Territorialstaates und seiner Regelungstätigkeit der „Policey" gegen Ende des Mittelalters kam es über der Frage zum Konflikt, wem die Konkretisierung und Bestimmung des Gemeinwohls

---

[31] Vgl. Mohnhaupt 1972, S. 191; Blickle 1986, S. 541.
[32] Vgl. Simon 2002, Teil I, Kap. III.5.a.
[33] Eberhard 1985, S. 203 sowie 248.
[34] Vgl. Simon 1997, S. 1205f.
[35] Jakobs 1994, S. 10.

im Wege der Gesetzgebung zukomme – Fürst und „Staat" oder den verschiedenartigen genossenschaftlichen Zusammenschlüssen? Die These von Blickle, in der Adelsgesellschaft des Mittelalters gebe es „den Gemeinnutz als anerkannten gesellschaftlichen Wert nicht ausdrücklich",[36] erweist sich damit im Kern als zutreffend: Die traditionellen Funktionen adeliger Herrschaftsübung, der Schutz und die Rechtswahrung, mußten augenscheinlich nicht in gleichem Maße unter Rückgriff auf das Gemeinwohlargument legitimiert werden, wie die Normgebung.

Außerhalb der Städte war es im Mittelalter vor allem die Landfriedensgesetzgebung, die einen auffallenden Bezug zum Gemeinwohlargument aufwies. Diese noch ganz durch konsensuale Mechanismen untermauerte Form der Gesetzgebung[37] kann man als territoriales, auf den ländlichen Raum bezogenes Seitenstück der städtischen Steuerungsgesetzgebung auffassen: Im großräumigen Rahmen der Territorien konnte das politische Instrument der Normgebung vorerst nur auf einzelnen Regelungsfeldern eingesetzt werden, unter denen die Sicherung des Landfriedens durch räumliche und örtliche Eindämmung der Fehdeübung einen bevorzugten Platz einnahm. Auch in diesem Kontext wurde die Gesetzgebung entscheidend mit dem Gemeinwohlargument legitimiert.[38]

IV. Die Bedeutung des Gemeinwohltopos im Kontext des mittelalterlichen Gesetzgebungsdiskurses

Der Gemeinwohltopos weist also, soweit man seine Verwendung in der frühen Politikliteratur des hohen Mittelalter ins Auge faßt, eine besondere Affinität zum neuartigen politischen Handlungsfeld gesetzgebender und normschöpfender Tätigkeit auf. Beobachtet man die intentionale Stoßrichtung des Gemeinwohlargumentes in diesem Kontext genauer, so lassen sich nebeneinander zwei Funktionen erkennen:

Es fungierte zunächst als eine Richtungsvorgabe, die den Kurs der legislativen Steuerung bestimmen und die normgebenden Instanzen zugleich darauf festlegen sollte. In den Gemeinwohlformeln waren demgemäß die jeweiligen politischen Wertvorstellungen von der richtigen gesellschaftlich-sozialen Ordnung miteingeschlossen – hierin überschnitten sie sich inhaltlich mit der Zielformel der *politia bene disposita*, die in der frühneuzeitlichen „Guten Policey" weiterlebte. Es ist diese Bedeutungsvariante angesprochen, wenn ein Autor wie etwa Ferrarius den „Gemeinen Nutz" mit der „Guten Ordnung einer Stadt oder eines anderen Gemeinwesens" gleichsetzt. Die „gute Ordnung", die hier anvisiert wird, bestand im Kern aus einer Summe von überlieferten Pflichten- und Funktionszuweisungen, die jedem Stand und Beruf einen bestimmten Ort im gesellschaftlichen Gefüge gab. „Gut" war die Ordnung dann, wenn sich alle Gesellschaftsglieder innerhalb ihrer jeweils vorbestimmten Pflichten- und Funktionsbereiche hielten, wenn jedermann, so drückt es Ferrarius aus, „auff sein ampt und beruffung

---

[36] Blickle 1986, S. 543.
[37] Zur Bedeutung der Landfrieden: Kaufmann 1979 und Fried 1969.
[38] Vgl. Gierke 1868, S. 505.

sihet" und „keines dem andern in den beuelch greifft".[39] Ein solches Ordnungsleitbild basiert auf der Vorstellung fester, grundsätzlich dem Menschen vorgegebener sozialer Strukturen, in die er sich einzufügen hat. Derartige Leitvorstellungen „guter Ordnung" finden sich auch schon in den scholastischen Fürstenspiegeln des 13. Jahrhunderts.[40] Dort ist es der zentrale Begriff der *pax*, in dem alle Ordnungsprojektionen zusammenlaufen: Der Gehalt der *pax* im mittelalterlichen Sinne erschöpfte sich nicht in der bloßen *absentia belli*, sondern umfaßte darüber hinaus die Ordnungsvorstellung der *tranquillitas ordinis*, die nach der klassischen, das ganze Mittelalter hindurch weitergegebenen Formel Augustins darin bestand, daß jeder Teil des Kosmos den ihm im Gesamtplan der Schöpfungsordnung zugedachten Platz einnimmt – eben dies ist die „parium dispariumque rerum sua cuique loca tribuens dispositio".[41] Das *bonum commune*, das der Fürst unter anderem auch mit dem Mittel der Gesetzgebung ansteuern sollte, bestand in der Realisierung und Durchsetzung dieser *pax*.[42] In der Formel vom Gemeinwohl schwingen diese maßgebenden politischen Ordnungsvorstellungen mit. Sie hatte in diesem Zusammenhang zugleich einen ausgeprägt normativen Gehalt, indem sie die Träger der politischen Herrschaft – die städtischen Obrigkeiten gleichermaßen wie die Fürsten – auf die Realisierung solcher Ordnungsvorstellungen festzulegen suchte.

Es liegt nahe, die auffallende Aktivierung des Gemeinwohlgedankens in der mittelalterlichen Politikliteratur als Reaktion auf eine Vergrößerung des politischen Handlungsspielraumes zu deuten. Denn mit der neuen Funktion des legislativen Ordnens wurden die traditionellen mittelalterlichen Herrschaftsfunktionen der Schutzleistung und der Rechts- und Friedenswahrung beträchtlich ausgeweitet. Darin lag zugleich auch eine Intensivierung der Herrschaft, weil die Normenordnung der Gesellschaft nunmehr gezielter politischer Einwirkung zugänglich geworden war: Durch die Normgebung wurde sie – jedenfalls in ersten Ansätzen – zum Produkt politischer Gestaltung. Die neuartige Steuerungsfunktion bewirkte eine verstärkte Einwirkung auf die Gesellschaft – eine Einwirkung, die in ihrer Intensität weit über dasjenige hinausging, was mit den überkommenen jurisdiktionellen und schutzgewährenden Herrschaftsfunktionen verbunden war und die sich eben deshalb auch am ehesten in kleinräumigen, auf dem Fundament konsensualer Mechanismen organisierten politischen Gemeinschaften realisieren ließ. Denn die traditionellen Aufgaben weltlicher Herrschaft im Mittelalter beinhalteten keine Regulierung der Gesellschaft, hatten also die gesellschaftliche Normenordnung unberührt gelassen und waren darauf beschränkt gewesen, diese, auch den Herrschaftsträgern im wesentlichen vorgegebene Normenordnung, im Rahmen ihrer richterlichen Funktion zu schützen und durchzusetzen. Nun aber wurde die Normenordnung selbst zum Gegenstand politischer Gestaltung, die viele gesellschaftliche Bereiche erfaßte und den gängigen Ordnungsvorstellungen gemäß zu beeinflussen versuchte. Dieser Vorgang scheint das Bestreben erzeugt zu haben, den sich öffnenden politischen Gestaltungsspielraum mit einem intensivierten Rückgriff auf die Gemeinwohltopik zu kompensieren. Die vergrößerte politische Dispositionsfreiheit weltlicher Herrschaft sollte dadurch

---

[39] Ferrarius 1533, S. 61 und S. 9r.
[40] Hierzu eingehend Simon 2002, Teil A, Kap. II.
[41] Augustin 1981, Buch XIX, Kap. 13.
[42] Zum „*bonum commune* des Friedens" siehe auch Schneider 1990, S. 55ff.

eingefangen und umfriedet werden. Die Funktion des Gemeinwohltopos ist hier vergleichbar mit derjenigen des Naturrechts, das ebenfalls darauf ausgerichtet war, legislative Entscheidungsspielräume zu begrenzen. Es ist wohl kaum als Zufall zu betrachten, daß gleichzeitig mit der Aufwertung der Gemeinwohlformeln auch die kanonistische und scholastische Naturrechtsdebatte einsetzte.[43] Auch sie stellt sich als Widerhall beginnender legislativer Beeinflussung der Normenordnung dar, die durch Formulierung indisponibler Basisrechtssätze begrenzt und angeleitet werden sollte.

Das neuartige Handlungsinstrument der Gesetzgebung und die damit verbundene Intensivierung politischer Herrschaft bewirkte aber nicht nur das Bedürfnis nach deren normativer Bindung, sondern ebenso einen erhöhten Legitimationsbedarf. An vielerlei Punkten läßt sich erkennen, daß man die Gesetzgebung im Mittelalter als ein Ausnahmephänomen betrachtete. Wie skeptisch dieses politische Handlungsinstrument damals eingeschätzt wurde, erschließt sich aus der mittelalterlichen Gesetzgebungslehre, wie man sie etwa im Fürstenspiegel des Aegidius Romanus, breiter ausgeführt aber in der *Summa theologica* des Aquinaten findet: Obwohl beide Autoren der Gesetzgebung unter den fürstlichen Aufgaben einen hohen Rang einräumen, raten sie dennoch grundsätzlich von seinem Einsatz ab: Auch der scholastischen Aristoteles-Exegese, die gemeinhin als Vorreiter einer gesetzgebungsorientierten Politik gilt, merkt man deutlich an, daß die Normgebung als ein neuartiges Ordnungsinstrument betrachtet wurde, dessen Einsatz zu dem nach wie vor das Rechtsbewußtsein beherrschenden Grundsatz im Widerspruch stand, daß die Normenordnung möglichst unbeeinflußt zu lassen sei.[44] Die scholastische Rechts- und Politiktheorie suchte die neuartige Gesetzgebungstätigkeit mit dem überkommenen Rechtsdenken dadurch in Übereinstimmung zu bringen, daß sie zum einen die Fälle politisch empfehlenswerter Gesetzgebung auf ein Minimum reduzierte, diese aber zum anderen in den verbleibenden Ausnahmesituationen, in denen dem Fürst der Einsatz des legislativen Ordnungsinstrumentes empfohlen werden kann, mit dem Gemeinplatz vom *bonum commune* zu rechtfertigen suchte: Das Gemeinwohl, so Thomas in der *Summa*, erzwinge in Einzelfällen den Einsatz der Gesetzgebung, weil sich die tatsächlichen Verhältnisse der Gesellschaft ständig veränderten, was eine begrenzte Anpassung des Normenbestandes an die gewandelten Verhältnisse zur Wahrung des Gemeinen Wohls erforderlich machen könne.[45]

V. Das Gemeinwohlargument im Zeitalter der Staatsräson

Das Wechselspiel herrschaftsbindender wie -legitimierender Argumentation, wie sie die Verwendung des Gemeinwohltopos in den mittelalterlichen Fürstenspiegeln und den Regimentstraktaten zu Beginn der Neuzeit prägt, findet sich auch in der Politikliteratur des späteren 16. und 17. Jahrhunderts wieder. Allerdings ist hier nunmehr vielfach eine signifikante Akzentverschiebung festzustellen. Jedenfalls schiebt sich nun in Teilen der

---

[43] Vgl. Gagnér 1960, S. 185ff.
[44] Eingehend Simon 2002, Teil A, Kap. III.5.b.
[45] Gagnér 1960, S. 275f., 279f.

Literatur der Gesichtspunkt der Herrschaftslegitimierung in prägnanter Weise in den Vordergrund.

Die Staats- und Politiklehre erfuhr im Laufe des 16. Jahrhunderts einen tiefgehenden Umbruch, in dessen Verlauf die Ziele politischen Handelns in grundlegender Weise reformuliert wurden.[46] Diese neue Form des politischen Diskurses nahm in Italien ihren Ausgang.[47] Bis heute sieht man in den beiden Hauptwerken des Niccoló Machiavelli, den „Discorsi" und dem in die äußere Form eines Fürstenspiegels gekleideten „Principe", eine entscheidende Wurzel dieser neuen Form politischen Denkens.[48] In Deutschland wurde es im wesentlichen erst seit dem 17. Jahrhundert rezipiert. Dabei muß man freilich sorgfältig differenzieren: Die deutsche Politiklehre rezipierte das neuartige politische Denken im Zuge eines komplexen Anverwandlungsvorganges, bei dem das Neue zu großen Teilen in das konventionelle ältere Politikkonzept eingefügt und dabei in Teilen so verändert wurde, daß es damit kompatibel erschien.[49] Die deutschen Regimentstraktate bis zur Mitte des 16. Jahrhunderts, etwa eines Johannes Oldendorp, Johannes Ferrarius oder Georg Lauterbeks, zeigen sich von diesem Vorgang noch gänzlich unberührt; sie gingen im wesentlichen noch von den scholastischen Politikgrundsätzen aus, die sie – schon durch ihren Gebrauch der deutschen Sprache – für die Verwaltungspraxis der deutschen Territorien zugänglich und applikabel machten.[50] Vor allem durch die gewaltige wissenschaftliche Autorität des auch in Deutschland lehrenden Niederländers Justus Lipsius wurde dann aber ausgangs des 16. Jahrhunderts die neue Politiklehre auch in Deutschland einflußreich.[51] Als deren Herzstück darf die Lehre von der Staatsräson betrachtet werden.[52] Sie ist – vor allem aus der deutschen Perspektive – untrennbar mit dem Namen Giovanni Boteros verbunden; er hat im Jahre 1586 als erster eine politische Handlungsanweisung unter dem Titel der „Staatsräson" veröffentlicht. Vor allem durch dieses Werk wurde die Lehre von der *ragione di stato* auch nördlich der Alpen bekannt; schon am Ende des 16. Jahrhunderts lagen Übersetzungen dieses Buches vor.

Es kann hier nicht auf alle Aspekte dieser neuen Politiklehre eingegangen werden, denn nicht *sie* ist hier das Thema, sondern die Frage, inwieweit sich nun im Kontext der politiktheoretischen Umbewertungen, wie sie jedenfalls partiell seit dem Ende des 16. Jahrhunderts auch in Deutschland zu beobachten sind, die Verwendungsweise und der Gehalt der verschiedenen Gemeinwohltopoi veränderte. Unter diesem Gesichtspunkt betrachtet, ist es vor allem wesentlich, daß die Lehre von der Ratio status – jedenfalls in ihrem Ursprung – nicht mehr auf die *respublica* oder die *politia* als Ganzes, sondern auf den „*status*" bezogen war. Und dieser „*status*", dessen Eigeninteressen und dessen Gesetzmäßigkeiten seiner Stärkung die Staatsräson-Literatur in der Nachfolge Boteros erörterte, war – so wie ihn jedenfalls Botero aufgefaßt hat – etwas durchaus anderes als

---

[46] Vgl. Sellin 1978, S. 810; Behnen 1987, S. 137.
[47] Viroli 1992, S. 136ff.
[48] Literaturhinweise bei Stolleis 1981, S. 146f.
[49] Stolleis 1980, S. 53 und 66; Stolleis 1983 a, S. 76; für Arnisäus: Dreitzel 1970, S. 398.
[50] Vgl. Simon 2002, Teil B, Kap. III.1 und 2.
[51] Stolleis 1987, S. 243ff.
[52] Stolleis 1988, S. 197ff.; Sellin 1978, S. 809; Dreitzel 1995, S. 134f.

die *respublica* oder die *politia*, die den Gegenstand der traditionellen Politiklehre abgab.[53] Botero etwa umschreibt den „*status*" mit dem Wort „*dominium*":[54] Der „*status*" als das „*dominium*" des Fürsten ist in diesem Kontext nichts anderes als dessen persönliche Herrschaft und Macht. Deren materieller Kern sind die Güter und das Vermögen des Fürsten; den Finanzen kam demzufolge im Kontext dieses Politikverständnisses ein ganz neuartiger Stellenwert zu: Nicht zufällig ist es die Staatsräson-Literatur, wo der Topos vom Geld als dem Nerv aller Dinge erstmalig auftaucht.[55] Wesentlich ist, daß die von der Staatsräsonlehre ausgearbeiteten politischen Handlungsstrategien – anders als dies bei der zu Beginn besprochenen Politiktheorie der Fall war – nicht mehr die gute Ordnung des Gemeinwesens insgesamt, sondern vorrangig den *status*, also die Macht des Fürsten und deren Steigerung und Stärkung, im Auge haben; auch dies ließ sie vom Standpunkt eines traditionellen Politikverständnisses aus geradezu als Provokation erscheinen. Nicht mehr um die „*politia bene disposita*" oder die „gute Policey" geht es in dieser Form der Machtpolitik, sondern um das „*dominio fermo*", wie es Botero ausgedrückt hatte[56] – um die „*conservatio status*" oder die „*stabilitas imperii*", wie die entsprechenden Zieltopoi aus der nunmehr wieder lateinisch geschriebenen Politikliteratur Deutschlands lauten. Stabilität und Dauerhaftigkeit der Herrschaft wurden im 17. Jahrhundert zum zentralen Leitmotiv der Politiktheorie, an dem das Arsenal der von den Politici vorgeschlagenen Handlungsstrategien ausgerichtet wird.[57] Der Zieltopos von der *conservatio status* tendiere, so hat es Dreitzel jüngst auf den Nenner gebracht, „zur Isolierung des Problems der Machterhaltung des Herrschers von allen übrigen politischen Aufgaben".[58]

Freilich muß hier immer bewußt bleiben, daß diese neuartige Machtlehre in Deutschland nur teilweise und vielfach auch nur unter Angleichungen an das ältere Politikkonzept rezipiert wurde. Die gemeinhin in der „*politica christiana*" zusammengefaßten Politikautoren wie etwa Dietrich Reinkingk, aber auch noch Veit Ludwig von Seckendorff, lehnten sie sogar insgesamt ab und beharrten auf der Weiterführung der überlieferten Politikleitlinien. Aber dies kann hier beiseite gelassen werden, denn in diese traditionellen Politikkonzepte fanden die innovativen Elemente der politischen Theorie im 17. Jahrhundert kaum Eingang. Das beunruhigende und herausfordernde Neue, auf das die Politiklehre im 17. Jahrhundert mit einer wahren Flut von Publikationen reagierte,[59] lag vielmehr in der neuen, machtorientierten Lehre von der *Ratio status*. Eine ganz wesentliche Provokation dieses Politikverständnisses bestand nun gerade darin, daß es in Gegensatz zu dem überlieferten Gemeinwohlgedanken geraten mußte. Denn die traditionelle Gemeinwohltopik dachte und argumentierte im Interesse des Gemeinwesens als

---

[53] Simon 2002, Teil C, Kap. II.1.
[54] Botero 1930, Buch I, Kap. I.
[55] Vgl. Stolleis 1983 b, S. 70ff.
[56] Botero 1930, Buch I, Kap. I.
[57] Vgl. Weber 1992, S. 321 und S. 105; Behnen 1984, S. 427 und 435; Dreitzel 1995, S. 139; Dreitzel 1991, S. 572; Seils 1968, S. 136.
[58] Dreitzel 1995, S. 140.
[59] Stolleis 1988, S. 110.

ganzem; die Bezugsgröße war die soziale Gemeinschaft insgesamt und gerade nicht der Machtstatus des Fürsten.

Betrachtet man nun, wie die Gemeinwohlformeln in einem derartigen Kontext eingesetzt werden, so zeigt sich folgendes: Diejenigen Autoren, die die neue, machtorientierte Politik im wesentlichen übernehmen, führen die Gemeinwohltopoi so in ihre Texte ein, daß sie die neuen Machtstrategien legitimieren. Die Argumentation ist dabei typischerweise auf den Gesichtspunkt der Friedenssicherung konzentriert, wobei das Wort „Friede" nunmehr bei seiner Verwendung im Kontext der hier in Rede stehenden Politikliteratur einen seinem modernen Verständnis entsprechenden Gehalt angenommen hat: „Friede" ist ein Zustand innerer Sicherheit und Ruhe, bedeutet also im wesentlichen nur die *absentia belli*; der Bezug zur mittelalterlichen Ordnungsvorstellung der *tranquillitas ordinis* ist gekappt.[60] Die Friedenssicherung im Sinne einer vom Fürst zu erzwingenden *securitas publica* ist in dieser Form der Politiklehre der entscheidende legitimatorische Gesichtspunkt, mit dem die Notwendigkeit starker, handlungsfähiger Herrschaft begründet und gerechtfertigt wird; das Gemeinwohlargument tritt hierbei in engen Bezug zu diesem Gesichtspunkt: Das Gemeinwesen sei, so das verbreitete Argumentationsmuster, wie man es auch bei Justus Lipsius finden kann, in so grundlegender Weise von innerer und äußerer Gewalt bedroht, daß eine starke, machtvolle und daher durchsetzungsfähige Herrschaft zwingend notwendig sei – eine Herrschaft, die auf Grund ihrer Fähigkeit zur effektiven Friedenssicherung das staatliche Gewaltmonopol zu erzwingen und auf diese Weise das Überleben jedes einzelnen Individuums in der Gemeinschaft zu sichern vermag. Lipsius betont in fast beschwörenden Worten die ihm zufolge unabweisbare Notwendigkeit einer starken Herrschaftsgewalt – notwendig, weil andernfalls das Gemeinwesen von der inneren Gewalt auseinandergesprengt und zersetzt würde: „sine imperio enim nec domus ulla, nec civitas, nec gens, nec hominum universum genus stare potest".[61] Jede *societas*, sei es die häusliche, sei es die politische, zerfällt oder wird Beute äußerer Feinde ohne das „vinculum" starker Herrschaft, ohne die „potentia" oder die „dominatio" des Fürsten, die sie zusammenhält. Hier liegt der Punkt, an dem diese Strömung politischen Denkens den Gemeinwohltopos einsetzt: Die Macht des Fürsten, seine finanzielle und militärische Stärke, dient insofern auch dem *ganzen* Gemeinwesen, als nur sie Anarchie und Bürgerkrieg zu unterdrücken vermag. Große Teile der Politiklehre des 17. Jahrhunderts sind getragen von einer gravierenden Einschätzung der Gefahr innerer Gewalt, die als ständig drohender politischer Katastrophenfall die Aufrüstung der Herrschaft rechtfertigt. Das „augere potentiam", das diese Politiklehre propagiert und zu dem sie die Handreichungen geben möchte, ist auch im Interesse des Gemeinwohls, weil nur die Macht und Durchsetzungskraft des Fürsten das fundamentale Gemeinschaftsgut des inneren Friedens sichern kann.[62] Der Aspekt der Herrschaftsbehauptung wird hier so dominant, daß der Leitgesichtspunkt des *bonum commune* weitgehend darin aufgeht.[63] Das Gemeinwohl ist in diesem Kontext zentriert auf das Erfordernis starker, durchsetzungsfähiger Herrschaft.

---

[60] Vgl. Conze 1984, S. 839; Meyers 1992, S. 89; Janssen 1975, S. 557.
[61] Lipsius 1589, Buch II, Kap. 1; weitere Nachweise bei Simon 2002, Teil C, Kap. II.4.
[62] Weber 1992, S. 331ff.
[63] Dreitzel 1970, S. 124.

In einem derartigen Argumentationsmuster erscheint aber nicht nur die Stärkung der herrschaftlichen Machtpotenzen als gemeinwohlbezogenes politisches Ziel angeraten, sondern ganz generell die Ausweitung der herrschaftlichen Handlungsmöglichkeiten, um deren Effektivität im Interesse aller zu steigern. Auch dies geschieht unter intensivem Rückgriff auf die Gemeinwohlformeln: In bestimmten politischen Ausnahmesituationen muß sich der Herrscher im Interesse des Gemeinwohls über die normativen Vorgaben von Recht, Moral und Religion hinwegsetzen können.[64] Individuelle Rechte muß er verletzen, Betrug, List und Täuschung im politischen Handeln praktizieren können, wenn dies im Ausnahmefall eines drohenden Zusammenbruchs der inneren Ordnung und des Friedens notwendig wird: „Multa enim vel ex necessitate vel boni publici causa permittuntur, quae alia non probarentur." Diese Form des Gemeinwohlrekurses, hier zitiert aus der *Doctrina Politica* (Buch II, Kap. 5) des Henning Arnisäus, findet sich in entsprechenden Wendungen in vielen *Politica* des 17. Jahrhunderts. Zugleich wird hier sichtbar, wie dicht sich das *bonum publicum* in diesem Kontext der *necessitas* annähert.[65] Gemeinwohl und *necessitas* gehen hier in ihrem Gehalt nahezu ineinander auf. Der Topos der *necessitas* nahm in der machtorientierten Politiklehre des 17. Jahrhunderts einen zentralen Stellenwert ein;[66] damals entstand eine ausgefeilte Topik der *necessitas*, der es vor allem um die Erweiterung der politischen Handlungsspielräume gegenüber den rechtlichen Begrenzungen zu tun ist:[67] Die Infragestellung des inneren Friedens, die Situation drohenden Bürgerkriegs, verlangt danach, die Politik aus den Fesseln des Rechts zu lösen, denn im Moment außerordentlicher Gefahr muß die Politik so beweglich sein, daß sie auch nach den Kriterien der Effizienz, nicht nur nach denjenigen des Rechts zu handeln imstande ist.[68]

Die Gemeinwohlargumentation dieser Form der Politikliteratur rückt also die herrschaftslegitimierende Funktion in den Vordergrund. Ihre zentrale Bedeutung lag hier weniger in der normativen Festlegung des Herrschers, sondern in der Erweiterung des politischen Handlungsspielraums durch die Legitimierung von Rechtsdurchbrechungen, Listen und Arkanpolitik. Die Politiklehre dieser Zeit empfiehlt dem Fürsten deshalb auch – so kann man es etwa in der Arkan-Politik Arnold Clapmars nachlesen – das Gemeinwohlargument bewußt zu instrumentalisieren und ganz gezielt zur Legitimierung von Rechtsverletzungen einzusetzen, um dadurch die Akzeptanz solcher Maßnahmen zu sichern.[69]

Die Akzentuierung des Gemeinwohlargumentes ändert sich freilich, sobald man statt der machttheoretisch orientierten Politikliteratur solche Autoren in den Blick nimmt, die zumindest partiell auf der Sichtweise und den Wertungen der traditionellen Politik beharren, das Neue aber auch nicht – wie etwa die Vertreter der *politica christiana* – rundweg ablehnen, sondern eine Verbindung beider Formen politischen Denkens suchen. Namentlich wären hier vor allem Hermann Conring und – zeitlich früher – Hen-

---

[64] Hierzu eingehend Behnen 1987, S. 147f. und S. 166.
[65] Stolleis 1983 b, S. 93.
[66] Hierzu Boldt 1972, S. 346ff.; Kluxen 1967.
[67] Pichler 1983, S. 47f.; Münkler 1987, S. 190f.
[68] Dreitzel 1991, S. 576.
[69] Behnen 1987, S. 166, Fn. 146.

ning Arnisäus zu nennen. Bei diesen Autoren wird das Gemeinwohlargument dazu verwendet, die neue Politiklehre dem älteren politischen Denken anzugleichen. Das geschieht hier dadurch, daß den neuen, aus dem Kontext machtpolitischen Denkens stammenden politischen Leitbegriffen wie der *Ratio Status* durch ihre Verbindung mit dem traditionsgesättigten Gemeinwohltopos die Brisanz genommen wird. Auf diese Weise kam man dann zu einer Unterscheidung von guter und schlechter Staatsräson: Die „gute Staatsräson" zeichnet sich – so findet man es etwa bei Besold – dadurch aus, daß sie auf das *bonum publicum* achtet, während die „schlechte Staatsräson" nur das *bonum privatum* des Herrschers im Auge hat.[70] Hier tritt wieder der normativ bindende Gehalt des Gemeinwohlargumentes hervor: Der Herrscher, der nur seine persönliche Macht im Auge hat, handelt nicht im Interesse des Gemeinwesens. Auf diese Weise wird die machtorientierte Status-Politik mit dem herkömmlichen politischen Denken harmonisiert. Zugleich wird der vom Standpunkt des konventionellen Politikverständnisses aus anrüchige Begriff der *Ratio Status* an das herkömmliche Politikmuster zurückgebunden.

VI. Die Verwendung des Gemeinwohltopos als Ausdruck von Herrschaftsintensivierung

Der gemeinsame Nenner der verschiedenartigen Anwendungsfelder des Gemeinwohlargumentes liegt in der Intention, intensivierte und funktional erweiterte Herrschaft einerseits normativ anzuleiten, andererseits zu legitimieren und konsensfähig zu machen. Die Intensivierung der Herrschaft ergab sich dabei zunächst aus der neuartigen Funktion legislativer Steuerung des Gemeinwesens, die seit dem Hochmittelalter in den Kommunen und dann auch in den sich allmählich formierenden Territorien als neues staatliches Aufgabenfeld erscheint. Im Zuge der politiktheoretischen Umorientierung, wie sie im Aufkommen der Staatsräsonlehre zu Beginn der Neuzeit sichtbar wird, rückt der Gesichtspunkt einer möglichst starken, durchsetzungsfähigen und normativ ungebundenen Herrschaft in den Vordergrund. Zur Legitimierung der hierfür erforderlichen Durchbrechung moralisch-religiöser und rechtlicher Normen wird wiederum in verstärktem Maße auf den Gemeinwohltopos zurückgegriffen; der Aspekt normativer Festlegung politischen Handelns tritt dabei zurück. In beiden Fällen kommt es jedenfalls zu einer Relativierung des überlieferten Rechts, das sowohl durch Gesetzgebung als auch durch necessitär, mit der Sicherung der politischen Handlungsfähigkeit begründete Durchbrechungen zur Disposition gestellt wird. In beiden Fällen wird auch der politische Handlungsspielraum gegenüber dem Recht erweitert, das seinerseits zum Produkt zielgerichteten politischen Handelns wird. Die solchermaßen bedingte Herrschaftsintensivierung erhöht aber auch die Anforderungen an die Integrationsfähigkeit der sozialen Gemeinschaften; den verstärkten Rückgriff auf den Gemeinwohltopos, wie er in diesem Kontext zu beobachten ist, kann man als Ausdruck eines erhöhten Integrationsdrucks deuten. Er wird notwendig, weil die Eingliederung und Unterordnung der Individuen in

---

[70] Besold 1641, S. 12; Stolleis 1983a, S. 79.

eine mit erweiterten Regelungs- und Steuerungskompetenzen ausgestattete soziale Einheit schwieriger zu bewerkstelligen ist, als dies bei einer nur locker integrierten politischen Gemeinschaft der Fall wäre. Eine solche erhöhte Integrationsleistung kann nur erbracht werden, wenn mit der Intensivierung der Herrschaft auch deren Akzeptanz gesteigert werden kann. Hierin dürfte die entscheidende Bedeutung des Gemeinwohltopos liegen: Seine zunehmende Verbreitung in der politischen und rechtlichen Sprache seit dem Hochmittelalter indiziert ein verstärktes Bemühen um Akzeptanz sich intensivierender Herrschaft und das Bestreben, deren Integrationsfähigkeit zu steigern.

Quellen

Aegidius Romanus (1556), De regimine principum libri III, Ausgabe Rom (ND Frankfurt/M. 1968).
Arnisäus, H. (1605), Doctrina Politica in genuinam Methodum quae est Aristotelis reducta, Frankfurt/M.
Augustin (1981), De civitate Dei, hg. von Bernhard Dambach und Alfons Kalb, 2 Bde. Darmstadt.
Besold, Chr. (1641), De Arcanis rerumpublicarum dissertatio, Amsterdam.
Botero, G. (1930), Della Ragion di Stato. Delle cause della grandezza città, hg. von C. Morandi, Bologna.
Ferrarius, Joh. (1533), Von dem Gemeinen Nutze, Ausgabe Marburg.
Lipsius, J. (1589), Libri sex politicarum sive Doctrina civilis. Editio in Cura Matthiae Berneggeri, Frankfurt/M. und Leipzig 1704.
Tolomäus von Lucca (1948), De regimine principum (Fortsetzung des Fürstenspiegels von Thomas von Aquin, De regimine principum), hg. von Joseph Mathis, Turin.

Literatur

Anton, H. H. (1989), Stw. „Fürstenspiegel", Lateinisches Mittelalter, in: Lexikon des Mittelalters, Bd. 4, Sp. 1040-1048.
Bader, K. S. (1962), Dorfgenossenschaft und Dorfgemeinde (Studien zur Rechtsgeschichte des mittelalterlichen Dorfes, Bd. 2), Weimar.
Behnen, M. (1984), Herrscherbild und Herrschaftstechnik in der „Politica" des Johannes Althusius, in: Zeitschrift für Historische Forschung 11, S. 417-472.
Behnen, M. (1987), Arcana – haec sunt Ratio Status, in: Zeitschrift für Historische Forschung 14, S. 129-195.
Berges, W. (1938), Die Fürstenspiegel des hohen und späten Mittelalters, Stuttgart.
Blickle, P. (1986), Kommunalismus, Parlamentarismus, Republikanismus, in: Historische Zeitschrift 242, S. 529-556.
Boldt, H. (1972), Stw. „Ausnahmezustand", in: Geschichtliche Grundbegriffe. Historisches Lexikon zur politisch-sozialen Sprache in Deutschland, Bd. 1, hg. von Otto Brunner/ u. a., Stuttgart, S. 343-376.
Conze, W. (1984), Stw. „Sicherheit", in: Geschichtliche Grundbegriffe. Historisches Lexikon zur politisch-sozialen Sprache in Deutschland, Bd. 5, hg. v. O. Brunner u. a., Stuttgart, S. 831-862.
Dreitzel, H. (1970), Protestantischer Aristotelismus und absoluter Staat. Die „Politica" des Henning Arnisaeus (ca. 1575–1636) (=Veröffentlichungen des Instituts für Europäische Geschichte, Mainz 1955), Wiesbaden.

Dreitzel, H. (1991), Monarchiebegriff in der Fürstengesellschaft. Semantik und Theorie der Einherrschaft in Deutschland von der Reformation bis zum Vormärz, Köln/Böhlau.

Dreitzel, H. (1995), Die „Staatsraison" und die Krise des politischen Aristotelismus. Zur Entwicklung der politischen Philosophie in Deutschland im 17. Jahrhundert, in: Aristotelismo politico e ragion di stato. Atti del convegno internazionale di Torino 11–13 febbraio 1993, hg. von A. E. Baldini, Florenz, S. 129-156.

Eberhard, W. (1985), „Gemeiner Nutzen" als oppositionelle Leitvorstellung im Spätmittelalter, in: Renovatio et Reformatio. FS für Ludwig Hödl zum 60. Geburtstag, hg. von M. Gerwig und G. Ruppert, Münster, S. 195-214.

Eberhard, W. (1986), Der Legitimationsbegriff des „Gemeinen Nutzens" im Streit zwischen Herrschaft und Genossenschaft im Spätmittelalter, in: Zusammenhänge, Einflüsse, Wirkungen. Kongressakten zum ersten Symposium des Mediävistenverbandes in Tübingen, hg. von J. O. Fichte, K. H. Göller, B. Schimmelpfennig, S. 241-254, Berlin.

Eberhard, W. (1988), Kommunalismus und Gemeinnutz im 13. Jahrhundert, in: Gesellschaftsgeschichte. FS für Karl Bosl zum 80. Geburtstag, hg. i. A. des Collegium Carolinum von F. Seibt, Bd. 1, München, S. 271-294.

Fried, P. (1969), Zur „staatsbildenden" Funktion der Landfrieden im früheren bayerischen Territorialstaat, in: Festschrift für Max Spindler zum 75. Geburtstag, hg. von D. Albrecht, A. Kraus, K. Reindl, München, S. 283-306.

Gagnér, St. (1960), Studien zur Ideengeschichte der Gesetzgebung, Uppsala.

Gierke, O. v. (1868), Das deutsche Genossenschaftsrecht, Bd. 1: Rechtsgeschichte der deutschen Genossenschaft, ND Graz 1954.

Hibst, P. (1991), Utilitas Publica – Gemeiner Nutz – Gemeinwohl. Untersuchungen zur Idee eines politischen Leitbegriffes von der Antike bis zum späten Mittelalter, Frankfurt/M.

Jakobs, H. (1994), Kirchenreform und Hochmittelalter 1046–1215 (Oldenbourg Grundriss der Geschichte Bd. 7), 3. Aufl. München.

Janssen, W. (1975), Stw. „Friede", in: Geschichtliche Grundbegriffe. Historisches Lexikon zur politisch-sozialen Sprache in Deutschland, Bd.2, Stuttgart, S. 543-591.

Kaufmann, E. (1979), Stw. „Landfriede I (Landfriedensgesetzgebung)", in: Handwörterbuch zur deutschen Rechtsgeschichte, hg. von A. Erler und E. Kaufmann, Bd. 2, Berlin, Sp. 1451-1465.

Kluxen, K. (1967), Politik und Existenz bei Machiavelli, dargestellt am Begriff der Necessità, Stuttgart.

Le Goff, J. (1965), Das Hochmittelalter (Fischer Weltgeschichte Bd. 11), Frankfurt/M.

Maier, H. (1980), Die ältere deutsche Staats- und Verwaltungslehre, 2. Auflage, München.

Meyers, R. (1992), Die Signatur der Neuzeit – Machiavelli, Hobbes und die legitimatorische Begründung des modernen Staates als Ordnungsmacht, in: Politische Philosophie und Erkenntnistheorie (Studien zur Politikwissenschaft IV), hg. von N. Konegen, Münster, S. 77-118.

Miethke, J. (1991), Politische Theorien im Mittelalter, in: Politische Theorien von der Antike bis zur Gegenwart, hg. von H. J. Lieber, München, S. 47-156.

Miethke, J. (1992), Politische Theorie in der Krise der Zeit. Aspekte der Aristotelesrezeption im früheren 14. Jahrhundert, in: Institutionen und Geschichte. Theoretische Aspekte und mittelalterliche Befunde (Norm und Struktur. Studien zum sozialen Wandel in Mittelalter und früher Neuzeit Bd. 1), hg. von G. Melville, Köln u. a., S. 157-186.

Mohnhaupt, H. (1972), Potestas legislatoria und Gesetzesbegriff im Ancien Régime, in: Ius Commune 4, S. 188-239.

Münkler, H. (1987), Im Namen des Staates. Die Begründung der Staatsraison in der Frühen Neuzeit, Frankfurt/M.

Pichler, Joh. W. (1983), Necessitas. Ein Element des mittelalterlichen und neuzeitlichen Rechts, Berlin.

Schneider, J. H. J. (1990), Thomas von Aquin und die Grundlegung der politische Philosophie in „De Regno", in: Rechts- und Sozialphilosophie des Mittelalters (Salzburger Schriften für Rechts-, Staats- und Sozialphilosophie, Bd. 12), hg. von E. Mock u. G. Wieland, Frankfurt/M., S. 47-63.

Scholz, R. (1903), Die Publizistik zur Zeit Philipps des Schönen und Bonifaz' VIII (Kirchenrechtliche Abhandlungen 6/8), Stuttgart.

Schulze, W. (1986), Vom Gemeinnutz zum Eigennutz. Über den Normenwandel in der ständischen Gesellschaft der frühen Neuzeit, in: Historische Zeitschrift 243, S. 598-625.

Seils, E.-A. (1968), Die Staatslehre des Jesuiten Adam Contzen, Beichtvater Kurfürst Maximilians I. von Bayern (Historische Studien 405), Lübeck/Hamburg.

Sellin, V. (1978), Stw. „Politik", in: Geschichtliche Grundbegriffe. Historisches Lexikon zur politisch-sozialen Sprache in Deutschland, Bd. 4, Stuttgart, S. 789-874.

Simon, Th. (1997), Krise oder Wachstum? Erklärungsversuche zum Aufkommen territorialer Gesetzgebung am Ausgang des Mittelalters, in: Wirkungen europäischer Rechtskultur. Festschrift für Karl Kroeschell zum 70. Geburtstag, hg. von G. Köbler u. H. Nehlsen, München, S. 1201-1217.

Simon, Th. (2002), Policey im kameralistischen Verwaltungsstaat: das Beispiel Preußen, in: Policey und frühneuzeitliche Gesellschaft, Frankfurt/M. hg. von K. Härter, S. 473-496.

Stolleis, M. (1980), Arcana Imperii und Ratio Status. Bemerkungen zur politischen Theorie des frühen 17. Jahrhunderts, in: Ders., Staat und Staatsräson in der frühen Neuzeit: Studien zur Geschichte des öffentlichen Rechts, Frankfurt/M. 1990, S. 37-72.

Stolleis, M. (1981), Friedrich Meineckes „Die Idee der Staatsräson" und die neuere Forschung, in: Ders., Staat und Staatsräson in der frühen Neuzeit: Studien zur Geschichte des öffentlichen Rechts, Frankfurt/M. 1990, S. 134-164.

Stolleis, M. (1983a), Machiavellismus und Staatsräson. Ein Beitrag zu Conrings politischem Denken, in: Ders., Staat und Staatsräson in der frühen Neuzeit: Studien zur Geschichte des öffentlichen Rechts, Frankfurt/M. 1990, S. 73-105.

Stolleis, M. (1983b), Pecunia nervus rerum. Zur Staatsfinanzierung in der frühen Neuzeit, Frankfurt/M.

Stolleis, M. (1987), Lipsius-Rezeption in der politisch-juristischen Literatur des 17. Jahrhunderts in Deutschland, in: Ders., Staat und Staatsräson in der frühen Neuzeit: Studien zur Geschichte des öffentlichen Rechts, Frankfurt/M. 1990, S. 232-267.

Stolleis, M. (1988), Geschichte des öffentlichen Rechts in Deutschland, Bd. 1: Reichspublizistik und Policeywissenschaft 1600–1800, München.

Struve, T. (1978), Die Entwicklung der organologischen Staatsauffassung im Mittelalter (Monographien zur Geschichte des Mittelalters 16), Stuttgart.

Viroli, M. (1992), From politics to reason of State. The acquisition and transformation of the language of politics 1250–1600, Cambridge.

Vogel, O. (1953), Der ländliche Einung nach den zürcherischen Rechtsquellen, Aarau.

Weber, W. (1992), Prudentia gubernatoria. Studien zur Herrschaftslehre in der deutschen politischen Wissenschaft des 17. Jahrhunderts, Tübingen.

Hans Grünberger

Wege zum Nächsten
Luthers Vorstellungen vom Gemeinen Nutzen[*]

Luthers Vorstellungen vom Gemeinwohl sind in der politischen Ideengeschichte der Reformation bislang weitgehend unterbelichtet. Wird überhaupt eine ‚lutherische' Konzeptualisierung von ‚Gemeinnutz' thematisiert, so geschieht dies überwiegend unter rechtsgeschichtlichen und -theoretischen Gesichtspunkten, wie sie lutherische Juristen und Kameralisten verhandelt haben, weniger in einer Auseinandersetzung mit Luther selbst.[1] Diese Vernachlässigungen erscheinen vor dem Hintergrund plausibel, daß Luther gemäß seinem Selbstverständnis als Theologe und Angehöriger der Universität und nicht als Inhaber eines politischen *Amtes* in die Bereiche politischer Ordnung interveniert hat, sei es als Berater, sei es in Predigt und Exegese und sei es in den weitverbreiteten Appellen und Vermahnungen. Sodann beruhen die Schwierigkeiten im Umgang mit den Schriften Luthers zur Politik, insbesondere seinen Darlegungen zu den zwei *Bereichen* mit ihren Regimentern geistlicher und weltlicher Natur und deren Komplementarität, vor allem auf ihrem parainetischen Charakter. Das heißt: In diesen Schriften ruht das Gewicht auf Mahnung und Warnung, und nicht notwendig auf Erklärung, da sie kein Gelehrtenpublikum zum Adressaten haben, sondern an die Hörer- und Leserschaft *aller* Stände und Ordnungen gerichtet sind, denen gegenüber vor allem Mißstände aufgezeigt werden sollen.

In diesen überwiegend auf deutsch verfaßten Schriften, welche in der Regel einem unmittelbaren Anlaß geschuldet sind, wird der Gemeinnutz vor allem in seinen zahllosen

---

[*] Bei der Zitation von Luthers Werken habe ich aufgrund der leichteren Erreichbarkeit zunächst die zuverlässigen Studienausgaben von Otto Clemen (Sigle Cl.) und Hans-Ulrich Delius (Sigle MLStA) herangezogen. In den Fällen, in denen dort Texte fehlen, rekurriere ich auf die Weimarer Ausgabe (Sigle WA). Für Anregungen und Kritik, auch da, wo ich mich nicht habe anschließen können, danke ich Matthias Bohlender, Skadi Krause und Karsten Malowitz.

[1] Vgl. etwa die Ausführungen von Eckert 1976, die im ersten Kapitel ihrer Arbeit den topos des Gemeinnutzes im frühen Luthertum anhand der staatsrechtlichen Schrift *Von dem Gemeinen nutze* des Johannes Ferrarius 1533 verhandelt, den Reformator selbst, wie auch Philipp Melanchthon jedoch nicht in den Mittelpunkt ihrer Darstellung rückt. Zu den kommunalrechtlichen Aspekten des Gemeinen Nutzes vgl. den Beitrag von Peter Blickle (zu Ferrarius Abschnitt 2.3) sowie zur Gemeinwohltopik im Spätmittelalter und Frühen Neuzeit die Ausführungen von Thomas Simon beide in diesem Band.

‚Abwesenheiten' gegenüber der Omnipräsenz des Eigennutzes angesprochen. Damit aber wird zugleich eine politische und ökonomische Praxis, deren Essenzen auf den Diskurs von Intellektuellen im Dunst- und Gunstkreis der politischen Macht beschränkt blieb, auch den Machtunterworfenen zur Kenntnis gebracht. Sofern Luther Nähe und Zugang zu Machthabern hatte, nutzte er sie auch, um die Arcana an den Höfen derart aufzubrechen, daß er vor allem Defizite politischen und ökonomischen Handelns aufzeigt und dieses Wissen nicht allein den Adressaten überläßt.[2] Besieht man sich aber darüber hinaus die Thematisierung des Politischen, wie Luther sie in seiner akademischen Profession als Exeget der heiligen Schriften – und hier zumal des Alten Testaments – betreibt, dann stellt sich der Eindruck ein, daß *Gemeinnutz* bei Luther zu einer Aufgabe im Sinne einer Zielorientierung *aller* Mitglieder der *Gemeinde* wird und der Reformator sich nicht auf ein Postulat an einen Landesherrn und -vater beschränkt. Sollte sich der Gemeinnutz jedoch erfahrbar einstellen, dann ist er als Gabe Gottes zu loben, zu der Menschen allenfalls zuarbeiten. Deshalb können sie eine gute *res publica* nicht im Sinne einer einfachen Zweck-/Zielprogrammatik politischen Handelns verwirklichen.

Im Sinne einer Annäherung an Luthers zu Unrecht wenig beachtete Vorstellung vom gemeinen Nutzen rekonstruiere ich nachfolgend zunächst das Verhältnis von Stand, Amt, Person in den drei Lebensbereichen der Schöpfung, da in ihnen und ihrem Verhältnis zueinander der gemeine Nutzen strukturell verankert ist (I.). Danach erörtere ich verschiedene Zugänge zu den Quellen des gemeinen Nutzen (Tugenden und Untugenden, der Dekalog) (II.). Anschließend diskutiere ich diese Zugänge mit Blick auf einen in ihnen enthaltenen Regulierungs- und Wissensbedarf und die netzwerkartige Bestimmung des gemeinen Nutzens (III.).

I. Stand, Amt und Person: Handeln und Erleben in den drei Lebensbereichen der Schöpfungsordnung

Zunächst ist festzuhalten, daß Luther eine Scheidung zwischen den Reichen Gottes/Christi als ‚*nicht* von dieser Welt', und der diesseitigen Welt vornimmt. In Gottes Schöpfungsordnung auf Erden wiederum kommt es zur Unterscheidung von zunächst drei Ordnungen, mitunter auch ‚Orden', ‚Stände', ‚Stiffte' oder schließlich ‚hierarchiae' genannt: erstens der Bereich des *ministerium verbi*, primär der Bereich der Wortverkündigung im Sinne eines allgemeinen Priestertums, erst späterhin der *Dienste* in den Kirchengemeinden, respektive Berufe (*ecclesia*); zweitens der Bereich des Hauses, der Familie, respektive der Wirtschaft (*oeconomia*) mit seinen Ämtern und Berufen und schließlich drittens der Bereich des Gemeinwesens weltlicher Ordnung, *politia*, mit seinen Ämtern und Berufen.[3] Die *oeconomia* und die *politia* sind weltliche *Regimente* im Sinne von *Herrschaftsweisen* in einem *Herr-*

---

[2] Insoweit weicht Luthers Profil des Intellektuellen und seiner Wirksamkeit über die Grenzen gesetzter Exklusivität hinaus erheblich von demjenigen der Humanisten und juristischen Fürstenberater ab. Vgl. zum humanistischen Typus eines ‚staatsnahen' Intellektuellen Münkler 1998, S. 24-25.

[3] Vgl. diese von Luther durchgehaltenen Einteilung der Stände in *coram Deo* gleichrangige Lebens- und Aktionsbereiche *Vom Abendmahl Christi, Bekenntnis* (1528) = Cl. 3:510:17-31.

schaftsbereich.⁴ Diese Ordnungen wiederum werden von Luther bezüglich der in ihnen agierenden und erlebenden Menschen zwei entscheidenden Relationen unterworfen: *coram Deo* versus *coram hominibus* – die Stellung des Einzelnen vor Gott und den Menschen. Die Unterscheidungen in zwei Reiche, respektive in die drei Ordnungen sind somit *nicht* dichotomisch gefaßt. Sie bündeln sich vielmehr wieder in den Personen, die diese Lebensbereiche gleichsam bevölkern. Denn zum einen kommt den Personen zu, in der Regel Mitglied aller drei ‚göttlicher Stände' zu sein, die man als ‚Teilsysteme' der Schöpfungsordnung fassen kann⁵ und zum anderen findet jeder Einzelne sich in einer gedoppelten Verantwortung: er steht mit seinem Stand *allen* anderen als Mitgliedern der Ordnungen untereinander gegenüber (*coram hominibus*) und er steht auch *einzeln* Gott gegenüber (*coram Deo*).⁶

Das Wirken in den jeweiligen Ordnungen erfährt seine institutionelle Einhegung durch das *Amt*. Die Ämter wiederum werden durch *homines publici* wahrgenommen. Hierfür tritt die Unterscheidung der *homines publici* versus *homines privati* inkraft: Den Amtleuten (*homines publici*) obliegt die Notwendigkeit, die weltliche Gerechtigkeit, mit der die Lehre der göttlichen Gerechtigkeit verteidigt werden kann und soll, durchzusetzen und damit auch zu strafen und zu richten.⁷ Gemäß dem Verständnis Luthers vom Amt hat der Mensch als *homo publicus* nicht sein eigenes Recht zu verteidigen, sondern das Recht *anderer*, das Recht des Nächsten.⁸ Mithin haben die Träger obrigkeitlicher Funktionen auf den Gemeinen Nutzen zu achten, wie aus ihrem Stand und Beruf deutlich wird: „Widderumb: die oberperson ist gesetzt das sie sol eine gemeine person sein und nicht allein für sich selbs, sol anhang haben der unterthanen und das schwerd fueren." Dieser ‚gemeinen Person' als einer Trägerin ‚öffentlicher Ämter' unterstehen als Untertanen immer *eintzelne Personen*, die jede für sich stehen:

> „Denn wenn sich ein Fuerst zum Keyser keret, als zu seinem oeberherrn, so ist er nicht mehr Fuerst, sondern eine eintzelne person, ym gehorsam des keysers, wie alle andere, ein ieglicher für sich. Wenn er sich aber zu seinen unterthanen keret, als zu seinen unterthanen, so ist er so viel personen, so viel heupter er unter sich und an sich hangen hat."⁹

---

⁴ Vgl. Bornkamm 1958, S. 36.
⁵ Vgl. zur prägnanten Zusammenführung der Teilordnungen in der Mehrfachmitgliedschaft der Personen: WATR 6: 266 = TR 6913: „Dreyerley göttlichen Stände sind von Gott geordnet, in welchen man mit Gott und gutem Gewissen seyn mag. Der erste ist der Hausstand; der ander das politische und weltliche Regiment; der dritte der Kirchen- oder Priesterstand nach den dreyen Personen der Dreyfaltigkeit. Erstlich mußt du im Hausregiment seyn entweder ein Vater oder Mutter, Kind, Knecht oder Magd. Zum Andern in einer Stadt oder lande ein Bürger oder Unterthan oder ein Oberkeit. Denn Gott hat die Menschen geschaffen,daß man sich freundlich und friedlich in Züchten und Ehren zusammen halten soll. Zum Dritten daß du in der Kirchen seyest entweder ein Pfarrherr, Caplan, Kirchener oder sonst derselben Diener, wenn du nur Gotteswort habst oder hörest."
⁶ Vgl. Seils 1982, S. 33-34.
⁷ *Sermo de duplici iustitia* (1519)= MLStA 1: 226 Z 39-227 Z 1-5. Zur Unterscheidung der Gerechtigkeiten vgl. Grünberger 1999 mit weiteren Nachweisen.
⁸ Vgl. Bornkamm 1958, S. 42.
⁹ *Ob Kriegsleute...* (1526) = Cl. 3:342:19-25. Nur in der letztlich entscheidenden Relation zu Gott, also *coram deo* sind, alle Menschen gleichermassen ‚einzeln' und haben als Einzelne sich zu verantworten.

Die ‚Stände', und hier interessierend *oeconomia* und *politia,* als Stiftung und Gabe Gottes haben Bestand und sind gleichsam in ‚Wohlfahrt' so es ihnen gelingt, zumindest die *äußerliche* Gerechtigkeit zu wahren. Deren Fundament wiederum bilden der Dekalog und seine jeweils regimentspezifischen Ausweitungen.[10]

Die hierin entfaltete Interpretation der zehn Gebote wird gemäß den Verhaltensrelationen Oberkeit – Untertan als *politia*, Herr – Knecht als *oeconomia*, sowie Mann – Frau als *matrimonium* aufgeschlüsselt und die Aufgaben der drei Stände dieses Lebens, der *tres ordines vitae huius,* werden entsprechend umschrieben: Sind die ersten beiden Gebote, (sie entsprechen der *ersten Tafel des Gesetzes*) der *ecclesia* zugeordnet, so dienen die Gebote 5 und 8 vornehmlich der Umschreibung der *politia*, während die Gebote 4 bis 7 und 9-10 die Sphäre der *oeconomia* erfassen. Als Verhaltensordnungen sind sie den ubiquitär geltenden Geboten der *zweiten Tafel* des Gesetzes unterworfen. Diese Gebote faßt Luther als Naturrecht und *Summa* aller äußerlichen Gerechtigkeit, Sie haben mithin Politik und Hausstand zu bestimmen, und an der Wahrung dieser Gebote haben die Amtsinhaber obrigkeitlicher Gewalt sich messen zu lassen.[11]

Demgegenüber hat Philipp Melanchthon zum Artikel XVI der *Confessio Augustana* von 1530, *Policey und weltliches Regiment* verhandelnd, eine Lesart eingeführt, die das Verhältnis der Oberkeiten zu den Untertanen im Sinne einer streng einzuhaltenden Institutionenhörigkeit definiert, wonach die Stände zunehmend als eine starre intransigente Ordnung gefasst werden, und nahegelegt wird, nicht nur das Amt, sondern auch die Träger des Amtes apriori als ‚gut', da von Gott eingesetzt, zu erachten.[12] Desgleichen hat Melanchthon sowohl in seinem humanistischen Einführungstraktat zur Moralphilosophie als auch in seinem Aristoteleskommentar zur *Politeia* den Institutionencharakter jeglicher politischer Ordnung gegenüber den Personen als Machtträgern gestärkt und die Möglichkeiten aktiven Widerstands erheblich eingeschränkt, indem er den Stand der *ecclesia* in der Welt eindeutig *unter* die Fürsorge und das Regiment der politischen Ordnung stellt. Melanchthon weist die *cura religionis,* das heißt die Wahrung der *ersten Tafel des Gesetzes,* der politischen Ordnung zu, wie das im Übrigen die ebenfalls von Melanchthon entscheidend propagierte Visitationsordnung durch den Landesherrn erhellt.[13] Die hieraus viel später auf der Grundlage der *Konkordienformel* von 1580 eta-

---

[10] Vgl. Iwand 1974, S. 231.

[11] Vgl. hierzu Strohm 1983, S. 209.

[12] Vgl. Confessio Augustana (1530) XVI: *Von der Polizey und weltlichem Regiment / de rebus civilibus*; in: BSLK, S. 70/71. und entsprechend Apologie der Konfession BSLK, S. 307-310; hierzu die Problematisierung bei Prien 1992, S. 167 und die grundlegende Erörterung bei Scharffenorth 1964, S. 145-155; hier S. 149-151.

[13] Vgl. Melanchthon: *Philosophiae moralis epitomes* 1546 = MStA III, S. 149ff.; sowie nachhaltig seine *Commentarii in aliquot politicos libros Aristotelis* (1531) in CR XVI: coll. 417-452; hier coll. 427ff. und 449. Grundlegend die Unterschiede zwischen Melanchthon und Luther problematisierend Iwand 1966, S. 199-229, insbesondere S. 203ff.; 210-211; sowie Münkler 2000, S. 201f. In diesem Kontext ist auch die durch Melanchthon geforderte Stärkung des fürstlichen ‚Summepiskopats' zu sehen, das den Landesherrn auch über die Religion wachen und kontrollieren lässt. Vgl. dazu grundlegend Krumwiede 1967, sowie Grünberger 1997, S. 223-242; Grünberger 1999, S. 103-108. Demgegenüber haben Berman/Witte 1989, S. 1611-1635 die Verrechtlichung

blierte *Orthodoxie* hat dann die nicht nur theoriegeschichtliche Konsequenz eines sowohl durch Apologeten wie auch durch Kritiker etablierten Konzepts einer starren Zwei-Reiche-Lehre gezogen, die dann wiederum Luther unterstellt wird.[14]

Während also bei Melanchthon in systematisierender Absicht die Institutionen im Vordergrund stehen, interessiert sich Luther vorrangig für die Akteure und also die Personen in den kirchlichen, politischen und (haus-) wirtschaftlichen Ordnungen. Diese Personenkreise sind in der Regel auch der Adressat seiner vermahnenden und gutachterlichen Schriften und zumindest was die Obrigkeiten angeht, sind diese nicht notwendig, ja sogar zumeist keine ‚Christpersonen'.[15]

Die ‚weltbezogenen' Ordnungen wie auch das die Kirche betreffende *ministerium verbi* werden wohl eher durch eine Reihe analytisch getrennter ‚Systemmitgliedschaften' definiert: Das *Amt*, von Gott gesetzt, wird bei Luther durch Funktionsbeschreibungen definiert, die *konstant* gehalten werden: Das Amt ist gleichsam der *Stand in Funktion*[16], dessen Beschreibungen immer dann aufgeführt werden, wenn es um den Nachweis geht, daß das Amt *schlecht* ausgefüllt wird oder wurde, wie etwa in den zahlreichen die *politia* betreffenden Fällen von *Tyrannis*. Diese Scheidung von Amt und Person hat Luther in seiner Auslegung des *Magnificats (1520/21)*[17] auf die Summe gebracht: „Merck aber, sie (= Maria) spricht nit, das er die stuel zubreche, ßondern wirfft die geweltigenn erauß. Spricht auch nit, Er lest die nydrigen hie nyden, ßondern erhebt sie. Denn die weil die welt steht, muß ubirkeit, regiment, gewalt, unnd die stule bleyben."[18]

---

und damit die Institutionalisierung von Politik und Religion, wie sie in den systematischen Schriften Melanchthons angelegt sind, als eigenständige Leistung Melanchthons stark gemacht, habe diese doch ein in Staatlichkeit eingebettetes Luthertum erst ermöglicht.

[14] Vgl. Iwand 1966, S. 194 und 199.

[15] Zu diesem Unterschied zwischen Luther und Melanchthon vgl. Münkler 1993, S. 644-645. Luthers Adressaten sind in der Regel politische Akteure (Fürsten, aber auch Stadtmagistrate, Bauernschaft, ‚Kriegsleute' usw.) Melanchthon hingegen hat ein Interesse an einer Systematisierung von Dogmatik und – hier – politischer Ethik, mit dem er vor aristotelischem Hintergrund sein Konzept politischer Institutionen entfaltet. Luther hingegen lehnt Aristoteles nicht ab, sondern rezipiert ihn zunehmend stärker, liest ihn aber gleichsam ‚anwendungsbezogen' und damit auch elfenbeinturmsprengend: So stellt sich zum Beispiel vermittels seines häufigen Postulats, Billigkeit (epieikeia; Arist. Nikomach. Ethik ε cap. 10) walten zu lassen, eine Anwendung aristotelischer Annahmen ein, wie etwa in seinen Ausführungen gegen die verschiedenen Beleihungsformen und des Wuchers. Hier unterscheidet Luther zwischen den Erfordernissen des Evangeliums, wonach Leihen gleich Schenken und restloses Hingeben des Eigentums sein solle. Auch Raub solle ohne Gegenwehr erduldet werden. Nach den Kriterien äußerlicher Gerechtigkeit auf Erden müsse jedoch in jedem Falle gegen Wucher bei erhöhtem Zins eingegriffen werden, während, bedingt durch Eigentumsverpflichtungen und sozialen Umständen, ein Zinssatz von 5% gemäß den Bedingungen der Billigkeit tolerabel sei. Vgl. im Einzelnen die Ausführungen bei Prien 1992, S. 123-140 et passim, zum Kriterium der Billigkeit S. 227-228.

[16] Vgl. Maurer 1970, S. 7 unter Rekurs auf die Überschrift zur Haustafel in Luthers *Kleinen Katechismus* (1529): „[...] *fur allerley heilige orden und stende, dadurch dieselbigen als yhres ampts und dienfts zu ermanen.*" (WA 30: I: 326: 17f.; BSLK 523).

[17] Hier Lukas 1:52: „Er hat abgesetzt die gewaltigen von yhren stuhlen".

[18] Cl. 2:174:36-175:1.

Die Ämter selbst sind streng zu scheiden, da es ansonsten zu Überlastungen der Personen kommt, die dann ihrem Amt im Dienst am Nächsten nicht mehr gerecht werden:

> „Und wenn sonst nichts were böses in den anderen und hohen Stenden, als da ist Geitz, Hoffart, Hass, Neid etc. So ist doch dis einige Laster böse gnug: Das sie Klug und Weise sein wöllen, da sie nicht sein sollen. Und jedermann geneigt anders zu tun, denn imp befolhen ist, und zu lassen, was ihm befohlen ist. Als wer im geistlichen Ampt ist, der will klug und thetig sein in weltlichem, und ist seiner weisheit hie kein ende. Widerumb, wer im weltlichen Ampt ist, dem wird das Heubt zu enge fur ubriger kunst, wie das geistliche Ampt zu regieren sey."[19]

In diese Richtung ist vor allem auch der zweite Teil der Schrift *Von weltlicher Obrigkeit, wie weit man ihr Gehorsam schuldig sei* (1523) zu interpretieren. Hier zeigt Luther unter dem Titel „*Wie weytt sich weltlich uberkeytt strecke*" vor allem die Grenzen der ‚Politik' und des politischen Amtshandelns auf, deren Verletzung, sei's durchs Papsttum, sei's durch die ‚Kronen' als Entgrenzung gedachter Systemgrenzen gelesen werden können: die Systemgrenzen einer *Gemeinde* als ecclesia und die einer *Gemeine* als politia:

> „Denn meyn ungnedige herrn, Bapst und Bischoffe, sollten bischoffe seyn, unnd Gottis wortt predigen, das lassen sie, und sind weltliche fursten worden, und regirn mit gesetzen, die nur leyb und gutt betreffen. Feyn haben sie es umkeret, ynnerlich sollten sie regirn die seelen durch Gottis wortt, so regirn sie außwendig schloesser, stedt, land und leutt, und martern die seelen mit unseglicher moerderey. Also auch die welltlichen herrn, solten land und leutt regirn eußerlich, das lassen sie, Sie kunden nicht mehr, denn schinden und schaben, eyn zoll auff den andern, eyn zeyße[20] uber die andern setzen, da eyn bern, hie eyn wolff auslassen, Datßu kein recht trew noch wahrheytt bey yhn lassen funden werden, und handeln das reuber und buben zu viel were, und yhr welltlich regiment ja so tieff darnyder ligt, als der geystlichen Tyrannen regiment."[21]

Personen sind vom Amt strikt zu unterscheiden,[22] sie sind gleichsam kontingent. Das heißt: Überdauerung des Amtes im Falle eines Wechsels der Amtsinhaber. Die Personen haben sich dem Leistungsprofil des Amtes zu fügen, werden an diesem gemessen:

> „Auffs erst ist der unterscheid für zu nehmen, das ein ander ding ist, Ampt und person, odder werck und thetter. Denn es kann wol ein ampt odder werck gut und recht sein an yhm selber, das doch boese und unrecht ist,, wenn die person odder thetter nicht gut odder recht ist, odder treibts nicht recht."[23]

---

[19] *Die gantze heilige Schrifft deudsch* (1545) Vorrede zu den Sprüchen Salomonis: vol.I: 1094: 18-29.
[20] zeyß = Zins, respektive Steuer.
[21] Von weltlicher Obrigkeit (1523) = Cl. 2:380:2-13; vgl. die scharfe Funktionsteilung zwischen geistlichen und weltlichen/politischen Ämtern Cl. 2:384:15-28; sowie *Auslegung des 101. Psalms* (1534–1535) = WA 51: 222: 28-223: 7.
[22] Vgl. Luther, *Kriegsleute*: Cl. 3:318; *Heerpredigt widder den Türken* 1529/30 = WA 30: II: 172: 26-30.
[23] *Ob Kriegsleute auch in seligem Stande sein können* (1526) = Cl. 3:318:37-319:2. Gleichfalls: „Es sind in allen Goetlichen ampten und stenden viel boeser menschen. Aber der stand ist und bleibt dennoch gut/wie hoch auch die menschen des misbrauchen. Man findet viel boeser weiber, viel falscher knecht, viel untrewer megde, viel schedlicher Amptleute und Rethe, Aber nichts deste weni-

Dies betrifft schließlich die weitere Unterscheidung der Personen schlechthin: die Unterscheidung von Christperson und Weltperson[24]. Gilt für die Christperson ein Verhalten *für sich* gemäß der Bergpredigt und ihren Forderungen nach Feindesliebe und Vergebung; so ist die Weltperson – hier als Amtsperson – in ihrem Verhalten *für andere* an die Obliegenheiten des regierenden Standes gehalten; dies in Anlehnung an das Recht und die Pflicht zur Aufrechterhaltung einer äusseren Ordnung. Bindeglied von Christperson und Weltperson wird das Kriterium der *Billigkeit* – wider eine buchstabengetreue Gesetzlichkeit des *summum ius summa iniuria* – nach der sich auch die christliche Amtsperson zu orientieren habe.[25] Träger und Mitglieder der Herrschaftsbereiche und Regimente sind immer die Personen als Weltperson und Christperson, in ihrer letztendlichen Verantwortung vor Gott, denn jede Christperson ist immer auch Weltperson, ist doch der Christ immer aufgefordert, auch Ämter im weltlichen Regiment zu übernehmen und sich hierfür die Bildung anzueignen, respektive seinen Söhnen eine entsprechende Ausbildung für ein politisches Amt zu ermöglichen.[26] Indem schließlich Reiche und Regimente, wie auch die Stände immer mit Blick auf die sie ausfüllenden Personen zu sehen und focussiert sind, können sie nicht als *dichotomisch* geschieden gedacht werden, allein schon, weil die Reiche und ihre Regimente die Beziehungszusammenhänge konstituieren, in denen jegliche Person lebt.[27] Die Person erscheint bei Luther im Zusammenhang seiner politischen Ethik jedoch weniger in ihrer durch einen freien Willen gekennzeichneten Individualität. Sie ist vielmehr, modern gesprochen, Focus eines Rollenkonfliktes von Amtperson und Christperson, der nur *coram Deo*, nicht aber vor den Menschen zu lösen ist. Insofern werden die getrennt gedachten Sphären der Reiche eines *regnum mundi* versus eines *regnum Christi* in der Person des Christenmenschen wieder zusammengeführt.[28]

Füllen die Amtsträger ihr Amt recht nach Maßgabe des Evangeliums und seinen Modifikationen durch das Naturrecht aus, erfüllen sie ihren *Beruf*. Der Beruf (*vocatio*)

---

ger, ist Frawen stand, Knechte und Magd stand, und alle ampt, gleich wol Gottes stifft werck und ordnung." Eine Predigt, daß man Kinder zur Schulen halten solle (1530) = Cl. 4:171:9-14. Vgl. auch die Warnung vor Entgrenzungen der Scheidung von Ämtern und Berufen in den weltlichen Ordnungen im Sinne von Übergriffen: *Vom Kriege widder die Türcken* (1528) = WA 30: II: 112: 13-29.

[24] Vgl. Ebeling 1981[4], S. 219-238; Duchrow 1970, S. 536ff.; Mau 1982, S. 17-18. Eckert 1973, S. 45 hingegen setzt Christperson mit ‚Privatperson' mit Blick auf die Eigenverantwortlichkeit *coram deo* gleich, weshalb ihr der entscheidende Gegensatz Weltperson versus Christperson entgeht.

[25] Vgl. diesbezüglich exemplarisch den Fürstenspiegel innerhalb der Auslegung *des 101. Psalms* = WA 51: 205: 28-206: 15 und mit Blick auf eine mögliche Bekämpfung des Wuchers: *An die Pfarrherrn wider den Wucher zu predigen* (1540) = WA 51: 352: 15-26, hier unter explizitem Rekurs auf die Diskussion der ‚epieikeia' und ihrer Voraussetzungen bei Aristoteles, Nikomachische Ethik Buch 5 (ε) cap. 10.

[26] Vgl. Strohm 1983, S. 208; Prien 1992, S.159 unter Rekurs auf *Eine Predigt, dass man Kinder in der Schulen halten solle* (1530) = WA 30: 2: 565: 10ff. = Cl. 4:167:35-168:6; vgl. auch *Vom Kriege widder die Türcken* (1528) = WA 30: II: 132: 7-20.

[27] Vgl. Bornkamm 1958, S. 30-31; hierzu Duchrow 1970, S. 525-527 und Prien 1992, S. 157-158, Anm. 68.

[28] Vgl. Ebeling 1981, S. 227ff.; Oberman 1986, S. 229ff.; Münkler 1993, S. 638f.

entspricht einer Anforderung an die Person, ist mithin die personale Perspektive, der das Amt als institutionelle Perspektive zu korrespondieren hat. Damit gewinnt auch das Konstrukt der *Larve (larva Dei)* bei Luther eine politisch relevante Position. Über die *Larven* erscheinen Hausstand, politischer und geistlicher Stand koordiniert und damit auch ‚gleichwertig'.[29] *Larvae* gibt es so nur in den drei Ständen des irdischen Reiches, in dem der Mensch sein Amt hat, wo er arbeitet und Werke gegenüber seinem Nächsten tut. Wie immer er seinen Beruf im Amte ausübt, der Mensch wird bei Luther über das Medium der *Larve* als Werkzeug in Gottes Hand gesehen.[30] Die *Larve*, wie überdies die *Person*, ist mithin immer als ein noch nicht zum Begriff geronnenes *Rollenanforderungsprofil* zu denken, das im günstigsten Falle durch einen *Mit-* und *Zuarbeiter Gottes* (*cooperator Dei*) respektive einen *Wundermann Gottes*[31] ausgefüllt wird, der selbst einer Berufung (*vocatio*) respektive einer *Erweckung* folgt. Von daher tritt bei Luther Berufung an die Stelle von Herkunft im Sinne eines Ständeprinzips. „Nicht die Geburt definiert den Beruf, sondern die *vocatio*, das Mandat Gottes."[32] Mithin gestaltet sich der Zugang zu den Ämtern virtuell allen offen, da Eignung und Ausbildung vor Privileg und Geburt rangieren.

Wird nun mit dem Amt die Perspektive der jeweiligen Ordnung (‚Stand', *hierarchia*) eingenommen, so tritt mit dem *Beruf* die motivationale Perspektive von Seiten der Person ins Blickfeld. *Beruf* (*vocatio*), figuriert für das Motiv, ein Amt ausführen zu wollen und zu glauben, es ausüben zu können. Dem Berufungs*vorgang* jedoch ist wesentlich, daß in ihm ein Amt durch Dritte angetragen wird, er sich also nicht einer Eigenmächtigkeit des Berufenen verdankt.[33] Ämter hingegen, seien sie geistlich und/oder politisch, haushälterisch, sind immer für den anderen, für den Nächsten auszuüben und nicht *für sich*. Das Bindeglied der Implementation von Amt und Beruf ist also die Orientierung am Nächsten und dessen Rechten, welche in beiden Fällen von Luther als *Dienst* definiert und qualifiziert wird.[34]

Darin mündet auch die Kritik Luthers am Mönchtum in seinem Traktat *de votis monasticis* (1521), sind doch das Mönchtum und sein Gelübde lediglich eine egoistische, aufs eigene Seelenheil fixierte Form, da es nicht für andere da sein, sondern nur für sich sein will. Aus der Orientierung am Nächsten, durch die jeder Beruf und jedes Amt gekennzeichnet ist, ergibt sich zudem das für alle Ordnungen geltende ‚Prinzip' einer *obligatio mutua*. Exploriert werden muß jedoch weiterhin die sehr komplexe ‚Verantwortungsethik': Verantwortet werden muß zunächst das Verhalten gegenüber der höheren Oberkeit und dann schließlich und vor allem Gott gegenüber. Also ist Verantwortung vom Amtsinhaber immer *alleine* zu tragen. Diese Eigenverantwortung ändert sich jedoch gegenüber Untergebenen: Gegenüber den *Unterkeiten*, respektive *Un-*

---

[29] Vgl. Küppers 1959, S. 367-368.
[30] Vgl. Wingren 1952, S. 92-93; Hermann 1960, S. 186-190; Mau 1982, S. 16.
[31] Vgl. hierzu Hermann 1960, S. 184-186; Ders. 1967, S. 174-177; Seils 1982, S. 32.
[32] Strohm 1983, S. 211-212.
[33] Vgl. Mau 1982, S. 21-22.
[34] Vgl. Küppers 1959, S. 366; Scharffenorth 1964, S. 108; Prien 1992, S. 157-158.

terpersonen, tritt die Einzelperson doch nunmehr als Träger eines Amtes auf, und kann so für sich institutionelle Gewalt beanspruchen.[35]

Aus den Verpflichtungen der *Oberkeiten* zur Wahrung der Zweiten Tafel des Gesetzes (Gebote 4-10 des Dekalogs) ergeben sich in Luthers Schriften eine Vielzahl an Varianten eines möglichen Widerstandes, die in eher entlegenen, lateinisch gehaltenen Traktaten, *sermones* und *disputationes*[36], ihren Niederschlag gefunden haben. Auf diese beziehen sich schließlich die Autoren um Nicolaus Amsdorff bei Abfassung ihres *Magdeburger Bekenntnisses* von 1550, woraus sich erhellt, daß ein Widerstandsrecht gemäß einer *obligatio mutua* für den Christen als Weltperson verpflichtend werden kann. Hier gilt, daß der Widerstand sich gegen die *Person*, die das obrigkeitliche Amt mißbraucht, richtet, nicht aber gegen das Institut der Obrigkeit, welche Gottes Setzung ist. Nicht zuletzt aber geht es zum einen um die Wahrung des allgemein verbindlich zu machenden Dekalogs, zum anderen aber um die Nichteinmischung der Politik in den Dienst am Wort. Denn auch das gilt: Die Mehrheit der Fürsten und der Oberkeiten sind verderbt und ein guter Fürst äußerst selten: „Sihe zu letzt auch die hohen Fuersten stende an. Wo einer oder zween Christlich sind, die sind Wild bret im Himel, die andern alle bleiben helle brende mit dem Teuffel, und richten leid und unglueck gnug ueber die Christen", wie Luther vor allem in seinen Schriften wider den Wucher nachhaltig betont.[37]

Die Untertanen als auch untergeordnete, sogenannte *mittlere und untere Oberkeiten* sind mithin verpflichtet, auf jeden Fall mit Wort und Rede Widerstand zu leisten, im Falle der Tyrannis gar mit Waffen. Allemal aber besteht die Verpflichtung – wohl für alle in der Gemeinde – nicht nur angesichts von Tyrannis und offensichtlichem Macht- und Amtsmißbrauch nicht zu schweigen, sondern öffentlich durch Gottes Wort zu ‚strafen', wie Luther in seiner Politiklehre zu Psalm 82 auffordert:

> „das nicht auffrhurissch ist die oeberkeit straffen, wo es geschicht nach der weise, die hier berurt stehet, nemlich das es durch Goettlich befolhen ampt und durch Gotts wort geschehe offentlich frey und redlich, Sondern es ist eine loebliche, edle seltsame tugent und ein sonderlich grosser gottesdienst."

---

[35] Vgl. *Ob Kriegsleute....* (1526) = Cl. 3:334:3-336:5.

[36] So zum Beispiel am entschiedensten die das Widerstandsrecht erörternde Circulardisputation zu Matth. 19:21 von 1539 = WA 39: II: 34-91, welche sich gegen die weltliche Herrschaft des Papstes, dann aber auch gegen die kaiserliche Gewalt richtet. Siehe überdies auch ein von Kurfürst Johann 1530 angefordertes Gutachten, betreffend den Widerstand, in WAB 5: 258-261. Mithin kann die These Thomas A. Brady's, wonach Luther kein *aktives* Widerstandsrecht billige und nicht nur diesbezüglich ob seiner althergebrachten – *old fashioned even in his own day* – politischen Theorie eines Patriarchalismus als Wegbereiter des Absolutismus und autoritären Staates zu gelten habe, zumindest bezweifelt werden. Vgl. Brady 1986, S. 40-41.

[37] Vgl. z.B. *An die Pfarrherrn wider den Wucher zu predigen, Vermahnung* 1540 = WA 51: 406: 10-11; *Auslegung des 101. Psalms* 1534/35 = WA 51: 254: 11-12; siehe auch *Von weltlicher Obrigkeit...* 1523 = Cl. 2:382:21-383:2, die generelle ‚Verderbtheit' der Fürsten notierend unter denen ein ‚frommer Fürst' ein gar *seltsamer vogel* sei. Vgl. Schempp 1972, S. 151-154.

Denn nehme man die Pflicht, sich mit dem Wort gegen den Tyrannen sich zu erheben, nicht wahr, würde der Tyrann in seinem Wirken noch gestärkt.[38] Diese Pflicht zum Widerstand betrifft *alle* Christen gerade im Wissen um die gemeinschaftsregulierenden Gebote des Dekalogs. Den einem Tyrannen Unterworfenen kommt hier die Qualität rechtmäßiger Obrigkeit zu: „Denn gleich wie die Oberkeit, welcher du ein glied bist, selbst widersteht, also gebeut sie dir auch widerstand zu thun vermoeg der andern Tafel, welcher du gehorsam zu sein schuldig bist."[39] Verletzt nämlich die Obrigkeit ihre Verpflichtung gegenüber der Gemeinde, ist sie ebenso zu bestrafen, wie eine Gemeinde, die ihrerseits den Vertrag mit der Obrigkeit verletzt:

> „Auff das die Gemeine gehorsam sey der oberkeit um Gottes willen, widderuemb die oberkeit recht und fride handhabe, auch um Gottes willen [...] Welchs teil aber das seine nicht thun will, sondern so die gemeine ungehorsam und die oberkeit mutwillig ist, sollen sie beide vor Gott des tods schueldig sein und gestrafft werden, die Gemeine durch die oberkeit, die oberkeit durch Gott... ."[40]

II. Zugang zu den ‚Quellen' des Gemeinen Nutzens

Tugenden und Untugenden

Am nächsten kommt man der Vorstellung Luthers vom Gemeinnutz aus der Perspektive der *politia*, wenn die drei Ordnungsziele angestrebt werden: (1) Schutz und Förderung der Predigt des Evangeliums; d.h. Sicherung der ‚Rahmenbedingungen' für die christliche Gemeinde im Sinne der ersten drei Gebote. (2) Sicherung des Wohlstands und des Schutzes der Armen, Witwen und Waisen, da diese Tugend alle Werke der Gerechtigkeit umfasse und begreife; und schließlich (3) Frieden zu halten, d.h. ungerechte Anwendung von Gewalt verhindern. Aus diesen drei Erfordernissen erwachse ein in Glück und Gottes Segen befindliches Gemeinwesen.[41]

---

[38] Vgl. *Der 82. Psalm ausgelegt* 1530 = WA 31: I: 197: 29-34; hierzu Forck 1982, S. 67. Wie ein solcher Widerstand Form annehmen kann, hat Luther unter anderem in seinem *Brief an die Fürsten zu Sachsen* (= WA 15: 210-221) während des Bauernkriegs 1523, vor allem aber auch 1541 in seinem großen *negativen* Fürstenspiegel gegen *Hans-Worst* (Herzog Heinrich von Braunschweig-Wolfenbüttel) dargetan (= WA 51: 469-572). Daß ferner die (fürstlichen) Obrigkeiten sich nicht mit Hofschranzen und Speichelleckern umgeben sollten, sondern Kritik zu dulden, ja auf sie zu hören hätten, vgl. *In XV Psalmos graduum Psalmus CXXVII* (1532/1533) = WA 40: III: 265: 32-266: 16.

[39] *Circulardisputation über Matthäus 19:21* (1539) = WA 39:II 46: These # 32 (deutsche Fassung). Vgl. Scharffenorth 1964, S. 139.

[40] *Der 82. Psalm ausgelegt* (1530) = WA 31:1: 193: 18-25; hierzu Elert 1953 II, S. 320.

[41] Vgl. *In XV Psalmos graduum XV; Psalmus CXXVIII* = WA 40: III: 305: 21-24: „Primum est timor Dei; hic complectitur ea, quae primae tabulae sunt. Propter timorem Dei postea donat et conservat Deus domum et Oeconomiam, tandem propter Oeconomias recte institutas et in timore Dei administratas sequitur etiam tertia benedictio foelix scilicet Politia." Hier folge ich Prien 1992, S. 195-211. Wie Iwand 1974, S. 300f. zeigt, kann jedoch Luthers Auslegung des 82. Psalms = WA 31: 1 189-218, insbesondere 196 f. als maßgeblich gelten; ebenso Psalm 127 in WA 40 III: 262-267, hier vornehmlich die Pflicht der Friedenssicherung.

Der Katalog politischer *Untugenden* zeigt hingegen die Abwesenheit von Gemeinnutz auf und ist durch Grenzverletzungen der Teilbereiche von *ecclesia*, *politia* und *oeconomia* gekennzeichnet.[42]

Ich beschränke mich hier auf ein von Luther diagnostiziertes zentrales Laster politischer Regimente, den sogenannten *Eigennutz*, der in Luthers Schriften zur Politikgestaltung im Alten Testament breiten Raum einnimmt und damit ex negativo den *Gemeinnutz* erfasst, und sich in drei *Untugenden* manifestiert, die den eben benannten Tugenden und Bedingungen des Gemeinnutzes korrespondieren:

Die erste Untugend betrifft den Umgang seitens der Oberkeiten mit der *ecclesia* als Ort und Gemeinschaft der Wortverkündigung und deren Förderung, die sie unterlassen oder gar hintertreiben.

Die zweite Untugend betrifft den gleichsam selbstreflexiven Umgang der Oberkeiten mit ihrem eigenen Amt und ihren Pflichten gegenüber den ihnen Anempfohlenen: daß sie ihre Fürsorgepflicht außer Acht lassen und die Untertanen mit Unrecht und Gewalt drücken. Die dritte Untugend erkennt man im *persönlichen* Eigennutz der Amtsinhaber:

> „das sie ym finstern wandeln und leben ynn solch Goettlichem Stand und ampt allein fuer sich selbst, gerade als hetten sie die Oberkeit dazu bekommen, das sie yhren nutz und ehre, yhre lust und mutwillen, yhren stoltz und pracht sollten suchen und treiben [...]."[43]

Dieser persönliche Eigennutz gestaltet sich facettenreich, und ist Ursache jeglicher Tyrannis, die grundsätzlich *politia* und *oeconomia* verstört, und deshalb ihren Sturz – aber nur *deo volente* – erforderlich macht. Das vorrangige *peccatum politicum* hat Luther in dem Hochmut und Egoismus von Tyrannen erblickt: „Mithin bin ich geradewegs der Meinung, daß (z.B.) Monarchien längeren Bestand gehabt hätten, wenn die Monarchen das eine Pronomen EGO aus ihrem Wortschatz und ihren Handlungen gestrichen hätten."[44]

Der Gemeinnutz wiederum erscheint seinerseits mit dem Entwurf eines (patrimonialen) Fürsorgestaats im Großen Katechismus beschrieben, wobei es Luther vornehmlich um ein Korrektiv zu den als *Eigennutz* gefaßten Sonderinteressen der zahlreichen eigenrechtlichen Stände geht, die im Übrigen die Anlässe zu seinen zahlreichen theolo-

---

[42] Thematisiert hat Luther diese Grenzverletzungen zunächst in gegenseitigen Übergriffen der Teilsysteme der Schöpfungsordnung, denn gegenseitige, gleichsam ‚systemgefährdende' Zugriffe hat Luther mehrfach beobachtet und zum Gegenstand von Schriften, Predigten und Disputationen gemacht. Vgl. exemplarisch seinen Vergleich von römischem Papsttum und der islamischen Herrschaftsordnung der Türken, das eher zugunsten des Letzteren ausgeht, in: *Vom Kriege widder die Türken* (1528) = WA 30: II: 107-148 und die Gefährdung von *ecclesia* und *oeconomia* zum Thema hat. Gleichsam akademisch werden die Systemgrenzverletzungen seitens der römischen Papstkirche in der *Circulardisputation zu Matth. 19:21* (1539) = WA 39: II: 34-91 verhandelt.

[43] *Der 82. Psalm ausgelegt* (1530) = WA 31: I: 215: 3-8; der gesamte ‚Untugendkatalog' ebenda: 214: 20-215: 12.

[44] *In XV Psalmos graduum XV; Psalmus CXXVII* = WA 40: III: 225: 28-30: „Et ego plane in ea opinione sum Monarchias longe diutius fuisse duraturas, si Monarchae hoc unum pronomen EGO obmississent." Zur Idee des *peccatum politicum* auch *Genesisvorlesung* 1535–1545 = WA 42: 411: 10-16; 27-30.

gisch intendierten, beratenden Interventionen bieten.⁴⁵ Den Verpflichtungen zu einem Gemeinnutz entsprechend hat Luther im Großen Katechismus zur Auslegung der vierten Bitte des *Vater Unser* das Scenario einer paternalistischen Fürsorgeordnung sowohl in *politia* als auch der hausständischen *oeconomia* umrissen und die frommen Fürsten aufgefordert, dem auch herrschaftssymbolisch Rechnung zu tragen:

> „Daruemb moechte man billich ynn eines iglichen fromen Fürsten schild ein Brod setzen, fur ein lawen odder rawten kratz, odder auff die muentze fur das geprege schlagen, zu erynnern beide sie und die unterthanen, das wir durch yhr ampt schutz und friede haben, und on sie das liebe brod nicht essen noch behalten können."⁴⁶

Mit Blick auf eine *Regimentenlehre* aufschlussreicher und ‚systematisch aufbereiteter' erweisen sich jedoch die lateinischen Ausführungen zu den sogenannten *Stufenpsalmen*, hier Psalmen Salomonis 127 und 128,⁴⁷ die eine klare Unterscheidung von geistlichem, politischen und haushälterischen/familialen Bereichen bieten. In beiden Exegesen wird nach den Möglichkeiten des Strebens nach einem *gemeinen Nutzen*, der in der Orientierung am Nächsten verwirklicht werden soll, gesucht. Der Gemeine Nutzen wird von Luther immer und nur handlungsorientiert gesehen, sich ihm anzunähern geschieht nur durch eine Orientierung am personalen *Nächsten* in der Gemeinde. Von diesen beiden Polen, dem Nächsten und der Gemeinde her definiert sich Luthers *implizite* Gemeinwohlverpflichtung, der Amt und Beruf unterworfen sein sollten.⁴⁸ Ein *Gemeinwohl* im Sinne eines politischen Zustandes, dessen Begriff noch nicht im Haushalt der politischen Semantik Luthers zugegen ist, scheint bei ihm nur vermittels einer wohlgeordneten *res publica* auf und ist, so es denn ausmachbar wird, Geschenk und Gabe Gottes, also nicht durch Menschen bewirkt, allenfalls durch ihre ‚Zuarbeit' im Sinne eines *Gemeinnutzes* als einer auf den Anderen bezogenen Zielvorgabe.⁴⁹ Als Wirken Gottes sieht Luther jedoch auch und vor allem, wenn die Menschen sich ihrer Zuarbeiter-Rolle *nicht* bewußt sind und deshalb trotz aller Vernunft, Wissen und Macht ihre in der Regel *ei*gennützigen Ziele verfehlen. Die Heiden haben hierfür gerne zur Idee der *Fortuna*, also des Schicksals gegriffen, um den Mißerfolg erklärbar zu gestalten.⁵⁰

---

⁴⁵ Zu dem umfangreichen Katalog der Interventionen und ihrer Topoi vgl. die Zusammenstellung bei Elert 1953 II, S. 318-320.
⁴⁶ *Der grosse Katechismus* (1529) „Die vierde bitte. Unser teglich brod gib uns heute" = Cl. 4:71-73; hier 72:8-13. Vgl. hierzu Elert 1953 II, S. 411-412.
⁴⁷ Vgl. WA 40: III: 202-269. *Stufenpsalmen* heißt: Lieder zu singen auf ‚Wallfahrten'. Die Zürcher Bibel setzt hierfür *Wallfahrtslieder*
⁴⁸ Vgl. Strohm 1983, S. 212.
⁴⁹ Vgl. *In XV Psalmos graduum Psalmus CXXVII* (1532/1533) = WA 40: III: 236: 29-36: „Sed redeo ad textum Psalmi, in quo videtis Oeconomiam et Politiam nobis commissas esse. Sed sic, ut sciamus nos instrumenta esse divinae maiestatis et organa seu cooperatores, non auctores, principia vel causas primas istarum divinarum rerum [...]."
⁵⁰ Vgl. *In XV Psalmos graduum Psalmus CXXVII* (1532/1533) = WA 40: III: 242: 25-243: 30: „[Gentes – H.G.] Coacti igitur sunt dicere Fortunam dominari in rebus. [....] Post cum res aliter cederet, agnoscebant errorem et fortunae tribuebant omnia. Nos non debemus fortunae illa tribuere, nisi fortunam voces, quando sapientibus et potentibus ac mane surgentibus aliter cedunt sua consilia, quam praesumebant, sed iudicio Dei, qui praesumptionem sic ponit." Mit Luhmann läßt sich hier von ei-

Während Psalm 127 als Vorlage dient, *politia* als Grundlage einer guten weltlichen Ordnung, welche zu errichten sei, zu deuten, werden für Psalm 128 die Perspektiven von Ehe und Hausstand erörtert, die komplementär zur *politia* angelegt sind und zudem den Rahmen für eine Darlegung der Arbeitsethik bereitstellen. Sie betonen den Vorrang von Ehe und Hausstand als Basis und Ausgangspunkt einer *res publica* und ‚guten *policey*'. Der Vorrang ergibt sich schon daraus, daß Ehe und Hausstand komplexere Gemeinwesen erst ermöglichen. Sind jene gefährdet und verunsichert, schlägt sich doch diese Störung auf die komplexeren Ordnungen von Imperien und kommunalen Ordnungen nieder. Von daher sieht Luther in Ehe und Hausstand die Mittlerfunktion zwischen den übrigen Ordnungen der *politia*.[51]

Unter Psalm 127 Vers 2 „Wo der HERR nicht die stad behuetet, so wachet der Wächter umbsonst" wird die Gemeinnutzperspektive bezogen auf *politia* und *oeconomia*:[52] Was Salomo als Leben und Ort der Familie gekennzeichnet habe, begreife er, so Luther, heutigentages (= AD 1530) als Ehegemeinschaft (*coniugium, matrimonium*) oder auch als Haushaltung (*oeconomia*). Entsprechend redet er hier von einem Gemeinwesen (*civitas*/‚Stad'), welches er als *res publica* einführt. Aus beiden Formationen, sowohl der *oeconomia* als auch der *res publica*, gibt es kein Entrinnen, weshalb es notwendig sei, über deren Zweck und Ziel zu erfahren und zu lernen, denn wir alle, ob Christen oder Nichtchristen, seien ‚Mitglieder' einer politischen Ordnung und immer zugleich Mitglied einer Haushaltung,[53] sei die politische Ordnung nun ein Königreich, ein Herzogtum, oder eine Bürgerschaft, sei diese *res publica* ein großes oder kleines Gemeinwesen. Für beide Ordnungen aber, die des Hauses und die des politischen Regiments gilt: Wenn die ‚Lenkung und Leitung' im häuslichen Bereich (*gubernatio privata*) ‚wohl verfaßt und geordnet' ist, steht es auch gut um das Gemeinwesen schlechthin: Denn alle Haushaltung ist Ursache und Quelle, mithin die Grundlage eines Gemeinwesens. Ehestand und Haushaltungen hat Gott gestiftet und gebaut, die hieraus erwachsenden Gemeinwesen sind jedoch von Menschen einzurichten, werden aber vom Herrn gehütet. Denn auch gilt, daß, wo Vater und Mutter die Kinder hervorbringen und erziehen, gleichermaßen fehlen, ein Gemeinwesen keinen Bestand zu haben vermag. Erwächst doch aus dem (familialen) Hausverband gleichsam die ihm darin vermittelte Gemeinschaftsverpflichtung des einzelnen Menschen, für den es nicht gut sei, daß er alleine sei. Erst aus dem Hause, dem Haushalt, aber entsteht jegliches Gemeinwesen, welches für Luther doch nichts anderes ist als die Vielzahl

---

ner Ablösung von Kontingenzformeln in religiösen Ordnungen ausgehen, die Unerwartetes erklärbar und damit beherrschbar gestalten sollen. Was für Religion als Schicksal (als Göttin Fortuna) und schließlich als Gott fungiert, kann in der *politia* in der Zielvorgabe des *Gemeinnutzes*, respektive des *Gemeinwohls* gesehen werden; vgl. Luhmann 2000, S. 147-150, hier 148-149.

[51] Vgl. *In XV Psalmos graduum Psalmus CXXVIII* (1532/1533) = WA 40: III: 269: 22-32 (30-32): „Recte igitur dicitur Oeconomia fons Politiae, quod turbatis Oeconomiis non possunt constitui imperia nec civitates, sicut individuis sublatis neque species nec genus consistere potest."

[52] Vgl. Iwand 1974, S. 305-306.

[53] *In XV Psalmos graduum XV; Psalmus CXXVII* = WA 40: III: 210: 16-17 (Druckfassung): „Hoc vere est docere de Politia et Oeconomia, ostendere scilicet causam efficientem et finalem. Est autem eo magis necessaria haec doctrina, quod omnes vel in Politia, vel Oeconomia sumus. Etsi enim non sis maritus, tamen necesse est te esse in aliqua Oekonomiae parte."

von Haushaltungen und Familien.[54] Nun ist die Exegese zum 127. Psalm nach ihrem lateinischen Druck alsbald und gleich zweimal ins Deutsche übersetzt worden. Georg Maior hat den Kernsatz *Oeconomia enim fons est Reipublicae* 1536 so übersetzt: „denn die Haushaltung ist ein Ursprung, da von alle Polizeyen und Stadt Ordenung herkommen", während Caspar Hedio, der Straßburger Reformator, hingegen hier in seiner Übertragung von 1541 gleich eine Summe zieht: „Dann die haußhaltung eyn brunn ist des gemeynen nutzes."[55]

Die gemeinnützigen Verhaltens- und Kommunikationsregeln: Der Dekalog

Einer seiner aufgezeichneten Universitätsveranstaltungen, einer Interpretation des Psalms 51 (1532/38), läßt sich entnehmen, worin Luther die Chancen und Grenzen einer Gemeinwohlperspektive unter den Voraussetzungen des *weltlichen* Regiments zu erkennen glaubt: Kraft der Barmherzigkeit und des Opfers Christi bedarf der Christ als Christperson keinerlei Institutionen und keinerlei Gesetze. Allein, im weltlichen Regimente sind Naturrecht und Gesetze *in ihren Grenzen* sinnvoll und nützlich. „So auch ist Recht und Gerechtigkeit eines Gemeinwesens in ihren begrenzten Zielen und Zwecken eine äußerst hilfreiche und gute Sache, damit Friede und Gemeinschaft auf *wechselseitiger* Basis bestehe unter den Menschen."[56] Der Fürst, respektive die Träger einer von Gott in Verantwortung gegenüber Gesetz und Evangelium gesetzten *Oberkeit* haben ihren Untertanen Schutz und Trutz zu gewähren, wie dies in Luthers als Fürstenspiegel zu lesenden Auslegungen des 82. und 101. Psalms zur Pflicht der Obrigkeit am Beispiele Davids deutlich gemacht wird.[57] Entsprechend diesen Leistungen und Pflichten seitens des Fürsten haben die Untertanen der Obrigkeit im Gegenzug Gehorsam und Ehrerbietung zu leisten. Dabei ist es notwendig, die Aufgaben der Obrigkeit bezüglich ihres Wächteramtes, der *custodia utri-*

---

[54] Vgl. *In XV Psalmos graduum XV; Psalmus CXXVII* = WA 40: III: 219-221 (Druckversion): „Sicut supra domum appellavit rem familiarem et quod nos dicimus coniugium seu Oeconomiam, ita hic civitatem appellat Rempublicam, sive sit regnum, sive Ducatus, sive civitas, sive quaecumque Respublica, vel magna, vel parva. [...] Diserte autem dicit: Nisi Dominus custodierit civitatem, non dicit aedificaverit, sicut supra de domo dixit. Quia, cum gubernatio domestica et privata bene est constituta, tunc etiam bene habebit Respublica. Oeconomia enim fons est Reipublicae. Si enim desint pater et mater, uxor et maritus, qui progenerent sobolem et educent, non poterit consistere Respublica. Ex domo igitur propagatur civitas, quae nihil aliud est quam multae domus et familiae. Ex civitatibus fit Ducatus, ex ducatibus Regnum, quod illa omnia coniugit. Harum omnium Oeconomia fons est, e Deo creata in paradyso, ubi dixit: ‚Non est bonum hominem esse solum, Item: Crescite et multiplicamini."

[55] In XV Psalmos graduum XV; Psalmus CXXVII =WA 40: III: 219-220.

[56] *Enarratio Psalmi LI* (1532/1538) = WA 40: II: 455: 39-41: „Sic iusticia Politica in suo fine est res suavissima et optima, ut constet pax et societas mutua inter homines".

[57] Vgl. vor allem *Auslegung des 101. Psalms* (1530) = WA 51: 234: Z 12-25. Zu den beiden von ihm sogenannten *Obrigkeitspsalmen* 82 und 101, vgl. Bornkamm 1948, S. 11-14, sowie zu Psalm 101 als Vorgabe der Durchsetzung einer Kirchen- und allgemeinen Sittenzucht Grünberger 1999, S. 105-106.

usque tabulae des Dekalogs, wie Philipp Melanchthon sie in seinen *loci praecipui*[58] formuliert hat, festzulegen.

Die *erste Tafel* umfaßt die ersten drei Gebote des Dekalogs. Sie gilt der *cura religionis* im eigentlichen Sinne und bezieht sich auf Gott und seine Verehrung und den Umgang der christlichen Gemeinde mit ihm. Gegenstand der *cura religionis* ist die Sicherung der Verkündigung des Evangeliums und der Verwaltung der Sakramente. In dieser Tafel ist zugleich die Verkündigung der göttlichen Gerechtigkeit enthalten, die durch Werkgerechtigkeit nicht erreichbar ist und sich somit nur den Christen, der *sanctorum communio*, eröffnet.

Die *zweite Tafel* des Gesetzes hingegen gilt dem Verkehr, dem Umgang der Menschen untereinander und läßt folgende *soziale* Zuständigkeiten treffen: Diese zweite Tafel des Gesetzes, um eine erste Gliederung sichtbar zu machen, summiert die Verhaltensordnungen (a) gegenüber Einzelpersonen (5. Gebot; 6. Gebot), (b) gegenüber den Mitgliedern eines Gemeinwesens, sei dies die Mitgliedschaft im Hausstand und/oder einer politischen Ordnung (4. Gebot), (c) gegenüber den Mitgliedern einer Wirtschaftsordnung im Sinne von einzelnen Privatpersonen und ihren Eigentumsverhältnissen (7. Gebot), sowie (d) in der Relation von ‚Kollektiven' (z.B. Handelsgesellschaften; oikoi) zueinander (9. und 10. Gebot).

Betreffend eine *sachliche* Funktionszuweisung kann der Dekalog gleichfalls aufgeschlüsselt werden: Wird so dem *status ecclesiasticus* im Sinne einer Sorge um die Religion des Wortes Gottes das erste bis dritte Gebot zugewiesen, so erhält der *status politicus* im 5. (Tötungsverbot/Kriminalordnung) und 8. Gebot (Falsch Zeugnis; üble Nachrede, Kommmunikationsregeln) sein Fundament. Das vierte Gebot bedient gewissermaßen beide *status*: den des Hausstandes, als auch den der Politik, insoweit der Elternstand die primordiale Oberkeit schlechthin ist. Das vierte Gebot, welches als das erste der zweiten Tafel des Gesetzes gilt, stellt somit ein ordnungstiftendes Gelenk zwischen den beiden sozialen *status*, des Hausstandes und des politischen Gemeinwesens, dar. Dem *status oeconomicus* hingegen wird das 6. Gebot (Ehe- und Sittenzucht), die Gebote 7 und 9-10 (Diebstahl; Wirtschaftsordnung unter Kollektiven betreffend, negativ formuliert: Summe der Wirtschaftskriminalität, Steuerhinterziehung, Wucher) zugewiesen.

Die Gebote und Verbote der zweiten Tafel des Gesetzes haben die Qualität universal geltenden Naturrechts und sind für alle Menschen, ob Christ oder Nichtchrist, verbindlich, und „auch sonst ynn aller menschen hertzen geschrieben", wie Luther summarisch in Auslegung des dritten Glaubensartikels im Großen Katechismus festhält.[59] Sie regeln die Ordnung äußerlicher Gerechtigkeit und werden oder wurden mitunter von Heiden, wie den griechischen Gesetzgebern, den gesetzestreuen römischen Kaisern, wie Augustus, oder gar den durch Disziplin in ihrer Binnenordnung gekennzeichneten Türken oftmals besser eingehalten als von Christen.[60] Und so sind es vor allem die Teile, die

---

[58] MStA II/1: loci praecipui (1559) *expositio decalogi*, hier: 314-315 und 331-332. Vgl. auch oben Anmerkung 13.

[59] Vgl. *Großer Katechismus* (1529) = Cl. 4:60:34-39

[60] Vgl. exemplarisch den Katalog ‚guter' und ‚äußerlich' gerechter heidnischer Herrscher in: *Auslegung des 101. Psalms* (1534–1535) = WA 51: 207: 21-36. sowie sekundär: Gerstenkorn (1956) in G. Wolf (Hg.) 1972, S. 77-79. von Loewenich (1966) in G. Wolf (Hg.), S. 439.

der *zweiten Tafel* des Gesetzes gewidmet sind, welche entlang den Geboten 4-10 des Dekalogs die soziale Ordnung der christlichen Gemeinde definieren und die Vorgaben für die Obrigkeit hinsichtlich einer *salus publica* formulieren. Dabei kann in nahezu allen Traktaten Luthers, vor allem aber in seiner Bibelexegese beobachtet werden, daß die extensiven Erörterungen des vierten Gebotes die *societas politica* im engeren Sinne definieren. Dieses vierte Gebot, welches Liebe und Gehorsam den Eltern gegenüber vorschreibt, wird auf das politische Leben schlechthin übertragen. Entsprechend notiert Melanchthon: Das erste Gebot der zweiten Tafel des Gesetzes sagt *nicht:* Suche die Muße der Einsamkeit und deine Vergnügungen, schaffe Dir Müßiggang usw. Vielmehr spricht es: Ehre Vater und Mutter, es heiligt Reiche und Gehorsam.[61] Entscheidend ist hier, daß die Kirchenordnungen lutherischer Observanz in Anlehnung an Luthers Interpretation des vierten Gebots in seinem *Großen Katechismus* vom Entwurf der Obrigkeit als einem *Vaterstand* ausgehen.[62] Diese patrimoniale Verfassung der politischen Ordnung findet sich bei Luther durchgängig, bedarf aber einer knappen Einordnung ihrer Relation zu den drei Ständen: *ecclesia, politia* und *oeconomia.* Für Luther ist gemäß der Schöpfungsordnung die *ecclesia* primordial. *Ecclesia* aber darf in diesem Zusammenhang nun keineswegs als *Kirche* übersetzt werden, ist vielmehr eine Schöpfung des Wortes – *creatura verbi* – und so als Relation der (Christen-) Menschen zu Gott, vermittelt über das Wort und dessen Verkündigung, zu verstehen.

III. Vom Aufkommen eines Regulierungs- und Wissensbedarfs

Innerhalb einer *Genealogie* der Stände steht diese Relation am Anfang, wie Luther in seiner großen *Genesisvorlesung*[63] darlegt: Zu ihr tritt mit Eva als zweiter Stand das *matrimonium,* die *Ehe,* und aus der Ehe entwickelt sich mit dem Auftrag Gottes, sich zu mehren, die Elternschaft als erste *Obrigkeit,* und mit dieser entsteht der Hausstand, die *oeconomia,* so daß *ecclesia* und *oeconomia* der *politia* vorausgingen. Für eine Regelungs- und Normierungsfunktion wie auch für eine hieraus sich ergebende Repressionsfunktion einer Obrigkeit[64] war im sündenfreien Stande noch kein Bedarf: Adam und die Seinen lebten ursprünglich in absoluter Ruhe, und in dieser Ordnung *vor* dem Fall bewirkte ein Fingerzeig Adams mehr als *nach* dem Fall alle Schwerter, Straf- und Sicherheitsmaßnahmen zusammengenommen. Denn nach dem Fall Adams, und das heißt mit der Sünde, kommt der Bedarf an schneidender und brennender Medizin auf: Es bedarf

---

[61] MStA II/1, S. 333, Z 30-34: „Non enim dicit prima Lex (sc. secundae tabulae): quaere solitudinem, tuas voluptates, facito tibi otium, sed inquit: Honora patrem et matrem, sancit imperia et obedientiam."
[62] Vgl. Großer Katechismus in: BSLK: 586-605 (596-599). Analog: MLStA 3: Von weltlicher Oberkeit Dritter Teyll = 62-63 Z 10-15.
[63] Vgl. Genesisvorlesung 1535–1545 = WA 42: 79-80 zu Gen. 2: 15-17.
[64] Diese Differenzierung entnehme ich Münkler 2000, S. 201, der sich ihrer jedoch nur zur Unterscheidung der politischen Theoreme Melanchthons und Luthers bedient. Sie charakterisieren gleichwohl einen ‚postlapsaren' Funktionsbedarf, der zur angenommenen Setzung von Obrigkeit als *Amt und Stand* führe.

der politischen Ordnung und der äußerlichen Gesetze, um den Verbrechen, wie Raub und Mord, Betrug und Hinterziehung, aber auch der Lüge und dem falschen Zeugnis, nicht zu vergessen dem Wucher, Einhalt zu gebieten: Die politische Ordnung und ihre Ämter einschließlich des als notwendig erachteten Henkers gleichen in medizinischer Analogie einem Brenneisen und einer schrecklich bitteren Medizin, durch die schädlich kranke Glieder abgetrennt werden, damit alles Übrige gesunde.[65]

Hatte die Vorstellung einer Relation Gott – Mensch über das *eine Wort* paradiesisches Dasein *ohne* weitere Institutionen garantiert, so ist die jetzt gegebene Ordnung des Gemeinwesens auf vielerlei *gleichrangige* Stände, Ämter und Berufe angewiesen. Zudem verweist Luther auf Funktionsverluste ehedem stabil gedachter Institutionen. So ist etwa der Umstand zu beobachten, daß die Erziehung der jeweils nachfolgenden Generationen nicht ohne Leid und vor allem nur unter großen Mühen erfolgen kann.[66] Deshalb müssen die Obrigkeiten darauf verpflichtet werden, Erziehung und Bildung für alle Stände nicht nur einzurichten, sondern auch zu garantieren. Hierfür muss der Friede im politischen Gemeinwesen gewährt sein, dessen Sicherung selbst eines Bildungsprogramms und seiner Durchführung bedarf.[67] Mit dem Sündenfall sind auch ein ausführliches Wissens und viele Bücher notwendig geworden[68], um die politische Ordnung anzuleiten: Neben den Theologen treten Juristen, Mediziner in Wort, Schrift und Handeln auf, um einer durch und durch verderbten Menschheit Wissen zu vermitteln. Gleichzeitig muss aber nun zwischen ‚gut' und ‚böse' laufend unterschieden werden, um die Adressaten des jeweiligen Wissens entsprechend zu unterrichten. Nicht zuletzt macht das Beispiel des Turmbaus zu Babel die Notwendigkeit von Bildung evident, wird doch Bildung konstitutiv für das politische Motiv der Friedenssicherung als Quelle des Gemeinwohls, welches nur auf gegenseitigem Verstehen beruhen kann: Wird die Sprachverwirrung infolge des babylonischen Turmbauprojekts dem Eigennutz und der Eigenliebe des Tyrannen Nimrod geschuldet, so kann die Verwirrung als folgende Strafe nur durch Erwerb von Sprachkenntnissen gemildert werden. Eine Konsequenz von gegenseitigem Nichtverstehen nämlich sind Konflikte und Krieg, wie Luther in seiner Exegese zu Kapitel 11 der Genesis erläutert: Zunächst habe nur eine erste einheitliche Sprachordnung bestanden, die als festes einigendes Band der menschlichen Gesellschaft und deren Eintracht zu werten sei, gemäß dem Diktum: ‚Gleich und Gleich gesellt sich gern.' Entsprechend unterhalte und verkehre der Deutsche gerne mit seinesgleichen in seiner Sprache. Wo aber die Sprachen vielfältig und unterschiedlich seien, komme es nicht zu gedeihlichen Handelsbeziehungen. Folgenschwerer noch entstehe Haß in den

---

[65] *Genesisvorlesung* 1535–1545 = WA 42:79: 14-19.
[66] Vgl. *Genesisvorlesung* 1535–1545 = WA 42:79: 28-30.
[67] Vgl. *Eine Predigt, dass man solle Kinder zur Schule halten*; 1530 = Cl. 4:162-163. Friede im Gemeinwesen (*pax politica*) als Voraussetzung von Bildung als ‚gemeinwohlstiftender' Faktor vgl. *In XV Psalmos graduum XV; Psalmus CXXVIII* = WA 40: III: 303: 25-29. Ein detailliertes sowohl an der Heiligen Schrift wie auch am Humanismus orientiertes Bildungsprogramm wird überdies von allen Reformatoren gefordert. Insonderheit finden sich die Argumente bei Melanchthon und in starker Übereinstimmung bei den gleichfalls stark humanistisch orientierten Auffassungen *Calvins*.
[68] Vgl. *Genesisvorlesung* (1535–1545), hier Kapitel 2: 16-17 = WA 42: 80: 15-16 : „[...] hodie librorum infinitus est numerus, in quibus instituuntur Theologi, Iure consulti, Medici [...]".

Gefühlen bei den Angehörigen der Nationen, deren Sprache man sich nicht verstehe: „Also hasst der Franzose die Deutschen und verachtet sie und die Italiener hassen und verachten alle Nationen außer ihrer eigenen."[69] Mithin ist es angezeigt, in Politik und Wirtschaft die Sprachbarrieren zu überwinden, erweist sich doch, daß aus jener Sprachverwirrung feindselige gespaltene Gefühle, unterschiedliche Sitten und Gebräuche, veränderte Intelligenz und Studienbedingungen erwachsen, die vor allem aber die Saat allen Übels legen: Die Folge der Sprachverwirrung, dem Eigennutz geschuldet, ist nämlich die Verstörung des Gemeinwesens und der (Haus-)Wirtschaft.

Gemeinnutz in einem sozialen Netzwerk der Gegenseitigkeit?

Die Ständeordnung, *vor* Luther eher hermetisch – stratifikatorisch – gedacht, birgt bei Luther in sich noch weitere Diversifikationen, so daß es neue Berufe und Ämter geben werde, sind doch Stände in wachsendem Maße *unzelich zerteilet*.[70] In dieser Hinsicht kann von einem *sozialen Netzwerk* dreier Lebensbereiche die Rede sein, dem die Mitglieder gemäß ihrer Stände und Ordnungen zuzurechnen sind.[71] Diese Ordnungen werden in ihrer Relation zu Gott und Menschen von Luther als gleichwertig erachtet und dargestellt, wodurch die traditionale altkirchliche (katholische) Hierarchienlehre durchbrochen wird, die vom Primat des geistlichen Standes ausgeht, dem die Stände des Adels und der arbeitenden Bevölkerung untergeordnet sind.[72] Nicht nur kann die luthersche ‚Drei-Ständelehre' als ein *usus* der Zwei-Reiche-Lehre gesehen werden, deren weltlichen Bereich sie abdeckt, und sie diesbezüglich ablöst. Sie durchbricht, wie Heiko Oberman notiert, „das Monopol der Priester und Mönche zugunsten des ‚Gottes-Dienstes' eines jeden Berufs: ‚Alles eitel heiligthum und heilig leben vor Gott'."[73]

Und so kann im Anschluss an Prien und Schwarz ein funktionaler Standesbegriff bei Luther angenommen werden:[74] Die Stände weiten sich gemäß einem Funktionsbedarf aus: Der hier interessierende Stand der weltlichen Obrigkeit (*politia/magistratus*) reicht vom

---

[69] Vgl. *Genesisvorlesung* (1535–45) hier Kap. 11 = WA 42: 411-413. (413: 3-15): „Hoc peccatum dicit Moses secutam poenam, divisionem linguarum, quae levis poena fuisse apparet, sed profecto horribilis est, si respicias ad gravissima incommoda, quae hanc linguarum divisionem sunt secuta. Nam primum linguae similitudo firmissimum vinculum est societatis humanae et concordiae. Nam hic quoque verum est, quod proverbio dicitur: ‚similes similibus facile congregari' Germanus libenter cum sue gentis homine colloquitur et conversatur. Ubi autem linguae diversae sunt, ibi non solum nulla commercia intercedunt, sed etiam in animis odium nascitur eius gentis, cuius tu linguam non intelligis. Sic Gallus odit et contemnit Germanos, Itali oderunt et contemnunt prae se omnes Nationes. Apparet igitur ex ista linguarum divisione, dissociatos animos, mutatos mores, mutata ingenia et studia, ut vere eam appellare possis seminarium omnium malorum. Nam et Politiae et Oeconomiae turbationem excitavit."

[70] *Auslegung zu Matth. 18-24* (1537–1540) = WA 47: 452: 19-20. Zum Unterschied zwischen der Luther'schen Drei-Ständeordnung und dem altkirchlichen Ständeprinzip vgl. Schwarz 1984, S. 79.

[71] Zu dem Konzept eines sozialen Netzwerks in Luthers Ständeordnung vgl. Brady 1986, S. 35.

[72] Dies ist das Thema von Küppers 1959.

[73] So Oberman 1984, S. 28 unter Rekurs auf die oben, Anm. 3 zitierte Stelle in: *Vom Abendmahl Christi, Bekenntnis* (1528).

[74] Vgl. Prien 1992, S. 166 und Schwarz 1984, S. 83.

Fürsten über Richter, Amtsleute, Kanzler und Schreiber bis hin zu den Bürgern als Mitgliedern von Stadtmagistraten, die alle Verantwortung haben. Insoweit erscheint dann auch der Fürst Kontrollen durch diese institutionalisierten und professionalisierten ‚mittleren und unteren' Oberkeiten unterworfen und der Begriff der *Oberkeit* bezieht sich mithin nicht nur auf den Fürsten alleine, sondern auf eine Körperschaft herrschender und verwaltender Personen.[75]

Ähnlich ist die Ausweitung des Ehestandes zum Hausstand, zum *status oekonomicus* zu sehen, der nicht nur die Rechte, sondern auch die Pflichten der Eltern in ihrem Amte als Obrigkeit im Hausstand gegenüber Kindern, der Herren gegenüber ihren Knechten usw. umfasst.

„Das Kriterium für die Stände ist also, ob sie einen Dienst am Nächsten erfüllen",[76] den sie nach Maßgabe von gegenseitiger Hilfe einrichten sollten. Unter dieser Perspektive stehen dann auch die mehrfach wiederholten und erweiterten ‚ökonomischen' Schriften Luthers gegen den praktizierten Wucher, der ihn veranlasst, auf die Obrigkeit einzuwirken, in die Haus- und Wirtschaftsordnung ihres Herrschaftsgebietes einzugreifen. Ebenso hat mitunter die Pfarrgemeinde Funktionen der Obrigkeit zu übernehmen, wenn es um die Gestaltung und Verteilung eines *Gemeinen Kastens* geht, der, zur Versorgung von Witwen und Waisen gedacht, diese eigentlich der politischen Obrigkeit zugewiesene Funktion übernimmt.[77] Und ebenso hat die Obrigkeit den Ehe- und Hausstand zunehmend von den Aufgaben der (Schul-) Bildung zu entlasten, was zum Thema der Schulreformschriften Luthers geworden ist.

Organisiert erscheint die *politia* analog zum Hausstand der *oeconomia*. In diesen beiden Bereichen des weltlichen Regiments hat die *Dienstfunktion* als Sorge für den Nächsten konstitutiv zu sein, wenn dem Gedanken des Gemeinwohls zum Durchbruch verholfen werden soll. Dies gilt sowohl für obrigkeitliche Aufgaben/Ämter wie auch für das Eigentumsverständnis in der Wirtschaftsethik und dem Wirken des *Hausregiments*.[78] Die in Anlehnung an Aristoteles vorgenommene Gleichsetzung von Regierung und Hausstand hat Luther in die Metapher einer *dreifachen Vaterschaft* gefasst, unter der das vierte Gebot, den Elterngehorsam betreffend, Geltung habe: Dreierlei Väter werden demzufolge in diesem Gebot vorgestellt: Die Vaterschaft als natürliche Elternschaft, sodann vermittelt über Ehe und Familie das Amt des Hausvaters als der Familie wie auch dem Gesinde vorgeordnet, und schließlich die als ‚Landesvater' ge-

---

[75] Vgl. Berman/Witte 1989, S. 1594-1595 und 1600.
[76] Prien 1992, S. 166.
[77] Vgl. unter dem Gesichtspunkt wechselseitiger Hilfe der Teilordnungen *ecclesia – oeconomia – politia* die interventionistischen Schriften Luthers: Sermon vom Wucher (1520) = WA 6: 36-60; erneut erweitert in *Von Kaufhandlung und Wucher* (1524) = Cl. 3:1-46; sodann der umfangreiche Traktat: *Wider den Wucher zu Predigen- Vermahnung* (1540) = WA 51: 325-424, worin Anleitungen gegeben werden, aus der Perspektive der *ecclesia*, den Wucher zu verwerfen, aber Modifikationen mit Blick auf eine sozial verträgliche Eigentums- und Sozialordnung zuzulassen. Die *Ordnung eines gemeinen Kasten* (1523) = Cl. 2:404-423, verhandelnd eine Sozialordnung, unter anderem betreffend die Umwidmung des Ertrags aus konfiszierten Kirchen- und Klostergütern in einen ‚Sozialhilfefonds' für die Gemeinde zu Leisnig.
[78] Vgl. Prien 1992, S. 169-170.

faßte Obrigkeit, „welche (wie gesagt) alle ynn den vater stand gehoeret, und am aller weitesten umb sich greiffet, Denn hie ist nicht ein vater, sondern soviel mal vater, soviel er landsessen, buerger odder unterthane hat."[79] Allein, dieser ‚Landesvater', dem es durch Gottes Mandat obliegt, für die Untertanen zu sorgen und – wiederum vermittelt über den elterlichen Hausstand – Nahrung, Haus und Hof zu sichern, kann vielerlei Gestalt annehmen, nicht nur die des Fürsten, sondern zunehmend auch die Figuration einer vielschichtigen Obrigkeit (magistratus),[80] wie sich zumal in den Möglichkeiten eines Widerstandes gegen mißbräuchliche Gewalt seitens der ‚Oberkeiten' erweist.

In letzter Konsequenz aber stellt Luther auch die Vorstellung *gemeinsamer* Erfahrung und *gemeinsamen* Teilens von Freude und Leid als einer Vorraussetzung des Strebens nach Gemeinwohl und -nutz heraus:

> „Wer ynn der gemeyne will seyn, der mus auch die last, fahr und schaden der gemeyne helffen tragen und leyden, ob ers gleich nicht verwirckt hat, sondern seyn nachbar, eben wie er des frids, nutzs, schutzs, gutts, freyheyt, und gemach der gemeyne geneust, ob er die selbigen gleich nicht erworben noch zu wegen gebracht hat (....) haben wyr gutts vom Herrn empfangen, warumb soellten wyr das boese auch nicht tragen?"[81]

Damit wird sichtbar, daß der *Gemeinnutz* als eine Zielvorgabe keine unmittelbare Leistung politischer Ordnung sein kann. Denn wird er nicht als Gnade Gottes empfunden, sondern als Eigenleistung, verwirkt er seinen Gemeinnutzcharakter und kehrt sich um in den Eigennutz, dem die politischen Ordnungen mit den Instrumenten der *äußerlichen Gerechtigkeit* gegensteuern sollten.

Sigla

BSLK= Bekenntnisschriften der evangelisch-lutherischen Kirche; Göttingen, 1930 u.ö.

Cl. = Luthers Werke in Auswahl vol. 1-8; Bonn am Rhein, 1912ff.; ab zweiter Auflage Berlin, hg. v. Otto Clemen. Zitation: Band: Seite: Zeile

CR = Corpus Reformatorum editio C.-G. Bretschneider und H.-E. Bindseil, Halle/Saale. Hier Melanchthon opera vol. XVI; 1850.

MLStA = Martin Luther Studienausgabe; hg. v. H.-U. Delius; Berlin 1987/1999; bislang 6 Bände. Zitation: Band: Seite: Zeile

MStA = Melanchthon Studienausgabe; editio R. Stupperich, Gütersloh, 1949ff ; 7 in 9 Bänden.

WA = D Martin Luthers Werke; Kritische Gesamtausgabe, Weimar, 1883 Zitation Band: Seite: Zeile.

WAB = WA Serie Briefwechsel

WATR = WA Serie Tischreden.

---

[79] *Der Grosse Katechismus* (1529)= Cl. 4:24:29-33; hierzu Scharffenorth 1964, S. 71 sowie Brady 1986, S. 36-37.

[80] Berman/Witte 1989, S. 1599; Maurer 1970, S. 7; 24; Hermann 1967, S. 208-209; Scharffenorth 1964, S. 136-138.

[81] *Ein Sendbrief von dem harten Büchlein wider die Bauern* 1525 = Cl. 3:88:10-17. Hierzu vgl. Elert 1953 II, S. 426.

Literatur

(o. Hrsg.) 1992 (11. A.), Die Bekenntnisschriften der evangelisch-lutherischen Kirche (1930), Göttingen. (Sigle BSLK)

Berman, H. J./Witte J. (1989), The Transformation of Western Legal Philosophy in Lutheran Germany, in: Southern California Law Review vol. 62, S. 1575-1660.

Bornkamm, H. (1948), Luther und das Alte Testament. Tübingen.

Bornkamm, H. (1958), Luthers Lehre von den zwei Reichen im Zusammenhang seiner Theologie; in: ARG 49, S. 26-49.

Brady, Th. A. jr. (1986), Luther and the State: The Reformer's Teaching in its Social Setting; in: Luther and the Modern State in Germany, hg. v. J. D. Tracy, Kirksville/Miss., S. 31-44.

Brecht, M. (1990^3), Martin Luther I: Sein Weg zur Reformation; Stuttgart.

Duchrow, U. (1970), Christenheit und Weltverantwortung, Stuttgart.

Ebeling, G. (1964), Luther, Einführung in sein Denken, Tübingen.

Eckert, B. (1976), Der Gedanke des Gemeinen Nutzen in der lutherischen Staatslehre des 16. und 17. Jahrhunderts, Diss. Phil. Univ. Frankfurt/Main.

Elert, W. (1953^2), Morphologie des Luthertums II; München.

Forck, G. (1982), Die Aktualität der Zwei-Reiche-Lehre Luthers, in: Themen Luthers als Fragen der Kirche heute. Beiträge zur gegenwärtigen Lutherforschung, Berlin, S. 63-76.

Gerstenkorn, H. R. (1972), Von der Obrigkeit und von der Macht nach Martin Luther [1962], in: Luther und die Obrigkeit, hg. v. G. Wolf, Darmstadt, S. 77-103.

Grünberger, H. (1997), Institutionalisierung des protestantischen Sittendiskurses, in: Zeitschrift für Historische Forschung 24, S. 215-252.

Grünberger, H. (1999), Kirchenordnung zwischen göttlicher und äußerlicher Gerechtigkeit; in: Konzeptionen der Gerechtigkeit, hg. v. H. Münkler und M. Llanque, Baden-Baden, S. 101-124.

Haendler, G. (1979), Amt und Gemeinde bei Luther im Kontext der Kirchengeschichte, Stuttgart.

Hermann, R. (1960), Gesammelte Studien zur Theologie Luthers und der Reformation, Göttingen.

Hermann, R. (1967), Luthers Theologie (Gesammelte und nachgelassene Werke I, hg. v. H. Beintker), Göttingen.

Hermann, R. (1981), Studien zur Theologie Luthers und des Luthertums (Gesammelte und nachgelassene Werke II, hg. v. H. Beintker), Göttingen.

Iwand, H. J. (1966), Das Widerstandsrecht der Christen nach der Lehre der Reformatoren, in: Ders., Vorträge und Aufsätze, hg. v. K. G. Steck, München, S. 193-229.

Iwand, H. J. (1974), Luthers Theologie, hg. v. Joh. Haar, München.

Krumwiede, H. W. (1967), Zur Entstehung des landesherrlichen Kirchenregiments in Kursachsen und Braunschweig-Wolfenbüttel, Göttingen.

Küppers, J. (1959), Luthers Dreihierarchienlehre als Kritik der mittelalterlichen Gesellschaftsauffassung, in: Evangelische Theologie 8, S. 361-374.

Loewenich, W. von (1972), Luthers Stellung zur Obrigkeit [1966], in: Luther und die Obrigkeit, hg. v. G. Wolf, Darmstadt, S. 425-442.

Luhmann, N. (2000), Die Religion der Gesellschaft, Frankfurt/M.

Luther, M., Studienausgabe, hg. v. H.-U. Delius, Berlin 1979ff. (bislang 6 Bände) (Sigle MLStA).

Luther, M., Luthers Werke in Auswahl, hg. v. O. Clemen, Bonn 1912ff., Reprint: Berlin, 1966^{6}ff. (Sigle Cl.)

Luther, M., *Die gantze heilige Schrifft deudsch* (1545), hg. v. H. Volz, München/Darmstadt.

Manns, P. (1984), Luthers Zwei-Reiche- und Drei-Stände-Lehre, in: Luther und die Politische Welt, hg. v. E. Iserloh und G. Müller, Wiesbaden, S. 3-26.

Mau, R. (1982), Beruf und Berufung bei Luther, in: Themen Luthers als Fragen der Kirche heute. Beiträge zur gegenwärtigen Lutherforschung, hg. v. J. Rogge und G. Schille, Berlin, S. 11-28.

Maurer, W. (1970), Luthers Lehre von den drei Hierarchien, München.

Melanchthon, Ph., Werke in Auswahl, Studienausgabe, hg. v. Robert Stupperich, Gütersloh, 1949ff. (Sigle MStA).

Münkler, H. (1993), Politisches Denken in der Zeit der Reformation, in: Pipers Handbuch der Politischen Ideen, Bd. 2: Von den Anfängen des Islams bis zur Reformation, hg. v. H. Münkler und I. Fetscher, München, S. 615-683.

Münkler, H. (1998), Einleitung zu Nationenbildung, in: Ders. u. a., Nationenbildung. Die Nationalisierung Europas im Diskurs humanistischer Intellektueller, Berlin, S. 13-28.

Münkler, H. (2000), Zwischen Humanismus und Reformation: Philipp Melanchthons und Martin Luthers Bild des Menschen und der politischen Ordnung, in: Geisteswissenschaftliche Dimensionen der Politik, hg. v. R. Kley und S. Möckli, Bern, S. 183-206.

Oberman, H. A. (1986), Die Reformation: Von Wittenberg nach Genf, Göttingen.

Oberman, H. A. (1984), Thesen zur Zwei-Reiche Lehre, in: Luther und die Politische Welt, S. 27-34.

Prien, H.-J. (1992), Luthers Wirtschaftsethik, Göttingen.

Scharffenorth, G. (1964), Römer 13 in der Geschichte des politischen Denkens. Ein Beitrag zur Klärung der politischen Traditionen in Deutschland seit dem 15. Jahrhundert, Diss. phil. Ruprecht-Karl-Universität Heidelberg.

Schempp, P. (1972), Ist Luthers Stellung zum Staat heute revisionsbedürftig? [1960], in: Luther und die Obrigkeit, hg. v. G. Wolf, Darmstadt, S 138-180.

Schmidt, K. D. (1972), Luthers Staatsauffassung [1967], in: Luther und die Obrigkeit, hg. v. G. Wolf, Darmstadt, S 181-195.

Schwarz, R. (1978), Luthers Lehre von den drei Ständen und die drei Dimensionen der Ethik, in: Lutherjahrbuch 45, Göttingen, S 15-34.

Schwarz, R. (1984), Ecclesia, oeconomia, politia. Sozialgeschichtliche und fundamentalethische Aspkte der protestantischen Drei Stände-Theorie, in: Protestantismus und Neuzeit, hg. v. H. Renz und Fr. W. Graf, Gütersloh, S. 78-88.

Seils, M. (1982), Die vernunftbezogene Welt. Ein Kapitel aus Luthers Theologie, in: Themen Luthers als Fragen der Kirche heute. Beiträge zur gegenwärtigen Lutherforschung, S. 29-40.

Strohm, Th. (1983), Luthers Wirtschafts- und Sozialethik, in: Leben und Werk Martin Luthers von 1526–1546, hg. v. H. Junghans, Göttingen, S. 205-223.

Wingren, G. (1952), Luthers Lehre vom Beruf, München.

Raimund Ottow

Politische Gemeinwohl-Diskurse in Großbritannien: von den ‚Rosenkriegen' zum Bürgerkrieg

‚Gemeinwohl' und ‚Gemeinsinn' können als Korrespondenzbegriffe verstanden werden, die zum einen die objektive und zum anderen die subjektive Dimension einer reziproken Beziehung zwischen Individuum und Gemeinschaft bezeichnen. Das Individuum versteht sich kognitiv und emotional als Teil einer Gemeinschaft, für die es sich normativ verpflichtet weiß, Leistungen, Opfer zu erbringen, so wie es sich reziprok, jedenfalls als Norm, durch die Gemeinschaft und ihre anderen Mitglieder akzeptiert, angenommen und in ihrer Sorge aufgehoben weiß. Wenn und solange diese reziproke Beziehung problemlos funktioniert, wird sie wahrscheinlich nicht thematisch. Es gibt kaum Gründe, über ‚Gemeinwohl' und ‚Gemeinsinn' zu sprechen, solange deren allseitig reziproke Existenz selbstverständlich vorausgesetzt werden kann. Die Tatsache, daß es zu einer gegebenen Zeit einen ‚Gemeinwohl'-Diskurs gibt, verweist bereits auf Probleme des ‚Gemeinwohls', die in Defizienzbegriffen wie ‚Egoismus', ‚Eigennutz' oder ‚Korruption' formuliert werden. Gemeinwohldiskurse zeigen das Fehlen von Konsens über das Gemeinwohl an, der über Auseinandersetzungen, diskursiv, politisch, eventuell gewaltsam hergestellt wird. Politisch wird dieser Streit, wenn er sich mit Fragen der Macht, des Verhältnisses von Regierenden und Regierten verknüpft. Auch der Bürgerkrieg – offensichtlich Signatur eines gescheiterten, zerbrochenen Gemeinwohls – wird diskursiv im Horizont strittiger Gemeinwohlsemantik ausgetragen, die im Rahmen ideologischer, politischer und militärischer Mobilisierung die Bürger aus bequemer Selbstbezogenheit, Privatheit, herausreißt. Die Anrufung des Gemeinwohls kann dabei eine Legitimationsstrategie sein, der eigenen Partei das Gemeinwohl zu vindizieren und es der Gegenseite zu bestreiten, sie kann ein Aufruf zur Mäßigung, zum Kompromiß sein oder schließlich einen internen Mobilisierungsdiskurs darstellen. Jedenfalls erhellt, daß sich der Sinn einer Gemeinwohl-Semantik aus den polemischen Frontstellungen erschließt.

Im folgenden soll die britische Geschichte politischen Denkens von der Mitte des 15. bis zum Ausbruch des Bürgerkrieges im 17. Jahrhunderts auf signifikante Konjunkturen der ‚Gemeinwohl'-Semantik hin befragt werden. Die Darstellung folgt der Chronologie. Die herangezogenen Autoren und Texte sollen als repräsentativ für politische Strömungen gelten, ohne daß hier die Diskursstrukturen und Gewichtungen umfassend analysiert werden könnten. Das übergreifende Interesse gilt dem Spannungsverhältnis zwischen substanziellen und formal-institutionellen Aspekten von ‚Gemeinwohl'-Diskursen. Ist ‚Gemeinwohl' elementar stets inhaltlich bestimmt, so drängt sich in den Konflikten über das ‚Gemeinwohl' in politischen Kontexten alsbald der Gedanke der Neutralisierung inhaltlicher Differenzen über das ‚Gemeinwohl' durch die reflexive Verschiebung in institutionalisierte Verfahren der Konsensbildung auf, ohne daß damit die inhaltliche Bestimmung vollständig verdrängt wäre. Und meine These lautet, daß die Formalisierung des ‚Gemeinwohls' nicht unumkehrbar, nicht linear und nicht endgültig sein kann, da auch noch Verfahren der ‚Gemeinwohl'-Bestimmung auf substanzielle Konsensbestände angewiesen bleiben. In diesem Sinne wird in den Abschnitten 1 und 2 die Ausbildung des ‚Gemeinwohl'-Begriff zu einem legitimatorischen Schlüsselbegriff aufgezeigt, an den sich zunächst schwache Institutionalisierungsvorschläge knüpfen. Mit dem Eindringen protestantischer, ‚innerweltlicher' Religiosität (Max Weber) in die politischen Diskurse findet dann – so das Argument im 3. Abschnitt – eine substanzialistische Auflademotor des ‚Gemeinwohls' statt. Im 4. Abschnitt wird die historisch daran anknüpfende Ableitung von Forderungen zur Institutionalisierung des ‚Gemeinwohls' aus der Idee des Widerstandsrechts gezeigt. Der 5. Abschnitt dient der Darstellung der Legitimationskonkurrenz zwischen Krone und Parlament im frühen 17. Jahrhundert und der parallel stattfindenden Öffnung der Diskursräume, in denen das ‚Gemeinwohl' verhandelt wird. In Abschnitt 6 schließlich wird die These übergesetzlicher Definitionsmacht des ‚Gemeinwohls' durch das Parlament, auch ohne und gegen den König, rekonstruiert.[1]

I. Die ‚Rosenkriege' und das ‚Dominium politicum et regale'

David Starkey hat gezeigt, daß der Begriff ‚Commonwealth', wohl das wichtigste englische Äquivalent für ‚Gemeinwohl' in der frühen Neuzeit, etwa ab der Mitte des 15. Jahrhunderts schrittweise und in bestimmten Konjunkturen in den Rang eines zentralen Legitimationsbegriffes einrückt.[2] So wurde im Protokoll einer Sitzung des Kronrats zu dieser Zeit der Grundsatz formuliert, daß politisches Handeln, „If it be in prejudice of comune wele, it is unlawfull", und in einer Parlamentsberatung einige Jahre später findet sich die normative Formel, man wolle „Avaunce and further the Kynges welfare and his Roiall estate, and the comune welle".[3] Die Konstellation der ‚Rosenkriege', die Konkurrenz der Dynastien der Lancaster und York um den englischen Thron, dramatisierte diesen Diskurs. In der Folge der militärischen Niederlage Henrys VI. von Lancaster im Streit um die Normandie, 1450, klagte das Parlament den führenden Minister, den Duke of Suffolk an, zum Verräter geworden zu sein „of this your realm for the common weal of the same".[4] Die bäuerlichen Rebellen von Kent, die sich in dieser

---

[1] Im folgenden nutze ich gelegentlich auch Material aus meinem Aufsatz zum *Commonwealth* (Ottow 2000).
[2] Vgl. Starkey 1986
[3] Vgl. Kurath 1959, Stichwort: Common weal.
[4] Zitiert nach Starkey 1986, S. 19.

politischen Krisensituation unter der Führung Jack Cades erhoben hatten, kamen nach dem Bericht eines zeitgenössischen Chronisten nach London „for the comyn wele of the realm of Ingolande".[5] Erscheint der Begriff dann in Erklärungen des Herzogs von York, so wird in der Antwort der Königsseite deutlich, daß mit dem Begriff ‚Commonwealth' Politik zu machen war, denn der Streit ging darum, welche der dynastischen Parteien für sich beanspruchen kann, das ‚Common Weal' zu repräsentieren. Die Yorkisten, so wird dort argumentiert, geben vor „under untrue, feigned and pretenced colours of intending to the commonweal of this our land, whereas God knoweth the intent of those that so labour is to the subversion thereof".[6] Diese polemische Bedeutung des Begriffs im Konflikt der rivalisierenden Dynastien steigert sich, als um 1459 die Yorkisten eine neue Offensive beginnen und, um dem Stigma einer Privatverschwörung zu entgehen, gegenüber dem König erklären, ihr Ziel sei „the prosperity and augmentation of your high estate, and [...] the common weal of this realm".[7]

Gehörte die Idee der Einbindung der Königsmacht in verbindliche Beratungskontexte zu den mittelalterlichen Traditionsbeständen englischen politischen Denkens, so erfährt dieser Gedanke in Texten Sir John Fortescues nun eine einflussreich nachwirkende Verstärkung und Systematisierung. Fortescue war als Oberrichter, Mitglied des Kronrates und schließlich als Lordkanzler Henrys VI. in den 1460er Jahren in die Konvulsionen der ‚Rosenkriege' involviert. In seinen beiden wichtigsten politiktheoretischen Schriften: *De laudibus legum Angliae*, sowie *Of the Governance of England* bestimmt Fortescue die englische Monarchie im Gegensatz zu Frankreich, wo Fortescue ein frühabsolutistisches reines *Dominium regale* sieht, als ein *Dominium politicum et regale*, d.h. daß dem monarchischen Regiment eine starke Repräsentativkomponente in Gestalt vor allem des Parlaments beigeordnet ist.[8] Generell formuliert Fortescue die normative Verpflichtung des englischen Königs, sich durch den Hochadel, durch seinen Kronrat und durch das Parlament beraten zu lassen, und aus dieser Einbindung verschiedener Schichten und Gruppen in politische Entscheidungsprozesse soll die englische Monarchie ihre eigentümliche Stärke beziehen. Der potentielle Gegensatz von Regierenden und Regierten wird durch die Selbstbindung der Bürger, direkt oder durch Repräsentanten im Parlament, das als Ort virtueller Repräsentation des gesamten Gemeinwesens verstanden wird, entschärft. Seine höchste Autorität genießt der König daher als ‚King in Parliament'. Die damit einflußreich etablierte Idee des ‚Government by Consent' kann als Grundnote der englischen politischen Kultur der kommenden Jahrhunderte verstanden werden. Sie impliziert, daß die legitime Geltung politischer Gemeinwohl-Konzeptionen nicht den Wagnissen eines stets erneuerten politischen Streits überlassen bleibt, sondern in der Institutionalisierung von Beratung und Konsens durch verbindliche Verfahren gesichert wird.

---

[5] Murray 1893, s.v.: Common weal, Commonweal; Starkey 1986, S. 19.
[6] Starkey 1986, S. 20.
[7] Holinshed et al. 1808, Bd. 3, S. 254-8; Starkey 1986, S. 21.
[8] Fortescue 1997.

II. Präreformatorischer Humanismus

Mit dem Eindringen des Humanismus in England verbindet sich der ‚Commonwealth'-Begriff mit jenem der ‚Res publica' und meint seit Mitte des 16. Jahrhunderts, wie jener, sowohl das politische Gemeinwesen als solches wie auch das Gemeinwohl: Staat und Gemeinwohl werden normativ gleichgesetzt.[9]

Thomas More liefert in seiner *Utopia* sowohl eine Kritik der herrschenden politischen Verhältnisse, die manifest gegen das Gemeinwohl verstoßen, als auch, in der eigentlichen Utopie, einen positiven Gegenentwurf, in dem ein humanistisch verstandenes Gemeinwohl realisiert gedacht wird. Die „noble men and gentlemen, yea, and certeyn Abbottes, holy men" werden, in der Sprache der frühesten englischen Übertragung der Schrift von 1551, angeklagt, sich nicht mit ihren Grundrenten zufriedenzugeben, nicht damit, „that they live in rest and pleasure, nothyng profythyng, ye, muche noyinge the weale publique", sondern die Bauern durch Einhegungen ihrer Felder zu berauben. Sie „enclose all in pastures; [...] plucke downe townes; and leave nothing stondynge but only the churche, to make of it a shepehowse".[10] Wenn diese Agrarkapitalisten die Landbevölkerung vertreiben und so brot- und heimatlos gewordene Scharen umherziehender Bettler erzeugen, dann ist dies eine mindestens dem Umfang nach neue Erscheinung der englischen Sozialgeschichte, die einen wesentlichen Hintergrund für die *Utopia* und die darin verarbeitete Krisenwahrnehmung bildet. More konstatiert hier eine moralische Transformation, die wesentlich durch die Sprengung der ‚Commonwealth'-Idee definiert ist, soweit in ihr das allgemeine Wohl als soziomoralische Verpflichtung normativ im Handeln der Eliten inkorporiert ist.

Ein anderer Aspekt des Gemeinwohls kommt in der *Utopia* bei der Auseinandersetzung mit der humanistischen Idee der ‚Vita activa' zum Tragen, wo nämlich der von den ‚Utopiern' berichtende Reisende aufgefordert wird, „that you maie apply your wytte and delygence to the proffyt of the weale publyque, though it be sume what to youre owne payne and hyndraunce" (S. 9, 30). Dieser jedoch verweist auf die an den europäischen Höfen vorherrschenden politischen Konzeptionen, die die Bereicherung der Krone auf Kosten der Verelendung des Volkes befürworten, obwohl normativ gelte, daß „the comminaltie chooseth their king for their owne sake and not for his sake; for this intent that through his labour and studie they might al live wealthily, safe from wronges and iniuries". In antiker Tradition unterscheidet More den König vom Tyrannen durch die instrumentelle Unterordnung unter das Gemeinwohl; wesentlich dadurch erwirbt der König wahre ‚Majestät' (S. 36f.). Diese in der Fürstenspiegelliteratur der Zeit verankerte Norm fürstlichen Regiments verbindet er vermittels der Wahl des Königs durch das Volk mit einer Verfahrenskomponente, die wahre Majestät erst sichert.

Mores Blick auf die tatsächlichen Verhältnisse in Europa zeigt ihm jedoch eine Gesellschaft, die tiefgreifend durch das Privateigentum korrumpiert ist, und er gelangt daher zu dem Schluß: Privateigentum als soziales Strukturprinzip und Gemeinwohl schließen sich aus. Wenn ihm der Staat der Utopier als der einzige gilt, der „alone of good ryght may clayme and take upon it the name of a common wealthe or publyque

---

[9] Elton 1990; Jones 1998.
[10] More 1952, S. 16. Die im Text folgenden Seitenangaben beziehen sich auf diesen Text.

weale", so weil überall sonst zwar das Gemeinwohl angerufen wird, „but everye man procureth hys owne pryvate wealthe". Die Rede vom ‚Gemeinwohl' erweist sich als Strategie zur Verschleierung von Privatinteressen. Staaten, in denen dies der Fall ist, gelten More – nach dem berühmtem Wort – als „a certein conspiracy of riche men, procuringe theire owne commodities under the name and title of the common wealth" (S. 138ff.). Die Reflektion schaut hinter die Rhetorik und prüft die Interessen, denen diese dient, und decouvriert dadurch den strategischen Charakter der Gemeinwohl-Rhetorik.

Die ‚Gemeinwohl'-Idee und ihre Pervertierung organisiert auch die Hauptschrift des englischen Humanisten Thomas Starkey: *A Dialogue between Pole and Lupset*, die etwa 1530 entstand, allerdings zeitgenössisch nur als Manuskript zirkulierte.[11] Das ‚Gemeinwohl', so Starkey, sei zwar in aller Munde, doch werde nicht wirklich verstanden, worin es eigentlich besteht (S. 19). Denn wenn die Menschen sich wahrhaft dem Gemeinwohl verpflichtet fühlten, „they wold not so lytyl regard yt as they do, they wold not so hyly extyme theyr owne pryvat plesure & wele" (S. 22). Worin besteht das richtig verstandene Gemeinwohl? Um den Gegensatz von Privatwohl und Gemeinwohl aufzulösen, definiert Starkey das Gemeinwohl zunächst durch das Private und dessen Summe (S. 22), doch nur soweit das Privatwohl nicht verabsolutiert, sondern gleichsam stets mit Blick auf das Gemeinwohl verfolgt wird, denn die Menschen müßten verstehen, „that when they loke to the commyn profyt, that they therwyth also regard theyr owne, syngular & pryvate". Das Gemeinwohl „shold be fyxyd in theyr hartys, yt schold be the end of al theyr cogytatyons, conseyls & cares" (S. 45). Um diesen Gedanken plausibel zu machen, vergleicht Starkey in einer organologischen Analogie das politische Gemeinwesen mit dem menschlichen Körper, wobei die Seele politisch repräsentiert sei durch „cyvyle ordur & polytyke law, admynystryd by offycers & rulars" (S. 31). Und die Stärke dieses politischen Wesens hänge von der richtigen Proportion, Zuordnung und Funktion seiner Teile ab, die, jenseits ihrer spezifisch besonderen Aufgaben, auf das Gemeinwohl hingeordnet sein müssen; das ist in erster Linie die Aufgabe der Regierenden,, denen Gemeinsinn-Dispositionen auf Seiten der Regierten jedoch entgegenzukommen haben.

Auf die Regimeform: Monarchie, Aristokratie oder Demokratie kommt es solange nicht an, wie die Regierenden nicht das eigene Wohl, sondern das Gemeinwohl verfolgen und solange die Teile des Gemeinwesens ihre Pflicht als Teil des Gemeinwesens tun. Auch die Regierenden müssen verstehen, daß und wie ihr Wohl mit dem des Gemeinwesens zusammenhängt, so wie auch der Steuermann, der sein Schiff durch Nachlässigkeit auf einen Felsen steuert, umkommt, während jener, der es aus dem Sturm in den Hafen rettet, nicht nur die Passagiere, sondern auch sich selbst rettet. Niemand kann „long enyoy pleasure or quyetnes, where the whole ys dysturbyd & put out of ordur", und darin liege der Beweis, „that in the regard ever of the true & commyn wele, ys conteynyd also the regard of the pryvate [...]" (S. 46). Tatsächlich jedoch sieht die herrschende Schicht, nach Starkey, „chefely to theyr owne profyte, plesure & commodyte, & few ther be wych regard the welth of the commynalty, but under the pretense &

---

[11] Starkey 1989; vgl. Mayer 1989; 1992. Die im Text folgenden Seitenangaben beziehen sich auf Starkey 1989.

colure therof every one of them procuryth the pryvate & the syngular wele. " Das gelte für Fürsten und Adlige genauso wie für Bischöfe und Prälaten, aber auch dem gemeinen Volk fehle es an Gemeinsinn.

Das wesentliche Mittel zur Behebung dieses radikalen Übels sieht Starkey in einem kulturellen Programm moralischer Erneuerung, das er etwa durch Rückgriff auf die antike römische Institution der Zensoren als Sittenwächter, als „conservaterys of the commyn wele", zu befördern vorschlägt, welchen er auch die Aufgabe der Überwachung der politischen Magistrate zuweist (S. 136). Daneben treten Überlegungen zur institutionellen Einbindung der Monarchie in Beratungs- und Konsensgremien, die verhindern sollen, daß das politische Zentrum – die Krone, der Hof – sich von den Interessen, Bedürfnissen und Wünschen der Masse der Regierten entfernt. Nur selten genüge ein Erbmonarch den hohen Anforderungen einer Einherrschaft, so Starkeys Argument, und daher sei es besser, die wichtigsten Entscheidungen nicht vom König allein treffen zu lassen, sondern durch den „commyn counseyl of the reame & parlyamente assemblyd here in our cuntrey" (S. 68f.), eine Aussage, die er auch mit einem Absetzungsrecht tyrannisch entarteter Herrscher verknüpft.

III. Der radikalprotestantische ‚Commonwealth'-Diskurs

Die englische Reformation, die Abkoppelung der Kirche vom Papsttum unter Henry VIII., war eine ‚Reformation von oben', und sie blieb bis zu seinem Tode auch inhaltlich und institutionell, verhältnismäßig konservativ und unentschieden. Gleichwohl eröffneten sich hier Wege für genuine protestantische Gläubigkeit, die nach 1548, zur Zeit des minderjährigen Edward VI., in den Vordergrund trat und auch am Hof in einflußreiche Positionen gelangte. Dieser radikale Protestantismus verstand die englische Reformation als eine bloß begonnene, die zu Ende zu führen sei, und ergriff die Chance der neuen Lage und des eigenen politischen Einflusses zur Formulierung eines nicht bloß kirchlichen, sondern allgemein moralischen, gesellschaftlichen und politischen Reformprogramms. Er konnte dabei anknüpfen an die Tätigkeit Thomas Cromwells, der als *de facto* erster Minister Henrys VIII. in den 1530er Jahren die Umbruchphase der Kirchenreformation für legislative, politische und administrative Reformen genutzt hatte, die intentional weit über den Kirchenbereich hinauswiesen. Unter starker Aktivierung des Parlaments, das in dieser Zeit eine neue Wirksamkeit und Bedeutung erhielt, demonstrierte er, was eine aktive Politik hinsichtlich der Neuordnung und Regulierung des Gemeinwesens vermöchte. In den Schriften der Radikalreformatoren um 1550 verbindet sich somit ein protestantisches Programm religiöser und moralischer Erneuerung mit Forderungen an die Politik, die moralische Reform durch legislative Reformen gewissermaßen zu begleiten und abzustützen. Und sowohl in den Dokumenten der Cromwellschen Reformzeit, als auch in der Rhetorik der Radikalprotestanten um 1550 spielt der ‚Commonwealth'-Begriff eine zentrale Rolle,[12] wie an vier Autoren exemplarisch gezeigt werden soll.

---

[12] Vgl. Elton 1983, S. 207; 1973; 1979.

Thomas Becon, Kaplan von Erzbischof Thomas Cranmer, deklamiert in *The News out of Heaven*, „How slenderly are the poor members of Christ provided for now-a-days!", denn „unmercifulness reigneth among men at this time! "[13] Der Reiche hätte seinen Reichtum zu dem Zweck erhalten, für die Armen zu sorgen, und der christliche Glaube fordert, „that ye walk not only secretly but also openly before God; that is, that ye do not only inwardly in your hearts believe in God, fear and love God, but also that ye outwardly shew forth this your faith, fear and love [...] by external works, that men, seeing your godly conversation, may then glorify your Father which is in heaven" (S. 208). Und in dieser aktivistischen, weltlichen Wendung des Protestantismus „the commodity of the public weal and the health of the country should be sought above all things". Der Reiche, der Starke, der Weise, der Politiker, der Redner, der Gelehrte, der Erfinder, der Landmann, sie alle sollen entsprechend zu ihren Fähigkeiten dem Land dienen (S. 235).

Der wahrhaft christliche Magistrat liebt die Tugend und haßt die Sünde, „tendereth the Commonwealth, and seeketh in all points to be a father among his subjects [...]" (S. 213f.). Deshalb seien wahre Christen am besten geeignet auch weltliche Macht auszuüben – entgegen der Auffassung jener Strömung im Protestantismus, die eine Vermischung des reinen Glaubens mit weltlichen Dingen durch Separation zu vermeiden trachtete. Diese Strömung verkenne, „how necessary the office of the public magistrates is for the right institution and prosperous perservation of the common weal. How expedient it [is ...], in matters of controversy, that all things be judged and reconciled according to equity and justice!" (S. 215). Leider jedoch „little do many civil magistrates regard the public affairs of the commonalty, so that their coffers may be enriched, and they live in all wealth and pleasure" (S. 253).

Henry Brinklow, ein weiterer Commonwealth-Autor, erklärt es in einer Schrift von 1545 zur Pflicht des Königs, vor dem Hintergrund der Wahrnehmung laufend steigender Grundrenten, „by all godly and polytick meanys to seke the common welth of hys people", und leitet daraus den drastischen Vorschlag ab, die Grundrenten auf das Niveau von vor 40 oder 50 Jahren zwangsweise abzusenken.[14] Auch er beklagt, daß die Aristokraten, die, anstatt nominelle Grundeigentümer zu sein, selbst agrarkapitalistisch tätig werden, den Landwirten die Existenzmöglichkeiten nehmen und fordert, ihre Viehbestände auf den Eigenbedarf zu beschränken. Explizit wendet sich Brinklow gegen die Einhegungen, denn „the erth is the poor mannys as wel as the rych" und sei den Reichen als „stewardys" nur leihweise zum Gebrauch überlassen, für den sie daher Rechenschaft geben müssten „unto the Lord for the bestowyng of your ryches" (S.17)[15]. Die im Zuge der Reformation erfolgende Auflösung der Kirchengüter, fordert Brinklow, sollten für die Armenpflege umgewidmet oder dem Gemeindeland zugeschlagen werden. „How can God and mammon agre?", fragt er rhetorisch (S. 72), und fordert in seiner Schrift: *The Lamentacyon of Christen Agaynst the Cytye of London*, die Einziehung oder Umwidmung des Vermögens der Bischöfe, „so that it maye be disposed to Godes glorye and the commone welthe" (S. 115f.). Hier kritisiert Brinklow auch

---

[13] Becon 1843, hier S. 40. Die im Text folgenden Seitenangaben beziehen sich auf diese Ausgabe.
[14] Brinklow 1987, hier S. l0f. Die folgenden Nachweise im Text beziehen sich auf diese Ausgabe.
[15] Dieses Motiv findet sich auch bei Robert Crowley (vgl. Crowley 1987, S. 123).

das reiche städtische Bürgertum, wenn er die große Zahl von Bettlern in London beklagt, vor denen die Reichen der Stadt ihr Herz verschließen.[16]

Adressat Brinklows sind zunächst die Parlamentsmitglieder, die nicht berufen wurden „for your owne particular and pryvate welth, nor yet for the kynges, in any thing preiudycyal to the comon welth" (S. 17), sondern für eine Reform des Staates im Lichte jenes einzig bedeutsamen „toch stone, which is Godds word [...]. And where as ye have sought every man his own pryuate or partycular welth, now seke your neyhbors welth as your own" (S. 74). Für Brinklow ist eine radikale Reformation inhaltlich aufs engste mit einem deutlich egalitären Sozialideal und dementsprechenden Gemeinschaftsvorstellungen verknüpft, wie seine manifesten Enteignungs- und Umverteilungsforderungen belegen.

Auch Bischof Hugh Latimer, Leitfigur des radikalen Protestantismus, argumentiert energisch für eine moralische und politische Reform. Im ersten seiner *Seven Sermons preached before King Edward the Sixth* von 1549 ermahnt er die Reichen, nicht durch übermäßige Anhebung der Grundrenten, indem sie „singular, private wealth and commodity" verfolgen, die Armen auszupressen. Die Folge sei eine Überteuerung und Verknappung von Waren, so daß „poor men, which live of their labour, cannot with the sweat of their face have a living". Hier sei die Politik gefordert, die eine generelle Wohlfahrtsfunktion hat, die zu gewährleisten hat, daß die Ressourcen des Landes genutzt werden. Und wenn die Größe und Macht des Königs und des Reiches im Bevölkerungsreichtum liegt, dann sind es insbesondere jene Großgrundbesitzer, die in großem Stil Schafzucht betreiben, Einhegungen vornehmen und rücksichtslos die Grundrenten hochschrauben, die dem Reich schaden. Wo vordem nämlich das Land dicht mit wohlhabenden Familien besiedelt gewesen sei, „there is now but a shepard and his dog". Zwar existierten durchaus gute Gesetze gegen die Einhegungen, die jedoch nicht durchgesetzt werden.[17]

Der radikalprotestantische Pamphletist Robert Crowley schließlich wendet sich, wie alle ‚Commonwealth'-Autoren, gegen die Einhegungen und betont zudem die Verpflichtung der Politik, der Stadtverwaltungen, den durch Einhegungen und Inflation aus ihrem Erwerb geworfenen Armen Arbeit zu verschaffen.[18] Er propagiert eine protestantische Arbeitsethik, die Arbeitsunfähige strikt von Arbeitsunwilligen trennt und von diesen fordert, ihren Lebensunterhalt zu verdienen, was allerdings Arbeitsmöglichkeiten voraussetzt. Die Stadt London kritisiert Crowley, indem er einem normativen Begriff der ‚City' als bürgerschaftlicher Zusammenschluß den Egoismus der Bürger gegenüberstellt (S.11). Im einzelnen kritisiert Crowley Kaufleute, die zu überhöhten Preisen verkaufen, Wucherer, ‚Forestallers', die durch monopolistische Praktiken die Preise hochtreiben, sowie bestechliche Magistrate[19]. Den Kirchenzehnten versteht Crowleys als ein ideales Recht der Armen und fordert, diejenigen zu enteignen und zu bestrafen, die sich daran bereichern (S. 40).

---

[16] Vgl. auch Latimer 1968, Bd.1, S. 63ff.
[17] Latimer 1968, Bd.1, S. 98ff.
[18] Vgl. Crowley 1987, S. 122, 10.
[19] Siehe auch Latimer, 1968, Bd.1, S. 184ff.; Lever 1870, S. 31f.

Die Sozialkritik dieser ‚Commonwealth'-Autoren verbindet, bei analytischer und programmatischer Schwäche, eine schrille Tonlage protestantischer Moralität, von der aus die Verelendung von Teilen der Gesellschaft, die soziale Spaltung der Gesellschaft angeprangert werden. Dieser Diskurs, der eine aktivistisch-weltliche Wende im Protestantismus repräsentiert, ist kein Elitendiskurs, denn die Mächtigen und Reichen, auch die bürgerlichen Reichen, Kaufleute, Wucherer, *nouveaux riches*, werden an das Gemeinwohl gemahnt. Der Diskurs will volkstümlich sein, wenngleich die Autoren als moralische Avantgarde eine erzieherische Distanz zum einfachen Volk wahren. Daraus folgt allerdings auch, daß nicht das Volk, sondern die Eliten, die man scharf kritisiert, zugleich der Adressat der Reformvorschläge sind. Dabei wird auf Grenzziehungen, etwa rechtlicher Art, zwischen ‚Privatwohl' und ‚Gemeinwohl', kaum Rücksicht genommen: das moralische Gebot des ‚Gemeinwohls' erhält fraglose Priorität. In diesem Diskurs wird im Unterschied zum folgenden so gut wie nicht über Institutionen nachgedacht; er erschöpft sich in theologisch-moralischen Motiven, die unmittelbar in politische Forderungen übersetzt werden.

IV. Widerstandstheorie: John Ponet und George Buchanan

Unter der Herrschaft der katholischen Mary I. Tudor, alsbald ‚Bloody Mary' genannt, erlebt das Land im Zuge energischer Rekatholisierung eine scharfe Verfolgung des Protestantismus, dessen Verbindungen mit der Macht gekappt und dessen Wortführer ins Exil gezwungen werden. Die Folge ist eine politische Radikalisierung dieser von der Forschung so genannten ‚Marian Exiles' unter Aufnahme kontinentaler Widerstandstheorien.[20] Vom Ausland aus rufen sie die Engländer zum Sturz der katholischen englischen ‚Jezabel' auf.[21] Dabei werden zwei Argumentationen miteinander verquickt, die bereits im radikalprotestantischen Reformdiskurs des vorherigen Abschnitts zusammenspielten: eine religiöse, unter Berufung auf die Bibel, und eine moralisch-politische, die das ‚Gemeinwohl' anruft. Gemessen am radikalprotestantischen Diskurs der vorhergehenden Phase wird nunmehr jedoch die institutionelle Komponente verstärkt, die im Rahmen eines Widerstandsdiskurses insbesondere auf die Limitierung der Königsmacht zielt.

Als ein Vorläufer dieses Widerstandsdiskurses kann John Bale gelten, der bereits in der Spätphase der Herrschaft Henrys VIII. ins Exil ging und dort eine schwache Version protestantischer Widerstandstheorie formulierte. In seinem Traktat über das Johannes-Evangelium beschrieb Bale die „kings of the earth" als „more looking for their own preeminence than for the glory of God, the great men more seeking their own pleasures than the commonwealth of the people, the rich men oppressing the poor". Die Obrigkeiten, „being the mynystrs of god", heißt es an anderer Stelle, „ought to make no lawes for their private commoditie but for the publyque welthe of ther commons. Neyther ought they to decre any thynge against Gods honor". Tun sie es doch, „then the rewle of

---

[20] Vgl. Walzer 1972.
[21] Vgl. Grabes 1991.

the lorde must be orbserved. Necessarye yt ys rather to obey God than manne".[22] Der Gemeinwohlgesichtspunkt und der Gehorsam gegen Gott treffen sich hier in einem Widerstandsgedanken, der wohl als Aufforderung zu passivem Ungehorsam zu verstehen ist.

Auch nach John Ponet (*Short Treatise of Politicke Power*, 1556)[23] ist legitime politische Herrschaft auf das ‚Gesetz Gottes' zu gründen, das sich in der Doppelgestalt eines ‚law of nature' und als biblische Offenbarung darstellt und für die Menschen verbindlich sei (S. 3f.). Die Bibel jedoch schreibe keine bestimmte Regimeform: Monarchie, Aristokratie oder Demokratie vor und „left to the discresion of the people to make so many and so few [governors], as they think necessary for the Maintenance of the State". Allerdings habe die Erfahrung die Mischverfassung als die beste erwiesen. Für alle Regime aber gelte die gleiche Zweckbestimmung, „the maintenance of justice [...] the wealth and benefit of the whole multitude, and not of the Superiour and Governours alone. And when they [die Menschen, das Volk] saw that the Governours abused their authority, they altered the State [...] alwaies preserving and maintaining the authority, albeit they altered and changed the kinde of govemment". Mit dem Prinzip, daß „Kings, Princes and Govemours have their authority of the people" (S. 49), postuliert Ponet eine Art Volkssouveränität, die wesentlich am Kriterium des allgemeinen Wohls der Masse des Volkes zu aktivieren ist und mit dem ‚Gesetz Gottes', von dem letztlich politische Autorität ausgeht, egalisiert wird (S. 5f.). Die Ausübung der Volkssouveränität weist Ponet zunächst den Repräsentativorganen der verschiedenen Länder zu (S. 7). Herrscher in Ländern, die keine derartigen Organe besitzen, sind eher als ‚Tyrannen' zu betrachten, denn als ‚Könige'. Allerdings können Könige autokratisch Gesetze und Vorschriften erlassen in „matters indifferent", womit er an die protestantische *Adiaphora*-Lehre anknüpft. „But in matters not indifferent, but godly and profitably ordayned for the common wealthe, there can they not (for all their autoritie) breake them or dispense with them". Denn die Herrscher seien „ordained to do good, not to do evil: to take awaie evil, not to increace it: to geve example of well doing, not to be procurers of evil: to procure the wealthe and benefite of their subiectes, and not to worke their hurt or undoing" (S. 13). Die Wohlfahrtsfunktion politischer Herrschaft, am Gemeinwohl orientiert, versteht Ponet so als wesentliches Kriterium ihrer Legitimität.

Ponet grenzt sich dabei nach zwei Seiten ab: gegen die ‚Anabaptisten', zeitgenössischer Sammelbegriff für verschiedene protestantische separatistische Sekten, und gegen die ‚Papisten'. Während die einen unter Berufung auf eine falsche ‚christian liberty' alle politische Autorität ablehnen, sind die anderen allzu autoritätsgläubig und liefern das Volk und das Gemeinwohl der Willkür der Herrschenden aus (S. 22). Dagegen hält er, daß jenen Herrschern, deren Befehle im Widerspruch zum Wort Gottes oder zum Gemeinwohl stehen, nicht zu gehorchen, sondern Widerstand zu leisten sei, denn „men ought to have more respect to their Countrey than to their Prince: to the Commonwealth, than to any one person. [...] Next unto God, men ought to love their Countrey, and the whole Commonwealth, before any member of it". Das Ganze, das Gemeinwesen, steht über dem Einzelnen, dem Herrscher. Reproduziert Ponet hier die herkömmli-

---

[22] Bales zitiert nach Kelley 1988, S. 329, 64f.
[23] Ponet 1639. Die im Text folgenden Seitenangaben beziehen sich auf diese Schrift.

che organologische Metapher des Gemeinwesens als ‚body politic', so weist er doch die Auffassung zurück, das Gemeinwesen erhalte gleichsam erst im Herrscher Gestalt und Wirklichkeit. Das ‚Gemeinwesen' wird als in sich lebensfähig begriffen, während politische Herrschaft eine bloße abgeleitete und subsumierte Funktion ist. Und daraus folgt, daß „Emperours, Kings, Princes, and other Governours' abusing their office, [may] be deposed, and removed out of their places and offices, by the body or state of the Realm or Commonwealth", denn „God [...] will [...], that the Magistrates doings be called to account and reckoning, and their vices corrected and punished by the body of the whole Congregation or Commonwealth" (S. 49).

Bei dem schottischen Humanisten George Buchanan tritt die Fundierung der Legitimität von Widerstand auf die Bibel stärker in den Hintergrund. Er lieferte die wichtigsten ideologischen Begründungen für die Absetzung der schottischen Königin Mary Stuart 1567. Vom schottischen Parlament zum Erzieher des minderjährigen James VI. ernannt, verfasste Buchanan etwa 1568 den politischen Dialog *De Jure Regni apud Scotos*, der 1578 publiziert wurde.[24] Argumente, die unmittelbar die Absetzung der Königin legitimieren, werden hier auf eine allgemeine Ebene gehoben. Antike Traditionen des Tyrannenmordes und bürgerhumanistische Einflüsse gehen darin mit Berufungen auf die Bibel eine eloquente Verbindung ein. Wesentliches Kriterium legitimen Widerstandes gegen ungerechte Herrschaft ist auch hier das Gemeinwohl.

Buchanan geht vom aristotelischen Bild des Menschen als ‚zoon politikon' aus. Allerdings muß es, politische Autorität geben, weil die Menschen von sich aus keine Einigkeit zu bewahren wissen. Grundlegend wird die politische Autorität vom Volk verliehen, und das Volk ist frei darin, wem es sie verleiht. Durch lange, schmerzhafte Erfahrung haben die Völker gelernt, ihre Freiheit eher den Gesetzen anzuvertrauen, als ihren Königen, denn während diese leicht den Pfad der Gerechtigkeit verlassen, ist das Recht taub gegenüber Einflüsterungen und Drohungen und "pursues the one, unbroken course" (S. 57). Da jedoch nicht das gesamte Regierungshandeln durch Gesetze regulierbar ist, bleibt dem Fürsten notwendig ein Entscheidungsspielraum, der durch verbindliche Beratungsgremien und durch die Abspaltung spezieller Kompetenzen, besonders im Bereich der Rechtsauslegung und -anwendung, zu limitieren ist (S. 64f).

Wer gibt die Gesetze? Generell gilt, daß das Volk die Grenzen fürstlicher Autorität setzt, und es kann und sollte sich vorbehalten, an der Gesetzgebung mitzuwirken. In Schottland nimmt das Parlament diese Funktion wahr. Dabei weist Buchanan die üblichen Einwände gegen die Demokratie: die Unbeständigkeit und Beeinflußbarkeit von Volksversammlungen, unter Berufung auf das aristotelische Argument zurück, daß, wenn die Individuen einer demokratischen Versammlung einseitig in der Wahrnehmung einzelner Aspekte eines Regelungsproblems sind, sie zusammengenommen doch größere Einsicht und Weisheit versammeln, als irgend ein Individuum (S. 71f.).

Nach dieser Exposition guter Herrschaft und ihrer Bedingungen wirft Buchanan das Problem der ‚Tyrannis' auf. Er bestimmt den ‚König' in Abgrenzung zum ‚Tyrannen' durch die Kriterien der Zustimmung der Regierten, ihres Rechtsstatus als Freie und durch die Zweckgebundenheit der Regierung an das Gemeinwohl (S. 92). Diejenigen daher, die „openly rule for their own selfish advantage and not for that of their country,

---

[24] Buchanan 1949. Die im Text folgenden Seitenangaben beziehen sich auf diese Schrift.

and who do not consider the public interest, but only their own pleasures, who depend upon the weakness of the people for the security of their authority and who regard the kingly office not as a trust committed by God, but rather as booty turned over to them, are not united with the rest of us by any bond of common citizenship or of humanity; but ought rather to be counted the most dangerous enemies of God and of all mankind" (S. 93). Dieser tyrannisch entartete Herrscher – ein Argument, das John Locke später aufnehmen wird – stellt sich *eo ipso* außerhalb der Gesetze und verwirkt seinen Anspruch, als Mitglied einer politischen Gesellschaft behandelt zu werden. Zwischen dem monarchischen Amt und der Person des Monarchen sei daher zu unterscheiden.

Den Einwand, daß, wie gut begründet immer die Limitierung monarchischer Herrschaft sei, der Versuch, sie praktisch gegen die Krone zur Geltung zu bringen, notwendig zu Unruhen führen müsse, behandelt Buchanan als „appealing to tyranny to sanction tyranny", nämlich „the tyranny of custom", denn nach diesem Argument könnte man eine Tyrannis niemals abschütteln und würde auf den Status der Völker Asiens absinken, die niemals eine freie Regierung kannten (S. 110f). Und wenn man die Herrschaft eines Tyrannen quietistisch als Strafe Gottes ansieht, was verbreiteter Überzeugung entsprach, kann mit gleichem Recht auch der Tyrannenmord als eine gottgewollte Tat legitimiert werden, denn es sei Gottes Gebot, ‚Übeltäter' zu bestrafen. Wer aber soll den König zur Rechenschaft ziehen? Wenn der König unter dem Gesetz steht, muß die Autorität, die die Gesetze gibt, auch für ihre Durchsetzung Sorge tragen. Und da diese ursprüngliche Quelle aller Gesetzgebung nur das Volk sein kann, ist das Volk selbst aufgefordert, einen schlechten Herrscher zur Rechenschaft zu ziehen (S. 130). Denn so wie das Mittel in einem untergeordneten Verhältnis zum Zweck steht, dienen die Gesetze dem Wohle des Volkes, das letztlich nur selbst über sein Wohl und die Gesetzmäßigkeit einer Herrschaft entscheiden kann.

Welche pragmatischen Bedingungen existieren für die Selbstbehauptung des Volkes gegenüber einem Tyrannen? Zunächst: Die Tyrannis begünstigt nur wenige, während sie vielen schadet; und diese wenigen Begünstigten werden sich nicht einmal stark an den Tyrannen binden, denn es sind Opportunisten, die sich im Falle von Gefahr abwenden werden. Auf der anderen Seite, so Buchanan, wird es immer Bürger geben, für die Rechtlichkeit, die Integrität der Bürgergesellschaft und Ehre hohe Werte sind, für die es sich lohnt, hohe Risiken einzugehen, für die der Ruhm zukünftiger Zeiten Bedeutung hat. Hier wird an den antiken Tugenddiskurs des Tyrannenmordes angeknüpft. Bevor jedoch an aktiven Widerstand zu denken ist, muß auf die Justiz als Wahrerin der Gerechtigkeit auch gegenüber dem König rekurriert werden. Als Wahrer des Rechts haben die Richter eine Funktion, die nicht unter, sondern über der Krone steht (S. 136), denn nicht Herkunft, Rang und Status des Richters als Person sind maßgebend, sondern daß sie Repräsentanten des Rechts sind (S. 137f.). Falls sich jedoch der Tyrann gerichtlicher Verantwortung entzieht, ist auch bewaffneter Widerstand legitim, denn Konflikte zwischen den Nationen und zwischen dem Volk und seinen Herrschern sind durch Waffengewalt zu entscheiden, „when the law cannot settle the issue" (S. 142). In diesem Fall ist der Herrschaftsvertrag zwischen dem Fürsten und dem Volk als aufgekündigt zu betrachten, und der Krieg gegen einen Tyrannen „is the most just [war] of all" (S. 143). In diesem Krieg mag es auch dem Einzelnen gestattet, ja geradezu geboten sein, den

Tyrannen zu töten, wenn er die Gelegenheit hat. Allerdings warnt Buchanan auch vor einer leichtsinnigen Erhebung: Das Recht des Widerstandes legitimiert nicht seine Wahrnehmung unabhängig von Zeit, Ort und Bedingungen.

Übergreifende Bedeutung hat Buchanans Anliegen, die tradierte Unterscheidung des gerechten Herrschers vom Tyrannen anhand des Kriteriums des Gemeinwohls institutionell operationalisierbar zu machen, wobei die deutliche Abhebung des Amtes von der Person des Monarchen hervorzuheben ist, die in Wendung gegen die tradierte Sakralität des Monarchen auf ein Amtsverständnis politischer Funktionalität verweist. Ein derart ‚modernes' Amtsverständnis ruht auf der – wenngleich vage bleibenden – Souveränität des Volkes, nach der letztlich nur das Volk selbst (respektive seine Repräsentanten) verbindlich über sein politisches Wohl entscheiden kann.

V. ‚Country' versus ‚Court': Konflikte um Souveränität

Die Absetzung der schottischen Königin fand ihre Parallele in England 1649 in der Verurteilung und Hinrichtung Charles I. Dem war ein langjähriger Prozess konflikthafter Zuspitzung des Streites zwischen Krone und Parlament über die respektiven politischen Kompetenzen vorausgegangen. Während sich die Stuart-Könige – vor allem James I., in deutlicher Wendung gegen die Theorien seines Lehrers Buchanan[25] –, auf die Tradition des ‚Divine Right of Monarchy' beriefen, die dem König ein souveränes Letztentscheidungsrecht in allen Angelegenheiten gewährt, stützte sich das Parlament auf die Tradition repräsentativer Limitierung der Krone, die inhaltlich sukzessive ausgeweitet wird – und damit bricht Fortescues *Dominium politicum et regale* auseinander. Natürlich wurde hier über das Gemeinwohl gestritten, aber sehr früh schon verlagerte sich der Akzent auf die Frage der Definitionskompetenz des Gemeinwohls; die substantielle Frage nach dem Gemeinwohl wird überlagert von der Verfahrensfrage politischer Souveränität. Die von Jean Bodin vor dem Hintergrund der Religionskriege in Frankreich ausgearbeitete moderne Souveränitätskonzeption implizierte bereits die Neutralisierung emphatischer Gemeinwohlideen solange Frieden, Sicherheit und Schutz des Eigentums gewährleistet sind, und in diese Richtung bewegte sich auch die politische Theorie Thomas Hobbes, der eine naturrechtlich-rationalistische Fundierung moderner Souveränität vornahm, die gegenüber der Frage der institutionellen Verortung der Souveränität gleichgültig bleibt, solange der Streit über das Gemeinwohl aus der Gesellschaft herausgenommen und durch Monopolisierung beim Souverän befriedet wird. Das war in den späten 1630er Jahren, als Hobbes erstmals seine Theorie ausarbeitete,[26] eine royalistische These, denn die Krone reklamierte diese souveräne Definitionskompetenz und suchte die gesellschaftliche Debatte über das Gemeinwohl zu unterdrücken, während das Parlament mit der Verletzung grundlegender Rechte und des Gemeinwohls argumentierte und die öffentliche Meinung in seinem Sinne zu mobilisieren suchte. Insoweit wird der Streit über das Gemeinwohl und seine Definitionsmacht auch zu einem über die Öffnung respektive Schließung politischer Diskursräume.

---

[25] James VI and I 1994.
[26] Hobbes 1999.

Komponente der Rhetorik parlamentarischer Opposition war die Denunziation des Hofes als eines Zentrums selbstinteressierter Korruption, während sie sich als Anwalt des Landes und der Masse seiner Einwohner stilisierte: ‚Country' versus ‚Court'. Als charakteristisch können Verse gelten, in denen sich der Unterhausabgeordnete Sir Benjamin Rudyerd 1632 als Ideal eines unabhängigen Abgeordneten stilisierte, „who choose rather to be Good / Than Great or Riche; whoe so well understood / Yet practiz'd not, Court Artes: for all his Frends / Found that he lov'd them for Themselves, not Ends. / Just beyond reach of Brybes. Soe constant still [...]".[27] Der Gegensatz von ‚Court' und ‚Country' liegt auch einem 1628 posthum publizierten Dialog des populären Humanisten und Seehelden Sir Walter Raleigh zugrunde.[28] Darin sucht der Friedensrichter – ehrenamtliche Funktion führende Grundbesitzer in den ‚Counties' – dem Repräsentanten des Hofes klarzumachen, daß die Krone in England ohne und gegen den im Parlament zum Ausdruck kommenden Willen des Landes nicht erfolgreich regieren kann.

Die 1620er Jahre vor allem sahen eine wachsende Entfremdung zwischen der Krone und der öffentlichen Meinung im Kontext der – katastrophal fehlschlagenden – Intervention Englands im dreißigjährigen Krieg. Während James I. nach allgemeinem Empfinden allzu zögerlich reagierte und lange an der Hoffnung festhielt, seinem Schwiegersohn, Friedrich I. von der Pfalz, das durch Habsburger Truppen besetzte Kurfürstentum auf dem Verhandlungswege zurückzugewinnen, verfolgte Charles I für einige Jahre eine offensive kontinentale Kriegspolitik, die aber im Gegensatz stand zu dem vom Parlament geforderten Seekrieg gegen Spanien, von dem es sich lukrative Prisen und die Ausdehnung englischer Handelsräume versprach. Ergebnis seiner Politik war die gravierende Verschuldung der Krone bei minimalen militärischen Resultaten und ein drohendes parlamentarisches ‚Impeachment' gegen seinen Günstling, den Duke of Buckingham, den die Öffentlichkeit für die Fehlschläge verantwortlich machte. Nur die vorzeitige Auflösung des Parlaments bewahrte Buckingham vor parlamentarischer Verurteilung. Die ‚Commonwealth'-Rhetorik nimmt in diesem Kontext die Bedeutung an, den Willen des Landes gegen die Krone zu artikulieren und die ‚evil counsells' anzuprangern. Und das Neue der Situation besteht darin, daß diese Kontroverse über Außen- und Militärpolitik, die staatsrechtlich eindeutig in die ausschließliche Kompetenz der Kronprärogative fiel, nicht auf die geschlossenen Räume von Whitehall und Westminster-Palace beschränkt blieb, sondern eine lebhafte Publizistik hervorrief, in der sich militanter Protestantismus und anti-spanische Seeherrschaftsziele zu einem aggressiven Patriotismus verbinden, der innerhalb und außerhalb des Parlaments artikuliert wird. Unter dem Einfluß dieser Propaganda kommt es 1628 zu einem erfolgreichen Attentat auf Buckingham, das insgeheim sicher von nicht wenigen Beobachtern unter dem Muster des ‚Tyrannenmordes' betrachtet wurde.

Thomas Scott, ein schottischer Prediger, publizierte in diesen Jahren eine Vielzahl politischer Pamphlete, in denen er das Recht beansprucht, ja geradezu als patriotische Pflicht bezeichnet, sich auch als einfacher Bürger zum Krieg als Schicksalsfrage der Nation ein Urteil zu bilden und zu äußern, um den Einfluß der schlechten Ratgeber auf

---

[27] Griffiths 1998, Nr. 57.
[28] Raleigh 1628.

den König zu brechen.[29] Grundsätzlich ist Scott ein Anhänger des Seekrieges gegen Spanien.[30] Aber er kritisiert auch die ‚Bargaining'-Taktik des Parlaments, das sich angewöhnt hatte, Steuerbewilligungen von Zugeständnissen des Königs hinsichtlich verschiedener innenpolitischer ‚Grievances' abhängig zu machen – eine Taktik, die einer energischen Kriegführung entgegenstand. Diese ‚Grievances', so Scott, „for the most part do concern but some of them one member, and some another of the Commonwealth, and may have more time to deliberate on", während „the present necessitie of defending of the Kingdom is the publick grievance of the whole Commonwealth [...]". Der Krieg gegen die Mächte der Gegenreformation „concerns the whole Land, we are all ingaged in it for ourselves, and for our posteritie, and it cannot admit of any delay, for it is our own cause as well as the King's".[31]

Unter anderem in Reaktion auf ein Pamphlet Scotts hatte noch in der frühen Phase der Kriegskontroverse James I. eine Proklamation gegen die öffentliche Diskussion der Außen- und Kriegspolitik erlassen. Darin kritisiert er die „greater opennesse, and libertie of discourse, even concerning matters of State (which are no Themes, or subjects fit for vulgar persons, or common meetings) than in former times, used or permitted". Parallel ermahnte Francis Bacon als Lordkanzler das Parlament zur Zurückhaltung, denn „advice is to be given with distinction. [...] in those things that are *Arcana Imperii*, and reserved points of sovereignty, as making of war and peace, and the like, there they are to apply their advice to that which shall be communicated unto them by the King, without pressing further within the veil, or reaching forth to the forbidden fruit of knowledge"[32]. Die Entstehung einer politischen Öffentlichkeit, das zeigt die Geschichte, war jedoch nicht zu stoppen: im Parlament wurden immer öfter ‚Fensterreden' gehalten, die eventuell schon gedruckt waren, Massenpetitionen wurden organisiert und schließlich, in der letzten Phase vor Ausbruch des Bürgerkrieges, auch Massendemonstrationen, selbst militante, die etwa die Bischöfe an der Teilnahme an Sitzungen des Oberhauses hindern sollten. Der Hof verlor sukzessive die Kontrolle über die politische Öffentlichkeit. Mit Ausbruch des Bürgerkrieges bricht die Zensur zusammen und Bemühungen der presbyterianischen Parlamentsmehrheit, eine neue Zensur zu etablieren, bleiben ineffektiv. Erst mit der Konsolidierung des Cromwellschen Regimes und nach der Restauration erlangt das politische Machtzentrum wieder eine gewisse Kontrolle der Diskurse. Die Idee, gleichwohl, die Erörterung wesentlicher politischer Fragen im Kronrat zu monopolisieren, ist obsolet geworden: zukünftig müssen die Regierenden mit einer politischen Nation rechnen, die selbständig über Fragen des Gemeinwohls urteilt. Mit dieser Öffnung der Diskursräume wird das Gemeinwohl als diskursvermittelte Perzeptivität dramatisch dynamisiert.

---

[29] Siehe Peltonen 1995, Kap. 5.
[30] Vgl. Scott 1973: *Vox Dei*, Vorwort.
[31] A Speech made in the Lower House of Parliament, by Sir Edward Cicell, Colonel, 1624, Scott 1973, S. 5.
[32] Vgl. Bacon 1994, S. 172.

VI. ‚Salus Populi suprema Lex'

In den 1630er Jahren, zur Zeit der parlamentslosen ‚Personal Rule' Charles' I, reklamierte die Krone, von der Mehrheit der Richter unterstützt, im Zusammenhang mit dem ‚Ship Money' und dem Prozeß über inhaftierte prominente Verweigerer, das Definitionsrecht über Ausnahmesituationen, die jenseits der normalen Rechtskontrolle lagen. Das ‚Ship Money' wurde, um diese Abgabe juristisch haltbar zu machen, mit einer äußeren Bedrohungslage begründet, über deren Existenz oder Nicht-Existenz ausschließlich die Krone zu befinden habe, und die Inhaftierung der Verweigerer, ohne Begründung und *sine die*, wurde mit ‚Matters of State' begründet, deren Offenlegung als *Arcana Imperii* von den Gerichten nicht erzwungen werden könne. In der Sprache der Krone verknüpfte sich die traditionelle, aber juristisch schlecht definierte Idee der Kronprärogative mit der Denkweise und Rhetorik des kontinentalen Diskurses der *Ragione di Stato*. Diese Diskursstrategie löste jedoch Lerneffekte auf Seiten des Parlaments aus und schlug in der Phase intensivierter Legitimationskonkurrenz zwischen Krone und Parlament, als der Bürgerkrieg unausweichlich zu werden schien, auf die Krone zurück, denn nunmehr sind es Parlamentspublizisten, die das Ausnahmerecht der *Salus Populi suprema Lex* (Cicero) heranziehen, um eine parlamentarische Regierung ohne und gegen den König zu legitimieren. Die bisherige Legitimationsstrategie der Opposition, sich auf rechtsbasierte Institutionen zur Limitierung der Königsherrschaft zu berufen, wird damit überschritten, indem in der Ausnahmesituation elementare ‚Gemeinwohl'-Forderungen vital werden, die eine formal austarierte Institutionenbalance sprengen; gleichwohl bleibt diese Überschreitung, das soll gezeigt werden, an Rechtsdiskurse angebunden, die substanzialistisch gewendet werden.

Henry Parker hatte 1640 die Urteile im ‚Ship Money'-Prozeß kritisiert, wichtiger sind jedoch seine *Observations upon some of his Majesties late Answers and Expresses* von 1642, die auf die ‚Answer to the Nineteen Propositions of Parliament' des Königs reagieren.[33] Die wenig gradlinige Argumentation Parkers basiert zunächst auf dem Postulat, daß „Power is orginally inherent in the people", und daß der König, nach dem Satz des römischen Rechts, sei *singulis major sed universis minor*. Dem König schreibt er daher lediglich ein „interest in the Crowne [...] in part condinionate and fiduciary", als „Trust", zu (S.167ff.). Denn im Laufe der Zivilisation sei es den Völkern gelungen, Limitierungen des Souveräns zu entwickeln – Recht und Parlamente –, die die Freiheit sichern, ohne in Anarchie auszuarten (S. 181). Darüber hinaus aber beruft sich Parker auch auf die *Salus populi* als „Paramount Law", das in der aktuellen Situation des Auseinanderfallens der obersten Legislativorgane bei akuter Bedrohung durch die aufständischen Iren virulent wird und ein Selbstverteidigungsrecht des Volkes aktualisiert, wenn der König seiner Pflicht, das Land zu verteidigen, nicht nachkommt. Damit zielt Parker vor allem auf die Unentschiedenen, denen er das Parlament als Schutz- und Ordnungsmacht gegenüber einem pflichtvergessenen König darstellt.

Wenn sich der König auf sein Gewissen beruft, indem er dem Parlament Widerstand leistet, dann handelt es sich lediglich um „meere private opinion", während das Parla-

---

[33] Vgl. Parker 1999; Parker 1934; Answer, in: Wootton 1986.

ment den Rat der Nation repräsentiert (S.191f.). Das Parlament sei „vertually the whole kingdome it selfe" und „the supreame judicature, as well in matters of State as matters of Law", „the great Councell of the Kingdome, as well as of the King" (S. 194). Das Parlament bildet das höchste Beratungsorgan des Landes, „and when it is unjustly rejected, by a King seduced, and abused by private flatterers, to the danger of the Commonwealth, it assumes a right to judge of that danger, and to prevent it". Die Souveränität wird von Parker dem Parlament in dem Satz vindiziert, „every State [habe] an Arbitrary power over it self [...]. If the State intrusts this to one man, or few, there may be danger in it; but the Parliament is neither one, nor few, it is indeed the State it self" (S. 199f.). Insofern es daher keine höhere Entscheidungsinstanz im Streit zwischen Krone und Parlament gibt und geben kann, gebührt dem Parlament der Gehorsam.

Im gleichen Jahr sucht der Presbyterianer Charles Herle in einer Polemik gegen den Royalisten Henry Ferne[34] den Supremat des Parlaments zu begründen, indem er von der These ausgeht, England sei eine „*Coordinative*, and *mixt Monarchy*", deren drei oberste Gewalten: König, Unterhaus und Oberhaus gleichberechtigt sind (S. 228). Der Supremat der beiden Häuser des Parlaments wird dann aus zwei Überlegungen abgeleitet: Erstens vereinen zwei von drei gleichberechtigten obersten Gewalten eine größere Legitimation auf sich als die dritte im Gegensatz zu ihnen, und zweitens, was für die konkrete Situation und den Beweiszweck Herles von größter Bedeutung ist, sind diese drei Gewalten in ihren Kompetenzen nicht autonom definiert, sondern stehen in einem Substitutionsverhältnis. Eine mögliche Blockade wird überwunden, indem die Funktionen eines der drei Organe, das versagt, substitutiv durch die anderen erfüllt werden können. Daraus leitet Herle das Recht der beiden Häuser des Parlaments ab, auch ohne und gegen den König verbindliche Letztentscheidungen zu treffen.

Den Beweis für die Gleichberechtigung der drei obersten Staatsorgane sieht er in ihrer notwendigen Mitwirkung bei der Gesetzgebung und Gesetzesauslegung, „the two highest acts of *Supreame* power" (S. 253). Die Substitution, d.h. die Ausschaltung des allgemein anerkannten königlichen Vetos, war der schwierigere Beweis, denn natürlich ist ein Veto, das überdeterminiert werden kann, nicht eigentlich mehr ein Veto. Dieses Argument kann Herle nur an Notstandssituationen koppeln, während aber ja gerade die Definition des Notstandes und die richtige Antwort darauf umstritten waren. Er gerät also in einen gedanklichen Zirkel und zieht sich auf eine Argumentationslinie zurück, die nicht mehr die volle Souveränität für das Parlament reklamiert und im übrigen der offiziellen Argumentation des Parlaments selbst entspricht. Notstandsentscheidungen des Parlaments seien „not an *Act* of Parliament, or Law; 'tis but an occasionall supply of this *coordination* of the government (in case of one part's refusall) least the whole should ruine, and to continue but untill a *Law* may be had" (S. 235). Damit wird die vom Parlament stets beschworene ‚Rule of Law' durch eine ‚Rule of parliamentary Ordinance' ersetzen. Unterstützend greift Herle daher auf die bereits von Parker formulierte These der ‚Virtual Representation' des Reiches im Parlament, auch ohne den König, zurück (S. 245).

---

[34] Herle, 1999. Die folgenden Seitenangaben im Text beziehen sich auf diese Schrift.

Etwas anders argumentiert der anonyme Verfasser des Traktats *Touching the Fundamentall Lawes, or Politique Constitution of this Kingdome* vom Februar 1643.[35] Er setzt ein mit der Idee einer ungeschriebenen Verfassung, die nicht als Vereinbarung zwischen Krone und Volk zu verstehen sei, sondern als eine Sammlung von Grundsätzen, durch die sich die Gemeinschaft eine politische Ordnung gibt und die letztlich auf das Prinzip der ‚Salus populi' reduzierbar sind. „Fundamentall Laws are not (or at least need not be) any written agreement like Meare-stones between King and People", und der König, dessen „juridicall and lawfull authority" auf den Gesetzen des Landes beruht (S. 265), ist als politische Figur „a part (not party) in those Laws". Ihm ist die Regierung als ‚Trust' anvertraut, unter der Kontrolle des Parlaments. Die Verfassung „is a Law held forth with more evidence, and written in the very heart of the Republique, farre firmlier than can be by pen and paper" (S. 264), denn die Idee von Grundgesetzen, die nur als verschriftete Gültigkeit haben sollen, würde alles ins Chaos stürzen, weil dann der König vom Parlament, und das Parlament vom König respektive den Aufweis ihrer schriftlichen Legitimierung fordern würden, was keine von beiden Seiten leisten könnte. Damit ist die Sackgasse beschrieben, in die der Verfassungskonflikt zwischen Krone und Parlament geführt hatte. Um aus ihr herauszukommen müsse von einem impliziten Vorverständnis der Verfassung ausgegangen werden, die Parlament und Krone an jenes oberste ‚Gesetz' bindet, das der Verfassung als Idee der Selbstregulation des Gemeinwesens zugrundeliegt: Salus populi, oder genauer, „An honourable and safe Regiment of the Common-wealth" (S. 265). Diese ungeschriebene Verfassung kann inhaltlich nur allgemein definiert werden, um jenen Freiraum zu gewinnen, der gestattet, das positive Recht, geschriebenes und ungeschriebenes, altes und neues, sowie das Handeln der Verfassungsorgane jederzeit im Lichte der Verfassungsgrundsätze einer Kontrolle und Überprüfung zu unterziehen.

Die wesentliche Frage bleibt, wer über die ‚Salus populi' entscheidet, und an dieser Stelle wird die politische Tendenz des Verfassers greifbar, der die Idee einer ungeschriebenen Verfassung benutzt, um das Parlament aus den Schranken des positiven Rechts zu emanzipieren. Wenn es, durch das Versagen des Königs gezwungen, seine traditionellen staatsrechtlichen Kompetenzen überschreitet, dann erscheint das insoweit als legitim, als es für die Sicherung der ‚Salus populi' notwendig ist. Die *Salus populi* als Grundgesetz entzieht sich verbindlicher Fixierung und benötigt daher eine Agentur, das Parlament, die dieses Lebensprinzip der Verfassungsordnung organhaft verkörpert. So wie es kein Gesetz oberhalb der *Salus populi* geben kann, kann es daher kein Organ und kein geschriebenes Gesetz oberhalb des Parlaments geben. Diese ‚ungeschriebene Verfassung' wird vital vor allem unter Notstandsgesichtspunkten, die zur Sprengung des positiven Rechts zwingen. Die politisch motivierte *petitio principii* liegt in der Zuschreibung der Definitionsmacht der ‚Salus populi' zum Parlament, verstanden als „representatively the Publike, intrusted for it, which is like to partake and share with the Publike, being but so many private men put into authority *pro tempore*, by common consent, for common good" (S. 270). Virtuell das Volk, kann nur das Parlament über das Wohl des Volkes entscheiden. Die Eigentümlichkeit dieses Traktates liegt darin, die legalistische Rhetorik des Parlaments durch Rückgriff auf das Motiv der ‚Salus populi'

---

[35] Anonymus 1999. Die folgenden Seitenangaben im Text beziehen sich auf diese Schrift.

zu hintergehen, also nicht nur das Parlament als Souverän zu rekonstruieren, sondern auch als durch positives Recht nicht gebunden und nicht bindbar darzustellen. Insofern bezweckt dieser Rückgang auf eine gegenüber dem positiven Recht höherstufige ‚Verfassung' nicht, worauf eine Verfassung im modernen Verständnis zielt: die Rechtsbindung der Staatsorgane, sondern im Gegenteil die Freisetzung des Parlaments aus positivrechtlichen Bindungen.

VII. Schluß

Ausgehend von der These der Bedingtheit der ‚Gemeinwohl'-Semantik durch die Gefährdung des ‚Gemeinwohl'-Konsenses wurde versucht, bedeutsame Konjunkturen der ‚Gemeinwohl'-Semantik in England in dem untersuchten historischen Zeitraum in ihren polemischen Kontexten zu rekonstruieren. Dabei wurde abgestellt auf das Spannungsverhältnis zwischen substantiellen Begründungen einerseits und formal institutionalisierter Definitionsmacht des ‚Gemeinwohls' andererseits. Letzteres dient pragmatisch der Entkrampfung, Entschärfung substantieller ‚Gemeinwohl'-Konflikte, und die historische Tendenz weist deutlich in Richtung inklusiver Konsensbeschaffungs- und Legitimationsformen. Gleichwohl wurde sichtbar, dass unterhalb dieser Verschiebung in formale Legitimationsformen substantielle ‚Gemeinwohl'-Diskurse fortwirken, eventuell in Widerspruch zu den Verfahren treten und sie im Extremfall fundamentalistischer Aufladung sprengen. Die systemische ‚Legitimation durch Verfahren' (Luhmann 1989) bleibt, so scheint es, auf substantielle Konsensbestände über das ‚allgemeine Wohl' angewiesen. Die Befriedung des Konflikts zwischen dem ‚Gemeinwohl' als offener und offen zu haltender Diskurs und der institutionellen Fixierung der Definitionsmacht über das ‚Gemeinwohl' kann nicht ein für allemal, sondern nur *pro tempore* gelingen, indem von Zeit zu Zeit Konsens darüber erzielt wird, welche Ebenen des ‚Gemeinwohls' diskursiv geöffnet oder geschlossen und welche welchen Entscheidungsverfahren subsumiert werden.

Literatur

Anonymus (1999), Touching the Fundamentall Lawes, or Politique Constitution of this Kingdome, 1643, in: J. L. Malcolm (Hg.), The Struggle for Sovereignty. Seventeenth-Century English Political Tracts, 2 Bde., Indianapolis, Bd.1, S. 261-79.

Bacon, Fr. (1994²), The Works of Francis Bacon, hg. v. J. Spedding et al., 14 Bde., London, 1857–1874, Reprint, Stuttgart/Bad Cannstatt, Bd.14.

Bale, J. (1849), Select Works of John Bale, Bishop of Ossory, The Parker Society, hg. v. Rev. H. Christmas, Cambridge.

Becon, Th. (1843), The Early Works of Thomas Becon, hg. v. J. Ayre, The Parker Society, Cambridge.

Brinklow, H. (1987), Henry Brinklows Complaynt of Roderick Mors, and The Lamentacyon of a Christian agaynst the Cyty of London, made by Roderigo Mors, hg. v. J. Meadows Cowper, Early English Text Society, 1874, Reprint, New York.

Buchanan, G. (1949), The Powers of the Crown in Scotland, being a Translation, with Notes and an Introductory Essay, of ‚De Jure Regni apud Scotos', by Charles F. Arrowood, Austin.

Burns, J. H. (1993), George Buchanan and the anti-monarchomachs, in: Political Discourse in Early Modern Britain, hg. v. N. Phillipson/Q. Skinner Cambridge, S. 3-22.

Crowley, R. (1987), The Select Works of Robert Crowley, hg. v. J. Meadows Cowper, Early English Text Society, 1872, Reprint, Millwood (New York).

Elton, G. H. (1990), Humanism in England, in: The Impact of Humanism on Western Europe, hg. von A. Goodman/A. MacKay, London/New York, S. 259-78.

Elton, G. H. (1973), Reform and Renewal. Thomas Cromwell and the Common Weal, Cambridge.

Elton, G. H. (1979), Reform and the commonwealth-men of Edward VI's reign, in: The English Commonwealth. 1547–1640. Essays in Politics and Society, presented to J. Hurstfield, hg. v. P. Clarke et al., Leicester, S. 23-38.

Elton, G. H. (1983), England unter den Tudors, München.

Fortescue, Sir John (1997), On the Laws and Governance of England (ca. 1460–72), hg. v. Sh. Lockwood, Cambridge.

Grabes, H. (1991), England oder die Königin? Öffentlicher Meinungsstreit und nationale Identität unter Mary Tudor, in: Nationale und kulturelle Identität. Studien zur Entwicklung des kollektiven Bewußtseins in der Neuzeit, hg. v. B. Giesen, Frankfurt/M., S. 121-68.

Griffiths, A. (1998) (with collaboration of R. A. Gerard), The Print in Stuart Britain, 1603–1689, London.

Herle, Ch. (1999), A Fuller Answer to a Treatise Written by Doctor Ferne, Entituled, The Resolving of Conscience, in: J. L. Malcolm (Hg.), The Struggle for Sovereignty. Seventeenth-Century English Political Tracts, Bd.1, S. 223-260.

Hobbes, Th. (1999), The Elements of Law, Natural and Politic (1640), with Three Lives, hg. v. J. C. A. Gaskin, Oxford.

Holinshed, R., et al. (1808), Holinshed's Chronicles of England, Scotland and Ireland, 6 Bde., London.

James VI and I (1994), Political Writings, hg. v. Joh. P. Sommerville, Cambridge.

Jones, H. (1998), Master Tully. Cicero in Tudor England, Nieuwkoop.

Kelley, D. R. (1988), Ideas of Resistance before Elizabeth, in: The Historical renaissance. New Essays on Tudor and Stuart Literature and Culture, hg. v. H. Dubrow/R. Strier, Chicago/London, S. 48-76.

Kurath, H. (Hg., 1959): Middle English Dictionary, Ann Arbor.

Larkin, J. F./P. L. Hughes (Hg., 1973), Stuart Royal Proclamations, Bd.1: Royal Proclamations of King James I, 1603–1625, Oxford.

Latimer, H. (1968), The Works of Hugh Latimer, The Parker Society, hg. v. G. E. Corrie, 2 Bde., 1844, Reprint, New York.

Lever, Th. (1870), Sermons, hg. v. Ed. Arber, London.

Luhmann, N. (1989^2): Legitimation durch Verfahren, Frankfurt/M.

Mason, R. A. (1982), *Rex Stoicus*: George Buchanan, James VI and the Scottish Polity, in: New Perspectives on the Politics and Culture of Early Modern Scotland, hg. von J. Dwyer et al., Edinburgh, S. 9-33.

Mayer, Th. F. (1989), Thomas Starkey and the Commonweal. Humanist Politics and Religion in the Reign of Henry VIII, Cambridge u. a.

Mayer, Th. F. (1992), Nursery of Resistance: Reginald Pole and his Friends, in: Political Thought and the Tudor Commonwealth. Deep Structure, Discourse and Disguise, hg. v. P. A. Fideler/Th. F. Mayer, London/New York, S. 50-74.

More, Sir Thomas (1952), Sir Thomas Mores *Utopia*, übers. v. Ralph Robynson (1551), hg. v. Collins, J. Churton, Oxford.

Murray, J. A.H. (1893), A New English Dictionary on Historical Principles, 2 Bde., Oxford.

Ottow, R. (2000), Commonwealth. Konturen eines frühneuzeitlichen politischen Diskursbegriffs, in: Politische Vierteljahresschrift, 41.Jg., 2000, S. 76-103.

Parker, H. (1999), The Case of Shipmony Briefly Discoursed, 1640, in: The Struggle for Sovereignty. Seventeenth-Century English Political Tracts, Bd. 1, S. 93-125.

Parker, H. (1934), Observations upon some of his Majesties late Answers and Expresses, 1642, in: Tracts on Liberty in the Puritan Revolution. 1638–1647, hg. v. W. Haller, 3 Bde., New York, 1934, Bd. 2, S. 167-213.

Peltonen, M. (1995), Classical Humanism and Republicanism in English Political Thought, 1570–1640, Cambridge.

Ponet, J. (1639), A Short Treatise of Politicke Power, and of the true obedience which Subjects owe to Kings and other civill Governours, printed in the year 1556 (anon.), and now reprinted, o.O.

Raleigh, Sir Walter (1628), The Prerogative of Parliaments in England: proved in a Dialogue (pro and contra) beteweene a Councellour of State, and a Iustice of Peace, Middelburge.

Scott, Th. (1973), Workes (The Workes of the Most Famous and Reverend Divine Mr. Thomas Scot, Batchelor in Divinitie, sometimes Preacher in Norwich), Utrick, 1624, Reprint, Amsterdam/New York.

Starkey, D. (1986), Which Age of Reform?, in: Revolution Reassessed. Revisions in the History of Tudor Government and Administration, hg. v. Chr. Coleman/D. Starkey, Oxford, S. 13-27.

Starkey, Th. (1989), A Dialogue between Pole and Lupset, hg. v. Th. F. Mayer, London.

Walzer, M. (1972), The Revolution of the Saints. A Study in the Origins of Radical Politics, New York.

Wootton, D. (Hg., 1986), Divine Right and Democracy. An Anthology of Political Writing in Stuart England, Harmondsworth.

WOLF-HAGEN KRAUTH

Gemeinwohl als Interesse

Die Konstruktion einer territorialen Ökonomie am Beginn der Neuzeit

I. Vom 17. Jahrhundert lernen

Wenn die moderne Ökonomie nach dem Zusammenhang von Gemeinwohl und Gemeinsinn gefragt wird, halten liberale wie sozialistische Paradigmen eine eindeutige Antwort bereit: Es geht ohne. Während die einen auf die Paradoxie individueller Motive vertrauen, die seit Mandeville zu den Intellektuellenplausibilitäten gehört und von Adam Smith zum Kern der Wirtschaftstheorie gemacht wurde, denken die anderen an die überlegene Kraft der Planung von vergesellschafteten Produktionsmitteln. Die folgenden Exkurse in die historische Semantik der Wirtschaft sollen einige Schlaglichter darauf werfen, was diesem robusten Urteil zugrundeliegt.

Seitdem die Dichte schriftlicher Zeugnisse eine ernsthafte Analyse erlaubt, läßt sich beobachten, daß der Begriff des Gemeinwohls für die Orientierung von Entscheidungen, die soziale Gruppen als Ganze binden sollen, eine zentrale Rolle spielt. Das 17. Jahrhundert markiert mithin weder Anfang noch Ende einer Funktionsgeschichte der Gemeinwohlformel. Vielmehr agieren die Zeitgenossen auf gesichertem Boden. Dafür spricht auch die Alltäglichkeit der Klagen, daß allenthalben Eigennutz sich breitmache, und die geringe Variationsbreite der Ursachen, denen man die als gesellschaftsgefährdend geschilderte Haltung zuschreibt: stets werden die Natur des Menschen oder die Natur städtischer Sozialverhältnisse angeführt, in der Regel stehen beide nebeneinander. Die Zitierung dieser Bedrohungen in der Literatur bietet einen kommunikativ gesicherten Ansatzpunkt, um der Obrigkeit im Namen der Gemeinwohlsicherung einzelne Maßnahmen oder ganze Handlungsprogramme anzusinnen. In dieser Hinsicht ist das 17. Jahrhundert so produktiv wie es nur von einer gesicherten gedanklichen Basis aus möglich ist.

Die folgenden Analysen werden sich mit dem Gemeinwohlbezug in den *oeconomischen* Diskursen der frühen Neuzeit befassen. Bis weit in das 17. Jahrhundert hinein wird der Sinnhorizont des Oeconomie-Begriffes durch das soziale System des Hauses abgesteckt. Beobachtungen und Beschreibungen können wirtschaftliches Handeln nicht abstrahieren; es bleibt in die lebensweltlichen Bezüge der familialen Reproduktion eingebettet. Der große Bereich des in den Markt- und Preisordnungen des Stadtmarktes institutionalisierten Warentausches wird außerhalb des oeconomischen Denkens behandelt. Allerdings bietet die Beschäftigung mit den Problemen der landesherrlichen *Oeconomie*, insbesondere in der Besteuerungsfrage, Ansatzpunkte zu einem semantischen Umbruch.

Gegen Ende des 17. Jahrhunderts bildet die Konstruktion der territorialen Ökonomie einen Umschlagpunkt, der eine neue Tradition begründet. Während des gesamten 18. Jahrhunderts stellt sie im deutschen Sprachraum das Paradigma nicht bloß der Reflexion oder des Lehrens an Hochschulen dar, sondern liefert auch die Hintergrundüberzeugungen für die immens wachsende und ihre rationalen Grundlagen stärkende Landesverwaltung, ja sie bestimmt selbst noch die Spezifik der Rezeption der klassischen Politischen Ökonomie.[1] Das Paradigma der „Lands-Würthschafft" legt die Grundlage für die Institutionalisierung der Wissenschaft von der Wirtschaft und einer Wirtschaftsverwaltung, deren Ziel die Errichtung und Stabilisierung einer territorialen Ökonomie im Kontext von Territorialstaaten ist, die ihre Macht nach innen und außen sichern und um Reichtum und Ansehen kämpfen. Mit den Normen, Institutionen und Steuervorstellungen des Paradigmas wird der Versuch unternommen, die sozialen Systeme Politik und Wirtschaft zur dauerhaften Steigerung ihrer Leistung zu koppeln.[2]

In dieser Justierung werden das wohlverstandene eigene Interesse des Landesherrn und das gemeine Wohl zur Deckung gebracht. Die Basis des Gelingens, so der Rat der Literaten, können weder Gewalt und Zwang[3] sein, noch darf man auf die Motive der einzelnen Untertanen vertrauen. Der Landesherr soll deshalb nicht zuvörderst auf ein Erziehungsprogramm oder auf Appelle setzen und seine sozialen Konstruktionsenergien etwa an die Pflege des Gemeinsinnes wenden; vielmehr wird der Einsatz von Instrumenten angeraten, deren Ergebnisse von den Motiven der Beteiligten weitgehend unabhängig sind. Dies gilt auch und gerade dort, wo historische Beobachter Praktiken der Sozialdisziplinierung[4] am Werk gesehen haben. Am Ende dieses Prozesses können Beobachter mit Lust an paradoxen Beschreibungen feststellen, daß dem Gemeinwohl auch und möglicherweise sogar am besten durch eigennützige Handlungen gedient werden kann – freilich im Vertrauen auf die über ein Jahrhundert hinweg in der frühneuzeitlichen Gesellschaft institutionalisierten sozialen Mechanismen. – Doch vom Ende erst einmal wieder zurück zum historischen Anfang.

---

[1] Vgl. Tribe 1988.

[2] Im Kontext einer Theorie gesellschaftlicher Evolution bezeichnet dieser Kopplungsversuch eine Reaktion auf Vorgänge, die von der Ausdifferenzierung des Wirtschaftssystems und der Binnendifferenzierung des Politischen Systems verursacht werden. Vgl. hierzu Luhmann 1988; Luhmann 2000.

[3] Die Entstehung und massive Verbreitung von Policeiordnungen, d.h. die rechtliche Kodifizierung von Erwartungskontexten als Strukturen für zukünftiges Verhalten reflektiert beide Charakteristika. Vgl. stellvertretend für die im letzten Jahrzehnt immens gewachsene Literatur Stolleis 1996; Kissling 1999.

[4] Ausgangspunkt für diese Forschungen sind Oestreich 1969 und Foucault 1976. Die einseitig obrigkeitliche Perspektive dieser Erzählung kritisierend, wurde seither in einer Vielzahl von Einzelstudien auf die Beteiligung der Untertanen an der Formulierung und Etablierung von Verhaltensregelungen hingewiesen. Vgl. z.B. zuletzt Kissling 1999.

II. Es gibt viel zu tun

Im Spätmittelalter und in der frühen Neuzeit ist die Gemeinwohlformel für die Legitimation von Kontinuität oder Diskontinuität politischer, kollektiv verbindlicher Entscheidungen und Programme ohne Alternative.[5] Die gelehrte universitäre Oeconomie- und Politikliteratur bietet im Anschluß an Aristoteles hierfür eine systematische Grundlage. In den Disziplinen der praktischen Philosophie bildet das „bonum" die Orientierung und das Ziel allen Handelns. Die Oeconomic und Politik befassen sich deshalb mit Mitteln und Wegen, wie man es in diesen Lebensbereichen erlangt.[6] Die Eigenheiten jedes Gegenstandes erfordern im nächsten Schritt eine differentielle Bestimmung dieses „bonum" und der darauf hingeordneten Mittel. Entsprechend wird die *Oeconomic* zur Lehre, wie man die Glückseligkeit der Hausgemeinschaft, auch das Wohl der Familie oder das oeconomische Wohl genannt, erlangt,[7] während die Betrachtung des „bonum civile" als dem Wohl einer politisch verfaßten Gemeinschaft Gegenstand der universitären Politik ist. Da allerdings der Staat von den Universitätslehrern der Zeit als ein Ensemble von „societates domesticae" betrachtet wird, gilt ihnen deren Wohl als das Fundament der Glückseligkeit jeder politischen Einheit.[8]

Der Bezug auf das Wohl einer Gemeinschaft lenkt die Aufmerksamkeit auf die Erfolgsbedingungen der Integration ihrer Teile. Zwar sichert die „communicatio" die Bildung der Einheit,[9] wenn etwa Hausvater und Hausmutter ihre Kinder erziehen und die Landwirtschaft bestellen oder Käufer und Verkäufer am städtischen Markt tauschen. Doch läßt die alltägliche Erfahrung von Uneinigkeit und Streit erkennen, daß nicht jede Kommunikation und Kooperation dem Ganzen zum Wohle dient, sondern die glückliche Stabilisierung der Ungleichheit weiterer Mittel bedarf.

Das besondere Interesse der Literatur gilt deshalb dem jeweiligen „status" der häuslichen bzw. politischen Gemeinschaft. Ihrer Beobachtung und Beschreibung des Zustandes legen die universitären Lehrbücher die aus der Medizin übernommene Unterscheidung von „integrum" und „affectum" bzw. „turbatum" zugrunde. Diese begriffliche Disposition erlaubt es, unbeschadet theologischer oder juristischer Auffassungen über die Konstituierung häuslicher oder politischer Herrschaft darüber nachzudenken, ob und in welcher Weise die Verwirklichung des Gemeinwohls gestört wird und wie dies gege-

---

[5] Vgl. Schulze 1986, S. 597; Simon in diesem Band.

[6] „[...] ad consequendam felicitatem in certo statu vitae" heißt es bei Keckermann 1608: 1. „Felicitas" und „bonum" werden als Synonyma gebraucht.

[7] „[...] de obtinenda felicitate domestica: qua alias dicitur bonum familiare, domesticum et oeconomicum" (Alsted 1620, Sp. 2216).

[8] Alsted 1620, Sp. 2247 generalisiert die Leistung der Oeconomien: „finis externus est conservatio politiae utriusque et scholae".

[9] Zwinger 1586, Dispositio Tomi XXIX. Verschiedenheit und Bildung einer Einheit des Verschiedenen werden durchgängig theologisch begründet: Gott hat sie um der Vereinigung willen geschaffen. Das gilt für die *societas domestica* von Mann und Frau, die *societas politica* von Herrscher und Untertan sowie Regionen, die durch Handel und Krieg miteinander verbunden sind. Zum Handel als ‚Communication der Völker' und friedlichem Ersatz für kriegerische Aneignung vgl. auch Schröder 1686, S. 288f.

benenfalls zu verhindern wäre. Die Verwendung von Körper- und Krankheitsmetaphern im Kontext oeconomischer und politischer Reflexionen[10] verschafft dem Gedanken Überzeugungskraft, es sei notwendig, in die Prozesse der Gemeinschaftsbildung einzugreifen, man könne die Übel erkennen und dürfe darauf vertrauen, daß sich Teile und Ganzes zu einer harmonischen Einheit verbinden lassen.

Ein weiteres dynamisierendes, weil auf vorausschauendes Handeln zielendes Element bringen die universitären Beobachter im Zusammenhang mit der Charakterisierung der geeigneten Mittel ins Spiel. Neben der „guten Ordnung" sind es Maßnahmen der Vermehrung und Verbesserung, die ein häusliches Glück und Wohl anstrebender Hausvater zu ergreifen hat.[11] Sehr deutlich drückt sich Thomas Garzoni aus, wenn er feststellt, „daß das nicht forthfahren / nicht anders sy / als ein zurück fallen / unnd nichts gewinnen / ein gewisses unfehlbares verlieren sey".[12] Gerade auf diesen Aspekt der Verbesserung der Lage zielt im übrigen die gesamte und im Verlauf des Jahrhunderts anschwellende Ratgeberliteratur. Unbelastet von gelehrten Systematisierungsanforderungen beginnen die Autoren ohne Umschweife mit der Feststellung, man wolle den Adressaten – Adlige, zumeist jedoch der Landesherr – zu größerem Reichtum verhelfen oder „Schulden und große Ausgaben" tragbar machen.[13] Alltagsweltlich anschlußfähig hält Doverin fest, daß alle Erkenntnisbemühungen sich zukünftig darauf zu konzentrieren hätten, wie das Gemeinwohl der Häuser, der „Landen / Statt und Gerechtsame / etc. conservirt / erhalten un vermehrt werde".[14]

Mit dieser Verbindung von begrifflichen Kodifizierungen der praktischen Philosophie und der Betonung alltagsweltlicher Problemlagen wird ein Feld für rationales Handeln eröffnet, das Zwecke und adäquate Mittel immer aufs Neue aufeinander einstellt und den jeweiligen Verhältnissen anmißt. Die Leitung eines Haushaltes wird ebenso wie das Regiment des politischen Gemeinwesens zu einer dauerhaft einzusetzenden „prudentia", einer Kunst überdies, die als *Oeconomic* bzw. Politik beschrieben, beo-

---

[10] Eine Vielzahl von Beispielen bietet Stolleis 1983, S. 63ff.; Becher (1668, Dedic. bii, verso) bezeichnet das Geld als „Blut", Obrecht (1606, S. 3) die Obrigkeit als „Hirn" des Gesellschaftskörpers. Ende des 17. Jahrhunderts wird, das gewonnene poietische und technische Selbstbewußtsein unterstreichend, die Maschine, zumeist die Uhr, zur Leitmetapher für das „gemeine wesen". Vgl. z.B. Schröder 1686, S. 16.

[11] In den lateinischen Texten: „amplificatio". Vgl. Alsted 1620, Sp. 23; strukturanalog Keckermann 1608. Es dürfte bei Gemeinwohlanalysen generell sinnvoll sein, zwischen Ordnungsmotiven und melioristischen Projekten zu unterscheiden. Jene liegen etwa den Marktordnungen in Städten und Ländern seit dem 12. Jahrhundert zugrunde; hier mußten völlig neuartige Interaktionsprobleme, z.B. zwischen Einwohnern und Fremden oder Käufern und Verkäufern eine institutionelle Lösung finden. Anders als die im Zusammenhang mit der landesherrlichen Macht- und Einkommenssphäre stehende, „felicitas" oder „beatitudo" als Synonyme konnotierende melioristische Gemeinwohlberufung, wird die Anforderung an die Obrigkeit hier meist als einmaliger, korrigierender oder rechtsetzender Akt verstanden.

[12] Garzoni 1626, S.178.

[13] Vgl. z.B. Obrecht 1606; die Differenz zur universitären Literatur mitbeachtend Loehneyss 1622; oder Becher (1668, Dedic. aii) der festhält: was zur „Vermehrung Land und Leute dienet" gehört systematisch zu „materiam status".

[14] Doverin 1622, Vorrede.

bachtet und gelehrt werden kann. Sie fordert vom klugen Hausvater aktiv nach dem Wohl und der Glückseligkeit der häuslichen Gemeinschaft zu streben: er soll die Dinge und Aufgaben ordnen, Mängel erkennen und beseitigen, die jeweiligen Zeichen von Glück und Wohl vermehren. Weitblick bzw. „Vorsichtigkeit",[15] wie Johann Glauber sich in einer glücklichen Wortfindung ausdrückt, und eine rationale, vor der Beseitigung des Überkommenen nicht zurückschreckende Einstellung betrachtet die Literatur als entscheidende Qualitäten.[16] Hausvater und Regent sollen zu Steuermännern werden, die Fährnisse und Widrigkeiten aller Art beizeiten erkennen, ihnen ausweichen und das Schiff sicher auf das Gemeinwohl zusteuern.[17]

III. Ein guter Wille, Historia und Iudicium

Den Wert von Wissen, Informationsaufnahme und -verarbeitung für die gelingende Leitung der häuslichen Gemeinschaft zu betonen, ist freilich kein unmittelbarer Beitrag zur Verbesserung der Situation; dies ist allen Ratgebern klar. Allein von Nutzen wäre die Formulierung konkreter Programme, verläßlicher Instrumente und geeigneter Maßnahmen. Doch woher sollen sie kommen?

Die Auskunft der einschlägigen Druckerzeugnisse des 17. Jahrhunderts ist eindeutig: das Fundament der Etablierung des Wohls von Haushalt und Gemeinwesen sind die gedruckten Ratschläge der gelehrten Praktiker selbst. Grundlage dieses Argumentes ist die Kritik an der Realität, genauer: ihren Kenntnissen und ihrer Unmoral. Am üblen Zustand der Haushalte, privater wie obrigkeitlicher nicht minder, könne zum einen abgelesen werden, daß das tatsächliche Ziel der amtierenden, „bösen Räthe" nicht die Hebung des Gemeinwohls, sondern ausschließlich die eigene Bereicherung sei.[18] Die Autoren öffentlicher *oeconomischer* und politischer Bedenken hingegen seien „ehrliche / wohlmeinende / tapffere Gemüther / welche dem Vatterland zum Besten ihre Zeit

---

[15] Glauber 1656, Vorrede.

[16] Bündig hält der von höfischen Rücksichten befreite Schriftsteller fest: „keine Neuerung ist gefährlich in Sachen die Nutzen bringen" (Becher 1686, S. 263). Es ist deutlich, daß in der oeconomischen Literatur des 17. Jahrhunderts eine Querelle zwischen „Anciens et Modernes" nicht ausgetragen wird. Die Praktiker verhalten sich opportunistisch: alles geht, wenn es denn geht. Dies gilt auch für die Bewertung von Frömmigkeit und Festigkeit im christlichen Glauben sowie Gerechtigkeit. Wiewohl nicht als Leitwerte, so treten sie doch als zentrale Charakteristika des Anforderungsprofils in den Hintergrund. Ein Schlaglicht hierauf wirft etwa der Umgang mit dem Text von Melchior Osse. Aus „christliche Obrigkeit" als dem Adressaten der Handschrift von 1555 wird schon in der ersten gedruckten Ausgabe von 1607 „allen Regenten / dero Räthen und Dienern". Auch das Ziel wird von „Justicien" zu „guter Policey" reinterpretiert; die Ausgabe von 1622 gibt dann an, das Werk wolle dem „Nutzen und Wohlstand" des Landesherrn dienen.

[17] Schröder 1686, S. 4.

[18] So z.B. Elychnius und Neumäyr. Aus guten Gründen unerwähnt bleibt in dieser Literaturgattung die im Kontext der Vorkaufs- und Monopoldiskussionen vom „gemeinen Mann" vorgebrachte Kausalzurechnung: Daß es der Eigennutz des Landesherrn selbst sei, der ihn in gemeinwohlschädliche Geschäfte der großen Handelsgesellschaften verstricke.

anlegen"[19] und, da nicht in die Verhältnisse bei Hofe verstrickt, in der Lage, „unpartheyisch" zu denken und zu urteilen.[20]

Allein der gute Wille und die situativen Vorzüge, welche die schreibenden Ratgeber ihrer Distanz zum Hof und der Freiheit vom täglichen Entscheidungsdruck verdanken, würden freilich nicht ausreichen, Glück und Wohl herbeizuführen; sie müssen sich mit „experientia" und „iudicium", Erfahrung und Urteilsfähigkeit verbinden.

Einhellig antwortet die Reflexion des *oeconomischen* Handelns auf die als Krise dargestellte Situation mit einer Kritik des Erfahrungshorizontes und der analytischen Fähigkeiten der landesherrlichen Räte. Die Bedeutung dieses Vorgangs kann kaum überschätzt werden, denn mit ihm wird die Ankopplung der Verwaltungstätigkeit an die Ideenevolution vollzogen.[21] Zum einen sind es die Techniken klarer Begriffsdefinition, der Klassifikation und binären Systematisierung von Gegenständen, die in die Auseinandersetzung mit dem wirtschaftlichen Material als formales Bearbeitungswissen eingebracht werden. Auf sie beruft sich die Literatur, wenn sie ihre der überkommenen Praxis überlegene Urteilsfähigkeit begründet. Mindestens ebenso bedeutsam für die Leistung und Selbstlegitimation der gelehrten, schreibenden Ratgeber ist aber, daß ihre Tätigkeit der Administration bisher unzugängliche Erfahrungen eröffnet. Durch die Rezeption antiken Wissens und antiker Technik erschließen sie den Erfahrungsschatz der „Historia". Sie bietet ein Ensemble von Problemlösungsalternativen, das die Quantität und Qualität der in einem Praktikerleben zu sammelnden Erfahrungen weit übertrifft. Sie erst vermag die wahre „Kontinuität der Kundschaft" (Osse) herzustellen, in der die Gegenwart im Besitz alles Wissenswerten ist. Als Garant der Kontinuität des Wissens löst sie damit die Person ab.[22]

---

[19] Becher 1668, Dedic.; Becher 1686, S. 909.

[20] So Elychnius 1623. Die Priorität einer kognitiven, interesselosen Einstellung wird generell als gefährdet angesehen. Wichtige Durchsetzungs- und Stablisierungsmaßnahmen sind nach Auffassung aller Ratgeber eine ausreichende Belohnung der Beamten in der landesherrlichen Finanzadministration als Motivationsmittel sowie die Überwachung aller Tätigkeiten durch die hierarchische Spitze. Die Paradoxie, die den Landesherrn als Diener bezeichnet (Becher 1668, S. 4), insofern sie die Steuerung und Überprüfung aller Verwaltungs- und Regierungsarbeit bei ihm zusammenlaufen läßt, hat hier ebenso ihren sachlichen Anknüpfungspunkt wie sie ihre ideologische Verbreitung Friedrich II. verdankt.

[21] Die Rezeption des römischen Rechts und seiner abstrakten Formensprache seit der Wende zum 13. Jahrhundert mag hier vorgearbeitet haben. Im übrigen ist diese Struktur auch in Landwirtschaftsliteratur anzutreffen, vgl. Krauth 1984, S. 105ff. Zu den evolutionären Bedingungen für die Entstehung einer Ideenevolution vgl. Luhmann 1980, S. 44ff.

[22] Die Rationalitätsgrundlage dieser Konzeption bildet die Undifferenziertheit der Zeitschichten Vergangenheit, Gegenwart und Zukunft. Daß diese Temporalstruktur es der Historia ermöglicht, „magistra vitae" zu sein, hat besonders Reinhart Koselleck 1979 betont. Vornehmlich im 17. Jahrhundert mehren sich in der Landwirtschaftsliteratur in Deutschland und England die Stimmen, die Rezeption antiker Techniken liefere nicht die gewünschten Ergebnisse und müsse durch eine stärkere Betonung, Sammlung und Herstellung (Experiment) eigener Erfahrung ersetzt werden. In diesem Urteil drückt sich kein Verlust der Rationalitätsgrundlage der Historia als Folge einer Änderung der Temporalstruktur aus, sondern die Erkenntnis einer sachlichen Differenz: die Erfahrungsnutzung

Die literarische Form, die den neuen Erfahrungshorizont präsentiert, ist die „Summa". Eine Summe ist indifferent gegenüber der Frage, ob die Erweiterung des Horizontes durch eine Auslotung lang vergangener oder die Sammlung zeitgenössischer Erfahrungen geschehen soll. Sie versucht alles nach bestimmten handlungspraktischen Gesichtspunkten zusammengestellte Wissen zu versammeln. Die Herstellung von Summen signalisiert die Lösung vom alteuropäischen Typ des Weisheitswissens und der Erfahrung. Beide waren personzentriert; man band das Wissen an persönliche und moralische Bildung und die Erfahrung an den eigenen Erwerb in unterschiedlichen Lebenszusammenhängen. Der Abschied von diesem Typ ist aus zwei Gründen möglich und nötig. Zum einen erweist sich die Erfahrung als vom konkreten Individuum ablösbar, wenn man die empirische Methode verfolgt und die „Historia magistra vitae" sein läßt. Ein wichtiger Vorteil liegt in der Unabhängigkeit vom Lebensalter als Symptom für Weisheit, Gereiftheit und Erfahrungsschatz, denn „Zeit ist Erfahrung" (Garzoni). Selbst ein junger Mann kann das handlungspraktisch Bedeutsame aus Büchern erfahren, deren Autoren die weit verstreuten Informationen „mit embsigem fleiß" zusammengetragen und geordnet haben.[23] Zum anderen besitzt diese Form des Erfahrungen-Machens, indem man sich die Erfahrungen der dokumentarisch greifbaren Weltgeschichte vor Augen führt, eine Reichweite, die dem Wissen und dem Gedächtnis von Einzelpersonen ebenso überlegen ist, wie die Summa der überkommenen Vater-Sohn-Tradierung des Wissens. Wenn mithin der Nutzen der Hausväter und das Wohl von häuslicher und politischer Gemeinschaft vermehrt werden sollen, muß die Pflege der Semantik ebenso wie ihre Vermittlung der Praxis in Haus und Verwaltung vorgeschaltet werden.[24] Das Wirken des auf solche Weise belehrten Rates legitimiert sich dann über das ihm zuhandene Weltwissen. Seine Methoden und Theorien, seine Tatsachen und Beweise sind keine individuellen Einfälle, sondern sozial konstruiert und gestützt. Als gesellschaftlichen Tatsachen kommt ihnen Rationalität zu und als literarisch geprüftes und geteiltes Wissen entfaltet es unabhängig von der Position des Rates bei Hof und in der gesellschaftlichen Hierarchie seine Wirkung auf den Landesherrn.

IV. Der Steuereintreiber wird abhängig

Beobachtet man die gedruckten Dokumente des 16. und 17. Jahrhunderts auf im heutigen Verständnis wirtschaftliche Sachverhalte, wird erkennbar, daß Denken und ordnen-

---

kann nicht ohne die Berücksichtigung der bioklimatischen Verhältnisse erfolgen. Insofern bildet diese Literatur ein Beispiel für die Generalisierung des Historia-Begriffs zu dem der Erfahrung.

[23] So Ong 1982, S. 41: „writing and even more print downgrade the figures of the wise old man and the wise old woman, repeaters of the past, in favour of younger discoverers of something new."

[24] Eine den Handlungsanforderungen adäquate Problemlösungsstrategie setzt mithin eine zeitweise Distanzierung der Berater von den Alltagsgeschäften und ihrem unmittelbaren Druck voraus. So zufällig wie es im 16. und 17. Jahrhundert zu dieser situativen Ausdifferenzierung der Produktion gepflegter wirtschaftlicher Semantik gekommen ist, so zufällig bleibt auch ihre Stabilisierung. Eigene Rollen im Ausbildungssystem, die den durch Differenzierung ermöglichten Gewinn dauerhaft sichern können, werden erst im 18. Jahrhundert geschaffen.

des Handeln besonders durch den Tausch auf den städtischen Märkten sowie die landesherrliche Besteuerungspraxis herausgefordert wurden. Beide Felder verbindet ein im Vergleich zur tradierten, als autonom vorgestellten Reproduktion in landwirtschaftlichen Haushalten neues, Unruhe und Konflikte verursachendes Charakteristikum. Durch den Tausch am Markt und die landesherrliche Geldentnahme bei den Untertanen wird aus den Produktions- und Konsumtätigkeiten ein sozialer Vorgang, die Handlungschancen und -ergebnisse der *Oeconomien* werden voneinander abhängig. Wer Lebensmittel kaufen muß, ist als Hausvater nicht nur von natürlichen Mächten und eigenem Fleiß abhängig, sondern auch von den Preisen, die er am städtischen Markt zu bezahlen hat. Als Landesbewohner und Untertan ist er zudem mit den sich verstetigenden Steuerforderungen der Obrigkeit konfrontiert. In dem Maße, wie die Integration in den Markt und die landesherrliche Geldeinkommenserzielung zunimmt, wird *oeconomisches* Tun zu einem erstrangigen gesellschaftlichen Problem und es kann eine Beziehung *oeconomischer* Sachverhalte zum Wohl einer politischen Einheit hergestellt werden, die über die im 16. und 17. Jahrhundert allenthalben anzutreffende Aggregatvorstellung hinausgeht, daß die Glückseligkeit des ganzen Staates aus der Glückseligkeit der einzelnen Familien besteht.[25]

Die Ausschließlichkeit, mit der die gelehrten semantischen Kodifikationen die Autonomie eines Hauses zur Grundlage aller ihrer Überlegungen machen, ist für den heutigen Beobachter insofern merkwürdig, als den Zeitgenossen die Integration z.B. aller Handwerkerhaushalte in lokale, regionale und überregionale Märkte keineswegs unbekannt gewesen ist. Wenn trotzdem die Frage nach den Wirkungen dieser sozialen Vermittlung der Arbeitsprodukte des Hausvaters in der *oeconomischen* Literatur nicht gestellt, sondern lediglich die technische und häuslich-soziale Seite der Produktion angesprochen wird, so zeigt dies wohl, wie stark innerhalb der universitären Gelehrsamkeit die Bindung an die aristotelische Ordnung der Dinge gewesen ist – und, so wird man hinzufügen müssen, sein durfte.

Auch für die Betrachtung der *oeconomia* des Landesherrn gilt erst einmal diese Autonomieperspektive. Der diesem Denken abzugewinnende Ratschlag lautet dann: schaffe Ordnung in deinem Haushalt; bewirtschafte die Güter so gut wie möglich; beobachte dauerhaft die Ein- und Ausgaben und deren Zustandekommen; delegiere all dies nicht; halte die Untertanen zur Produktion und Produktionserhöhung an.[26] Im Verlauf des 17. Jahrhunderts spricht die Beratungsliteratur immer deutlicher aus, daß dem Landesherrn und seinem Land die Beibehaltung autarken Haushaltens zu empfehlen ebenso geringe Realisierungschancen hat, wie der Vorschlag, die Anlässe des Geldbedarfs rigoros zu verringern. Zwar finden beide Programme noch Erwähnung, aber sie sind deutlich erkennbar auch bei jenen Räten in die Defensive gedrängt, die ihre Sympathie dafür nicht verhehlen. Wer wirken will, wer seine gedruckten Überlegungen in die landesherrlichen Entscheidungs- und Handlungszusammenhänge hineintransformieren möchte, erzielt mit dem Lob der Friedlichkeit des Landlebens und der Tugend des Sparens keinen

---

[25] So meint Vernuläus (1626, S. 4), die verbreitete Auffassung widergebend, daß „ex singularum faelicitate familiarum Reipublicae totius faelicitas existat".
[26] Kurz aber vollständig Elychnius 1623.

kommunikativen Erfolg bei Hofe mehr.[27] So werden diese Partien des Buches zu moralisch wertvollen und beratungspolitisch unaufgebbaren, gleichwohl untergeordneten Programmteilen.

Die Gegebenheiten, vor denen die Augen zu verschließen einem Rückzug in die Wirkungslosigkeit gleichkäme, liegen undementierbar zutage: Luxuskonsum und militärische Herrschaftssicherung nach innen und außen haben den Landesherrn seit langem und immer stärker von Geldbesitz abhängig gemacht.[28] Alle weiteren politischen Wirkungschancen werden nahezu ausschließlich über Geldbesitz eröffnet. Geld ist unbestreitbar Kraft, Antrieb und Nerv des Staates geworden.[29] Ohne Geld kann politische Autorität weder begründet noch erhalten werden.[30] Man mag dies zwar mit guten Gründen bedauern, doch ist die „consuetudo so hart eingewurtzelt", daß sie den Ausgangspunkt aller Überlegungen und Handlungsprogramme bilden muß. Der gelehrte Rat und der Landesherr selbst müssen deshalb ihr Hauptaugenmerk auf die richtige Bestellung der Finanzen richten.[31] Der Zwang zur Geldbeschaffung und besonders das Instrument der Besteuerung sprengen den Rahmen des Autonomieparadigmas, und so führen die Eigenheiten des landesherrlichen Haushalts zu einer Fusion von politischer und *oeconomischer* Reflexion.

Die literarisch bezeugten Vorschläge, wie dem Landesherrn ein ausreichendes Geldeinkommen zu verschaffen ist, sind zahlreich. Sie reichen von der Bewirtschaftung von Besitztümern und der Nutzung von Rechten, etwa dem Eigentum an naturalen Ressourcen im Bergbau, bis zur Erhebung von Gebühren für unterschiedliche staatliche Leistungen. Im Zentrum aller Überlegungen steht freilich die Erhebung von Steuern. Die Entscheidung, das benötigte Geldeinkommen über eine Verstetigung der Besteuerung zu beschaffen und diese zur „ordinären" Einkommensquelle zu machen, bringt die *Oeconomie* des Landesherrn in einen dauerhaften Kontakt mit den Haushalten seiner Untertanen. Durch diesen Schritt wird deutlich sichtbar eine über Zahlungen vermittelte, die zukünftigen Reproduktionschancen aller Landesbewohner bestimmende Sozialbeziehung etabliert.[32] Deren Folgen oder die Befürchtung von Folgen werden sehr schnell von der

---

[27] Kein Autor verzichtet auf die Hervorhebung der Maxime: „parsimonia magnum est vectigal" oder zitiert den literarisch sublimierten Volksmund, der zu sagen weiß: „Fürsten und Herren Pancketirn / Feuerwerck / Fechten und Turnieren / Auffzüge und grosse Praesent / Schmelern die Schatzkammer und Rent" (Bornitz 1625, S. 211).

[28] Vgl. Reinhard 1999, S. 305, wo sehr pointiert festgehalten wird: „Soldat und Steuereinnehmer gemeinsam gründeten den Staat, denn Machtpolitik und Machtmittel bedingten sich gegenseitig". Als Fallstudie zu westeuropäischen Verhältnissen im 17. und 18. Jahrhundert vgl.. Asch 1999. Als wachsender Kostenfaktor muß freilich auch der zur dynamischen Herrschaftssicherung erforderliche Verwaltungsauf- und ausbau beachtet werden, denn: „Wer Organisation braucht, braucht Geld", Luhmann 1988, S. 307.

[29] Besold 1648, S. 241: „Reipublicae nervus, robur et motus". Früh schon hatte Obrecht formuliert, „Gelt und Gutt" seien „gleichsam die nervi / und instrumenta / ohn welche keine Respublica / angericht/gebessert / und [...] erhalten werden kann", Obrecht 1606, S. 2.

[30] Becher 1686, S. 889.

[31] Ebd. S. 890.

[32] Die Literatur erwähnt selbstverständlich auch die Wirkungen einer auf wohldefinierte Einzelfälle beschränkten Steuererhebung. Erst deren Verstetigung läßt aber das wirtschaftliche Problem klar

Literatur verbreitet. Seit dem späten 16. Jahrhundert machen handschriftliche Zeugnisse und eine wachsende Zahl von gedruckten Traktaten nicht nur darauf aufmerksam, daß die Geldentnahmen durch den Landesherrn die Wirtschaftskraft seiner Untertanen schmälern, sondern auf ihn selbst und sein Einkommen in der Zukunft zurückwirken. Durch die verstetigte Besteuerung werden die „Wohlfahrt" von Land und Landesherr unauflöslich miteinander verknüpft.[33]

Als zwar unbeabsichtigte, gleichwohl gewisse Konsequenz einer diesen Verhältnissen nicht angemessenen Steuergestaltung wird durchgängig die Verarmung des Landesherrn selbst geschildert. Was sich die Cameralpraxis als Instrument der Geldeinkommenserhöhung ausgedacht hat, erweist sich langfristig als Schritt zum eigenen *oeconomischen* Ruin. Eine Besteuerung, die nicht nur eine einmalige, anlaßbedingte Geldforderung an die Untertanen richtet, sondern ihre wirtschaftliche Leistungskraft dauerhaft als Einnahmequelle des Landesherrn nutzen will, hat sich an der einfachen Weisheit zu orientieren, daß „wan die Hüner gar geschlachtet werden, so legen sie nimmer Eyer".[34] Der Erhalt der Wirtschaftskraft seiner Untertanen liegt im wohlverstandenen eigenen Interesse des Landesherrn. Unter dieser Bedingung gewinnt die Forderung, die Steuer solle dem „gemeinen nutz zum besten gereichen"[35] einen über das Moralisch-legitimatorische hinausgehenden praktischen Sinn.

So klug die landesherrliche Kammer einerseits durch eine geeignete Steuerveranlagung die drohende Verarmung der miteinander verbundenen Haushalte verhindern muß,[36] so deutlich legt andererseits die konstatierte Abhängigkeit des landesherrlichen Wohls vom Produktionspotential seiner Untertanen Initiativen nahe, die deren Einkommen noch erhöhen. Neben die Überlegungen zur Schadensvermeidung treten Verbesserungsprogramme, die Maßnahmen und Instrumente vorschlagen, mit denen die Wirtschaftskraft der Untertanen zum Wohle der politischen Herrschaft gehoben werden kann. Die Beförderung des Gemeinwohls als Sicherung der „Wohlfahrt" seines Landes wird zum vitalen Interesse des eine Erhöhung seiner Steuereinkünfte anstrebenden Landesherrn.

Das von der Literatur zur Verfügung gestellte „historische" Weltwissen hält vielfältige Mittel bereit. Sie zielen im Kern auf die Verbesserung der Produktionsmethoden von

---

hervortreten und macht es durch die Interdependenz der sozialen Beziehung außerhalb des Rechts- und Gerechtigkeitskontextes zu beachtenden Problem. Auf die rechtlichen Aspekte der Steuererhebung und die lange Auseinandersetzung mit den Ständen darüber kann hier nicht eingegangen werden. Vgl. dazu etwa Schwennicke 1996.

[33] Diese Erkenntnis findet sich in der gesamten deutschsprachigen Literatur; Hirschman 1980 zeigt ihre Verbreitung in England und Frankreich.

[34] Bornitz 1612, S. 39. Die Historia lehrt als antike, Kaiser Tiberius zugeschriebene Technik: „Boni Pastores esse Tondere Pecus non Deglubere". Gleichnislos schärft Neumäyr den Räten und Herren ein: „Belegt man auch die Unterthanen so gar über die Maß mit Steur und Schatzungen / so lassen sie endlich den Ackerbaw unbestelt ligen / und werden Bettler [...]". Neumäyr 1632, S. 74.

[35] Neumäyr 1632, S. 108.

[36] Die Literatur befaßt sich ausführlich mit der Eignung einzelner Vermögensteile für eine Besteuerung sowie unterschiedlichen Hebesätzen. Der Problemlage angemessen schlägt etwa Kaspar Klock an das römische Recht anschließend vor, statt des Vermögens die in einem bestimmten Zeitraum erwirtschafteten Erträge als Besteuerungsgrundlage heranzuziehen.

Handwerk und Landwirtschaft.[37] Daneben wenden einige Autoren ihr Augenmerk auch der Frage zu, welche Anstöße der Landesherr geben kann, um seinen Untertanen Einkommenserhöhungen als eigenes Motiv nahezulegen. Insbesondere Georg Obrecht hat hierzu das Programm einer Polizeiordnung vorgetragen, die unter dem Motto der Verbindung von „census und censura" mehrere Ziele miteinander verknüpft. So soll zum einen die für eine rationale Verwaltung erforderliche Kenntnis von Zahl und wirtschaftlicher Lage der Untertanen durch eine in gleichmäßigen zeitlichen Abständen zu wiederholende Erhebung festgestellt werden. Zum anderen muß der Landesherr im Rahmen einer Policeyordnung wachstumsgünstige Verhaltensnormen und Motive formulieren. Durch den mit der Einwohnerzählung verbundenen Vergleich zwischen gegenwärtiger und vergangener Leistungskraft könne die landesherrliche Administration den wirtschaftlichen Einsatz jedes Hausvaters beurteilen und mangelhafte Leistung unmittelbar sanktionieren.[38] Wenngleich dieser Vorschlag trotz zäher Verteidigung seines Propagators nicht zur Ausführung gekommen ist, zeigt er doch die Bedeutung des Gedankens, daß die Vermehrung der Wirtschaftskraft seiner Untertanen dem selbstinteressierten Landesherrn nicht gleichgültig bleiben kann. Gegen Ende des Jahrhunderts kann dann vor dem Hintergrund der Durchsetzung der Steuer formuliert werden, daß das „Einkommen" des Fürsten ein Anzeichen für der „Untertanen Wohlfahrt und [...] Zustand" ist.[39]

Im Verlauf dieser sich über mehrere Jahrzehnte hinziehenden Diskussionen hat der sachverständige Cameralist gelernt, daß die Möglichkeit der Besteuerung sich zwar auf politische Macht gründet, bei der Steuergestaltung selbst aber die politischen und die *oeconomischen* Handlungschancen auseinanderfallen. In Steuerfragen ist nicht der politische Status des Landesbewohners als Untertan eines Landesherrn von Bedeutung, sondern allein seine *oeconomische* Eigenschaft als Produzent von Gütern, seine Reproduktionsfähigkeit als Wirtschaftssubjekt. Diese Differenzierung des Blickes legt die Literatur überdies auch den Hausvätern selbst nahe, wenn sie eine Unterscheidung von allgemeiner Ethik und einer durch den „ökonomischen Blick" affizierten haushälterischen Tugend nahelegt.[40]

---

[37] Die Literatur zur *Oeconomia ruralis* bildet seit dem 16. Jahrhundert einen breiten Strom, der sich mit zunehmend mehr Bereichen der Urproduktion befaßt und auf die Verbreitung der besten Techniken zielt. Einen Überblick bietet Krauth 1984, S. 98ff.
[38] Obrecht 1609, S. 11ff.
[39] Schröder 1686, S. 20.
[40] „Oculus oeconomicus" nennt dies Alsted: Alsted 1620, Sp. 22. Besonders prominent ist die oeconomische Perspektive im Hinblick auf Luxuskonsum und Schulden der politischen Herrschaft. Vgl. z.B. Schröder 1686, S. 39. Als Indiz der Differenzierung kann ebenfalls gelten, daß die Landbauliteratur im 17. Jahrhundert zunehmend auf Ausführungen zu den sozialen Verhältnissen im Haus verzichtet und sich fast ganz auf die technische Seite der Produktion konzentriert.

V. Die Wirtschaft der Gesellschaft gestalten

Johann Joachim Bechers „Politischer Discurs" treibt die Beobachtung und Beschreibung des Zusammenhanges von Gemeinwohl und *oeconomischem* Handeln einen entscheidenden Schritt voran. Als neues Erfordernis wird dem Landesherrn die Institutionalisierung einer „Lands-Würthschafft"[41] aufgegeben. Mit dieser Analyse ändert sich alles; selbst noch die Form der Analyse.

Hatte die Erkenntnis der durch verstetigte Steuerzahlungen vermittelten Interdependenz von Herrscher und Untertanen bislang die Risikostelle bezeichnet, von der die Literatur Wohl und Wehe von Haus und Staat abhängen sah und deshalb die Konturen aller der Obrigkeit angesonnenen Handlungsprogramme bestimmte, ist bei Becher von Steuern erst einmal gar keine Rede. Auch versucht er nicht das Weltwissen so vollständig wie möglich zusammenzutragen. Statt einer umfangreichen Rezeptsammlung führt er das ebenso eindeutige wie knappe Modell eines Wirtschaftskreislaufes vor. Die Entdeckung einer systemischen, jenseits des Haushaltes angesiedelten Einheit, ihrer spezifischen Grenzen und Prozesse entspringt der Generalisierung der in der Beschäftigung mit der landesherrlichen *Oeconomie* gemachten Beobachtung der zentralen Bedeutung des Geldeinkommens. Alle *Oeconomen* müssen als spezialisierte Produzenten gedacht werden,[42] die durch den Tausch ihrer Produkte miteinander in Beziehung treten, und auf diese Weise voneinander und vom Ergebnis der Tauschprozesse abhängig werden. Sie bilden nicht nur als Untertanen die politische Einheit der „societas civilis",[43] sondern als miteinander interagierende *Oeconomen* ein davon zu unterscheidendes Wirtschaftsgefüge.

Durchgängig beruht das von Becher konstruierte Modell auf fruchtbaren Abstraktionen. Zwar wird die Bedeutung der Beobachtung des wirtschaftlichen Handelns eines jeden einzelnen betont, denn wegen der Verbindung aller untereinander habe es weitreichende Folgen für der „Gemein Wohlfahrt";[44] die Analyse selbst freilich arbeitet mit Typen, die Funktionen der gesellschaftlichen Arbeitsteilung repräsentieren. Die Lebensmittel- und Rohstoffproduktion, die Weiterverarbeitung sowie der Warentransport und -verkauf, verteilt auf die spezialisierten „Stände" der Bauern, Handwerker und Kaufleute, bilden die Strukturelemente der Wirtschaft, die durch „Consumption", den Kauf und Verbrauch der von den anderen erbrachten Leistungen zur Einheit der „Gemeind" geschlossen wird.

Diese Konstruktion eines geschlossenen Systems wirtschaftlichen Handelns ist die kaum zu überschätzende theoretische Einsicht Bechers.[45] Sie ermöglicht es ihm, die tatsächli-

---

[41] Bei Hörnigk 1684 und Schröder 1686 werden „gemeine Würtschafft" oder „gemeine Lands-Oeconomie" auch sinngleich verwendet.

[42] Und sollen dies auch sein, weil nur bei einer Beschränkung auf eine Aufgabe die bestmögliche Leistung erzielt werden kann. Vgl. Becher 1668, S. 12.

[43] Schon der Titel, den Becher seinem Buch gibt, zeigt deutlich die Abstraktionsfähigkeit des Autors. Die als „Gemeind" bezeichnete Einheit der wirtschaftlichen Beziehungen muß stets von der politischen Einheitsbildung unterschieden werden. Struktur und Funktion der Wirtschaft bleiben in ganz unterschiedlich verfaßten politischen Systemen, etwa „Städt / Länder und Republicken" identisch.

[44] Becher 1668, S. 4.

[45] Bechers „Discurs" ist ein den Kreislauftheorien Mirabeaus und Quesnays entsprechend gebautes, wenngleich dogmenhistorisch weniger prominentes Modell der Wirtschaft.

chen Verhältnisse vor dem Hintergrund theoretischer Erwartungen zu beobachten. Die Vorgänge der Realität werden am Modell gemessen; es können Abweichungen als Zustand einer „Krankheit" erkannt, die Ursachen als Auszehrung an Blut (Geld), Fleisch (Gewerbe) und Mark (Einwohner) diagnostiziert und die „Curirung" ins Werk gesetzt werden.[46] Am Modell lassen sich „unumbstößliche Regeln" ablesen, die Gemeinwohl und Wohlfahrt zu sichern vermögen.

Freilich: die Konstatierung einer Abweichung setzt einen Beobachter voraus, der außerhalb der Wirtschaft, etwa im politischen System, operiert. Die sich aus Produktion und Konsumtion bildende Einheit der „Gemeind" entsteht in jedem Falle; der Kreislauf aus Geld und Gütern schließt sich immer aufs Neue. Allerdings geschieht dies ohne Rücksicht auf politische Zugehörigkeiten und Herrschaftsbezirke. Von der Erkenntnis aus, daß die Grenzen von Wirtschaft und Politik auseinanderfallen,[47] spricht Becher das empirische Desintegrationsurteil: der Handel, die Aktivitäten und Interessen der Händler vermögen die Schließung des Kreislaufes in einem politischen Territorium zu verhindern, zumindest bestimmen sie das Ausmaß der „endlichen Consumption". Dem muß der politische Herrscher nicht tatenlos zusehen. Seine politischen Handlungschancen sind von der Leistungskraft der Wirtschaft unmittelbar abhängig. Das Funktionieren und die Leistungskraft der Wirtschaft sind der wahre Grund des „Auf- und Abnehmens" der politischen Einheiten. Ihre Macht, die sich im Kriegsfall zu bewähren hat und in der Menge der Einwohner eines Landes besteht, wird vom Umfang der Ernährungs- und damit der Beschäftigungs- und Verdienstmöglichkeiten im Territorium bestimmt. Wer also Macht will, muß einen optimal abgestimmten – und das heißt in jedem Falle in den Grenzen des eigenen politischen Territoriums sich schließenden – Wirtschaftkreislauf einrichten.[48] Worauf es für die Politik ankommt, ist die Etablierung gemeinsamer Grenzen von politischem und wirtschaftlichem Handeln, die enge Kopplung beider Systeme: die Institutionalisierung der „Gemeind" im Lande, die Errichtung einer „Lands-Würthschafft", einer territorialen *Oeconomie*.

Deutlich erkennbar geht das Motiv der propagierten Kopplungsnotwendigkeit über die Beförderung des Geldeinkommens der Obrigkeit weit hinaus; gleichwohl wird dieses Interesse durch das geforderte lands-würthschaffftliche Programm mitbedient. Die Verwirklichung des dem „Cameralwesen" gesetzten Zieles, „daß man deß gantzen Landes interesse befördere / und dem gemeinen man zu Mitteln verhelffe",[49] erfordert als Kopplung von Politik und Wirtschaft in einer territorialen *Oeconomie* zuallererst die politische Negation der Handlungsspielräume des Handels durch entsprechendes

---

[46] Becher 1668, Dedic. bii verso.
[47] Die empirische Evidenz der Konstruktion ist angesichts der Alltagserfahrungen mit dem Fernhandel offenbar so hoch, daß Becher sich um Illustration gar nicht bemüht. Wallerstein 1974 hat die seit dem Hochmittelalter ständig zunehmende Verflechtung von Wirtschaftsräumen als Entstehung einer „European World-Economy" im 16. Jahrhundert beschrieben. Gleichzeitig entstehen und konsolidieren sich die mit diesen wirtschaftlichen Grenzen nicht kongruenten Territorialstaaten.
[48] Weitere Kopplungsdimensionen berührend meint Becher 1686, S. 266, daß ein politisches System nur dann „nicht von anderen dependirt / wann darinnen einerley Sprach / Geld / Glaub / Herrschaft / und einerley beständige Ordnung ist".
[49] Becher 1668, Dedic. bii.

Recht.[50] Im Zentrum des Handlungsprogrammes stehen Vorschriften, die die Konditionen des Im- und Exports von Gütern regeln. Sie sichern durch die Herstellung der „Consumption" von Gütern im Lande die optimale Ausschöpfung der Wirtschaftskraft seiner Einwohner sowie die Möglichkeiten ihrer Vermehrung. Neben diesen Rechtsnormen werden der Obrigkeit als Steuerungsmechanismen eine Vielzahl von Maßnahmen anempfohlen. Sie können hier nicht näher beschrieben werden. Von Interesse für die Frage nach der Gemeinwohlorientierung von Individuen und dem Gemeinsinn als sozialmoralische Ressource ist allerdings die Form der Mehrzahl jener Instrumente, denen das Funktionieren der territorialen *Oeconomie* zugetraut wird.

Die von Becher, Hörnigk und Schröder vorgeschlagenen Werkhäuser, Magazine, Banken, *montes pietatis*, der Verlag oder das Intelligenzamt[51] setzen nicht auf die normative Absicherung von Erwartungen, sondern sie versuchen als Organisationen in der Wirtschaft durch eigenes wirtschaftliches Handeln bzw. durch ihre Wirkung als Entscheidungsprämisse für die Handlungspläne der Wirtschaftssubjekte Bedingungen zu setzen, die ein gesamtziel-konformes Verhalten wahrscheinlich machen. Verlag und Intelligenzamt etwa stabilisieren Einkommenserwartungen nicht durch obrigkeitlich festgesetzte Warenpreise, sondern durch Informationen über Absatzmengen. Nicht die Wirkung einer Wuchernorm gewährleistet nach Bechers Auffassung, daß die Zinsen für geliehenes Geld auf einem dem Allgemeinwohl dienlichen Niveau bleiben; vielmehr ist es die überlegene finanzielle Ausstattung der *montes pietatis*, welche die Chancen privater Geldverleiher einschränkt, die Zinshöhe nach Belieben zu verändern. Auf den noch zu gründenden inländischen Banken dürfen Geldbesitzer eine gewinnbringende Anlage ihres Kapitals erwarten; dieser Anreiz macht eine rechtliche Regelung der Geldausfuhr überflüssig. Besonders deutlich zeigen die nie verstummten Beschwerden über den Vorkauf, daß auch einer entschiedenen staatlichen Normierungstätigkeit kein Erfolg beschieden sein muß; Becher fordert stattdessen die Obrigkeit zur Einrichtung von Lebensmittelmagazinen auf. Jeder, der sich mit dem Gedanken an ein Vorkaufsgeschäft trägt, muß aufgrund der Existenz dieser Magazine davon ausgehen, daß man sein Erscheinen erwartet und darauf vorbereitet ist; er kann damit rechnen, daß sein Kaufpreis überboten bzw. der Verkaufspreis unterboten wird. Entweder kommt der Vorkäufer also gar nicht erst zum Zuge, oder er erleidet, falls der Aufkauf von Produkten doch gelungen sein sollte, am Markt einen spürbaren finanziellen Verlust. Die genannten staatlichen Wirtschaftsorganisationen negieren mithin nicht nur die Rechtmäßigkeit bestimm-

---

[50] Hörnigk 1684 propagiert wie Becher primär die rechtliche Beschränkung des Imports. Schröder 1686 setzt hingegen in erster Linie auf die normative Lenkung des Exports. Während die schottische Moralphilosophie darauf vertraut, daß aus der von Gott gegebenen Verschiedenheit der Individuen naturwüchsig eine Solidarität zwischen ihnen entsteht, unterstellt Becher offenbar die Kontingenz des Zusammenhangs und erkennt deshalb auf Handlungsbedarf. Seine paradoxe Doppelcharakterisierung der Händler als „Blut- und Saugigel einer Republik" und als deren „Säuge-Mutter" (Becher 1668, S. 19ff.) ist deshalb nur konsequent.

[51] Die Werkhäuser dienen der Beschäftigung von Arbeitslosen (Becher 1668, S. 206f.), bei Schröder eher der Durchsetzung von Produktinnovationen (Schröder 1686, S. 525ff.); die Magazine kaufen und verkaufen große Mengen von Lebensmitteln; die *montes pietatis* sind Pfandleihen; das Intelligentzamt ist eine Nachrichtenbörse für wirtschaftliche Transaktionen.

ter Handlungen, sondern sie steuern durch ihre Tätigkeit das Gemeinwohl unmittelbar an. Ihre Existenz wirkt für die Wirtschaftssubjekte als Entscheidungsprämisse für eigene Handlungspläne; ihr Handeln selbst setzt konkrete Rahmenbedingungen, die stets mitbedacht und einkalkuliert werden müssen.

Wichtige Voraussetzung für die Adjustierung der Organisationspläne sowie die Steuerungstätigkeit der Verwaltung selbst[52] ist die Bestimmung, Beschreibung und dauernde Beobachtung von Indikatoren, die der Obrigkeit den Zustand und die Bewegungsrichtung ihrer territorialen *Oeconomie* anzeigen. In die Funktionsstelle des von der Literatur als Summe zusammengetragenen Weltwissens rückt die Verbindung von Theorie und Informationsgewinnung durch die instrumentengeleitete Beobachtung der Gegenwart.[53] Es beginnt das Zeitalter von Inventaren und beschreibenden Statistiken.[54]

Vor allem Wilhelm von Schröder hat der Verwaltung in seiner „Fürstlichen Schatz- und Rentkammer" nicht nur die Eignung von Manufactur-Inventarium und Mauth-Büchern als Indikatoren der Wirtschaftsentwicklung eingeschärft und sie als „gewisseste und sicherste geheime Räthe"[55] bezeichnet, sondern den Praktikern auch eine Vielzahl von Mustern und Musterrechnungen zur Verfügung gestellt. Durch diesen weiteren Schritt in der Objektivierung des zur Verwaltung erforderlichen „iudiciums" wird „die gantze Policey [...] in mechanischen Handgriffen und Maximen verfasset / welche unter allen demonstrationen die gewisseßten zu sein gehalten werden".[56]

Allein, der Institutionalisierung des literarischen Modells „Lands-Würthschafft" standen mannigfaltige Hindernisse entgegen. Mochte gerade Becher noch so sehr betonen, er schreibe für „Teutschlands Wohlfahrt" und jeder der „gesunden Verstandts / und ein Teutscher Patriot ist", müsse die Richtigkeit seiner Analyse erkennen,[57] mußte er doch selbst knapp anderthalb Jahrzehnte nach der Erstveröffentlichung des „Politischen Discurs" die Rezeptionseffekte beobachtend feststellen: Den politischen Herrschern fehlt für eine derartig weitgreifende strukturelle Änderung, die „nicht augenblicklich profit bringt", der nötige Atem, und die in ihren Handlungsmöglichkeiten beschnittenen Kaufleute torpedieren die Kopplung von Politik und Wirtschaft in einer territorialen *Oeconomie* wegen der Schmälerung ihres „privat profit".[58] Es spricht zwar für das

---

[52] Becher, Hörnigk und Schröder haben auf die dringende Notwendigkeit einer Reform der Verwaltungsstruktur hingewiesen, die das wirtschaftspolitisch orientierte *Collegium* innerhalb der landesherrlichen Verwaltung zum „summum et absolutum" mache (Schröder 1686, S. 22f.).

[53] Die Form der Erkenntnistechnik entspricht der Wahrnehmung des Verlustes absoluter Maßstäbe in der Wirtschaft. Alles, stellt Hörnigk (1705, S. 281f.) fest, ist „zu einem Relativo worden" und der Vergleich mit anderen Staaten führt zur endlosen Dynamik des Vorauseilens und Einholen-Wollens.

[54] Die Bedeutung der beschreibenden Statistik für die Praxis ist auch von anderen erkannt worden. Im England dieser Zeit gewinnt die „Politische Arithmetik" zunehmend Anhänger. Als Mitglied der Royal Society wird Schröder deren Werke gekannt haben.

[55] Schröder 1686, S. 103. „Denn aus den Mauth-Büchern wird er [der Landesherr – W-H.K.] verstehen / was wir nöthig: aus dem Manufactur-Inventario aber wird er vernehmen / was wir nicht haben" (ebd. S. 102).

[56] Schröder 1686, S. 107.

[57] Becher 1682, S. 139.

[58] Ebd. S. 140.

Selbstbewußtsein der Modellkonstrukteure, daß sie fürderhin nicht fehlende Erkenntnis, sondern mangelnden Willen für die Ursache des anhaltenden Übels halten,[59] gleichwohl übersehen sie, welche kognitive und personelle Anstrengung die Dauerbeobachtung der „lands-würthschafftlichen" Prozesse von der Politik abfordert. Erst der allmähliche Ausbau der Verwaltung und schließlich die formale Ausbildung des Personals schaffen die Grundlage für eine Implementation.[60]

VI. Selbststeuerung und Institutionenwerk

Becher, Schröder und Hörnigk lehren alle in die territoriale *Oeconomie* einbezogenen *Oeconomen* eine grundlegende Lektion: Wer langfristige wirtschaftliche Beziehungen zu anderen unterhält – und spezialisierte Produzenten oder ein an dauernd fließenden Steuereinnahmen interessierter Herrscher können gar nicht anders – muß im Falle ihrer ständigen Überziehung zu seinen Gunsten langfristig mit einer tiefgreifenden Schädigung der eigenen wirtschaftlichen Interessen rechnen.

Die Beobachtung der durch Besteuerung[61] und Marktproduktion etablierten gegenseitigen Abhängigkeit der wirtschaftlichen Reproduktionskraft der Haushalte ebnet allerdings den Weg zu einer sehr viel weitergehenden Erkenntnis: Neben der Bindung des Landesherrn durch Recht, Moral, Ethik und Religion schränken auch die Sachzusammenhänge sozialen Handelns selbst die politischen Handlungschancen ein. Die Fiktionalität der Vorstellung von unumschränkter Herrschaft wird deutlich, wenn etwa die *oeconomisch* unbelehrte Inanspruchnahme der nicht zu bestreitenden politischen Legitimation des Landesherrn, Steuern und Steuersätze festzusetzen, über das mittelfristige Ausbleiben von Einnahmen zur Gefährung des politischen Machterhaltes selbst führt. Der Ausübung politischer Macht sind mithin nicht allein durch konkurrierende Rechte anderer sozialer Gruppen, etwa des Adels oder des Stadtbürgertums, Grenzen gesetzt, sondern auch durch die Wirkungen, die eine auf Dauer gestellte wirtschaftliche Interaktion entfaltet.[62] Die Kenntnis dieses Risikos und die daraus resultierenden wach-

---

[59] Becher 1668, Dedic. biii.

[60] Becher 1669, S. 94ff. hatte bereits früh unter dem Gemeinwohl-Titel auch die enge Verbindung von Politik und Wissenschaft verlangt. Die strukturelle Kopplung von politischem und Wissenschaftssystem, in der seit dem 18. Jahrhundert das universitäre Zertifikat über den erfolgreichen Abschluß des Studiums einer geeigneten Disziplin zur Einstellungsvoraussetzung für die Verwaltung gemacht wird, ist in diesem Zusammenhang ein in seiner Bedeutung kaum zu überschätzender Vorgang (vgl. hierzu Stichweh 1991). Für die Finanzverwaltung geht Preußen mit der Einrichtung der Kameralwissenschaft (1727) als Ausbildungsdisziplin voran.

[61] Norbert Elias ist die Wiederentdeckung und zivilisationstheoretische Deutung der Einsicht zu verdanken, daß lange Handlungsketten zu einem Zwang zum Selbstzwang führen. Den Sachverhalt, daß die lange Dauer sozialer Beziehungen im 17. Jahrhundert als Ursache für eine rationale Beschränkung der Selbstreferenz betrachtet wird, zeigt Luhmann 1980, S. 130 am Beispiel der Moral für den sozialen Verkehr allgemein. Zuletzt hat die Spieltheorie im Prisoner's Dilemma den Zusammenhang von Kooperation und Spieldauer formalisiert; vgl. dazu z.B. Axelrod 1988.

[62] Wohl die bekannteste Selbstbeschränkungsbeschreibung für den Fürsten findet sich bei Rohan 1638: „Les princes commandent aux peuples, et l'intérèt commande aux princes." (zit. n.

senden Anforderungen an die Entscheidungsfindung machen aus der Regierung des Landes eine Arbeit, die immer weniger durch kommunikative Kompetenz bei Hofe und in Beratungssituationen bewältigt werden kann. In den Vordergrund rückt ein fachliches und literarisch vermitteltes Wissen, das den Herrscher darüber aufklärt, was er unter den gegebenen sachlichen Bedingungen im Interdependenzgeflecht sozialer Beziehungen politisch wollen und tun kann. Zur Forderung, es müßten auch Staatsverwaltung und Ausbildung fester miteinander verknüpft werden, ist es nur noch ein kurzer Schritt.

Begrenzt man, geführt von der landesherrscherlichen Beratungsliteratur, seinen Blick allzu eng auf deren Adressaten, wird die evolutionäre Bedeutung des enstandenen *oeconomischen* Interdependenzgeflechtes nicht vollkommen deutlich. Gerade die disziplinierenden Wirkungen der Langfristigkeit von Beziehungen betreffen zumindest all jene Untertanen, deren *oeconomischer* Erfolg unmittelbar und weitgehend von Marktbeziehungen abhängt. Die im fünfzehnten Jahrhundert allenthalben beklagten Betrugs- und Täuschungstricks der Kaufleute werden in dem Maße geschäftsschädigend, wie die Händler dauerhaft mit Käufern Beziehungen unterhalten wollen oder müssen. Jede Betrügerei beschwört unabhängig von einer etwa bestehenden rechtlichen Sanktionierung das Risiko des Verbindungsabbruches herauf. Der durch diese Beendigung der Geschäftsbeziehung entstehende finanzielle Verlust in der Zukunft kann durchaus größer sein als der einmalige Gewinn durch eine Täuschung in der Gegenwart – so jedenfalls beschreibt die Lage bereits im 16. Jarhundert der Fugger-Intimus Conrad Peutinger. Neben und nach Peutinger haben, wie Albert Hirschman eindrucksvoll gezeigt hat, eine Vielzahl von Autoren aufgrund dieser sozialstrukturellen Gegebenheiten das rational kontrollierte Interesse als dem Allgemeinwohl durchaus dienliche Korrekturinstanz menschlicher Passionen ins Spiel gebracht. Sofern also bestimmte soziale Gegebenheiten für eine Selbstsozialisierung der Motive und Pläne sorgen, können die Disziplinierungs- und Fremdsteuerungselemente der bereits im 17. Jahrhundert ausufernden Policeiordnungen zwar nicht vollkommen ersetzt werden, doch erhalten sie ein wichtiges Komplement. Für den klugen Regenten wird es zukünftig darauf ankommen, zu erkennen, welche Erwartungskomplexe mit welchen Mitteln am besten stabilisiert werden können.

Wenn Beobachter der Wirtschaft seit Adam Smith deren Ordnung und Schönheit einer „unsichtbaren Hand" zuschreiben, denken sie in der Regel an das Wirken solcher Selbstbeschränkungsmechanismen. Sie übersehen dabei, daß noch diese Möglichkeit von genau angebbaren gesellschaftlichen Institutionen abhängt.[63] Freilich tun die Institutionen ihr Werk zumeist unbemerkt. Den soziologischen Beobachter überrascht dieser Befund nicht. Die gesellschaftliche Ordnung garantierenden grundlegenden Institutionen sind dem Alltagswissen und Alltagshandeln so tief eingeprägt, daß sie nicht auffal-

---

Hirschman 1980, S. 42). Verallgemeinert und mit der Vorstellung eines gesellschaftlichen Fortschritts verbunden wird die an der Beobachtung der Wirtschaft gewonnene Erkenntnis, daß das handelnde Subjekt zum Objekt der sozialen Verhältnisse wird, zum Ausgangspunkt für die Geschichtsphilosophie des 18. Jahrhunderts (vgl. Kittsteiner 1980).

[63] Adam Smith hat bekanntermaßen in seiner Theorie der ethischen Gefühle die Gesellschaft zumindest in der Form des „impartial observer" berücksichtigt, mit dem ego die Erwartungen der anderen in die Selbstbeobachtung aufnimmt.

len, unsichtbar bleiben; die Praxis des täglichen Lebens ist weitgehend blind für die Horizonte des eigenen Erwartens. Die Analyse der *oeconomischen* Literatur hat einige Hinweise gegeben, welche gesellschaftlichen Bedingungen individuelle rationale Kalküle ermöglichen oder welche Motive für das wirtschaftliche Handeln ohne Risiko für das Wohl aller völlig freigegeben können. Erst wenn die Gesellschaft mit ihren wirtschaftlichen Institutionen die gesellschaftliche Arbeitsteilung, etwa durch Marktordnungen, Preisregelungsverfahren, das Monopol- und Vorkaufsrecht oder auch Import- und Exportnormen, stabil reproduzieren kann, läßt sich eines Tages mit guten Gründen behaupten, daß wir unser leibliches Wohl nicht dem Gemeinsinn sondern dem Interesse von Metzgern, Brauern und Bäckern an ihrem eigenen Vorteil anvertrauen. Freilich, das hier zugrundeliegende Vertrauen gilt nicht seiner Person, sondern es gilt dem System. Es ist ein Vertrauen darauf, daß die Sicherung des Gemeinwohls in die Strukturen des Wirtschaftssystems eingeprägt ist – diese Strukturen also die entscheidenden „soziomoralischen Ressourcen"[64] sind.

VII. Wohlfahrt als politische Sorge

Faßt man die in den vorangegangenen Abschnitten geschilderte Veränderung des *oeconomischen* Diskurses im 17. Jahrhundert in den Blick, wird deutlich erkennbar, daß die zur Sicherung des Gemeinwohls vorgeschlagenen Handlungsprogramme auf die zentralen gesellschaftlichen Strukturveränderungen antworten: Die Differenzierung des globalen politischen Systems in Territorialstaaten, das damit zusammenhängende Verblassen der Funktion von Schichtung[65] und die Ausdifferenzierung des Wirtschaftssystems. Sie bilden die Grundlage für die Variationen der Semantik. Trotz mancher lokaler Eigenheiten der Literatur[66] eint die Reaktion auf diese Momente der gesellschaftlichen Evolution das Denken der deutschen und westeuropäischen Beobachter. Als ihnen im Markt- und Besteuerungskontext die Folgen der Reichweitendifferenz von politischer Herrschaft und wirtschaftlichen Transaktionen deutlich werden, entstehen allerorts Programme ihrer strukturellen Kopplung,[67] die sich die Dogmengeschichte der Wirtschaftswissenschaften seit dem Vorgang Adam Smiths im Begriff des „Merkantilismus" vergegenwärtigt.

---

[64] Münkler/Fischer 1999.
[65] Erhellend ist in diesem Zusammenhang die alltagssprachliche Wendung „gemeiner nutz". Sie konnotiert im Epitethon sowohl das Problem von Teil und Ganzem als auch das des Nutzens für den „gemeinen" Mann. So wird die Aufmerksamkeit zugleich auf den Systemkontext als auf Harmonie und Prosperiät des Ganzen hin zu lenkende Integration der Stände und den Gerechtigkeitskontext gelenkt, der die Beachtung vor allem bäuerlicher Interessen wachhält. Damit drückt sich im „gemeinen nutz" die Gleichzeitigkeit von Strukturen, Ereignissen und Problemlagen aus, die dem Übergang von einer hierarchischen Differenzierung der Ständegesellschaft zur Ausdifferenzierung von gesellschaftlichen Funktionssystemen zuzurechnen sind.
[66] Etwa die Bedeutung, die der Bevölkerungsvermehrung bei den deutschsprachigen Autoren zugemessen wird.
[67] Systematische Überlegungen zur Kopplung von politischem und Wirtschaftssystem bei Luhmann 1988, S. 343ff.

Mit diesem Schritt wird die Beförderung des Gemeinwohles, das als Vermehrung von Wohlstand und Reichtum verstanden wird, zur Daueraufgabe des Landesherrn. Aus Interesse an einer seine politische Macht stärkenden Erhöhung der Steuerzahlungen seiner Untertanen tritt er aus der nur friedens- und gerechtigkeitssichernden Rolle heraus. Hatte sich die Obrigkeit durch die Festsetzung des „gerechten Preises" und die Ordnung des Marktgeschehens als wirtschaftlich nicht betroffene, ethisch orientierte, das Wohl des Ganzen gegen die eigennützigen Wünsche von Käufern und Verkäufern absichernde Instanz betätigt, wird sie in dem Augenblick, wo eigene Einkommensziele sie in einen dauerhaften *oeconomischen* Kontakt mit den Landesbewohnern bringen, selbst Partei. Der gelehrten Literatur fiel es nicht schwer, aus dem Wissensfundus der Geschichte Beispiele zu geben, wie sehr Hausväter und Bürger unter ihrer von der Steuerzahlung bewirkten Inklusion in das Wirtschaftssystem leiden konnten. Wenn aber auf die Abschöpfung von Leistungen der Wirtschaft im Lande nicht verzichtet werden kann, weil die Erhaltung, Stabilisierung und auch Erweiterung der politischen Macht zunehmend vom Geldeinkommen abhängt, wird der Landesherr in einer umfassenden Weise verantwortlich für die Erfindung und Etablierung von Maßnahmen, Regeln und Mechanismen, mit denen sich nachweislich und nachhaltig der Reichtum im Lande vermehren läßt. Die Sorge um Steigerungsquellen macht das Wohl des Landesherrn mit dem seiner Untertanen kompatibel. Einige von den gelehrten Beratern wichtig genommene Projekte zur Verbesserung der *oeconomischen* Lage, wie die Einrichtung von Manufaktur-Häusern, Intelligenz-Ämtern, Banken und Pfandleihen, die Normen und Organisationen zur Verhütung von Monopolen und Vorkauf, die Verbesserung von Handwerks- und Produktionstechniken und der Schulbildung, schließlich, allen voran, die rechtliche Regelung der Warenein- und ausfuhr sind genannt worden. Doch damit erschöpft sich die aus Interesse am eigenen Einkommen resultierende Verantwortlichkeit für die Sicherung der Reproduktionsfähigkeit der Landesbewohner nicht, denn schnell kann durch die Wechselfälle des Schicksals aus einem potenten ein mittelloser Steuerzahler werden; deshalb empfehlen die Ratgeber auch institutionelle Sicherungen zur Zähmung der Zukunft. So wird über den Wunsch, viele und gute Steuerzahler im Lande zu haben, das ganze Leben der Bewohner in die Reichweite obrigkeitlicher Gestaltung gerückt und ihre Inklusion in den Waren- und Arbeitsmarkt, ihre Sicherheit so gut wie ihre Fortpflanzung zur obrigkeitlichen Angelegenheit. Es kann nicht überraschen, wenn Beobachter in diesem Konnex die Anfänge von Sozialdisziplinierung, Wohlfahrtsstaat und Vorsorgestaat gesehen haben.[68]

Mit der Konstruktion der territorialen *Oeconomie* im Begriff der „Lands-Würthschafft" kann das Gemeinwohl nun für lange Zeit nicht nur als Wert vorgestellt, sondern als ein konkretes Programm formuliert und verfolgt werden. Die Gemeinwohlvorstellung besitzt einen substantiellen Gehalt; sie kann als Kompaß und Grundlage für rationales, Alternativen gegeneinander abwägendes Entscheiden dienen. Seine Sicherheit gewinnt das Programm durch die Überzeugungskraft, welche von der Konstruktion

---

[68] Ausgangspunkt der Analysen zur Sozialdisziplinierung sind Oestreich 1969 und Foucault 1976; Stichweh 2000, S. 67 sieht den Übergang zum Wohlfahrtsstaat gekommen, „wenn der Staat seine Untertanen nicht mehr als eine unruhige Masse versteht, die zu kontrollieren seine eigentliche Leistung ist"; zum Vorsorgestaat und seinem umfänglichen Versicherungswesen Ewald 1993.

des Modells einer sich von anderen sozialen Gebilden unterscheidenden, aus eigenen Elementen gebildeten und nach einer eigenen Logik funktionierenden Wirtschaft ausgeht. Nicht die konkrete Begrifflichkeit Bechers, wohl aber die Struktur dieses Modells bildet das unangefochtene Paradigma, das bis zur Durchsetzung der Rezeption der „Klassischen Nationalökonomie" Smithscher Prägung alles wirtschaftspolitische Handeln leitet. Seine Plausibilität ist so hoch, daß es schon bald kein Gegenstand des Nachdenkens mehr ist. Hinter den wortreichen kameralistischen Traktaten, den Lehrwerken des 18. Jahrhunderts und der landesherrlichen Praxis etwa im Preussen Friedrich Wilhelms I. und Friedrichs II. bleibt es ebenso unsichtbar wie wirkungsmächtig. Erst als die Folgen der kapitalistischen Industrialisierung die Aufmerksamkeit von der Differenzierung des Produktions- und Konsumtionskreislaufes auf die von Arbeit und Kapital hinlenken, schiebt sich auch die Funktion des Gemeinwohlbegriffs als Formel für die Verbindung des kollektiven Entscheidens mit dem Wandel der dafür geeigneten politischen Programme[69] wieder ins Bewußtsein.

Es sind die Strukturen des politischen Systems, die festlegen, was politisch entscheidbar ist. Die über Begriffe, Modelle und Theorien eröffneten Beobachtungsmöglichkeiten sind Teil dieser Strukturen. Das als „Gemeind" beschriebene Modell eines Wirtschaftssystems und das als „Lands-Würthschafft" kodifizierte politische Programm der Ausgestaltung einer territorialen *Oeconomie* haben neue Horizonte eröffnet. Doch nicht nur das „Was", sondern auch das „Wie" der Beobachtung wurde stilbildend. Mit den gelehrten literarischen Beratern des 17. Jahrhunderts setzt das Vertrauen darauf ein, daß durch eine Verbindung von theoretischer Reflexion und empirischer Information nicht nur wahres Wissen gewonnen werden kann, sondern daß dieses wahre Wissen auch die Richtigkeit von Entscheidungen über die Zukunft verbürgt. Das Vertrauen gerade in diesen Zusammenhang wächst noch, als die *oeconomische* Analyse von Becher, Hörnigk und Schröder ihre Deutungshoheit längst verloren hat. Es sind die Erfahrungen weiterer dreier Jahrhunderte mit der funktionalen Differenzierung der Gesellschaft, den Grenzen der Rationalität und der Unvollständigkeit der Information erforderlich, bis die Vermutung zustimmungsfähig wird, daß dem Unbekanntsein der Zukunft „nicht durch Information abzuhelfen ist, sondern nur durch Imagination".[70]

Quellen

Alsted, Joh. J. (1620), Cursus Philosophice Encyclopaedia libris XXVII ..., Herborn.
Becher, Joh. J. (1668), Politischer Discurs von den eigentlichen Ursachen / deß Auf- und Abnehmens / der Städt / Länder und Republicken ..., Frankfurt/M.
Becher, Joh. J. (1669), Moral Discurs von den eigentlichen Ursachen des Glücks und Unglücks ..., Frankfurt/M.
Becher, Joh. J. (1682), Närrische Weisheit und Weise Narrheit ..., Frankfurt/M.
Becher, Joh. J. (1686), Politischer Discurs ..., Frankfurt/M., 3. vermehrte Aufl.

---

[69] Vgl. zur Theorie des Gemeinwohls als Kontingenzformel des politischen Systems Luhmann 2000: 120ff.
[70] Luhmann, o.J., o.S.

Besold, Chr. (1648), Synopsis Politicae Doctrinae, Amsterdam.

Bornitz, J. (1612), Aerarium, sive Tractatus Politicus ..., Frankfurt/M.

Bornitz, J. (1625), Tractatus Politicus de rerum sufficientia in Republica et Civitate procuranda ..., Frankfurt/M.

Doverin, H. (1622), Trinum Secretum Politicorum ..., Straßburg.

Elychnius, Th. (1623), Bedenken Welchermassen ein Standt / sein Gefell und Einkommen verbessern mög ..., Straßburg.

Garzoni, Th. (1626), Piazza Universale ..., Frankfurt/M.

Glauber, Joh. R. (1656), Des Teutschlands Wohlfahrt Erster Teil. Darinnen von des Weins / Korns und Holtzes Concentrierung, sampt deroselben Nutzlichern / als bißhero geschehenen / Gebrauch / gehandelt wird ..., Amsterdam.

Hoernigk, Ph. W. v. (1684), Oesterreich uber alles wann es nur will. Das ist ein wohlmeinender Fürschlag wie mittelst einer wol-bestellten Lands-Oeconomie, die Kayserl. Erbland in kurzem über alle andere Staat von Europa zu erheben / und mehr als einiger derselben / von denen andern independent zu machen, o.O.

Keckermann, B. (1608), Synopsis Disciplinae Oeconomicae, Dispositionem eius breviter adumbrans, Hannover.

Loehneyss, G. E. (1622), Aulico Politica ..., Remlingen.

Neumäyr, Joh. W. (1632), Von Schatzungen und Steuren sonderbahrer Tractat ..., Schleusingen.

Obrecht, G. v. (1606), Politisch Bedenken und Discurs: Von Verbesserung Land und Leut / anrichtung gutter Policey / unnd fürnemlich von nutzlicher erledigung grosser ausgaben / und billicher vermehrung eines jeden Regenten und Oberherren Jahrlichen gefällen und einkummen ..., Straßburg.

Obrecht, G. v. (1609), Prima Apologetica Resolutio ..., o.O.

Osse, M. v. (1555), An Herzog Augustu, Churfürsten zu Sachsen, Ein untertheniges Bedenken ... Welcher gestalt eine christliche Obrigkeit ... ein gottseelige, weisliche, vernünfftige und rechtmessige Justicien erhalten kann ..., Handschrift, Herzog-August-Bibliothek Wolfenbüttel.

Osse, M. v. (1607), Prudentia regnativa, Das ist ein Nützliches Bedenken / ein Regiment / so wol in Kriegs als Friedenszeiten recht zu bestellen / zu verbessern unnd zu erhalten: allen Regenten / dero Räthen und Dienern zu Anordnung ihrer Regierung und guter Policey zuwissen, Frankfurt/M.

Schröder, W. v. (1686), Fürstliche Schatz- und Rent-Cammer ..., Leipzig.

Vernuläus, N. (1626), Institutionum oeconomiarum libri 2 ..., Löwen.

Zwinger, Th. (1586), Theatrum Vitae Humanae ..., Basel.

Sekundärliteratur

Asch, R. G. (1999), Kriegsfinanzierung, Staatsbildung und ständische Ordnung in Westeuropa im 17. und 18. Jahrhundert, in: Historische Zeitschrift 268/3, S. 635-671.

Axelrod, R. (1988), Die Evolution der Kooperation, München.

Elias, N. (1976), Über den Prozeß der Zivilisation. Soziogenetische und psychogenetische Untersuchungen, 2 Bde, Frankfurt/M.

Ewald, Fr. (1993), Der Vorsorgestaat, Frankfurt/M.

Foucault, M. (1976), Überwachen und Strafen. Die Geburt des Gefängnisses, Frankfurt/M.

Hirschman, A. O. (1980), Leidenschaften und Interessen. Politische Begründungen des Kapitalismus vor seinem Sieg, Frankfurt/M.

Kissling, P. (1999), „Gute Policey" im Berchtesgadener Land. Rechtsentwicklung und Verwaltung zwischen Landschaft und Obrigkeit 1377 bis 1803, Frankfurt/M.

Kittsteiner, H.-D. (1980), Naturabsicht und unsichtbare Hand. Zur Kritik des geschichtsphilosophischen Denkens, Frankfurt/M.

Krauth, W.-H. (1984), Wirtschaftsstruktur und Semantik. Wissenssoziologische Studien zum wirtschaftlichen Denken in Deutschland zwischen dem 13. und 17. Jahrhundert, Berlin.

Kosselleck, R. (1979), Historia magistra vitae. Über die Auflösung des Topos im Horizont neuzeitlich bewegter Geschichte, in: Ders., Vergangene Zukunft. Zur Semantik geschichtlicher Zeiten, Frankfurt/M., S. 38-66.

Luhmann, N. (1980), Gesellschaftsstruktur und Semantik. Studien zur Wissenssoziologie der modernen Gesellschaft, Bd. 1, Frankfurt/M.

Luhmann, N. (1988), Die Wirtschaft der Gesellschaft, Frankfurt/M.

Luhmann, N. (2000), Die Politik der Gesellschaft, Frankfurt/M.

Luhmann, N. (o.J.), Entscheidungen in der „Informationsgesellschaft", unveröff. Manuskript (Vortrag, gehalten am 1. 11. 96 im Auditorium Maximum der Humboldt-Universität zu Berlin).

Münkler, H./Fischer, K. (1999), Gemeinwohl und Gemeinsinn. Thematisierung und Verbrauch soziomoralischer Resourcen in der modernen Gesellschaft, in: Berlin-Brandenburgische Akademie der Wissenschaften (Hg.), Berichte und Abhandlungen, Bd 7, S. 237-265.

Oestreich, G. (1969), Geist und Gestalt des frühmodernen Staates, Berlin.

Ong, W. J. (1982), Orality and Literacy: The Technologizing of the Word, London.

Reinhard, W. (1999), Geschichte der Staatsgewalt. Eine vergleichende Verfassungsgeschichte Europas von den Anfängen bis zur Gegenwart, München.

Schulze, W. (1986), Vom Gemeinnutz zum Eigennutz. Über den Normenwandel in der ständischen Gesellschaft der frühen Neuzeit, in: Historische Zeitschrift 243, S. 598-625.

Schwennicke, A. (1996), „Ohne Steuer kein Staat": Zur Entwicklung und politischen Funktion des Steuerrechts in den Territorien des Heiligen Römischen Reichs (1500–1800), Frankfurt/M.

Stichweh, R. (1991), Der frühmoderne Staat und die europäische Universität: zur Interaktion von Politik und Erziehungssystem im Prozeß ihrer Ausdifferenzierung (16.–18. Jahrhundert), Frankfurt/M.

Stichweh, R. (2000), Migration, nationale Wohlfahrtsstaaten und die Entstehung der Weltgesellschaft, in: Die Weltgesellschaft. Soziologische Analysen, Frankfurt/M.

Stolleis, M. (1983), Pecunia nervus rerum. Zur Staatsfinanzierung in der frühen Neuzeit, Frankfurt/M.

Stolleis, M. (Hg., 1996), Polizey im Europa der Frühen Neuzeit. Frankfurt/M.

Wallerstein, E. (1974), The Modern World-System: Capitalist Agriculture and the Origins of the European World-Economy in the Sixteenth Century, New York.

CORD-FRIEDRICH BERGHAHN

Klassizismus und Gemeinsinn
Antikerezeption und ästhetische Gemeinwohlformeln in den Vereinigten Staaten am Beispiel Thomas Jeffersons

Was hat die neuzeitliche Faszination an der Ausdruckswelt der Antike mit den Begriffen Gemeinsinn und Gemeinwohl zu tun? Wenn man so fragt, dann werden Phänomene des gebauten Klassizismus aus einem Blickwinkel betrachtet, der Aufschluß über politische und gesellschaftliche Kodierung von Kunst zu geben vermag. Interessieren sollen im folgenden die möglichen sozialen, politischen und moralischen Implikationen, die mit der Architektursprache des Klassizismus transportiert werden. Wenn Klassizismus und politische Interessenwelt sich in der wissenschaftlichen Kritik überhaupt begegnen, dann fast ausschließlich im ideologiekritischen Verdachtskontext der Herrschaftsnähe,[1] der Fortschrittshemmung oder ganz allgemein im Sinne der Retardation, ja der Entzeitlichung. Dieser Aspekt gehört in der Tat wesentlich zum Habitus des Klassizistischen, genügt jedoch, isoliert gesehen, bestenfalls einer partiellen Ideologiekritik und keiner universalen Funktionsgeschichte. Faktisch haben viele, vielleicht sogar alle sichtbaren Gesellschaftsgruppen sich dem klassizistischen Formenfundus zu assoziieren versucht. Dasselbe gilt folglich für die historische Reihe politischer Verfassungen: Klassizistische Repräsentationselemente finden sich in der Formenwelt des europäischen Absolutismus ebenso wie im Republikanismus und in den Demokratien der Aufklärung; aber auch die Nationalismen des 19. und die Totalitarismen des 20. Jahrhunderts kommen ohne sie nicht aus. Die Beweiskette der Architekturgeschichte, die von der Louvre-Kolonnade zu Reichskanzlei und Stalinallee aber auch zum Jefferson-Memorial und Völkerbundpalast reicht, ist unmittelbar evident.

Vor diesem Hintergrund soll anhand der Architektur Thomas Jeffersons die Verbindung zwischen Gemeinsinn, Gemeinwohl und Klassizismus in einer spezifischen historisch-politischen Konstellation exemplarisch diskutiert werden. Der Versuch, sich der architektonischen Sprache zwischen 1770 und 1830 und dem in ihr Implizierten vermittels der Begriffe Gemeinwohl und Gemeinsinn zu nähern, ist freilich riskant. Er erfolgt in heuristischer Absicht und soll festgefahrene Epochenbezeichnungen und Kriterien des Klassizismus unterlaufen. Wie kein zweiter Denker seiner Epoche ist es Jefferson, der in den mannigfaltigen Filiationen seines Staats- und Individualitätskonzepts die

---

[1] Vgl. etwa Busch 1998, Sp. 1071 sowie Zerner 1988, S. 35 ff.

Möglichkeit bietet, die Nutzung und Codierung der Gemeinsinn- und Gemeinwohlformel für konkrete politische Zwecke im Kontext der Entstehung der amerikanischen Republik zu untersuchen. Die erwarteten Befunde können so im Detail geprüft und in ein differenziertes Bild gefaßt werden; hinter der Einzeluntersuchung aber, die ja nur eine Geschichte konturieren kann, wird dann die entscheidende Frage symbolischer Repräsentation erkennbar.

In diesem Zusammenhang könnten die folgenden Überlegungen auch ein Baustein zu einer Funktionsgeschichte symbolischer Repräsentanz sein, die das Objekt der Beobachtung, die klassizistische Architektur, als Teil einer noch zu schreibenden politischen Theorie der Architektur begreift. Dies zumal, da sich das beobachtete Beispiel, das sich revolutionär neu bildende Amerika entgegen einem fast rousseauistischen Selbstentwurf als differenzierte, ja pluralistisch zu nennende Gesellschaft formiert, Interessenmediation also bereits zum Konstitutionsprozess des neuen Staates gehört. Die Schwierigkeit liegt darin, eine Verbindung zwischen politischer Sphäre und Architektur nachzuweisen und diese dann auf die Schlüsselbegriffe von Gemeinwohl und Gemeinsinn zu beziehen. Zu den vielfältigen Transformationen der Epoche kommt die der Architekturtheorie hinzu, deren Traditionslinie Vitruv-Alberti in der Spätaufklärung ja gerade unter dem Eindruck der klassizistischen Wende abbricht.[2] Die Frage ist, wie und ob sich diese neuen Inhalte äußern. Zunächst wird der politische Kontext der Amerikanischen Revolution skizziert werden müssen; dann das politische Denken Jeffersons, sein Ideal der Verfaßtheit der Nation konturiert und anschließend werden die Bauten des Architekten Jefferson in diesem Kontext interpretiert. Jeffersons architektonisches Werk, so die These, ist aktive Arbeit am jungen Staat, Arbeit an der symbolischen Repräsentation seines Gesellschaftsideals und nicht zuletzt ein Versuch, dieses Bild im Moment seiner Gefährdung in ästhetische Formeln zu bannen, Formeln, die bis in die Gegenwart ihre Wirkung bewahrt haben.

I. Common Sense, Gemeinsinn und Repräsentation

1776 – Revolution und Gemeinsinnbegriff

Am Anfang der Revolution des Jahres 1776 steht ein publizistischer Handstreich: Thomas Paines *Common Sense*. Die wohl folgenreichste wie meistgelesene Schrift in der politischen Historie der Aufklärung[3] verdankt ihre Wirkung den im Titel beschworenen Denktraditionen, die im Hinblick auf den Vernunftschluß der Unabhängigkeit amalgamieren. Es sind dies die schottische Common-Sense-Philosophie, die den Begriff im Sinne des gesunden, am Ganzen der aufklärerischen Menschheit orientierten Verstandes deutet, und die ältere, im puritanischen Amerika freilich stets präsente Lesart der Commonwealth-Revolution, die Common Sense als Gemeinsinn sieht.[4] Inhaltlich bedient Paine beide Erwartungsstränge, den des gesunden Menschenverstandes durch Aufzäh-

---

[2] Vgl. Kruft 1995, S. 158 ff.
[3] Bonwick 1991, S. 91, errechnet den Absatz von 120.000 Exemplaren „sold within three months".
[4] Vgl. Keane 1996, S. 107.

lung und Diskussion der für die Unabhängigkeit sprechenden Argumente, den des *sensus communis* aber dadurch, daß das politische Ziel der Unabhängigkeit die Erlangung des Gemeinwohls ist. Public good, als der Kernbegriff des radikal-whiggistischen Credo, ist für Paine, der aus dieser politischen Tradition stammt, nur auf dem Weg des Übergangs jeglicher Regierungsmacht in die Hände der Bürger vorstellbar. „The word republic", schreibt Paine, „means the public good, or the good of the whole, in contradistinction to the despotic form, which makes the good of the souvereign, or of one man, the only object of government".[5] Nun konnte sich der amerikanische Neubürger im Rahmen seines Pamphlets auf keine inhaltliche Erörterung des Wesens des Gemeinwohls einlassen. Auch wäre eine solche inhaltliche Setzung des Gemeinwohls im Rahmen der republikanischen Lehre Harringtons, die auch Paine vertritt, schlichtweg unmöglich gewesen: Public good ist in dieser Vorstellungstradition mehr als die Summe der Individualinteressen oder ein zwischen den Partikularinteressen verhandelter Konsens: „an entity in itself, prior to and distinct from the various private interests of groups and individuals".[6] Der seltsame Gegensatz, der sich gerade in der Gründungsphase der amerikanischen Republik zwischen der klassischen Lehre des Republikanismus und dem liberalistischen Strang der Tradition John Lockes entfaltet, ist in der Anlage der Schriften Paines bereits manifest.

Gemeinsinn ist in der von ihm beschworenen einmaligen historischen Situation der nordamerikanischen Kolonien die unabdingbare Voraussetzung einer noch zu schaffenden Form von Staatlichkeit, die sich nicht auf gemeinsame Herkunft, Religion oder Beruf beziehen kann, zugleich aber ein geographisch riesenhaftes, jeglicher nivellierenden Tendenz entgegenstehendes Gebilde umschließt. Emphatisch beschwört Paine die Einmaligkeit der historischen Situation, die sich der Neuen Welt gleichsam als Präzeptor der Menschheit bietet. Gemeinsinn bedeutet im Gefüge des Traktats, die Frage der Verfaßtheit vorurteils- und auch vorbildlos anzugreifen, um die Wiederholung alter Fehler auszuschließen. Die Natur der Gemeinwohlfrage läßt Paine, wie alle Autoren im Umfeld der Founding Fathers, offen, um die ubiquitäre Beschwörung des Gemeinwohls, die den Verlauf der Debatte um Staatlichkeit und Verfaßtheit kennzeichnet,[7] zu ermöglichen, ohne zugleich Gemeinwohl zur Fraktionsparole verkommen zu lassen. Gleichzeitig verbindet sich für Paine jedoch eine bestimmte Vorstellung der Gesellschaft und ihrer Funktion mit dieser Offenheit des Gemeinwohlbegriffs. Da hinter seinem liberalen Staatsverständnis bisweilen frühanarchistische Züge aufscheinen, arbeiten für Paine die Formierung der Gesellschaft und die der staatlichen Institutionen in einem gleichsam gegenläufigen Prozeß, der am Ende der unter dem Leitbegriff des Gemeinwohls konsolidierten Gesellschaftsentwicklung den Staat erübrigt. Damit hat Paine eine zentrale Idee der Amerikanischen Revolution skizziert, die ihren Charakter gegen den anderer neuzeitlicher Revolutionen – insbesondere also gegen den der Französischen – abgrenzt. Beschränkung usurpatorischer Macht, Restitution eines tatsächlichen oder vermeintlichen Rechtszustandes durch Widerstand, Durchsetzung der naturrechtlichen Forderungen durch die im modernen Naturrecht vorgesehenen Mittel des gewaltsamen

---

[5] Paine 1945, Bd. II, S. 372.
[6] Wood 1998, S. 58.
[7] Vgl. Adams 1973, S. 224ff.

Widerstands, alle diese Faktoren, die aus dem Gedanken der Revolution einen der Restauration, des „alten und zugleich ewigen Rechts"[8] machen, sind entzeitlichende Grundzüge der klassischen Naturrechtslehre, die ihrem Wesen nach gegen Institutionalisierung sprechen. Daß Paine es so dann nicht gemeint hat, daß sein radikalliberalistischer Ansatz eben nicht die Wiederherstellung angelsächsischer Freiheiten, sondern das Wagen des Neuen bedeutet, hindert ihn nicht, mit dem insgesamt whiggistischen Ziel der Revolution, der „Beschränkung der politischen Gewalt auf ein Minimum"[9] übereinzustimmen. „Some writers have so confounded society with government", führt Paine, Rousseaus wuchtige Anfangssequenz des *Contrat social* gleichsam negativ variierend aus, „as to leave little or no distinction between them; wheras they are not only different, but have different origins. Society is produced by our wants, and government by our wickedness; the former promotes our happiness positively by uniting our affections, the latte negatively by restraining our vices."[10]

Hier enden zunächst die Gemeinsamkeiten zwischen dem Paine und den in ihrer Mehrheit einem elitären Unabhängigkeitskonzept verpflichteten Founding Fathers, die man wohl als Republikaner, kaum aber als Demokraten im Sinne etwa des Abbé Sièyes bezeichnen kann. Sowohl Paines Versuch, die Trennung von Staat und Gesellschaft – als Instrument der Kritik am absolutistischen Maschinenstaat – festzuschreiben, wie auch seine radikalen, der englischen Dissenter-Tradition geschuldeten Vorstellungen über die Ausweitung des Wahlrechts in einer auch besitzmäßig egalitären Gesellschaft mußten das Mißtrauen der politischen Eliten wecken, die sich nicht als Revolutionäre im neuzeitlichen Sinn begriffen.[11] Common Sense fällt mit aggressiver und kompromißloser Rhetorik aus dem legitimistisch argumentierenden Diskurs der Ostküstenaristokratie und Plantagenbarone heraus; so wie Paine selbst, der erst 1775 in die nordamerikanischen Kolonien ausgewandert war, aus dem soziologischen Kontur der Founding Fathers markant heraussticht.[12] Tatsächlich ist er ja nicht als einer der Gründerväter, sondern als Pamphletist der Amerikanischen Revolution in Erinnerung geblieben.[13] Von daher paßt sein Ausschluß von jeglicher Mitarbeit an der Verfaßtheit des Staates in den entscheidenden Jahren 1787–88 in das Selbstdesign der Founding Fathers, die seine kompromisslose Absage an jegliche staatsphilosophische Antikenrezeption nicht mit der notwendig zu beschwörenden Würde der Staatsgründung, seinen plebejisch-aktionistischen Habitus nicht mit ihrem Selbstverständnis vereinbaren konnten. Für einen kurzen Moment aber berühren sich hier die im Namen des Gemeinwohl konzentrierten Gedanken über die Unabhängigkeit mit den legitimistischen, vordergründig auf Restauration bedachten der Founding Fathers. Und mit dem zentralen und zugleich diffusen Gemeinwohlbegriff im Kontext der politischen Philosophie und Staatstheorie der Vereinigten Staaten hat Paine den Fluchtpunkt der Debatten um Wesen und Gestal-

---

[8] Ebd., S. 89.
[9] Habermas 1971, S. 100.
[10] Paine 1995, S. 6.
[11] Vgl. Wood 1992, S. 229 ff.
[12] Vgl. Keane 1996, S. 83 ff. und S. 181 ff.
[13] Vgl. Bailyn 1977, und Wood 1998, die seine lange Zeit unterschätzte Bedeutung rekonstruiert haben.

tung des Staates wenn nicht als einziger, so doch als erfolgreichster Publizist festgeschrieben. Schon 1764 etwa hat James Otis in seinem Traktat *The Rights of the British Colonies Asserted* den schillernden Charakter des Gemeinwohlbegriffs der Kolonisten in einer für die folgenden Diskussionen wichtigen Formulierung gebannt. „The end of government", heißt es an die Adressaten im britischen Parlament, „being the good of mankind, points out its great duties: It is above all things to provide for the security, the quiet, and happy enjoyment of life, liberty and property. There is no act which a government can have a right to make, that does not tend to the advancement of the security, tranquility, and prosperity of the people."[14] Gemeinwohl besteht hier in individuellen Ansprüchen auf den von John Locke aufgestellten Kanon bürgerlicher Rechte auf Leben, Freiheit und Eigentum, „Ansprüche des Einzelnen, nicht des Kollektivs",[15] die als solche nicht mehr zur klassischen Gemeinwohllehre des neuzeitlichen Republikanismus gehören, sondern in die Lockesche Tradition des Vertragsstaates von Besitzindividuen. Damit artikuliert sich bereits am Beginn der Konstituierung des neuen Staates der Dualismus von civic humanism, und der Theorie des liberalen Staates.

Thomas Jefferson nun nimmt im Transformationsprozeß, in dem in der Tradition von Aristoteles und Machiavelli versucht wurde, „das Politische in seine alte Würde wiedereinzusetzen",[16] eine unzeitgemäße und scheinbar konservative Position ein. Festhaltend an den Vorstellungen des klassischen Republikanismus, am Tugenddiskurs und der Furcht vor Luxus und mit diesem einhergehender Korruption der Fähigkeit der Bürgers, seine Interessen und die des Gemeinwohls politisch zu artikulieren, hat er im Zeitraum zwischen 1776 und seiner Tätigkeit als Staatssekretär in den neunziger Jahren ein Gesellschaftsideal entworfen, das durch gleichermaßen archaische wie moderne Züge geprägt ist. Auch für ihn ist der Gemeinwohlbegriff zentral, er ist allerdings von flüchtiger Konsistenz.

1787 – Verfaßtheit und Institutionalisierung

Für die Gründerväter der Amerikanischen Revolution ist der Gemeinwohlbegriff als Grundlage der Lehre vom Gesellschaftsvertrag unverzichtbar, ja in Anbetracht der tabula rasa, die das Auslöschen der symbolischen Repräsentation der Kolonialmacht hinterließ, erscheint er gerade als Garant einer Mediatisierung von Interessengegensätzen, die schon im Vorfeld der Unabhängigkeit klar erkennbar waren. Lockes Theorem der Freiheit durch staatlich gesicherten Besitzindividualismus im Rahmen einer Gesellschaft, die dem Staat die Rolle des Treuhänders der Interessensumme zuspricht und Humes skeptischer Blick auf die vorwiegend von privaten Interessen motivierte menschliche Natur haben den Erwartungshorizont der Theoretiker der Unabhängigkeit im Hinblick auf die Einschätzung des anthropologischen Gemeinwohlpotentials geprägt. Ausgehend von der Grundrechteerklärung Virginias hat Willi Paul Adams gezeigt, wie die anderen Bundesstaaten die Argumentationstrias Gleichheit – Volkssouveränität – Gemeinwohl in mehr oder minder derselben Form übernehmen. Hierbei wird Gemeinwohl „als ober-

---

[14] Zit. nach: Adams 1973, S. 225.
[15] Ebd.
[16] Arendt 1999, S. 45.

ste Richtschnur govermentalen Handels" kodifiziert, jedoch semantisch so offen, daß die in den entscheidenden Jahren der Verfasssungsfindung stattfindenden Debatten über Gestalt und Ziele der Bundesverfassung die ganz andersartigen Traditionen des klassischen Republikanismus und des Lockeschen Liberalismus stets auf diesen gemeinsamen Nenner beziehen können.[17]

Diese Offenheit ist vor dem Hintergrund der Neuetablierung und -schaffung der symbolischen Repräsentation verständlich: In den elf Jahren, die zwischen Unabhängigkeitserklärung und Ratifizierung der Verfassung liegen, sind die *Declaration of Independence* und die jeweiligen *Bills of Right* der Einzelstaaten ja die einzigen Dokumente des Zusammenhalts. Gleichzeitig erleben die Vereinigten Staaten in diesen elf Jahren einen radikalen Wandel von politischem Denken und der Auffassung des Politischen überhaupt. In der Verfassungsdebatte in Philadelphia, entscheidend aber auch in der publizistischen Auseinandersetzung zwischen Federalists und Anti-Federalists, hat sich die Sphäre politischer Erfahrung von den seit Aristoteles gültigen Modi des politischen Diskurses – eines normativen Tugenddiskurses – endgültig abgelöst und ist in das Zeitalter der Moderne, der Interessenpluralität und auch der Kompromisse eingetreten. Damit wird der aus dem Naturrecht stammende Obligatio-Gedanke,[18] die Vorstellung, politisches Leben sei durch die Regelung von Rechten und Pflichten moderierbar, als Grundlage staatlichen Handels etabliert. Aufgrund dieser fundamentalen Transformation zwischen 1776 und 1787 sah man den schließlich errichteten Bundesstaat erheblich nüchterner und pragmatischer.

Die den Zusammenhalt der Föderation dann funktionell garantierenden Institutionen – auch sie sind neben dem praktischen von hohem symbolischen Wert – wurden erst im Prozess der Ratifizierung der Verfassung entworfen. Symbole gemeinsamer Erfahrungen oder gar eine gemeinsame soziale Erfahrungswelt waren für die Autoren der Verfassung von 1787 ja nicht abrufbar. Daher das augenfällige Anbinden des jungen Staates an die antiken Republiken, vor allem an die römische. Es gibt gewichtige Argumente, die für die Dominanz der römischen Tradition und gegen einen politischen Philhellenismus der rebellierenden Kolonien sprechen: Da ist zunächst das geopolitische Argument Montesquieus, der, am Beispiel der griechischen Stadtrepubliken, die Unmöglichkeit eines republikanischen Flächenstaates beweist.[19] Eine Analyse, die die Staatsgründer der USA treffen muß, denn, wie Hamilton im neunten *Federalist-Artikel* feststellt, „neither Virginia, Massachusetts, Pennsylvania, New-York, North-Carolina, nor Georgia, can by any means be compared with the models, from which he reasoned and to which the terms of his description apply."[20] In Montesquieus römischer Geschichte hingegen findet sich ja ein idealisches Portrait der römischen Republik, eines territorial ausgedehnten Gebildes, dessen einziges Manko in seinem letztendlichen Scheitern zu sehen ist. Hier muß die politische Arbeit der Gründerväter einsetzten. Die Frage lautet: Wie ist ein republikanischer Flächenstaat gegen die von Montesquieu und Gibbon naturgesetzhaft konstatierte Degeneration zu sichern? Die klassische, Gibbonsche Ant-

---

[17] Adams 1973, S. 228 f.
[18] Vgl. den Überblick bei Hartung 1998.
[19] Montesquieu 1961, Bd. II, S. 362.
[20] Zit. nach: Debate 1993, Bd. I, S. 341.

wort, die viele der amerikanischen Republikaner ins Auge faßten, war die Akzeptanz der zeitlichen Begrenztheit des Gemeinwesens. Jefferson wie auch die Verfasser der *Federalist-Artikel* hingegen haben andere Lösungsvorschläge erarbeitet, Vorschläge, die in ihrem Kern um das Vorbild Rom kreisen und zwar im Sinne der *aemulatio*.

Jeffersons Position steht in ihrem klassischen Republikanismus in der Tradition des transatlantischen civic humanism. Die andere Lösung findet sich in den Artikeln der Federalists, also der Befürworter und Schöpfer der Verfassung einer starken Bundesregierung. Diese halten, aller Modernität zum Trotz, an der Berufung auf die Autorität der römischen Antike fest – hier läßt sich ein Mythos beschwören, der auf die politischen Erfahrungen der Amerikanischen Revolutionen adaptierbar scheint:[21] Wie in den Auseinandersetzungen der Gegenwart steht auch im Falle des römischen Staats der Vorgang der Gründung im Zentrum des Interesses. Vergil hat im Staatsepos der *Äneis* ja bewusst die translatio imperii, also die Stadtgründung Roms durch den exilierten Trojaner Äneas gegen den mythischen Brudermord des Romulus ausgespielt und sich damit auf eine Gründungsgeschichte berufen, die Restauration und Perfektionierung des historisch Verbürgten ist. Gründung und institutionelle Verwirklichung der Vereinigten Staaten ließen sich so dem römisch-republikanischen Staat analogisieren – ein Vorgang, den im 16. Jahrhundert Machiavelli mustergültig (wenn auch praktisch folgenlos) vorexerziert hatte.

Der vom jungen amerikanischen Staat adaptierte Gründungsmythos, der den Founding Fathers Handlungsmöglichkeiten beim politischen Neuanfang schafft, ist in mehrfacher Hinsicht bestimmend für den weiteren Verlauf der politisch-gesellschaftlichen Entwicklung. Denn die Entscheidung für einen politischen Diskurs nach antikem Muster verlangt nach einer produktiven Auseinandersetzung mit der Antike. Wohl niemand hat diese Auseinandersetzung im Vorfeld der Verfassungsdebatte von 1787 intensiver vorgenommen als James Madison.[22] Die von ihm als dem führenden politischen Denker der Federalist-Fraktion ausgetragene Debatte um eine starke Bundesverfassung ist der entscheidende Moment politischer Theoriebildung der modernen, differenzierten, pluralistischen Gesellschaft, von dem aus sich das Denken Jeffersons konturiert. Im neunten *Federalist-Artikel* hat Alexander Hamilton es unternommen, Montesquieu mit seinen eigenen Argumenten entgegenzutreten und sein politisches Denken auf einen Fortschritt in den politischen Wissenschaften hin zu deuten.[23] Jeffersons reservierte Haltung gegenüber der politischen Philosophie Montesquieus kann so von den Federalists zumindest teilweise entkräftet werden.[24] Allerdings sind diese ja entschiedene Parteigänger einer starken Union, deren gemeinsamer Rat die Bildung einer Bundesregierung ist, „die keine bloße Allianz der bestehenden"[25] Regierungen darstellen soll, sondern etwas qualitativ Neues. Und hier kommt die Gemeinwohlfrage in das Kalkül der Federalists. Große territoriale Ausdehnung und dichte Besiedlung sind nämlich nicht nur prinzipiell

---

[21] Vgl. zum folgenden Arendt 1963, S. 254 ff.
[22] Vgl. Wood 1998 S. 472 ff.
[23] Debate I, S. 340.
[24] Vgl seinen an D'Ivernois gerichteten Brief über die „brilliant fallacies" des Franzosen Jefferson in: Ford, Bd. VII, S. 4.
[25] Arendt 1963, S. 200

kompensierbare Faktoren bei der Errichtung eines republikanischen Staatswesen, sie sind für ein modernes, durch Interessenpluralität und Diversifizierung gekennzeichnetes Gemeinwesen sogar Grundbedingungen dauerhafter Ordnung. Zum klassischen Verhandlungsort dieser Theorie wird Madisons zehnter *Federalist-Artikel*, der die Dialektik des Gemeinwohls als eine Resultante der Einzelinteressen entwirft. In einem modernen Staatswesen liegen Fraktionsbildung und Meinungspluralität in der Natur der Sache. Damit gelangt die klassische Theorie der Republik in der Tradition von Aristoteles und Machiavelli an den Endpunkt ihrer Entwicklung. Repräsentation des einzelnen Bürgers, direkte Partizipation im klassischen Sinne einer unmittelbaren Teilnahme des Bürgers an allen Entscheidungen der Polis sind nun nicht mehr länger möglich. Um das Neue der Bundesstaatsidee der Federalisten zu nobilitieren, greift Madison zu einer begriffsgeschichtlichen Hilfskonstruktion.

> „From this view of the subjekt, it may be concluded, that a pure Democracy, by which I mean, a Society, consisting of a small number of citizens, who assemble and administer the government in person, can admit of no cure for the mischiefs of faction. A common passion or interest will, in almost every case, be felt by a majority of the whole; a communication and concert results from the form of Government itself; and there is nothing to check the inducements to sacrifice the weaker party, or an obnoxious individual. Hence it is, that such Democracies have ever been spectacles of turbulence and contention [...] and have in general been as short in their lives, as they have been violent in their deaths."[26]

Gegen diese ihrem Wesen nach anarchische Staatsform der „Democracy" stellt Madison die „Republic", die sich vor allem durch einen stabilisierenden Faktor auszeichnet: Repräsentation durch gewählte Vertreter, d.h. professionelle Politiker. Genau das, was in der klassischen Lehre der Republik als das eigentliche Ende des Gemeinwesen angesehen wird, das, was dem Gemeinwohl als der Summe aller direkt vertretenen Interessen diametral entgegengesetzt ist, findet sich hier als Entelechie des Gemeinwohls propagiert.[27] So ist es im Unterschied zur landläufigen Annahme, jeder Bürger sei sein und des Gemeinwohls bester Anwalt, gerade im Gegenteil der Fall, daß „the public voice pronounced by the representatives of the people, will be more consonant to the public good, than if pronounced by the people themselves convened for the purpose."[28] Damit sind zwei Konfliktfelder zwischen der politischen Vorstellungswelt Jefferson und jener der letzten Endes erfolgreichen Föderalisten abgesteckt – die nach der Art und Weise der Föderation, also nach der Natur der Repräsentation und die nach der Stellung der Verfassung. Die Federalists haben sich für eine starke und dauerhafte Bundesverfassung ohne Bill of Rights ausgesprochen und diese letzten Endes auch gegen die Widerstände der Staaten durchgesetzt. Jefferson hingegen hielt, wie wir noch sehen werden, auch die Verfassung für ein temporäres, den wechselnden Umständen ausgeliefertes Dokument,[29] während eine Erklärung der Grund- und Menschenrechte als gemeinsame Basis der Föderation seinem Ideal entsprach.

---

[26] Debate I, S. 408.
[27] Ebd., S. 409
[28] Ebd.
[29] Der ausführlichste Beleg für diese Ansicht ist der Brief an Samuel Kercheval, (Writings, S. 1402).

II. The Ideal Republic – Jeffersons Vision der Gesellschaft

Der „storm over Jefferson", den Gary Willis jüngst konstatierte, hat sich seit Jeffersons Ja zur perpetuierten Revolution, zum ständig sich anpassenden Notstaat und zur Dauerrevision der Verfassung nicht gelegt.[30] Vom Founding Father ist Jefferson durch die Revisionen der letzten Jahre zum politischen Vabanquespieler avanciert, dessen biographische Inkonsequenzen – insbesondere die von esoterischer Verdammung und exoterischer Duldung der Sklavenhaltung – und ideologische Brüche polemisch gegen ihn aufgerechnet werden. Allein: Als Verfasser der *Declaration of Independence* von 1776 wie als Präsident in den Jahren von 1801–1809 hat er die politische Formierung und die Selbstdefinition des jungen Staates an entscheidenden Punkten mitgestaltet. Die derzeitige Auseinandersetzung mit der ideengeschichtlichen Erbschaft Jeffersons bezeugt neben den Friktionen der US-amerikanischen Gesellschaft die nach wie vor große Virulenz seines Denkens. Seine Tätigkeit als Architekt scheint in diesem Kontext von marginalem Interesse, ja sie scheint von allen Facetten seiner intellektuellen Physiognomie die traditionellste zu sein. Daß dem nicht so ist, daß es dieser Teil seines Werkes ist, der, unbewußt und nur am Rande registriert, seine formative Aufgabe bei der Gestaltung der Gesellschaft in weitaus größerem Maße leistete als etwa seine politischen Voten, soll im folgenden gezeigt werden.

Wie wohl kein zweiter Politiker der Gründergeneration war er sich über die von Paine herausgestrichene Einmaligkeit der Situation im Jahre 1776 im klaren, die bewußte Gründungstat hat Jeffersons Bild von Amerika bis in sein Alter geprägt. Schon früh tritt neben dieses Bewußtsein freilich die von der Theorie der schottischen Ökonomen gestützte Erfahrung einer Naturgeschichte der Gesellschaften, die zur zunehmenden wirtschaftlichen Diversifikation, zur Zunahme von Handel und Kapitalwirtschaft und zur allmählichen Demontage direkter politischer Organisationsformen führt. Dieser schon von Montesquieu dargestellte quasi-naturgesetzhafte Prozess, der die republikanische Gesellschaft zu unterminieren droht, ist der eigentliche, gleichsam negative Beweggrund der politischen Philosophie Jeffersons. Das Bild einer Republik unabhängiger, politisch-aktiver yeomen, das in der intellektuellen Tradition des radikalen Whiggismus steht,[31] ist stets, was insbesondere seine späten Briefe zeigen, sein Ideal geblieben.[32] Im Gegensatz dazu steht die von Locke, Montesquieu und den schottischen Ökonomen immer wieder als Agentin der civil society herausgestellte Handels- und Kapitalgesellschaft, die ihm der Schrittmacher einer Gesellschaft der Entfremdung, der Lösung der Bindungen direkter Demokratie und der Verunmöglichung einer vita activa ist. Lockes „Supremat des Eigentums"[33] und die aus ihm entwachsende Gesellschaft rational Handelnder, die die Vermehrung des Eigentums im Rahmen eines auf Sicherheit zielenden Gemeinwesens als ultima ratio anstreben, sind für Jefferson nur die Erben einer von Hobbes stammenden Tradition der Delegation des Politischen, die bei Locke dann zum

---

[30] Willis 2000, S. 16-18.
[31] Vgl. Wood 1998, S. 4ff. und grundlegend Robbins 1959.
[32] Writings, S. 818 (Brief an Peter Carr vom 23. 8. 1785). Zur Erosion einer solchen Rhetorik vgl. Morgan 1989, S. 169 ff.
[33] Macpherson, 1980, S. 289.

eigentlichen Sinn und Ziel aller Staatlichkeit herabsinkt.³⁴ In diesem Kontext muß sich Angesichts der Verfassung von 1787–88 ein nahezu unüberwindbarer Graben auftun, denn Jay, Madison und Hamilton haben mit der Durchsetzung der repräsentativen Demokratie und der hiermit verbundenen Stärkung der Zentralgewalt eine Form von Staatlichkeit etabliert, die für Jefferson in Opposition zu seinem betont offenen Entwurf der Unabhängigkeitserklärung steht. Für ihn als Republikaner bedeutet die Gestaltung einer politischen Gesellschaft eben nicht vorrangig die der Institutionen, sondern die der Rahmenbedingungen. Damit gerät er in einen Gegensatz zur pragmatischen Ausrichtung der Politik, wie sie nicht nur die Federalists betreiben. Denn bei aller Staats- und Institutionenskepsis darf die historische Situation der zentrifugalen Föderation nicht außer Acht gelassen werden; hier haben die ruhigen Überlegungen Madisons und Hamiltons den Weg für eine erfolgreiche, liberale und pluralistische Zukunft der Demokratie geebnet – vielleicht, ohne dies im Einzelfall zu intendieren.³⁵

Im Kontext der Verfassungsdebatte von 1787–88 also scheint die Position Jeffersons antiquiert; jedoch die politische und gesellschaftliche Situation dieser Jahre ist nicht durch die Wahl zwischen zwei sich ausschließenden Denktraditionen charakterisiert, sondern vielmehr dadurch, daß neue Arten politischen Sprechens entwickelt werden und neue, bislang unbekannte politische Erfahrungen bewältigt werden müssen. Jeffersons Republikanismus ist nicht lediglich ein Relikt der humanistischen Tradition, sondern, wie seine Architektur, eklektisch und nimmt sowohl Teile der auf das Individuum zielenden Theorie Lockes auf wie auch Ideen der plebejisch-demokratischen Tradition Paines. Sein Republikanismus ist eine Antwort auf die von Madison diagnostizierte Krise der Union, die er, topisch, als Gefährdung des Gemeinwohls bezeichnet. In diesen Kontext schließlich gehören auch seine als Botschafter der jungen Nation im vorrevolutionären Paris gemachten Erfahrungen mit dem Staat des Ancien régime, die zum Katalysator seiner politischen Theorie werden. Die Außenperspektive auf die werdende Nation hat zu einer schärferen Konturierung seines Staatsverständnisses geführt. Beides ist im Fall der Architektur Jeffersons miteinander verwoben und erhellt sich gegenseitig. Das in den *Notes on the State of Virginia* im Verfolg der *Query XIX* entworfene Ideal einer vorindustriellen, fast rousseauistischen Gesellschaft unabhängiger Farmer ist das Ideal nichtentfremdeter Staatlichkeit, dessen Bewahrung stets das Ziel der politisch-ästhetischen Überlegungen Jeffersons sein wird.³⁶ Ja, es scheint sich so zu verhalten, daß Thomas Jefferson, der dem Kongress von Philadelphia im Sinne einer höheren Symbolik der Geschichte fernbleibt, sein Vertrauen weniger auf die in der Verfassung festgelegten gesellschaftslenkenden Institutionen stützt als vielmehr auf den symbolischen Rahmen. Diese Behauptung soll keineswegs das Bild eines Unpolitischen entwerfen, sondern vielmehr versuchen, sein Denken als Integral zu begreifen und so alle seine Äußerungen als Voten einer großen Konfession betrachten. Die These lautet, daß der Republikanismus Jeffersons auch auf einem anderen Feld als dem der direkten politischen Publizistik zu finden ist, daß Gemeinwohl und Gemeinsinn für diesen Skeptiker

---

[34] Pocock 1975, S. 390.
[35] Vgl. Ericson 1993, S. 7.
[36] Vgl. Writings, S. 290.

der Macht und ihrer Institutionen, als Staatsziel zwar zu verfolgen sind, jedoch ebensosehr auf dem nicht institutionellen Feld von symbolischer Repräsentation relevant sind.

Einiges scheint unmittelbar für diese These zu sprechen. So etwa die Tatsache, daß sich Jeffersons veröffentlichtes Œuvre in engen Grenzen hält: Neben den Buchsolitär der schon erwähnten *Notes on the State of Virginia* – die bezeichnenderweise einen einzelnen Bundesstaat zum Objekt haben – treten vorrangig Memoranden und Gesetzentwürfe. Das weitaus Meiste seiner Überlegungen aber findet sich im Briefwechsel oder wurde in der Konversation geäußert. Im Falle des Briefwerks überrascht die Fülle an expliziten Äußerungen aus den späten Briefen. Rückblickend, scheint es, waren auch für Jefferson viele Motive klarer zu ordnen und darzustellen; vieles jedoch bleibt auch hier nur angedeutet, ja unausgesprochen.[37] Für einen Politiker der Aufklärung eine ungewöhnliche Haltung. Auch Jefferson hat jedoch ein Ideal von Gesellschaft und Verfaßtheit entworfen: eben das einer rural society freier und zur Verteidigung ihrer Rechte bereiter Landbesitzer, ein radikalföderalistisches Ideal direkter Demokratie. Daß dieses Ideal durch eine List der Geschichte schon vor der Unabhängigkeit ein Trugbild war,[38] es also zu einer Diskrepanz zwischen Intention und Wirkung kommen mußte und Jeffersons identitätsstiftende Leistung somit von Anfang an in einem Spannungsverhältnis mit den Realitäten steht, macht seinen Kasus zum nachgerade idealen Beobachtungsobjekt der Besetzungen symbolischer Repräsentation.

In der Unabhängigkeitserklärung hat Jefferson mit dem Mut und Optimismus des Aufklärers das abstrakte Prinzipium der (bürgerlichen) Freiheit als Kern des neuen Gemeinwesens festgeschrieben, dieses inhaltlich aber nicht näher spezifiziert. Nach dem Sieg des Jahres 1783 und der Erlangung der Unabhängigkeit galt es dieser Freiheit, die zugleich Gemeinwohl und Bürge des gemeinen Wohls sein soll, Ausdruck zu verleihen, sie in den Einzelstaaten und im Bund im politischen Alltag zu institutionalisieren. An diesem Punkt muß das revolutionäre Dokument der Unabhängigkeitserklärung passen. Schon James Madison hat dem Umstand, daß die *Declaration of Independence* im Hinblick auf die Schaffung und auch den Schutz der Verfassung keine Richtschnur bietet, Ausdruck verliehen. Eine solche aber bieten auch die klassischen Quellen politischen Denkens nicht. So verbieten sich die Autoritäten der antiken Politik dem klassischen Republikaner Jefferson ebenso wie dem in dieser Hinsicht pragmatischeren und skeptischen Federalisten James Madison. Das sichtbar werdende Theoriedefizit wiegt für den Verfasser der Unabhängigkeitserklärung freilich weniger schwer als für Madison. Nun können sich die beiden an der Staatsgründung Beteiligten freilich, so Madison, auf ein Werk aus der politischen Historie des Landes einigen: auf die Federalist-Papers, also jene Aufsatzsammlung die rasch zum klassischen Kommentar der Verfassung avancierte. Durch die Realpolitik hat die Theorie der Federalisten, das war Jefferson seit den Erfahrungen der Präsidentschaft klar, den Sieg über seinen Republikanismus davongetragen; daß dies geschehen konnte, ohne die befürchteten negativen Auswirkungen auf die Freiheit der Bürger zu haben, schrieb Jefferson nicht zuletzt seinem radikalen Autonomiekonzept des Staates zu. In diesem Konzept wurde die Abkoppelung vom politi-

---

[37] Vgl. Boyd I, vii: „a great deal of knoledge [!] of things is not on paper but only within ourselves." (Brief an Joel Barlow vom 3. 5. 1802).
[38] Vgl. Wood 1992, S. IX.

schen Denken der Alten Welt vorrangig durch vier zentrale Punkte realisiert: durch absolute religiöse Toleranz, durch Presse- und Meinungsfreiheit, durch ein umfassend angelegtes Bildungssystem und durch eine symbolische Repräsentation der Nation, die allgemeinverständlich und sinnfällig zugleich sein soll.

Hier kommen wir auf unser Thema, den Zusammenhang zwischen Gemeinsinn und der klassizistischen Formensprache, zurück. Die die Gemeinwohlfrage betreffenden Gegensätze zwischen seiner Position, der von John Adams' und schließlich jener der Federalists sind in den formativen Jahren der Republik von kaum zu unterschätzender Wichtigkeit für die Ausprägung des Jeffersonschen Denken. Sein Ideal direkter Demokratie, das eine Personalisierung des öffentlichen Raumes im Sinne der Massendemokratie verhindern soll, die permanente Selbstschöpfung des homo politicus gegen ein Primat bürgerlicher Privatheit und die Vorstellung einer durch diese Faktoren gleichsam perennierten Revolution sind Eckpfeiler des Jeffersonschen Republikanismus, dessen Wertgrundlage die Polarität von virtue und commerce bilden.[39] Dieser Vorstellungsrahmen Jeffersons, der sich außer aus der klassischen transatlantischen Republikanismustheorie auch aus der englischen korporativen Tradition speist,[40] setzt ihn in einen prononcierten Gegensatz zu John Locke, den klassischen Autor der aufgeklärten Menschen- und Staatsrechtsphilosophie. Jefferson übernimmt aus der Tradition des neuzeitlichen Republikanismus, wie sie etwa James Harrington, der Autor des *Commonwealth of Oceana* (1656) vertritt, die Wertschätzung politischer Öffentlichkeit. Der Verfolg der Glückseligkeit, den er in der Unabhängigkeitserklärung an die Position setzt, die Locke dem Eigentum zugesprochen hatte, deutet in diese Richtung. Pursuit of happiness des Individuums aber ist zugleich Arbeit an der Realisierung des Gemeinwohls, das als eine Kategorie eigenen Rechts aus der Summe der individuellen Ziele hervorgeht. Damit aber wird von Jefferson eine deutliche Trennlinie zur zeitgenössischen Moralphilosophie, insbesondere der Adam Smiths, gezogen, deren normative Ausgangsgröße der „egoistische Partikularismus des besitzindividualistischen Eigennutzstrebens" ist.[41] Und: damit wird zugleich klar, daß eine solche Vorstellung nur in einer Sphäre der Öffentlichkeit umsetzbar ist. Das Schaffen einer solchen Öffentlichkeit, deren semantischer Pfeil republikanisch codiert sein muß, ist die eigentlich dauerhafte Leistung Jeffersons.

III. Architektur des Gemeinsinns

Wie läßt sich nun das politische Ideengebäude Jeffersons mit seiner Praxis als Architekt im Sinne einer Ideengeschichte zusammendenken? Daß Jefferson die Vielzahl seiner Interessen mit außergewöhnlicher Perfektion verfolgt hat, ist bekannt; daß ein Aufklärer wie Jefferson diese Vielzahl unter einen vereinheitlichenden esprit systematique stellt, liegt nahe. Und doch: unter seinen anthropologischen, geographischen, musikalischen

---

[39] Pocock 1975, S. 350 ff.
[40] Sewing 1993, S. 8ff.
[41] Vgl. Vollrath 1996, Sp. 694. Zu Smith vgl. auch Winch 1978.

und philosophischen Interessengebieten ist die Architektur in mehrfacher Hinsicht bemerkenswert – als Mittel von Selbstdefinition und -inszenierung.

Ein erster Aspekt läßt sich mit Blick auf seinen Landsitz Monticello in Virginia verdeutlichen.[42] Jeffersons Person ist gerade mit diesem Bauwerk mehr als mit allen anderen von ihm entworfenen identifiziert worden. Der Weise von Monticello, dieses Synonym verdeutlicht mit bildhafter Macht die nach der Präsidentschaft erfolgende Einssetzung mit dem Landhaus vor Charlottesville. Zwischen Erbauer, Haus und Anwesen ist hier für die Mit- und Nachwelt eine symbolische Identität entstanden, die über das Widersprüchliche und die Risse in der Person Jeffersons wie über jene im Charakter der Nation zunächst scheinbar hinwegzutäuschen vermag. Tatsächlich erscheint der sich über nahezu vierzig Jahre hinziehende Umgestaltungsprozeß Monticellos als perpetuierter Selbstkommentar. Monticello ist – daß zeigt Jeffersons unermüdliches Nachdenken über jedes Detail – ein Laboratorium architektonischer Ideen und es steht als solches in einem interessanten, nämlich reziproken Wechselverhältnis zur Figur seines Erbauers. Im Fortschreiten der Konzeption schließt sich hier die Denkfigur zwischen Architektur und Politik, zwischen Federal Style, radikalföderalistischem Politikkonzept und damit auch die zwischen universalistischem und differenziertem Denken. Dauerhaft haben, wie bereits angedeutet, vor allem die Rahmenbedingungen, das Genotypische, zu sein. Wenn Jefferson im Interesse des Gemeinsinns die Anpassungsfähigkeit der Institutionen als sine qua non einer gemeinwohlorientierten Gesellschaft herausstreicht und damit die im Fluß der Zeit befindlichen menschlichen Verhältnisse deutet,[43] dann läßt sich analog dazu seine Scheidung von privater, dem Wechsel des (immer legitimen) Geschmacks und der Moden unterworfener Architektur und der entzeitlichten Formsprache der Nation ausführen.

Jefferson hat freilich nie den Versuch gemacht, eine architektonische Theorie, niederzuschreiben. Das liegt sicher zunächst an der historischen Situation der architekturtheoretischen Debatte, zumal jener in den jungen USA;[44] der andere Grund ist der Mangel eines geeigneten Gesprächspartners, der neben der kunsthistorischen Kennerschaft auch eine der politischen Verhältnisse der Neuen Welt hätte besitzen müssen. Die vereinzelten Reflexionen zur Architektur, die sich insbesondere seinem umfangreichen Briefwechsels entnehmen lassen, die – spärlichen – Bemerkungen, die in den *Notes on the State of Virginia* zur Architektur fallen und die auf Reisen festgehaltenen Notizen[45] ergeben einen jedenfalls ernüchternden Befund. Ein Befund, der jedoch anders aussieht, wenn man die Bauten und Entwürfe vor dem oben skizzierten politischen, gesellschaftlichen und sozialen Hintergrund als konstitutive Bruchstücke einer Staatsgeschichte liest.

---

[42] Vgl. das Standardwerk von Kimball 1916, in dem nahezu alle im folgenden diskutierten Pläne wiedergegeben sind. Eine Bibliographie zum Architekten Jefferson bietet O'Neal 1969.

[43] So im Brief an Samuel Kercheval, 12. 7. 1816: „But I know also, that laws and institutions must go hand in hand with the progress of the human mind. [...] institutions must advance also, and keep pace with their times." (Writings, S. 1401)

[44] Vgl. Kruft 1995, S. 397 f.

[45] Wiedergegeben bei Dumbauld 1976.

Monticello

Jeffersons Landsitz scheint es dem Architekturhistoriker einfach, dem Ideengeschichtler hingegen schwer zu machen, scheint die Genealogie des britischen Neopalladianismus bruchlos in den Kontext der nordamerikanischen Kolonien zu überführen. Monticello, das ist ja in der Tat bereits im Namen die Evokation der Autorität des Andrea Palladio, der die Lage seiner wohl berühmtesten Schöpfung auf der venezianischen Terra ferma, die der La Rotonda genannten Villa für die Familie der Capras als „sopra un monticello" angibt. Programmatik schon in der Genealogie: Palladios Architektur zeugt von der politischen wie wirtschaftlichen Blüte der venezianischen Republik, deren Elite in ihren Villen ein Bekenntnis zum von der Antike inspirierten agrarischen Leben ablegt. Programmatik aber auch in der Lage, die Jefferson wählt: Sopra un monticello, das heißt für Jefferson, der Forderung Montesquieus nach Überschau durch die Wahl des Ortes zu entsprechen. In der Tat hat Jeffersons Bau die zahlreichen Besucher von John Adams bis hin zum Marquis de Lafayette immer wieder durch die Lage auf der Kuppe eines Hügels verzaubert und überwältigt, hat man von der Einzigartigkeit seiner Wahl des Ortes, die im Sinne einer Ästhetik des Erhabenen gewählt ist, auf den Charakter des Erbauers geschlossen. Jefferson, der die Autoren der Antike stets als Korrektiv befragt hat, sie jedoch nie als Norm akzeptieren wollte, kann sich in seiner Wahl zumindest auf zwei Vorbilder berufen: auf das im zweiten Buch des jüngeren Plinius beschriebene Laurentinum am Apennin und auf die von diesem Landhaus beeinflußte Villa Hadriana in der Nähe des heutigen Tivoli – beides Landhäuser von *homines politici*.

Die von Jefferson realisierte Montesquieusche Überschau dient dem Politiker und Philosophen der Neuen Welt zur Inszenierung der Natur – einer nicht-entfremdeten, von den Korruptionen der Alten Welt freien Sphäre, die als Vision im Brief aus dem vorrevolutionären Paris entsteht:

> „And our own dear Monticello, where has nature spread so rich a mantle under the eye? Mountains, forests, rocks, rivers. With what majesty do we there ride above the storms! How sublime to look down into the workhouse of nature, to see her clouds, hail, snow, rain, thunder, all fabricated at our feet! and the glorious sun when rising as if out of a distant water, just gilding the tops of the mountains, & giving life to all nature."[46]

Der vorromantisch anmutende Blick auf die von Monticello aus inszenierte Natur ist ein tatsächlich aufklärerischer, gerichtet auf die Potentialität der Neuen Welt. Am Ende seines langen Lebens sollte sich gerade im Angesicht dieser Vision der Kreis schließen: Die in Sichtweite gegründete Universität des Staates Virginia, die uns noch beschäftigen wird, vollendet die aufklärerische Ideenlandschaft aus Natur und Kultur. Der Blick und die Lage Monticellos sind damit von Anfang an ein Schlüssel zum Verständnis der Ideenwelt Jeffersons.[47]

Unter diesen Vorzeichen – Rousseaus Natur, Palladios Architektur und Montesquieus Politisierung der Phänomene – entsteht seit 1769 der Bau, der sich im übrigen aus den für die Gentleman-Architektur der Zeit üblichen Quellen zu speisen scheint.

---

[46] Writings, S. 870 (Brief an Maria Cosway vom 12. 10. 1786).
[47] Vgl. Erikson 1975, S. 17 ff.

Das erste Ergebnis fällt daher stilistisch kaum aus dem Rahmen des zu Erwartenden. Der doppelstöckige Portikus ist eine Entlehnung der Villa Pisani Palladios,[48] der als solcher auch an anderen zeitgenössischen Bauten der Kolonien zu finden ist.[49] Der Jefferson des Jahres 1769 tritt uns in dieser Zeit seiner ersten politischen Tätigkeit im Virginia House of Burgesses also im Habitus des Independent Whig entgegen, der wie seine britischen Vorbilder die italienisch-republikanische Architektur als Ausweis des politischen Engagements unabhängiger Landbesitzer bemüht. Als ein solcher amerikanischer Whig hat sich der Verfasser der Unabhängigkeitserklärung im Jahre der Unterzeichnung auch dem Freund Edmund Pendleton erklärt: Die Whig-Ideologie der pränormannischen und eo ipso prä-absolutistischen Verfasstheit der Angelsachsen wird mit dem Verfassungsrelativismus Montesquieus und der transatlantisch-republikanischen Tradition Machiavellis und Giucciardinis amalgamiert, das „happy system of our ancestors"[50] und die Sphäre gebauter Öffentlichkeit als Wirkraum des Politischen in der Architektur des Privaten beschworen. Anders jedoch sieht es mit der Staatsarchitektur aus. Diese ist – soweit vorhanden – mit dem entscheidenden Manko behaftet, den alten, kolonialen Zustand zu repräsentieren; und das auch noch herzlich schlecht. Die Bilanz hinsichtlich der Hauptstadt Williamsburg ist dementsprechend vernichtend.[51] Eine eigentliche Theorie der Architektur allerdings, mit deren Hilfe eine ästhetische Reform unternommen werden kann, besitzt Jefferson zu diesem Zeitpunkt noch nicht. Das Unzureichende der an klassizistischen Normen orientierten Kritik, wie sie die Notes on the State of Virginia repräsentieren, muß ihm bald bewußt geworden sein. Denn Korrektheit kann bei der Frage nach der richtigen oder falschen Architektur der Vereinigten Staaten kein alleiniger Gradmesser sein. Wo aber liegt dann der qualitative Sprung für Jefferson? Er liegt – paradoxerweise – im Frankreich des Ancien régime.

Pariser Erfahrungen

In der vorrevolutionären Metropole Paris und am Hofe zu Versailles verbringt Jefferson die für ihn entscheidenden Jahre 1784–89 als minister plenipotentiary der USA; neben den Freunden Benjamin Franklin und John Adams hat auch er die Aufgabe, die aufklärerische Anerkennung für die junge, seit 1783 auch staatsrechtlich selbständige Nation in reale Bündnis- und Handelsverträge umzuwandeln.[52] Paris: Das bedeutet zunächst einmal, daß der Verfasser der *Declaration of Independence*, der mit seinem radikalen Föderalismus ja Gegner der Federalist-Fraktion ist, nicht an den Sitzungen des verfassunggebenden Kongresses in Philadelphia teilnehmen kann. Für die Federalists ein unerwarteter Glücksfall, dem sich ein zweiter zugesellt: neben dem Virginier ist mit John Adams – Botschafter im London Georgs II. – der andere Gründervater, dessen politische Idiosynkrasien nicht in das funktionale Politikkonzept Madisons, Jays und

---

[48] Vgl. Tavernor 1994, Abb. 68 und 144.
[49] Eines der möglichen Vorbilder ist etwa der Landsitz Drayton Hall, der ebenfalls von einem Connoisseur entworfen, das Palladianische Vorbild nach South Carolina übersetzt; vgl. Hughes 1997, S. 54 ff. und Abb. S. 58.
[50] Writings, S. 752 (Brief vom 13. 8. 1776).
[51] Vgl. Ebd.
[52] Vgl. Peterson 1970, S. 303-89 sowie Malone 1951 und Kaplan 1967.

Hamiltons verfügbar sind, praktisch ausgeschaltet. Beide Politiker jedenfalls sind im entscheidenden Moment der Ratifizierung der Verfassung abwesend und stehen daher bei ihrer Rückkunft der mittlerweile etablierten Realität seltsam fremd und beobachtend gegenüber.[53]

Der junge Republikaner am Hofe Ludwigs XVI. Nach den anfänglichen Schwierigkeiten eines jeden Amerikaners in Paris ist Jefferson vielmehr ein vom gesellschaftlichen Leben der Metropole faszinierter, von der herrschenden Armut entsetzter, von der Kunst des Frühklassizismus enthusiasmierter und vom späten Absolutismus abgestoßener Beobachter der französischen Zustände. Das Paris der literarischen Salons, der philosophes, der Montgolfières, des Mesmerismus und insbesondere der großen musikalischen Soiréen bildet die faszinierend-befremdliche Grundierung der Briefe an die amerikanischen Freunde und der Berichte an den Kongress und fördern die für Jefferson notwendige Abwendung von allem Britischen in Fragen der Kunst entscheidend. Die Freunde Condorcet, der Duc de La Rochefoucauld, vor allem aber Dupont de Nemours können dem amerikanischen Minister mit der physiokratischen Theorie ein gegen Lockes bürgerlich-kapitalistische Utilitätsveranstaltung verwendbares ökonomisches Modell präsentieren, in das auch andere als lediglich funktionale Vorstellungen verfügbar sind.

Von entscheidender Wichtigkeit jedoch ist für den jungen Diplomaten die Begegnung mit zwei Künstlern: mit dem Bildhauer Houdon und dem Architekten Clérisseau. Beide haben Jefferson, der bislang ein aus Stichpublikationen arbeitender und urteilender Aufklärer war, zum Sehenden gemacht, haben ihn in die Architektur des französischen Frühklassizismus eingeführt und ihm so eine Formsprache nahegebracht, die als Substitut für die Vorbilder des verhassten Britannien dienen kann. Jeffersons Haltung den einstigen Vorbildern gegenüber,[54] hat mit Clérisseaus Verweis auf den ganz eigenen Staatsklassizismus Frankreichs den notwendigen Abstand zum kanonischen Neopalladianismus gefunden.

Zu dieser neuen Haltung Jeffersons trägt die Wahl seiner Pariser Residenz nicht wenig bei: Ab dem zweiten Jahr seiner Mission bewohnt er das an den Champs Elysées gelegene Hôtel de Langeac, das Jean-Francois-Thérèse Chalgrin – Architekt des monumentalen Arc de Triomphe Napoleons – in den 70er Jahren für eine Geliebte Ludwigs XV. erbaut hatte.[55] Hier, so ist zu vermuten, festigt sich sein Geschmack am rational-eleganten Klassizismus der französischen Generationsgenossen – über den Bau Chalgrins äußert sich Jefferson jedenfalls in für ihn ungewohnt enthusiastischen Tönen. Neben seiner von Chalgrin gebauten Residenz, neben den Eindruck der fast vollendeten Kirche Ste. Géneviève Soufflots – jenes letzten Sakralbaus des französischen Königtums, der von der Revolution dann in den nationalen Ruhmestempel des Panthéon verwandelt werden sollte –, neben die avantgardistische Manifestation der Privilegien des Ancien régime in der Form der Akzise-Tore Ledoux' war es vor allem die Formsprache

---

[53] Dargestellt bei Wood 1998, S. 567 ff. „The Relevance and irrelevance of John Adams".
[54] Pierson 1970, S. 212
[55] Rice 1947. Zu Chalgrins langer Pariser Karriere und seiner Rolle in der Transformation des Style Louis XVI. in das Empire und den imperialen Klassizismus Napoleons vgl. Braham 1980, S. 128 ff. und 251 ff.

Pierre Rousseaus, die Jeffersons Bild moderner Architektur geprägt hat. An Madame de Tessé schreibt er über Rousseaus Hauptwerk: „While in Paris, I was violently smitten with the Hotel de Salm, and used to go to the Thuileries almost daily, to look at it."[56]

Das heute als Zentrale der Ehrenlegion dienende Hotel de Salm hatte Rousseau in den Jahren 1782–86 als Stadtpalais für den Reichsgrafen von Salm-Kyrberg errichtet.[57] Außerhalb der winkligen Altstadtquartiere gelegen wendet es seine Rückfront – die eigentliche Schauseite! – dem damals noch nicht durch Embankments entstellten Fluß zu. Die flußseitige Rotunde war das für den jungen Amerikaner Beeindruckendste; sie sollte in der zweiten Ausbauphase Monticellos zum eigentlichen Charakteristikum des eigenen Baus werden und als Zitat die Berühmtheit des Originals übertreffen (Abb. I, S. 244). Rousseaus geniale Fähigkeit, eine ausgefeilte architecture parlante in den Kontext einer großen, vom antikisierenden Eingangsbogen über die streng-kubische Hofseite zur malerischen Seinefront reichende Geste einzubinden und das Palais als Landsitz und urbanen Hof gleichzeitig zu artikulieren, hat Jefferson die Möglichkeiten vor Augen geführt, mit Architektur sowohl eine persönliche Charakteristik wie ein politisches Programm abzugeben. Aufgeklärter Antikenkult und die technischen Errungenschaften der Gegenwart haben sich hier zu gegenseitiger Steigerung verbunden, deren einziges Manko in ihrer feudalen Genealogie zu sehen ist.

Neben die französische Architektur der Gegenwart tritt in diesen Pariser Jahren die Auseinandersetzung mit der Antike – und zwar mit einem ganz konkreten Bau der römischen Zeit auf französischem Boden: dem Maison Carée im provençalischen Nimes. Konkreter Anlaß war der Bau eines Kapitols für die neue virginische Hauptstadt Richmond. Schon im Jahr der Unabhängigkeitserklärung hatte sich der junge Abgeordnete Jefferson für einen Wechsel der Hauptstadt von Williamsburg nach Richmond eingesetzt; wohl, um das der Kolonialkapitale anhaftende Odium des (defektiven) Britischen, das in Namen wie Aussehen der Stadt unverkennbar war, gegen die tabula rasa eines Neuanfangs zu tauschen. Zugleich war das im Zentrum des Staates gelegene Richmond sinnfälliger Ausdruck der Expansionsmöglichkeiten der Vereinigten Staaten. Zu lösen war jedoch die Frage der Regierungsgebäude. Seit 1780 hat Jefferson in immer neuen Anläufen die Gestaltung dieser Bauten in das Zentrum seines Interesses gestellt. Dabei ist die Schichtung seines Denkens als Architekt und Politiker interessant: Schon die erste Skizze der Situierung der Bauten sucht nämlich das politische Prinzip der Gewaltenteilung augenfällig zu machen, indem die drei Gewalten in getrennten Bauten angesiedelt sind.[58] Dabei blieb der eigentliche Entwurf jedoch in den Tagen des Unabhängigkeitskrieges suspendiert – und auch in der Zeit unmittelbar nach der Erlangung der Unabhängigkeit war von Seiten Jeffersons eine spürbare Zurückhaltung dem ihm doch so zentralen Projekt gegenüber zu bemerken. Der Grund mag eine Ratlosigkeit gegenüber dem zu wählenden stilistischen Gewand gewesen sein; noch war ihm die deutliche Abgrenzung und der Verweis auf das Eigene mit Hilfe einer auch politischen architecture parlante nicht möglich. Erst die französischen Erfahrungen haben diesen Weg eröffnet.

---

[56] Writings, S. 891 (Brief vom 20. 3. 1787)
[57] Vgl. Braham 1980, Bd. IV, S. 382 ff.
[58] Vgl. Pierson 1970, S. 295 ff.

Virginia State Capitol

Das Virginia State Capitol Jeffersons ist zunächst ein archäologisches Transplantat (Abb. II, S. 244). Vorbild ist das Maison Carrée, ein unter Augustus errichteter römischer Tempel, seinerseits Produkt des Augusteischen Staatsklassizismus und des in diesem Rahmen unternommenen Versuches, die Erscheinungsformen einer immer noch gefährdeten Macht in sinnfällige und allgemeingültige Formeln zu fassen.[59] Jefferson schlägt diesen Bau als direktes Vorbild für das Parlament in Richmond bereits 1785 vor, ein Jahr bevor er das Maison Carrée auf seiner Tour durch das mittägliche Frankreich selbst sehen sollte.[60] Das ist im Rahmen der hier vertretenen These von Wichtigkeit, hat doch die Forschung die Wahl gerade dieses Baus, den der Amerikaner gegen alle bekannten Vorbilder der Antike herausstreicht, ausschließlich mit Jeffersons mangelnder Kenntnis anderer berühmter Bauten der Antike, insbesondere des in der Aufklärung so ubiquitären Pantheons, zu begründen versucht. Dies scheint mir eine für die Epoche der großen archäologischen Stichpublikationen abwegige Erklärung; sie wird durch den Zeitpunkt der Reise Jeffersons entkräftet. Dieser kannte das Maison Carrée – genau wie andere antike Großbauten Südfrankreichs – aus einer Stichpublikation des Freundes Clérisseau. Der an der französischen Académie am Corso künstlerisch sozialisierte Architekt[61] hatte in seinen *Monuments de Nîmes* (1778), einer an Piranesis *Antichitá Romane* (1756) orientierten Aufnahme und Monumentalisierung antiker Bauwerke,[62] den Bau der Vergessenheit entrissen und seine durch Ludwig XV. finanzierte Restaurierung geleitet. Jefferson kannte Clérisseau, den Freund und Mitarbeiter so unterschiedlicher Gestalten des europäischen Klassizismus wie Piranesi, Winckelmann, William Chambers und Robert Adam aus den Kreisen der Pariser Antikenkenner. Sowohl in seiner manipulierten-legitimistischen Codierung auf die römische Republik als auch im Hinblick auf die zeitlose Gültigkeit der Formsprache mußte Jefferson das Architekturideal Clérisseaus auf die Verhältnisse der jungen Republik adaptierbar erscheinen. An der Umsetzung hat er mit dem befreundeten Architekten dann gemeinsam gearbeitet. Dabei sind die formalen Abweichungen vom Vorbild marginal und zumeist von der Funktion diktiert; so werden die Halbsäulen des Vorbildes durch einfache und wohl auch billigere Pilaster ersetzt, Fenster zwischen diese eingefügt und die Vorhalle um eine Säulenstellung verkürzt. Entscheidender ist der Wechsel von korinthischen zu ionischen Kapitellformen: Hier sehe ich weniger ein Zugeständnis an die Umstände, sondern tatsächlich einen programmatischen Zug der Planung Jeffersons:[63] Hinter seiner

---

[59] Zur Umsetzung seines Herrschaftsmythos durch eine politisierte Ästhetik und ästhetisierte Formsprache des Politischen, die in der Architektur klassizistische Tendenzen aufweist vgl. Zanker 1997, S. 240 ff.
[60] Vgl. Writings, S. 891 (Brief an Maria Cosway, Nimes, 20. 3. 1787) und Peterson 1970, S. 340 ff.
[61] Vgl. Hautecoeur 1952, Bd. IV, S. 6 ff.
[62] Vgl. Kruft 1995, S. 398.
[63] In der Autobiographie (1821) wird auch ein ästhetischer Grund für den Wechsel der Kapitellformen angegeben: „[…] the Maison quareé of Nismes, an antient Roman temple, being considered as the most perfect model existing of what may be called Cubic architecture […]." (Writings, S. 41) Mit *Cubic architecture* schafft sich der späte Jefferson einen Terminus, der schwerlich in die klassische Theorie der Architektur einzupassen ist und folglich auf anderes, Neues deutet.

Wahl der ionischen Kapitellform, die in der klassischen Lehre der Säulen auf einer historisch früheren Entwicklungsstufe der Kunst des Altertums angesiedelt ist, steht die sinnfällige Beschwörung einer Frühzeit der Kunst. Mit diesem Bau hat sich Jefferson nach einer Phase der Neuorientierung an die Speerspitze der architektonischen Avantgarde seiner Zeit positioniert. Sein in Frankreich ausformuliertes radikales Vertrauen in die ästhetische Semantik der Antike ist mit dem britischen Antikenkult der Aufklärung in ein charakteristisches Spannungsverhältnis getreten: Was für Architekten-Archäologen eine gelehrte Frage des Geschmacks und für politische Dissenter eine ins Ästhetische gewandte Aussage im Fraktionenstreit war, hat Jefferson mit dem Parlamentsbau zum gültigen Votum einer National-Architektur umgewandelt. Das Kapitol des Staates Virginia ist mehr als eine in der Ästhetik seiner Zeit beispiellose Antikenrezeption, es ist eine politisch-gesellschaftliche Urhütte, die sich als solche formalistischen Kriterien zugunsten einer konkreten gesellschaftlichen Semantik widersetzt und letztlich Empirie gegen Theorie setzt. Dabei jedoch bleibt der Blick Jeffersons stets auf das Ganze der Architektur, auf das Ensemble gerichtet; in dieser Hinsicht ist sein leider nur teilweise realisierter Entwurf für die Regierungbauten in Richmond ein neuer Abschnitt politischen Bauens. Seine Beschäftigung mit der architektonischen Repräsentation der – vorbildlich montesquieuisch-getrennten – Gewalten, also mit dem Kapitol, dem Gouverneurspalast und einem projektierten Gefängnis stellt den funktionalen und gesellschaftlichen Kontext über die Detailfragen und, was noch wichtiger ist, auch über die Fragen der Einheitlichkeit des bemühten Stils. Das ist in einem höheren Sinne ganz römisch gedacht – es ist eine „connective architecture".[64] Gegen Abbé Laugiers Theorie der sichtbaren Funktion[65] also eine „Rückkehr zur Fassade"[66] – und zwar in einer Weise, die sich vom Erlebniswert des malerischen oder romantischen Klassizismus ebenso deutlich abhebt wie von der allegorischen Tradition europäischer Herrschaftsarchitektur. So verliert sich etwa der Gefängnisplan für Richmond keinesfalls in antikisch-inspirierten Visionen von erhabenem Schrecken und bühnenhafter Strafe wie dies etwa in der Tradition der Piranesischen Carceri-Radierungen Ausdruck der Zeit war. Sein Gesamtplan einer sinnfälligen Gewaltenteilung ist die in steinerne Form gefasste Urkunde der Grundrechte des Menschen, jene *Bill of Rights*, für deren Verwirklichung in der Verfassung von 1787 Jefferson einen enthusiastisch-zähen Kampf mit den Federalists austrug.

In seiner Mischung aus Eklektizismus und Klassizimus, in der symbolischen Gruppierung der Bauten steht der Plan für Richmond ein für die freie Wahl und damit die (auch kulturelle) Unabhängigkeit der Vereinigten Staaten. Der hier von Jefferson entwickelte Durchbruch zu einem aufregend neu, eben politisch-gesellschaftlich codierten eklektischen Klassizismus muß bei der Diskussion der folgenden Bauten im Auge behalten werden. Seit den Pariser Erfahrungen und ihrem ersten Ergebnis ist seine Architektur als politischer Begleittext, Kommentar zu lesen, um gefährdete Schlüsselbegriffe und Ideen wie Gemeinwohl und Gemeinsinn dem Verschleiß der Fraktionsbildung des Tages zu entziehen.

---

[64] MacDonald 1986 Bd. II, S. 3.
[65] Vgl. Laugier 1989.
[66] Warnke 1984, S. 16.

Noch einmal: Monticello

Kehren wir nach Monticello zurück, wo sich der Privatmann Jefferson nach den Jahren in Frankreich mit alltäglichen Problemen, denen des jungen Staates wie auch seinen eigenen finanziellen, beschäftigt. Seit 1793 sehen wir ihn diesen zum Trotz Monticello vollkommen umgestalten, eine Arbeit, die, bedingt auch durch die oft stockende Finanzierung, bis 1809 andauert und die den Bau erst zum Symbol, ja Synonym seines Erbauers machen wird. Augenfällig tritt der neue, durch die französischen Erfahrungen angeregte pragmatische Ansatz der Planung hervor.[67] Neben den immer stärker in den Vordergrund tretenden funktionalistischen Details, die nun für Jefferson zum eigentlichen Charakteristikum privater, eben nicht-symbolischer Architektur gehören, treten aber vor allem eine Reihe ungewöhnlicher und auch durch die französischen Erfahrungen nicht erklärbarer Ideen, die über Jeffersons Selbstbild als politischer Bürger und Cincinnatus seiner Nation Auskunft geben. Vom Hôtel de Salm übernimmt der neue Entwurf sowohl die breitere, monumentalere Proportionierung der Fassade zur Parkseite, als auch das Motiv der überkuppelten Rotunde. Damit ist Monticellos Parkfassade zur eigentlichen Schauseite avanciert, die Trennung zwischen privater und öffentlicher Architektur aufgehoben. Überhaupt scheinen die Veränderungen an Monticello auf eine dauerhafte Repräsentation des Politikers abzuheben, der in den nunmehr durch Spiegelung quasi verdoppelten Räumen sichtbar lebt und arbeitet.[68] Äußerlich wird dieser Bereich durch die Kuppel akzentuiert; im Inneren Monticellos aber entwirft Jefferson unter dem einenden und mächtigen Kuppelmotiv ein sensibles Geflecht funktionaler, symbolischer und repräsentativer Beziehungen,[69] das als sein Bild der amerikanischen Gesellschaft in nuce gelesen werden kann – einer funktional differenzierten, pluralistischen Gesellschaft, die sich dennoch unter der symbolischen Größe nationaler und nationalisierter Zeichen eint.

Vergleicht man das nun Erreichte mit dem Zustand des Baus von 1782 so wird klar, daß dem einst formalistisch gehandhabten Reglement der Symmetrie, bestimmend für das palladianische Gebäude, nun eine Balance der Räume und Funktionen in einem neuen Sinne kontrastiert. Zugleich ist die aufklärerische Forderung nach Einheit in der Mannigfaltigkeit eingelöst, ja Monticello ist in diesem Sinn stets ein Gebäude der Aufklärung geblieben. Auch widerlegt die nahezu verschwenderische Fülle ingeniöser Einfälle im Detail, die genau berechnete Wirkung der Teile zum Ganzen, die stets auf den Betretenden gerichtet sind jene allzu einfache Rechnung, die die zwei großen präsidialen Architekten Amerikas als „Erneuerer Washington" und „Traditionalist Jefferson" in gegenseitige Opposition stellt. Mount Vernon ist in seiner improvisatorischen Frische und demonstrativen Regelwidrigkeit ja ein höchst persönliches Manifest des „ästhetischen Instinktes" Washingtons, eine charmierende Mischung aus „ästhetischer Vorsicht

---

[67] Vgl. Pierson 1970, S. 304.
[68] Hierzu gehört die fast an das Zeremoniell des Absolutismus gemahnende Praxis, Besuchern den arbeitenden *elder statesman* wie den aufklärerischen Patron durch ein ingeniöses System von Glastüren zu inszenieren, vgl. Stein 1993.
[69] Vgl. die Beschreibung bei Pierson 1970, S. 299 ff.

und architektonischer Kühnheit",[70] ein Manifest, das die unbedingte und programmatische Trennung von Amt und Person, privater und öffentlicher Sphäre zum Programm erhebt. Zu einem solchen Programm steht die Haltung, die Jefferson in der Überarbeitung Monticellos zum Ausdruck bringt, in prononciertem Gegensatz.[71] Den Bauten gemeinsam ist die Vielzahl aufklärerischer Details; Wetterbeobachtung, die Mechanisierung häuslicher Vorgänge, der ökonomische Umgang mit dem Raum und die Experimente mit den verwendeten Materialien zeigen beide Bauherren, Washington wie Jefferson, als Kinder ihrer Epoche. In Monticello jedoch werden diese gadgets programmatisch hervorgekehrt und in den Kontext der Selbstinszenierung von Gebäude und Architekt eingebunden.[72]

Zum rein architektonischen Befund kommt die Gesamtanlage des Anwesens hinzu, also die – im Sinne der Aufklärung etablierte – Einheit von klassizistischem Haus und veredelter Natur des Landschaftsgartens. Die rousseauistische Grundierung des Landschaftsgartens ist im Hinblick auf die Bedeutung, die Rousseaus Entfremdungsängste für Jefferson haben, ein entscheidender Faktor; der andere ist die englische Gartentheorie Shaftesburys und Lord Burlingtons.[73] Daß Jeffersons Vorstellung von Gartenkunst maßgeblich von der englischen Aufklärung geprägt ist, verwundert wenig. Zum einen, da die französischen Gärten der Aufklärung das englische Modell des Landschaftsgartens zumeist übernehmen und polemisch gegen die Landschaften des Absolutismus aus dem Geist Le Nôtres wenden;[74] zum anderen, da die englische Gartenkunst des 18. Jahrhunderts ihre Ästhetik ja unter dem Leitbegriff der Freiheit konstituiert. Palladianische Architektur und die anhand der Kunst Poussins, Lorrains und Salvator Rosas entwickelte Idee einer heroic landscape bildeten seit der Jahrhundertmitte einen freiheitlichen Code, den in diesem Bereich auch Jeffersons Haß auf alles Britische nicht ersetzen konnte. Aber Monticello verbindet mit der veredelten Natur der unmittelbaren Umgebung des Anwesens ja den dramatischen Prospekt auf die die schaffende Natur ringsum. Damit kommt in seine Vision der Landschaft ein rousseauistischer Ton, der die Erhabenheitsrhetorik der Engländer zum Bild einer nationalen Landschaft transzendiert. Jeffersons Landsitz ist ja ein agrarisches Anwesen und als solches hat es die zwei Aspekte der vom Menschen durch Arbeit umgeschaffenen Natur zum Thema: vita activa und vita comtemplativa, Arbeit und Muße finden ihre Entsprechung in den Feldern und Parkflächen des Anwesens; beide Aspekte zeitigen geometrische Veränderungen, Einteilungen und De-Naturalisierungen von Landschaft, also die Umwandlung der unendlichen Weite in eine menschlicher Erkenntnis zugängliche abgeschlossene Einheit. Es ist dies eine Einheit zwischen domestizierter und katalogisierter Natur als Bild des Außen und dem Bau Monticellos als Entwurf des Innen, eine Einheit, die zugleich Selbstdesign und Staats-Programm darstellt, die Monticello aber auch aus dem Kontext

---

[70] Ebd.
[71] Beide Staatsmänner kennzeichnet, Architektur zur persönlichen Aussage werden zu lassen; insofern ist die Entstehung Mount Vernons (1754–1799) ebenso von Interesse. Zu Washington und seinem Anwesens vgl. Dalzell Jr./Dalzell 1998.
[72] Vgl. Pierson 1970, S. 307.
[73] Wittkower 1984, S. 314f.
[74] Vgl. Gothein 1926, Bd. II, S. 384 ff.

der rein privaten Architektur heraushebt. Vollendet gegen Ende seiner Präsidentschaft, in dem historischen Augenblick also, als die Würfel gegen eine agrarische Republik und für die Industrialisierung im benachbarten Massachusetts endgültig gefallen sind, ragt es als Zeichen eines idealischen Republikanismus ins 19. Jahrhundert.

Planung und Bau Washingtons

Ein anders gearteter Komplex, der den politischen Architekten Jefferson charakterisiert, sind Planung und Bau Washingtons. Im Falle der neuen Hauptstadt, die 1790 in fast absolutistischer Dekretmanier[75] in den Sümpfen am Potomac River gegründet wurde, beschränkt sich die Rolle des seinerzeitigen Staatssekretärs in der Hauptsache auf die eines engagierten Beraters. Nach einem eigenen Plan, den Jefferson 1790 vorstellte, liegt die Gesamtplanung ab 1791 in den Händen des aus Versailles gebürtigen ehemaligen Offiziers Pierre Charles L'Enfant,[76] der Jeffersons ersten Vorschlag, einen einfachen Gitterplan der Stadt als Basis zugrunde zu legen, ablehnt. Zunächst ist es bemerkenswerterweise L'Enfant, der Jefferson auf die Notwendigkeit einer in monumentalen Effekten sprechenden Rhetorik der Stadt hinweist und damit die Landschaftsvision Monticellos im urbanen Kontext einlöst. Jefferson hat sich diese Argumentation schnell zu eigen gemacht, und es spricht für sein pragmatisches Verständnis von symbolischer Repräsentation, daß er das durch points des vue und Querachsen auf zwei zentrale Punkte konzentrierte Raster L'Enfants akzeptiert hat (Abb. III, S. 245) – und zwar ungeachtet seiner Genealogie, die dem Diplomaten am Hofe Ludwigs XVI. nicht verborgen geblieben sein kann. L'Enfant hat seinem Plan der Hauptstadt der ersten modernen Massendemokratie nämlich die Anlage des Schlosses und der Stadt von Versailles unterlegt[77] – und Jefferson, der hier genau wie im Fall des Maison Quarée und des Hôtel de Salm auf die Um- und Neuinterpretierbarkeit der Symbolsprache der Alten Welt setzt, übernimmt die Wendung des Franzosen zum inszenatorischen Kunstgriff der absolutistischen Aufklärung, die Einführung der „perspektivischen Konzeptionen des Barock" in die rationalistische Planung.[78] Diesen urbanen Rahmen allerdings gilt es nun mit einer Architektur zu füllen, die den in Richmond entwickelten Maßgaben entspricht. Jeffersons ursprünglicher Plan hat die alleinige Konzentration auf die beiden Bauten des Präsidentenpalastes und des Kapitols in einer ansonsten egalitären Stadtlandschaft vorgesehen. Der Wunsch des ehemaligen Anti-Federalisten nach einer repräsentativen Bundeshauptstadt und seine ambivalente Haltung zur Stadt[79] lassen in diesem Entwurf und in der Auseinandersetzung mit L'Enfant alle Brüche seines zwischen Bundespatriotismus und der Ideologie der kleinen politischen Einheiten changierenden Denkens zu Tage treten. So war auch dieser Plan von der Einsicht in die Notwendigkeit monumentaler Formen und der gleichzeitigen Skepsis diesen gegenüber geprägt.[80] L'Enfants

---

[75] Verheyen/Hawkins 1990, S. 213.
[76] Vgl. zum folgenden Zusammenhang: Kite 1929, S. 47 ff.
[77] Der Gesamtplan des Schlosses von Versailles findet sich bei Montclos 1991, S. 30 f. Der symbolische Tausch ist aufschlußreich: Kapitol gegen Schloß, Weißes Haus gegen Grand Trianon.
[78] Benevolo 1978 Bd. I, S. 252.
[79] Vgl. Aeppli 1975.
[80] Jeffersons Plan findet sich bei Verheyen/Hawkins 1990, S. 212.

Entwurf weist, kunstgeschichtlich gesehen, dem Jeffersons gegenüber sicherlich in das Zeitalter des Barock zurück; politisch jedoch, und das muß auch Jefferson zugeben, ist es die einzige Möglichkeit, die Idee der Bundeshauptstadt in sprechende Architektur umzusetzen. Nun kommt es jedoch darauf an, Bauten zur Belebung der symbolträchtigen Plätze und Avenuen zu schaffen.

Und genau hier liegt ein Problem, das bis in unser Jahrhundert ungelöst bleiben sollte: L'Enfant – eine jener genialisch-problematischen Naturen des visionären Klassizismus – hat die Planung der Hauptstadt im hybridesten Maßstab unternommen. Dem schwierigen Gelände das Unmögliche abtrotzend, die Ödnis der sumpfigen Gegend mit piranesischen Mühen und berninesken Effekten bekämpfend, ist sein ingeniöser Plan letztendlich gescheitert, hat sich in den letzten 200 Jahren nie wirklich mit Leben füllen können.[81] Die von ihm bevorzugten Dimensionen von Masseninszenierungen der Macht, Dimensionen wie sie die Revolution in Paris liebte, konnten vom jungen, dünnbesiedelten Staat nicht belebt werden; freilich ist L'Enfant hier auch Opfer des Zeitgeschmacks. Die im Falle der Hauptstadtplanung gemachten Fehler hatte Jefferson in Richmond instinktiv vermieden; symbolische Architektur, dies war dem ja schon nach der Frankreicherfahrung dezidiert als Pragmatiker Auftretenden bewusst, bezieht ihre Legitimation auch aus dem inszenatorischen Effekt – einer dem Wesen nach barocken Idee – und diese hängt nicht von den Dimensionen, sondern den Proportionen ab. War im Falle der Regierungsbauten Virginias die Realisation auch in abgespeckter Form möglich, ohne doch die Wirkungsabsicht aufzugeben, war die Maßstäblichkeit auch im Solitär gewahrt, so bereitete die visuelle Umsetzung der Gewaltenteilung im Plan L'Enfants größte Schwierigkeiten. Die Mißachtung der Gesetze der Zeit und der Inszenierung haben sich gerächt und die hier erfahrenen beiderseitigen Enttäuschungen zum vorzeitigen Zerwürfnis zwischen Washington, Jefferson und L'Enfant geführt. Schon nach zwei Jahren stand die neue Stadt, deren eigentliche Bauaufgaben immer noch ungelöst waren, ohne Architekten da, lief die monumentale Hauptachse auf den leeren Platz zu, der für das Parlamentsgebäude vorgesehen war. Jefferson, der die Ämterverquickung als Staatssekretär und Architekt vermeiden wollte, mußte sich als spiritus rector des ambitionierten Projekts um einen angemessenen Nachfolger für den Franzosen bemühen. Insgesamt ist das Projekt Washington wohl wegen der ambitionierten Vorgaben gescheitert, zumindest was Jeffersons Idee einer nationalen Architektursprache als autonom weitergeführte Antikenrezeption betrifft. Erst unter Präsident Jackson begann die Stadt in ihrem monumentalen Korsett Form anzunehmen – und zwar die Form historistischer Transplantate. Als sie endlich wuchs, „glichen ihre Bauten europäischen Vorbildern weit mehr als dies zur Zeit Jeffersons, Washingtons und L'Enfants geplant war."[82]

Die Universität Charlottesville

Anders liegen die Dinge bei Jeffersons letztem Projekt, der Universität von Virginia in Charlottesville. Sie darf als sein architektonisches Hauptwerk und eigentliches geistiges

---

[81] Vgl. die Kritik bei Mumford 1989, Bd. I, S. 469 ff.
[82] Verheyen/Hawkins 1990, S. 219.

Vermächtnis an die Nation gelten. Seit dem Jahr 1800 hat er in nicht nachlassendem Eifer an der Gründung einer unabhängigen, dem Geist der Aufklärung, der Toleranz und des Pluralismus verpflichteten Landesuniversität gearbeitet.[83] Mit der Verwirklichung dieses Lebensplanes nach dem Krieg mit Großbritannien schließt sich die eine große Denkfigur im Leben Jeffersons, die in den beiden Voten zu religiöser Toleranz und zur Förderung der Bildung gründet. Der 1778 vorgelegte Entwurf einer *Bill for the More General Diffusion of Knowledge* konzentriert sich auf diesen Punkt. Bildung, Meinungsfreiheit und sachliche Toleranz sind für den Charakter einer Nation entscheidender als alle legislatorischen Maßnahmen. Aufklärung ist in ihm Garantin der Freiheit und republikanische Tugend Ergebnis historischer Reflexion: „Enlighten the people generally, and tyranny and oppression of body and mind will vanish like evil spirits at the dawn of day."[84] Verglichen mit dem revolutionären Bildungsenthusiasmus etwa Condorcets ist der Jeffersons durch eine neue, skeptischere Note charakterisiert, die aus dem Trauma des terreur resultiert. Neben Aufklärung in den natur- und gesellschaftswissenschaftlichen Fächern tritt daher eine Komponente, die sich am besten mit dem ästhetischen Ganzheitspostulat Shaftesburys benennen läßt. Und dies wird von der Architektur der University of Virginia in revolutionärer Weise, wenn auch bewußt nicht in revolutionären Formen eingelöst. In Sichtweite zu Monticello und nur wenige Meilen von der neuen Hauptstadt Richmond entfernt, muß Charlottesville als ein abschließendes symbolisches Bekenntnis des Republikaners zur kleinen Einheit, zur direkten Partizipation des citizen am Staat gesehen werden. So wie die Universität ein autonomes Gemeinwesen, ein Bild des Staates in nuce ist, so ist der Bundesstaat Virginia – und analog dazu alle anderen Staaten – die eigentliche Realität der Politik der Bürger, der Rahmen, in dem Gemeinwohl definiert werden kann und eo ipso realisierbar ist. Folgerichtig wird dieses Prinzip kleiner und autonomer Einheiten auf den akademischen Organismus übertragen; nicht mehr das monumentale Kolleggebäude der Gegenreformation und des Barock, noch die aus Klosteranlagen entstandenen englischen Universitäten und ihre Ableger in Nordamerika können hier als Muster dienen, sondern das Prinzip der kleinen Einheiten ist auf die Architektur zu übertragen. In dieser aus autonomen Baukörpern gebildeten Universitätslandschaft sichern überdachte Verbindungsgänge die Möglichkeiten zum Austausch und zur Kommunikation bei jedem Wetter; die Anordnung der Bauten aber setzt Jeffersons Programm Differenzierung und Integration symbolisch um.[85]

Das augenfälligste Element dieses akademischen Dorfes scheint zunächst auch das konventionellste – die dem Pantheon nachgebildete Bibliothek (Abb. IV, S. 245). Nun ist das Pantheon ja das im Verlauf der neuzeitlichen Architekturgeschichte wohl meistzitierte antike Gebäude, in der Architektur der Aufklärung ist seine Gegenwart nachgerade ubiquitär. Allein: im Falle der Universität von Virginia zählt weniger das stilistische Detail als der planerische Gestus. Und der ist bemerkenswert, befindet sich die Bibliothek doch im Zentrum der Anlage, dort, wo in allen herkömmlichen Kollegien die Universitätskirche vorgesehen war. Antikenrezeption also mit dem semantischen Pfeil

---

[83] Vgl. etwa den Brief an Joseph Priestley, Writings, S. 1069 ff. (18. 1. 1800).
[84] Writings, S. 1387 (Brief an Dupont de Nemours vom 24. 4. 1816)
[85] Vgl. Writings, S. 1222f (Brief an H. L. White vom 6. 5. 1810).

eines programmatischen Laizismus als beherrschendes Motiv – und dieser Pfeil deutet zugleich in zwei Richtungen: Er fügt sich zunächst einmal konsequent in die zeitgleichen Bemühungen Jeffersons, ein Evangelium der Vernunft aus den Heiligen Schriften zu kondensieren. Dieses deistische abstract, ein „most sublime and benevolent code of morals",[86] soll eine Bürgerreligion etablieren, die auf dasselbe naturrechtliche Fundament gründet wie Bürger- und Menschenrechte auch, die also – jenseits der Grenzen positiver Kulte – mitarbeiten soll am Projekt einer innerlich befriedeten und aufgeklärten Republik.[87] Der andere semantische Aspekt dieser Bibliothek in Pantheonform ist stilkritischer Art und weist auf Jeffersons Selbstverständnis einer national-amerikanischen Architektur. Jefferson hat sich bei seinem Bau keineswegs mit einer einfachen Kopie des römischen Vorbildes aus dem Geiste des archäologischen Klassizismus begnügt; so sind auch die Änderungen gegenüber dem antiken Tempel keineswegs nur funktional bedingt, sondern finden ihren Grund in der Semantik des Baus. Seine Bibliothek nimmt, wie Richmond und die von ihm favorisierten Pläne des Kapitols in Washington, den Wettbewerb mit der Antike aus dem Geist der perfektionierenden Nachschöpfung auf. Schon Karl Lehmann hat im Angesicht der Architektur des Präsidenten mit Erstaunen darauf hingewiesen, daß Jeffersons Bibliotheksbau sein Vorbild an ästhetischer Perfektion übertrifft.[88] Bei exakter Halbierung der Dimensionen werden die berühmten acht Granitsäulen des Vorbildes durch sechs (makellos-proportionierte) ersetzt, die eine Vorhalle von zwei Joch Tiefe bilden. Das Gebälk dieser Vorhalle wird als Gesims konsequent um den Baukörper gezogen, wobei der untere Fassadenbereich ähnlich dem Kapitol in Richmond mit Fenstern durchsetzt wird, um der Bibliothek Licht zu geben. Eine monumentale Freitreppe dient der Anbindung an den Campus und der Inszenierung des Baus zugleich. Die Zugänge sind wie die Wirtschaftsgänge Monticellos als subterranean passways – halb unter der Erde verborgene Gänge nach dem Muster der cryptoporticus der Villa Hadriana – angelegt und schaffen durch ihr Zurücktreten ein Plateau, auf dem sich das erst hier wirklich zum Solitär gewordene Pantheon als intellektuelles Zentrum der Universitätsgesellschaft behauptet.

Diese ist in einer Reihe kleinerer Bauten untergebracht, die Jeffersons Konzeption eines akademischen Dorfes umsetzen. Damit verwirft er eine weitere Standardlösung zeitgenössischer Universitätsbauten, die des großen Schlaf- und Wohntrakts,[89] zugunsten seiner Vision eines neuartigen Zusammenlebens zwischen Lehrenden und Lernenden, „whose arrangement shall correspond with our own social condition".[90] Gegenwartsbezogenheit also in der Organisation des Lebens auf dem Campus wie in den angebotenen Studienschwerpunkten. Das republikanische studium generale,[91] das Jefferson entwirft, wird im gegenseitigen Gespräch praktiziert. Daher seine Wahl des Pavil-

---

[86] Dargelegt im Brief an John Adams vom 12. 10. 1813, Writings, S. 1300.
[87] Vgl. O'Neil 1995, S. 146 f.
[88] Lehmann 1991, S. 127.
[89] Vgl. etwa den von William Wilkins zur gleichen Zeit (1807–21) realisierten Nordflügel des Downing College in Cambridge, abgebildet bei Engel 2000, S. 21.
[90] Writings, S. 1347 (Brief an Peter Carr vom 7. 9. 1814).
[91] Siehe seinen Report of the Commissioners for the University of Virginia, in: Writings, S. 457-73, insbes. S. 462 ff.

lonsystems: In stets wechselnden Tischrunden sollen die zunächst zehn Professoren alle Studenten sukzessive kennenlernen und so soziales Verhalten und den Transfer von Wissen zugleich üben. Letztlich durchlaufen die Studenten in Charlottesville zehn sehr unterschiedliche, von einem Professor geführte Schulen und erarbeiten sich so den Weg zur Autonomie des Wissens. Trivium und quadrivium finden sich durch das rationale Dezimalsystem der republikanischen Künste und Wissenschaften ersetzt. Diese Organisation des Curriculums findet ihre bauliche Umsetzung in zehn Pavillons, die durch eine zweite Reihe von Dormitorien erweitert sind.

Und es sind diese Pavillons – der Form nach bewohnbare Tempel, ähnlich dem Kapitol des Bundesstaats – welche die Intention, die Jeffersons Architektur unterliegt, noch einmal in aller Deutlichkeit vorführen. Denn im Unterschied zu allen herkömmlichen Entwürfen für Universitätsbauten des Klassizismus weist jeder Pavillon eine eigene Physiognomie auf. Unterschiedliche Stile, Proportionen und eine Fülle variierender Details verleihen den von Säulengängen verbundenen Bauten den Anschein des Gewachsenen, dessen Einheitlichkeit aber durch die Verwendung gleicher Materialien – symbolträchtige Farbakzente von roten Ziegeln, weißem Putz und blauen Dächern – und Grundformen gewahrt ist. Jefferson verfolgt mit diesem architekturhistorischen Tableau didaktische Ziele. Zunächst soll die ganz unterschiedliche intellektuelle Physiognomie der zehn Departments auch architektonisch unterstrichen werden – Einheit in der Vielfalt, dieses Programm der aufklärerischen Moralphilosophie Adam Smiths, Francis Hutchesons und Dugald Stewarts, das Jefferson zu seiner pluralistischen Gesellschaftsmaxime gemacht hat, kann so schon im äußerlichen Habit dieses grandiosen Gesellschaftstableaus abgelesen werden. Daneben aber dient die Architektur der Pavillons noch einem weiteren, ganz praktischen Zweck: Die Universität ist in ihrer Gesamtheit eine Enzyklopädie vorbildlichen Bauens. Indem ihr Architekt die zitierten und variierten Vorbilder auf das skrupulöseste auswählt, schafft er eine korrigierte Geschichte des Bauens, die, betont anwendungsorientiert, das Legitimationsbedürfnis des jungen Staates mit Möglichkeiten der Realisation in Bezug setzt.[92] Und für eine breite Varianz unter den herangezogenen Vorbildern hat Jefferson wahrlich gesorgt: Von den Diocletiansthermen, deren wuchtige Dorik als Vorbild für Pavillon I dient, bis zur eleganten Konchenfassade des Pavillon der Mlle. Guimard, die Ledoux in den siebziger Jahren geschaffen hatte und die sich im Pavillon IX wiederfindet, reicht die Genealogie der Vorbilder dieses imaginären Museums der Weltarchitektur. So findet sich in Architektur umgesetzt ein Analogon zur wohl faszinierendsten Idee Jeffersons, derzufolge im Amerika seiner Zeit die Abbreviatur der gesamten Welthistorie ablesbar ist. Von den Ureinwohnern der Rocky Mountains zur europäisierten Ostküste spannt sich ihm ein historisches Tableau der Menschheit, „a survey, in time, of the progress of man from the infancy of creation to the present day",[93] Die ideengeschichtliche Figur der Gleichzeitigkeit unterschiedlicher Entwicklungsstufen des Menschengeschlechts, die sich auch

---

[92] In einem Brief an T. J. Tazewell, der 1931 erstmals veröffentlicht wurde, legt Jefferson seine Beweggründe dar: „Now what we wish is that these Pavillons [...] shall be models of taste and good architecture, and of a variety of appearance, no two alike so as to serve as specimens for the architectural lecturer." (Zit. nach Pierson 1970, S. 327).

[93] Writings, S. 1498 f. (Brief an William Ludlow vom 6. 9. 1824).

bei Vico, Montesquieu und insbesondere bei Ferguson findet, wird von Jefferson im Sinne eines gesellschaftlichen Pluralismus ausgelegt. Und dieser Denkfigur entspricht der ästhetische Pluralismus der angebotenen architektonischen Muster, der demnach auch objektive Auswahlkriterien kennt.

So wie die Gesellschaftslehre Fergusons und Jeffersons kein normatives Zivilisationsideal postuliert, sich jedoch emphatisch zu einem am empirischen Menschen orientierten Fortschritt bekennt, so sieht Jeffersons Idee einer nationalen Architektur keine abstrakt normative Instanz vor, bekennt sich aber zu einem eklektisch gewählten Kanon des Klassizismus, in dem die ihm zentralen Schlüsselbegriffe, Humanität, Harmonie, Dezenz, Ehre, Klarheit, Tugend und eben auch Gemeinsinn sinnlich erfahrbar werden. Mit den auf dem Campus angebotenen Architekturen aber wird das bislang obligatorische Absolvieren einer Grand Tour zumindest im Hinblick auf das Studium jener antiken und modernen Architektur obsolet, die diese zentralen Begriffe vorbildlich codieren.[94] Der Architekturlehrpfad des Universitätscampus verwirklicht also ein Stück kultureller Autonomie und arbeitet gleichzeitig am republikanischen Tugenddiskurs.

Indem nämlich der Campus von Charlottesville mit der Grand Tour in die korrumpierte Welt der französischen (Bourbonen-)Monarchie und des Papststaats dem jungen Bürger eine der möglichen Ursachen von corruption erspart, dient er neben dem Erstarken eines kulturellen Selbstbewußtseins der jungen Nation[95] auch dem Schutz der Jugend der Republik. Seit seiner 1788 unternommenen Reise in die Rheinprovinzen, die ihn von Holland bis nach Karlsruhe führte, gehört das seiner Auffassung nach bestehende Mißverhältnis von Aufwand und Nutzen, Gewinn und Gefährdung einer Bildungsreise in der Alten Welt zu den Leitmotiven Jeffersons. Mit dem Campus der Universität von Virginia hat Jefferson die Monroe-Doktrin – „never to entangle ourselves in the broils of Europe"[96] – in eine ästhetische Autonomieerklärung der Vereinigten Staaten umgesetzt. Der 1776 von Thomas Paine enthusiastisch postulierte Anspruch der Revolutionäre, als Präzeptoren der Menschheit auf dem Pfad von Tugend und Freiheit voranzuschreiten wird hier im Angesicht einer auf diesem Pfad retardierenden Alten Welt analog zur politischen Sphäre zurückgenommen. Wie die Nation losgesagt von ihren Vorbildern der Alten Welt bilden die Bauten des Campus einen ästhetischen Rahmen, der die Grundbegriffe der klassischen Ästhetik an die junge Nation bindet. So schaffen sie die sinnfällige Umsetzung der Schlüsselbegriffe und können wie eine zweite Unabhängigkeits- und Menschenrechtserklärung gelesen werden – sie sind grundsätzliche Codierungen, Rahmenbedingungen, in denen sich das politische und gesellschaftliche Leben immer neu formieren kann. In seinem architektonischen und philosophischen Hauptwerk der Universität von Virginia hat Thomas Jefferson seine Gesellschaftsvision bruchlos in den Bereich der Kunst überführt, einer freilich nicht autonomen und interesselosen Kunst, sondern einer, deren Fokus auf das republikanische Gemeinwohl gerichtet ist. Differenzierung und Integration, Patriotismus und Kosmopolitismus werden so im Denken Jeffersons zu einem Integral verbunden, das unter dem Nenner des Gemeinwohls Individualität und klassischen Republikanismus zu amalga-

---

[94] Vgl. ebd., S. 477 ff.
[95] Vgl. zum Erstarken dieses Selbstbewußtseins die Einleitung zu: Silverman 1987, S. XV ff.
[96] Writings, S. 1481 (Brief an James Monroe vom 24. 10. 1823).

mieren sucht und das seinen dauerhaften Ausdruck in der Architektur findet. Sein Versuch, Gemeinsinn im Medium der Architektur zu reproduzieren, war letztlich erfolgreich und hat das ästhetische Gewand der Bundes- und Landesbauten bis weit in das 20. Jahrhundert hinein geprägt. Insofern scheint es mehr als zufällig, daß zeitgleich zum Auseinanderbrechen des Konsenses über die Werte von 1776 auch der Funktionalismus des International Style diese klassizistische Tradition abgeschnitten hat.

Siglen

Boyd: Boyd, J. (1950ff), The Papers of Thomas Jefferson, Princeton.
Debate: Bailyn, B. (Hg., 1993), Debate on the Constitution. Federalist and Antifederalist Speeches, Articles, and Letters During the Struggle over Ratification, New York, 2 Bd.
Ford: Ford, P. L. (Hg., 1893–99), The Writings of Thomas Jefferson, New York, 10 Bd.
Writings: Peterson, M. D. (Hg., 1984ff), Writings Thomas Jefferson, New York.

Literatur

Adams, W. P. (1973), Republikanische Verfassung und bürgerliche Freiheit. Die Verfassungen und politischen Ideen der amerikanischen Revolution, Darmstadt/Neuwied.
Aeppli, F. (1975), Thomas Jefferson. The Urban Critic of the City, Zürich.
Appleby, J. (1995), Die fortwährenden Spannungen in der Jeffersonschen Tradition, in: Thomas Jefferson. Historische Bedeutung und politische Aktualität, hg. von H. Wasser, Paderborn, S. 51-68.
Arendt, H. (1963), Über die Revolution, München.
Arendt, H. (1999), Vita activa oder Vom tätigen Leben, München.
Bailyn, B. (1977), The Ideological Origins of the American Revolution, Cambridge, Mass.
Benevolo, L. (1978), Geschichte der Architektur des 19. und 20. Jahrhunderts, München 2 Bd.
Bonwick, C. (1991), The American Revolution, Charlottesville.
Borsi, Fr. (1987), Die monumentale Ordnung. Architektur in Europa 1929–1939, Stuttgart.
Braham, A. (1980), The Architecture of the French Enlightenment, London.
Busch, W. (1998), Art. Klassizismus/Klassik des Historischen Wörterbuchs der Rhetorik, hg. von G. Ueding, Bd. IV, Tübingen, Sp. 1070-81.
Condorcet (1976), Entwurf einer historischen Darstellung der Fortschritte des menschlichen Geistes, hg. von W. Alff, Frankfurt/M.
Crefeld, M. van (1999), Entwurf einer Verfassungsgeschichte von der Stammesgesellschaft zum Verschwinden des Staates, in: Ders., Aufstieg und Untergang des Staates, München.
Dalzell, R. F. Jr/ Dalzell, L. B. (1998), George Washington's Mount Vernon: At Home in Revolutionary America, New York/Oxford.
Diamond, M. (1975), The Revolution of Sober Expectations, in: The American Revolution. Three Views (zusammen mit I. Kristol und G. W. Nutter), New York 1975, S. 57-90.
Dippel, H. (1985), Die Amerikanische Revolution 1763–1787, Frankfurt/M.
Dittgen, H. (1995), Despotismus und Armut. Thomas Jeffersons Rheinreise am Vorabend der Französischen Revolution, in: Thomas Jefferson. Historische Bedeutung und politische Aktualität, hg. v. H. Wasser, Paderborn, S. 238-254.
Dumbauld, Ed. (1976), Thomas Jefferson, American Tourist, University of Oklahoma Press.

Dunn, J. (1969), The Politics of Locke in England and America in the Eighteenth Century, in: John Locke. Problems and Perspectives, hg. von J. W. Yolton, Cambridge, S. 45-80.

Dyson, K. H. F. (1980), The State Tradition in Western Europe, Oxford.

Engel, U. (2000), Architektur des Klassizismus und der Romantik in England, in: Klassizismus und Romantik. Architektur-Skulptur-Malerei-Zeichnung, hg. von R. Tomann, Köln.

Ericson, D. F. (1993), The Shaping of American Liberalism. The Debates on Ratification, Nullification and Slavery, Chicago.

Erikson, E. H. (1975), Dimensionen einer neuen Identität. Jefferson Lecture 1973, Frankfurt/M.

Federalist-Artikel (1994), hg. von W. Paul und A. Adams, Paderborn/Müchen u.a.

Ferguson, A. (1988), Versuch über die Geschichte der bürgerlichen Gesellschaft, hg. von Z. Batscha und H. Medick, Frankfurt/M. 1988.

Furet, Fr./Richet, D. (1989), Die Französische Revolution, Frankfurt/M.

Giacomo Leoni, G. (1716), The Architecture of Andrea Palladio; In Four Books, London.

Giedion, S. (1922), Spätbarocker und romantischer Klassizismus, München.

Gothein, M. L. (1926), Geschichte der Gartenkunst, Jena, 2 Bd.

Habermas, J. (1971), Naturrecht und Revolution, in: ders., Theorie und Praxis. Sozialphilosophische Studien, Frankfurt/M., S. 89-127.

Hartung, G. (1998), Die Naturrechtsdebatte. Geschichte der Obligatio vom 17. bis 20. Jahrhundert, Müchen.

Hautecoeur, L. (1952), L'architecture classique en France, Bd. IV, Paris.

Hughes, R. (1997), Bilder von Amerika. Die amerikanische Kunst von den Anfängen bis zur Gegenwart, München.

Kaplan, L. C. (1967), Jefferson and France. An Essay on Politics and Political Ideas, New Haven/London.

Keane, J. (1996), Thomas Paine. A Political Life, London.

Kimball, F. (1916), Thomas Jefferson, Architect. Original Designs in the Collection of Thomas Jefferson Coolighe Jr., Boston (Repr. New York 1968).

Kite, E. L. (1929), L'Enfant and Washington 1791-1792, Baltimore.

Köster, B. (1990), Palladio in Amerika. Die Kontinuität klassizistischen Bauens in den USA, München.

Kruft, H.-W. (1995), Geschichte der Architekturtheorie von der Antike bis zur Gegenwart, München.

Lankheit, K. (1988), Revolution und Restauration 1785-1855, Köln.

Laugier, M.-A. (1989), Das Manifest des Klassizismus, hg. von W. Herrmann und B. Wyss, Zürich/München.

Lehmann, K. (1991), Thomas Jefferson, American Humanist, Charlottesville [1947].

Lincoln, A. (1953), The Collected Works of Abraham Lincoln, hg. von R. P. Basler im Auftrag der Abraham Lincoln Association, Springfield, Illinios, 7 Bd.

Locke, J. (1966), Second Treatise of Civil Government, hg. von W. S. Carpenter, London.

MacDonald, W. L. (1986), The Architecture of the Roman Empire, New Haven/London 1982; vol. II.

Macpherson, C. B. (1980), Die politische Theorie des Besitzindividualismus, Frankfurt/M.

Malone, D. (1951), Jefferson and his Time, Bd. II: Jefferson and the Rights of Man, Boston.

McKitrick, E. L. (1999), Washington the Liberator, in: The New York Review of Books XLVI [1999], Nr. 17, S. 48-50.

Meyer, R. (1979), Eighteenth-Century American Political Thought, in: Classical Influences on Western Thought A. D. 1650–1870. Proceedings of an International Conference held at King's College, Cambridge 1977, hg. von R. R. Bolgar, Cambridge, S. 223-243.
Montclos, J.-M. P. de (1991), Versailles, Paris.
Montesquieu, Ch. de (1961), Œuvres complètes, hg. von R. Callois, Paris, 2 Bd.
Morgan, E. S. (1989), Inventing the People, New York.
Morgan, E. S. (1995), The Fixers, in: The New York Review of Books XLII [1995], Nr. 4, S. 25-27.
Mumford, L. (1989), Die Stadt. Geschichte und Ausblick, München 2 Bd.
O'Neal, W. B. (1969), An Intelligent Interest in Architecture. A Bibliography of Publications about Thomas Jefferson as an Architect [...], in: The American Association of Architectural Bibliographers, Papers VI.
O'Neil, R. M. (1995), Thomas Jefferson und das Verhältnis von Kirche und Staat, in: Thomas Jefferson. Historische Bedeutung und politische Aktualität, S. 143-52.
Paine, Th. (1945), The Complete Writings of Thomas Paine, hg. von Ph. S. Foner, New York 1945, 2 Bde.
Paine, Th. (1995), Collected Writings, hg. von E. Foner (=The Library of America), New York.
Peterson, M. D. (1970), Thomas Jefferson and the New Nation, New York/Oxford.
Pevsner, N. (1998), Funktion und Form. Die Geschichte der Bauwerke des Westens, Hamburg.
Pierson, W. H. Jr. (1970), American Buildings and their Architects, Bd. I, The Colonial and Neoclassical Styles, New York.
Pocock, J. G. A. (1975), The Machiavellian Moment. Florentine Political Thought and the Atlantic Republican Tradition, Princeton.
Pocock, J. G. A. (1993), Die Schule von Cambridge und die schottischen Philosophen. Zum Verhältnis der bürgerlich-humanistischen und der zivilrechtlichen Interpretation des sozialen Denkens des 18. Jahrhunderts, in: ders., Die andere Bürgergesellschaft, hg. von W. Sewing, Frankfurt/M., S. 158-189.
Rice, H. C. (1947), L'Hôtel de Langeac. Jefferson's Paris Residence 1785–89, Charlottesville.
Robbins, C. (1959), The Eighteenth-Century Commonwealthman. Studies in the Transmission, Development, and Circumstances of English Liberal Thought from the Restauration of Charles II until the War with the Thirteen Colonies, Cambridge, Mass.
Rückbrod, K. (1977), Universität und Kollegium. Baugeschichte und Bautyp, Darmstadt.
Sennett, R. (1994), Civitas. Die Großstadt und die Kultur des Unterschieds, Frankfurt/M.
Sennett, R. (1999), Verfall und Ende des öffentlichen Lebens. Die Tyrannei der Intimität, Frankfurt/M.
Sewing, W. (1993), J. G. A. Pocock und die Wiederentdeckung der republikanischen Tradition, in: J. G. A. Pocock, Die andere Bürgergesellschaft. Zur Dialektik von Tugend und Korruption, Frankfurt/M., S. 7-32.
Sheridan, Eu. R. (1995), Freiheit und Tugend. Religion und Republikanismus im Denken Thomas Jeffersons, in: Thomas Jefferson. Historische Bedeutung und politische Aktualität, S. 153-172.
Silverman, K. (1987), A Cultural History of the American Revolution. Painting, Music, Literature, and the Theatre in the Colonies and the United States from the Treaty of Paris to the Inauguration of George Washington. 1763–1789, New York.
Stein, S. R. (1993), The Worlds of Thomas Jefferson at Monticello, New York.
Tavernor, R. (1994), Palladio and Palladianism, London.

The Federalist (1788), A Collection of Essays, Written in Favour of the New Constitution, As Agreed Upon By the Federal Convention, September 1787, New York.

Verheyen, E./Hawkins, D. A. (1990), Bemerkungen zur Planung von St. Petersburg und Washington, D.C., in: „Klar und lichtvoll wie eine Regel". Planstädte der Neuzeit vom 16. bis zum 18. Jahrhundert, hg. vom Badischen Landesmuseum Karlsruhe, Karlsruhe, S. 211-220.

Vollrath, E. (1996), Art. Gemeinwohl, in: Historisches Wörterbuch der Rhetorik, Bd. III, Tübingen, Sp. 689-97.

Voltaire (1961), Lettres philosophiques, in: Voltaire, Mélanges, hg. von J. van der Heuvel, Paris.

Warnke, M. (1984), Politische Architektur in Europa, in: Ders. (Hg.), Politische Architektur in Europa vom Mittelalter bis heute. Repräsentation und Gemeinschaft, Köln.

Wasser, H. (Hg., 1995), Thomas Jefferson. Historische Bedeutung und politische Aktualität, Paderborn.

Willis, G. (2000), Storm over Jefferson, in: The New York Review Of Books XLVII [2000], Nr. 5, S. 16-18.

Winch, D. (1978), Adam Smith's Politics. An Essay in Historiographic Revision, Cambridge.

Wittkower, R. (1984), Englischer Neopalladianismus, Landschaftsgärten, China und die Aufklärung, in: Politische Architektur in Europa vom Mittelalter bis heute. Repräsentation und Gemeinschaft, hg. v. M. Warnke, Köln, S. 309-35.

Wood, G. S. (1992), The Radicalism of the American Revolution, New York.

Wood, G. S. (1998), The Creation of the American Republic 1776–1787, Chapel Hill.

Wood, G. S. (2000), An Affair of Honour, in : The New York Review of Books XLVII [2000], Nr. 6, S. 67-72.

Zanker, P. (1997), Augustus und die Macht der Bilder, München.

Zerner, H. (1988), Classicism as Power, in: Art Journal 47 (1988), S. 30-51.

Bildnachweise für die Abbildungen auf den Seiten 244-245: Bildarchiv Foto Marburg. Deutsches Dokumentationszentrum für Kunstgeschichte, Philipps-Universität Marburg.

Abb. I: Monticello. Blick vom Seitenflügel auf die oktogonale Kuppel und den parkseitigen Portikus.

Abb. II: Richmond, The State Capitol. Der kleinere Anbau zur Linken ist Teil der zu Anfang des 20. Jahrhunderts gebauten Erweiterung des ursprünglichen Kapitols. Damit ist sowohl die von Jefferson intendierte sinnfällige Gewaltenteilung wie auch die Abstammung seines Baus vom Maison Carée verunklärt.

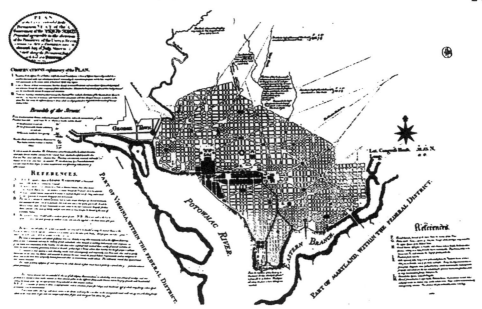

Abb. III: Washington, DC. Im Zentrum der Stadtanlage das Kapitol, links davon die auf das Weiße Haus zulaufende Achse.

Abb. IV: University of Virginia, Charlottesville. Der Bibliotheksbau. Links und rechts sind vier der insgesamt zehn Pavillons zu erkennen.

MATTHIAS BOHLENDER

Metamorphosen des Gemeinwohls
Von der Herrschaft *guter polizey* zur Regierung
durch *Freiheit* und *Sicherheit*

„Gemeinwohl", „Gemeinsinn", „Gemeinschaft" sind Vokablen, die seit einigen Jahren in der Historiographie des politischen Denkens zu neuem Ansehen gekommen sind. Es waren nicht zuletzt John Pocock und Quentin Skinner, die mit ihren historischen Arbeiten zum Bürgerhumanismus, zum Republikanismus und zum Tugenddiskurs in der frühen Neuzeit den Raum öffneten, innerhalb dessen die Gemeinwohlsemantik als eine eigenständige, historisch-diskursive Alternative zu den politischen Sprachen des Rechts, des Staates, des Eigeninteresses und der Polischen Ökonomie erscheinen konnte.[1] Diese Reaktualisierung einer seit dem Ende des 18. Jahrhunderts vergangenen Problematisierung politischen Denkens und Handelns erhielt und erhält ihre Attraktivität unter anderem dadurch, daß Begriffe wie „Gemeinwohl", „öffentliches Wohl" eng verknüpft sind mit der Thematisierung des Bürgers einer Gemeinschaft, der nicht passives und gehorsames Subjekt von Gesetzen, Regeln und Interessen, sondern freier und aktiver Teilnehmer an den öffentlichen Belangen seines Gemeinwesens ist. „Gemeinwohl" als Ziel einer für alle aktiven Bürger befriedigenden Wirtschafts- und Gesellschaftsordnung und „Gemeinsinn" als spezifische politische Tugend dieser Bürger werden hier verstanden als *Selbstbehauptungsvokabeln*, als reflexive Praktiken der Ausübung von Freiheit, politischer Partizipation und des zivilen wie militärischen Engagements.

Auf den ersten Blick mag es daher verwundern, daß hier eine Problematisierung des „Gemeinwohls" zur Debatte steht, die gerade nicht im Kontext einer Anrufung des aktiven, politischen Bürgers steht, sondern dessen genaueste Einordnung und Einpassung ins Gefüge des Gemeinwesen zur Stabilisierung und Förderung des „gemeinschaftlichen Glücks", des „allgemeinen Besten", der „öffentlichen Wohlfahrt" fordert. Doch diese Problematisierung des „Gemeinwohls" nicht als republikanische Selbstbehauptungsvokabel, sondern gewissermaßen als herrschaftliche *Passivierungsformel* des Fürsten gegen über seinen Untertanen hat eine ebenso lange Tradition und reicht von den mittelalterlichen Fürstenspiegeln über die Staatsräsonliteratur bis zur Polizeiwissenschaft des 18. Jahrhunderts. Im Mittelpunkt gerade der letzt genannten Literatur, von

---

[1] Aus den zahlreichen Publikation verweise ich auf Pocock 1975, 1985 und 1993 sowie Skinner 1998. Für den deutschsprachigen Raum siehe die Arbeiten von Münkler 1991, 1992 und 1998.

den Stadt- und Landespolizeiordnungen bis zu den polizeiwissenschaftlichen Regierungshandbüchern, steht das Problem, wie der Fürst den Staat und die Bevölkerung regieren sollte, um die Ordnung des gesamten, gegliederten Gemeinwesens zu sichern und dabei das Wohl der Bevölkerung zu fördern und zu vermehren. Eine zentrale Regierungsaufgabe des Landesherrn ist demnach die Sorge um die Erhaltung des Staates und die Wohlfahrt seiner Untertanen. Der Begriff der „policey" (polizey, policei etc.) verweist denn auch auf diese beiden landesherrlichen Regierungsaufgaben: den „Ordnungszustand" zu erhalten und das „Gemeinwohl" zu vermehren. Die „gute polizey", das ist *cura promovendi salutem*.[2]

Man kann also zunächst festhalten, daß die Verwendung des Gemeinwohlbegriffs zwei ganz unterschiedlich und sogar gegensätzliche politische Bedeutungen und Effekte erzeugt. Auf der einen Seite scheint er eingebunden zu sein in eine republikanische Sprache der Mobilisierung und Selbstbehauptung des ökonomisch autarken, militärisch selbstständigen und politisch aktiven Bürgers. Auf der anderen Seite jedoch ist er eine Kategorie der herrschaftlichen Selbstbehauptung des Fürsten und der Passivierung der Bevölkerung zu Untertanen eines „guten" und „wohlgeordneten" Staates. Die Erhaltung und Förderung des „Gemeinwohls" bleibt Aufgabe des Regenten und jede selbstständige Form der Ausübung von Bewegungs-, Verkehrs- und Kommunikationsfreiheit der Untertanen erscheint als Gefahr, Störung und Sicherheitsrisiko für alle Seiten: den Fürst, den Staat und die Bevölkerung. Es stellt sich daher die Frage, wie und auf welche Weise konnte es zu dieser eigenwilligen Verknüpfung der Gemeinwohlsemantik mit absolutistischen Ordnungs- und Regierungspraktiken kommen? Wie und auf welche Weise konnte die Sorge um das Wohl der Bevölkerung vom Fürsten monopolisiert, der spezifischen Rationalität der „policey" übertragen und in einer ausgearbeiteten und institutionalisierten Wissensform – wie der „Polizeiwissenschaft" – problematisiert und gelehrt werden?

Eine andere Perspektive, die sich hier anschließt und nicht weniger Irritationen auslöst, betrifft die Frage des rapiden „Niedergangs" des Gemeinwohlbegriffs seit der Mitte des 18. Jahrhunderts. Hirschman schreibt: „Tatsächlich stehen wir erst am Anfang eines Verständnisses davon, wie es kam, daß – wie Quentin Skinner mir verdeutlicht hat – die hohe Bewertung von Bürgertugend und öffentlichem Engagement im Zeitalter der Renaissance im Verlauf der folgenden drei Jahrhunderte der Vorstellung Platz machte, das Trachten nach privatem Vorteil sei einer wohlgeordneten Gesellschaft am meisten förderlich."[3] Doch nicht nur der republikanische Verwendungszusammenhang von Bürgertugend und Gemeinsinn verliert an Bedeutung; auch die „Glückseligkeits"- und „Gemeinwohlrhetorik" der Polizeiwissenschaften gerät unter Beschuß. Die europäische Aufklärung und der

---

[2] Die politische Ideengeschichte hat der „polizey" und „Polizeywissenschaft" bisher wenig Aufmerksamkeit geschenkt. Grundlegend ist immer noch Maier (1966, 1986[2]); daneben gibt es Einzelstudien zum Verhältnis von Polizeiwissenschaft und Kameralismus, darunter Small 1909, Schiera 1968, Brückner 1977, besonders aber Tribe 1988, 1995, Priddat 1998 und die anregende Studie von Pasquino 1991. Dagegen gibt es in der Geschichtsschreibung des öffentlichen Rechts eine Reihe von Untersuchungen zum Verhältnis von Polizei, Staatszweck- und Gesetzgebungslehre, darunter grundlegend Schulze 1982, Preu 1983 sowie Stolleis 1988 und 1996. Für begriffsgeschichtliche Überblicke verweise ich auf Knemeyer 1978 und Zobel 1989.

[3] Hirschman 1984, S. 134.

Frühliberalismus formieren sich nicht zuletzt in direkter Kritik gegen eine Staatsvernunft, die für sich allein beansprucht, um das sittliche, materielle und religiöse Wohl der Bevölkerung zu wissen und dieses Wissen mit entsprechenden Gesetzen, Maßnahmen, Reglementierungen und Disziplinierungen durchzusetzen. Immanuel Kants wie auch Adam Smith' vehemente Zurückweisung einer substanziellen, politischen Gemeinwohlsemantik ist gleichermaßen gerichtet gegen ein für sie unrealistisch gewordenes antikrepublikanisches, bürgerhumanistisches Ideal ethisch-politischer Lebensführung wie auch gegen die absolutistische Hegemonie über Selbstbild und Lebensführung des von ihnen imaginierten freien Bürgers, genauer des moralisch autonomen Rechtssubjekts und des interesseorientierten, rational handelnden Marktsubjekts.

Doch bei genauer Betrachtung ist es nicht so sehr ein *Niedergang* des Gemeinwohltopos, der hier zu verzeichnen wäre, sondern eher eine Verwandlung, eine *Metamorphose*. Die Sorge um das Wohl der Bevölkerung, die einstmals in umfassender Weise der Souveränität des Fürsten und seiner „guten polizey" oblag, wird nun Zielpunkt und Objekt einer erneuten Aneignungpolitik. Fortan sollen der kapitalistische Güter- und Arbeitsmarkt auf der einen und das bürgerliche Recht in Form von Verträgen und Gesetzen auf der anderen Seite die „Wohlfahrt der Bevölkerung" substituieren, während der moderne Verwaltungsstaat in vielfältiger Weise die Funktionalität dieser Aufgabenteilung sichert und stützt – sei es durch Sozialpolitik oder sei es durch die polizeiliche Abwehr von Gefahren, die das „Gemeinwohl" bedrohen. Die „Polizei", das ist nun *cura advertendi mala futura*.

In den folgenden Überlegungen geht es mir um die Geschichte dieser Metamorphose; eine Geschichte nicht der historisch-semantischen Verwandlung des Gemeinwohlbegriffs, sondern der Verwandlung jener Problematisierungen, die mit dem jeweiligen Gebrauch des Begriffs verbunden sind: von der politischen Aneignung, Monopolisierung und Einbindung in den frühabsolutistischen Fürsten- und Polizeystaat (1) über die erste Problematisierung und Verwandlung in der Polizeywissenschaft des 18. Jahrunderts (2) bis letztlich hin zu seiner liberalen „Aufhebung", in welcher „Gemeinwohl" nur noch denkbar erscheint als Effekt eines gesamtgesellschaftlichen Wirkungszusammenhangs, eines umfassenden (politisch, ökonomisch, individuellen) Regierens durch Freiheit und Sicherheit (3).

I. Die Ordnung des Staates: Souveränität und Gemeinwohl

Am Anfang jeder Souveränitätslehre steht eine wichtige Unterscheidung, die bisweilen nur beiläufig Erwähnung findet. So schreibt Hobbes in seinem ersten staatstheoretischen Werk, den *Elements of Law, Natural and Politic* von 1640:

> „Having hitherto set forth how a body politic is made, and how it may be destroyed, this place requireth to say something concerning the preservation of the same. Not purposing to enteer into the particularr of the art of government, but to sum up the general heads, wherein such art is to be employed, and in which consisteth the duty of him or them that have the sovereign power."[4]

In diesem Zitat geht es um die Unterscheidung zwischen der *Lehre* vom Ursprung, der Legitimation und dem Recht der souveränen Macht auf der einen Seite und der *Kunst*

---

[4] Hobbes 1994, S. 172.

der Ausübung dieser souveränen Macht über die Untertanen auf der anderen Seite. Die Lehre nennt Hobbes die Wissenschaft von Recht und Gerechtigkeit, und sie beinhaltet die allgemeine Erzeugung und Konsitution der Souveränität durch den ursprünglichen Vertrag. Die Art der Ausübung souveräner Macht durch den oder die Herrschenden dagegen bezeichnet er als eine Kunst des Regierens, und sie betrifft das konkrete Verhältnis des Souveräns zu seinen Untertanen – seine Verhaltensweisen, seine Aufgaben und seine Pflichten zur Erhaltung des Staates.[5]

Die Souveränitätslehre und die Regierungskunst sind demnach zwei verschiedene Dinge; und obwohl Hobbes – der Souveränitätstheoretiker – schon alles notwendige zur Wissenschaft von Recht und Gerechtigkeit gesagt hat, sieht er sich genötigt, zumindest die Grundzüge der Regierungskunst zu behandeln, d.h. die Aufgaben und Pflichten des Herrschers zu benennen. Worin besteht nun die oberste Pflicht des Souveräns? Im Rahmen der Souveränitätslehre kann die Antwort nur lauten: die Pflicht des Souveräns sei es, klare, deutliche und allgemeine Gesetze zu erlassen und sie allgemeinverbindlich durchzusetzen. Hier jedoch, innerhalb des Gegenstandes der Regierungskunst heißt es, die Pflicht des Souveräns bestehe in der „guten Regierung des Volkes"; und obwohl, so folgert Hobbes, „the acts of sovereign power be no injuries to the subjects who have consented to the same by their implicit wills, yet when they tend to the hurt of the people in general, they be breaches of the law of nature, and of the divine law."[6] Es gibt demnach erstaunlicherweise souveräne Handlungen des Herrschers, die das Volk verletzen, obgleich dies überhaupt nicht der Fall sein dürfte. Diese Art der Verletzung wird von Hobbes in einer Passage noch genauer bestimmt; zunächst in der Sprache des Naturrechts als Bruch des natürlichen und göttlichen Rechts, dann aber, ganz im Sinne der Regierungskunst als Verletzung des „allgemeinen Nutzens", des Gemeinwohls. „And as the art and duty of the sovereigns consists in the same acts, so also doth their profit. For the end of art is profit; and governing to the profit of the subjects, is governing to the profit of the sovereign." Ein gute Regierung des Volkes heißt demnach nichts anderes als eine Regierung zum gegenseitigen Nutzen von Herrscher und Untertanen. Daher faßt Hobbes die Pflichten und Aufgaben des Souveräns noch einmal in dem einen Satz zusammen: „*Salus populi suprema lex*; by which must understood, not the mere preservation of their lives, but generally their benefit and good."[7]

Im Unterschied zur juridisch-politischen Rationalität der Souveränitätslehre und in einem spezifischem Gegensatz zu ihr, behauptet die Regierungskunst, daß nicht der Erlaß und die Durchsetzung von Gesetzen, sondern die Sorge um das Wohl des Volkes die oberste Maxime einer Regierungspolitik sein muß. Was aber genau ist das Wohl des Volkes? Und wie anders als durch allgemeine Gesetze ist es zu erhalten und zu fördern? Das Volk bestimmt Hobbes als die Gesamtheit einer Menge von Untertanen, die regiert

---

[5] Mit der Unterscheidung zwischen einer Regierungskunst als reflexive Praxis der Ausübung von Herrschaft und einer juridisch-politisch konzipierten Souveränitätslehre (vgl. Vollrath 1989, Sp. 1053ff) lehne ich mich an Arbeiten von Foucault (1991, 1993) an, die hinsichtlich der mittelalterlichen Fürstenspiegel und der frühneuzeitlichen Staatsräsonliteratur von Senellart 1995 weitergeführt wurden.

[6] Hobbes 1994, S. 172.

[7] Hobbes 1994, S. 172.

werden; ihr Wohl besteht nicht nur in der „nackten" Selbsterhaltung, sondern in der Förderung eines solchen guten, angenehmen und vorteilhaften Lebens, das unmittelbar dem Herrscher selbst zugute kommt. Das Wohl des Volkes (good of the people) ist nur dann Gemeinwohl (good of the commonwealth), wenn es das Wohl des Herrschers (profit of the sovereign) affiziert und vermehrt, wenn es zu seinem Nutzen abschöpfbar ist. Das ist die grundlegende asymmetrische Beziehung: *governing to the profit of the subjects, is governing to the profit of the sovereign*. Was zunächst als Begrenzung der souveränen Macht des Herrschers aussah – Wohl des Volkes vs souveräne Gesetzgebung des Herrschers – entpuppt sich nun als Erweiterung und Steigerung seiner Regierungsgewalt. Der Souverän braucht und gebraucht die Regierungskunst zur Erhaltung und Steigerung seiner Macht, Gewalt und Autorität.

Fünf Punkte sind es, die der Herrscher beachten muß, um das Volk gemäß der obengenannten Beziehung zu regieren: 1) die Sorge um das Seelenheil, d.h. die Etablierung der Religion, die er für die Beste hält; 2) die Sorge um die Vermehrung der Bevölkerung; 3) die Sorge um die Wohlfahrt der materiellen Lebensbedingungen, 4) die Sorge um den inneren Frieden und 5) die Sorge um die Verteidigungs- und Kriegsbereitschaft gegen äußere Feinde. Die fünf Punkte im einzelnen zu erörtern und die jeweiligen Maßnahmen, Gesetze und Verordnungen zu erwägen, sprengen den Rahmen der Hobbes'schen Staats- und Souveränitätslehre. Es war nicht seine Absicht, sich in die Einzelheiten der Regierungskunst zu vertiefen, zumal dies auch – wie es in *De Cive* heißt – vom jeweiligen Zustand und den „politischen Gebräuchen jedes Staates" abhängig ist. Was er dagegen vorgestellt und gezeigt hat, sind, systematisch betrachtet, zwei Dinge: Zum einen, daß, es eine Unterscheidung und Trennung zwischen dem Recht und der Ausübung der Souveränität gibt, die sich in zwei differente Reflexions- und Wissensformen darstellen lassen: Souveränitätslehre und Regierungskunst. Zum anderen, daß obgleich beide Formen auf den ersten Blick ganz unterschiedliche Ziele verfolgen (Stärkung der Souveränität; Wohl des Volkes) und unterschiedlichen praktischen Rationalitäten gehorchen (Rationalität des Gehorsams; Rationalität der Fürsorge), sie doch miteinander letztlich vereinbar sind, wenn die Sorge um das Wohl des Volkes gebunden bleibt an die Erhaltung und Steigerung staatlicher Macht. Diese Bindung ist nur dann gewährleistet, wenn der Herrscher die Pflichten und Aufgaben definiert, besetzt und erfüllt, wenn demnach das Wohls des Volkes Teil der souveränen Deutungskompetenz und Machtausübung ist.

Wo Hobbes' Staats- und Souveränitätlehre aufgehört hat, beginnt die Arbeit der Regierungshandbücher und Regimentstraktate, dort beginnt die konkrete Ausarbeitung der Ordnung des Staates und die Anleitung zu „guter polizey". Einer der berühmtesten und einflußreichsten Regimentstraktate des 17. Jahrhunderts stammt aus der Feder des Reichsritters und gothaischen Kanzlers Veit Ludwig von Seckendorff (1626–1692). Im Unterschied zu Hobbes ist Seckendorffs Perspektive im *Teutschen Fürsten-Stat*[8] nicht die der philosophisch-juridischen Begründung und Legitimation der souveränen Macht, sondern die der konkreten Ausübung der Souveränität, der Ordnung und Verwaltung

---

[8] Seckendorffs *Fürstenstaat* erlebte zwischen 1656 und 1754 nicht weniger als zwölf Auflagen und war lange Zeit die Grundlage des staatswissenschaftlichen Unterrichts an den deutschen Universitäten.

des Staates und überdies, eines historisch, geographisch und politisch spezifischen Ordnungsgebildes: des Teutschen Fürstenstaates. Seckendorff muß nicht begründen, *warum* die Menschen regiert werden müssen; aus dem herrschenden Blickwinkel des fürstlichen Hofes, der Ratsstube, dem Konsistorium oder der fürstlichen Kammer stellt sich allein die Frage, *wie* sie zum Wohl ihrer selbst und des Landesherrn regiert werden müssen. So heißt es auch gleich in der Vorrede des Buches:

> „Denn ich habe mir nicht fürgenommen eine Teutsche allgemeine Politic oder gewisse Regeln der Regimenter zu schreiben. Denn von dergleichen Büchern in allerhand Sprachen bereits eine große Menge vorhanden, sondern mein Zweck und Absehen ist auff den Zustand der meisten Teutschen Fürstenthümer gerichtet gewesen wie nemblich solche in ihrem und gutem Zustande beschaffen zu seyn und regieret zu werden pflegen."[9]

Der „gute Zustand" des Fürstentums und seine „Regierung" umschreiben das, was Sekkendorff andernorts auch die „rechtmässig- und wolbestelte Policey" nennt.[10]

Wie stellt sich, weitab von allgemeiner Staats- und Souveränitätslehre – mitten im Feld der Regierungskunst – das Problem von „Souveränität" und „Gemeinwohl" dar? Wie wird im unmittelbaren Umkreis konkreter Regierungspraxis das Verhältnis von Fürst, Staat und Bevölkerung reflektiert und und zu ordnen versucht? Von besonderem Interesse ist dabei der Aufbau und die Struktur des gesamten zweiten Teils des Buches. Während Seckendorff sich im ersten Teil relative kurz mit der „materialischen" Beschaffenheit des Landes und seiner Einwohner beschäftigt und im dritten Teil die im engeren Sinne fürstliche Finanzpolitik und Hofhaltung beschreibt, geht es hier um die Regierungskunst, d.h. die ordentliche Verwaltung des Staates und die Polizierung der Bevölkerung. Schon in Seckendorffs erster Bestimmung dessen, was „Regierung" bedeutet, wird die Problematik von „Souveränität" und „Gemeinwohl" sichtbar:

> „[...] es ist die Landes-Fürstl. Regierung in denen Teutschen Fürstenthumen und Landen wie fast in einer jeden rechtmässig- und wolbestelten Policey nichts anders als die oberste un höchste Botmässigkeit des ordentlichen regierenden Landes-Fürsten oder Herrn welche von ihm über die Stände und Unterthanen des Fürstenhums auch über das Land selbst und dessen zugehörigen Sachen zu Erhaltung und Behauptung des gemeinen Nutzens und Wolwesens im Geist- und Weltlichen Stande und zu Ertheilung des Rechtens gebraucht und verführet wird."[11]

Regieren heißt: Gebrauch und Ausübuung der souveränen Gewalt über Bevölkerung und Territorium zur Erhaltung des Gemeinwohls und zur Erteilung des Rechts. Obgleich uns Seckendorff kaum darüber unterrichtet, wie der Fürst zum Inhaber der souveränen Gewalt wird und welches Recht und welche Legitimation er hat, diese höchste Botmässigkeit auf seine Person zu vereinigen, so scheint doch für ihn offensichtlich, daß nur so eine rechtmässige Ordnung (polizey) aufrecht erhalten werden kann. Das Gemeinwohl ist als Regierungsziel – ähnlich der Hobbes'schen Problematisierung – Teil der Souveränität des Herrschers und der Rationalität des Staates.

---

[9] Seckendorff 1976, Vorrede.
[10] Seckendorff 1976, S. 58. Ausdrücklich verwahrt sich Seckendorff dagegen, das Wort „Staat" anders als zur Bezeichnung eines wohlgeordneten Zustandes zu gebrauchen.
[11] Seckendorff 1665, S. 58.

Dementsprechend gliedern sich die Aufgaben und Pflichten des Landesherrn. Die erste Regierungsaufgabe des Fürsten besteht darin, alle Mittel anzuwenden und alle Ressourcen aufzubringen, um seinen eigenen Stand, seine Ehre und Macht vor Unordnung, Abgang und Verletzung zu schützen, „damit er das Ansehen und die Kräfte habe, den heilsamen Zweck in allen Ständen zu erreichen".[12] Die erste Aufgabe des Fürsten ist demnach die „Erhaltung der Landes-Fürstlichen Herrschaftlichen Macht und Hoheit an sich selbst".[13] Fast ein Drittel des gesamten Teils verwendet Seckendorff darauf, das innere Führungsverhältnis, das Verhältnis des Fürsten zur Rationalität und Ordnung des Staates auszuarbeiten. Insbesondere gilt es a) die fürstliche Hoheitsgewalt gegen äußere Feinde, den Kaiser und die „widerspenstigen" Untertanen zu behaupten. b) die fürstlichen Regalien, Güter und Einkünfte zu pflegen und zu vermehren und c) die Person des Fürsten selbst in Tugend, Verstand und körperlicher Tüchtigkeit auszubilden. Der Fürst ist nicht der Staat, d.h. die gesamte Ordnung des Gemeinwesen. Es ist möglich, so schreibt Seckendorff, die „Landes-Fürstliche Hoheit und Macht in welchen Stücken sie erhalten und bedacht werden muß, sampt ihrer Würkungen und Anhängen, absonderlich und für sich" zu erwägen.[14] Unabhängig vom Fürsten existiert demnach eine eigenständige, autonome Ordnung des Staates. Andererseits jedoch heißt es: „Weil aber die Hoheit und Macht der höchsten Person oder dem Landes-Herrn der je zu zeiten regieret, so gar anhängig und nachfolgig ist, daß ohne dieselbe er für keinen Landes-Herrn geachtet werden kan, auch das Heyl und die Wolfahrt des Landes hinwiederumb nicht wenig an der Person des Herrn so sehr gebunden, daß dessen Tod und Abwechselung oder üble Beschaffenheit ohne grosse Gefahr und Zerrüttung des Regiments selten zu geschehen pfleget"[15], so ist es notwendig, auch die Person des Fürsten, seinen Körper, sein Verstand, seine Tugenden und Laster im Verhältnis zur Gesamtordnung zu betrachten. Souverän sein im Sinne der Regierungskunst heißt, die Interessen, Leidenschaften und die gesamte Lebensführung des Fürsten mit der eigenständigen Rationalität der staatlichen Gesamtordnung in Übereinstimmung zu bringen. Nur derjenige kann den Staat (seinen Haushalt, sein Heer, seine Bevölkerung) führen, der sich auch selbst führen kann; nur derjenige kann herrschen, der sich selbst beherrschen kann.[16]

Die zweite und nachgeordnete Regierungsaufgabe des Landesherrn besteht darin, alle Macht aufzuwenden, gute Gesetze und Ordnungen im Lande aufzustellen, wodurch „Gerechtigkeit, Friede und Ruhe und das Vermögen des Landes und der Leute in den Schwang gebracht, erhalten, das böse gestrafft und das gute gefördert werde."[17] Die

---

[12] Seckendorff 1976, S. 64.
[13] Seckendorff 1976, S. 117.
[14] Seckendorff 1976, S. 139.
[15] Seckendorff 1976, S.139.
[16] Auch hier haben wir es durchaus mit einer Art „Legitimation" von Herrschaft zu tun: Selbstbeherrschung als Voraussetzung von Herrschaft über andere – ein grundlegende Maxime der *prudentia civilis*, der neustoischen Staatsklugheitslehre wie sie paradigmatisch von Justus Lipsius ausgearbeitet wurde. Vgl. dazu Oestreich 1989, 113ff. Zum Stellenwert dieser Maxime innerhalb der Staatsräsonliteratur des 16. und 17. Jahrhunderts vgl. Münkler 1988, Viroli 1992, Tuck 1993 und Senellart 1995.
[17] Seckendorff 1976, S. 64.

zweite Aufgabe ist also orientiert auf das Territorium und die Bevölkerung, um dort die drei Ordnungsaufgaben herbeizuführen: Gerechtigkeit, Friede und Wohlfahrt. Während die erste Regierungsaufgabe das Verhältnis des Fürsten als Person zum Rationalitätprinzip des Staates (Erhaltung) beschrieb, reflektieren die Topoi der zweite Regierungsaufgabe das Verhältnis des Fürsten als Souverän (als Träger des Rationalitätprinzips des Staates) zu seinem Land, seinen Sachen und seiner Bevölkerung – zunächst in Hinblick auf die Führung in „weltlichen Dingen" (Gemeinwohl = sittliche, rechtmäßige, ausreichende Lebensführung der Bevölkerung) und dann in Hinblick auf die „geistlichen Dinge" (Seelenwohl = christliche Lebensführung der Bevölkerung). Wir befinden uns hier in der konkreten Ausarbeitung jener Ordnungsbereiche und Polizeyfelder, die bei Hobbes schon Erwähnung fanden. Herstellung von *Gerechtigkeit* bezieht sich auf die oberste Gesetzgebungs- und Rechtssprechungskompetenz des Fürsten; Herstellung von *Frieden und Ruhe* verweist auf das Monopol der obersten Rechtsdurchsetzung nach innen (Gerichtszwang) und der Gewaltausübung nach außen (Heereszwang); die Ordnung der *Wohlfahrt* hingegen bezeichnet die Beförderung „guter Nahrung und Vermehrung der Leute und ihres Vermögens, Handels und Wandels".[18] Als spezifisch separiertes Ordnungsfeld erscheint noch die Pflege der *christlichen Religion*, der Kirchendiziplin und Erziehungspolizey (Schulen, Universitäten, Akademien), die auch alle anderen Felder affiziert.

Angesichts der Fülle und Vielfalt von Ordnungsaufgaben, könnte man hier nicht von einer Überforderung der Souveränität durch die Sorge um das Wohl des Volkes sprechen? Der Fürst ist hier nicht nur Träger souveräner Macht, sondern er ist im Verhältnis zu Bevölkerung und Territorium aus der mittelalterlichen Tradition heraus oberster *Richter* und *Herrscher*. Das heißt ihm ist die höchste Gerichtsbarkeit des Landes unterstellte, die Einsetzung und Bestellung der Justizbeamten sowie die Aufsicht über die einzelnen untergeordneten Gerichte. Als Herrscher ist er in Besitz der Mittel zur Durchsetzung seiner Gesetze und Ordnungen – vom peinlichen Verhör über die Rekrutierung von Soldaten, Polizeydiener und Informanten bis zum Gnadenerlaß. Hinzukommt nun noch die Funktion als *Landesvater*.[19] Das heißt zum einen: Der Fürst übernimmt die Rolle des obersten „Wirtes" der Bevölkerung; er ist der Vorstand des Staates als „oikos" (oikodespotes), in dem er für ausreichend Nahrungsmittel, gesunde, fleißige und zahlreiche Untertanen und für die gesamte Ordnung des Alltaglebens zu sorgen hat (von der Kleiderordnung bis zur Errichtung von Zucht-, Arbeits- und Waisenhäusern). Zum anderen wird dem Fürst auch die oberste Aufsicht in Sachen Kirchenzucht und Kirchendisziplin zugewiesen. Er ist in seinem Territorium oberster „Hirte" einer christlichen Herde (summus episcopus). Ihm obliegt es, das geistliche Regiment zu überwachen, die verschiedensten Kirchenämter zu bestellen und dafür zu sorgen, „daß keine andere als die rechte Religion in Kirchen, Schulen und Häusern geübet, gelehret und geprediget werden darf".[20] Die Rationalität der staatlichen Ordnung verlangt also gerade die Fülle und Konzentration der Aufgabenbewältigung, weil dadurch die souveräne Macht erst erhalten und gesteigert werden kann. Jede minimale Preisgabe einer dieser

---

[18] Seckendorff 1976, S. 211.
[19] Zum Begriff des „Landesvater" vgl. Stolleis 1988, S. 369.
[20] Seckendorff 1976, 357.

Aufgaben bedeutet einen Verlust an souveräner Selbstbehauptung, bedeutet „Unordnung, Abgang und Verletzung" von Ehre, Stand und Macht der gegliederten Gesamtordnung oder der erste Schritt zu Aufruhr, Rebellion und Zerstörung des Staates.

Bei allen Differenzen zwischen der (Hobbes'schen) Souveränitätslehre und der (Seckendorffschen) Regierungskunst liegt hierin die Gemeinsamkeit beider politischer Wissensformen. Der Fürst oder Souverän ist das konzentrierte Abbild der gesamten Ordnung des Staates; seine Behauptung und Erhaltung ist oberstes Regierungsziel. Der „Leviathan" und der „Fürstenstaat" gehören sicherlich ganz unterschiedlichen politischen Reflexions- und Sprachgenres an: der Hobbes'sche Souverän ist ein philosophisches Konstrukt der modernen Naturrechts- und Vertragstheorie, während der Seckendorffsche Landesfürst aus einer lutherisch-theologischen Ordnungslehre und einer aus der Staatsräsonliteratur pragmatisch gewordenen Regierungskunst erwächst. Beide jedoch sind erstaunlicherweise ineinander überführbar und zwar dort, wo der Souverän oder Fürst die Sorge und Aufsicht über das „Wohl des Volkes" an die Erhaltung, Behauptung und Steigerung der Souveränität und der Kraft des Staates bindet.

II. Die Polizey des Glücks: Die Kraft des Staates und die Wohlfahrt der Bevölkerung

> „Die Polizei umfaßt alles – aber unter einem ganz spezifischen Gesichtspunkt. Menschen und Dinge werden hinsichtlich ihrer Beziehungen betrachtet: das Zusammenleben der Menschen auf einem Territorium, ihre Besitzverhältnisse; was sie produzieren, was auf dem Markt getauscht wird. Sie betrifft auch ihrer Lebensweisen, die Krankheiten und Unfälle, die ihnen zustoßen können. Die Polizei schaut auf den lebendigen, aktiven, produktiven Menschen. Turquet verwendet einen bemerkenswerten Ausdruck: ‚Der wahre Gegenstand der Polizei ist der Mensch'."[21]

Die Polizey umfaßt alles. Diese Bestimmung trifft (noch) nicht auf Seckendorff und seinen „Fürstenstaat" zu. Der Begriff der „polizey" hat hier traditioneller Weise die Bedeutung eines nach wie vor statischen und hierarchisch gegliederten Ordnungszutandes. Alle Objekte des Fürsten, die weltlichen wie geistlichen, die Menschen wie die Dinge haben ihre spezifischen Platz in dieser Ordnung und müssen – weil sie sich nicht allein dorthin bewegen – auf ihren jeweiligen Platz verwiesen werden. Synonym für „polizey" werden auch Vokabeln wie „Stat", „Stand" oder eben „Ordnung" verwendet. Der sie alle umfassende Begriff dagegen ist der des „Regiments"; er verweist auf die intentionale und personengebundene Leitung und Führung des Staates durch den Fürst, Landesherr oder die Obrigkeit schlechthin. Der Fürst bedient sich nicht der „polizey", sondern er macht *polizey*, und das heißt, er erzeugt und garantiert die „gute Ordnung", und er veranlaßt „gute Ordnungen".[22]

---

[21] Foucault 1988, S. 65. Gemeint ist hier Louis de Mayerne Turquet, dessen staatspolitisches Hauptwerk *La monarchie aristodémocratique ou le gouvernement composé et meslé de trois form de legitimes Republique* 1611 in Paris erschien und heute weitgehend in Vergessenheit geraten ist. Vgl. dazu Bürgin 1993, S. 272.
[22] Vgl dazu insbesondere Oestreich 1980, 367ff.

Anders dagegen der Polizeybegriff des ausgehenden 17. und des 18. Jahrhunderts. Polizey heißt hier nicht Ordnung, sondern ist nun eine spezifische Weise, auf die Verhältnisse der Menschen untereinander (Rechts-, Tausch-, Moralverhältnisse) und die Verhältnisses der Menschen zu den industriellen Gütern, landwirtschaftlichen Erzeugnissen, Produktionsstätten, Geld-, Gold- und Kreditressourcen einzuwirken (Produktions-, Konsumtions- Zirkulationsverhältnisse). Die Polizey wird zu einer eigenständigen – und wie noch zu zeigen sein wird – fast unbegrenzten *Regierungstechnologie* der Kommunikation und des Verkehrs. Sie ist deshalb nicht eine Technik, ein Instrument oder Mittel, das beliebig vom Fürsten gebraucht und eingesetzt werden könnte; eher umgekehrt hat der Fürst darauf zu achten, was die Polizey registriert, beobachtet, vorschlägt und durchführt. Der Wissenshorizont, der Erfahrungsraum und die Detailkenntnis der Polizey in ihren jeweiligen Ordnungsfeldern ist ihre unendliche Stärke und kann sich mit der Machtbefugnis des juridischen und (außen-) politischen Apparates des Staates messen lassen. „Der Gegenstand der Polizey umfaßt alles, was mit Erhalt und Erweiterung des Glücks der Bürger zu tun hat, *omnium et singulorum*."[23] Der Universalanspruch der Polizey, der hier formuliert wird, verweist auf eine spezifische Verschiebung: weg vom ordnungsdominierten und disziplinierenden *Fürstenstaat* und hin zum regulierenden Fürsorge- und *Polizeystaat*, weg von der spezifischen Rationalität der älteren *Regierungskunst* hin zu dem, was im 18. Jahrhundert dann Regierungs- bzw. *Polizeiwissenschaft* genannt wird.[24]

Diese Verschiebung hat ihre Ursachen in einer Reihe von politischen, sozialen und ökonomischen Problematisierungen, auf die hier nicht im einzelnen eingegangen werden kann. Man kann zunächst nur grob festhalten, daß der „Fürstenstaat" von zwei Seiten in Bedrängnis gerät: Von Seiten der polizeylichen Praxis selbst und ihrer steigenden Autonomisierung einerseits und von Seiten einer intellektuellen Praxis der „Ent-Souveränisierung" politischer Macht,[25] die die Autonomisierung des „gesellschaftlichen Verkehrs" reflektiert.

1) Die Vervielfältigung der Ordnungsfelder, Polizeyaufgaben und Regulierungsleistungen führt zu einer zunehmenden Delegierung der polizeylichen Befugnisse und der Institutionalisierung polizeylicher Praktiken. Leibniz ist einer der ersten, der die Einrichtung zentraler statistischer Büros für den preußischen Staat vorschlägt.[26] Die Ernennung und Ausbildung von Polizey-Bediensteten, die Einrichtung von Polizeybüros, die Erstellung von Einwohner- und Polizeytabellen, die Systematisierung von Stadt-, Landes- und Reichs-Polizeyordnungen und nicht zu letzt die Einrichtung von Lehrstühlen für Kameral- und Polizeiwissenschaften zur Ausbildung professionalisierter Staatsbeamter, all dies wird in der ersten Hälfte des 18. Jahrhunderts insbesondere in Preußen etabliert. Lokale Mißernten, Überschwemmungen, Feuersbrünste, Getreideknappheit,

---

[23] Hohenthal, Liber de Politia, 1776, zit nach Pasquino 1991, 113.
[24] Die im 18. Jahrhundert häufig gebrauchte Metapher vom „Staat" als einer idealen oder effizienten „Maschine", die nach kausalmechanischen Kraftgesetzen funktionieren und dementsprechend rationalisiert werden sollte, ist ein deutliches Indiz für diese Verschiebung. Vgl. dazu Stollberg-Rilinger 1986.
[25] Hereth 1995, S. 45.
[26] Vgl. dazu Hacking 1990, S.18ff.

Hungersnöte, epidemische Krankheiten, Aufstände, Desertion, Krieg werden nun erstmals in einen für das Regierungswissen relevanten, systematischen Zusammenhang gebracht und als Kräfteverlust des Staates gedeutet. Eine der ersten großen Systematiken in dieser Richtung stammt aus der Feder des preußischen Geistlichen Johann Peter Süßmilch. Sein 1741 veröffentlichtes Werk *Die göttliche Ordnung in den Veränderungen des menschlichen Geschlechts* gilt als Grundlage, auf der später Malthus, die moderne Bevölkerungsstatistik und Demographie aufbauen konnte.[27] Aus den lokalen und landesweiten Problemlagen, die die Polizey zu bewältigen hat, generiert sich somit ein eigenständiges Wissen, ein eigenständiger Systematisierungs- und Klassifizierungsbedarf und relativ autonome Praktiken, Techniken und Strategien (Regeln, Maßnahmen, Anordnungen), die die juridische und herrschaftliche Kompetenz des Fürsten wenn nicht infragestellen, so doch in ihrer möglichen Willkürlichkeit und Arbitrarität fesseln und begrenzen. Die Polizey dient der reibungslosen Regierung des Staates in all den detailreichen und molekularen menschlichen und sachlichen Beziehungen, von denen man erst durch die Arbeit der Polizey begonnen hat zu ahnen, daß sie den Zustand des Gemeinwesen gewichtiger beeinflußen als fürstliche Hofhaltung und Repräsentation.

2) Bei Autoren wie Montesquieu in Frankreich, Hume in Großbritannien und Vico in Italien formiert sich quasi europaweit eine erste Kritik der juridisch-philosophischen Souveränitätslehre wie auch der obrigkeitsstaatlichen Blindheit gegenüber der steigenden Bedeutung eines sozialen, kulturellen und ökonomischen Verkehrs- und Kommunikationsraumes, die den Machtanspruch des Fürsten als Gefahr für die umfassende Ordnung diagnostiziert. Diese „Ordnung der Gesellschaft"[28] wird hier verstanden als eine dynamische Totalität oder multiple Gesamtheit von Beziehungen, die sich nicht auf juridische Rechts- und Befehls-/Gehorsamsbeziehungen reduzieren lassen. Die juridischen Gesetze innerhalb des Staates sind Beziehungen des Souveräns zu den Bürgern als Rechtssubjekte; aber diese Beziehungen sind eingebunden in ein Geflecht von weiteren Beziehungen oder „Gesetzen" (lois, rapports) – wie Montesquieu schreibt – die das Klima, die Anzahl der Bevölkerung, die Bodenbeschaffenheit, die Lage und Größe des Landes, die Sitten, Gebräuche und Lebensverhältnisse der Einwohner, den Handel und die Religion betreffen. Die Menschen allein nach den juridischen Gesetzen zu regieren, heißt zu vergessen, daß die Menschen längst schon von „Gesetzen" anderer Art regiert werden, daß sie in einer Gesamtheit von Beziehungen leben, arbeiten, glauben, sich vermehren, Handel treiben etc. Nicht die souveräne Macht des Fürsten also regiert die Menschen, sondern der „Geist" (esprit) als die Gesamtheit aller gesellschaftlichen Beziehungen. Bevor der Souverän den Menschen Regeln, Verordnungen und Gesetze auferlegen kann, muß er die Regel- und Gesetzmäßigkeiten der menschlichen Beziehungen kennen und beobachten. Damit kommt es zu einer „Ent-Souveränisierung" der politischen Macht: Recht und Ausübung der Souveränität sind gebunden an eine Vielzahl von Ordnungen, Einrichtungen, Gewohnheiten, Meinungen, Praktiken – dem „Es-

---

[27] Vgl. dazu allgemein Sieferle 1990; zu Malthus siehe Bohlender 1999.
[28] Neben dem Begriff der „Gesellschaft" finden sich hier auch Begriffe wie „Nation", „Markt-" oder „Verkehrsgesellschaft" und „zivilisierte" bzw. „polizierten Gesellschaft". Siehe Böhlke 1999, S. 85f. und Bohlender 1998a.

prit des lois" (Montesquieu), dem „general sense of common interest" (Hume), dem „senso commune" (Vico). Ein neues Konzept des Regierens und der Regierungskunst tritt damit auf den Plan: Regieren ist nicht mehr allein die *Ausübung, Ausführung* der souveränen Macht, sondern die *Führung und Regulierung* der gesellschaftlichen Beziehungen, der praktischen und vorgestellten Lebensweisen der Menschen. Die reine Ausübung der souveränen Macht gegen die „Gesetze" der gesellschaftlichen Beziehungen dagegen ist im Grunde *Despotismus*, d.h. die Preisgabe der strukturellen Einheit des politischen Körpers.

Beide Linien dieser Verschiebung vom absolutistischen Fürstenstaat zum aufgeklärten Polizeystaat laufen zusammen in der wohl ausgereiftesten Version polizeywissenschaftlichen Denkens, dem Hauptwerk des ehemaligen kaiserlichen Bergrates und Polizeidirektors mit universitärer Lehrbefugnis in Göttingen, Johann Heinrich Gottlob von Justi (1717–1771). Das zweibändige Lehrbuch mit dem Titel Die *Grundfeste zu der Macht und Glückseligkeit der Staaten* von 1760/61 war ebenso maßgebend und einflußreich für die unmittelbare Regierungspraxis wie Seckendorffs hundert Jahre zuvor erschienener Traktat über den Fürstenstaat. Schon 1756 waren von Justi die *Grundsätze der Policeywissenschaft* erschienen, aber gerade dort hatte er, wie er später zugestehen mußte, den „Endzweck der Policey" und damit die gesamte Grundproblematik seiner Regierungswissenschaft noch nicht klar und deutlich genug bestimmt. Unter *Policey* im allgemeinen versteht Justi 1756 „alle Maaßregeln in innerlichen Landesangelegenheiten, wodurch das allgemeine Vermögen des Staates dauerhaftiger gegründet und vermehret, die Kräfte des Staats besser gebrauchet und überhaupt die Glückseligkeit des gemeinen Wesens befördert werden können."[29] Dagegen schreibt er in seinen *Grundfesten*: „Die Policey ist demnach eine Wissenschaft, die innerliche Verfassung des Staats solchergestalt einzurichten, daß die Wohlfarth der einzelnen Familien mit dem allgemeinen Besten beständig in genauer Verbindung und Zusammenhange sich befindet."[30]

Der Endzweck der Polizey oder die wissenschaftliche Aufgabe polizeylichen Regierens wird in der reiferen Fassung nicht mehr einseitig als eine Kräfte- und Vermögenssteigerung des Staates betrachtet, sondern als eine spezifische Praxis des In-Verbindung-Setzens der einzelnen Familien wie auch des Arrangierens der Wohlfahrt der Familien mit den Kräften des Staates. Erst wenn die Menschen und die Dinge, das Territorium und die Bevölkerung, die Ressourcen, die „Classen" und „Stände" in ein *Verhältnis gesetzt, disponiert, proportioniert, dirigiert, zugeordnet, aufeinander bezogen und in Zusammenhang gebracht* worden sind, ist der Endzweck, nämlich die „gemeinschaftliche Glückseligkeit", erreicht. Diese Praxis des Regierens gilt insbesondere auch für das Verhältnis des Staatsregenten zur Bevölkerung:

> „Wie will ein Staat jemals zu einer festen und wohlgegründeten Glückseligkeit gelangen können, in welchem die Wohlfarth der einzelenen Familien mit dem allgemeinen Besten des Staats nicht in die erforderliche Verbindung und Zusammenhang gesetzt ist, wie es dem allgemeinen Endzweck aller Staaten gemäß ist? Entweder die Privatpersonen werden ihre besondere Wohlfarth zu befördern suchen, ohne auf das gemeinschaftliche Beste des Staats Betracht

---

[29] Justi 1969, S. 4.
[30] Justi 1760, S. 4.

zu machen; und da dieses der Natur und dem Endzweck aller Staaten durchaus entgegen ist; so kann auch die Wohlfarth der einzelnen Familien von keiner langen Dauer seyn; oder der Regent, oder die oberste Gewalt wird allein ihre eigene und die vermeintliche Glückseligkeit des Staats zum Augenmerk haben, ohne die Wohlfarth der einzelnen Familien in Erwägung zu ziehen; und alsdenn wird der Staat nach und nach alle seine Kräfte verlieren, weil die Kräfte des Staats auf denen Kräften der einzelnen Familien beruhen."[31]

Die letzte Passage zeigt noch einmal die grundlegende Problematik einer Ordnung des Staates, die uns schon aus der Regierungskunst Seckendorffs und der Hobbes'schen Adaption bekannt war. Hier jedoch, bei Justi, lassen sich zumindest zwei entscheidende Veränderungen ausmachen. Zum einen die dominante, herausgehobene Position der Polizey und ihrer spezifischen Kompetenz, die Kräfte der Bevölkerung mit den Kräften des Staates in Übereinstimmung zu bringen. Auf der Regierungstechnologie der Polizey und nicht etwa auf der reinen Befehlsgewalt und Souveränität des Fürsten ruht nunmehr die Last, eine dauerhafte, gemeinschaftliche Glückseligkeit zu errichten.[32] Die zweite bedeutende Veränderung betrifft die rückhaltlose Anerkennung der Bevölkerung als einer eigenständigen Kraft, deren Rationalität man in die Regierungspraxis miteinbeziehen muß. Die Bevölkerung folgt eigenen Interessen und Gesetzmäßigkeiten, die es nicht schlichtweg zu ignorieren oder disziplinieren gilt; vielmehr hat die Polizey und ihre Wissenschaft die Aufgabe, die Gesetzmäßigkeiten ausfindig zu machen (Aufgabe der Statistik, Demographie und oekonomische Wissenschaften), und sie an die Rationalität des Staates anzubinden (Aufgabe der Kameral-, Handlungs- und Finanzwissenschaft). Die Polizey Justis folgt nicht so sehr dem Prinzip der Repression und der Reglementierung, sondern eher einer Logik der Regulation, des gegenseitigen Ausgleichens, des Abschöpfens und des Zuteilens. Die Lebensweise der Bevölkerung ist noch lange keine Gefahr für die Glückseligkeit des Staates, weil sie einer eigenen, der Obrigkeit fremden Rationalität und Gesetzmäßigkeit folgt; erst aus der fehlende Führung und Regulierung erwächst der Kräfteverlust, entweder durch Auszehrung oder durch Überfettung.[33]

Die beiden Veränderung, die in Justis Polizeywissenschaft gegenüber der älteren Regierungskunst abzulesen sind, reflektieren sowohl die Erfahrungen polizeylicher Regierungspraxis wie auch die oben skizzierte intellektuelle Kritik der europäischen Frühaufklärung. Die Definitionsgewalt über die Sorge um das Wohl des Volkes liegt nicht mehr in den Händen des Regenten oder Souveräns; sie liegt aber ebensowenig in den öffentlichen Arenen der kollektiven Meinungs- und Preisbildungsmechanismen einer heraufkommenden bürgerlichen Gesellschaft. Statt dessen sehen wir, wie die Polizey und ihre Wissenschaften – die Oekonomie, die Kameralistik, die Handlungs und Finanzwissenschaften – diese Aufgabe übernehmen und aus dem *Gemeinwohl* kurzerhand *gemeinschaftliche Glückseligkeit* wird. Wie läßt sich diese Metamorphose beschreiben?

Wenn die Polizey ihrem Prinzip und ihrer Aufgabe zufolge die Kräfte des Staates und die Wohlfahrt der Bevölkerung in ein spezifisches, ausgleichendes und regulatives Verhältnis zueinander setzen soll, sodaß der Effekt eines gemeinschaftlichen Besten oder Glücks entsteht, dann stellt sich die Frage: (a) wo muß sie aus der Vielzahl und

---

[31] Justi 1760, S. 7.
[32] Vgl. Justi 1760, S. 8f.
[33] Vgl. Justi 1760, S. 9.

Komplexität der Ordnungsfelder ihre intervenierende und regulierende Tätigkeit ausüben? Und (b) auf welche Weise, mit welchen operativen Mitteln und Instrumenten muß dies geschehen? Die Beantwortung der ersten Frage begründet die große Leistung von Justis Polizeywissenschaft. Die Beantwortung der zweiten Frage hingegen führt zu ihrer Auflösung und einer erneuten Problematisierung des Verhältnisses von Staat, Bevölkerung, Regierungspraxis und Regierungsziel.

Justis systematische Leistung erstreckt sich auf ingesamt vier Ordnungsfelder, vier Bereiche oder Verhältnisse, die entprechend dem Grundprinzip der Policeywissenschaft rationalisiert werden müssen. Der erste Bereiche umschließt das Verhältnis der gesamten Bevölkerung zu Größe, Klima und Fruchtbarkeit des Gesamten Territoriums (Bd. I, 39-426). Die Sorge der Polizey richtet sich hier auf die „Cultivierung" des Bodens, die „Peuplierung" des Landes und den Aufbau und das Wachstum der Dörfer und Städte. Der zweite Bereich betrifft das Verhältnis der Bevölkerung zu den produktiven Ressourcen des Landes (Bd. I, 427-782). Hier sind Maßregeln zu treffen für die Gewinnung und Verfertigung der Landesprodukte und für die Zirkulation der Güter und Waren innerhalb des Landes. Dies heißt zum einen Ordnungen aufzustellen für Landwirtschaft, Bergwerke, Manufakturen und das Handwerkswesen. Zum anderen hingegen gilt die Sorge der Policey der Zirkulation des Geldes, dem Creditwesen und der Vorsorge für einen mäßigen Preis der Lebensmittel und anderer Waaren. Der dritte Bereich bezieht sich auf das Verhältnis der Bevölkerung zur allgemeinen bürgerlichen und sittlichen Ordnung (Bd. II, 15-442). Die Policey hat hier Vorsorge zu tragen, daß die Bevölkerung vernünftig, nützlich und nicht überlästig wird. Demgemäß werden Maßregeln für die Erhaltung und Verbesserung von drei Unterbereichen vorgeschlagen: a) dem sittlichen Zustand der Untertanen (Aufsicht auf Religion und Sitten); b) dem bürgerlichen Zustand der Untertanen (Aufsicht auf Wissenschaft, Künste, Verschwendung, Müßiggang und Betteln); c) der inneren Sicherheit und Steuerung der Bosheit und Ungerechtigkeit. Der vierte und letzte Bereich schließt an die Verwaltung der Gerechtigkeit an und gilt dem Verhältnis der Polizey in ihrer Ausübung zur Bevölkerung (Bd. II, 455-651). Welche Art von Gesetzgebung muß in Polizey-Angelegenheiten aufgestellt werden? Wie und durch welche Organe müssen die Polizeygesetze überwacht und ausgeführt werden?

Die scheinbar klare Systematik und Klassifizierung der polizeylichen Ordnungsfelder kann schon auf den ersten Blick nicht darüber hinwegtäuschen, daß die Grenzen der polizeylichen Regierungspraxis verschwommen sind; und je genauer und detaillierter die Felder beobachtet werden, desto eher dehnen sie sich aus, vielfältigen sich, bis am Ende die Grenzen gänzlich verschwinden. Der Endzweck des Staates – nämlich die „gemeinschaftliche Glückseligkeit" – zusammen mit jener Problematisierung von Staat und Bevölkerung scheint den polizeylichen Gemeinwohlpraktiken keine Grenzen mehr aufzuerlegen. Die Polizeywissenschaft saugt alles Wissen über die entsprechenden Felder und Praktiken auf und strukturiert sie wiederum gemäß ihres analytischen Rasters. Die Policey wird zur einzigen und einzigartigen Instanz die multiplen Verhältnisses zu kennen, zu beobachten und zu regieren; nichts und niemand kann ohne sie und ihr Wissen agieren und tätig werden. Die Einzigartigkeit der Polizey besteht in ihrer Funktion, die einzelnen Ordnungsfelder nach innen so zu regulieren, daß sie zugleich nach außen oder gegeneinander einen „reibungslosen", mechanischen Wirkungszusammenhang bilden.

> „Die Cultur des Landes wird durch die Bevölkerung und einen blühenden Nahrungsstand befördert; und die Cultur des Landes und ein blühender Nahrungsstand wirken hingegen wider die Bevölkerung; so wie diese und die Cultur des Landes auch ihrer Seits in den blühenden Nahrungsstand einen sehr vortheilhaften Einfluß haben."[34]

Jeder Irrtum, jedes Fehlverhalten, jedes kontingente oder zufällige Ereignis in einem der Bereiche kann die zirkuläre Kausalitätskette unterbrechen und den gesamten Mechanismus in seiner effektiven Leistung stören. Die Polizey hat daher den umfassenden Mechanismus einerseits wie auch die detaillierteste Einheit desselben zu beobachten und zu regulieren: *omnium et singulorum*.

Die bevorzugten Medien, denen sich die Polizey bedient und die sie zum Teil autonom erzeugt, nennt Justi „Policey-Gesetze". Diese Verfügungen und Anordnungen bewegen sich in einem eigentümlichen Spannungsfeld zwischen der gesetzgebenden, höchsten Gewalt des Souveräns und der Spezifität und Veränderbarkeit der Ereignisse und Zustände vor Ort, zu einer bestimmten Zeit, unter bestimmten Umständen etc. Der *gesetzgebenden Macht* des Souveräns stellt Justi daher die *gesetzgebende Klugheit* polizeylichen Regierens gegenüber. Während der Souverän allgemeine und festgesetzte Verhältnisse zu erzeugen trachtet, operiert die Polizey in zeit-räumlich dynamischen Abhängigkeitsbeziehungen.

> „Die Klugheit bestehet darinnen, daß man unter verschiedenen Mitteln und Wegen, die zu einem vorgesetzten Endzweck führen, die besten erwählet; und da nicht allein an sich selbst gar vierlerley Mittel vorhanden sind, die gemeinschaftliche Glückseligkeit einer Republik zu befördern, sondern auch die Verschiedenheit dieser Mittel durch verschiedenen Beschaffenheit der Länder und Zeiten unendlich vergrößert wird, so hat die gesetzgebende Klugheit ein weites Feld vor sich, sich thätig zu erweisen."[35]

So vielfältig und kontingent, so umfassend und detailreich der gesamte Ordnungsraum des Staates sich der Rationalität des Polizey darbietet, so abstrakt und flexibel muß sie agieren. Ihre Polizey-Gesetze sind dementsprechende gegenwartsnah und problemorientiert; sie sind aber auch präventiv ausgerichtet und müssen langfristige Folgewirkungen einkalkulieren. Mitunter müssen bürgerliche Gesetze außer Kraft gesetzt werden und Polizey-Gesetze an ihre Stelle treten; dann wiederum müssen Polizey-Gesetze revidiert, verbessert oder abgeändert werden, um der sich veränderten Beschaffenheit der Lage und Umstände Rechnung zu tragen.

Ein weiteres mal zeigt sich hier, in der Bestimmung und Systematisierung der Policey-Gesetze, die innere Widersprüchlichkeit einer Polizeywissenschaft, die angetreten war das Feld der innerstaatlichen Politik zu ordnen, ihre Gegenstände und Aufgabenbereiche genauesten zu bestimmen aber dabei immer wieder diese Bestimmungen und Begrenzungen überschreiten muß, um ihrem Prinzip gerecht werden zu können. Es ist genau dieses Prinzip polizeylichen Regierens, welches die Ordnungs- und Systematisierungsleistung der Polizeywissenschaft scheinbar von innen heraus sprengt. Während die polizeyliche Regierungspraxis an den fragilen, multiplen und reversiblen Verhältnissen zwischen Bevölkerung und Boden, zwischen Boden und Produktion, zwischen Produktion und Bevölkerung

---

[34] Justi 1760, S. 178.
[35] Justi 1761, S. 469.

etc. orientiert ist, folgt die Ordnungsleistung der Polizeywissenschaft immer noch einer statischen, zentralistischen und mechanistischen Logik. Die Folge dieses nicht nur theoretischen Konflikts zwischen polizeylicher Regierungspraxis und ihrer wissenschaftlichen Objektivierung zeichnet sich in zwei Richtungen ab: eine Verwirrung hinsichtlich der Zuständigkeit der Polizeiwissenschaft, die in Bereiche der Staatslehre/Politik einerseits und der Rechtswissenschaft andererseits eindringt; und eine Überdehnung der Polizey und ihrer Institutionen, die dem Fürsten und den Justizbehörden als eigenständige, ordnungspolitische Macht gegenübertritt.

Die erste folgenreiche Reaktion auf die Problematik der Überdehnung, Verselbstständigung und Hegemonie der Polizey stammt interessanterweise aus der Polizeywissenschaft selbst. Der neben Justi bedeutendste Polizeywissenschaftler des 18. Jahrhunderts, Joseph von Sonnenfels (1734–1817), kritisiert gleich zu Beginn seines grundlegenden dreibändigen Lehrbuches *Grundsätze der Polizey, Handlung und Finanz* aus den Jahren 1765 bis 1772 Justis tautologischen Gebrauch des Glückseligkeitsbegriffs als ausreichendes Kriterium für die Güte einer polizeylichen Maßnahme.

> „Wenn ein Gesetz gegeben, oder sonst eine Anstalt getroffen werden soll, von welcher es zweifelhaft wäre, ob sie dem Staate zuträglich sey? so ist die Frage: dieses Gesetz, befördert es die allgemeine Glückseligkeit? Hierauf muß es durch den Grundsatz, als den moralischen Prüfstein untersucht, und, wann von der Güte, oder Schädlichkeit das Urtheil gefällt wird, durch denselben die Ursache gegeben werden. In dem Falle also daß die Beförderung der allgemeinen Glückseligkeit zum Hauptgrundsatze angenommen ist, wird der Ausspruch lauten: Es befördert die allgemeine Glückseligkeit, weil es die allgemeine Glückseligkeit befördert."[36]

Sonnenfels will nicht den Endzweck staatlichen Regierens aufgeben, sondern seine Absicht ist es, den in der Polizeywissenschaft zur allgemeinen Leerformel verkommenen Begriff „Glückseligkeit" eine spezifische Bedeutung zurückzugeben. Diese Bedeutungspolitik verweist er allerdings nicht mehr in den Bereich der Polizey und der Polizeywissenschaft, sondern gehört seines Erachtens in den Umfang der Staatswissenschaft und letztlich in die alleinige Kompetenz des aufgeklärten Fürsten. Sein Regierungsziel – die Beförderung der Glückseligkeit des Staates – ist allein unter genauester Beobachtung eines einzigen Prüf- und Grundsatzes gewährleistet: die *Vergrößerung der Gesellschaft durch Beförderung der Bevölkerung*.

> „Die Vergrößerung der Gesellschaft enthält also alle untergeordneten, einzelnen Mittel in sich, welche gesammelt, die allgemeine Wohlfahrt befördern. Sobald also demnach von einer Anstalt, von einem Gesetze erwiesen ist, daß sie der Vergrößerung der Gesellschaft vortheilhaft, oder derselben wenigstens nicht entgegen sind; so enthält dieser Beweis zugleich den höheren in sich: Daß sie die allgemeine Wohlfahrt entweder von Seite der Sicherheit, oder der Bequemlichkeit befördern, oder wenigstens nicht beschränkt. Ich nehme demnach die Vergrößerung der bürgerlichen Gesellschaft, durch Beförderung der Bevölkerung zum gemeinschaftlichen Hauptgrundsatze der Staatswissenschaft [...] und der Prüfsatz jeder Maßregel, welche zur Beförderung der gemeinen Wohlfahrt ergriffen wird, heißt: Ist sie der Bevölkerung zuträglich? Ist sie der Bevölkerung nachtheilig?"[37]

---

[36] Sonnenfels 1970, Bd.I, S. 23ff.
[37] Sonnenfels 1970, Bd.I, S. 26.

Was aber wird aus der Polizey und ihrer Wissenschaft? Der Hauptgegenstand der Polizey ist es, „die innere Sicherheit des Staats zu gründen, und zu handhaben [...] Ich entferne mich durch diese Erklärung zwar von allen Schriftstellern, die eben den Gegenstand vor mir behandelt haben. Ich gebe dadurch der Polizey gewissermaßen eine ganz andere Bedeutung."[38] Was Sonnenfels hier mit einer Geste des Neubeginns ausdrückt, erweist sich jedoch bei genauerer Betrachtung als ein eigenwilliger Kompromiß. In der Tat wird der Polizey die allumfassende Sorge um das Wohl der Bevölkerung abgenommen. Die Polizey und ihre Wissenschaft haben zur „Beförderung der Volkvermehrung" dadurch beizutragen, daß sie die „Vertheidigung gegen Ereignungen"[39] übernehmen. Der Wohlfahrts- und Glückseligkeitsaspekt wird ihr nur noch indirekt zugeschrieben. Die in die Zukunft weisende Reduktion der *Polizey* auf reine Sicherheits-, Schutzfunktion und Gefahrenabwehr (= *Polizei*) nimmt hier ihren Ausgang. Gleichwohl bleibt das zentrale Prinzip polizeylicher Regierungspraxis erhalten: die alles und jeden umfassende Sorge um das Wohl der Bevölkerung als Grundlage für die Kraftentfaltung des Staates verschiebt sich nun in den Bereich der Staatswissenschaft und in die Obhut des aufgeklärten Regenten. Die Regierung muß darum bemüht sein, schreibt Sonnenfels, die Bevölkerung auf das höchste zu treiben; damit erhöht sie das Maß des Widerstandes in Außenpolitik und Krieg; sie erhöht das Maß an Beistand nach innen und vervielfältigt die Bedürfnisse, die Produktion und den Handel; schließlich steigert sie den Staatshaushalt und sorgt für geringere Steuerlast eines jeden.[40] Bevölkerungspolitik ist Gemeinwohlpolitik und oberste Leitaufgabe der Staats- und Regierungskunst. Was bei Justi ein spezifisches Ordnungsfeld der Polizey war, was als Konzept von der Polizeywissenschaft überhaupt erst systematisch entfaltet und zum unmittelbaren Regierungsobjekt erhoben wurde, erscheint nun als Leitprinzip aller Regierungs- und Staatswissenschaften: die Bevölkerung.

III. Die neue Kunst des Regierens: Die Sorge um die Freiheit der Bürger

Zwischen dem frühabsolutistischen Fürstenstaat eines Seckendorff und dem europäischen aufgeklärten Absolutismus eines Sonnenfels in Wien, eines Quesnay in Frankreich, eines James Steuart in Großbritannien oder eines Cesare Beccaria in Italien liegt die reflexive Anerkennung der „Bevölkerung" als relevantes politisches Problemfeld. Diese Relevanz spiegelt sich auch in der steigenden Bedeutung jener neuen Wissenspraktiken, die sich diesem Problemfeld widmen: Politische Arithmetik, Statistik, Demographie, öffentliche/politische Oekonomie, Polizeywissenschaft, Epidemiologie, Anthropologie und Gesundheitsmedizin.[41] Die „Bevölkerung", das ist hier mehr als die Summe „gehorsamer

---

[38] Sonnenfels 1970, Bd.I, S. 49.
[39] Sonnenfels 1970, Bd.I, S. 51.
[40] Vgl. Sonnenfels 1970, Bd.I, 29.
[41] Vgl. allgemein für die Entstehung der Humanwissenschaften Foucault 1974; exemplarisch für Politische Arithmetik und Politische Ökonomie Bürgin 1996; für Epidemiologie, Hygienewissenschaft und Gesundheitspolitik Rosen 1974 und 1993 wie auch Göckenjan 1985; für Demographie und Bevölkerungsstatistik Poovey 1998; für die Anthropologie als beobachtende Menschen- und Völkerkunde siehe Moravia 1989.

Untertanen" und Bürger; es ist auch etwas anderes als das „Volk" oder die „Menge", die die Herrschaft des Fürsten herausfordert und auch wiederum bestätigt. Die Kategorie der Bevölkerung bezeichnet eine gleichförmige Menge von Menschen in Bewegung, Kommunikation und Verkehr – sei es biologischer, ökonomischer oder sozialer Art. Ihr weiteres Spezifikum ist, daß sich aus ihrer Bewegung scheinbar autonome „natürliche Gesetzmäßigkeiten" erschließen lassen, die ihren Erhalt, ihre Ausdehnung oder Verminderung regulieren. Wenn man nun die Gesetzmäßigkeiten der Bevölkerung restlos erschließen könnte, dann hätte man damit ein politisches Regulations- oder Interventionswissen an der Hand, die Kraftentfaltung der Bevölkerung unmittelbar zur Kraftentfaltung des gesamten Staates zu nutzen. Nichts anderes besagt hier die Gemeinwohl- oder Glückseligkeitsformel. Die Bevölkerungsbewegung (sexueller Verkehr, ökonomischer Verkehr, sozialer Verkehr) zum politischen Interventionsfeld souveräner, staatlicher Herrschaft zu machen, ist das Ziel all dieser neuen, aufgeklärten Bemühungen.

Das Problem des aufgeklärten Absolutismus wird allerdings an diesem Punkt schon deutlich. Es bereitet Schwierigkeiten unter Bedingungen eines noch so aufgeklärten monarchistischen Regimes, das Verhältnis von souveräner Herrschaft und natürlicher Regulation zu bestimmen. Sowohl in Sonnenfels „Staatswissenschaft" wie auch in Steuarts „Political Oeconomy" oder Quesnays „Physiocratie" wird die Komplexität und Autonomie der Bevölkerungsbewegung mit den übermächtigen Fähigkeiten des Regenten, Staatsmannes oder weisen Despoten kurzgeschlossen. Das ist der politische und politiktheoretische Kompromiß, der in der zweiten Hälfte des vorrevolutionären 18. Jahrhunderts ausgearbeitet wird und dominiert. Er erlaubt eine Reihe von politischen und ökonomischen Reformen (Besteuerung, Getreidehandel, Strafrecht, Kodifizierung, Unterricht), soweit diese positiv, d.h. in Form von Gehorsam und Steuereinnahmen an die Machterhaltung des Monarchen zurückgekoppelt werden: „Das dumme Volk gehorcht, weil es muß: das unterrichtete, weil es selbst will."[42]

Am Vorabend der großen Revolutionen beginnt dieser Kompromiß zu zerbrechen. Man beginnt zu ahnen, daß auf eine solche Weise nicht mehr regiert werden kann. Der Monarch ist Herr des „Gemeinwohls" und der „Glückseligkeit", aber er hat die Herrschaft darüber verloren. Er herrscht (regner), aber er regiert (gouverner) nicht. Propheten und Seismographen des Zeitalters der Umwälzung sind durchaus vorhanden. Schon 1762 schreibt Rousseau in seinem Émile: „Der Große wird klein, der Reiche arm, der Monarch Untertan. Sind denn Schicksalsschläge so selten, daß ihr damit rechnen könnt, davon verschont zu bleiben? Wir nähern uns einer Krise und dem Jahrhundert der Revolutionen."[43]

Daß diese Krise, von der Rousseau hier spricht, eine Krise des Regierens ist, wird deutlich, wenn man sich zwei zentrale Kritiken des herrschenden Kompromisses betrachtet: Adam Smith' Kritik der ökonomischen und Immanuel Kants Kritik der politischen Staatsvernunft. Man kann die philosophisch-politischen Denkweisen beider Autoren durchaus differenziert betrachten, in der spezifischen, historischen Konstellation jedoch treffen ihre jeweiligen politischen Stoßrichtungen zunächst gemeinsam auf einen Punkt: die Anmaßung staatlicher Regierungsgewalt, die eigenständige Gesetzmäßigkeit

---

[42] Sonnenfels 1970, Bd.I, S. 94.
[43] Rousseau 1985, S. 192.

bürgerlicher Lebensführung zu regulieren. Ihre politische Stoßrichtung ist nicht die Abschaffung, sondern die Re-Formierung des Verhältnisses von „Regent" und „Bevölkerung" – Begriffe, die nun neue Bedeutungen erhalten: *Government* und *commercial society* bei Smith oder *Staat* und *bürgerliche Öffentlichkeit* bei Kant.

> „Ein Staatsmann, der versuchen sollte, Privatleuten vorzuschreiben, auf welche Weise sie ihr Kapital investieren sollten, würde sich damit nicht nur, höchst unnötig, eine Last aufbürden, sondern sich auch gleichzeitig eine Autorität anmaßen, die man nicht einmal einem Staatsrat oder Senat, geschweige denn einer einzelnen Person getrost anvertrauen könnte, eine Autorität, die nirgendwo so gefährlich wäre wie in der Hand eines Mannes, der, dumm und dünkelhaft genug, sich auch noch für fähig hielte, sie ausüben zu können."[44]

Vergleichen wir Smith' Kritik der staatswirtschaftlichen Fürsorge des Regenten für die ökonomische Lebensweise der Bürger als Kapitalinvestoren mit Kants Kritik der politischen Vernunft:

> „Eine Regierung, die auf dem Prinzip des Wohlwollens gegen das Volk als eines Vaters gegen seine Kinder errichtet wäre, d.i. eine väterliche Regierung (imperium paternale), wo also die Untertanen als unmündige Kinder, die nicht unterscheiden können, was ihnen wahrhaft nützlich oder schädlich ist, sich bloß passiv zu verhalten genötigt sind, um, wie sie glücklich sein sollen, bloß von dem Urteile des Staatsoberhaupts, und, daß dieser es auch wolle, bloß von seiner Gütigkeit zu erwarten: ist der größte denkbare *Despotismus*."[45]

Die Gemeinsamkeit beider Kritiken liegt auf der Hand. Kant wie Smith greifen ganz gezielt die überkommene merkantilistisch-kameralistische und polizeylich-paternalistische Staatsvernunft an; das Verhältnis der Regierenden zu den Regierten kann nicht mehr – so Smith – auf die übermächtigen Fähigkeiten eines Staatsmannes (oder einer regierenden Versammlung) zurückgeführt werden. Diese Fähigkeiten, dieses Wissen und diese Regierungstechniken, und seien sie auch noch so ausgefeilt, können den komplexen sozio-ökonomischen Raum bürgerlichen Tauschverkehrs nicht regulieren und kontrollieren. In diesem Raum gibt es keinen regierenden Souverän, sondern lediglich „natürliche" Gesetzmäßigkeiten der Selbstregulation, autonome Mechanismen der Produktion, Konsumtion und Distribution. Ist Smith' Kritik eine Beschneidung und Begrenzung staatlicher Handlungsbreite, so läßt sich Kants Kritik als Grenzziehung und Grenzbestimmung gegen die vorherrschende politische Vernunft noch deutlicher anwenden. Allerdings zielt seine Zurückweisung obrigkeitsstaatlicher Fürsorge nicht auf die faktische Unmöglichkeit paternalistisch-polizeylichen Regierens, sondern auf die juridisch-politische Illegitimität, die Bürger in ihrem Privatrechtsraum nach Gesichtspunkten allgemeiner Glückseligkeit regieren zu wollen. Die politischen Stoßrichtungen von Kant und Smith lassen sich am besten über ihre Kritik am (Polizey-/Merkantil-) Staat differenzieren. So sagt Kant dem Souverän: Du darfst in den Privatrechtsraum nicht aus Gründen der Glückseligkeit des Staates eingreifen, weil Du kein *Recht* dazu hast, weil Dir die *Legitimität* dazu fehlt! Smith hingegen sagt: Du darfst in den sozio-

---

[44] Smith 1993, S 371.
[45] Kant 1983b, S. 145f.

ökonomischen Raum nicht eingreifen, weil Du kein *Wissen* über ihn besitzt, weil Du die (selbst-) zerstörerischen *Folgen* nicht kennst, die Du damit auslöst!⁴⁶

„Glückseligkeit", „Gemeinwohl", „Salus publica" sind für Kant keine rationalen und rechtsstaatlichen Prinzipien, die einer allgemeinen Gesetzgebung, der prinzipiell jedermann muß zustimmen können, zugrundegelegt werden können.

> „Denn so wohl die Zeitumstände, als auch der sehr widerstreitende und dabei immer veränderliche Wahn, worin jemand seine Glückseligkeit setzt [...] macht alle festen Grundsätze unmöglich [...] Der Satz: Salus publica suprema civitatis lex est, bleibt in seinem unverminderten Wert und Ansehen; aber das öffentliche Heil, welches *zuerst* in Betrachtung zu ziehen steht, ist gerade diejenige gesetzliche Verfassung, die jedem seine Freiheit durch Gesetze sichert: wobei es ihm unbenommen bleibt, seine Glückseligkeit auf jedem Wege, welcher ihm der beste dünkt, zu suchen, wenn er nur nicht jener allgemeinen gesetzmäßigen Freiheit, mithin dem Rechte anderer Mituntertanen, Abbruch tut."⁴⁷

Während Kant also deutlich die herkömmlichen Passivierungsformeln von Gemeinwohl und Glückseligkeit zurückweist und durch Begriffe wie Recht, Gesetz und vor allem Freiheit substituiert sehen möchte, verfährt Smith auf andere Weise. „Gemeinwohl" ist für ihn der Effekt interessegeleiteter aber nicht-intendierter Handlungsfolgen:

> „Tatsächlich fördert [jeder einzelne] in der Regel nicht bewußt das Allgemeinwohl, noch weiß er, wie hoch der eigene Beitrag ist. [...] er wird in diesem wie auch in vielen anderen Fällen von einer unsichtbaren Hand geleitet, um einen Zweck zu fördern, den zu erfüllen er in keiner Weise beabsichtigt hat [...] ja gerade dadurch, daß er das eigene Interesse verfolgt, fördert er häufig das der Gesellschaft nachhaltiger, als wenn er wirklich beabsichtigt, es zu tun. Alle, die jemals vorgaben, ihre Geschäfte dienten dem Wohl der Allgemeinheit, haben meines Wissens niemals etwas Gutes getan."⁴⁸

Auch Smith hätte wie Kant sagen können: *Salus publica suprema civitatis lex est*, wenn nur zuerst die Interessen, die Gewinnaussichten und das Sicherheitsbedürfnis des Kapitalinvestors gewährleistet sind. Die Sorge um das Wohl der Bevölkerung ist bei Kant eine Frage der Errichtung und Sicherung einer gesetzlichen Verfassung, die die gesetzliche Freiheit des Bürgers garantiert. Bei Smith dagegen ist dies eine Frage der bilanzierbaren Steigerung des jährlichen Volkseinkommen einer Gesellschaft – eine Frage der Produktivität der Arbeit und des Verhältnisses von in produktiver Arbeit Beschäftigten zur übrigen Bevölkerung.

Die beiden Perspektiven auf die Re-Formierung des Verhältnisses von Staat und Bevölkerung sind also durchaus unterschiedlich. Während Kant angesichts der drohenden Despotismen – von Seiten einer repressiven staatlichen Obrigkeit (Zensur) wie auch des „gedankenlosen großen Haufens" (Revolution) – für eine neue *Legitimation* des Regierungsverhältnisses plädiert, fordert Smith seine umfassende *Transformation*, eine modernisierte Anpassung des Staates an die neuen sozio-ökonomischen Verhältnisse. In beiden Vorschlägen jedoch spielt die „Freiheit" eine prominente Rolle. Beide betrach-

---

⁴⁶ Vgl. zur Differenz zwischen Kants „kritischer Philosophie" und Smith' „politischer Ökonomie" auch Kittsteiner 1980.
⁴⁷ Kant 1983b, S. 154f.
⁴⁸ Smith 1993, S. 371.

ten die „Freiheit" als ein notwendiges und unumgängliches Prinzip, das auf je spezifische Weise in das Verhältnis zwischen Regierenden und Regierten Eingang finden muß. Die Einbeziehung der Freiheit in das Regierungsverhältnis zwischen Souverän und Bevölkerung entbindet den Herrscher von einer alten Pflicht, die zur Last geworden ist: die *Sorge um das Wohl der Bevölkerung*. Dabei bleibt aber das alte Regierungsziel bestehen: nämlich die Erhaltung und Stärkung der *Kräfte des Staates* oder – in der neuen Sprache der politische Ökonomie – die Erhaltung und Stärkung des *Wealth of Nations*. Die neue Pflicht des Staates heißt nun zu allererst, die Freiheit der Bürger zu fördern und zu sichern. Der Liberalismus entdeckt den *freien* Markt, den internationalen *Freihandel*, die *freie* Lohnarbeit, die Vertrags*freiheit*, die *freie* Presse, die Versammlungs*freiheit*; er *befreit* die Sklaven, die Bauern, die Ehepartner, die Irren und die Kinder. Die Freiheit als Prinzip, noch mehr aber als ausgeübte Praxis der Befreiung ist allerdings eine gefährliche und wie Kant schreibt die „heftigste" unter allen Leidenschaften. Die Einbeziehung der Freiheit in das Regierungsverhältnis, d.h. die Bürger durch Freiheit zu regieren, ist zu unterscheiden von der Herrschaft der leidenschaftlichen Freiheit über die Bürger. Die letztere Praxis der Freiheit – so belehrt uns Kant – findet sich in reinster Form bei den „Wilden", die noch nicht an „Unterwürfigkeit", „Disziplin" und „Gesetz" gewöhnt sind und daher in Einsamkeit oder dauerndem Kriegszustand leben. Und sie findet sich schon beim neugeborenen Kind, das „bloß deswegen mit lautem Geschrei in die Welt zu treten [scheint], weil es sein Unvermögen, sich seiner Gliedmaßen zu bedienen, für *Zwang* ansieht und so seinen Anspruch auf Freiheit [...] so fort ankündigt."[49] Die Lösung für das Problem der „gefährlichen Freiheit" ist die zivilisatorisch sich entwickelnde Institutionalisierung eines spezifischen Modus, in dem „Freiheit" und „Zwang" vereint werden können: das öffentliche Recht.

> „*Recht* ist die Einschränkung der Freiheit eines jeden auf die Bedingung ihrer Zusammenstimmung mit der Freiheit von jedermann, in so fern diese nach einem allgemeinen Gesetz möglich ist; das *öffentliche Recht* ist der Inbegriff der äußeren Gesetze, welche eine solche durchgängige Zusammenstimmung möglich machen. Da nun jede Einschränkung der Freiheit durch die Willkür eines anderen *Zwang* heißt: so folgt, daß die bürgerliche Verfassung ein Verhältnis *freier* Menschen ist, die [...] doch unter Zwangsgesetzen stehen: weil die Vernunft selbst es so will, und zwar die rein a priori gesetzgebende Vernunft, die auf keinen empirischen Zweck [...] Rücksicht nimmt."[50]

Man sieht nun, wie die neue Kunst des Regierens sich gleich in doppelter Weise der alten Sorge um das Wohl der Bevölkerung zu entledigen versucht. Die Sprache der politischen Ökonomie auf der einen und die Sprache des modernen Vernunftrechts auf der anderen Seite treffen sich in der Ausarbeitung eines Regierungsverhältnisses, das auf zwei Säulen fußen soll: der Freiheit des kapitalistischen Arbeits-, Güter- und Kapitalmarktes und der gesetzlichen Freiheit der bürgerlichen Lebensführung. Niemand kann mich zwingen, schreibt Kant, auf seine Art glücklich zu sein.[51] Niemand also kann mich zwingen, mein Kapital zu investieren oder nicht zu investieren, eine unrechtmäßige

---

[49] Kant 1983c, S. 603.
[50] Kant 1983b, S. 144f.
[51] Kant 1983b, S. 144.

Handlung zu vollziehen oder zu unterlassen. Allein, was die politische Ökonomie und das Vernunftrecht den Menschen sagt, ist: Deine Handlungen oder Unterlassungen werde *beurteilt* werden:[52] Vom Marktgesetz (in Form von entgangenen Gewinnen, bilanzierbaren Verlusten oder letztlich dem Ruin) oder vom öffentlichen Zwangsgesetz (in Form von Strafverfolgung, Verurteilung und Strafvollzug). Die staatliche Regierungsgewalt hat nun die einzige Aufgabe und Pflicht, die Sicherheit dieser beiden Beurteilungs- und Regierungsmechanismen zu gewährleisten. Auch wenn, wie beide Autoren uns versichern, die „Natur" (Smith) und die „Vernunft" (Kant) langfristig die historische und gesellschaftliche Durchsetzung dieser beiden Mechanismen hinlänglich unterstützt, so ist doch mit partiellen Friktionen, Rückschlägen und Fehlentwicklungen zu rechnen.

IV. Ausblick: Freiheit – Sicherheit – Leben

Wie gefährlich das Spiel um die Ordnung des Staates werden sollte, war Kant und den Sympathisanten der Französischen Revolution spätestens in dem Augenblick bewußt geworden, als der Kopf des Königs rollte. Und auch die Anhänger von Smith und seiner politischen Ökonomie begannen am Ende des Jahrhunderts, als sich in England die revolutionäre Hoffnung der Jakobinerclubs mit der Verzweiflung der in die aufkommenden Industriestädte getriebenen Armen zu verschmelzen drohte, die „Produktionskosten der Freiheit" in ihr Kalkül miteinzubeziehen.[53] Dieses Kalkül bekam nun einen Namen: *Sicherheit*. Schon in der Geburtsstunde der neuen liberalen Regierungskunst tritt neben die „Freiheit" das Kalkül der „Sicherheit"; denn, wie Humboldt in seinen *Ideen zu einem Versuch, die Gränzen der Wirksamkeit des Staats zu bestimmen* (1792) schreibt, ist die Sicherheit das einzige kollektive Gut, welches von den Individuen in der Ausübung ihrer Freiheit nicht erzeugt werden kann.[54] Sie allein ist der einzige Gegenstand und Zweck des Staates. Das Kalkül der Sicherheit umfaßt insgesamt vier Felder: die beiden klassischen Bereiche (a) der Sicherheit der Bürger vor der Willkür des Staates, d.h. die *Sicherheit der gesetzlichen Freiheit* und (b) die Sicherheit des Staates vor auswärtigen Feinden, also die *außenpolitische Sicherheit*. Hinzutreten nun zwei Felder, die aufgrund der neuen Problematisierung von Freiheit und Sicherheit Dominanz gewinnen: nämlich (c) die *Sicherheit der bürgerlichen Gesellschaft vor der Freiheit der Bürger* und (d) die *Sicherheit des Lebens* einer spezifschen Klasse von Bürgern (Arme, Kinder, Alte, Kranke, Irre).

Die beiden letzten Bereiche sind deshalb von besonderer Bedeutung, weil sich in und zwischen ihnen jene Konflikte, Kämpfe und Auseinandersetzungen des 19. Jahrhunderts abzeichnen, die die neue liberale Regierungskunst und ihre Beurteilungs- und Regierungsmechanismen bedrohen und infragestellen werden. Recht und Markt oder genauer die aufgeklärte Imagination einer rein aus vernünftigen, männlichen und eigentumsbesitzenden Rechts- und Marktsubjekten zusammengesetzten bürgerlichen Gesellschaft bedarf spezifischer Sicherheitsmechanismen, um ihren „zivilisatorischen" Bestand zu gewährlei-

---

[52] Vgl. dazu Ewald 1993, S. 76ff.
[53] Zur spezifischen Entwicklung des liberalen Regierungsdenkens siehe Procacci 1993 und Bohlender 1998b.
[54] Vgl. Humboldt 1980, S. 95.

sten. Diese Sicherheitsmechanismen sind von vielfältiger Art; bezeichnend ist jedoch, daß sie zum Teil im Rückgriff auf die ältere Regierungskunst und Polizeywissenschaft entwickelt werden. Der Aufbau einer modernen, uniformierten und professionalisierten *Schutzpolizei* mit der Aufgabe präventiver Verbrechensbekämpfung entwickelt sich parallel zur Institutionalisierung von *politischen* oder *Geheimpolizeien*, die bedrohliche soziale und politische Bewegungen beobachten und infiltrieren.[55] Daneben entstehen durch die Erfahrung mit den großen epidemischen Krankheiten (Pocken, Fieber, Cholera) und der Pauperisierung der arbeitenden Bevölkerung erste Überlegungen zu einer gesamtgesellschaftlichen und staatlich verwalteten Versicherung gegen die Instabilitäten, Risiken und Ungewissenheiten des Lebens bzw. Überlebens. Aus der *Medicinischen Polizey* eines Johann Peter Frank (1745–1821), der in seinem mehrbändigen Hauptwerk das gesamte öffentliche und private Leben nach hygienisch-gesundheitlichen Erfordernissen zu regulieren gedachte (Fortpflanzung, Ehe, Schwangerschaft, Kindbett, Kindesaufzucht, Schule, Nahrung, Kleidung, Erholung, Wohnung etc.) reift ein staatlich verwaltetes Medizinalwesen, die Epidemologie und hygienische Wissenschaft heran (Hufeland, Oesterlen, Pettenkofer, Koch).[56] In gleicher Weise verwandelt sich die *Armenpolizey* in den Konflikten um die sogenannte „sociale Frage" zu einem festen Bestandteil dessen, was Lorenz von Stein den „arbeitenden Staat" nannte: Armenpflege, Armenfürsorge oder einfach „sociale Politik".[57]

Schon in Fichtes *Grundlagen des Naturrechts* von 1796 finden wir die erste Rehabilitierung der Polizei. Sie wird dort explizit außerhalb des rein juridischen Verhältnisses von Souverän und Untertan eingeführt und als Grundlage der „Wechselwirkung" bzw. als unumgängliches „Verbindungsmittel" zwischen Regierung und Bevölkerung verstanden.[58] Von den Polizeywissenschaften übernimmt Fichte dabei die Aufgabendefinition der Polizei, nämlich eine genaueste Verbindung zwischen Regierung und Bevölkerung herzustellen. Aber der Effekt dieser Verbindungslinie ist nicht mehr die „Glückseligkeit" im Sinne einer Kräftesteigerung des Staates, sondern die „Freiheit". Die Ausübung der Freiheit ist zwar einerseits ein Resultat des „gegenseitigen Vertrages" (Eigentumsvertrag) und damit eine juridische Praxis. Andererseits jedoch ist an den „Freiheitsgebrauch" wesentlich mehr geknüpft: „Der letzte Zweck dieses Gebrauchs ist der, *leben zu können* [...] Es ist Grundsatz jeder vernünftigen Staatsverfassung: Jedermann soll von seiner Arbeit leben können."[59] Die Ausübung der Freiheit ist eine (Über-)Lebenspraxis! „Das Lebenkönnen ist sonach durch die Arbeit bedingt, und es gibt kein solches Recht, wo die Bedingung nicht erfüllt worden."[60]

Hier steht die Sicherheit des *Lebens* vor dem *Recht* und vor dem *Markt*. Der Staat muß das Leben der Bevölkerung in seine neue Regierungsweise einbeziehen; nur so hat er auch die Macht, dieses Leben in Gefahr zu bringen, aufs Spiel zu setzen, zu opfern. Folglich muß der Gesellschaftsvertrag sich ausdehnen; er muß neben Eigentum und Freiheit

---

[55] Vgl. dazu Knöbl 1998 und Lüdtke 1992.
[56] Vgl dazu Labisch 1986 und Rosen 1974.
[57] Vgl. dazu Pankoke 1986 und als zentraler Überblick Sachße/Tennstedt 1998.
[58] Fichte 1991, S. 285ff.
[59] Fichte 1991, S. 206, Herv. M.B.
[60] Fichte 1991, S. 207.

vor allem das *Leben* einbinden. Aus dem *Gesellschaftsvertrag* wird der *Lebensvertrag*:[61] Die Einbeziehung nicht nur der Freiheit, sondern des Lebens in die Regierungskunst ist ein stehender Topos, der uns auch in Hegels *Rechtsphilosophie* (1821) begegnet. Dort wird noch einmal deutlich, warum es eine Aufgabe der Polizei ist, sich um das Leben der Bevölkerung zu sorgen. „Es ist nicht allein das Verhungern, um was es zu tun ist, sondern der weitere Gesichtspunkt ist, daß kein Pöbel entstehen soll."[62] Das Problem des (Über-)Lebens, der Arbeit und der Armut wird erst in dem Moment zum Problem des Regierens, als die Sicherheit der bürgerlichen Gesellschaft auf dem Spiel steht. Innerhalb der Regierungsmechanismen von Recht und Markt kann es so etwas wie ein „Recht" auf Subsistenz, Arbeit und Leben nicht geben. Die direkte Gegenposition zu Fichte und Hegel findet sich bei J.-B. Say:

> „Strenggenommen schuldet die Gesellschaft ihren Mitgliedern keinerlei Unterstützung, keine Unterhaltsmittel. Von jedem, der dem Zusammenschluß beitritt, wird erwartet, daß er seine Subsistenzmittel selbst einbringt. Derjenige, der sich ihr ohne alle Unterhaltsmittel anschlösse, wäre gezwungen, sie von einem anderen Mitglied der Gesellschaft einzufordern; dieser wiederum könnte nach dem Rechtsanspruch fragen, aufgrund dessen man ihm diese Last aufbürdet, und es wäre unmöglich, ihm diesen Rechtsanspruch zu nennen."[63]

Das gesteht auch Hegel zu. Doch, so schreibt Hegel weiter, „[...] im Zustande der Gesellschaft gewinnt der Mangel sogleich die Form des Unrechts, was dieser oder jener Klasse angetan wird."[64] Im Zustand der bürgerlichen Gesellschaft wird Unfall, Tod, Risiko, Armut ein gesellschaftliches Ereignis. Die bürgerliche, d.h. insbesondere die industrielle Gesellschaft ist im Regelfall mitverantwortlich für die Schäden, die zuvor dem Zufall der Natur und der Sorglosigkeit der Individuen zugeschrieben wurden. Arbeitsunfälle, Arbeitslosigkeit, Berufskrankheiten, körperlich, geistige und soziale Verkümmerungen sind Effekte der industrialisierten Gesellschaft, und die bedrohliche Gestalt des „Pöbel" und des „Pauper" ist nicht einer zufälligen Funktionsstörung derselben, sondern ihrer Regelmäßigkeit zuzuschreiben.

Die Sorge um die Freiheit der Bürger muß mit der sozialen Sicherung des Lebens der Menschen verknüpft werden. Eine befriedigende Technologie dieser Verknüpfung ist jedoch für lange Zeit nicht in Sicht. Hegels „Polizei und Corporation", Robert von Mohls erneute Ausarbeitung einer „guten Polizei" auf rechtsstaatlicher Grundlage (1831–1834) und auch Lorenz von Steins situationsbezogenes „Verwaltungshandeln" (1862) gehören in die Versuchsreihen einer Erprobung dieser Technologie. Es gäbe darüberhinaus noch eine Reihe anderer zu nennen: private Vereine, Wohlfahrtsverbände, Friendly Societies, Genossenschaften, kirchliche, philanthropische und utilitaristische Hilfs-, Pflege und Fürsorgedienste. Aber im Grunde erst die beitragspflichtigen *Sozialversicherungen* gegen Ende des 19. Jahrhunderts bzw. die sogenannten *Volksver-*

---

[61] Die Erweiterung des Gesellschaftsvertrages um ein explizites Recht auf Unterhalt, ja sogar ein „Recht auf Arbeit" wird explizit in den Berichten des *Ausschusses zur Abschaffung des Bettelwesens der Konstituierenden Versammlung* in Frankreich 1791 diskutiert. Vgl. dazu Castel 2000, S. 162ff.
[62] Hegel 1980, S. 387, §240, Anm.
[63] Say, zit nach Ewald 1993, S. 70.
[64] Hegel 1980, S. 390, § 244, Anm.

sicherungen Anfang des 20. Jahrhunderts konnten die genannte Verknüpfung von Freiheit – Sicherheit – Leben etablieren. Dies scheint vorerst die letzte Metamorphose des „Gemeinwohls" zu sein. Die Sorge des Staates um das Wohl der Bevölkerung ist aus den Händen des Fürsten, den Regierungspraktiken der Polizey und den reinen Beurteilungsmechanismen von Markt und Recht ins versicherungsmathematische Kalkül gewandert. Eine gegenwärtige Geschichte dieser Sorge, eine Geschichte des gegenwärtigen Gebrauchs und Mißbrauchs des Gemeinwohlbegriffs hätte möglicherweise das Scheitern dieser Technologie und folglich das Auseinanderbrechen der durch sie verknüpften Regierungsprinzipien nachzuzeichnen.

Literatur

Böhlke, E. (1999), „Esprit de Nation". Montesquieus politische Philosophie, Berlin.

Bohlender, M. (1998a), *Government, Commerce* und *Civil Society*. Zur Genealogie der schottischen politischen Ökonomie, in: Gesellschaften im Vergleich. Forschungen aus Sozial- und Geschichtswissenschaften, hg. von H. Kaelble/ J. Schriewer, Frankfurt/M., S. 115-147.

Bohlender, M. (1998b), Wie man die Armen regiert. Zur Genealogie liberaler politischer Rationalität, in: Leviathan 26 (1998), S. 497-521.

Bohlender, M. (1999), Der Malthus-Effekt. Vom Ethos der Aufklärung zur Geburt des Liberalismus, in: Neustart des Weltlaufs? Fiktion und Faszination der Zeitwende, hg. von K. Fischer, Frankfurt/M., S. 36-64.

Brückner, J. (1977), Staatswissenschaften, Kameralismus und Naturrecht, München.

Bürgin, A. (1996), Zur Soziogenese der Politischen Ökonomie. Wirtschaftsgeschichtliche und Dogmenhistorische Betrachtungen, Marburg.

Castel, R. (2000), Die Metamorphosen der sozialen Frage. Eine Chronik der Lohnarbeit, Konstanz.

Ewald, Fr. (1993), Der Vorsorgestaat, Frankfurt/M.

Fichte, Joh. G. (1991), Grundlagen des Naturrechts [1796], Hamburg.

Foucault, M. (1974), Die Ordnung der Dinge. Eine Archäologie der Humanwissenschaften, Frankfurt/M.

Foucault, M. (1993), Die politische Technologie der Individuen, in: M. Foucault/u.a. Hg., Technologien des Selbst, Frankfurt/M., S. 168-187.

Foucault, M. (1991), Governmentality, in: The Foucault-Effect, hg. von G. Burchell/C. Gordon,/P. Miller, Chicago, S. 87-104.

Foucault, M. (1988): Für eine Kritik der politischen Vernunft, in: Lettre international 1, S.58-67.

Göckenjan, G. (1985), Kurieren und Staat machen. Gesundheit und Medizin in der bürgerlichen Welt, Frankfurt/M.

Hegel, G. W. Fr. (1980), Grundlinien der Philosophie des Rechts [1821], Frankfurt/M.

Hereth, M. (1995), Montesquieu – Zur Einführung, Hamburg.

Hirschman, A. O. (1984), Engagement und Enttäuschung. Über das Schwanken der Bürger zwischen Privatwohl und Gemeinwohl, Frankfurt/M.

Hobbes, Th. (1994), The Elements of Law Natural and Politic [1640], in: Ders., Human Nature and De Corpore Politico, Oxford, S. 3-182.

Humboldt, W. v. (1980), Ideen zu einem Versuch die Gränzen der Wirksamkeit des Staates zu bestimmen, in: Schriften zur Anthropologie und Geschichte, Werke Bd. I. Darmstadt, S. 56-233.

Justi, Joh. G. H. (1760/1761), Grundfeste zu der Macht und Glückseligkeit der Staaten. 2 Bde., Königsberg/Leipzig.

Justi, Joh. G. H. (1969), Grundsätze der Policey-Wissenschaft in einem vernünftigen, auf den Endzweck der Policey gegründeten Zusammenhange [1756], Frankfurt/M. (3. Auflage 1782)

Kant, I. (1983a), Beantwortung der Frage: Was ist Aufklärung? [1783], in: Ders., Werke Bd. VI, hg. von W. Weischedel, Darmstadt, S. 53-61.

Kant, I. (1983b), Über den Gemeinspruch: Das mag in der Theorie richtig sein, taugt aber nicht für die Praxis (1793), in: Ders., Werke Bd. VI, hg. von W. Weischedel, Darmstadt, S. 127-174.

Kant, I. (1983c), Anthropologie in pragmatischer Hinsicht [1798], in: Ders., Werke Bd. VI, hg. von W. Weischedel, Darmstadt, S. 399-690.

Kant, I. (1983d), Die Metaphysik der Sitten [1797], in: Ders., Werke Bd. IV, hg. v. W. Weischedel, Darmstadt, S. 308-636.

Kant, I. (1983e), Kritik der reinen Vernunft [1781], Ders., Werke Bd. II, hg. v. W. Weischedel, Darmstadt.

Kittsteiner, H.-D. (1980), Naturabsicht und Unsichtbare Hand. Zur Kritik des geschichtsphilosophischen Denkens, Frankfurt/M, Berlin, Wien.

Knemeyer, Fr.-L. (1978), *Polizei*, in: Geschichtliche Grundbegriffe. Historisches Lexikon zur politisch-sozialen Sprache in Deutschland, hg. von O. Brunner/W. Conze/R. Koselleck, Bd. 4. Stuttgart, S. 875-897.

Knöbl, W. (1998), Polizei und Herrschaft im Modernisierungsprozess, Frankfurt/M.

Labisch, A. (1986), „Hygiene ist Moral – Moral ist Hygiene" – Soziale Disziplinierung durch Ärzte und Medizin, in: Soziale Sicherheit und soziale Disziplinierung, hg. von C. Sachße,/ F. Tennstedt, Frankfurt/M., S. 265-285.

Lüdtke, A. (1992), „Sicherheit" und „Wohlfahrt". Polizei, Gesellschaft und Herrschaft im 19. und 20. Jahrhundert, Frankfurt/M.

Maier, H. (1986), Die ältere deutsche Staats- und Verwaltungslehre, München.

Moravia, S. (1989), Beobachtende Vernunft. Philosophie und Anthropologie in der Aufklärung. Frankfurt/M.

Münkler, H. (1987), Im Namen des Staates. Die Begründung der Staatsraison in der Frühen Neuzeit, Frankfurt/M.

Münkler, H. (1991), Die Idee der Tugend. Ein politischer Leitbegriff im vorrevolutionären Europa, in: Archiv für Kulturgeschichte, 73. Bd., S. 379-403.

Münkler, H. (1992), Politische Tugend. Bedarf die Demokratie einer sozio-moralischen Grundlegung?, in: Die Chancen der Freiheit. Grundprobleme der Demokratie, hg. von Münkler, H., München. S. 25-46.

Münkler, H. (1998), Tugend und Markt: Die Suche nach Funktionsäquivalenten für sozio-moralischen Voraussetzungen einer freiheitlich verfaßten Ordnung, in: Gesellschaften im Vergleich. Forschungen aus Sozial- und Geschichtswissenschaften, hg. von H. Kaelble/J. Schriewer, Frankfurt/M., S. 103-114.

Oestreich, G. (1980), Policey und Prudentia civilis in der barocken Gesellschaft von Stadt und Staat, in: Ders., Strukturprobleme der frühen Neuzeit. Berlin, S. 367-379.

Oestreich, G. (1989), Antiker Geist und moderner Staat bei Justus Lipsius (1547–1606), Göttingen.

Pankoke, E. (1986), Von „guter Policey" zu „socialer Politik". „Wohlfahrt", „Glückseligkeit" und „Freiheit" als Wertbindung aktiver Sozialstaatlichkeit, in: Soziale Sicherheit und soziale Disziplinierung, hg. von Sachße, C./Tennstedt, F., Frankfurt/M., S. 148-177.
Pasquino, P. (1991), Theatrum Politicum: The Genealogy of Capital – Police and the State of Prosperity, in: The Foucault-Effect, hg. von Burchell, G./Gordon, C./Miller, P., Chicago, S. 105-118.
Pocock, J. G. A. (1975), The Machiavellian Moment. Florentine Political Thought and the Atlantic Republican Tradition, Princeton.
Pocock, J. G. A. (1985), Virtue, Commerce and History. Essays on Political Thought and History, chiefly in the Eighteenth Century, Cambridge.
Pocock, J. G. A. (1993), Die andere Bürgergesellschaft. Zur Dialektik von Tugend und Korruption. Franfurt a. M./u.a.
Poovey, M. (1998), A History of the Modern Fact. Problems of Knowledge in the Sciences of Wealth and Society, Chicago.
Preu, P. (1983), Polizeibegriff und Staatszwecklehre. Die Entwicklung des Polizeibegriffs durch die Rechts- und Staatswissenschaften des 18. Jahrhunderts, Göttingen.
Priddat, B. (1998), Produktive Kraft, sittliche Ordnung und geistige Macht. Denkstile der deutschen Nationalökonomie im 18. und 19. Jahrhundert, Marburg.
Procacci, G. (1993), Gouverner la Misére. La question sociale en France, 1789–1848, Paris.
Rosen, G. (1974), From Medical Police to Social Medicine, New York.
Rosen, G. (1993), A History of Public Health, Baltimore/London.
Rousseau, J.-J. (1985), Émile oder Über die Erziehung, Paderborn.
Sachße, Chr./Tennstedt, Fl. (1998), Geschichte der Armenfürsorge in Deutschland. Bd. 1: Vom Spätmittelalter bis zum 1. Weltkrieg, Stuttgart.
Schiera, P.-A. (1968), Dell'arte di governo alle scienze dello stato: Il camerlismo e l'assolutismo tedesco, Milan.
Schulze, R. (1982), Policey und Gesetzgebungslehre im 18. Jahrhundert, Berlin.
Seckendorff, V.-L. (1976), Teutscher FürstenStat. Frankfurt/M. (1656), Glashütten. (3. Auflage 1665).
Sellin, V. (1978), *Politik*, in: Geschichtliche Grundbegriffe. Historisches Lexikon zur politisch-sozialen Sprache in Deutschland, Bd. 4. Stuttgart.
Senellart, M. (1995), Les arts de gouverner. Du regimen médiéval au concept de gouvernement. Paris.
Sieferle, R. P. (1990), Bevölkerungswachstum und Naturhaushalt. Studien zur Naturtheorie der klassischen Ökonomie, Frankfurt/M.
Skinner, Q. (1998), Liberty before Liberalism, Cambridge.
Small, A. W. (1909), The Cameralists. Pioneers of German Social Polity, New York.
Smith, A. (1982), Lectures on Jurisprudence. Edited by R.L. Meek, D.D. Raphael and P.G. Stein, Indianapolis.
Smith, A. (1993), Der Wohlstand der Nationen (1776), München.
Sonnenfels, J. v. (1970), Grundsätze der Polizey, Handlung, und Finanzen. (1765–72) 3 Bde. Rom. (8. Auflage 1819).
Stollberg-Rilinger, B. (1986), Der Staat als Maschine. Zur politischen Metaphorik des absoluten Fürstenstaates, Berlin.
Stolleis, M. (1996), Polizey im Europa der Frühen Neuzeit, Frankfurt/M.
Stolleis, M. (1990), Staat und Staatsräson in der frühen Neuzeit. Zur Geschichte des öffentlichen Rechts, Frankfurt/M.

Stolleis, M. (1988), Geschichte des öffentlichen Rechts in Deutschland. Bd. 1. Reichspublizistik und Polizeywissenschaft 1600–1800, München.

Tribe, K. (1988), Governing Economy. The Reformation of German Economic Discourse 1750–1840, Cambridge.

Tuck, R. (1993), Philosophy and Government 1572–1651, Cambridge.

Viroli, M. (1992), From Politics to Reason of State, Cambridge.

Vollrath, E. (1989), *Politik*, in: Historisches Wörterbuch der Philosophie, Bd. 7. Basel. Sp. 1038-1072.

Zobel, K. (1989), *Polizei*, in: Historisches Wörterbuch der Philosophie, Bd. 7. Basel, Sp.1080-1083.

MANUEL FREY

Vom Gemeinwohl zum Gemeinsinn
Das Beispiel der Stifter und Mäzene im 19. und 20. Jahrhundert

I. Die Suche nach dem verlorenen Engagement

„Die bürgerliche Gesellschaft aber ist ein gutes Ziel, das obendrein den Vorzug der Neuheit für sich hat: sie ist bei uns noch niemals hergestellt worden."[1] Der Befund Dolf Sternbergers, zunächst im Hause Marianne Webers in Heidelberg vorgetragen und erstmals 1949 veröffentlicht, zielt in der Nachfolge der Bürgertumskritik Theodor Mommsens auf die politische Essenz einer Bürgerlichkeit, die sowohl über die Figur des obrigkeitlich vereinnahmten Staatsbürgers, als auch über den Klassencharakter des Bourgeois hinausweist: den Bürgersinn oder besser Gemeinsinn. Vor dem politischen Hintergrund aktueller Forderungen nach einer „neuen Kultur des Gemeinsinns" in Verbindung mit einer „Kultur des Stiftens" ist dieser Appell für eine Neubegründung bzw. Institutionalisierung zivilgesellschaftlicher Strukturen auch fünfzig Jahre nach Gründung der Bundesrepublik Deutschland bedeutsam, weil er sich gegen die, nach Ansicht Sternbergers, „fatale bürgerliche Selbstausschließung vom Gemeinwesen" richtet.[2]

Doch ist diese kritische Einschätzung, bestimmt vom Eindruck der Kapitulation des Bürgertums vor dem Nationalsozialismus, überhaupt verallgemeinerbar? Die Klagen über Egoismus und mangelnden Gemeinsinn bilden derzeit vielerorts den Kontrapunkt im Konzert der Kürzungen und Sparmaßnahmen. Angesichts des notwendigen Umbaus des Sozialstaates und leerer öffentlicher Kassen sind die Hoffnungen von Politikern, Wissenschaftlern und interessierten Privatpersonen auf die Stärkung des vielfältigen „Dritten Sektors" jenseits von Markt und Staat gerichtet. Tatsächlich gibt es zahlreiche aktuelle Beispiele für eine Zunahme privater Initiativen auf lokaler Ebene. So stehen etwa die in den letzten Jahren gegründeten „Bürgerstiftungen" für eine gestärkte Verbindung von Gemeinwohlorientierung und Bürgersinn. Es handelt sich hierbei um Kapitalsammelbecken mit flexiblen Förderzielen in Selbstverwaltung der beteiligten Bürger.[3]

---

[1] Sternberger 1956, S. 199.
[2] Sternberger 1956, S. 189.
[3] Vgl. Feurt 1998; Bertelsmann 1999.

Zwar werden solche und andere Aktivitäten künftig kaum eine Lösung fundamentaler Probleme der Arbeitsgesellschaft herbeiführen können – dagegen spricht schon die geringe Anzahl der Bürgerstiftungen, ihre lokal begrenzten Tätigkeitsfelder, schließlich auch die finanzielle Abhängigkeit vieler Organisationen des Dritten Sektors von öffentlichen Geldern; man kann aber argumentieren, daß es sich hierbei um konkrete Ausformungen einer Gemeinwohlorientierung handelt, die auf ein nach wie vor vorhandenes Potential der Bürgergesellschaft verweisen. Denn der Gemeinsinn oder Bürgersinn zeigt sich überall dort, wo „Privatinitiative erblüht und die schwere Hand des Staates durch die handwerkliche Finesse und die Ideen der Bürger korrigiert wird".[4]

Dieser Satz gilt nicht nur für die Gegenwart, sondern mehr noch für das „bürgerliche" 19. Jahrhundert. Das Unpolitische als vermeintlich grundlegender Charakterzug der Kultur des Bürgers zeigt dabei stets nur die eine Seite der Medaille. Blickt man auf die andere, bislang in der historisch-sozialwissenschaftlichen Diskussion eher vernachlässigte Seite, dann wird eine in der Geschichte der Moderne durchgängig vorhandene, je nach Staatsverfassung anpassungs- und wandlungsfähige Tradition des Stiftens im Bürgertum sichtbar. Diese Tradition entwickelte sich im Verlauf dieses Jahrhunderts mehr oder weniger distanziert vom Staat, selten aber völlig ohne dessen Einfluß. Es lohnt sich deshalb, die Elemente gemeinwohlorientierten Handelns in der Geschichte aufzusuchen und vor dem Hintergrund jeweils zeittypischer Vorstellungen vom Gemeinsinn zu analysieren.[5]

Schließlich ist es unbestritten, daß Gemeinwohlpostulate keine universale Gültigkeit beanspruchen können, sondern vielmehr dem historischen Wandel unterworfen sind.[6] Der im politischen Denken der Frühen Neuzeit als Rechtfertigung staatlicher Ordnungsmacht und als stadtbürgerliche Pflicht zum Engagement für die Gemeinde doppelt verfaßte Gemeinwohlgedanke erlebte im späten 18. Jahrhundert unter dem Einfluß der Ideen der Aufklärung eine Neuinterpretation. Zunächst wurde in der Popularphilosophie der deutschen Spätaufklärung unter „Gemeinsinn" allgemein die ultima ratio des auf Erfahrung gegründeten „gesunden Menschenverstands" verstanden.[7]

Doch im frühen 19. Jahrhundert zeichnete sich ein grundlegender semantischer Wechsel ab. Mit der Herausbildung neuartiger Verkehrsformen im Rahmen der bürgerlichen Öffentlichkeit (besonders der Vereine) und der darin angestrebten Vermittlung von allgemeinen mit partikularen Interessen wurde, etwa bei Karl von Rotteck, der alte republikanische Tugendbegriff Gemeinsinn reaktiviert und dem Bürgertum inkorporiert. Im frühliberalen Ordnungsmodell sollte der auf Bildung gegründete Gemeinsinn als soziomoralische Ressource seine dynamisierende Wirkung entfalten.[8] Und noch am Ende des 19. Jahrhunderts galt diese „uneigennützige Hingebung an das Gemeinwesen von seiten des Einzelnen" als „die eigentliche *Bürgertugend*, ohne die nichts Großes durch ein Gemeinwesen geleistet werden kann."[9]

---

[4] Stürmer 1995, S. 134.
[5] Vgl. Frey 1999.
[6] Vgl. Schulze 1986.
[7] Streithorst 1790, S. 61.
[8] Vgl. Rotteck, 1838; Göhler 1998.
[9] Art. „Gemeinsinn", in: Meyers Großes Konversationslexikon, Bd. 7, Leipzig 1908, S. 537.

Beim Gemeinsinn handelte es sich also zunächst um einen zentralen politischen Leitbegriff des frühen Liberalismus, der sich auf ältere Vorstellungen von der gemeinsamen Teilhabe der Bürger am „bonum commune" gründete. Den Ausgangspunkt bildete ein am griechischen Vorbild orientierter partizipatorischer Freiheitsbegriff, der dem egoistischen Privatinteresse des Einzelnen entgegengesetzt wurde, und, etwa bei Aristoteles, auf das Wohl der gesamten Bürgergemeinde ausgerichtet war.[10]

Eines der zentralen Handlungsfelder, wo sich der Gemeinsinn in der Geschichte auffinden läßt, ist der Bereich des Stiftungswesens. Bereits im späten 18. und frühen 19. Jahrhundert stellten wohlhabende Bürger in zahlreichen Städten alleine oder zusammen mit Gleichgesinnten private Gelder für öffentliche Zwecke zur Verfügung. Ihre Rolle ist seitdem zweifach bestimmt: Zum einen *negativ* durch die Abgrenzung vom absolutistischen Fürsten und seines nicht tugend-, sondern machtgeleiteten Umgangs mit dem Gemeinwohl, genauso wie von der auf das jenseitige Seelenheil ausgerichteten religiösen Stiftungsidee. Zum anderen *positiv* durch die persönliche Beziehung zwischen dem Stifter und intermediären Institutionen und Organisationen, sowie durch die aus der bürgerlichen Vereinsidee geborenen Formen der Stiftergemeinschaft. Um 1900 erreichte diese bürgerliche Stiftungskultur im Deutschen Reich einen vorläufigen Höhepunkt.

Es geht hier jedoch nicht darum, in der Rückschau auf vermeintlich bessere Zeiten den Mythos von einem „goldenen Zeitalter" wiederzubeleben. Vielmehr läßt sich an ausgewählten Beispielen aus der Geschichte die Ambivalenz zivilgesellschaftlicher Institutionen zwischen Autonomie und Staatsnähe aufzeigen. Es ist zweitens aus der Perspektive der Entwicklungsgeschichte des bürgerlichen Stiftungswesens und Mäzenatentums die unter Historikern verbreitete Forschungsthese zu modifizieren, wonach der Gemeinsinn spätestens seit den 1840er Jahren mit dem Übergang vom Bürger zum Bourgeois, also von der politisch verfaßten Bürgergesellschaft zur sozialökonomisch verfaßten Klassengesellschaft, in Deutschland keine Zukunft mehr gehabt habe. Der „Abschied von dem alten partizipatorischen Bürgerideal" ist, wie im folgenden am Beispiel der Herausbildung und Entwicklung des modernen Stiftungswesens gezeigt werden soll, so endgültig nicht gewesen.[11]

Gerade die Epoche des Wilhelminischen Kaiserreichs bietet zahlreiche, bisher in der historischen Forschung vernachlässigte Beispiele für einen praktizierten Gemeinsinn der Stifter aus dem Bürgertum. Die verbreitete Einschätzung, daß der bürgerliche Charakter im Kaiserreich auf den Staatsdiener übergegangen sei, daß das Bürgertum um 1900 seine Gemeinwohlorientierung gewissermaßen an der Garderobe des Obrigkeitsstaates abgegeben habe, muß deshalb zumindest eingeschränkt, wenn nicht revidiert werden.[12]

Statt dessen könnte man für diesen Zeitraum eher von einer Nationalisierung des Gemeinsinns sprechen. Das soll heißen, daß sich um die Jahrhundertwende bedeutende

---

[10] In der neuzeitlichen (englischen) Tradition des klassischen Republikanismus wird die ungeteilte Partizipation an staatlich-politischen Einrichtungen betont. Eine Trennung zwischen privatem und öffentlichen Bereich war unnötig und unbekannt. Zur Entwicklungsgeschichte des Begriffs siehe Hibst 1991; Wirsching 1990.
[11] Zur These des „Abschieds" Nolte 1992, S. 625.
[12] Dolf Sternberger über die Epoche Bismarcks: „In dieser Epoche ist der bürgerliche Charakter dem Bürger abhanden gekommen und an den Staatsdiener übergegangen." Sternberger 1956, S. 198.

Stifter, wie etwa die Berliner Großkaufleute Eduard Arnhold und James Simon nicht mehr nur im Rahmen der Stadtgemeinde, sondern zunehmend in der nationalen Wissenschafts- und Sozialpolitik engagierten. Der Frankfurter Stifter Wilhelm Merton formulierte diesen Standpunkt Anfang der 1890er Jahre programmatisch: „Verfolgen doch Wohlthätigkeit und Gemeinsinn das gleiche Ziel wie Staat und Gemeinde, soweit die Fürsorge für die Wohlfahrt der Volksklassen, die besonderen Schutzes bedürfen, in Betracht kommt."[13]

Das Beispiel Mertons zeigt, daß der Gemeinsinn, wie er im bürgerlichen Stiftungswesen für Wissenschaft und Soziales, aber auch im Kunstmäzenatentum zum Ausdruck kam, immer auch eine politische Tugend gewesen ist und nicht mit bloß altruistischem oder schöngeistigem Handeln verwechselt werden darf. Es ging den sozial engagierten Stiftern um die öffentliche Demonstration von Verantwortungsbewußtsein, aber auch um die Inszenierung ökonomischer und politischer Macht mit Blick auf die symbolische Anerkennung innerhalb der Elite und – in einer Zeit wachsender sozialer Gegensätze – um den Versuch einer sozialen Harmonisierung „von oben", mit dem Ziel der Wahrung sozialer Distanz.

Aus demokratischer Perspektive wurde dieser Aspekt der bürgerlichen Neigung zum großen Opfer früh kritisiert. So heißt es bei Alexis de Tocqueville: „Gerne wollen sie dem Volke Wohltaten erweisen, aber immer sorgfältig die Distanz wahren. Sie meinen, das genügte, sie irren sich. Sie würden sich so ruinieren, ohne das Herz der Bevölkerung zu rühren. Nicht das Opfer ihres Geldes verlangt sie von Ihnen, sondern das Opfer ihres Hochmuts."[14]

Tocqueville hatte früh erkannt, daß sich die großen bürgerlichen Stifter in der Moderne, anders als die fürstlichen Mäzene in der Epoche des Absolutismus, immer auch vor dem Forum einer kritischen bürgerlichen Öffentlichkeit zu verantworten haben. Dieses zentrale Merkmal des modernen Stiftungswesens hat bisher nicht die gebührende Beachtung gefunden. Im folgenden wird es deshalb auch darum gehen, am Beispiel der Entwicklungsgeschichte des Stiftungswesens die Wandlungs- und Anpassungsfähigkeit der Formen des Gemeinsinns in der bürgerlichen Gesellschaft zu zeigen. Im Zentrum steht dabei die Frage nach dem Verhältnis von Bürgern und Staat vor dem Forum einer kritischen Öffentlichkeit.

Die Argumentation wird in drei Schritten geführt. Erstens wird der Beginn des modernen Stiftungswesens im Spätabsolutismus als frühe Allianz zwischen staatsnahem Bürgertum und Behörden interpretiert. Diese Allianz zerbricht, so die These, im politischen Restaurationsklima der ersten Hälfte des 19. Jahrhunderts. Unter der Führung des liberalen Bürgertums bilden sich statt dessen im Zeitraum bis etwa 1848 neue, staatsferne Formen eines nun korporativ gefaßten Gemeinsinns heraus. Im späten Kaiserreich kommt es dann zu einer neuen, machtorientierten Allianz zwischen großbürgerlicher Gemeinwohlorientierung und Nationalstaat, die nach 1918 durch Revolution und Inflation zunehmend unter Druck gerät.

Entscheidend ist jeweils die Bindung des Stifters oder auch des Mäzens an die Institution, denn nur diese gewährleistet Autonomie und Dauer der Initiative. Dabei ist die

---

[13] Zit. nach Achinger 1965, S. 114.
[14] Tocqueville 1985, S. 246.

Frage sekundär, ob sich der Stifter an eine selbstgeschaffene Institution bindet oder an bereits bestehende Institutionen. Auch wenn heute „Bürgerlichkeit" als verbindlicher Lebensstil im Sinn des 19. Jahrhunderts nicht mehr existiert, so haben im Stifterbild dennoch Teile der bürgerlichen Wertvorstellungen überlebt, wenn auch in veränderter Form. Bei der Erkundung der Geschichte des Gemeinsinns handelt es sich deshalb auch um eine Form der „Wiederaneignung der Moderne" (Peter Alheit).[15]

II. Staatsnähe und bürgerliches Selbstbewußtsein im Spätabsolutismus

Für die Bürgerschaft der Städte gehörten im Spätmittelalter die religiös fundierten und gemeinsam getragenen Fürsorgemaßnahmen zum Selbstverständnis, nicht nur für Angehörige der eigenen sozialen Gruppe, sondern für die gesamte Stadtgemeinde. Zwar waren die Organisationsstrukturen der Armenfürsorge in den einzelnen Städten des Alten Reichs unterschiedlich entwickelt. Es gab weder einheitliche Regelungen, noch eine besondere Aufgabenteilung. Trotzdem lassen sich auf der Basis neuerer Forschungsergebnisse einige allgemeine Aussagen treffen, vor allem, was das Verhältnis der kommunalen Armenfürsorge zur Kirche und zum frühneuzeitlichen Staat angeht.[16]

Zunächst hatten sich bereits im Spätmittelalter private Stiftungen als Organisationsformen des Stadtbürgertums gegen die bis dahin dominierenden kirchlichen Institutionen herausgebildet. Allerdings standen Frömmigkeitspraxis und säkularer Bürgergeist in jener Zeit nicht unbedingt im Widerspruch zueinander. Die Stifterinitiative am Beginn der Neuzeit richtete sich nicht nur auf das Seelenheil des Stifters, sondern auch auf eine Verbesserung der Lebensqualität der Bürger, wenn auch diese Diesseitsorientierung immer religiös vermittelt war.[17]

Im Verlauf der Frühen Neuzeit begann sich das Stifterbild grundlegend zu wandeln. Vor allem im 17. Jahrhundert, in einer Zeit religiöser Unruhen, verheerender Kriegszüge und der voranschreitenden Etablierung der absolutistischen Fürstenherrschaft, wurden die überlieferten Formen der Selbsthilfe des städtischen Bürgertums mehr und mehr an den Rand gedrängt. Die chronische Ressourcenknappheit der ständischen Gesellschaft, verschärft durch eine tiefe ökonomische Krise, förderte die Abwehrhaltung gegenüber neuen Ansprüchen.[18]

An die Stelle der Gemeinwohlorientierung traten mehr und mehr soziale Disziplinierung und repressive Kontrolle. Die in zahlreichen Städten von der jeweiligen Obrigkeit errichteten Armen-, Zucht- und Arbeitshäuser waren ein Ausdruck des fortgeschrittenen Prozesses der Rationalisierung und Institutionalisierung der traditionellen Formen bürgerlicher Wohltätigkeit. Im Ergebnis waren diese Zwangsinstrumente zur Lösung sozialer Probleme ungeeignet, wenn man auch die Vorteile gegenüber den privaten Stiftun-

---

[15] Alheit 1994, S. 24f.
[16] Vorbildlich sind die Studien zur Geschichte der Armenfürsorge und der Sozialpolitik in Münster von Franz-Josef Jakobi u. a. 1995–1997.
[17] Zur Konkurrenz zwischen Bürgern und Kirche vgl. Sachße/Tennstedt 1980; Boockmann 1997.
[18] Vgl. Schulze 1986.

gen, etwa die größere Verteilungsgerechtigkeit und Berechenbarkeit der frühen staatlichen Fürsorge, nicht übersehen darf.

Erst gegen Ende des 18. Jahrhunderts, im Reformklima der Aufklärungszeit, aber auch unter dem Einfluß eines weltzugewandten Pietismus, begann das gebildete Bürgertum in zahlreichen Städten nicht nur eine Änderung des festgefahrenen Instrumentariums staatlicher Wohlfahrtspolitik, sondern, unter dem Gesichtspunkt gewandelter Bedürfnisse, auch ein verstärktes individuelles Engagement der Stadtbewohner zu fordern. Der „Gemeinnutzen" war nicht nur ein beliebtes Losungswort unter debattierenden Aufklärern, sondern wurde ganz konkret als Aufforderung zu vernünftigem Handeln verstanden. Der Zusammenhang von Gemeinsinn und Gemeinnutzen beschreibt seither die Ausgestaltung zivilgesellschaftlicher Räume nach dem Muster bürgerlicher Tugenden (Bürgersinn, Toleranz, Zivilität).[19]

Es war das vorrangige Ziel der bürgerlichen Philanthropen, allesamt Angehörige einer neuen innerstädtischen Elite, die Strukturmängel des bisherigen kommunalen Fürsorgesystems zu beseitigen. Dabei spielten auch andere Aspekte des Wertekanons, die nun im Rahmen der gesamten Stadtgemeinde durchgesetzt werden sollten, eine wichtige Rolle. Der „Müßiggang" der Armen galt in der angehenden dynamischen Leistungsgesellschaft als das soziale Übel schlechthin. Arbeitsbeschaffungsmaßnahmen (modern gesprochen) hielt man deshalb für sinnvoller als obrigkeitliche Bettelverbote oder die unkontrollierte Almosenabgabe durch kirchliche Amtsträger.

Die Orientierung am Gemeinwohl war um 1780 nicht mehr nur Sache der Obrigkeit, sondern wurde von der Bürgergemeinde zunehmend in eigener Regie wahrgenommen. Zwei Gründe waren dafür ausschlaggebend. Zum einen zählten Mitleid und Wohltätigkeit im Zeitalter der Empfindsamkeit zum neuen bürgerlichen Tugendkanon. Zum anderen wurde die Rede vom „gemeinen Nutzen" zum Motor der politisch-sozialen Veränderung in spezifisch bürgerlichen Organisationsformen. Eine Vielzahl von patriotischen Vereinen mit zunächst weitgespannter Zwecksetzung war gegen Ende des 18. Jahrhunderts in zahlreichen Städten entstanden.[20]

Das Spendensammeln war in den meisten dieser geselligen Vereine üblich. Allein in der Leipziger Gesellschaft „Harmonie" kam von der Vereinsgründung 1776 bis 1829 der beachtliche Betrag von 43.100 Talern zusammen.[21] Es ging den Bürgern darum, die Armut punktuell und effektiv dort zu bekämpfen, wo sie auftrat. Man bediente sich dabei der neuen Kommunikationsmöglichkeiten der bürgerlichen Öffentlichkeit, etwa der Zeitschriften, genauso wie der neuen Organisationsform des Vereins. Die zahlreichen, meist seit dem Spätmittelalter existierenden „milden" Stiftungen galten dagegen zunehmend als reformbedürftig. Man nahm an, daß die regelmäßige Unterstützung von Armen nur deren Müßiggang fördere, statt diese Personengruppe zur Arbeitsamkeit anzuregen.

Darüber hinaus kritisierte man auch die Eitelkeit und den Egoismus der Stifter, die aus religiösen Motiven oder im kirchlichen Rahmen spendeten. Der radikale Demokrat

---

[19] So bildete sich zum Beispiel 1788 in der Stadt Münster unter der Leitung des Arztes Dr. Theodor Lutterbeck ein „Verein für die Versorgung der Armen". Vgl. Küster 1995.
[20] Zur Frage des Gemeinwohls im Vereinswesen der Zeit siehe Nipperdey 1976, S. 178.
[21] Vgl. Sobania 1996, S. 186.

Georg Friedrich Rebmann äußerte sich 1795 kritisch über die bestehenden milden Stiftungen der Stadt Nürnberg: „Es gehört vielmehr zum Beatenton, der arme Arbeiter zu Bettlern macht, um gegen ihre Witwen und Waisen eine prunkende Wohltat auszuüben, wobei zuerst darauf gesehen wird, daß der Name des Erzeigers unvergessen bleibe."[22]

Hier wird, über die Polemik gegen den großen Einzelnen hinaus, eine grundlegende Problemstellung sichtbar, nämlich die Frage nach der Herstellung einer zeitgemäßen Verbindung von Gemeinwohlorientierung und Bürgersinn, bezogen auf die Herstellung vernünftiger, d. h. wertgeleiteter sozialer Beziehungen. Gerade die Nähe der bildungsbürgerlichen Eliten zum Staat hat in der zweiten Hälfte des 18. Jahrhunderts zu Stiftungen geführt, wie sich ebenfalls am Beispiel der Stadt Münster belegen läßt. Dort markiert etwa die Familien- und Sozialstiftung des fürstbischöflichen Beamten Friedrich Christian Siverdes aus dem Jahr 1768 den Übergang zur modernen Armenfürsorge. Familientradition und Religiosität der Bürger standen hier im Einklang mit den Reformwünschen des bischöflichen Landesherrn.[23] Die Bindung an den modernen Staat brachte für den einzelnen Stifter auch den Vorteil, daß er sich auf diese Weise vor Kritik aus den eigenen Reihen der Bürger besser schützen konnte.

Ohne den Bezug zum spätabsolutistischen Staatswesen schien zunächst keine Form der privaten Wohltätigkeit denkbar. Die kritische bürgerliche Intelligenz war nicht unbedingt in der Begründung, wohl aber in der Zielperspektive mit den reformorientierten spätabsolutistischen Landesfürsten einig, die ihre begehrlichen Blicke auf die mitunter recht wohlhabenden Kirchenstiftungen richteten, um deren Vermögen säkularen Zwecken zuzuführen. Der moderne bürokratische Staat sollte angesichts aktueller sozialer Krisen die Freiheit haben, die nach dem Willen des jeweiligen Stifters „auf ewig" festgelegten Stiftungszwecke nach den Bedürfnissen der Zeit zu modifizieren, hatte Immanuel Kant in seiner „Metaphysik der Sitten" gefordert. Es ging dabei nicht darum, „die Stiftungen als solche zu treffen, sondern ihren Zweck dem Staatszweck wieder zu integrieren".[24]

Die prinzipielle Infragestellung des der Aufsicht des modernen Staates entzogenen Stiftungswesens fand auch ihren rechtlichen Niederschlag, etwa im preußischen „Allgemeinen Landrecht" von 1794. Demnach waren Armenhäuser, Hospitäler und andere soziale Einrichtungen fortan dem „besonderen Schutz des Staates" anvertraut. Wenig später, im Reichsdeputationshauptschluß (1803), wurden „fromme und milde Stiftungen" auch in anderen deutschen Ländern der landesherrlichen Aufsicht unterstellt. Die Neuordnung brachte auch Vorteile für künftige Stiftungen. Erst die Überwindung der bis ins späte Mittelalter zurückreichenden Strukturen machte im 19. Jahrhundert den Weg für die Entwicklung eines modernen Stiftungsrechts frei.[25] Deshalb wurde in jüngster Zeit in der Forschung zurecht darauf hingewiesen, daß Aufklärung und Säkularisa-

---

[22] Rebmann 1990, S. 511f. Der Terminus „Beatenton" könnte sich sowohl auf „beatae memoriae", also „seligen Angedenkens" (an den Stifter) beziehen, als auch auf das lateinische Sprichwort: „beati possidentes" (Glücklich die Besitzenden) anspielen. In jedem Fall ist der Bezug wohl ironisch gemeint.
[23] Vgl. Kleinknecht 1996.
[24] Schiller 1969, S. 191. Vgl. zu Kants Auffassung vom Stiftungswesen Liermann 1963, S. 174.
[25] Vgl. von Campenhausen 1998. Wegen der Fülle an Belegen immer noch nützlich: Liermann 1963.

tion nicht, wie in der älteren Literatur vielfach behauptet, „stiftungsfeindlich" gewesen sind, sondern das sich hier vielmehr ein Prozeß der Ausdifferenzierung und Verlagerung des traditionellen kommunalen Stiftungswesens erkennen läßt.[26]

III. Fürstliche Largesse und bürgerliche Sparsamkeit: Spannungen zwischen Staat und Stiftern im Vormärz

Nach der Niederwerfung Napoleons durch die verbündeten Mächte war das Bedürfnis nach einem dauerhaften Frieden in Europa allgemein. Wenn die Zeitgenossen um 1815 von einer Wiederherstellung der alten Ordnung sprachen, dann war damit nach den Wirren der Französischen Revolution und der napoleonischen Kriege mehr die Sehnsucht der Bürger und der Regierenden nach Ruhe und Ordnung gemeint, nach einem Leben in festen, vorausschaubaren Bahnen, als die Rückkehr zur Mißwirtschaft, Korruption und Desorganisation des fürstlichen Absolutismus alter Prägung. Die Maßnahmen der preußischen und bayerischen Reformbürokratie erwiesen sich im Großen und Ganzen als genausowenig umkehrbar wie die übergeordneten strukturellen Wandlungsprozesse: die fortschreitende Trennung des modernen Staatswesens von der Person des Fürsten, der gesellschaftliche Aufstieg des gebildeten und wohlhabenden Bürgertums, die Autonomisierung der Kunst und der allmähliche und regional unterschiedlich schnell sich vollziehende Übergang zur modernen Industrie- und Klassengesellschaft.

Als politische Reaktion auf diese Veränderungen entstand in den Monarchien Preußens und Bayerns der neuartige Herrschaftstyp des „romantischen, religiös-patrimonialen Autokratismus", verkörpert in den Herrscherpersönlichkeiten der Könige Ludwig I. von Bayern und Friedrich Wilhelm IV. von Preußen.[27] Er fand seine funktionale Begründung nach außen in der Elitenkonkurrenz der legitimen Fürsten untereinander und in der Kompensation realer Machtbeschränkung durch den neoabsolutistischen Herrschaftsanspruch, nach innen in dem Versuch, die voranschreitende Polarisierung zwischen den Ordnungsmächten Staat und Kirche einerseits und der liberalen Öffentlichkeit andererseits zu überdecken.

In diesem Zusammenhang kam es zu einer eigenartigen Spätblüte des fürstlichen Mäzenatentums für Kunst und Wissenschaft. Die neuen fürstlichen Mäzene konnten nicht mehr, wie noch eine Generation zuvor, ihrer absoluten Macht durch Kunstförderung Ausdruck verleihen, sondern förderten umgekehrt die Künste, um ihre Herrschaft neu zu begründen. Die bekannte Äußerung des Kronprinzen Ludwig v. Bayern gegenüber dem französischen Gesandten in München macht den Aufstieg eines neuen Typs von Mäzen aufgrund gewandelter gesellschaftlicher Verhältnisse deutlich: „Nach Bonaparte müsse man auf den Ruhm der Waffen verzichten. Um ein großer Fürst zu werden, sei das Land Bayern ein viel zu enger Spielraum, so daß nichts übrigbleibe als der Mäzen Europas zu werden."[28]

---

[26] Vgl. Kleinknecht 1996, S. 24.
[27] Blessing 1982, S. 59. Vgl. für Preußen Barclay 1995.
[28] Zit. nach Ludwig I. von Bayern. Der königliche Mäzen (Ausstellungskat.) München 1986, S. 9.

Ein zentraler Widerspruch war im Restaurationskönigtum von vornherein angelegt. Ein Zurück zur exklusiven höfischen Öffentlichkeit konnte es nicht geben. Man war statt dessen auf das mittlerweile etablierte Forum der bürgerlichen Öffentlichkeit angewiesen. Das finanzielle Engagement des Königs für Kunst und Wissenschaft wurde in Teilen des Bürgertums aus politischen und moralischen Gründen abgelehnt. Schließlich diente es nicht dem Gemeinwohl, sondern der Darstellung der monarchischen Selbstherrschaft, die auf jede Beteiligung der Bürger an der politischen Macht verzichten zu können glaubte. In absolutistischen Staaten, so hatte Karl von Rotteck geurteilt, könne „vom eigentlichen Gemeingeist" nicht die Rede sein, weil hier die Bürger alles Interesse am öffentlichen Wohl verlören.[29]

Seit 1803 hatte die Staatsmacht vor allem durch die Mediatisierung der Reichsstädte und die Eingliederung der Stadtbürger in den Untertanenverband massiv in die Autonomierechte der Bürgerschaft eingegriffen. Auch daraus resultierte eine Abwehrhaltung der Bürger vor Ort gegen den Staat und seine Repräsentanten.[30] Weitere, weniger politische und vielmehr soziale und kulturelle Gründe nicht nur für eine Ablehnung der fürstlichen Largesse, sondern des Stiftens überhaupt finden sich, wenn man die Entwicklungsgeschichte der beiden wichtigsten Formationen des Bürgertums, Bildungsbürger und Wirtschaftsbürger, näher betrachtet: Im späten 18. Jahrhundert zählten die meisten aufstiegswilligen Bürger zum staatsnahen Bildungsbürgertum. Das gewachsene Selbstbewußtsein der Beamten spiegelte sich auch im geschilderten Engagement für das Gemeinwohl im lokalen Umfeld.

Im 19. Jahrhundert begann sich jedoch parallel zur beginnenden Industrialisierung und zum Aufstieg der Unternehmer ein normativer Wandel im Sinne einer Verlagerung des Wertehorizontes von der Freigebigkeit zur Sparsamkeit abzuzeichnen. Die Heiligung der Arbeit und das rastlose Erfolgsstreben, das sich am wachsenden Privatvermögen ablesen ließ, forderte einen weitreichenden Konsumverzicht und Gratifikationsaufschub von der neuen Unternehmerschicht. Der Primat des wachsenden Kontostandes bestimmte die gesamte Lebensführung. Geldverdienen, nicht Geldausgeben, war das erste Gebot.[31]

Blickt man auf die strukturellen Veränderungen in der Welt des Bürgertums, dann läßt sich noch ein weiteres Argument für die Skepsis gegenüber großzügigen Stiftungen in der ersten Hälfte des 19. Jahrhunderts finden. Es geht um die mit der Trennung der Berufstätigkeit vom Privatleben einhergehende Änderung der Familienformen. Durch die Trennung des Produktions- vom Reproduktionsbereich rückte die Liebe als ehestiftendes und -erhaltendes Motiv sowie die verstärkte Aufmerksamkeit auf die Erziehung der Kinder in den Mittelpunkt der bürgerlichen Familie.[32] Diese starke Familienorientierung hatte im Wirtschaftsbürgertum auch eine ökonomische Funktion. Die durch Endogamie sich herausbildenden verwandtschaftlichen Netzwerke bildeten eine wichtige Voraussetzung für den anlaufenden Industrialisierungsprozeß. Geborene oder angeheiratete Familienmitglieder stellten das nötige Kapital für die Firmengründung oder -erweiterung zur Verfügung, brachten Firmennachfolger oder Teilhaber und sorgten durch die Weitergabe wirtschafts-

---

[29] Rotteck 1838, S. 453.
[30] Vgl. Möller 1993.
[31] Über den „Konsumverzicht zugunsten investiver Ausgaben" siehe Zerback 1993, S. 210.
[32] Vgl. Rosenbaum 1982.

bürgerlicher Werte an die nächste Generation für die nötige Motivation und Qualifikation. Exklusive Sozialbeziehungen sorgten für gute Geschäfte in den sich herausbildenden Wirtschaftsclans.[33]

Trotz der genannten Tendenzen gehörte auch im Vormärz das Engagement für das Gemeinwohl zu den grundlegenden Charakteristika stadtbürgerlichen Handelns. Die Sparsamkeit des Kaufmanns fand ihre Grenze in der Verpflichtung des Bürgers, sich für das Gemeinwohl zu engagieren, also Gemeinsinn zu zeigen. Wer sich etwa einer öffentlichen Kollekte zum Wohle der Armen unter Berufung auf das Sparsamkeitsgebot verweigern wollte, machte sich des „Egoismus" bzw. der „Engherzigkeit" schuldig, die nach Rotteck „den Gegensatz des Gemeingeistes bildet". Der Verweis auf die asymmetrische Begriffskonstruktion kündet hier, wie schon in früheren Epochen, von stattfindenden Veränderungen im bürgerlichen Wertehaushalt.[34]

Im Vormärz begann sich auch eine weitere Form der Politisierung des Gemeinsinns abzuzeichnen. Die bürgerlichen Stifter bezogen sich nicht mehr selbstverständlich auf ihr lokales Umfeld, sondern ihre Stiftung war zugleich auch eine Demonstration politischer Unabhängigkeit. Man arbeitete mit den Vertretern des Staates zusammen, war aber zugleich auf Distanz bedacht. Diese Haltung läßt sich am Beispiel des liberalen Medizinprofessors Johann Lukas Schönlein zeigen. Dessen lebenslanges Engagement für das Gemeinwohl stand im Zentrum seiner Auffassung von republikanischem Geist und Bürgerhumanismus. Bereits seit 1833 hatte er von seinem beruflichen Wirkungsort Zürich aus sowohl die Bibliotheken als auch die naturhistorische Gesellschaft und den historischen Verein seines Geburtsortes Bamberg mit wertvollen Handschriften, Münzen und Büchern bedacht. So gelangten nach und nach etwa 25.000 Bände in die dortige Staatsbibliothek.

Am Beispiel von Schönleins verschiedenen Stiftungen im Wissenschafts- und Sozialbereich läßt sich exemplarisch die Herkunft der Motive aus dem Wertehorizont des akademisch gebildeten Bürgertums herausarbeiten: Die Anbindung an den älteren stadtbürgerlichen Stiftungsgedanken, der auf der Hochschätzung von Bildung und Ausbildung beruhende pädagogische Gestus, die Wahrnehmung gesellschaftlicher Verantwortung im engeren Lebensumfeld der Stadt, die Verbindung von „solidarischem Patriotismus" (Rudolf Vierhaus) und Geschichtssinn – und schließlich, als neues Element im Vormärz, die ausgesprochen antigouvernementale Ausrichtung. So heißt es in einem Brief Schönleins: „Ich habe nur die eine Besorgnis, daß es einmal der Regierung gefallen könnte, die Sammlung als Staatsgut auszuplündern, und was ihr gefällig, nach München zu schleppen."[35]

Für Schönlein war Gemeinwohlorientierung keine Angelegenheit des Staates und seiner Repräsentanten, sondern Ausdruck lebendigen Gemeinsinns. Seine Spenden sollten allen Bürgern nützen, nicht, wie beim Monarchen Ludwig I., nur schmückendes Beiwerk neoabsolutistischer Herrschaft sein. Diese Einstellung war ein wichtiges Kennzeichen bürgerlicher Stifter im Vormärz. Andere Beispiele ließen sich nennen, etwa dasjenige des

---

[33] Vgl. Kocka 1979. Zur Bedeutung von Familiennetzwerken vgl. Hopp 1997.
[34] Rotteck 1838, S. 451.
[35] Mälzer 1994, S. 60. Zum Begriff des solidarischen Patriotismus siehe Vierhaus 1980, S. 15.

Frankfurter Geschäftsmanns Johann Friedrich Städel, der sich in seinem Stiftungsbrief ausdrücklich jede obrigkeitliche Einmischung verbat.[36]

Aber auch die im späten 18. Jahrhundert herausgebildeten Tendenzen der kollektiven Gemeinwohlorientierung verstärkten sich im frühen 19. Jahrhundert. Die Grenzen zwischen persönlicher Stiftungsinitiative des Einzelnen und dem blühenden Vereinswesen waren fließend. In beinahe allen Städten Deutschlands hatten die Vereine als Institutionen der Bürgergesellschaft im frühen 19. Jahrhundert einen starken Aufschwung erlebt. Teilweise verlagerte sich auch innerhalb der Assoziationen der Schwerpunkt mehr und mehr von der Geselligkeit in Richtung der Pflege des Gemeinwohls. So hatten etwa die Befreiungskriege in Preußen die Entwicklung neuer Formen des privaten Engagements für wohltätige Zwecke begünstigt.[37]

Tatsächlich ist dieser Aspekt der privaten Wohltätigkeit nicht unbedeutend, wenn man die vielen bürgerlichen Frauen berücksichtigt, deren Engagement seit den 1830er Jahren in den zahlreichen Hilfsvereinen gegen die in dieser Zeit erstmals in Europa auftretende Cholera führend war. Viele der in den Not- und Krisenzeiten der 40er Jahre gegründeten Hilfsvereine waren nicht nur sozial, sondern auch religiös geprägt und veranlaßten vor allem Frauen aus höheren Gesellschaftskreisen immer wieder zum Stiften von Geld oder zu freiwilliger Mitarbeit. Aktivistinnen der frühen Frauenbewegung wie Amalie Sieveking forderten gar, daß die Männer ihre Verantwortung für die Wohltätigkeit an die Frauen abgeben sollten.[38]

Doch es waren die Kunstvereine, die zur Herausbildung der bürgerlichen Gemeinwohlorientierung in der männlich dominierten bürgerlichen Gesellschaft des 19. Jahrhunderts wohl am meisten beitrugen. Hier wurden nicht krisenbezogen Spenden gesammelt und hier war man wegen des zugrundeliegenden Bekenntnisses zur bürgerlichen „Kunstreligion" auch nicht konfessionell beschränkt. Seit 1815 hatten die Kunstvereine als Schrittmacher der Verbürgerlichung überall in Europa Verbreitung gefunden. So hieß es etwa über das Münchner Kunstvereinsleben: „Es war allgemein üblich an Sonntagvormittagen dem Hochamt in einer der Kirchen in der Innenstadt beizuwohnen, danach promenierte man zum Odeonsplatz, um dort die Militärparade anzusehen, sowie im Anschluß daran den Kunstverein im Hofgarten aufzusuchen und dort die neuesten Ausstellungsgegenstände zu betrachten."[39]

Um 1850 hatte beinahe jede größere Stadt in Deutschland ihren Kunstverein. Von den staatlichen Behörden und den jeweiligen fürstlichen Landesherren wurden diese Kunstvereine wegen ihrer unpolitischen Haltung geduldet. Für die im Vormärz vorherrschende monarchische Kunstpolitik waren diese neuen Formen kollektiver Kunstförderung ohne Interesse. Doch auch ohne explizites politisches Engagement waren mit den Kunstvereinen vor allem in den freien Städten Institutionen entstanden, in denen das Bürgertum

---

[36] Siehe bei Ziemke 1980, S. 5-6.
[37] Vgl. Frey 1999, Kap.1.
[38] Zur religiösen Ausrichtung der Wohltätigkeit im frühen 19. Jahrhundert Sachße/Tennstedt 1980. Vgl. zur Rolle der Frauen Prelinger 1987.
[39] Zit. nach Langenstein 1983, S. 89.

seine Vorstellung von einer gemeinsamen Kultur gegenüber der fürstlichen Kunstpolitik etablierte.[40]

So fanden in den Kunstvereinen die wichtigsten Kräfte des bürgerlichen Aufbruchs in jenem Zeitraum, die Bildungsbewegung, die Dilettantenbewegung, die Assoziationsbewegung und die Nationalbewegung im Wunsch nach einer gemeinsamen Bürgerkultur gleichermaßen ihren Ausdruck. Kunstvereine waren deshalb nicht nur Korporationen, Körperschaften im juristischen Sinn mit definierten Satzungszielen, sondern auch Formen aktiven Gemeinschaftshandelns, deren Dynamik weit über den profanen Vereinszweck hinausreichte. Die Institutionalisierung bildete auch den notwendigen Rahmen, um den frühzeitig sichtbaren Widerspruch zwischen Theorie und Praxis des bürgerlichen Kulturbegriffs zu überdecken. Der theoretischen Verallgemeinerung der kulturellen Errungenschaften mit dem utopischen Ziel einer alle Menschen umfassenden „Bürgerlichen Gesellschaft" stand die praktische Abgrenzung gegenüber der ungebildeten Mehrheit der Bevölkerung gegenüber.

Die Kunstvereine waren als Teil der allgemeinen Ausdehnung des bürgerlichen Organisationswesens nicht nur Institutionen der „Einbürgerung der Kunst" (Walter Grasskamp) sondern auch der Einbürgerung des Gemeinsinns.[41] Die Mitglieder rekrutierten sich in der großen Mehrheit aus dem gehobenen Bildungs- und Wirtschaftsbürgertum und dem hohen und niedrigen Adel. Als soziale Netzwerke unterstützten die Vereine nicht nur einzelne Künstler, sondern repräsentierten auf einer höheren Ebene Humanität und Bürgersinn. Nicht die Person des einzelnen Stifters, wohl aber Gemeinsinn als soziale Handlungsform stand im Mittelpunkt der bürgerlichen Vereinskultur. Das erklärt auch die eher unpolitische Haltung der meisten Kunstvereine im Revolutionsjahr 1848. Die Parole von der „Erhebung der Herzen" statt einer „Erhebung der Waffen" verdankt sich der Idee vom sozialen Kompromiß: Der Umgang mit der Kunst war nicht Selbstzweck, sondern wurde der bürgerlichen Moral in einer Weise untergeordnet, daß sowohl die Kaufleute in ihrem Leistungs- und Sparsamkeitsethos, als auch die Bildungsbürger in ihrem pädagogischen Eros sich darin wiedererkennen konnten.[42]

Daß sich das bürgerliche Stiftungswesen – von wenigen Ausnahmen, wie dem bereits erwähnten Frankfurter Städel-Institut abgesehen – in seinem frühen Entwicklungsstadium nicht als Großtat einzelner, aus der Menge herausgehobener Individuen zeigte, sondern im Gegenteil aus dem gemeinsamen Handeln seine Kraft zog, verdankt sich in erster Linie den dargestellten politischen, wirtschaftlichen und gesellschaftlichen Verhältnissen der Zeit, dem Gegensatz zum nach wie vor präsenten fürstlichen Mäzenatentum, dem Zwang zur Sparsamkeit und dem Drang zur sozialen Distinktion. Die Assoziation bot ferner die Möglichkeit, die auftretenden Spannungen zwischen Egoismus und Gemeinwohlorientierung zu überwinden. Nach dem gescheiterten Versuch der politischen Teilhabe 1848 suchte man schließlich nach neuen Wegen, im Obrigkeitsstaat politischen Einfluß auch ohne die Gewährung von Freiheitsrechten geltend zu machen. Im Keim waren schon alle Faktoren angelegt, die in der darauffolgenden Epoche des Kaiserreichs unter gewandelten Bedingungen zum Auftreten der großen bürgerlichen Stifter und Mäzene führen sollten.

---

[40] Großmann 1994.
[41] Vgl. Grasskamp 1993 und Kaschuba 1994.
[42] Vgl. Kaschuba 1994. Zum Verhältnis von Vereinswesen und Politik vgl. Hardtwig 1984.

IV. Die Nationalisierung des Gemeinsinns im späten Kaiserreich

Im Gegensatz zum späten 18. Jahrhundert, wo das aufgeklärte Bildungsbürgertum die Reforminitiative geführt hatte, und auch im Gegensatz zum frühen 19. Jahrhundert, wo sich der private Wohltätigkeitssektor und das kollektive Stiftungswesen meist entfernt von staatlichen Einrichtungen und Eingriffen, ja sogar in bewußtem Gegensatz zur monarchischen Kunstpolitik entwickelt hatten, kam es vor dem Hintergrund der Veränderung der gesamtgesellschaftlichen Rahmenbedingungen, vor allem durch Industrialisierung und Urbanisierung, aber auch durch Strukturveränderungen im Bürgertum selbst, in der wilhelminischen Epoche sowohl zu einem Aufschwung des bürgerlichen Stiftungswesens in einzelnen Kommunen, als auch zur Entstehung neuer, staatsnaher Formen der Gemeinwohlorientierung.

Dieser Aufschwung des kommunalen Stiftungswesens um 1900 läßt sich zahlenmäßig belegen. Allein in Berlin stieg die Zahl der Stiftungen zwischen 1896 und 1910 von 1.000 auf 1.700. Für Nürnberg und Mannheim liegen ähnliche Zahlen vor. In Düsseldorf wuchs das Stiftungsvermögen zwischen 1870 und 1910 von etwa 272.000 Mark auf über 9 Millionen Mark. Für viele Städte (Dresden, Lübeck, Leipzig, München, Hamburg) existieren Stiftungsbücher und Verzeichnisse der Wohltätigkeitseinrichtungen aus jener Zeit. Darin läßt sich als Trend ablesen, daß sich das Stiftungswesen um 1900 stärker in Richtung Wissenschaft und Kunst orientierte, wenn auch die sozialen Stiftungen weiterhin führend blieben.[43]

Daß sich Umfang und Charakter des bürgerlichen Stiftungswesens in gegen Ende des 19. Jahrhunderts im Vergleich zum Vormärz in wichtigen Punkten änderte, hat nicht nur mit den durch die Reichsgründung gewandelten politischen Umständen, sondern auch mit Verschiebungen im Wertehorizont der Bürger zu tun. Mit der Entstehung großer Vermögen und der wachsenden Selbstsicherheit der international operierenden Großunternehmer wandelte sich nach und nach auch der Lebensstil der Angehörigen dieser neuen Klasse, vor allem in der neuen Reichshauptstadt Berlin. Das wohlhabenden Spitzen des Bürgertums lehnten sich ideologisch stärker an den neuen preußischen Machtstaat (weniger an den Erbadel) an. Begünstigt durch das anhaltende Wirtschaftswachstum war am oberen Ende des Bürgertums eine sehr kleine großbürgerliche Elite entstanden, deren aufwendiger Lebensstil nur noch wenig mit bisher verbindlichen bürgerlichen Werten des Vormärz zu tun hatte. Die zunehmend erfolgsverwöhnten Unternehmer nahmen es mit der Sparsamkeit nicht mehr allzu genau. In ganz Europa galt nun in jenen Kreisen: „Geldausgeben wurde ebenso wichtig wie Geldverdienen".[44]

Unter der doppelten Voraussetzung der Herausbildung einer elitären Kultur der Reichen und der wachsenden Dominanz des Staates und der Behörden in der Sozial- und Wirtschaftspolitik nahm die Gemeinwohlorientierung der Bürger im Kaiserreich nicht etwa ab, sondern vielmehr zu. Ein Grund lag wohl darin, daß die Problemlösungskompetenz im Stadtbereich noch nicht vollständig auf den Staat bzw. die kommunalen Behörden verlagert war. In Frankfurt am Main kam es in diesem Zeitraum zu einer bemer-

---

[43] Vgl. Hein 1997 sowie den Überblick auf der Grundlage der genannten Stiftungsverzeichnisse bei Schiller 1969.
[44] Hobsbawm 1989, S. 214.

kenswerten Symbiose eines erstarkten Stiftungswesens und einer forcierten städtischen Interventionspolitik. Gleichzeitig hatte die fürstliche Kunstpolitik endgültig an Bedeutung verloren, wenn sie auch keineswegs ganz verschwunden war. So war, sowohl auf kommunaler Ebene wie auf Reichsebene eine Lücke entstanden, in die wohlhabende, statusbewußte Bürger vorstoßen konnten.

Neben dem Erwerb von Kulturprestige lockte die Nähe zu den traditionellen Machteliten. Soziale Stiftertätigkeit und mäzenatisches Handeln im Bereich der Kunst und Wissenschaft waren deshalb sowohl für den sozialen Zusammenhalt und die innere Hierarchisierung des Bürgertums, als auch für den Wunsch nach der Inszenierung ökonomischer Macht und das soziale Distinktionsbedürfnis einer neuen großbürgerlichen Elite von herausragender Bedeutung. Unter den Voraussetzungen des rasanten Städtewachstums bildeten Klassenegoismus und Gemeinwohlorientierung nicht unbedingt einen Gegensatz.

Die Risiken des Urbanisierungsprozesses, besonders Trinkwasser- und Verkehrsprobleme, betrafen nicht nur die Unterschichten, sondern tendenziell die gesamte Stadtbevölkerung. Zwar nahm die kommunale Leistungsverwaltung deutscher Metropolen im internationalen Maßstab einen Spitzenrang ein. Zu ihrer Bilanz gehörte neben der Gesundheitspolitik auch ein verbessertes Verkehrswesen, ein differenziertes Schulsystem, wie auch eine zunehmend effizientere Sozial- und Sicherheitspolitik, die zur Minderung der Probleme des Zusammenlebens der verschiedenen sozialen Schichten in den Städten beitrug.

Es blieben aber große Bereiche, die allein den Marktgesetzen unterworfen waren und wo sich die Mißstände besonders häuften. So zählte zum Beispiel die Verbesserung der öffentlichen Hygiene um 1900 nicht nur im Deutschen Reich zu den zentralen Aufgaben in den rasch wachsenden Städten. Bekanntlich hat der amerikanische Stahlmagnat Andrew Carnegie in seinem „Gospel of Wealth" die Errichtung von Schwimmbädern als wichtiges Handlungsfeld für Stifter genannt. Auch der Hinweis in Hermann Wageners konservativen „Staats-Lexikon" (1863) zum Stichwort „Maecenas": „Er war der erste, der Schwimmbäder in Rom anlegte", war keineswegs zufällig. Noch im Jahr 1892 hatte eine Choleraepidemie in Hamburg über 10.000 Todesopfer gefordert.[45]

Nicht zuletzt wegen solcher Katastrophen konnte die Hygiene um 1900 zur Leitwissenschaft der zunehmend ausdifferenzierten privaten Fürsorgezweige unter bürgerlicher Obhut werden. Die Gesundheit „bildete einen Leitwert, der auch über kontroverse politische Standpunkte hinweg konsensfähig war".[46] Und, so muß man hinzufügen, auch über die tiefer werdenden Gräben zwischen den bürgerlichen Fraktionen hinweg. Gerade in diesem Bereich werden die integrativen Tendenzen der privaten Wohltätigkeit besonders augenfällig. Die „Volksgesundheitspflege" war integraler Bestandteil der bürgerlichen Reformstrategie im Kaiserreich, die die Verantwortung des Unternehmers für das „Volksganze" genauso spiegelte wie Elemente des überlieferten kommunalen Gemeinsinns und bürgerlicher Tugenden.

Es ist deshalb auch nicht weiter erstaunlich, daß sich der Textilgroßhändler James Simon, einer der größten Kunstmäzene des späten Kaiserreichs, als Mitglied des „Berli-

---

[45] Wagener 1863, S. 569.
[46] Sachße/Tennstedt 1988, S. 41.

ner Vereins für Volksbäder" an der Finanzierung zweier Volksbadeanstalten beteiligte. Ebensowenig ist es ein Zufall, daß er sein soziales Engagement in einer autobiographischen Skizze ausdrücklich über seine Tätigkeit als Kunstmäzen stellte. Simon war kein Einzelfall. In Frankfurt am Main stiftete etwa der jüdische Bankier und Kommunalpolitiker Theodor Stern im Jahr 1888 das erste „Volks-Brausebad" für die „unbemittelten Schichten" der Stadt.[47]

Der Wohnungssektor war neben der Hygiene ein zweiter Schwerpunkt der bürgerlichen Gemeinwohlorientierung im Kaiserreich. Die unzureichende Wohnungsversorgung in den Großstädten bildete wegen der starken Binnenwanderung in der Industriearbeiterschaft eines der drängenden sozialen Probleme. Besonders an Kleinwohnungen für Arbeiter herrschte ein empfindlicher Mangel, da deren Wert überdurchschnittlich schnell sank und die Rendite für den Vermieter gering ausfiel. „Wohnungsnot" hieß deshalb das Stichwort, unter dem die Diskussion über eine Verbesserung der Wohnverhältnisse der Arbeiterschaft von bürgerlichen Sozialreformern, Ökonomen, Architekten und Stadtplanern geführt wurde. Stifter waren hier besonders gefragt, denn an Ideen fehlte es nicht, wohl aber an den notwendigen Finanzmitteln.[48]

In Frankfurt am Main brachten die Unternehmer Georg Speyer und Charles Hallgarten beinahe das gesamte Kapital von einer halben Million Mark zusammen, das zur Gründung einer Aktienbaugesellschaft für Kleinwohnungen nötig war. In derselben Stadt hatte der Metallindustrielle Wilhelm Merton vor 1900 eine ganze Reihe von sozialen Einrichtungen ins Leben gerufen, darunter einen „Verein zur Förderung des Arbeiterwohnungswesens" (1899).

Die Verdienste Mertons und anderer Unternehmer lagen darin, daß sie erstmals die Grundregeln effizienter Organisation vom Wirtschaftsleben auf den sozialen Bereich übertrugen und damit die Professionalisierung des Fürsorgesektors entscheidend vorantrieben, noch bevor der Staat diese Aufgabe übernahm. Das früher regional begrenzte bürgerliche Stiftungswesen erweiterte im Zuge dieser Professionalisierung seinen Handlungsspielraum auf die gesamte Nation.

Das beste Beispiel dafür ist das von Wilhelm Merton seit 1890 aufgebaute „Institut für Gemeinwohl" (IfG), ein in Deutschland einzigartiger Sozialkonzern mit Zweigniederlassung in der Reichshauptstadt Berlin („Büro für Sozialpolitik", seit 1904). Das IfG hatte neben praktischer Hilfe vor allem die gründliche Erforschung der Ursachen sozialer Mißstände zur Aufgabe. Das Vermögen des Instituts betrug 1914 mehr als 5 Millionen Mark. Merton gehörte zu jenen Großindustriellen im Kaiserreich, deren Stiftertätigkeit auf der Überzeugung gründete, daß wirtschaftliches Wachstum und die Förderung des Gemeinwohls selbstverständlich zusammengehörten, auch als Ausdruck der unternehmerischen Herrschaft: „Im Grunde war er patriarchalisch gesinnt und hatte für freie Selbstbestimmung der wirtschaftlich Abhängigen wenig Sinn. Er galt aber für ausgesprochen liberal", erinnerte sich der Soziologe Leopold v. Wiese, der Merton gut kannte.[49]

---

[47] Zur Stiftung Stern siehe Klötzer 1996. Zu Simons Mäzenatentum siehe Matthes 2000.
[48] Vgl. Zimmermann 1991. Zur Bedeutung der Wohnungsfürsorge im Stiftungswesen siehe auch Schiller 1969.
[49] Zit. nach Achinger 1965, S. 281. Vgl. Wolf 1988. Zu Hallgarten siehe Lustiger 1988.

Ein markanter Zug dieser Epoche ist die zunehmende Bereitschaft der großen und kleinen Stifter, mit den städtischen Behörden zusammenzuarbeiten. In der historischen Forschung hat man dies neuerdings mit der Verengung des lokalen Spielraums der Stadtbürger durch zentralistische staatliche Instanzen begründet, ein Prozeß, der letztlich nur noch die Identifikation mit dem Staat übrig ließ.[50] Allzu defensiv sollte man diese Entwicklung allerdings nicht interpretieren. Bereits 1880 wurde der „Deutsche Verein für Armenpflege und Wohltätigkeit" (DV) zur Regelung des Verhältnisses von privater und öffentlicher Fürsorge gegründet.

Mit den Zentralisierungsbemühungen der Privatwohltätigkeit läßt sich auch ein Ausgreifen von der lokalen auf die nationale Ebene nach dem Vorbild angloamerikanischer „Charity Organization Societies" konstatieren. Die 1899 gegründete „Centrale für private Fürsorge" war eine Tochterorganisation von Wilhelm Mertons „Institut für Gemeinwohl". Ihre Aufgabe war die Information über den Umfang der Unterstützungsfälle, die Koordination und Rationalisierung der bestehenden privaten Versorgungsstrukturen einschließlich der Zusammenarbeit mit den Behörden. Faktisch blieben die genannten Zentralisierungsbestrebungen in der privaten Wohlfahrtspflege jedoch auf eine Reihe von Großstädten beschränkt.[51]

Ebenfalls beachtenswert ist die zunehmende Ausdifferenzierung und auch die Verschulung und Verwissenschaftlichung des privaten Wohltätigkeitssektors im Kaiserreich. Die Neuorganisation der Armenverwaltung nach dem Prinzip der Ehrenamtlichkeit in vielen Städten, die Ausdifferenzierung, Zentralisierung, Verwissenschaftlichung und Bürokratisierung der privaten Wohltätigkeit waren Ergebnisse des bürgerlichen Gemeinsinns. Neben der traditionellen Armenfürsorge bildete sich damit vor dem Ersten Weltkrieg auf der Grundlage privater Initiativen mehr und mehr ein neues Fürsorgesystem für besondere Problemlagen heraus. Um schnell und zielgenau auf die sozialen Brennpunkte reagieren zu können, war geschultes, hauptamtliches Personal notwendig.

Die Interessen der wohlhabenden Stifter waren deshalb auch mit den Aufstiegs- und Karierrehoffnungen von Angehörigen der bürgerlichen Mittelschichten verbunden. Es waren neben interessierten Ärzten besonders die Vertreterinnen der bürgerlichen Frauenbewegung wie Alice Salomon, die eine fachspezifische Ausbildung für Frauen in „Sozialen Frauenschulen" forderten. Die verschiedenen Formen privater Wohltätigkeit, etwa die Gründung von Krankenhäusern oder Erziehungsanstalten wie dem Mosse-Stift in Berlin-Wilmersdorf (1895) waren auch für Angehörige der Mittelschichten attraktiv, denn sie förderten die Aufstiegs- und Karrierewünsche von gut ausgebildeten Frauen und Männern im Zeichen einer umfassenden Gesellschaftsreform.[52]

Finanziert wurden die kostspieligen Bauvorhaben der Krankenhäuser, Altenheime und anderer sozialer Einrichtungen zu einem großen Teil von ortsansässigen Fabrikanten und Kaufleuten aus wenigen „stiftungsaktiven" Familien. Mitglieder der Familien Mosse, Warschauer, Mendelssohn und Cassirer gehörten zu den Wohltätern, die aus

---

[50] Vgl. Scarpa 1995.
[51] Zu Wilhelm Mertons vielfältigen sozialen Unternehmungen, insbesondere der „Centrale für private Fürsorge" siehe Achinger 1965; vgl. allgemein dazu Sachße/Tennstedt 1988.
[52] Vgl. Sachße/Tennstedt 1988; zum Mosse-Stift siehe Kraus 1999.

dem Personenverband der Großfamilie heraus agierten. Am Beispiel der Stadt Charlottenburg läßt sich nachweisen, daß neben den großen Stifterpersönlichkeiten vor allem familiäre Netzwerke als Träger des sozialen Stiftungswesens fungierten. In Deutschland war die Hochschätzung familiärer Netzwerke und eine damit verbundene Stiftungsaktivität nirgends größer als im jüdischen Wirtschaftsbürgertum. Das galt nicht nur für den Sozial- sondern auch für den Wissenschaftsbereich. In der Kaiser-Wilhelm-Gesellschaft, der großen Organisation zur Wissenschaftsförderung, waren auffällig viele Senatoren jüdischer Herkunft (25 Prozent).[53]

Der Aufschwung des bürgerlichen Stiftungswesens in der zweiten Hälfte des 19. Jahrhunderts fiel in zahlreichen Städten zeitlich mit dem gemeinwohlorientierten Engagement jüdischer Stifter für die gesamte Stadtgemeinde zusammen. In der sozialhistorischen Forschung ist der Prozeß der Verbürgerlichung der jüdischen Elite in Deutschland als Paradigma des allgemeinen Verbürgerlichungsprozesses im Deutschland des 19. Jahrhunderts aufgefaßt worden.[54] Wenn diese These richtig ist, liegt es nahe, auch das jüdische Stiftungsinteresse im Kunst-, Wissenschafts- und Sozialbereich als Paradigma des bürgerlichen Gemeinsinns anzusehen. Darin liegt seine Bedeutung für die allgemeine Geschichte des Stiftungswesens in Deutschland bis 1914. Der Dresdner Bankier Georg Arnhold konstatierte in einer Ansprache vor Mitarbeitern seines Bankhauses bestehende „Anfeindungen" und zog daraus den Schluß, daß „wir uns von Niemand übertreffen lassen möchten an Schaffenskraft für das Gemeinwohl [...]".[55]

Es scheint besonders in der Reichshauptstadt Berlin ein wichtiges Motiv jüdischer, aber auch nichtjüdischer Unternehmer gewesen zu sein, durch ihre Stiftungstätigkeit in die Nähe des Kaisers zu gelangen. Assimilationsbemühen, Geschäftsinteresse, aber auch Loyalität und Nationalbewußtsein spielten eine Rolle. Man neigte hier ganz pragmatisch dazu, die Macht des Kaisers zu instrumentalisieren. Tradition und Integration, auf diese Kurzformel könnte man die jüdische Stiftertätigkeit bringen. Je stärker sich die Juden im Verlauf des Integrationsprozesses in der zweiten Hälfte des Jahrhunderts mit der deutschen Kultur identifizierten, desto stärker wurde auch das Engagement in den Bereichen Kunst, Hochschulwesen und soziale Einrichtungen. Die jüdischen Stifter versuchten erfolgreich, Beispiele für bürgerliches Verhalten zu geben.

Doch die Machtbezogenheit bildete ein wichtiges allgemeines Merkmal des wilhelminischen Stiftungswesens. Man bediente sich gerne der Möglichkeit, gegenüber der Öffentlichkeit, und, vielleicht noch wichtiger, gegenüber Seinesgleichen als Wohltäter oder Förderer der Künste und Wissenschaften in Erscheinung zu treten. Die symbolische Anerkennung als Angehöriger der wirtschaftlichen und kulturellen Elite zugleich war den wilhelminischen Stiftern und Mäzenen wichtiger als Orden und Titel. So ließ sich der soziale Aufstieg auf adäquate Art dokumentieren und gleichzeitig Gemeinsinn demonstrieren.

Sichtbar wurde der großbürgerliche Gruppenegoismus wie auch die Gemeinwohlorientierung im Kaiserreich auf dem Feld der Wissenschaftsförderung. Der Finanzbedarf auf diesem Gebiet war enorm. Die Einsicht in die Notwendigkeit der Unterstützung aus

---

[53] Vgl. Ludwig 1993; Augustine 1991; Vierhaus/vom Brocke 1990.
[54] Vgl. Volkov 1988.
[55] Zit. nach Lässig 1998, S. 234.

Kreisen des wohlhabenden Bürgertums überwand vielerorts das Mißtrauen von Behörden und Hochschulvertretern. Um 1900 tauchte das neue Schlagwort „Wissenschaftspolitik" erstmals auf. Der Strukturwandel in Bildung und Wissenschaft führte im Kaiserreich deshalb zu einer „modernisierungskräftigen Interessenkoalition von Bürokratie und Wissenschaft", die die Entwicklung im Zeichen des internationalen Wettbewerbs der Nationen weiter vorantrieb.[56]

In Deutschland war die 1911 nach französischen und us-amerikanischen Vorbildern gegründete Kaiser-Wilhelm-Gesellschaft als wichtigste außeruniversitäre und überregionale Wissenschaftsorganisation das Ergebnis einer konzertierten Aktion von Behördenvertretern, namhaften Wissenschaftlern und Vertretern einer reichsweit agierenden Großbourgeoisie, deren Spendenbereitschaft die Verwirklichung dieser Einrichtung erst möglich machte. Zur Förderung der Grundlagenforschung in der chemischen Industrie und dem Bau von Großforschungsanlagen brachten allein die 20 Senatoren aus der exklusiven Wirtschaftselite des Reichs (darunter Gustav Krupp v. Bohlen und Halbach, Wilhelm v. Siemens, Guido Graf Henckel Fürst v. Donnersmarck) Millionensummen auf.[57] Der Übergang zur kapitalintensiven Großforschung wurde so mit maßgeblicher Beteiligung privater Vermögen erst möglich gemacht.

Zahlreiche weitere Beispiele, auch aus dem geisteswissenschaftlichen Bereich, könnten hier genannt werden. Bei der gestiegenen Stiftungsbereitschaft für die Wissenschaft handelte es sich um eine kombinierte Förderung traditioneller und neuer Wissenszweige, um im Zeitalter imperialen Weltmachtstrebens gegen die vermeintliche oder tatsächliche Konkurrenz der anderen großen Nationen bestehen zu können. Es war keineswegs so, wie der amerikanische Elitenforscher Thorstein Veblen mit Blick auf die dortigen, von privaten Stiftungen getragenen Universitäten behauptet hat, daß die Stifter nur deshalb in klassische Bildung investierten, um so ihr Prestige auf Kosten des „bloß Nützlichen" zu steigern, sondern die meisten deutschen Stifter aus dem Wirtschaftsbürgertum glaubten statt dessen, ihre persönlichen Interessen mit dem Nutzen für die Gesamtgesellschaft zu verbinden und damit im „nationalen Interesse" zu handeln.[58]

Auf dem Feld der privaten Kunstförderung lassen sich unter dem Aspekt der „Nationalisierung des Gemeinsinns" ähnliche Entwicklungen beobachten wie in den Bereichen Wohltätigkeit und Wissenschaft. Hier stand die Herausbildung einer nationalen „Kultur der Reichen" im Vordergrund. Zwar behaupteten die zahlreichen deutschen Landesfürsten nach außen ihre traditionelle Rolle als Kulturträger. Doch hinter den Kulissen zeigt sich die schon im Stiftungswesen und in der Wissenschaftsförderung sichtbare Tendenz zur Kooperation zwischen den alten und neuen Eliten, allerdings mit veränderter Zielsetzung. Es ging nicht einfach um die Verlagerung der Mäzenatenrolle vom Fürsten auf den Staat oder gar auf private Geldgeber, sondern es kam zur die Entstehung vielfältiger Formen eines „gemischten Mäzenatentums" zwischen kunstinteressierten Monarchen, privaten Mäzenen aus der Großindustrie, dem Kunsthandel und von

---

[56] Schulze 1995, S. 36. Zum Auftauchen des Begriffs „Wissenschaftspolitik" in Adolf v. Harnacks Akademiegeschichte um 1900 siehe Vierhaus/vom Brocke 1990, S. 20.
[57] Vgl. die tabellarische Aufstellung der Senatoren und der gestifteten Summen bis 1. 8. 1914 in Schulze 1995, S. 45.
[58] Vgl. Veblen 1993.

bildungsbürgerlichen Traditionen geprägten Kunstbeamten in den Ministerien unter den wachsamen Augen einer durch die Verknüpfung von Reichsnationalismus und Kunst interessierten Öffentlichkeit.[59]

Das galt vor allem für die Kaiserstadt Berlin. Der dortige Museumsdirektor Wilhelm v. Bode verfolgte mit dem Projekt eines Renaissancemuseums das Ziel einer Verbindung von monarchischen Kunstinteressen, modischem Zeittrend und privatem Vermögen, was angesichts der Preise auf dem Kunstmarkt ohne die Einbeziehung reicher Kunstsammler nicht durchführbar war. Es war deshalb bereits frühzeitig das Hauptziel seiner Museumspolitik gewesen, die Nähe zu wohlhabenden Sammlern zu suchen oder als Kunstkenner bekannte Industriemagnaten durch Hinweise auf reizvolle Kunstobjekte zum Sammeln alter europäischer Kunst anzuregen, um schließlich das eine oder andere Stück als Schenkung in den Museumsbestand einreihen zu können.

Der Museumsdirektor bot ein Geschäft auf Gegenseitigkeit: Seine Kennerschaft, besonders der holländischen Malerei und der Kleinplastik der italienischen Renaissance, die Nähe zum kunstinteressierten Monarchen und genaue Kenntnisse der Strukturen des Kunstmarktes und der Bestände einzelner Kunsthändler brachte er ein; Gebefreudigkeit, Kunstinteresse und die Bereitschaft, sich gemeinsam mit anderen einer Idee unterzuordnen, sollten die künftigen Mäzene mitbringen.

Bode bediente sich geschickt der Tradition des korporativen Stiftens. Die Mitgliedszahlen in den zahlreichen Kunstvereinen des Reiches waren seit der Jahrhundertmitte, parallel zur zahlenmäßigen Ausweitung der bürgerlichen Mittelschichten, beständig angewachsen. Zwischen 1901 und 1911 erreichte das jährliche Budget dieser Assoziationen das Niveau des öffentlichen Kunsterwerbs. Die Kunstvereine waren die direkten Vorläufer der Museumsvereine. Der überall in Europa feststellbare Prozeß der Ausdifferenzierung auf diesem Sektor leitete deshalb eine neue Entwicklungsstufe des kollektiven Mäzenatentums ein.[60]

Der von Bode angeregte, noch heute bestehende Kaiser-Friedrich-Museums-Verein wurde bald zu einer bedeutenden Einrichtung in Deutschland und Europa. Der Museumsdirektor hatte zunächst nach dem Beispiel der National Gallery in London die Idee eines „Renaissance-Fonds" entwickelt, um auf Angebote auf dem Kunstmarkt flexibler reagieren zu können.[61] Die potentiellen Geldgeber, meist Großkaufleute und Industrielle jüdischer Herkunft, erst in zweiter Linie Bildungsbürger und adelige Rittergutsbesitzer, wünschten sich, den Traditionen bürgerlicher Kunstförderung und gleichzeitig dem gewachsenen Prestigedenken entsprechend, mehr Partizipation und auch mehr Präsenz in der Öffentlichkeit.[62]

Wie kam es zu dieser engen Zusammenarbeit zwischen einem Museumsdirektor und privaten Mäzenen auf dem Kunstsektor, die sich durchaus dem bereits beschriebenen Engagement im Wissenschaftsbereich an die Seite stellen läßt? Zunächst muß auf einen wichtigen Unterschied des wilhelminischen Kunstmäzenatentums im Vergleich zu den bürgerlichen Mäzenen der Jahrhundertmitte hingewiesen werden. Die aus dem vormärz-

---

[59] Zum Begriff des „gemischten Mäzenatentums" siehe Lenman 1994, S. 66.
[60] Vgl. Lenman 1993.
[61] Vgl. von Stockhausen 1997.
[62] Vgl. Borgmann 1997.

lichen Liberalismus und dessen Leitwerten gespeiste, skeptische Einstellung gegenüber dem Staat und seinen Vertretern war mit dem Auftreten der großen Stifter und Mäzene seit der Reichsgründung der Bereitschaft zur Zusammenarbeit mit den Behörden auf der Grundlage gemeinsamer nationaler Überzeugungen (bisweilen auch geteilter nationalistischer Ressentiments) gewichen.

Ein wichtiges Motiv für das Engagement der Stifter und Mäzene war auch hier, ähnlich wie im Wissenschaftsmäzenatentum, die durch Bodes Kunstpolitik ermöglichte Nähe zum Kaiser und die damit verbundenen exklusiven politischen Kontakte in die Staatsspitze hinein, die wiederum wirtschaftliche Vorteile versprachen. Die großen Stifter wurden vom Kaiser persönlich geehrt, verliehene Orden und Titel versprachen Einladungen zu Hoffesten oder anderen exklusiven Veranstaltungen.

Mehr noch dürfte aber der Prestigegewinn in der Öffentlichkeit für ein mäzenatisches Engagement ausschlaggebend gewesen sein. Der Stifter James Simon wünschte sich zum Beispiel im Berliner Museum eigene Räume und eine „klare Kennzeichnung des Stifters der vermachten Gegenstände", wie es im Vertrag zur 2. Schenkung hieß. Mit den von Bode bearbeiteten Ausstellungs- und Verkaufskatalogen hielten die Millionäre außerdem schriftliche Dokumente ihrer Bedeutung als Kunstfreunde in Händen. Bis heute erinnert man sich in Berlin der damaligen Kohle- und Textilgroßhändler, der Kabelfabrikanten, Kaufhausbesitzer und Bankiers, deren Ruhm durch den Geschäftserfolg allein kaum überdauert hätte.

Doch in der wilhelminischen Öffentlichkeit stand man den wohlhabenden Bürgern und der „Kultur des Stiftens" auch skeptisch gegenüber. Nicht nur der Publizist Maximilian Harden hat sich spöttisch über die wilhelminische Stiftungspraxis geäußert und die (angebliche) Unterordnung von bekannten Stiftern wie Eduard Arnhold unter den Willen des Monarchen Wilhelm II. kritisiert. Sein Kollege Alfred Kerr mokierte sich gelegentlich über den „Dezemberschrecken" der weihnachtlichen Wohltätigkeitsbasare der Berliner Neureichen oder über „die Herren Bleichröder und Schwabach [...] welche britannische Konsuln in Berlin sind und zum Jubiläum der greisen Viktoria etwas stiften mußten."[63]

Im Zentrum des wilhelminischen Kunstmäzenatentums stand das Repräsentationsbedürfnis der Angehörigen der Großbourgeoisie als Teil einer sozialen Elite. Hier pflegte etwa Wilhelm v. Bode den Hebel anzusetzen, indem er die Dekoration der Tiergartenvillen seiner Sammler mit wertvollen Kunstobjekten übernahm und gemeinsame Ausstellungen von privaten Sammelobjekten und ausgewählten Meisterwerken der königlichen Sammlungen organisierte. Der Museumsdirektor wurde so zum Designer des elitären Lebensstils seiner Zeit, zum anerkannten Richter in Geschmacksfragen. Diese Rolle ermöglichte zusammen mit der deutlichen Zweckgebundenheit des Vereins auch die Kooperation der ansonsten eher auf Distanz zueinander bedachten Elitegruppen aus dem Hochadel und der jüdischen Hochfinanz. Zudem war das Sammeln alter Kunst einerseits ein deutlich sichtbares Zeichen für die patriotische Einstellung und ein vorbildlich „staatstragendes" Verhalten der Sammler, andererseits aber auch Ausdruck bürgerlichen Selbstbewußtseins. Wenn James Simon schrieb, er habe „ein Beispiel geben wollen, wie kulti-

---

[63] Kerr 1997, S. 282, 337.

vierte Bürger sich [...] dem Staate gegenüber verhalten sollten", dann konnte damit sowohl Distanz als auch Nähe zur politischen Macht gemeint gewesen sein.[64]

V. Die Krise des Gemeinsinns im 20. Jahrhundert

Bei der Rückschau auf die vielfältigen Formen konkreten gemeinwohlorientierten Handelns im 19. Jahrhundert fällt zunächst die Vielzahl von gewandelten Einflußfaktoren auf, die die Ausbreitung des Gemeinsinns in der Moderne begünstigten. Der aus aufgeklärten, später liberalen Tugendmustern gespeiste sozialreformerische Antrieb, der Kampf um politische Freiheit und kommunale Selbständigkeit, das staatsferne bürgerliche Vereinswesen im Vormärz, die gewachsene Bedeutung der öffentlichen Meinung, die wachsende Furcht vor einer sozialen Revolution, der gestiegene Wert von Kunst und Kultur für das Selbstbild der Bürger, das Gewicht der Naturwissenschaften für die Wirtschaftsentwicklung, schließlich der Drang einer kleinen großbürgerlichen Elite, in die höchste Spitze der politischen Macht vorzudringen – das sind zentrale Punkte, die für den Wandel und auch für das rasante Wachstum auf dem Gebiet des „Dritten Sektors" bis 1914 verantwortlich waren. Im Ergebnis war das Erscheinungsbild des wohltätigen und geschmackvollen bürgerlichen Stifters in der Öffentlichkeit populär und exklusiv zugleich und damit sinnfälliger Ausdruck der sozialen und politischen Widersprüche im Wilhelminischen Reich.[65]

Die Not- und Krisenjahre zu Beginn der Weimarer Republik brachte zahlreiche tiefgreifende Veränderungen auf dem Stiftungssektor. Am 11. April 1919 bekam der Wohlfahrtsstaat in der Weimarer Reichsverfassung als „Verfassungskompromiß einer unvollendeten Revolution" erstmals Verfassungsrang.[66] Der Ausbau des Sozialstaates vollzog sich jedoch unter schwierigsten Startvoraussetzungen. Vor allem die Folgelasten des verlorenen Krieges hatten den Anstieg der Kosten beschleunigt. Die Probleme der Versorgung der vielen Verwundeten, Kriegsheimkehrer und Hinterbliebenen mit medizinischer Betreuung, Arbeit und Wohnraum waren durch bloße Mildtätigkeit nicht mehr zu bewältigen.

Daß der neue Rechtsanspruch der Bedürftigen auf Unterstützung von Seiten des Staates zu neuen Abhängigkeiten des Einzelnen von einer entpersönlichten Wohlfahrtsbürokratie führen würde, und daß der „Widerspruch zwischen programmatischer Großzügigkeit und materieller Dürftigkeit" gegen Ende der zwanziger Jahre immer offensichtlicher werden sollte, war zu Beginn der Republik noch nicht abzusehen.[67] Der neue Weimarer Sozial-

---

[64] Zit. nach Girardet 1997, S. 26.
[65] Vgl. Borgmann 1997. Zur Dialektik von Elitebildung und Demokratisierung (am Beispiel Graf Kesslers) siehe auch Hardtwig 1993.
[66] Sachße/Tennstedt 1988, S. 211. Der Übergang von den Anfängen staatlicher Sozialpolitik zum modernen Sozialstaat hatte bereits im Kaiserreich begonnen, doch mit der Übernahme des Sozialstaatsprinzips verlagerte sich der Schwerpunkt noch stärker von der privaten Wohltätigkeit zur Staatsaufgabe. Zwischen 1913 und 1929 stiegen die öffentlichen Sozialausgaben von 20,50 auf 101,50 Mark pro Kopf der Bevölkerung (ebd., S. 211).
[67] Vgl. Peukert 1987, S. 140. Zu den genannten Problembereichen der privaten Wohlfahrtspflege vgl. Sachße/Tennstedt 1988.

staat erreichte nur einen Teil der Bevölkerung und kompensierte auch nur einen Teil der Lebensrisiken. Raum für privates Engagement blieb also genug.

Es hat auch nicht an Versuchen von Seiten des Staates gefehlt, an die alte Zusammenarbeit für das Gemeinwohl anzuknüpfen. Ausgerechnet der preußische SPD-Kultusminister Konrad Haenisch berief sich auf die bürgerliche Tradition der Gemeinwohlorientierung: „Und wenn der alte, reiche Staat der Vorkriegszeit nicht zu stolz war, für solche Zwecke auch Privatgelder in Anspruch zu nehmen, so darf der arme, am Boden liegende und aus tausend Wunden blutende Staat von 1920 erst recht nicht zu stolz dazu sein."[68]

Doch die konkreten Ausformungen des Gemeinsinns beruhen auch auf dem Vertrauen in wirtschaftliche, politische und gesellschaftliche Stabilität eines Staatswesens. Und gerade davon konnte im Bürgertum der Nachkriegszeit keine Rede sein. Das Engagement der Bürger für das Gemeinwohl pendelte sich deshalb in der Demokratie auf deutlich niedrigerem Niveau ein. Ausschlaggebend war aber nicht allein die Staatsform. Wenn der Soziologe Leopold von Wiese im Jahr 1929 urteilte: „In politischer Hinsicht scheinen Monarchien und Aristokratien das Mäzenat mehr zu begünstigen als Demokratien", dann brachte er damit nur die eine, die politische Seite des Verhältnisses von Staat und Bürgern auf den Punkt.[69]

Die andere, die soziale Seite artikulierte man in bürgerlichen Kreisen nicht so gerne. Ausschlaggebend waren hier zwei grundlegende gesellschaftliche Tendenzen, nämlich die fortschreitende Trennung von Eliten- und Massenkultur und das bestehende Mißtrauen, mehr noch: die fortschreitende Abkehr der bürgerlichen Eliten vom republikanischen Konsens. Doch das aus dem Kaiserreich vertraute, scheinbar festgefügte Unten und Oben der sozialen Welt war in der Republik durcheinandergeraten. Norbert Elias hat diesbezüglich von einem „traumatischen Schock", ausgelöst durch die „Niederlage des wilhelminischen Establishments" im Jahr 1918/19 gesprochen.[70] In der Weimarer Republik sollte es letztlich bis 1933 nicht gelingen, das tiefe Mißtrauen vieler Bürger gegen die neue demokratische Verfassung auszuräumen.

Der vor allem auf diesem Mißtrauen basierende Niedergang der bürgerlichen Gemeinwohlorientierung zeigt nochmals eindrücklich das notwendige, vertrauensvolle Zusammenspiel zwischen Bürgern und Vertretern des Staates. Insbesondere das korporative bürgerliche Stiftungswesen ist gleichermaßen Produkt und Antrieb der zivilen Gesellschaft, verstanden als „Ensemble von Beziehungsnetzwerken" (Michael Walzer), wie sie sich in Ansätzen erstmals im Tugenddiskurs der Spätaufklärung herausgebildet hatten.[71] Im Zentrum steht damals wie heute die an gemeinsamen politischen Vorstellungen, kulturellen Werten und sozialen Verkehrsformen ausgerichtete Regelung wichtiger Angelegenheiten durch die Bürger selbst im Rahmen und mit der Unterstützung der politischen Institutionen. Nur auf dieser Basis kann der einzelne Stifter als „kultu-

---

[68] Zit. nach Kessemeier 1998, S. 108.
[69] Von Wiese 1929, S. 23.
[70] Elias 1989, S. 240. Zur Abkehr der Eliten von der Demokratie siehe Peukert 1987. Vgl. außerdem DiMaggio 1992.
[71] Vgl. Walzer 1995, S. 44.

reller Unternehmer" wie als Grenzgänger zwischen den gesellschaftlichen Bereichen wirken.[72]

Zivilität ist in modernen Gesellschaften gleichermaßen bedroht durch mangelnde Solidarität der Bürger untereinander und durch mangelndes Interesse oder fehlgeleitetes Handeln staatlicher Machtträger. Sie ist ohne eine breite Basis, vor allem aber ohne die Aufmerksamkeit der Vertreter einer kritischen Öffentlichkeit, nicht vorstellbar. Das bedeutet eine Herausforderung an das bürgerliche Kulturkonzept, wie es sich bereits im vormärzlichen Vereinswesen, stärker noch im späten Kaiserreich herausgebildet hat und in der frühen Bundesrepublik zum Teil wiederbelebt worden ist. Doch eine Rückkehr zur repräsentativen wilhelminischen „Kultur der Reichen" ist derzeit nicht zu erwarten und wohl auch nicht erstrebenswert. Statt dessen muß ein künftiges bürgerliches Stiftungswesen seinen Beitrag zu einem breiten kulturellen Konsens, zu einer „Zivilisierung von unten", leisten.[73]

Die aktive Beteiligung möglichst vieler Bürger an den Entscheidungsprozessen vor Ort ist ein zentrales Merkmal der Bürgergesellschaft. Weder der moderne Sozial- und Interventionsstaat als Reparaturbetrieb noch eine gesteigerte private Wohltätigkeit oder auch Wissenschafts- und Kunstförderung von wohlhabenden Einzelpersonen bieten für sich allein genommen Auswege aus der gegenwärtigen Krise, sondern nur das gemeinsame Interesse der Bürger an einer Verbesserung ihres lokalen Umfelds in enger Zusammenarbeit mit Unternehmen und Behörden. Dazu könnten insbesondere Formen des korporativen Stiftungswesens auch künftig beitragen.

Literatur

Achinger, H. (1965), Wilhelm Merton in seiner Zeit, Frankfurt/M.
Alheit, P. (1994), Zivile Kultur. Verlust und Wiederaneignung der Moderne, Frankfurt/M.
Augustine, D. L. (1991), Die wilhelminische Wirtschaftselite: Sozialverhalten, Soziales Selbstbewußtsein und Familie, Diss. FU Berlin.
Barclay, D. E. (1995), Politik als Gesamtkunstwerk. Das monarchische Projekt, in: Friedrich Wilhelm IV., Künstler und König: zum 200. Geburtstag; Ausstellung vom 8. Juli bis 3. September 1995, Neue Orangerie im Park von Sanssouci, hg. von Stiftung Preussische Schlösser und Gärten Berlin-Brandenburg, Frankfurt/M., S. 22-28.
Bertelsmann-Stiftung (Hg., 1998), Handbuch Stiftungen. Ziele, Projekte, Management, rechtliche Gestaltung, Wiesbaden.
Bertelsmann-Stiftung (Hg., 1999), Bürgerstiftungen in der Zivilgesellschaft, Gütersloh.
Blessing, W. K. (1982), Staat und Kirche in der Gesellschaft, Göttingen.
Boockmann, H. (1997), Mäzenatentum am Übergang vom Mittelalter zur Reformationszeit, in: Stadt und Mäzenatentum, hg. von B. Kirchgässner/H.-P. Becht, Sigmaringen, S. 31-45.

---

[72] Zur Bestimmung des Stifters als „kultureller Unternehmer" siehe jetzt Sigmund 2000, S. 335.
[73] Zum Konzept der Zivilgesellschaft und die nötige „Zivilisierung von unten" siehe Alheit 1994, S. 288-301.

Borgmann, K. (1997), Der Kaiser-Friedrich-Museums-Verein und die bürgerliche Kunstförderung im wilhelminischen Kaiserreich, in: 100 Jahre Mäzenatentum. Die Kunstwerke des Kaiser-Friedrich-Museums-Vereins Berlin, red. von K. Höltge, Berlin, S. 31-39.

DiMaggio, P. (1992), Cultural Boundaries and Structural Change: The Extension of the High Culture Model to Theatre, Opera, and the Dance, 1900-1940, in: Cultivating Differences. Symbolic Boundaries and the Making of Inequality, hg. von M. Lamont/M. Fournier, Chicago, S. 21-58.

Campenhausen, A. Freiherr v. (1998), Geschichte des Stiftungswesens, in: Handbuch Stiftungen. Ziele – Projekte – Management – Rechtliche Gestaltung, hg. von Bertelsmann Stiftung, Wiesbaden, S. 23-47.

Elias, N. (1989), Studien über die Deutschen. Machtkämpfe und Habitusentwicklung im 19. und 20. Jahrhundert, hg. von M. Schröter, Frankfurt/M.

Feurt, S. L. (1998), Gemeinschaftsstiftungen: Stiftungsarbeit von Bürgern für Bürger, in: Handbuch Stiftungen. Ziele, Projekte, Management, rechtliche Gestaltung, hg. von Bertelsmann-Stiftung, Wiesbaden, S. 239-269.

Frey, M. (1999), Macht und Moral des Schenkens. Staat und bürgerliche Mäzene vom späten 18. Jahrhundert bis zur Gegenwart, Berlin.

Girardet, C.-M. (1997), Jüdische Mäzene für die Preußischen Museen zu Berlin. Eine Studie zum Mäzenatentum im Deutschen Kaiserreich und in der Weimarer Republik, Egelsbach.

Göhler, G. (1998), Republikanismus und Bürgertugend im deutschen Frühliberalismus: Karl von Rotteck, in: Bürgersinn und Kritik, FS für Udo Bermbach, hg. von M. Th. Greven u.a., Baden-Baden, S. 123-149.

Grasskamp, W. (1993), Die Einbürgerung der Kunst. Korporative Kunstförderung im 19. Jahrhundert, in: Sammler, Stifter und Museen. Kunstförderung in Deutschland im 19. und 20. Jahrhundert, hg. von E. Mai/P. Paret, Köln, S. 104-114.

Großmann, J. (1994), Verloste Kunst. Deutsche Kunstvereine im 19. Jahrhundert, in: Archiv für Kulturgeschichte 76, 1994, S. 351-364.

Hardtwig, W. (1984), Strukturmerkmale und Entwicklungstendenzen des Vereinswesens in Deutschland, in: Vereinswesen und bürgerliche Gesellschaft in Deutschland, hg. von O. Dann, München, S. 11-51.

Hardtwig, W. (1993), Drei Berliner Porträts. Wilhelm von Bode, Eduard Arnhold, Harry Graf Kessler. Museumsmann, Mäzen und Kunstvermittler, in: Mäzenatentum in Berlin. Bürgersinn und kulturelle Kompetenz unter sich verändernden Bedingungen, hg. von Günter Braun/Waldtraut Braun, Berlin, S. 39-72.

Hein, D. (1997), Das Stiftungswesen als Instrument bürgerlichen Handelns im 19. Jahrhundert, in: Stadt und Mäzenatentum, hg. von B. Kirchgässner/H.-P. Becht, Sigmaringen, S. 74-93.

Hibst, P. (1991), Utilitas Publica – Gemeiner Nutz – Gemeinwohl. Untersuchungen zur Idee eines politischen Leitbegriffes von der Antike bis zum späten Mittelalter, Frankfurt/M.

Hobsbawm, E. (1989), Das imperiale Zeitalter 1875-1914, Frankfurt/M.

Hopp, A. (1997), Jüdisches Bürgertum in Frankfurt am Main im 19. Jahrhundert, Stuttgart.

Jakobi, Fr.-J. u. a. (Hg.) (1995-1997), Studien zur Geschichte der Armenfürsorge und der Sozialpolitik in Münster, Münster.

Kaschuba, W. (1994), Kunst als symbolisches Kapital. Bürgerliche Kunstvereine und Kunstideale nach 1800, in: Vom realen Nutzen idealer Bilder. Kunstmarkt und Kunstvereine, hg. von P. Gerlach, Aachen, 1994, S. 9-21.

Kerr, A. (1997), Wo liegt Berlin? Briefe aus der Reichshauptstadt 1895–1900, hg. von G. Rühle, Berlin.

Kessemeier, K. (1998), „Lassen Sie die Künstler nicht allein!". Bildende Kunst und Mäzenatentum aus der Sicht des preußischen Kultusministeriums in der Zeit der Weimarer Republik, in: Mäzenatisches Handeln. Studien zur Kultur des Bürgersinns in der Gesellschaft, hg. von Th. W. Gaehtgens/M. Schieder, Berlin, S. 105-125.

Kleinknecht, Th. (1996), Die münstersche Stiftung Siverdes von 1768, in: Stiftungen und Armenfürsorge in Münster vor 1800, hg. von Fr.-J. Jakobi u.a., Münster, S. 338-401.

Klötzer, W. (Hg) (1996), Frankfurter Biographie, Bd. 2, Frankfurt/M.

Kocka, J. (1979), Familie, Unternehmer und Kapitalismus. An Beispielen aus der frühen deutschen Industrialisierung, in: Zeitschrift für Unternehmensgeschichte 24, 1979, S. 99-136.

Kraus, E. (1999), Jüdisches Bürgertum in Deutschland. Geschichte der Familie Mosse, München.

Küster, Th. (1995), Alte Armut und neues Bürgertum. Öffentlichkeit und private Fürsorge in Münster von der Ära Fürstenberg bis zum Ersten Weltkrieg (1756–1914), Münster.

Langenstein, Y. (1983), Der Münchner Kunstverein im 19. Jahrhundert. Ein Beitrag zur Entwicklung des Kunstmarktes und des Ausstellungswesens, München.

Lässig, S. (1998), Juden und Mäzenatentum in Deutschland. Religiöses Ethos, kompensierendes Minderheitsverhalten oder genuine Bürgerlichkeit?, in: Zeitschrift für Geschichtswissenschaft 46, 1998, 3, S. 211-237.

Lenman, R. (1993), Der deutsche Kunstmarkt 1840–1923. Integration, Veränderung, Wachstum, in: Sammler, Stifter und Museen. Kunstförderung in Deutschland im 19. und 20. Jahrhundert, hg. von E. Mai/P. Paret, Köln, S. 135-153.

Lenman, R. (1994), Die Kunst, die Macht und das Geld. Zur Kulturgeschichte des Kaiserlichen Deutschland 1871–1918, Frankfurt/M.

Liermann, H. (1963), Handbuch des Stiftungsrechts. I. Band. Geschichte des Stiftungsrechts, Tübingen.

Ludwig, A. (1993), Die sozialen Stiftungen der Stadt Charlottenburg und ihre Träger im 19. und 20. Jahrhundert, in: Berlin in Geschichte und Gegenwart, hg. von J. Wetzel, Berlin, S. 63-85.

Ludwig I. von Bayern: der königliche Mäzen; Ausstellung der Bayer. Staatsbibliothek, München 18.9.–29.11.1986, hg. von R. Horn, München 1986.

Lustiger, A. (1988), Jüdische Stiftungen in Frankfurt am Main: Stiftungen, Schenkungen, Organisationen und Vereine mit Kurzbiographien jüdischer Bürger/dargestellt von G. Schiebler, Frankfurt/M.

Lustiger, A. (1988a), Charles Hallgarten, in: Lustiger 1988, S. 339-345.

Mälzer, G., Johann Lukas Schönlein (1793–1864) und die Bibliotheca Schoenleiniana, Würzburg 1994.

Matthes, O. (2000), James Simon. Mäzen im Wilhelminischen Zeitalter, Berlin.

Meyers Großes Konversationslexikon, Bd. 7, Leipzig 1908^6.

Möller, Fr. (1993), Die lokale Einheit der bürgerlichen Bewegung bis 1848, in: Stadt und Bürgertum im Übergang von der traditionalen zur modernen Gesellschaft, hg. von L. Gall, München, S. 391-413.

Nipperdey, Th. (1976), Verein als soziale Struktur in Deutschland. Eine Fallstudie zur Modernisierung, in: ders.: Gesellschaft, Kultur, Theorie. Gesammelte Aufsätze zur neueren Geschichte, Göttingen.

Nolte, P. (1992), Bürgerideal, Gemeinde und Republik. „Klassischer Republikanismus" im frühen deutschen Liberalismus, in: Historische Zeitschrift, 254, 1992, S. 609-657.

Prelinger, C. M. (1987), Charity, Challenge, and Change. Religious Dimensions of the Mid-Nineteenth-Century Women's Movement in Germany, Westport.

Peukert, D. J. K. (1987), Die Weimarer Republik. Krisenjahre der Klassischen Moderne, Frankfurt/M.
Rebmann, G. Fr. (1990), Werke und Briefe, Bd. 1, Berlin.
Rosenbaum, H. (1982), Formen der Familie. Untersuchungen zum Zusammenhang von Familienverhältnissen, Sozialstruktur und sozialem Wandel in der deutschen Geschichte des 19. Jahrhunderts, Frankfurt/M.
Rotteck, K. v. (1838), Art. „Gemeingeist oder Gemeinsinn", in: Staatslexikon oder Encyklopädie der Staatswissenschaften, hg. von K. v. Rotteck/K. Welcker, Bd. 6, Altona, S. 448-459.
Sachße, Chr./Tennstedt, Fl. (1980), Geschichte der Armenfürsorge, Stuttgart.
Sachße, Chr./Tennstedt, Fl. (1988), Geschichte der Armenfürsorge in Deutschland, Bd. 2, Fürsorge und Wohlfahrtspflege 1871–1929, Stuttgart.
Scarpa, L. (1995), Gemeinwohl und lokale Macht. Honoratioren und Armenwesen in der Berliner Luisenstadt im 19. Jahrhundert, München.
Schiller, Th. (1969), Stiftungen im gesellschaftlichen Prozeß. Ein politikwissenschaftlicher Beitrag zu Recht, Soziologie und Sozialgeschichte der Stiftungen in Deutschland, Baden-Baden.
Schulze, W. (1986), Vom Gemeinnutz zum Eigennutz. Über den Normenwandel in der ständischen Gesellschaft der Frühen Neuzeit, in: Historische Zeitschrift, 243, (1986), S. 591-626.
Schulze, W. (1995), Der Stifterverband für die Deutsche Wissenschaft 1920–1995, Berlin.
Sigmund, St. (2000), Grenzgänge: Stiften zwischen zivilgesellschaftlichem Engagement und symbolischer Anerkennung, in: Berliner Journal für Soziologie, 3, (2000), S. 333-348.
Sobania, M. (1996), Vereinsleben. Regeln und Formen bürgerlicher Assoziationen im 19. Jahrhundert, in: Bürgerkultur im 19. Jahrhundert. Bildung, Kunst und Lebenswelt, hg. von D. Hein/A. Schulz, München, S. 170-191.
Sternberger, D. (1956), Aspekte des bürgerlichen Charakters, in: ders.: Über den Jugendstil und andere Essays, Hamburg, S. 186-201.
Stockhausen, T. v. (1997), Wilhelm von Bode und die Gründung des Kaiser-Friedrich-Museums-Vereins, in: 100 Jahre Mäzenatentum. Die Kunstwerke des Kaiser-Friedrich-Museums-Vereins Berlin, red. von K. Höltge, Berlin, S. 21-31.
Streithorst, Joh. W. (1790), Ueber den Gemeinsinn, in: Deutsche Monatsschrift, Berlin, S. 51-66.
Stürmer, M. (1995), Der Staat ist überfordert – Stiften ist wieder an der Zeit, in: Zu Kunst und Kunstpolitik. Beiträge aus Berlin, hg. von G. Braun/W. Braun, Berlin, S. 121-143.
Tocqueville, A. de (1985), Über die Demokratie in Amerika, ausgewählt und hg. von J. P. Mayer, Stuttgart.
Veblen, Th. (1993), Theorie der feinen Leute. Eine ökonomische Untersuchung der Institutionen, Frankfurt/M.
Vierhaus, R. (1980), „Patriotismus" — Begriff und Realität in einer moralisch-politischen Haltung, in: Deutsche patriotische und gemeinnützige Gesellschaften, hg. von R. Vierhaus, München, S. 9-31.
Vierhaus, R./Brocke, B. vom (Hg.) (1990), Forschung im Spannungsfeld von Politik und Gesellschaft. Geschichte und Struktur der Kaiser-Wilhelm-/Max-Planck-Gesellschaft, Stuttgart.
Volkov, Sh. (1988), Die Verbürgerlichung der Juden in Deutschland. Eigenart und Paradigma, in: Bürgertum im 19. Jahrhundert. Deutschland im europäischen Vergleich, Bd.2, hg. von J. Kocka, München, S. 343-372.
Wagener, H. (1863), Neues Conversations-Lexikon. Staats- und Gesellschaftslexikon, Bd. 12, Berlin.
Walzer, M. (1995), Was heißt zivile Gesellschaft?, in: Bürgergesellschaft, Recht und Demokratie, hg. von B. van den Brink/W. van Reijen, Frankfurt/M., S. 44-73.

Wiese, L. v. (1929), Die Funktion des Mäzens im gesellschaftlichen Leben, Köln.
Wirsching, A. (1990), Bürgertugend und Gemeininteresse. Zum Topos der „Mittelklassen" in England im späten 18. und frühen 19. Jahrhundert, in: Archiv für Kulturgeschichte 72, (1990), S. 173-199.
Wolf, S. (1988), Wilhelm Merton, in: Jüdische Stiftungen in Frankfurt am Main. Stiftungen, Schenkungen, Organisationen und Vereine mit Kurzbiographien jüdischer Bürger dargestellt von Gerhard Schiebler, hg. von A. Lustiger, Frankfurt/M., S. 355-361.
Zerback, R. (1993), Die wirtschaftliche Position als Konstituierungsfaktor des Bürgertums, in: Stadt und Bürgertum im Übergang von der traditionalen zur modernen Gesellschaft, hg. von L. Gall, München, S. 210.
Ziemke, H.-J. (1980), Das Städelsche Kunstinstitut – die Geschichte einer Stiftung, Frankfurt/M.
Zimmermann, Cl. (1991): Von der Wohnungsfrage zur Wohnungspolitik, Göttingen.

STEFAN-LUDWIG HOFFMANN

Tocquevilles „Demokratie in Amerika" und die gesellige Gesellschaft seiner Zeit

Es entbehrt nicht der Ironie, daß einer der kanonischen Texte der amerikanischen Demokratie von einem französischen Aristokraten verfaßt wurde. Um ihren Argumenten Gewicht zu geben, berufen sich noch heute Liberale wie Konservative in den Vereinigten Staaten auf jenen Reisebericht, den Alexis de Tocqueville in zwei Bänden 1835 und 1840 veröffentlicht hat. Nicht nur Politiker, sondern auch viele Sozial- und Politikwissenschaftler gehen von einer ungebrochenen Gültigkeit der Thesen Tocquevilles aus. Hierzu gehört seine Überzeugung, daß die Grundlage der amerikanischen Demokratie auf ihren geselligen Vereinigungen beruhe. Mit Bewunderung hatte Tocqueville beobachtet, wie sich die Bürger in den Vereinigten Staaten – anders, wie er meinte, als in Kontinentaleuropa – in unzähligen Vereinen engagierten und so die Demokratie mit Leben füllten.

Um so alarmierender erschien in den Augen des Politikwissenschaftlers Robert Putnam das erste Ergebnis seiner empirisch-statistischen Erhebungen, die er 1995 im „Journal for Democracy" unter dem Titel „Bowling Alone" veröffentlichte. Obwohl mehr Amerikaner zum Kegeln gehen als je zuvor, habe der Anteil derjenigen erheblich abgenommen, die es im Verein tun. Auch die Mitgliedschaft in so unterschiedlichen Vereinigungen wie den Boy Scouts, dem Roten Kreuz oder den Freimaurerlogen sank dramatisch in den letzten vierzig Jahren, ebenso die Teilhabe der Bürger an den Angelegenheiten ihres lokalen Gemeinwesens. Nur nationale Organisationen wie die „Amerikanische Vereinigung der Rentner", die allein der Interessenvertretung dienen und kein gemeinsames geselliges Leben besitzen, scheinen nach wie vor zu florieren.[1] Die Amerikaner gehen heute nicht mehr gemeinsam kegeln, sie sehen alleine fern oder surfen im Internet und lassen ihre Interessen von Organisationen vertreten, mit denen sie nur brieflich im Kontakt stehen. Ohne bürgerschaftliches Engagement in geselligen Vereinen aber keine Demokratie, sondern eine „couch potato democracy" – so könnte man Putnams Befürchtung zusammenfassen. Selbst die häufig als Gegenargument angeführte zunehmende Bereitschaft, für gemeinnützige Zwecke zu spenden oder zu stiften, könne kein Ersatz für ein geselliges Leben sein. Denn „soziales Kapital", also bestimm-

---

[1] Vgl. Putnam 1995; Putnam 1996; sowie jetzt Putnam 2000.

te meßbare Ressourcen des Zusammenlebens, die auf sozialen Netzwerken, Normen und Vertrauen aufbauten, sei für die Demokratie bedeutsamer als das altruistische Handeln einzelner.

Mit dieser These vom Schwund des sozialen Kapitals am Ende des 20. Jahrhunderts, das die Bürger seit den Anfängen der amerikanischen Demokratie in geselligen Vereinen akkumuliert hätten, ist Putnam in den Vereinigten Staaten praktisch über Nacht zu einer Figur des öffentlichen Lebens geworden. „Bowling Alone" wurde bald zu einem ähnlichen Schlagwort wie mehr als vierzig Jahre zuvor David Riesmans „Lonely Crowd" – ebenfalls ein sozialwissenschaftlicher Bestseller, der die Vereinzelung und „Außensteuerung" der Amerikaner als Problem für das politische Gemeinwesen begriff. Putnam, dessen Bücher bis dahin über die akademische Welt hinaus niemand kannte, galt seit „Bowling Alone" als ein gern gesehener Gast sowohl in TV Talk Shows als auch in Camp David.[2] Im letzten Präsidentschaftswahlkampf suchten beide Kandidaten das Gespräch mit dem Harvard Professor über die Frage, wie die Amerikaner zu einer „Reinvestition" in soziales Kapital bewegt werden könnten. Und seine Thesen haben nicht nur für Diskussion gesorgt, sondern auch großangelegte quantifizierende Forschungsprojekte provoziert (eines geleitet von Putnam selber, ein anderes von seiner Harvard Kollegin Theda Skocpol), deren zum Teil sich widersprechende Ergebnisse jetzt vorliegen.[3]

Die Frage, ob die Amerikaner sich heute zahlenmäßig tatsächlich weniger an geselligen Vereinen beteiligen, soll im Folgenden nicht weiter verfolgt werden. Vielmehr sollen einige Grundannahmen sowohl Putnams als auch seiner Kritiker, die sich alle auf Tocqueville und sein Bild der amerikanischen Gesellschaft berufen, aus historischer Perspektive geprüft werden, Grundannahmen, die dem empirischen Befund Putnams überhaupt erst ihre vermeintliche politische Bedeutung geben. Es geht mithin um den Versuch, Tocquevilles These eines Zusammenhangs von Assoziation und Gemeinsinn, die für die amerikanische Demokratie selbst zu einem Glaubenssatz geworden ist, zu historisieren. Zunächst soll deshalb die Argumentation im entsprechenden Kapitel von „Demokratie in Amerika" noch einmal skizziert werden. Worin lag für Tocqueville die überragende Bedeutung geselliger Vereine in der Demokratie? Wie erklärt sich sein leidenschaftliches Plädoyer für eine politische Wissenschaft, die sich vornehmlich mit den Assoziationen beschäftigen sollte? In einem zweiten Schritt soll das, was man die „gesellige Gesellschaft" des 18. und 19. Jahrhunderts nennen könnte, Tocquevilles Thesen gegenübergestellt werden. Läßt sich seine Behauptung halten, die Verbreitung und Popularität der geselligen Vereine sei eine Besonderheit der amerikanischen Gesellschaft und Demokratie gewesen? Sind Tocquevilles Thesen eingebettet in einen gemeineuropäisch-transatlantischen Diskurs und daran gebundene soziale Praktiken seiner Zeit? Schließlich sollen abschließend Tocquevilles Thesen (und auch die seiner heutigen Adepten) an der ambivalenten Geschichte dieser „geselligen Gesellschaft" gemessen werden. Können, historisch gesehen, die geselligen Vereine als Garanten einer le-

---

[2] Putnam 2000, S. 509. Schon in seiner Studie über das Demokratiegefälle zwischen Nord- und Süditalien hatte Putnam betont, daß demokratische Institutionen auf der historischen Tradition bürgerschaftlichen Engagements etwa in Vereinen beruhen. Putnam 1993, S. 89ff.

[3] Putnam 2000; Skocpol/Fioring 1999; Skocpol 1997.

bendigen Demokratie gelten, oder verlangt die Berufung auf Tugend und Gemeinsinn immer auch den elitären Ausschluß und die politisch-moralische Maßregelung jener, die nicht als tugendhaft gelten?

1. Tocqueville handelt von den Assoziationen in beiden Teilen von „Demokratie in Amerika", allerdings auf verschiedene Art und Weise. Im ersten Teil, der eine Analyse der politischen Ordnung der Vereinigten Staaten bietet, spricht Tocqueville den Vereinen jene Bedeutung zu, die heute vertraut klingt und bei Putnam und anderen mitschwingt. Zur Lösung ihrer sozialen und politischen Probleme wenden sich die Amerikaner nicht an eine Obrigkeit, sondern gründen einen Verein. Sie nehmen mithin ihr Leben in die eigene Hand und wirken für das Gemeinwohl. Selbst für einen in den Augen eines französischen Aristokraten befremdlichen Zweck wie die Bekämpfung der Trunksucht bilden sich in Amerika sofort unzählige Assoziationen. Dementsprechend gehört die Vereinigungsfreiheit, mehr noch als die Pressefreiheit, zu den wichtigsten Rechten in der Demokratie und wenn sie auch nicht ohne politische Gefahren ist, erscheint sie Tocqueville doch als das Mittel, um eine noch größere Gefahr, die in der Demokratie droht: die politische Tyrannei der Mehrheit, zu bannen.[4]

Es hieße aber Tocquevilles Anliegen mißzuverstehen, wolle man in ihm einen frühen Soziologen politischer Verfassungsordnungen und in seiner Aufmerksamkeit für die Vereine nur ein Plädoyer für mehr bürgerschaftliches Engagement und intermediäre Gewalten sehen. Tocqueville stand der Demokratie skeptisch, dem beginnenden soziologischen Denken seiner Zeit nahezu feindlich gegenüber, woran Wilhelm Hennis vor zwei Jahrzehnten in einem fulminanten Essay erinnert hat. Tocqueville suchte nach einem Weg, die Trennung von Mensch und Bürger, von Individualität und Sozialität zu verhindern. „Für alles wahrhaft politische Denken", so Hennis, „ist das Verhältnis von Mensch und Bürger das zentrale politische Problem, für das soziologische Denken ist das ein Nicht-Mehr-Problem." Hierin liegt auch die Differenz zu seinem jüngeren Zeitgenossen Karl Marx. „Tocqueville konnte sich, realistischer als Marx, die Erledigung dieses Problems nur in Gestalt der egalitär-demokratischen Tyrannis vorstellen. Diese Form der Erledigung des Problems zu verhindern, war die Triebkraft seines leidenschaftlichen denkerischen Versuchs."[5]

Es ist jene Tradition der klassischen politischen Theorie, die stets nach den Auswirkungen einer Regierungsform auf den von ihr geformten Menschentypus, auf seine Tugend, fragt und daran ihren Wert bemißt, an die Tocqueville anzuknüpfen suchte. Es ging ihm mithin nicht allein, ja nicht einmal in erster Linie, um die politische Verfassung eines Gemeinwesens, sondern um die „Seelenverfassung" der Bürger, die dieses Gemeinwesen hervorbringt, um jene sozial-moralischen Grundlagen politischer Ordnung, die in der jüngeren politischen Theorie bestenfalls als „vorpolitisch" gelten.[6] Tocqueville hielt die Gefühle der Menschen, ihre innere Verfaßtheit, für grundlegender für ihr Zusammenleben als ihre rational bedachten Rechte und Interessen. Er war davon

---

[4] Tocqueville [1835] 1987, S. 285.
[5] Hennis 1982, S. 390; sowie Aron 1981.
[6] Vgl. die kritischen Bemerkungen bei Münkler 1996, S. 8; sowie allg. Münkler 1991; Münkler 1992.

überzeugt, „daß die politischen Gesellschaften nicht das Produkt ihrer Gesetze sind, sondern schon von vornherein durch die Gefühle, Glaubensarten, Ideen und Herzens- und Geistesangelegenheiten der Menschen, die in ihnen sind, bestimmt werden".[7] Tocqueville teilte als „aristokratischer Liberaler" mit seinen Zeitgenossen John Stuart Mill oder Jacob Burckhardt die Skepsis gegenüber dem heraufziehenden demokratischen Zeitalter.[8] Er sah sich, in den Worten von Hennis, als eine Art „Seelenhistoriker", als ein „Analytiker der Ordnung und Unordnung der menschlichen Seele im demokratischen Zeitalter".[9] Die alles entscheidende Frage lautete für ihn, wie eine seelische Verarmung, die dem Menschen gerade in den demokratischen Gesellschaften droht und die dem Despotismus ein Einfallstor bietet, verhindert werden könne.

Eine Antwort auf diese Frage meinte Tocqueville mit den geselligen Vereinen gefunden zu haben. Entsprechend finden sich die entscheidenden Passagen zur Bedeutung der Assoziationen im zweiten Teil seines Buches, der vom Einfluß der Demokratie auf das geistige und sittliche Leben, hier insbesondere auf das *Gefühlsleben* der Amerikaner und abschließend umgekehrt von dessen Auswirkungen auf die politische Gesellschaft handelt. „Nur durch die gegenseitige Wirkung der Menschen aufeinander", formuliert Tocqueville den Grundsatz seines politischen Denkens, „erneuern sich die Gefühle und die Gedanken, weitet sich das Herz und entfaltet sich der Geist der Menschen." Diese Wechselwirkung, die in der ständischen Gesellschaft festen Regeln unterlag, müsse in der bürgerlichen Gesellschaft künstlich hervorgerufen werden.[10] „Und das allein können die Vereinigungen tun."[11] Nichts verdiene eine größere Aufmerksamkeit, heißt es nun apodiktisch, als die rein geselligen Vereine, welche den Geist und die Sitte heben und das Gefühlsleben bereichern. Jene erscheinen ihm sogar bedeutsamer als die Vereine zu unmittelbar politischen oder gewerblichen Zwecken, die Tocqueville im ersten Teil von „Demokratie in Amerika" abgehandelt hatte und die, wie er jetzt schreibt, uns leichter auffallen, während die anderen uns entgehen. Die scheinbar unpolitischen, nicht von partikularen Interessen geleiteten Vereine entreißen den Einzelnen seiner selbstsüchtigen Schwäche und knüpfen in der egalitären, anomischen Gesellschaft neue Bande, jene *liens,* die im politischen Denken Tocquevilles eine überragende Bedeutung einnehmen. „Unter den Gesetzen, denen die menschlichen Gesellschaften unterstehen", so weiter Tocqueville, „gibt es eines, das genauer und klarer erscheint als alle andern. Damit die Menschen gesittet bleiben oder es werden, muß sich unter ihnen die Kunst der Vereinigung in dem Grade entwickeln und vervollkommnen, wie die gesellschaftlichen Bedingungen sich ausgleichen."[12] Das bedeutet umgekehrt auch: In dem Maße, wie sich das

---

[7] Brief vom 26.10.1853, zit. n. Hennis 1982, S. 395.
[8] Kahan 1992.
[9] Hennis 1982, S. 402.
[10] „Die Menschen sind hier nicht mehr durch Kasten, Klassen, Korporationen und Geschlechter miteinander verbunden und sind daher nur zu sehr geneigt, sich bloß mit ihren besonderen Interessen zu beschäftigen, immer nur an sich selbst zu denken und sich in einen Individualismus zurückzuziehen, in dem jede öffentliche Tugend erstickt wird." Tocqueville [1856] 1978, S. 15.
[11] Tocqueville [1840] 1987, S. 164. Zu Tocquevilles „Demokratie in Amerika" vgl. u.a. Jardin 1981, S. 93-252; Marshall/Drescher 1968; Wilentz 1988; Kloppenberg 1996.
[12] Tocqueville [1840] 1987, S. 166f.

verbindende Band der Individuen, das ihre Tugend garantiert, lockert, erodieren die politischen Grundlagen des demokratischen Gemeinwesens. Je weniger sich die Bürger in der *l'art de s'associer*, der Kunst der geselligen Vereinigung, üben, desto mehr werde das Durchschnittsniveau der Herzen und Geister sinken und sich Gleichheit und Despotismus unheilvoll verbinden.

Wie eine demokratische Gesellschaft aussieht, die sich ihrer politischen Grundlagen nicht mehr in der Geselligkeit ihrer Bürger versichert, hat Tocqueville mit einem apokalyptischen Bild beschrieben:

> „Ich erblicke eine Menge einander ähnlicher und gleichgestellter Menschen, die sich rastlos im Kreise drehen, um sich kleine und gewöhnliche Vergnügen zu verschaffen, die ihr Gemüt ausfüllen. Jeder steht in seiner Vereinzelung dem Schicksal aller anderen fremd gegenüber: seine Kinder und seine persönlichen Freunde verkörpern für ihn das Menschengeschlecht; was die übrigen Mitbürger angeht, so steht er neben ihnen, aber er sieht sie nicht; er berührt sie, und er fühlt sie nicht; er ist nur in sich und für sich allein vorhanden, und bleibt ihm noch eine Familie, so kann man zumindest sagen, daß er kein Vaterland mehr hat. Über diesen erhebt sich eine gewaltige, bevormundende Macht, die allein dafür sorgt, ihre Genüsse zu sichern und ihr Schicksal zu überwachen. Sie ist unumschränkt, ins einzelne gehend, regelmäßig, vorsorglich und mild. Sie wäre der väterlichen Gewalt gleich, wenn sie wie diese das Ziel verfolgte, die Menschen auf das reife Alter vorzubereiten; statt dessen aber sucht sie bloß, sie unwiderruflich im Zustand der Kindheit festzuhalten."[13]

Die Geselligkeit besitzt, so könnte das Argument Tocquevilles zusammengefaßt werden, in der Demokratie eine herausragende politische Bedeutung, indem sie jene Bande zwischen den Menschen neu knüpft, welche die heraufziehende demokratische Gesellschaft zunächst zerstört, indem sie die alte Ordnung auflöst und die Selbstsucht der Menschen befördert. Die „neue politische Wissenschaft", die Tocqueville als „Grundwissenschaft der bürgerlichen Gesellschaft" begründen wollte, sollte sich deshalb vorrangig mit der Kunst der Vereinigung – der Geselligkeit – beschäftigen. Von ihrem Fortschritt hänge, wie er pathetisch, aber wissenschaftsgeschichtlich folgenlos schreibt, der Fortschritt aller anderen Wissenschaften ab.[14] Es ist dieses leidenschaftliche, grundsätzliche Verständis politischer Wissenschaft und des Zusammenhangs von Assoziation und politischer Tugend, das selbst jenen in der Gegenwart fehlt, die sich auf Tocqueville berufen und den zahlenmäßigen Rückgang von geselligen Vereine beklagen. Wenn Putnam meint, die Zugehörigkeit zu Vereinen erhöhe die Lebensqualität der Bürger, dann hat er äußere, praktische Vorteile für Nachbarschaften mit hohem „sozialen Kapital" im Blick: ein höheres Einkommen durch das Knüpfen von Geschäftskontakten, bessere Bildung und Gesundheit, mehr Sicherheit und eine niedrigere Kriminalitätsrate – nicht aber die innere, „seelische" Qualität der Bürger, ihre Tugend.

---

[13] Tocqueville [1840] 1987, S. 463. Noch im Vorwort von „Der alte Staat und die Revolution" bemerkt Tocqueville trocken, daß auch zwanzig Jahre nach dem Erscheinen von „Demokratie in Amerika" in der Welt nichts geschehen sei, das ihn veranlaßt habe, anders zu denken und zu sprechen. Die Demokratie berge weiterhin die Gefahr des Despotismus. Tocqueville [1856] 1978, S. 15.

[14] Tocqueville [1840] 1987, S. 166. Vgl. Hennis 1982, bes. S. 396ff.

II. So fremdartig der von Tocqueville behauptete politische Zusammenhang von Assoziation, Gemeinsinn und Bürgertugend heute wirken mag, so vertraut war er den „Praktikern der Bürgergesellschaft" im 18. und 19. Jahrhundert.[15] Das ist die These, die im Folgenden entfaltet werden soll. Weder stand Tocqueville mit seinen Ansichten allein, noch war die Hochschätzung und Verbreitung der geselligen Vereine eine Besonderheit der amerikanischen Gesellschaft. Die Betonung von Assoziation und politischer Tugend kann vielmehr als Teil eines gemeineuropäisch-transatlantischen Diskurses und von daran gebundenen Praktiken von der Mitte des 18. Jahrhunderts bis zum Ersten Weltkrieg angesehen werden.[16]

Gegen diese These sprechen jeweils ein vertrautes Argument der politischen Ideengeschichte und der Sozialgeschichte. Beide Argumente gilt es zunächst zu entkräften. In der politischen Ideengeschichte herrscht, vereinfacht gesagt, die Auffassung vor, der ältere Klassische Republikanismus und *civic humanism* mit seiner Betonung der politischen Tugend sei gegen Ende des 18. Jahrhunderts abgelöst worden von einem Glauben an den Fortschritt und die Verfolgung von jeweils eigenen Interessen, die sich in einem politischen und wirtschaftlichen Gemeinwesen letztlich ausgleichen und diesem Stabilität verleihen würden. Der Tugenddiskurs der aristotelischen Tradition wird aber mit der Aufklärung und im frühen Liberalismus nur *umgewandelt* zur Idee der Verbesserung des einzelnen, seiner inneren Verfaßtheit, in der Geselligkeit der Bürger – auch und gerade aufgrund des Erfahrungsumbruchs und des Krisengefühls vor und nach den Revolutionen des späten 18. Jahrhunderts. „For Revolutionary Americans sensibility and sociability became modern surrogates for the classical virtue that theorists for millennia had thought necessary for sustaining a republican government", wie Gordon Wood prägnant formuliert hat. „Some substitute for this ancient martial virtue had to be found, and many discovered it in what was increasingly perceived as the natural sociability, sentimentality, and politeness of people."[17] Wie vielfältig auch die Formen waren, welche die englischsprachige und die kontinentaleuropäische Aufklärung im 18. Jahrhundert annahm, sie verblieb hier wie dort im Deutungshorizont der aristotelischen Tradition, indem sie in der „ungeselligen Geselligkeit" (Immanuel Kant) des Menschen, seinem Hang, sich zu vereinzeln und seinem Drang, sich zu vergesellschaften, eine anthropologische Begründung bürgerlicher Gesellschaft suchte. Im geselligen Austausch mit anderen sollten sich die Menschen jene sozialen Tugenden aneignen, die sie als Bürger eines politischen Gemeinwesens benötigten. Die Geselligkeit versprach, wie unzählige Male nicht nur von den Theoretikern, sondern auch von den weniger bekannten Praktikern der Bürgergesellschaft formuliert wurde, „mutual improvement, for increasing our knowledge, and mending our hearts".[18] Auch Republikanismus und Liberalismus, von der politischen Ideengeschichte unnötig scharf voneinander geschieden, verschmelzen historisch in dieser Auffassung von der natürlichen Sozialität des Menschen und seiner Fähigkeit, sich im Austausch mit anderen Tugend und Gemeinsinn anzueignen, das eigene Selbst zu bilden

---

[15] Der Begriff „practitioners of civil society" nach Hull 1995, S. 2.
[16] Der Verfasser bereitet zu diesem Thema eine transnational vergleichende Studie vor.
[17] Wood 1999; sowie allg. Wood 1991.
[18] T. Burges, Solitude and Society Contrasted, Providence 1797, S. 19, zit. n. Clark 2000, S. 413; sowie u.a. Klein 1998; Klein 1994; Mullan 1988; Gordon 1994.

und zu regieren, gegen den als „modern" und beherrschend wahrgenommenen Trend einer zunehmenden Verfolgung nur partikularer Interessen, der das politische Gemeinwesen moralisch korrumpiere.[19]

Darum ging es, wie gesehen, Tocqueville; aber er stand damit keineswegs allein. Das zeigt etwa das Beispiel seiner südwestdeutschen Zeitgenossen Carl von Rotteck und Carl Theodor Welcker und die Artikel „Association", „Gemeinsinn" und „Bürgertugend" in dem von ihnen herausgegebenen „Staatslexikon".[20] „Freie Associationen" gelten dort als „die Quelle aller höheren Menschlichkeit und Cultur" und werden anthropologisch im „Geselligkeitstrieb" und göttlich, in der Macht der Vorsehung gegründet.

> „Denn während andere Geschöpfe ihre Bedürfnisse befriedigen, sich schützen und ihre Bestimmung erreichen können, ohne verschiedenerlei gesellschaftliche Verbindungen, erhalten sich die Menschen erst durch die mannigfachsten, je nach Zeit, Ort und Verhältniß verschiedenen Verbindungen, durch wechselseitigen Austausch und Verein ihrer Einsichten, Erfahrungen und Kräfte, und in denselben ihre höhere Entwicklung und die nöthigen Antriebe und Mittel zu allen reichen und großen Aufgaben ihrer Bestimmung."[21]

Ähnlich wie Tocqueville galten auch Rotteck und Welcker die Assoziationen als ein Weg, den Menschen aus seiner Selbstsucht und Vereinzelung herauszuführen. Folglich sahen auch sie den „Gemeingeist" oder „Gemeinsinn" als die „schönste Frucht des Associationsgeistes" an.[22] Nicht die Verfolgung der eigenen selbstsüchtigen Interessen, sondern die Selbstverleugnung und der Wille, diese Interessen dem Gemeinwohl unterzuordnen, werden als wahre Tugend beschrieben. Noch prägnanter formuliert es der Artikel zu „Bürgertugend" und „Bürgersinn". „Alle politische Kunst und Verfassung", heißt es dort, „alle Weisheit für eine gerechte und glückliche Bestimmung und Erhaltung der bürgerlichen Gemeinwesen, der bürgerlichen Verhältnisse und Rechte ist umsonst, ohne Bürgertugend, ohne das, was ihre beiden Hauptbestandteile sind: Bürgersinn und Bürgermuth. Sie bilden die gesunde Lebenskraft der bürgerlichen Vereine. Diese erkranken und ersterben ohne sie."[23] Die Bürgertugend wird auf dieselbe Weise befördert wie die Tugend überhaupt „durch geistige und sittliche Entwicklung, Erziehung und Uebung; durch Aufklärung, Hervorbildung und Kräftigung der sittlichen Triebe und durch Unterordnung der selbstischen und unsittlichen unter die sittlichen." Tugendübung und Assoziation gehören in der bürgerlichen Gesellschaft zusammmen; dagegen führe – und hierin unterscheiden sich die beiden badischen Liberalen von dem Aristokraten Tocqueville – der Absolutismus zu einer sittlichen Erkrankung der Bürger: ihre Tugend werde krank und faul. „Die Vorherrschaft von Selbstsucht und Sinnlichkeit, Feigheit und Feilheit der Mehrzahl der Bürger und vollends der Beamten war noch immer und überall die verderbliche Folge des Despotismus."[24]

---

[19] Kahan 1992, S. 5f.; ähnlich z.B. auch Howe 1997, S. 10ff.; vgl. dagegen z.B. Appleby 1992; sowie natürlich Pocock 1975; u. insbes. Pocock 1989; als Überblick Rodgers 1992.
[20] Vgl. allg. hierzu Nolte 1992a; Nolte 1992b; Nolte 1994; sowie Langewiesche 1997.
[21] Welcker 1835, S. 21, 23.
[22] Rotteck 1838, S. 448.
[23] Welcker 1846, S. 748.
[24] Welcker 1846, S. 749f.

Beispiele für eine solche Verschmelzung von klassisch-republikanischen und aufgeklärt-liberalen Argumentationsfiguren lassen sich für die Dekaden um 1800 beliebig vermehren und zwar, was oft übersehen wird, über die Grenzen der sich herausbildenden Nationalgesellschaften hinweg. Erinnert sei nur an die Freimaurerlogen des 18. und 19. Jahrhunderts, ohne Zweifel ein gemeineuropäisch-transatlantisches Phänomen. Neuere Studien zeichnen ein grundlegend anderes Bild der Logen, als es noch aus den einflußreichen Studien von Reinhart Koselleck oder François Furet vertraut ist.[25] Insbesondere an der Interpretation des für heutige Betrachter so bizarren Geheimkults der Logen lassen sich die Unterschiede pointiert zeigen. Die aufklärerische Moral der Freimaurer galt Koselleck und Furet in der Nachfolge von Carl Schmitt und Augustin Cochin als Emanzipationsideologie des recht- und machtlosen Dritten Standes, der sich in den Logen zum Sturz der alten Ordnung versammelte. Hieraus erkläre sich auch der Geheimkult der Freimaurer, die Selbstüberhebung und Verschwörung der Moral gegen die Politik des absolutistischen Staates. Eine solche Sichtweise geht aber, wie neuere Studien zu den westeuropäischen und russischen Freimaurern übereinstimmend zeigen, an ihrem Selbstverständnis und ihren sozialen Praktiken vorbei; ganz abgesehen davon, daß sie die Popularität der Logen im englischsprachigen Raum nicht erklären kann.[26] In Kontinentaleuropa zogen die Logen gleichermaßen aufstrebende Bürgerliche wie aufgeklärte Adlige an, die sich gemeinsam nach unten gegenüber dem „gemeinen Volk" abgrenzten. Die vom Geheimnis umschlossenen Logenräumen waren mithin keine Treffpunkte einer aufgeklärten Gegenelite zum absolutistischen Staat, sondern „Stätten des sozialen Kompromisses".[27]

Warum aber dann der Geheimkult der Logen? Das Geheimnis sollte einen Ort in der Gesellschaft schaffen, der nicht geheim, sondern nur *geschützt* war, um der Tugend – dem Leitbegriff der Freimaurer des 18. und 19. Jahrhunderts – einen künstlichen Raum der Entfaltung zu geben. Hieraus erklärt sich auch die Popularität, die nicht nur die Logen, sondern seit den vierziger Jahren des 19. Jahrhunderts allgemein die geheimen Gesellschaften in der Vereinigten Staaten besaßen. Das war auch Tocqueville entgangen, der die geheimen Gesellschaften, ähnlich wie später Koselleck oder Furet, als eine Folge des kontinentaleuropäischen Gegensatzes von Staat und Gesellschaft ansah. Warum sollte es in einer demokratischen Gesellschaft mit einem schwachen Staat dennoch geheime Gesellschaften geben? Aber auch in Kontinentaleuropa behielt die Freimaurerei die Grundzüge ihres Entstehungszusammenhangs in der politischen Kultur Englands und Schottlands am Ende des 17. Jahrhunderts bei. Die französischen, niederländischen oder deutschen Freimaurerlogen

> „transmitted and textured the Enlightenment, translated all the cultural vocabulary of its members into a shared and common experience that was civil and hence political. Rather than imagining the Enlightenment as represented by the politics of Voltaire, or Gibbon, or even Rousseau, or worse as being incapable of politics we might just as fruitfully look to the lodges for a nascent political modernity."[28]

---

[25] Koselleck [1959] 1989; Furet 1980.
[26] Vgl. Jacob 1991; Smith 1995; Smith 1999; Bullock 1996.
[27] Roche 1981, S. 115.
[28] Jacob 1991, S. 224.

Freimaurer korrespondierten über staatliche Grenzen hinweg; sie konnten auf Reisen die Logen anderer Städte besuchen und fanden dort oft Anschluß an die lokalen Geselligkeitskreise. In den kosmopolitischen Logen zirkulierte mithin die politisch-moralische Sprache der Aufklärung jenseits staatlicher und kultureller Grenzen.

Für die russischen Freimaurer etwa war der Zusammenhang von Tugend, Geselligkeit und einer Verbesserung der Gesellschaft zentral. Die Tugend sollte, ganz im Sinne Tocquevilles, Garant einer politisch nicht korrumpierten Gesellschaft sein. Der Weg zur Tugend führte über die Aneignung von Moral und Sitten, von *nravouchenie*, etwa in den elaborierten freimaurerischen Ritualen.

> „The lodge, therefore, occupied a priviledged place in the social landscape of the public. Its inhabitants claimed both to possess secret knowledge required to attain virtue and to be the personification of virtue. This, less than the danger of state repression, accounts for the main function of Masonic secrecy. For through their actions, the Masons attempted to establish a hierarchy within the public based not on the nobility of one's family, nor on one's rank (*chin*), status at court, or wealth, but on one's proximity to virtue, having placed themselves at its pinnacle. The Masons saw themselves as engaged in nothing less than the construction of a new man, a man of morals and virtue who possessed the traits necessary for the maintenance of the social order and the betterment of the common weal."[29]

Eine solche Betonung des sozialen Werts der Tugend ist keine Besonderheit der Logen, sondern ein gemeinsamer Grundzug der europäischen Aufklärung und des frühen Liberalismus, der gleichsam den Antrieb für die Geselligkeitseuphorie der 18. Jahrhunderts und die „Vereinswut" des 19. Jahrhunderts bildete.

Die Logen sahen sich im 18., aber in einem noch stärkeren Maße im 19. Jahrhundert als „Schulen der Bürgertugend" im Sinne Tocquevilles. Die Freimaurerei solle bewirken, heißt es etwa in einer süddeutschen Logen-Flugschrift aus dem Jahr 1859, „was weder der Staat, noch die Kirche bewirken kann; durch sie soll *innere* Tugend und Rechtschaffenheit vermehrt und verbreitet werden." Die bürgerliche Gesellschaft könne die innere Tugend nicht befehlen, „ohne sich zum Richter der Gesinnungen und Gedanken aufzuwerfen, welches die ärgste Tyrannei, und dem wahren Endzwecke der menschlichen Gesellschaft gerade entgegen sein würde." Deshalb bedürfe es sozialer Räume wie der Logen, in denen an der „inneren Sittlichkeit" des einzelnen gearbeitet werden könne, „das Gute, welches die bürgerliche Gesellschaft nicht bewirken kann, zu befördern; Weisheit, Freiheit und Tugend in ihrer wesentlichen Reinheit zu erhalten; die Trennungen und Spaltungen, welche das Interesse der Staaten, Religionen, Stände und aller zufälligen Verhältnisse hervorbringt, zu heben, und die Menschen blos durch das allgemeine Band und unter der Regierung des Vernunftgesetzes wieder zu vereinigen. Nach diesem Gesetz sind wir *Menschen* – weiter nichts."[30] Daß die Logen im 19. Jahrhundert, dem Zeitalter der Öffentlichkeit, an ihrem Geheimkult festgehalten haben, erklärt sich aus diesem politisch-moralischen Selbstverständnis. Sie wollten in der sich demokratisierenden Gesellschaft einen Ort frei halten von den Konflikten dieser Gesellschaft, in dem die Tugend gelebt werden kann. Die Freimaurerlogen und andere gehei-

---

[29] Smith 1995, S. 35, 37.
[30] Pandora, oder interessante Mittheilungen über alte und neue Freimaurerei, aus dem handschriftlichen Nachlasse eines Geweihten, Stuttgart 1859, S. 38f.

me Gesellschaften verschwinden mithin – anders als Tocqueville und viele Historiker nach ihm geglaubt haben – nicht im Jahrhundert nach der Aufklärung, sondern gewinnen gerade in Großbritannien und den Vereinigten Staaten, aber auch seit den vierziger Jahren in den deutschen Staaten und Frankreich, schließlich seit den sechziger Jahren auch in Italien oder Österreich-Ungarn und nach 1905 für ein Jahrzehnt sogar in Rußland an neuer Popularität und sozialer Bedeutung.[31]

Das Beispiel der Logen zeigt, daß sich dieses Selbstverständnis und die daran gebundenen sozialen Praktiken im 18. und 19. Jahrhundert auf beiden Seiten des Atlantiks finden. Bei der Freimaurerei handelte es sich um eine Art „gesellige Internationale", die einen transnationalen Raum von Boston bis St. Petersburg, von Kopenhagen bis Neapel umspannte, der den Austausch von Ideen und Meinungen, Praktiken und Praktikern ermöglichte. Den scharfen Gegensatz zwischen amerikanischer Demokratie und den kontinentaleuropäischen Staatsgesellschaften, führte Tocqueville aber vor allem auf das Fehlen der geselligen Vereine, insbesondere in Frankreich, zurück. Der zweite Teil von „Demokratie in Amerika" enthält kaum mehr einen Reisebericht, sondern eine vergleichend angelegte politische Theorie der bürgerlichen Gesellschaft. Nach Abschluß des Manuskripts fiel auch Tocqueville selber auf, daß es ihm mehr um die Frage der allgemeinen Auswirkungen der Gleichheit auf den Geist, die Gefühle und die Sitten gegangen sei als um ihre spezifischen Erscheinungsformen in der amerikanischen Gesellschaft.[32] Sein Blick auf die amerikanische Gesellschaft war der eines französischen Aristokraten, der die Gefahren der in seinen Augen unausweichlich kommenden Demokratie für die alteuropäische Gesellschaftsordnung analysierte. Tocqueville entging aus diesem Blickwinkel, in welchem Maße das Assoziationswesen diese Gesellschaftsordnung auf dem europäischen Kontinent eben zu jener Zeit umzuwandeln begann, als er „Demokratie in Amerika" niederschrieb. Als Angehörigem der hauptstädtischen Aristokratie blieben ihm die Verkehrskreise der lokalen bürgerlichen Gesellschaft der französischen Provinz fremd, wo die geselligen Vereine großen Zuspruch fanden. Während Tocquevilles Interesse ganz dem Staat galt, entging ihm das wesentliche Charakteristikum geselliger Vereine: ihre Verankerung in der lokalen Gesellschaft. „Gentlemen's clubs, choral groups, learned societies and other associations were all predominantly provincial", wie Carol Harrison gezeigt hat. „In the case of associative sociability, Paris was not the best vantage point for the observation of French society."[33] Das oft restriktive Vereinsrecht gibt Auskunft über die Haltung des Staates gegenüber den geselligen Vereinen seiner Bürger, nicht aber über das tatsächliche Ausmaß der städtischen Geselligkeit. Im gesamten 19. Jahrhundert standen sich nicht nur in Frankreich, wie Maurice Agulhon festgestellt hat, eine vereinigungsfreudige Gesellschaft und ein vereinigungsfeindlicher Staat gegenüber.[34] Daraus folgt der ironische Umstand, daß die Tätigkeit der geselligen Vereine in Kontinentaleuropa ungleich besser dokumentiert ist als in den Vereinigten Staaten – in den Akten der staatlichen Behörden, welche die Vereine und *cercle* mißtrauisch beobachteten.

---

[31] Vgl. u.a. Nord, 1991; Nord 1995: Kap. 1: Freemasonry; Hoffmann 2000.
[32] Marshall/Drescher 1968, S. 523f.
[33] Harrison 1996: 41f.; ausführlich Harrison 1999.
[34] Agulhon 1977.

Der gebannte Blick auf den Staat versperrte Tocqueville (wie auch, für die politische Theorie der „Bürgerlichen Gesellschaft" ungemein folgenreich, Hegel und Marx), die Wahrnehmung der Bedeutung der Assoziationen für die europäischen Gesellschaften seiner Zeit. Wie im Falle der Logen knüpften auch die geselligen Vereine an die Sprache und die Praktiken der politischen Kultur Englands an. Besaß England schon im 18. Jahrhundert außer den bekannten *coffee houses* eine Vielzahl von Klubs und Vereinen (in einer Stadt wie Norwich war 1750 jeder fünfte Mann ein Vereinsmitglied), verbreiteten sich diese in Neuengland und auf dem Kontinent seit dem Ende des 18. Jahrhunderts.[35] Auf beiden Seiten des Atlantiks dienten die Assoziationen als soziale Laboratorien der bürgerlichen Gesellschaft nach vorangegangen politischen Umbrüchen und Krisen. In einer ersten transnationalen Welle der Assoziationsgründung bildete sich insbesondere in französischen und deutschen städtischen Gesellschaften ein dichtes Geflecht an geselligen Vereinen (das erst seit kurzem genau untersucht ist), zeitgleich mit den Vereinigten Staaten, wo die Jahre zwischen 1825 unf 1845 allgemein als die „era of associations" (Mary Ryan) gelten.[36] *Moral improvement* und Bildung, *obrazovanie* und *émulation* waren die nationalsprachlichen Äquivalente für den von den geselligen Vereinen erhobenen politisch-moralischen Anspruch: Die Verbesserung des Selbst in der Wechselwirkung mit anderen sollte Bürgersinn und, darüber hinweggreifend, Weltbürgersinn und allgemein Humanität bezeugen und bekräftigen. Oft war dieser Anspruch christlich eingefärbt. Nicht nur für Tocqueville enthielt der Zusammenhang von Assoziation, Gemeinsinn und Tugend seinen tieferen Sinn vor dem Hintergrund einer christlichen Brüderlichkeitsethik.[37] Nur wer im Verein sich selbst, seine Gedanken und Gefühle regieren lerne, könne auch andere regieren. Im geselligen Verein sollte, ähnlich wie in der Loge, an der individuellen Tugend wie am Gemeinwohl gearbeitet werden, beides vereint im harmonischen Ideal der „klassenlosen Bürgergesellschaft" (Lothar Gall), welches so typisch für den Liberalismus jener Zeit war.[38] Nicht nur die amerikanischen, sondern auch die französischen oder deutschen Bürger des frühen 19. Jahrhunderts verstanden Interessen als unaufhebbar partikular und zerstörerisch. Nur wer von seinen eigenen Interessen absehen könne, öffne sich, seine „Seele", im Verein mit anderen und sichere so den Zusammenhalt der Gesellschaft der Bürger.[39] Die geselligen Vereine, zu jener Zeit sozial exklusiv nur gebildeten und besitzenden Männern offenstehend, sollten ein Gegengewicht zu den Konflikten in Beruf, Familie und Politik bilden.[40] Sie dienten sicherlich auch dem Amüsement, ja, verschafften diesem einen sozial respektablen Rahmen. In den sozialen Räumen der Vereine erfuhr sich die gesellige Gesellschaft als Gesellschaft, wurden zivile Werte und Tugenden eingeübt und

---

[35] Vgl. zum Folgenden grundlegend: Nord 2000; sowie für England zuletzt: Clark 2000.
[36] Vgl. Ryan 1981, S. 105; Ryan 1997, S. 58-93; Blumin 1989, S. 192-229; Gilkeson Jr. 1986; aus der Fülle der Literatur zu Frankreich und den deutschen Staaten: Agulhon 1977; Agulhon 1984; François 1986; Nipperdey 1976; Hardtwig 1994; Hein/Schulz 1996; sowie exemplarisch für viele neuere Studien zum städtischen Bürgertum: Mettele 1998.
[37] Vgl. Hennis 1982, S. 396; Kloppenberg 1996, S. 30.
[38] Gall 1976.
[39] Reddy 1997: xi; ähnlich Harrison 1999, S. 38; u. Mettele 1998, S. 341.
[40] Vincent-Buffault 1995, S. 217.

anschließend öffentlich gezeigt. Gewiß erfüllten die Vereinen auch unmittelbare soziale oder politische Zwecke, sie verwischten alte Grenzen nach oben und zogen neue Grenzen nach unten – hiervon wird noch die Rede sein. Dennoch kann festgehalten werden, daß die Vereinsseligkeit der Bürger im ersten Viertel des 19. Jahrhunderts, welche die Historiker erst seit kurzem genauer erforscht haben, sich zu einem guten Teil jenem politisch-moralischen Verständnis der Probleme der bürgerlichen Gesellschaft verdankt, die Tocqueville so eindringlich formuliert hat.

Tocquevilles berühmte Passagen in „Demokratie in Amerika" erscheinen von daher ebensowenig exzeptionell wie die amerikanische Gesellschaft seiner Zeit. Unterstellt man den Praktikern der Bürgergesellschaft des späten 18. und des 19. Jahrhunderts nicht politisch-soziale Ziele, für die sie noch nicht einmal einen Begriff besaßen, öffnet sich ein Zugang zu ihrer eigenen Erfahrungswelt: der weiterhin lebendigen frühneuzeitlichen Tradition politischen Denkens, für die „Bürgertum" gleichbedeutend mit Tugend und Gemeinsinn war und noch nicht auf eine sozialökonomische Klasse und ihre politische Interessen verwies.[41] Dadurch werden nicht nur die Spuren des Klassischen Republikanismus im Liberalismus des 19. Jahrhunderts, sondern auch dessen transnationaler Grundzug sichtbar. Wenn man sich von der sozialgeschichtlichen Vorstellung eines engen Zusammenhangs von aufsteigendem Bürgertum als Klasse und Aufklärung und Liberalismus als dessen Emanzipationsideologien löst, wird erkennbar, wie auch in Gesellschaften ohne eine starke „Bourgeoisie" liberale Ideen und Praktiken (nicht zuletzt die Idee einer moralischen Verbesserung in der Geselligkeit mit anderen) etwa in adligen und gebildeten Kreisen zirkulierten.[42]

III. „Die Geschichte des Liberalismus läßt sich", wie Reinhart Koselleck einmal bemerkt hat, „als eine Geschichte des Verzehrs beschreiben. Es ist der Preis, ohne den seine Erfolge nicht zu haben waren."[43] Von einer solchen sich selbst verzehrenden Erfolgsgeschichte zeugt auch die Geschichte der liberalen Begeisterung für gesellige Vereine. Die Vereinseuphorie der ersten Jahrhunderthälfte stellte sich nur als ein Vorspiel für die „Vereinigungswut", wie es nun hieß, in den beiden Jahrzehnten nach Tocquevilles Tod (1859) heraus. Die gesellige Gesellschaft zwischen Boston und St. Petersburg erlebte in den sechziger und siebziger Jahren einen neuen Aufschwung im Zuge der Überwindung ihrer politisch und sozial je verschiedenen Krisen. Erstmals erfolgte dieser Aufschwung zeitgleich in West und Ost, wo Industrialisierung und Urbanisierung ähnlich tiefgreifende soziale Umbrüche hervorriefen. In den Vereinigten Staaten begann nach dem Bürgerkrieg und der Aufhebung der Sklaverei ein *golden age of fraternity*, eine sprunghafte Vermehrung geheimer Gesellschaften wie den Odd-Fellows oder den Good Templars.[44] Die Freimaurerlogen und die christlich geprägten moralischen Reformvereine, die ebenfalls aus Großbritannien kamen, bildeten das kulturelle Vorbild.

---

[41] Vgl. Nolte 1992a, S. 628; sowie die semantischen Befunde bei Wirsching 1990; Steinmetz 1991; Koselleck u.a. 1991; Koselleck/Schreiner 1994; Wahrman 1995.
[42] So argumentieren z.B. auch polnische Historiker wie Janowski 2000; Jedlinski 1999.
[43] Koselleck o.J., S. 37.
[44] Vgl. Carnes 1989; Clawson 1989; Dumenil 1984.

In Kontinentaleuropa ist die Liberalisierung der sich zunehmend als Nationalgesellschaften (oder nationale Teilgesellschaften wie etwa im Falle Österreich-Ungarns) umbildenden Staaten ebenfalls verbunden mit einem bis dahin nicht gekannten Zuwachs an Assoziationen. Wie für die städtische Gesellschaft der französischen Provinz ist auch für die lokale Bürgergesellschaft der deutschen Städte von den Historikern bislang zu wenig wahrgenommen worden, daß das Assoziationswesen sich nach 1860 explosiv ausweitete. Deutschland wird, neben den Vereinigten Staaten, zu dem Vereinsland par excellence.[45] Mit der massenhaften Zunahme von sozial weniger exklusiven Vereinen wie etwa den Turnern ging der Glaube an einen Zusammenhang von Assoziation und Bürgertugend keineswegs verloren, sondern erfuhr oft eine Übersetzung in eine zeitgemäß scheinende Sprache. So meinte ein Festredner auf einem Dessauer Turnfest im Jahr 1865, um nur ein Beispiel herauszugreifen, im Leben des Vereins erschließe sich „die Vorschule zum Bürgerthum, da blüthen sie auf, die schönsten Bürgertugenden: Selbstbeschränkung, männliche Zucht und Bescheidenheit, da regte sich Freundschaft und Anhänglichkeit, da verwischen sich die enggesteckten Grenzen der Gesellschaft, der Mensch ward zum Menschen und sah auch im Andern den Menschen."[46]

In der Habsburgermonarchie erfolgt 1867 eine Lockerung des Vereinsrecht, die auch hier zu einer sprunghaften Zunahme der Vereinsgründungen führt. In Preßburg (Bratislava/Pozsony) mit einer deutschen, slowakischen und ungarischen Bevölkerung gab es in den fünfziger Jahren nur elf Vereine mit genehmigten Statuten, in den siebziger Jahren ungefähr achtzig mit mehr als 18.000 Mitgliedern.[47] Vor 1860 hat es nur in wenigen norditalienischen Städten wie z.B. in Mailand Vereine gegeben, jetzt entstand z.B. auch in Neapel ein lebendiges Assoziationswesen.[48] In den westlichen Provinzstädten Rußlands organisierte sich nach dem Krimkrieg und mit der Ära der „großen Reformen" die lokale Gesellschaft nun gleichfalls zunehmend in geselligen Vereinen. In einer multiethnischen Stadt wie Odessa gab es zwar schon 1831 einen „Englischen Klub". Jetzt folgten aber auch ein deutscher Verein „Harmonia", ein „Wohlgeborenenklub" und ein jüdischer Verein „Beseda" – in diesen Klubs und Vereinen traf sich die neue lokale Elite der Stadt aus Kaufleuten, Unternehmern und Beamten.[49]

Zweifellos nahm die Dichte des Vereinswesens von West nach Ost ab. Dennoch überrascht die Ähnlichkeit der Vereinstypen, der Motive der Vereinsgründung und der Wellenbewegungen, mit denen ihre Verbreitung erfolgte. Das zeigt sich insbesondere an der vierten Welle von Vereinsgründungen, die von den neunziger Jahren bis zum Ersten Weltkrieg reicht. In den Ländern, in denen sich schon zuvor ein entwickeltes Assoziationswesen gebildet hatte, explodierte dieses noch einmal zahlenmäßig. Beispielsweise stieg allein die Mitgliedschaft in geheimen Gesellschaften in den Vereinigten Staaten um 1900 auf 5,4 Millionen; nach zeitgenössischen Schätzungen gehörte jeder fünfte Mann einer geheimen Gesellschaften an. Von den insgesamt 275 Assozia-

---

[45] Turner 1994; Tenfelde 1984; die damit beide der geläufigen These vom Niedergang des Assoziationswesens nach 1860 widersprechen.
[46] Zit. n. Goltermann 1998, S. 102.
[47] Mannová 1998; allg. Stekl u.a. 1992.
[48] Meriggi 1992; Caglioti 1996.
[49] Hausmann 2000.

tionen, die zwischen 1860 und 1914 im nordwestlich von Lyon gelegenen Roanne gegründet wurden, entstanden fast 90% nach 1880 und die Hälfte nach 1900. Den Großteil bildeten wie andernorts auch gesellige, nicht politische oder interessengerichtete Vereine; zusammen formten sie das sozial-moralische Rückgrat der Dritten Republik.[50] In den Ländern, in denen es wenige freie Assoziation gegeben hatte, insbesondere in Österreich-Ungarn und Rußland, wird die städtische Gesellschaft zunehmend ebenfalls vom Vereinswesen geprägt. In Prag verzeichnete das Adreßbuch 1890 700, 1901 aber schon 1600 Vereine. Wie andernorts in der multiethnischen Habsburgermonarchie diente das Assoziationswesen nun dazu, Tschechen und Deutsche, Slowaken und Ungarn in jeweils eigenen Vereinen zu versammeln und sich ihrer nationalen Herkunft zu versichern. Der deutsch-jüdische Schriftsteller Paul Leppin konnte deshalb vor 1914 feststellen, daß es eine eigenständige deutsche Bevölkerung in Prag gar nicht gebe, nur eine Reihe von Vereinen.[51] Wie schon im 18. und frühen 19. Jahrhundert fand ein Transfer von Ideen und sozialen Praktiken geselliger Vereine über staatliche Grenzen hinweg statt, zumeist wiederum ausgehend von England. Viktorianische Reformvereine wie z.B. die Temperance Movement erreichen nun mit ihrer Botschaft der Tugend und alkoholischen Enthaltsamkeit selbst Rußland. Die russische Gesellschaft war am Ende des Zarenreichs keine rein „staatliche Veranstaltung" (Dietrich Geyer), sondern besaß eine öffentliche Sphäre des Gesellschaftlichen, die der zeitgenössische Begriff *obshchestvennost'* bezeichnete. Mehr als die Hälfte der im frühen 20. Jahrhundert gezählten 2200 Wohltätigkeitsvereine Rußlands waren nach 1890 gegründet worden.[52] 1897 gab es in St. Petersburg 400, 1912 in Moskau mehr als 600 verschiedene Vereine, darunter z.B. eigene Museumsgesellschaften, die gemeinhin als klassische Verkörperung des Zusammenhangs von Bürgerlichkeit und der Idee moralischer Verbesserung durch Bildung gelten.[53] Der gebannte Blick auf den Staat und eine vermeintlich autoritäre Tradition hat im 20. Jahrhundert lange Zeit den Blick auf diese reiche Assoziationslandschaft Mittel- und Osteuropas vor dem Ersten Weltkrieg versperrt, wogegen in jenen Ländern, die sich in einer ungebrochenen liberalen Tradition sehen, wie z.B. Großbritannien oder den Vereinigten Staaten, den Assoziationen als Ausweis dieser besonderen Liberalität in der Historiographie große Aufmerksamkeit geschenkt wurde.[54]

Spannt man den zeitlichen Bogen von der Mitte des 18. bis zum frühen 20. Jahrhundert, kann man, wie gesehen, für das 18. Jahrhundert und – von West nach Ost zeitlich verschoben – für das 19. Jahrhundert die Herausbildung einer „geselligen Gesellschaft" innerhalb der bestehenden politischen Ordnung der kontinentaleuropäischen *anciens régimes* feststellen; vor 1914 sind nunmehr alle Bereiche zumindest der städtischen Gesellschaft gesellig organisiert, ungeachtet der Tatsache, daß die Mehrheit der kontinentaleuropäischen Staaten politisch nicht als Demokratien, sondern als konstitutionelle Monarchien verfaßt waren.[55] Von einem Niedergang des Assoziationswesens – und

---

[50] Turner 1994, S. 4.
[51] Cohen 1981, S. 52.
[52] Lindenmeyr 1996, S. 198.
[53] Bradley 1990, S. 136f.
[54] Eley 1992, S. 299.
[55] Vgl. allg. Kirsch 1999.

damit auch von „Gemeinsinn" – in der zweiten Hälfte des 19. Jahrhunderts kann mithin keine Rede sein. Die geselligen Gesellschaften Europas und der Vereinigten Staaten beweisen vielmehr das genaue Gegenteil und verdeutlichen, daß es sich bei dem Impuls einer sozial-moralischen Verbesserung der Welt qua Assoziation um ein gemeineuropäisch-transatlantisches Phänomen handelt, das diese Gesellschaften in dem Jahrhundert vor 1914 enger miteinander verknüpft, als es der zeitgenössische Nationalismus und die Erfindung nationaler Sonderwege seit 1914 vermuten läßt.[56]

Zeugt die Verbreitung des Assoziationsprinzips von den Erfolgen liberaler Ideen und Praktiken, mehren sich nun aber die kritischen Stimmen zur „Vereinsmeierei" der Zeit – insbesondere von liberaler Seite. Die moralische Utopie einer Verbesserung des Menschen, seiner Erziehung zu Tugend und Gemeinsinn im geselligen Austausch mit anderen, schien angesichts der Verallgemeinerung und zahlenmäßigen Explosion der Vereine weniger glaubhaft. Je mehr sich das Vereinswesen ausweitete und auch jene zuvor ausgeschlossenen Gruppen erfaßte, desto mehr schien dieser Anspruch und mit ihm das Vertrauen in die Macht der Tugend und Versittlichung überzogen. Nicht das Assoziationswesen, sondern die mit ihm verbundene politisch-moralische Gesellschaftsvision, die Tocqueville eindringlich formuliert hatte, befand sich am Ende des Jahrhunderts in der Krise.

Diese Desintegration und Pluralisierung des Anspruchs auf Tugend, Geselligkeit und moralische Verbesserung war aber ein Resultat der Demokratisierung, nicht ihr Gegenteil. Aus den Arbeitervereinen, die in Großbritannien und Deutschland zunächst der sozialen Reform und moralischen „Verbesserung" der arbeitenden Bevölkerung unter der Aufsicht liberaler Bürger dienten, enstand in den 1880er Jahren eine eigene gesellige Gegenkultur, die sich dieser Aufsicht ebenso entzog wie die neuen klassenübergreifende Kulturformen der frühen Massenkultur.[57] Ähnlich verhält es sich mit dem aus der zeitgenössischen Sicht wichtigsten Gegner des Liberalismus, dem europäischen Katholizismus, der sich – strukturell ähnlich wie die Arbeiterbewegung – der geselligen Vereine zur sozial-moralischen Milieubildung bis hinein in die ländliche Bevölkerung als Schutz gegen den Zugriff des säkularisierten Staates bediente. Nicht nur Besitz und Bildung, sondern auch Konfession und Geschlecht bestimmten die Zugehörigkeit zu geselligen Vereinen vor ihrer Demokratisierung gegen Ende des 19. Jahrhunderts. Bis dahin gehörte der Ausschluß von Frauen ebenso selbstverständlich zu den Praktiken der „geselligen Gesellschaft" wie die Gleichsetzung von Bürgertugend und Männlichkeit. Jetzt gründeten Frauen eigene Vereine, die sozial-moralische Ansprüche etwa im Bereich der Wohltätigkeit und Sozialfürsorge erhoben – auch das ein transnationales Phänomen. Juden, denen die gleichberechtigte Teilhabe am allgemeinen Vereinswesen in Mitteleuropa lange Zeit verwehrt blieb, fanden nun Zugang oder bildeten eigene Geselligkeitsformen, etwa logenähnliche Gesellschaften wie den Orden „B'nai Brith" – gegründet von deutsch-jüdischen Emigranten 1843 in New York und von dort seit den achtziger Jahren sich auf dem europäischen Kontinent verbreitend.

Welche Bevölkerungsgruppe vom „respektablen" bürgerliche Vereinsleben einer lokalen Gesellschaft ausgeschlossen blieb, variierte jeweils nach politisch-sozialem Kon-

---

[56] Vgl. hierzu exemplarisch Rodgers 1998.
[57] Vgl. u.a. Price 1971; Lidtke 1985.

text. Kaum eine Grenze aber wurde schärfer gezogenen als die der weißen amerikanischen Mittelklassen und ihrer geselligen Vereine gegenüber den Afro-Amerikanern, gerade gegenüber den freien und „respektablen", die ensprechend frühzeitig eigene Assoziationen und geheime Gesellschaften gründeten. „No respectability", schrieb ein englischer Besucher Philadelphias im Jahr 1818, „however unquestionable, – no property, however large, – no character, however unblemished, – will gain a man, whose body is (in American estimation) cursed with even a twentieth portion of the blood of his African ancestry, admission into Society".[58] Entsprechend suchten die Afro-Amerikaner in Philadelphia wie andernorts mit ihren Logen und Vereine die der weißen Mittelklassen an Tugendhaftigkeit und Gemeinsinn noch zu übertreffen. Die Gleichzeitigkeit von sozialem Ausschluß und einer zunehmenden Konkurrenz in den moralischen Ansprüchen hat in all den hier betrachteten Gesellschaften im Laufe des 19. Jahrhunderts die Verbreitung der geselligen Vereine befördert und zugleich den Glauben an ihre politisch-moralische Bedeutung in Zweifel gezogen.

Der Zusammenhang zwischen Assoziationsprinzip und dem Anspruch, das Allgemeine Beste zu vertreten, geriet zusätzlich unter Druck aufgrund eines weiteren zwiespältigen liberalen Erfolges: des Aufstiegs der Nation als politischer Ordnungsidee. Der Anspruch auf das gemeine Wohl war schon in der Spätaufklärung und im Frühliberalismus gebunden an ein Bekenntnis zur Nation. Für Tocqueville sollte das Vaterland das größte und engste Band knüpfen, das die Menschen in der Demokratie zusammenhält. Und für Welcker, um bei dem vorn zitierten Lexikonartikel zu bleiben, galt 1846 der Tod für das Vaterland als die höchste Bürgertugend – eine Forderung, die erst im Zeitalter nationaler Kriege ihre wahre Bedeutung entfalten sollte.[59] Der Nationalismus des 19. Jahrhunderts organisierte sich bekanntlich in geselligen Vereinen. In dem Maße, wie sich die „geselligen Gesellschaften" in Nationalgesellschaften umbildeten, zeugte die Berufung auf die Nation mehr von den Konflikten innerhalb wie zwischen den Staaten als von einem abstrakten allgemeinen Wohl. In den universalen Anspruch auf die gesellige Aneignung von Tugend und Gemeinsinn mischten sich mithin von Anbeginn soziale, religiöse und politische Forderungen, die wiederum partikularen Interessen folgen konnten. Paradoxerweise beruhte die Universalität des Assoziationsprinzips, seine Erfolgsgeschichte im Jahrhundert vor 1914 auf dieser Verknüpfung von universalen Ansprüchen und partikularen Interessen. Die Vereine können sozialgeschichtlich gesehen als das wichtigste Medium für die Herausbildung und Verfestigung neuer Identitäten im 19. Jahrhundert gelten, seien sie nationaler oder sozialer, konfessioneller oder politischer Art, die jeweils eigene Ansprüche erhoben. Die Pluralisierung der sozialen Praktiken der „geselligen Gesellschaft" hatte die Fragmentierung ihres politisch-moralischen Anspruchs auf Tugend und Gemeinsinn zur Folge.

In dem Moment, wo die liberalen Bürger in den Vereinen nicht mehr in dem Bewußtsein leben konnten, das allgemeine Wohl allein zu vertreten, mehren sich nicht nur Zweifel an den Ideen, sondern auch an den Praktiken des Liberalismus, etwa an der politischen Bedeutung der geselligen Vereine. Daß in Frankreich (1901) und Deutschland (1908) erst vergleichsweise spät die Vereinsfreiheit ohne jede Einschränkung ge-

---

[58] Nash 1988, S. 226.
[59] Welcker 1846, S. 751. Vgl. Nägler 1990; Meyer 1994; sowie die Hinweise bei Münkler 1991.

setzlich verankert wurde, ist weniger ein Ergebnis des vermeintlich autoritären Charakters des Staates als der Angst der Bürger vor den in ihren Augen unbürgerlichen Mächten der Gesellschaft, z.B. den Katholiken und Sozialisten.[60] Die wildwüchsige Ausweitung des Assoziationswesens in alle Schichten der Gesellschaft hinein ging mit einer zunehmenden Furcht bürgerlicher Kreise vor einem Verlust des moralischen Führungsanspruchs in der Gesellschaft einher, den bis dahin das Assoziationsprinzip verbürgt hatte.

So formulierte Max Weber mit indigniertem Unterton auf dem Ersten Deutschen Soziologentag im Jahr 1910, daß der moderne, „letzte" Mensch „ein Vereinsmensch in einem fürchterlichen, nie geahnten Maße" sei. „Man muß ja glauben: das ist nicht mehr zu überbieten, seitdem sich auch ‚Vereins-Enthebungs'-Organisationen gebildet haben."[61] Dennoch ist gerade in den entstehenden Sozial- und Kulturwissenschaften der Jahrhundertwende ein Bewußtsein für den Stellenwert geselliger Vereine noch lebendig gewesen, das sich erst in der Zwischenkriegszeit verlieren sollte. Gerade aus dem Krisengefühl der Jahrhundertwende heraus gewinnt der Zusammenhang von Sozialität und Tugend der klassischen politischen Theorie etwa für Weber noch einmal jene leidenschaftliche politische Bedeutung, wie sie Tocqueville eindringlich formuliert hatte. Auch Weber ging es nicht allein um eine Analyse der modernen, nach rationalen Interessen organisierten Gesellschaft, sondern um ihre Auswirkung auf die „Seelenverfassung" der von ihr geprägten Individuen, ihr „Menschentum". „Nicht die Förderung des Kapitalismus in seiner Expansion", hält etwa Weber den Kritikern seiner „Protestantische Ethik" entgegen, „war das, was mich *zentral* interessierte, sondern die Entwicklung des *Menschentums*, welches durch das Zusammentreffen religiös und ökonomisch bedingter Komponenten geschaffen wurde", ein bestimmter „ethischer Lebensstil", wie er an anderer Stelle schreibt, „welcher der Wirtschaftsstufe des ‚Kapitalismus' geistig ‚adäquat' war [und der] seinen Sieg in der ‚Seele' des Menschen bedeutete."[62]

Tocquevilles Fragestellung aufnehmend, sah Weber nicht allein in der Ausbreitung, Verflechtung und Zusammensetzung von Assoziationen, sondern in der „Frage nach der Beeinflussung des menschlichen Gesamthabitus durch die verschiedenen Inhalte der Vereinstätigkeit" den Schlüssel zum politischen Verständnis der Geselligkeit.[63] „Wie wirkt die Zugehörigkeit zu einem bestimmten Verband nach innen?" fragt Weber, „auf die Persönlichkeit als solche? [...] Welches spezifische Ideal von ‚Männlichkeit' [wird], bewußt oder absichtsvoll oder auch unbewußt ... gepflegt?" „Welche Art von Beziehung besteht zwischen einem Verein irgendwelcher Art, wieder von der Partei bis – das klingt ja paradox – zum Kegelklub herab, zwischen einem beliebigen Verein und irgend etwas, was man, im weitesten Sinne des Wortes Weltanschauung nennen kann?"[64] Mit anderen Worten: Welchen Menschentypus bringt die gesellige Gesellschaft hervor?

---

[60] Harrison 1999, S. 33.
[61] Weber 1911, S. 53.
[62] Weber 1978, S. 303 u. 55, Anm. 5, zit. n. Hennis 1996, S. 44.
[63] Zit. n. Weber (1926) 1989, S. 428; ähnlich auch Weber 1911, S. 58. Vgl. hierzu Hennis 1987; Hecht 1998, S. 199-250.
[64] Weber 1911, S. 55.

In der eingeschobenen Reserve gegenüber den gewöhnlichen Kegelklubs, die für Putnam heute symptomatische Bedeutung haben, drückt Weber aber zugleich die eigenen Zweifel aus, ob die Evokation des Zusammenhangs von Tugend und Geselligkeit für seine Zeit noch Gültigkeit besitzt. Schließlich sei es „eine alltägliche Erscheinung, daß Vereinigungen, die ausgegangen sind von großen Weltanschauungsideen, zu Mechanismen werden, die sich faktisch davon loslösen." Das liege in der „,Tragik' jedes Realisationsversuchs von Ideen in der Wirklichkeit überhaupt". Und weiter: „Es gehört ja zu jedem Verein bereits ein, sei es bescheidener Apparat, und sobald der Verein propagandistisch auftritt, wird dieser Apparat in irgend einer Weise versachlicht und vom *Berufs*menschentum okkupiert." Es ist dieses Berufsmenschentum, das für Weber die politische Tugend aufzehrt und das künftig im Gehäuse der kapitalistischen Lebensordnung wohnen könnte. Am Schluß der „Protestantischen Ethik" hat er es leidenschaftlich beschrieben: Es sind jene „letzten Menschen", die auch Nietzsche heraufkommen sah, die „Fachmenschen ohne Geist, Genußmenschen ohne Herz".[65] Wie Nietzsche stellt sich auch Weber mit Blick auf die modernen Lebensordnungen das Problem, „was wir dieser Maschinerie *entgegenzusetzen* haben, um einen Rest des Menschentums frei zu halten von dieser Parzellierung der Seele, von dieser Alleinherrschaft bürokratischer Lebensideale".[66]

War sich Weber zumindest unsicher, ob die Vereine Agenten oder Verhinderer dieser politisch gefährlichen „Parzellierung der Seele" sind, hatte Nietzsche für den liberalen Glauben an einem Zusammenhang von Geselligkeit und Tugend nur Hohn und Spott übrig. Der nicht nur in der sozialen Ausweitung des Assoziationswesen erkennbaren Tendenz zur Demokratisierung setzte er einen aristokratischen Tugendbegriff entgegen. Während die „letzten" Menschen sich wie Herdentiere zusammenschließen in „geselligen Gesellschaften" und „demokratischen Vaterländern", verlieren sie die wahre politische Tugend, die der Abschließung und individuellen Aneignung bedarf. Im Zeitalter der massenhaften Ausweitung geselliger Vereine, der „Spießbürger" und „Vereinsmeier", bleibt für Nietzsche nur eine Tugend übrig: die Einsamkeit. „Denn die Einsamkeit ist bei uns eine Tugend, als ein sublimer Hang und Drang der Reinlichkeit, welcher erräth, wie es bei Berührung von Mensch zu Mensch – ,in Gesellschaft' – unvermeidlich-unreinlich zugehn muß." Nichts schien Nietzsche nun gegen Ende des 19. Jahrhunderts absurder als die Vorstellung seiner vereinsseligen Zeitgenossen, der gemeinsame Zusammenschluß erzeuge politische Tugend und Gemeinsinn: „Jede Gemeinschaft macht, irgendwie, irgendwo, irgendwann – ,gemein'."[67]

Die Berührung von Mensch zu Mensch in Gesellschaft galt Tocqueville zeitlebens als einziges Mittel, einen heraufziehenden Despotismus und seinen Sieg in der „Seele" der Menschen zu verhindern. Der Despotismus mauere die Menschen im Privatleben ein. „Sie waren bereits zur Absonderung geneigt: er isoliert sie; sie erkalten füreinander: er läßt sie vollends erstarren."[68] Wie politisch zeitgemäß ein solcher Glauben an einen Zusammenhang von Tugend und Geselligkeit auch sein mag, seine historischen Folgen

---

[65] Weber, 1988, 204.
[66] Weber 1924, S. 413.
[67] Nietzsche [1885] 1988, S. 232. Vgl. hierzu Baier 1981/82.
[68] Tocqueville [1856] 1978, S. 15.

waren zumindest ambivalent. Der Gemeinwohlanspruch, der sich auf das Bewußtsein stützte, eine Elite, die sich in geselligen Vereinen ihrer „Qualität" versicherte, zu vertreten, war immer schon verbunden mit sozialen oder moralischen, nationalen oder „rassischen", religiösen oder geschlechtsspezifischen Vorannahmen. Zu den Leidenschaften der geselligen Bürger des 19. Jahrhunderts gehörte, wie Philip Nord betont, nicht nur der Wille, für das Allgemeine Beste zu wirken, sondern auch der Ausschluß, die Maßregelung und politisch-moralische Erziehung jener, die nicht den bürgerlichen Normen entsprachen.[69] Die Ballotage in einem geselligen Verein war im 19. Jahrhundert nicht nur eine Einübung in demokratische Praktiken, sondern ein Ausschlußmechanismus jener, die bestimmten sozial-moralischen Ansprüchen nicht genügten. Tocquevilles These eines Zusammenhangs von Demokratie und Assoziation, an die heute die Freunde der Bürgergesellschaft anknüpfen wollen, muß folglich historisch relativiert werden. Wie Assoziationen selbst verfaßt waren, welche sozial-moralischen Ansprüche sie formulierten und welche mitunter gegenläufigen Resultate diese Ansprüche zeitigten, muß genauer in den Blick genommen werden.

Literatur:

Agulhon, M. (1977), Le cercle dans la France bourgeoisie 1810–1848. Etude d'une mutation de sociabilité, Paris.
Agulhon, M. (1984), Pénitents et Francs Maçons de l'ancienne Province, Paris.
Appleby, J. (1992), Liberalism and Republicanism in the Historical Imagination, Cambridge, Mass.
Aron, R. (1981), Alexis de Tocqueville und Karl Marx, in: ders., Über die Freiheiten, Stuttgart, S. 13-45.
Baier, H. (1981/82), Die Gesellschaft – ein langer Schatten des toten Gottes. Friedrich Nietzsche und die Entstehung der Soziologie aus dem Geiste der Décadence, in: Nietzsche-Studien, Bd. 10/11, 6-33.
Blumin, St. M. (1989), The Emergence of the Middle Class. Social Experience in the American City, 1760–1900, Cambridge, Mass.
Bradley, J. (1990), Voluntary Associations, Civic Culture, and *Obshchestvennost'* in Moscow, in: Between Tsar and People. Educated Society and the Quest for Public Identity in Late Imperial Russia, hg. v. E. W. Clowes u.a., Princeton, S. 131-48.
Bullock, St. C. (1996), Revolutionary Brotherhood. Freemasonry and the Transformation of the Amercian Social Order, 1730–1840, Chapel Hill.
Caglioti, D. L. (1996), Associazionismo e sociabilità d'élite a Napoli nel XIX secolo, Neapel.
Carnes, M. C. (1989), Secret Ritual and Manhood in Victorian America, New Haven.
Clawson, M. A. (1989), Constructing Brotherhood. Class, Gender and Fraternalism, Princeton
Dumenil, L. (1984), Freemasonry and American Culture, 1880–1930, Princeton.
Clark, P. (2000), British Clubs and Societies 1580–1800. The Origins of an Associational World, New York.
Cohen, G. (1981), The Politics of Ethnic Survival. Germans in Prague, 1861–1914, Princeton.
Eley, G. (1992), Nations, Publics, and Political Cultures. Placing Habermas in the Nineteenth Century, in: Habermas and the Public Sphere, hg. v. Cr. Calhoun, Cambridge, Mass., S. 289-339.

---

[69] Nord 2000; ähnlich auch Harrison 1996; Trentmann 2000.

François, E. (Hg.) (1986), Sociabilité et société bourgeoise en France, en Allemagne et en Suisse, 1750–1850, Paris.

Furet, Fr. (1980), 1789 – Vom Ereignis zum Gegenstand der Geschichtswissenschaft, Frankfurt/M.

Gall, L. (1976), Liberalismus und „bürgerliche Gesellschaft". Zu Charakter und Entwicklung der liberalen Bewegung in Deutschland, in: Liberalismus, hg. v. Ders., Köln, 162-86.

Gilkeson Jr., J. S. (1986), Middle-Class Providence, 1820–1940, Princeton 1986.

Goltermann, S. (1998), Körper der Nation. Habitusformierung und die Politik des Turnens 1860–1890, Göttingen.

Gordon, D. (1994), Citizens without Sovereignity. Equality and Sociability in French Thought, 1670–1789, Princeton.

Hardtwig, W. (1984), Strukturmerkmale und Entwicklungstendenzen des Vereinswesens in Deutschland 1789–1848, in: Vereinswesen und bürgerliche Gesellschaft in Deutschland, hg. v. O. Dann, München, S. 11-50.

Harrison, C. E. (1996), Unsociable Frenchmen. Associations and Democracy in Historical Perspective, in: The Tocqueville Review, Jg. 17, 37-56.

Harrison, C. E. (1999), The Bourgeois Citizen in Nineteenth-Century France. Gender, Sociability, and the Uses of Emulation, Oxford.

Hausmann, G. (2000), Die wohlhabenden Odessaer Kaufleute und Unternehmer. Zur Herausbildung bürgerlicher Identitäten im ausgehenden Zarenreich, in: Jahrbücher für die Geschichte Osteuropas, Jg. 48, S. 41-65.

Hecht, M. (1998), Modernität und Bürgerlichkeit. Max Webers Freiheitslehre im Vergleich mit den politischen Ideen von Alexis de Tocqueville und Jean-Jacques Rousseau, Berlin.

Hein, D./A. Schulz (Hg.) (1996): Bürgerkultur im 19. Jahrhundert. Bildung, Kunst und Lebenswelt, München.

Hennis, W. (1982), Tocquevilles ‚Neue Politische Wissenschaft', in: Aspekte der Kultursoziologie, hg. v. J. Stagl, Berlin, S. 385-407.

Hennis, W. (1987), Max Webers Fragestellung, Tübingen.

Hennis, W. (1996), Max Webers Wissenschaft vom Menschen, Tübingen.

Hoffmann, St.-L. (2000), Die Politik der Geselligkeit. Freimaurerlogen in der deutschen Bürgergesellschaft, 1840–1918, Göttingen.

Howe, D. W. (1997), Making the American Self. Jonathan Edwards to Abraham Lincoln, Cambridge, Mass.

Hull, I. V. (1995), Sexuality, State, and Civil Society in Germany 1700–1815, Ithaca 1995.

Jardin, A. (1991), Alexis de Tocqueville. Leben und Werk, Frankfurt/M.

Jacob, M. C. (1991), Living the Enlightenment. Freemasonry and Politics in Eighteenth-Century Europe, New York.

Janowski, M. (2000), Marginal or Central? The Place of Liberal Tradition in the Polish 19th Century History (MS).

Jedlinski, J. (1999), A Suburb of Europe. Nineteenth-Century Polish Approaches to Western Civilization, Budapest.

Kahan, A. (1992), Aristocratic Liberalism. The Social and Political Thought of Jacob Burckhardt, John Stuart Mill, and Alexis de Tocqueville, New York.

Kirsch, M. (1999), Monarch und Parlament. Der monarchische Konstitutionalismus als europäischer Verfassungstyp, Göttingen.

Klein, L. E. (1998), Sociability, Solitude and Enthusiasm, in: ders. u. A. J. La Vopa (Hg.), Enthusiasm and Enlightenment in Europe, 1650–1850 (= Huntington Library Quarterly, Jg. 60, H. 1/2), Oxford, S. 153-77.

Klein, L. E. (1994), Shaftesbury and the Culture of Politeness. Moral Discourse and Cultural Politics in Early Eighteenth-Century England, Cambridge.

Kloppenberg, J. T. (1996), Life Everlasting: Tocqueville in America, in: The Tocqueville Review, Jg. 17, S. 19-36.

Koselleck, R. (1989), Kritik und Krise. Eine Studie zur Pathogenese der bürgerlichen Welt [1959], Frankfurt/M.

Koselleck, R. u.a. (1991), Drei bürgerliche Welten? Zur vergleichenden Semantik der bürgerlichen Gesellschaft in Deutschland, England und Frankreich, in: Bürger in der Gesellschaft der Neuzeit, hg. v. H.-J. Puhle, Göttingen, S. 14-58.

Koselleck, R./K. Schreiner (Hg.) (1994), Bürgerschaft. Rezeption und Innovation der Begrifflichkeit vom Hohen Mittelalter bis ins 19. Jahrhundert, Stuttgart.

Koselleck, R. (o.J.), Liberales Geschichtsdenken, in: Liberalismus – nach wie vor. Grundgedanken und Zukunftsfragen, Zürich, S. 29-51.

Langewiesche, D. (1997), Frühliberalismus und Bürgertum 1815–1849, in: Bürgertum und bürgerlich-liberale Bewegung in Mitteleuropa seit dem 18. Jahrhundert, hg. v. L. Gall, München, S. 63-129.

Lidtke, V. (1985), The Alternative Culture. Socialist Labor in Imperial Germany, New York.

Lindenmeyr, A. (1996), Poverty Is Not a Vice. Charity, Society, and the State in Imperial Russia, Princeton.

Mannová, E. (1998), Middle-Class Identities in a Multicultural City. Associations in Bratislava in the 19th Century. Paper given at the Fourth International Conference on Urban History: Cities in Europe. Places and Institutions, Venice, September 3-5.

Marshall, L. L./S. Drescher (1968), American Historians and Tocqueville's Democracy, in: Journal of American History, Jg. 55, S. 512-32.

Meriggi, M. (1992), Milano borghese. Circoli ed élites nell'Ottocento, Venedig.

Mettele, G. (1998), Bürgertum in Köln 1775–1870. Gemeinsinn und freie Assoziation, München.

Meyer, M. (1994), Freiheit und Macht. Studien zum Nationalismus süddeutscher, insbesondere badischer Liberaler 1830–1848, Frankfurt/M.

Münkler, H. (1996), Einleitung, in: Ders. (Hg.), Bürgerreligion und Bürgertugend. Debatten über vorpolitische Grundlagen politischer Ordnung, Baden-Baden, S. 7-11.

Münkler, H. (1991), Die Idee der Tugend. Ein politischer Leitbegriff im vorrevolutionären Europa, in: Archiv für Kulturgeschichte, Bd. 73, S. 379-403.

Münkler, H. (1992), Politische Tugend. Bedarf die Demokratie einer sozio-moralischen Grundlegung?, in: Ders. (Hg.), Die Chancen der Freiheit, München, S. 25-46.

Mullan, J. (1988), Sentiment and Sociability. The Language of Feeling in the Eighteenth Century, Oxford.

Nägler, Fr. (1990), Von der Idee des Friedens zur Apologie des Krieges. Eine Untersuchung geistiger Strömungen im Umkreis des Rotteck-Welckerschen Staatslexikons, Baden-Baden.

Nash, G. B. (1988), Forging Freedom. The Formation of Philadelphia's Black Community 1720–1840, Cambridge, Mass.

Nietzsche, Fr. (1988), Jenseits von Gut und Böse [1885], in: Kritische Studienausgabe, hg. v. G. Colli/M. Montinari, Bd. 5, München.

Nipperdey, Th. (1976), Verein als soziale Struktur in Deutschland im späten 18. und frühen 19. Jahrhundert., in: ders., Gesellschaft, Kultur, Theorie, Göttingen, S. 174-205.

Nolte, P. (1992a), Bürgerideal, Gemeinde und Republik. „Klassischer Republikanismus" im frühen deutschen Liberalismus, in: Historische Zeitschrift, Bd. 254, S. 609-56.

Nolte, P. (1992b), Der südwestdeutsche Liberalismus in der Kontinuität der Frühen Neuzeit, in: Geschichte in Wissenschaft und Unterricht, Jg. 43, S. 743-56.

Nolte, P. (1994), Gemeindebürgertum und Liberalismus in Baden 1800–1850, Göttingen.

Nord, Ph. (1991), Republicanism and Utopian Vision. French Freemasonry in the 1860s and 1870s, in: Journal of Modern History, Jg. 63, S. 213-29.

Nord, Ph. (1995), The Republican Moment. Struggles For Democracy in Nineteenth-Century France, Cambridge, Mass.

Nord, Ph. (2000), Introduction, in: ders. u. Nancy Bermeo (Hg.), Civil Society Before Democracy. Lessons from Nineteenth-Century Europe, Boston, S. xiii-xxxiii.

Pocock, J. G. A. (1975), The Machiavellian Moment. Florentine Political Thought and the Atlantic Republican Tradition, Princeton.

Pocock, J. G. A. (1989), Civic Humanism and its Role in Anglo-American Thought, in: Ders., Politics, Language, and Time. Essays on Political Thought and History, Chicago, 80-103.

Price, R. N. (1971), The Working Men's Club Movement and Victorian Social Reform Ideology, in: Victorian Studies, Jg. 15, S. 117-47.

Putnam, R. D. (1995), Bowling Alone. America's Declining Social Capital, in: Journal of Democracy, Jg. 6, S. 65-78.

Putnam, R. D. (1996), The Strange Disappearance of Civic America, in: The American Prospect, Nr. 24, S. 34-48.

Putnam, R. D. (2000), Bowling Alone. The Collapse and Revival of American Community, New York.

Putnam, R. D. (1993), Making Democracy Work. Civic Traditions in Modern Italy, Princeton.

Reddy, W. (1997), The Invisible Code. Honor and Sentiment in Postrevolutionary France, 1814–1848, Berkeley.

Roche, D. (1981), Die *sociétés de pensée* und die aufgeklärten Eliten im 18. Jahrhundert, in: Sozialgeschichte der Aufklärung in Frankreich, hg. v. R. Reichardt/H.-U. Gumbrecht, München, S. 77-115.

Rodgers, D. T. (1992), Republicanism. The Career of a Concept, in: Journal of American History, Jg. 79, S. 1-38.

Rodgers, D. T. (1998), Atlantic Crossings. Social Politics in a Progressive Age, Cambridge, Mass.

Rotteck, C. v. (1838), Gemeingeist oder Gemeinsinn, in: Das Staatslexikon. Encyklopädie der sämtlichen Staatswissenschaften für alle Stände, hg. v. C. v. Rotteck/C. Th. Welcker, Bd. 1-15, Bd. 6, Altona, S. 448-59.

Ryan, M. P. (1981), Cradle of the Middle Class. The Family in Oneida County, New York, 1790–1865, Cambridge.

Ryan, M. P. (1997), Civic Wars. Democracy and Public Life in the American City During the Nineteenth-Century, Berkeley.

Skocpol, Th./M. Fioring (Hg.) (1999), Civic Engagement in American Democracy, Washington, D.C.

Skocpol, Th. (1997), The Tocqueville Problem. Civic Engagement in American Democracy, in: Social Science History, Jg. 21, S. 455-79.

Smith, D. (1995), Freemasonry and the Public in Eighteenth-Century Russia, in: Eighteenth-Century Studies, Jg. 29, S. 25-44.

Smith, D. (1999), Working the Rough Stone. Freemasonry and Society in Eighteenth-Century Russia, DeKalb.
Stekl, H. u.a. (Hg.) (1992), Bürgertum in der Habsburgermonarchie, Bd. 2: „Durch Arbeit, Besitz, Wissen und Gerechtigkeit", Wien.
Steinmetz, W. (1991), Die schwierige Selbstbehauptung des deutschen Bürgertums, in: Das 19. Jahrhundert, hg. v. R. Wimmer, Berlin, S. 12-40.
Tenfelde, K. (1984), Die Entfaltung des Vereinswesens während der industriellen Revolution in Deutschland (1850–1873), in: Vereinswesen und bürgerliche Gesellschaft in Deutschland, hg. v. O. Dann, München, S. 55-114.
Tocqueville, Al. de (1987), Über die Demokratie in Amerika, T. 1 [1835], Zürich.
Tocqueville, Al. de (1987): Über die Demokratie in Amerika, T. 2 [1840], Zürich.
Tocqueville, Al. de (1978): Der alte Staat und die Revolution [1856], München.
Trentmann, Fr. (2000), Introduction, in: hg. v. Ders., Paradoxes of Civil Society. New Perspectives on Modern German and British History, Providence, S. 3-45.
Turner, P. R. (1994), Class, Community and Culture in Nineteenth Century France. The Growth of Voluntary Associations in Roanne, 1860–1914, Ph.D. diss. University of Michigan, Ann Arbor.
Vincent-Buffault, A. (1995), L'Exercice de l'amitié: pour une histoire des pratiques amicales aux XVIIIe et XIXe siècles, Paris.
Wahrman, D. (1995), Imagining the Middle-Class. The Political Representation of Class in Britain, c. 1780–1840, Cambridge.
Weber, M. (1989), Max Weber, Ein Lebensbild [1926], München.
Weber, M. (1911), Geschäftsbericht, in: Verhandlungen des Ersten Deutschen Soziologentages vom 19. bis 22. Okt. 1910 in Frankfurt/M., Tübingen, S. 52-62.
Weber, M. (1924), Gesammelte Aufsätze zur Soziologie und Sozialpolitik, Tübingen.
Weber M. (1978), Die protestantische Ethik II. Kritiken und Antikritiken, hg. v. J. Winckelmann, Gütersloh.
Weber, M. (1988), Gesammelte Aufsätze zur Religionssoziologie, Bd. 1, Tübingen.
Welcker, C. Th. (1835), Association, Verein, Gesellschaft, Volksversammlung, in: Das Staatslexikon. Encyklopädie der sämtlichen Staatswissenschaften für alle Stände, Bd. 1-15, Altona, Bd. 2, S. 21-53.
Welcker, C. Th. (1846), Bürgertugend und Bürgersinn, in: Das Staatslexikon. Encyklopädie der sämtlichen Staatswissenschaften für alle Stände, Bd. 1-15, 1. Suppl. Bd., Altona, S. 748-58.
Wilentz, S. (1988), Many Democracies. On Tocqueville and Jacksonian America, in: Reconsidering Tocqueville's Democracy in America, hg. v. A. S. Eisenstadt, New Brunswick, S. 207-28.
Wirsching, A. (1990), Bürgertugend und Gemeininteresse. Zum Topos der „Mittelklassen" in England im späten 18. und frühen 19. Jahrhundert, in: Archiv für Kulturgeschichte, Bd. 72, S. 173-99.
Wood, G. S. (1999), The American Love Boat (Rezension von: Andrew Burstein, Sentimental Democracy. The Evolution of America's Romantic Self-Image, New York 1999), in: New York Review of Books, 7. Okt.
Wood, G. S. (1999), The Radicalism of the American Revolution, New York.

Personenverzeichnis

Achinger, H. *278, 289*
Adam, R. 230
Adams, J. 224, 226, 227, *237*
Adams, W. P. *215*, 217, *218*
Aegidius Romanus 98, 111, 130,
. . . . 132, 135, 138
Aeppli, F. *234*
Agulhon, M. *312, 313*
Alberti, L. B. 214
Albertus Magnus 85
Albrecht VI. *94*
Alemann, U. v. *9*
Alheit, P. 279, *297*
Alkibiades *54*
Alkidamas 51
Alsted, Joh. J. *193, 194, 200*
Amsdorff, N. 155
Antiphon 51-52
Anton, H. H. 97, *130*
Anz, Chr. *78*
Appleby, J. *309*
Arendt, H. 33, *217, 219*
Aristipp *56*
Aristoteles 14, 16-17, 31,
. . . . 33, *46, 47, 51*,
. . . . 54, 57-60, 73,
. . . . 85, 98, 111,
. . . . 116, 138, *151*,
. . . . *153*, 165, 217
Arnisäus, H. *139*, 142-143

Arnold, E. 278, 294
Arnold, G. 291
Aron, R. *305*
Asch, R. G. *199*
Attilius Regulus 116
Augustine, D. L. *291*
Augustus 230
Aurelius Augustinus 17-18, 65-66,
. . . . 76, 85, *137*
Autrand, Fr. 122
Axelrod, R. *206*

Bacon, Fr. 183
Bader, K. S. *154*
Baier, H. *320*
Bailyn, B. *216*
Baldus 121-122
Bale, J. 177-178
Barclay, D. E. *282*
Baron, H. *20*, 98
Bartolus 117, 121-122
Batliner, G. *25*
Baumgärtner, I. 95
Beccaria, C. 263
Becher, Joh. J. *194, 195, 196, 199*,
. . . 201-203, *205*, 206, 210
Becker, M. 96
Becon, Th. 175
Behnen, M. *139, 142*
Bell, D. *10*

Bell, D. M. *110*
Benevolo, L. *234*
Berges, W. 97, 99, *130*, *132*
Berghahn, C.-Fr. *20*
Berman, H. J. . . . 79, *150-151*, *165*, *166*
Besold, Chr. 143, *199*
Bismarck, O. v. *277*
Bleicken, J. *53*
Blessing, W. K. *282*
Blickle, P. 19, *86*, *90*, *92*, *94*,
      . . . *103*, 115, *131*, 133-134,
      . . . .*135*, 136, *147*
Bloch, M. 69, 79
Bluhm, H. *15*
Blumin, St. M. *313*
Böckenförde, E.-W. *25*
Bode, W. v. 293, 294
Bodin, J. 120, 181
Bohlender, M. 24, *147*, *257*, *268*
Böhlke, E. *257*
Boldt, H. *142*
Bonwick, C. *214*
Bookmann, H. *279*
Borgmann, K. 293, *295*
Bornitz, J. *199*, *200*
Bornkamm, H. *149*, *153*, *160*
Botero, G. 139-140
Boyd, J. *223*
Bradley, J. *316*
Brady, Th. A. jr. *155*, *166*
Braham, A. 228, *229*
Brinklow, H. 175-176
Brocke, B. v. *291*, *292*
Brucker, G. A. 95
Brückner, J. *248*
Brunner, O. 27
Buchanan, G. 179-181
Bullock, St. C. *310*
Bulst, N. *109*
Burckhardt, J. 67, 306
Burges, T. *308*
Bürgin, A. *263*
Burlington, R. B. 233
Busch, W. *213*

Cade, J. 171
Caglioti, D. L. *315*
Calvin, Joh. *163*
Campenhausen, A. v. *281*
Carnegie, A. *288*
Carnes, M. C. *314*
Carr, P. *237*
Castel, R. *270*
Cazelles, R. *109*
Celli, R. *95*
Chalgrin, J.-Fr.-Th. *228*
Charles I. 181, 182, 184
Charles V. 110, 116
Cicero 65, 111, 116, 184
Clark, P. *313*
Clapmar, A. *142*
Clawson, M. A. *314*
Clemen, O. *147*
Clérisseau, Ch. L. 228, 230
Cochin, A. *310*
Cohen, G. *316*
Condorcet, M. J. A. N. 228, 236
Conring, H. *21*, 142
Contamine, Ph. *109*
Conze, W. 27, *141*
Cosway, M. *226*, *230*
Coville, A. *114*
Crowley, R. *175*, 176

Dahl, R. 11
Dahrendorf, R. *31*
Dalzell, L. B. *233*
Dalzell, R. F. jr. *233*
Davis, Ch. T. 96
D'Avout, J. *125*
Decrusy, A. *94*, 95
Delius, H.-U. *147*
Demandt, A. 33
Demosthenes 32, 46-47
Derda, H.-J. 69
Deth, J. W. van 11
Diehl, A. *101*
Diestelkamp, B. 124
Dilcher, G. 72, 75, *76*

Personenverzeichnis

DiMaggio, P. *296*
Diodotos 42-43
Diogenes Laertius *56*
Dionysios v. Halikarnassos *48*
Dollinger, H. 99
Doverin, H. 194
Drakon 35
Dreitzel, H. *139*, 140, *141*, *142*
Drescher, S. *306*, *312*
Duchrow, U. *153*
Dumbauld, Ed. 225
Dumenil, L. *314*
Dupont de Nemours, P. S. . . . 228, *236*
Dürr, E. 89, *104*

Ebeling, G. *153*
Eberhard, W. 98, 99, *101*, 118,
. . . . 133-34, *135*
Eckert, B. *147*, *153*
Edward VI. 174
Egenter, R. *95*
Elders, L. J. 98
Elert, W. *158*, *166*
Eley, G. *316*
Elias, N. *206*, 296
Elsener, F. 89, 90
Elton, G. H. *172*, *174*
Elychnius, Th. *195*, *196*, *198*
Engel, U. *237*
Ephialtes 38
Erasmus v. Rotterdam 103
Ericson, D. F. 222, *226*
Euchner, W. 22
Euripides *51*
Ewald, Fr. *209*, *268*, *270*

Ferdinand v. Österreich 93
Ferguson, A. 239
Ferne, H. 185
Ferrarius, Joh. 102, 129-131,
. . . . . . 136-137,139, *147*
Feurt, S. L. 275
Fichte, Joh. G. 269
Fichtenau, H. 96

Fioring, M. *304*
Fischer, K. *13*, *15*, *23*, *65*, *208*
Forck, G. *156*
Ford, P. L. *219*
Fortescue, J. 171, 181
Foucault, M. 23-24, *192*, *209*,
. . . . *250*, *255*, *263*
François, E. *313*
Frank, Joh. P. 269
Franklin, B. 227
Frey, M. 27, *276*, *285*
Fried, P. *136*
Friedrich I. v. d. Pfalz 182
Friedrich II. 210
Friedrich III. 88
Friedrich Wilhelm I. 210
Friedrich Wilhelm IV. 282
Furet, Fr. 310

Gagnér, St. *132*, *138*
Gaismair, M. 102
Gall, L. 79, *313*
Garzoni, Th. 194, 197
Gebhardt, J. *10*
Georg II. 227
Gerstenkorn, H. R. *161*
Geyer, D. 316
Gibbon, E. 218-219
Gierke, O. v. 25-26, 78, *136*
Gilkeson Jr., J. S. *313*
Girardet, C.-M. *295*
Glauber, Joh. 195
Göckenjan, G. *263*
Goltermann, S. *315*
Gordon, D. *308*
Gothein, M. L. *233*
Grabes, H. *177*
Grasskamp, W. 286
Gregor v. Nazianz 68
Griffiths, A. *182*
Großmann, J. 286
Grünberger, H. *19*, *149*, *160*
Guimard, Mlle. 238
Gunermann, H. *65*

Gunn, J. A. W. *13*

Habermas, J. *216*
Haenisch, K. *296*
Hallgarten, Ch. *289*
Hamilton, A. . . . 218-219, 222, 227-228
Hamm, B. *103*
Hansen, , M. H. *40*
Harden, M. 294
Hardtwig, W. . . . *72, 75, 286, 295, 313*
Harnack, A. v. *292*
Harrington, J. 215, 224
Harrison, C. E. *312, 313, 319, 321*
Härter, K. *101*
Hartung, G. *218*
Hausmann, G. *315*
Hautecoeur, L. *230*
Hawkins, D. A. *234, 235*
Hecht, M. *319*
Hedio, C. 160
Hegel, G. W. Fr. 25-26, 270, 313
Hein, D. *287, 313*
Heinrich II. 69
Heinrich v. Braunschw.-Wolfenb. . . . *156*
Heinrich v. Gent 85
Heitz, P. *101*
Henckel Fürst v. Donnersmarck, G. . . 292
Hennis, W. 305, *306,*
. . . . . . *307, 313, 319*
Henry VI. 170, 171
Henry VIII. 174, 177
Hereth, M. *256*
Hermann, R. *154, 166*
Herle, Ch. 185
Herodot *39, 46*
Hesiod 34-37, 50
Hibst, P. *13, 31, 65, 131, 277*
Hippias 51
Hirschman, A. O. . . . 12, *21, 200,* 207, 248
Hobbes, Th. 21, 23, 181, 249-252,
. . . . 255, 259
Hobsbawm, E. *287*
Hoffmann, St.-L. 27, *308, 312*
Hofmann, H. *15*

Holenstein, A. *91*
Holinshed, R. *171*
Homer *34*
Honneth, A. *10*
Honsell, Th. 115
Hont, I. *21*
Hopp, A. *284*
Hörnigk, Ph. W. v. *202,* 204, *205,*
. . . . 206, 210
Houdon, J. A. 228
Howe, D. W. *309*
Hoyer, R. *103*
Hufeland, Chr. W. 269
Hughes, R. 227
Hull, I. V. *308*
Hundert, E. G. *22*
Humboldt, W. v. 268
Hume, D. 257-258
Hutcheson, Fr. 238

Ignatieff, M. *21*
Isenmann, E. *89, 90*
Isokrates *46,* 48-50
Iwand, H. J. *150, 151, 159*

Jackson, A. 235
Jacob, M. C. *310*
Jakobi, Fr.-J. *279*
Jakobs, H. *135*
James I. 181-183
James VI. 179
Janowski, M. *314*
Janssen, W. *141*
Jardin, A. 306
Jay, J. 222, 227-228
Jedlinski, J. *314*
Jefferson, Th. *20,* 213-214,
. . . . 217, 219-240
Jones, A. H. M. *46*
Jones, H. *172*
Justi, Joh. H. G. v. 258-263
Juvénal, Jacques 116-117
Juvénal, Jean 116-117, 121
Juvénal, G. 117

Personenverzeichnis

Kahan, A. *306, 309*
Kallikles 53-54
Kant, I. 23, 249, 265-268, 281, 308
Kaplan, L. C. *227*
Karl IV. 113
Karl V. 101
Kaschuba, W. *286*
Kaufmann, Fr.-X. 81
Kaufmann, E. *136*
Kaufmann, M. *15*
Keane, J. *214, 216*
Keckermann, B. *193, 194*
Kelley, D. R. *178*
Kempshall, M. S. *13*, 85, 96
Kennedy, A. J. *111*
Kercheval, S. *220, 225*
Kerr, A. *294*
Kessemeier, K. *296*
Keßler, H. Graf *295*
Kimball, F. *225*
Kirner, G. 16
Kirsch, M. *316*
Kissling, P. *192*
Kite, E. L. *234*
Kittsteiner, H.-D. *207, 266*
Klages, H. *11*
Klein, L. E. *308*
Kleinknecht, Th. *281, 282*
Kleisthenes 38
Kleon 42-43
Klock, K. *200*
Kloppenberg, J. T. *306, 313*
Klötzer, W. *289*
Kluckhohn, A. *101*
Kluxen, K. *142*
Knemeyer, Fr.-L. *248*
Knöbl, W. *269*
Köbler, G. *120*
Koch, E. A. *96, 99*
Koch, R. *269*
Kocka, J. *284*
Koselleck, R. 27, 74, *196*, 310, 314
Koslowski, P. *13*
Kraus, E. *290*

Krause, S. *10, 147*
Krauth, W.-H. 24, *196, 200*
Kritias *51*
Kruft, H.-W. *214, 225, 230*
Krupp v. Bohlen u. Halbach, G. 292
Krütli, J. K. *86*
Krumwiede, H. W. *150*
Krynen, J. *110, 112, 122, 124*
Küppers, J. *154, 164*
Kurath, H. *170*
Küster, Th. *280*

Labisch, A. *269*
Ladd, E. C. *11*
Lafayette, Marquis de *226*
Langenstein, Y. *285*
Langewiesche, D. *309*
La Rochefoucauld, Fr. *228*
Latacz, J. *36*
Latimer, H. *176*
Laugier, M. A. *231*
Lauterbek, G. *139*
Ledoux, Cl. N. *228, 238*
Le Goff, J. *133*
Lehmann, K. *237*
Leibniz, G. W. *256*
L'Enfant, P. Ch. *234-235*
Lenman, R. *293*
Leppin, H. *40*
Leppin, P. *316*
Leyte, G. *115*
Lidtke, V. *317*
Liermann, H. *281*
Lindenmeyr, A. *316*
Lipsius, J. *139, 141*
Livius 20
Locher, G. *103*
Locke, J. 180, *217-218,*
. . . . *221-222*, 224, 228
Loehneyss, G. E. *194*
Loewenich, W. v. *161*
Lorrain, C. *233*
Ludlow, W. *238*
Lüdtke, A. *269*

Ludwig I. 282, 284
Ludwig XV. 228, 230
Ludwig XVI. 228, 234
Ludwig, A. *291*
Luhmann, N. *159*, 187, *192, 196,*
. . . . *199, 208, 210*
Lukas *151*
Lustiger, A. *289*
Luther, M. 19, 103, 147-166
Lutterbeck, Th. *280*
Lykophron 51
Lykurgos 32
Lysias 46

MacDonald, W. L. *231*
Machiavelli, N. 20, 139, 217, 219
Macpherson, C. B. *221*
Madison, J. 219-220, 222,
. . . . . . 223, 227-228
Maier, H. *13, 23, 86, 130, 248*
Maior, G. 160
Malone, D. *227*
Malowitz, K. *147*
Malthus, Th. R. *257*
Mälzer, G. *284*
Mandeville, B. de 22-23
Mannová, E. *315*
Mansfeld, J. *41, 52*
Marcel, É. 125
Marshall, L. L. *306, 312*
Marx, K. 305, 313
Mary I. Tudor 177
Mary Stuart 179
Matthes, O. *289*
Mau, R. *153, 154*
Maurer, W. *151, 166*
Mayer, Th. F. *173*
Meier, Chr. *32, 39*
Melanchthon, Ph. *147*, 150-151,
. . . . . . 160, 162, *163*
Meriggi, M. *315*
Merk, W. *97, 101*
Merton, W. 289-290
Mettele, G. *313*

Meyer, M. *318*
Meyer, U. 68
Meyers, R. *141*
Mézières, Ph. de . . . 110-114, 123-124
Miethke, J. 116, *130*
Mill, J. St. 306
Miller, P. N. *13*
Mirabeau, V. R. *202*
Mohl, R. v. 270
Mohnhaupt, H. *135*
Möller, Fr. *283*
Mommsen, H. *101*
Mommsen, Th. 275
Monroe, J. *239*
Montaigne, M. E. de 21
Montclos, J.-M. *234*
Montesquieu, Ch. . . . 20, 218-219, 221,
. . . 226-227, 239, 257-258
Moos, P. v. 18
Moranvillé, H. *114*
Moravia, S. *263*
More, Th. 172-173
Morgan, E. S. *221*
Mühleisen, H.-O. 21
Mullan, J. *308*
Müller, H. *116, 117*
Mumford, L. *235*
Münkler, H. *10, 13, 15, 20, 23, 65*,
. . . . . . 98, *142, 148, 150,*
. . . . . . *151, 153, 162, 208,*
. . . . . . *248, 305, 318*
Müntzer, Th. 103

Naegle, G. *114, 118, 120, 122, 123*
Nägler, Fr. *318*
Napoleon Bonaparte 228, 282
Nash, G. B. *318*
Neumäyr, Joh. W. *195, 200*
Nietzsche, Fr. 320
Nikolaus v. Kues 98
Nippel, W. *31, 39*
Nipperdey, Th. *280, 313*
Nolte, P. *277, 309, 314*
Nord, Ph. *312, 313, 321*

Personenverzeichnis

Oberman, H. A. *153*, 164
Obrecht, G. v. *194, 199, 200*
Oesterlen, Fr. 269
Oestreich, G. *192, 209, 255*
Oexle, O. G. 18, *65, 66, 68, 71, 72,*
     . . *73, 74, 76, 77, 78, 79, 80*
Offe, C. *11*
Oldendorp, J. 139
Olson, M. 12, 23
O'Neal, W. B. 225
O'Neil, R. M. *237*
Ong, W. J. *197*
Oresme, N. 112
Osse, M. *195*, 196
Otis, J. 217
Ottow, R. 22

Paine, Th. 214-216, 239
Palladio, A. 226-227
Pankoke, E. *269*
Parker, H. 184-185
Pasquino, P. *248, 256*
Pauser, J. *94*
Peisistratos 38
Peltonen, M. *183*
Pendleton, Ed. 227
Perikles 37-42, *54*
Peterson, M. D. *227, 230*
Pettenkofer, M. v. 269
Peukert, D. J. K. *296*
Peutinger, C. 207
Philipp II. 46-47
Philipp v. Leyden 98
Pichler, Joh. W. *142*
Pierson, W. H. jr. . *228, 229, 232, 233, 238*
Piranesi, G. 230
Pizan, Chr. de . . 110-111, *113*, 114-115,
     . . . . 116, 119
Platon 16-17, 31, 33, *46, 47*, 49,
     . . . . . . *51*, 52-60, 65
Plutarch *47*
Pocock, J. 20, *21*, 98, *222, 224,*
     . . . . 247, *309*
Ponet, J. 178-79

Poovey, M. *263*
Post, G. *98*
Poussin, N. 233
Prelinger, C. M. *285*
Preu, P. *248*
Price, R. N. *317*
Prien, H.-J. *150, 151, 153, 154,*
     . . . . 164, *165*
Priestley, J. *236*
Procacci, G. *268*
Prodi, P. *91*
Protagoras *46*, 51
Pseudo-Xenophon 39, 50
Putnam, R. 11, 303-304, 320

Quesnay, Fr. *202*, 263-264

Raaflaub, K. *32, 34*
Radbruch, G. *98*
Raleigh, W. 182
Ranke, L. v. 122, *123*
Rankl, H. *94*
Rebmann, G. Fr. 281
Reddy, W. *313*
Reinhard, W. *199*
Reinkingk, D. 140
Rexroth, F. 75
Rice, H. C. *228*
Richard, J. *110*
Riklin, A. 25
Robbins, C. *221*
Roche, D. *310*
Rodgers, D. T. *309, 317*
Romilly, J. de *49*
Rosa, S. 233
Rosen, G. *263, 269*
Rosenbaum, H. *283*
Roth, P. 89, *104*
Rotteck, K. v. 276, 283, *284*, 309
Rousseau, J.-J. . . 79, 216, 226, 233, 264
Rousseau, P. 229
Rüdiger, B. *103*
Rudyerd, B. 182
Rufinus v. Sorrent 76, 80

Runciman, D. *26*
Ryan, M. 313

Sachße, Chr. *269, 279, 285,*
. . . . *288, 290, 295*
Sallust 20
Salm-Kyrberg, Reichsgraf v. 229
Salomon, A. 290
Say, J.-B. 270
Scarpa, L. *290*
Schappeler, Chr. 103
Scharffenorth, G. . . . *150, 154, 156, 166*
Scharpf, Fr. *11*, 23
Schempp, P. *155*
Schiera, P.-A. *248*
Schieß, Tr. 86
Schiller, Th. *281, 287, 289*
Schmelzeisen, G. K. *101*
Schmitt, C. 310
Schneider, J. H. J. *137*
Scholz, R. *130*
Schönlein, Joh. L. 284
Schreiber, W. L. *101*
Schreiner, K. 314
Schröder, W. v. . . . *193, 194, 195, 200,*
. . . . *202,* 204-206, 210
Schubert, E. 97, *101*
Schulz, A. 313
Schulze, R. *248*
Schulze, W. 65, *94, 101, 129,*
. . . . *193, 276, 279, 292*
Schwarz, R. 164
Scott, Th. 182-183
Seckendorff, V. L. v. 140, 251-255,
. . . . 258-259
Seibt, F. *101*
Seils, M. *149, 154*
Sellin, V. *130, 139*
Senellart, M. 250
Sewing, W. 224
Shaftesbury, A. A. C. 233, 236
Sieferle, R. P. R. P. 257
Siemens, W. v. *292*
Sièyes, Abbé 216

Sigmund, St. *297*
Simon, J. 278, 288-289, 294-295
Simon, Th. . . . 23, 85, 96, 98, *101, 131,*
. . . *132, 133, 134, 135, 136,*
. *138, 139, 140, 141, 147, 193*
Singer, Br. 97, 99
Siverdes, Fr. Chr. 281
Skinner, Q. 98, 247, 248
Skocpol, Th. *11*, 304
Small, A. W. *248*
Smith, A. 22-23, 79, 207-208, 210,
. 224, 238, 249, 265-266, 268
Smith, D. *310, 311*
Sobania, M. *280*
Sokrates *31,* 52, 55-56
Solon 35-38, 50, 57
Sonnenfels, J. v. 262-264
Spahn, P. *33*
Speyer, G. *289*
Städel, Joh. Fr. 285
Starkey, D. 170, *171,* 173-174
Staub, M. *78*
Stein, L. v. 25-26, 269, 270
Stein, S. R. *232*
Steinmetz, W. *314*
Stekl, H. *315*
Stern, Th. *289*
Sternberger, D. 275, *277*
Steuart, J. 263-264
Stewart, D. *238*
Stichweh, R. *206, 209*
Stockhausen, T. v. *293*
Stollberg-Rillinger, B. *256*
Stolleis, M. 21, 23, *101, 120, 129,*
. . . *130, 131, 139, 140, 142,*
. . . *143, 192, 194, 248, 254*
Streithorst, Joh. W. *276*
Strohm, Th. *150, 153, 154, 158*
Struve, T. *130*
Stürmer, M. *276*
Süßmilch, Joh. P. 257

Tavernor, R. *227*
Tazewell, T. J. *238*

PERSONENVERZEICHNIS

Tenfelde, K. *315*
Tennstedt, Fl. *269, 279, 285, 288,*
. . . . *290, 295*
Tessé, Mme. de 229
Thomas v. Aquin 17-18, 85, 98,
. . . . 130, 135, 138
Thoss, D. *110*
Thrasymachos *31*, 52-56
Thukydides 16, 37, 39-45, 49
Tiberius *200*
Tocqueville, A. de . . . 20, 278, 303-321
Tolomaeus v. Lucca 98, 132
Tönnies, F. 67
Trentmann, Fr. *321*
Trexler, R. 75
Turner, P. R. *315, 316*
Turquet, L. de Mayerne 255

Ullmann, W. 79
Ursins, J. des 110, 116, 124

Valerius Maximus 111, 116
Veblen, Th. 292
Vegetti, M. *34*
Vergil 219
Verheyen, E. *234, 235*
Vernant, J.-P. *32*
Vernuläus, N. *198*
Vico, G. 238-239, 257-258
Vierhaus, R. 284, *291, 292*
Vincent-Buffault, A. *313*
Viroli, M. *130, 139*
Vitruv, M. 214
Vogel, O. *134*
Volkov, Sh. *291*
Vollrath, E. *250*

Wackernagel, R. *86*
Wagener, H. 288
Wahrman, D. *314*
Walter, U. 35
Walzer, M. *10, 177*, 296
Warnke, M. *231*

Washington, G. 232-233, 235
Weber, Marianne 275
Weber, Max 78, 170, 319, 320
Weber, W. *141*
Weissman, R. F. E. 76
Welcker, C. Th. 309, *318*
Wenzel IV. 113
White, H. L. *236*
Wiese, L. v. 289, *296*
Wilentz, S. *306*
Wilhelm II. 294
Wilkins, W. *237*
Willis, G. 221
Winch, D. *224*
Winckelmann, Joh. J. 230
Wingren, G. *154*
Wirsching, A. *277, 314*
Witte, J. *150-151, 165, 166*
Wittkower, R. *233*
Wolf, S. *289*
Wolf, G. *161*
Wood, G. S. *215, 216, 221, 223,*
. . . . *228, 308*
Wootton, D. *184*
Wopfner, H. *93*

Xenophanes *51*
Xenophon *46, 51, 54*

Zanker, P. *230*
Zerback, R. *283*
Zerner, H. *213*
Zeumer, K. *101*
Zimmermann, Cl. *289*
Zobel, K. *248*
Zwinger, Th. *193*
Zwingli, H. 103

Kursiv gesetzte Seitenzahlen beziehen sich auf den Fußnotentext und auf die Bildbeschreibung, Seite 101.

Autorenverzeichnis

Berghahn, Cord-Friedrich, Dr., * 1969, Literaturwissenschaftler, Technische Universität Braunschweig.

Blickle, Peter, Prof. Dr., * 1938, Historiker, Universität Bern.

Bluhm, Harald, Dr. habil., * 1957, Politikwissenschaftler, Berlin-Brandenburgische Akademie der Wissenschaften.

Bohlender, Matthias, Dr., * 1964, Politikwissenschaftler, Humboldt-Universität zu Berlin.

Frey, Manuel, Dr., * 1964, Historiker, Freie-Universität Berlin.

Grünberger, Hans, Dr., * 1944, Politikwissenschaftler, Hamburg.

Hoffmann, Stefan-Ludwig, Dr., * 1967, Historiker, Ruhr-Universität Bochum.

Kirner, Guido O., M A, *1967, Historiker, Humboldt-Universität zu Berlin.

Krauth, Wolf-Hagen, Dr., * 1951, Soziologe, Berlin-Brandenburgische Akademie der Wissenschaften.

Münkler, Herfried, Prof. Dr., * 1951, Politikwissenschaftler, Humboldt-Universität zu Berlin.

Naegle, Gisela, * 1968, Historikerin, Justus-Liebig-Universität Giessen.

Oexle, Otto Gerhard, Prof. Dr., * 1939, Historiker, Max-Planck-Institut für Geschichte Göttingen.

Ottow, Raimund, Dr. habil., * 1954, Politikwissenschaftler, Humboldt-Universität zu Berlin.

Simon, Thomas, Dr. habil., * 1955, Jurist, Max-Planck-Institut für Europäische Rechtsgeschichte.